中华译学馆

莫言题

中华译学佑立传家与

以中华为根 译与学并重

弘扬优秀文化 促进中外交流

拓展精神疆域 驱动思想创新

丁酉年冬月许钧撰 罗卫东书

中华译学馆·中华翻译家代表性译文库

许 钧 郭国良／总主编

玄奘卷

林宗豪 王 宏／编

ZHEJIANG UNIVERSITY PRESS
浙江大学出版社

·杭州·

图书在版编目（CIP）数据

中华翻译家代表性译文库. 玄奘卷 / 林宗豪, 王
宏编. -- 杭州：浙江大学出版社, 2024.8. -- ISBN 978-
7-308-25217-1

Ⅰ. C53；B948-53

中国国家版本馆 CIP 数据核字第 20241168SU 号

中华翻译家代表性译文库·玄奘卷

林宗豪　王　宏　编

出 品 人	褚超孚	
总 编 辑	陈　洁	
丛书策划	张　琛　包灵灵	
责任编辑	诸葛勤	
责任校对	赵　珏	
封面设计	闰江文化	
出版发行	浙江大学出版社	
	（杭州市天目山路 148 号　邮政编码 310007）	
	（网址：http://www.zjupress.com）	
排　　版	浙江大千时代文化传媒有限公司	
印　　刷	杭州高腾印务有限公司	
开　　本	710mm×1000mm　1/16	
印　　张	33.5	
字　　数	482 千	
版 印 次	2024 年 8 月第 1 版　2024 年 8 月第 1 次印刷	
书　　号	ISBN 978-7-308-25217-1	
定　　价	98.00 元	

总　序

考察中华文化发展与演变的历史,我们会清楚地看到翻译所起到的特殊作用。梁启超在谈及佛经翻译时曾有过一段很深刻的论述:"凡一民族之文化,其容纳性愈富者,其增展力愈强,此定理也。我民族对于外来文化之容纳性,惟佛学输入时代最能发挥。故不惟思想界生莫大之变化,即文学界亦然。"[①]

今年是五四运动一百周年,以梁启超的这一观点去审视五四运动前后的翻译,我们会有更多的发现。五四运动前后,通过翻译这条开放之路,中国的有识之士得以了解域外的新思潮、新观念,使走出封闭的自我有了可能。在中国,无论是在五四运动这一思想运动中,还是自 1978 年改革开放以来,翻译活动都显示出了独特的活力。其最重要的意义之一,就在于通过敞开自身,以他者为明镜,进一步解放自己,认识自己,改造自己,丰富自己,恰如周桂笙所言,经由翻译,取人之长,补己之短,收"相互发明之效"[②]。如果打开视野,以历史发展的眼光,

---

① 　梁启超.翻译文学与佛典//罗新璋.翻译论集.北京:商务印书馆,1984:63.
② 　陈福康.中国译学理论史稿.上海:上海外语教育出版社,1992:162.

从精神深处去探寻五四运动前后的翻译,我们会看到,翻译不是盲目的,而是在自觉地、不断地拓展思想的疆界。根据目前所掌握的资料,我们发现,在 20 世纪初,中国对社会主义思潮有着持续不断的译介,而这种译介活动,对社会主义学说、马克思主义思想在中国的传播及其与中国实践的结合具有重要的意义。在我看来,从社会主义思想的翻译,到马克思主义的译介,再到结合中国的社会和革命实践之后中国共产党的诞生,这是一条思想疆域的拓展之路,更是一条马克思主义与中国革命相结合的创造之路。

开放的精神与创造的力量,构成了我们认识翻译、理解翻译的两个基点。在这个意义上,我们可以说,中国的翻译史,就是一部中外文化交流、互学互鉴的历史,也是一部中外思想不断拓展、不断创新、不断丰富的历史。而在这一历史进程中,一位位伟大的翻译家,不仅仅以他们精心阐释、用心传译的文本为国人打开异域的世界,引入新思想、新观念,更以他们的开放性与先锋性,在中外思想、文化、文学交流史上立下了一个个具有引领价值的精神坐标。

对于翻译之功,我们都知道季羡林先生有过精辟的论述。确实如他所言,中华文化之所以能永葆青春,"翻译之为用大矣哉"。中国历史上的每一次翻译高潮,都会生发社会、文化、思想之变。佛经翻译,深刻影响了国人的精神生活,丰富了中国的语言,也拓宽了中国的文学创作之路,在这方面,鸠摩罗什、玄奘功不可没。西学东渐,开辟了新的思想之路;五四运动前后的翻译,更是在思想、语言、文学、文化各个层面产生了革命性的影响。严复的翻译之于思想、林纾的翻译之于文学的作用无须赘言,而鲁迅作为新文化运动的旗手,其翻译动机、翻译立场、翻译选择和翻译方法,与其文学主张、文化革新思想别无二致,其翻译起着先锋性的作用,引道着广大民众掌握新语言、接受新思想、表达自己的精神诉求。这条道路,是通向民主的道路,也是人民大众借助掌握的新语言创造新文化、新思想的道路。

回望中国的翻译历史,陈望道的《共产党宣言》的翻译,傅雷的文学翻译,朱生豪的莎士比亚戏剧翻译……一位位伟大的翻译家创造了经典,更创造了永恒的精神价值。基于这样的认识,浙江大学中华译学馆为弘扬翻译精神,促进中外文明互学互鉴,郑重推出"中华译学馆·中华翻译家代表性译文库"。以我之见,向伟大的翻译家致敬的最好方式莫过于(重)读他们的经典译文,而弘扬翻译家精神的最好方式也莫过于对其进行研究,通过他们的代表性译文进入其精神世界。鉴于此,"中华译学馆·中华翻译家代表性译文库"有着明确的追求:展现中华翻译家的经典译文,塑造中华翻译家的精神形象,深化翻译之本质的认识。该文库为开放性文库,入选对象系为中外文化交流做出了杰出贡献的翻译家,每位翻译家独立成卷。每卷的内容主要分三大部分:一为学术性道言,梳理翻译家的翻译历程,聚焦其翻译思想、译事特点与翻译贡献,并扼要说明译文遴选的原则;二为代表性译文选编,篇幅较长的摘选其中的部分译文;三为翻译家的译事年表。

需要说明的是,为了更加真实地再现翻译家的翻译历程和语言的发展轨迹,我们选编代表性译文时会尽可能保持其历史风貌,原本译文中有些字词的书写、词语的搭配、语句的表达,也许与今日的要求不尽相同,但保留原貌更有助于读者了解彼时的文化,对于历史文献的存留也有特殊的意义。相信读者朋友能理解我们的用心,乐于读到兼具历史价值与新时代意义的翻译珍本。

许　钧

2019 年夏于浙江大学紫金港校区

目　録

導　言 ……………………………………………………………………… 1

第一編　《能斷金剛般若波羅蜜經》

第九能斷金剛分 ……………………………………………………… 23

第二編　《般若波羅蜜多心經》

般若波羅蜜多心經 …………………………………………………… 39

第三編　《解深密經》

一、序品第一 ………………………………………………………… 43

二、勝義諦相品第二 ………………………………………………… 45

三、心意識相品第三 ………………………………………………… 53

四、一切法相品第四 ………………………………………………… 55

五、無自性相品第五 ………………………………………………… 57

六、分別瑜伽品第六 ………………………………………………… 66

七、地波羅蜜多品第七 ……………………………………………… 80

八、如來成所作事品第八 …………………………………………… 91

第四編 《説無垢稱經》

一、序品第一 …………………………………………… 101

二、顯不思議方便善巧品第二 ……………………… 108

三、聲聞品第三 ……………………………………… 110

四、菩薩品第四 ……………………………………… 117

五、問疾品第五 ……………………………………… 123

六、不思議品第六 …………………………………… 129

七、觀有情品第七 …………………………………… 135

八、菩提分品第八 …………………………………… 142

九、不二法門品第九 ………………………………… 148

十、香臺佛品第十 …………………………………… 153

十一、菩薩行品第十一 ……………………………… 159

十二、觀如來品第十二 ……………………………… 165

十三、法供養品第十三 ……………………………… 169

十四、囑累品第十四 ………………………………… 173

第五編 《大菩薩藏經》

一、菩薩藏會第十二之一開化長者品第一 ………… 177

二、菩薩藏會第十二之二金毗羅天受記品第二 …… 197

三、試驗菩薩品第三 ………………………………… 204

四、菩薩藏會第十二之三如來不思議性品第四之一 … 210

  菩薩藏會第十二之四如來不思議性品第四之二 … 226

  菩薩藏會第十二之五如來不思議性品第四之三 … 245

  菩薩藏會第十二之六如來不思議性品第四之四 … 258

五、菩薩藏會第十二之七四無量品第五 …………… 268

六、陀那波羅蜜多品第六 …………………………………… 276

七、菩薩藏會第十二之八尸波羅蜜品第七之一 …………… 283

　菩薩藏會第十二之九尸波羅蜜品第七之二 ……………… 302

　菩薩藏會第十二之十尸波羅蜜品第七之三 ……………… 317

八、菩薩藏會第十二之十一屬底波羅蜜多品第八 ………… 330

九、菩薩藏會第十二之十二毗利耶波羅蜜多品第九之一 … 336

　菩薩藏會第十二之十三毗利耶波羅蜜多品第九之二 …… 344

　菩薩藏會第十二之十四毗梨耶波羅蜜多品第九之三 …… 359

　菩薩藏會第十二之十五毗利耶波羅蜜多品第九之四 …… 375

十、菩薩藏會第十二之十六静慮波羅蜜多品第十之一 …… 388

　菩薩藏會第十二之十七静慮波羅蜜多品第十之二 ……… 401

十一、菩薩藏會第十二之十八般若波羅蜜多品第十一之一 … 406

　菩薩藏會第十二之十九般若波羅蜜多品第十一之二 …… 414

　菩薩藏會第十二之二十般若波羅蜜多品第十一之三 …… 424

　菩薩藏會第十二之二一般若波羅蜜多品第十一之四 …… 436

十二、菩薩藏會第十二之二二大自在天授記品第十二 ……… 449

第六編　《成唯識論》

一、卷第一 …………………………………………………… 465

二、卷第二 …………………………………………………… 475

三、卷第三 …………………………………………………… 486

四、卷第四 …………………………………………………… 498

玄奘譯事年表 ………………………………………………… 511

導　言

　　玄奘年幼出家,曾尋師訪道。貞觀初年,玄奘乘危遠邁,杖策孤征;貞觀十九年載譽東歸,譯布梵典,前後綿歷近二十年,共計翻譯大小乘經律論等七十五部,一千三百三十五卷。其中,入選“中華翻譯家代表性譯文庫”的《金剛經》與《心經》因其“空”性而成爲經中之最,公認度、傳播度無有出其右者;《解深密經》與《成唯識論》乃玄奘所創的法相唯識有宗的立宗法據要典;《説無垢稱經》的核心思想“不二法門”貫穿於中國佛教世界觀與方法論;《大菩薩藏經》乃玄奘東歸中夏後的首譯本,融攝了大乘佛教所有法門,集中體現了大乘佛法化己度人的知覺傾向。玄奘創建的翻譯思想,在一定程度上解決了佛經翻譯歷來存在的“音訛”“語謬”問題與“文”“質”之爭,確保了唐初“新譯”的數量與品質,實現了佛法傳播。玄奘及其所譯佛典成爲學界與佛教界研究的焦點。玄奘冒死西行,殫精竭慮,完成了“取經”與“譯經”的偉大壯舉,爲中外文化交流架設了友誼的橋梁。

一、玄奘生平介紹

　　《西遊記》中婦孺皆知的“唐僧”原型就是《大唐西域記》裏出現的“玄奘”。玄奘法師的偉大不僅僅限於宗教界,還波及思想界、哲學界、翻譯界、外交界等,堪稱我國最成功的留學僧之一,被魯迅先生譽爲“中華脊梁”。法師俗姓陳,陳留人也[①],其俗名争議主要有三,曰“褘(Yi)”“褘

---

① 　慧立,彦悰. 大慈恩寺三藏法師傳. 北京:中華書局,1983:4.

(Hui)"和"煒(Wei)",後有學者指出玄奘俗名應爲陳禕(Chen Yi),"玄奘"是其法名①。法師因遍通經、律、論三藏,又稱"唐三藏",圓寂於公元664年②,其年壽卻也聚訟紛紜,共計七説,其中四説論據薄弱,不予論及。業界三説主要涵蓋一説六十三歲,二説六十五歲和三説六十九歲。楊廷福從常情、《續高僧傳》的記載、玄奘生平活動的年歲記載、玄奘自述"行年"等方面推定玄奘年壽六十五爲當③,由此考定玄奘生於公元600年(隋文帝開皇二十年)。玄奘在中國學術上所做的貢獻之大之廣雖難一言蔽之,但其一生要事可概括爲取經、譯經兩件。前者爲播種培育,後者乃收穫存藏。

距今約一千三百餘年前,即貞觀元年(627)④,玄奘從長安起程,負笈西行,途經數十個國家、到過百多個城市,歷盡千難萬險,九死一生抵達天竺,前後共歷十九年,行程五萬里,於貞觀十九年(645)載譽東歸,帶回佛典五百二十夾,六百五十七部⑤。玄奘"乘危遠邁,杖策孤征"的背後動機和緣由是什麼? 兹綜合玄奘言行,在佛學上的原委⑥主要有三:

(1)譯經問題。自東漢⑦佛教傳入東土後,譯經事業隨之而興。原典要旨的準確傳遞離不開梵、漢和佛教義學三管齊下。然而,佛經初期傳譯者多爲外國高僧,因其不通漢文而依據"傳言"轉譯,導致舛誤頻出。此外,初期傳譯所得原典多爲中亞"胡"本而非梵本,原旨缺損便在情理之中,以致佛教義學莫衷一是。正如玄奘歎之:"但遠人來譯,音訓不同,去

---

① 楊全紅. 翻譯史另寫. 武漢:武漢大學出版社,2010:8.
② 楊廷福. 玄奘年譜. 上海:上海古籍出版社,2011:1. 但玄奘圓寂問題仍值得商榷——編者注,詳見:石萬壽. 玄奘享年問題的商榷//張曼. 玄奘大師研究(上). 臺北:大乘文化出版社,1977:91-118.
③ 楊廷福. 玄奘論集. 濟南:齊魯書社,1986:11-14.
④ 玄奘西行時間仍存爭議——編者注,詳見:閆小芬,鄒同慶,范振國. 玄奘集編年校注. 鄭州:河南大學出版社,2012:4-5.
⑤ 慧立,彥悰. 大慈恩寺三藏法師傳. 北京:中華書局,1983:2.
⑥ 楊廷福. 玄奘論集. 濟南:齊魯書社,1986:23-38.
⑦ 另説佛教是西元前傳入中國的,具體的時間現在還無法確定——編者注,詳見:季羨林. 佛. 北京:華藝出版社,2008:288.

聖時遥,義類差舛。"由此,玄奘"恨佛化經有不同,義有所缺,故無貪性命。不憚艱危,誓往西方,遵求遺法","取未至佛經"了。

(2)宗派問題。佛教經長期演化已有地域和見地之差。魏晉以來佛教傳入東土後與玄學相融,產生了衆多學派。南北朝末期至隋唐之際,各學派從義理分歧演變爲宗派對峙,其中便涉及玄奘師承的地論學派和攝論學派,進而促使玄奘西行求得總賅大中小三乘的《十七地論》,即今之《瑜伽師地論》,以釋衆惑。

(3)佛教利益問題。佛教源自古印度,要在儒家學説占主流地位的中土落地生根絶非易事。尤其唐初以來,佛教與道教的紛争、佛教與儒家的衝突日趨尖鋭。爲此,玄奘親赴印度求法以化解困境,彌補教義分歧,團結僧衆。此外,也有學者認爲,玄奘少年遍謁名師,以及先前西行求法高僧法顯大師、智嚴大師和貞觀初期來華傳譯的中天竺僧人波頗等對玄奘乘危遠邁也起到一定鼓舞作用。

玄奘所取的"經"已超越一般意義上的佛經,象徵著學識與真理;"取"亦非一般意義上的"拿",而是體現了堅韌不拔、百折不撓的玄奘精神,已然成爲中華民族的精神命脈。

取經東歸後的玄奘深得唐太宗賞識,太宗稱"法師堪公輔之寄,因勸罷道,助秉俗務"[1]。玄奘志在譯經弘教,因辭乃止。之後,玄奘奏請於嵩山少林寺從譯西域所得佛經梵本,太宗許以長安弘福寺禪院,爲玄奘於貞觀十九年五月[2]正式開譯奠定了基礎。此後,玄奘先後遷居慈恩寺、西明寺及玉華寺,但均譯經不輟,共譯經書七十五部,一千三百三十五卷[3],超過隋開皇元年至唐貞觀十六年間所譯佛典總卷數的一半,約爲鳩摩羅什、真諦、不空三大譯經師所譯總卷數總和的一倍。據統計,在玉華寺玄奘月

---

① 慧立,彦悰. 大慈恩寺三藏法師傳. 北京:中華書局,1983:129.
② 慧立,彦悰. 大慈恩寺三藏法師傳. 北京:中華書局,1983:132.
③ 智昇. 開元釋教録二(卷第八). 富世平,點校. 北京:中華書局,2018:475. 但《續高僧傳》統計玄奘譯經數爲73部,1330卷;若加入玄奘傳記、《大唐西域記》,則爲77部,1347卷——編者注。

均譯經數高達十卷,相當於慈恩寺、弘福寺等處譯經數的兩倍,占奘譯總卷數的一半。在衆多奘譯本中,《大菩薩藏經》爲其開山之作;《心經》爲其字數最少,流傳最廣,影響最大的譯經代表作;《瑜伽師地論》爲其西行求法動機之一,附有太宗《大唐三藏聖教序》,刻印於群經之首;《大般若波羅蜜多經》爲其圓寂前於玉華寺所譯的最後一部大經,共計六百卷。雖然玄奘爲法相唯識宗創始人,但其所譯經書並非僅限於此宗,而是囊括毘曇、因明、般若、戒律、中觀和瑜伽六科經典。

奘譯不僅勝在"量",還贏在"質",其譯文登峰造極,堪稱"前無古人,後無來者",開啓了佛經"新譯"時代。玄奘佛典譯業的巨大成就歸功於其1)深通漢、梵及佛理;2)嚴謹求真的治學態度和勤奮進取的奮鬥精神;3)高超的譯技和完備的譯場制度;4)唐朝帝王的支持。另外,玄奘還撰有《大唐西域記》十二卷,及奉旨梵譯《道德經》《大乘起信論》等,傳至印度。玄奘法師始終問道,至死方休,對中國佛教所産生的影響極爲深遠。

二、玄奘翻譯思想

1."五種不翻"

"五種不翻"和玄奘譯場乃玄師所創,前者解決了昔人譯經"音"謬等問題,後者確保了唐初"新譯"的數量與品質,卻並未囊括玄奘豐富的譯經思想。爲此,後世在玄奘史料再挖掘及其譯典研究基礎上,提出了"正名""讜而不文,辯而不質""光價終憑朝貴""正翻"與"義翻"等翻譯思想、原則與方法,以調和佛經翻譯的"文""質"之爭,實現佛法傳播。

"五種不翻"是玄奘基於昔人得失與自身譯經實踐所提出的最具體的翻譯思想,卻未見諸玄奘本人記述或概說。出處已有五,曰唐末景霄《四分律行事鈔簡正記》(卷二)、北宋贊寧《宋高僧傳》(卷三)、南宋法雲《翻譯名義集》(卷一)"十種通稱"中的"婆伽婆"條、南宋周敦義《翻譯名義序》和民國梁啓超《翻譯名義序》(刪訂本),其中法雲文本發現最早,公認度最高,記載主要有二:

法雲文本一:

唐奘法師明五種不翻：一、秘密故不翻，陀羅尼是。二、多含故不翻，如薄伽梵含六義故。三、此無故不翻，如閻浮樹。四、順古故不翻，如阿耨菩提，實可翻之，但摩騰以來存梵音故。五、生善故不翻，如般若尊重，智慧清淺，令人生敬，是故不翻。①

法雲文本二：

唐奘法師論五種不翻：一、秘密故，如"陀羅尼"；二、含多義故，如"薄伽"，梵具六義；三、此無故，如"閻淨樹"，中夏實無此木；四、順古故，如"阿耨菩提"，非不可翻，而摩騰以來，常存梵音；五、生善故，如"般若"尊重，"智慧"輕淺。而七迷之作，乃謂釋迦牟尼，此名"能仁"；"能仁"之義，位卑周、孔。"阿耨菩提"，名"正遍知"；此土老子之教，先有無上正真之道，無以爲異。"菩提薩埵"，名"大道心衆生"；其名下劣，皆掩而不翻。②

可能因法雲版本之異，後世對"五種不翻"的内涵和目的言人人殊。

其一，内涵分歧：暫不論兩文本在斷句、標點、措辭等方面的差異，周敦義行文誤導，將唐代道士李仲卿對佛教翻譯的抨擊，即"七迷之作"③緊隨玄奘"生善故"後，以致"生善故"含義衆説紛紜。

其二，目的分化：前文本表明"五種不翻"僅助於化解"通譯音訛"，而後文本揭示"五種不翻"對"通譯音訛"與"方言語謬"均有效。

兩權威文本雖存個性，但在譯音部分多有共性，其價值看法卻並不一致，褒、貶、中均有論之。一派代表陳福康、王秉欽、錢文忠、曹仕邦、成梅

---

① "五種不翻"出處各異，中國佛教協會編、中國社會科學出版社 2004 年出版的《中國佛教（五）》的斷句及標點似更合理——編者注，詳見：楊全紅. 翻譯史另寫. 武漢：武漢大學出版社，2010：192.

② 法雲. 翻譯名義集//大正新修大藏經. 臺北：財團法人佛陀教育基金會出版部，1990：1055.

③ 李漢平. 對玄奘翻譯思想的幾點澄清——兼與王宏印教授商榷. 中國翻譯，2019（1）：152. 但楊全紅教授認爲"七迷之作"乃道宣翻譯思想的文字——編者注，詳見：楊全紅. 翻譯史另寫. 武漢：武漢大學出版社，2010：187.

等肯定了"五種不翻"的分類價值及對後世翻譯的借鑒意義;二派代表朱自清、劉宓慶、范守義、羅根澤等或全盤否定或定之爲消極策略;三派代表梁啟超等觀點較爲客觀中立,雖將"五種不翻"定爲技術規範,但肯定了其對"定名"的重要性,稱"五種不翻"爲"忠實審慎,其所定程式,可供今日之參考者,固不少也"。

我們以爲,"五種不翻"不宜動輒推翻。其一,玄奘譯音法旨在爲音譯、意譯劃界而非一味音譯;其二,玄奘本人對音譯、意譯的利弊自有洞悉,且看其譯言:

> 然則佛興西方,法流東國,通譯音訛,方言語謬。音訛則義失,語謬則理乖,故曰"必也正名乎",貴無乖謬矣。①

雖難僅用"五種不翻"譯論道破玄奘譯經品質之高、數量之最,但其譯法在保守原文秘密及構建佛教術語體系,推進佛教中國化進程中具有理論和現實的雙重意義。

2. 玄奘譯場

玄奘雖唐、梵具瞻,但或因參酌前代譯經傳統與自身譯經實踐,有感合譯勝於單譯。然而,法師相信:"不依國主,則法事難立。"②爲此,玄奘取經東歸長安數日後便奔赴洛陽覲見唐太宗,以"搜擢賢明",創建佛經譯場,共譯西域所得梵本。

> 奘曰:"昔者二秦之譯,門位三千,雖復翻傳,猶恐後代無聞,懷疑乖信。若不搜舉,同奉玄規,豈以褊能,妄參朝委。頻又固請,乃蒙降許。"帝曰:"自法師行後,造弘福寺,其處雖小,禪院虛靜,可爲翻譯。所須人物吏力,並與玄齡商量,務令優給。"③

---

① 玄奘,辯機. 大唐西域記匯校. 范祥雍,匯校. 上海:上海古籍出版社,2011:10-11.
② 季羨林. 佛. 北京:華藝出版社,2008:185-186.
③ 道宣. 續高僧傳(上). 郭紹林,點校. 北京:中華書局,2014:120.

　　玄奘譯場雖未創規模之最，但因其職司品質與分工、譯經流程等優勢，在一定程度上成就了唐初“新譯”的數量與品質。相較於前代，唐朝盛世爲玄奘譯經壯舉所涉的經卷整理、後勤保障與譯場組建提供了天時、地利、人和的條件。朝廷鑒於玄奘所求，從全國各大寺院詔集二十三位始譯大德，均爲“諳解大小乘經論，爲時輩所推者”，其中證義十二人、綴文九人、字學一人，證梵語梵文一人，來自長安、蒲州、廓州、汴州、綿州、益州、簡州、幽州、洛州等各地。①

　　次年，玄奘鑒於弘福寺始譯得失，增設並優化了“筆受”一職。筆受者從原先僅負責記錄所傳漢文到“必言通華梵，學綜有空，相問委知，然後下筆”②。譯場第十年，玄奘鑒於呂才對《因明正理門論》譯本的文字誤讀引致的激辯，增設“潤文”一職，由於志寧、來濟、許敬宗、薛元超、李義府等“朝采”隨事潤色③，壯大了譯場職司的官設力量，進而提高了玄奘譯場的影響力。此外，前代譯經“初從梵語，倒寫本文”，再依漢語習慣調順潤飾，或增或減，原義盡失。爲避免“梵師獨斷，則微言罕革，筆人參制，則餘辭必混”④的局面，身爲國人譯主第一人的玄奘創設了新的譯經流程，以確保譯經品質。

　　　　今所翻傳，都由奘旨，意思獨斷，出語成章，詞人隨寫，即可披翫。尚賢吳、魏所譯諸文，但爲西梵所重，貴於文句鈎銷，聯類重還，布在唐文，頗居繁複，故事使綴工專司此位，所以貫通詞義，加度節之，銓本勒成，秘書繕寫。⑤

　　即先由玄奘依梵文口譯，經助經僧筆受，繼由梵文與漢文精通者雙重審核，再請綴文大德潤色，最後交由抄書手繕寫並整理成冊。

①　慧立，彥悰. 大慈恩寺三藏法師傳. 北京：中華書局，1983：131.
②　汪東萍. 佛典漢譯傳統研究——從支謙到玄奘. 上海：華東師範大學博士學位論文，2012：149.
③　道宣. 續高僧傳（上）. 郭紹林，點校. 北京：中華書局，2014：128.
④　慧皎，等. 高僧傳合集. 上海：上海古籍出版社，1991：119.
⑤　道宣. 續高僧傳（上）. 郭紹林，點校. 北京：中華書局，2014：121.

玄奘鑒於前人得失所創建的佛經譯場,可謂規模宏大、分工細緻,前代無比。玄奘譯場培養的翻譯英才爲之後的佛經漢譯提供了智庫保障,玄奘譯場組建的實踐爲現今翻譯研究提供了借鑒。

3. 後世發掘

玄奘譯經,成績斐然,深得梁啟超、季羨林、趙樸初、柏樂天等海内外大師的贊譽,開創了佛經"新譯"時代。然而,僅憑"五種不翻"與玄奘譯場或許不足以詮釋其"新譯"風格。爲此,後世藉由史料挖掘及奘譯典研究,提出了玄奘新譯言,對玄奘翻譯思想研究所做貢獻不容忽視。

熊宣東參酌史料,發掘了"正名""諷而不文,辯而不質""光價終憑朝貴"等玄奘譯言[①],並對其逐一闡發。

"正名"乃玄奘借孔子之口[②]所提譯言。"正名"之説明確了"梵音"無誤的重要性,爲"五種不翻"提供了原則指導。

"諷而不文,辯而不質"乃玄奘借搢紳之口所提的譯言。

> 有搢紳先生動色相趣,儼然而進曰:"夫印度之爲國也,靈聖之所降集,賢懿之所挺生,書稱天書,語爲天語。文辭婉密,音韻循環,或一言貫多義,或一義綜多言,聲有抑揚,調裁清濁。梵文深致,譯寄明人,經旨沖玄,義資盛德。若其裁以筆削,調以宫商,實所未安,誠非諷論。傳經深旨,務從易曉。苟不違本,斯則爲善。文過則豔,質甚則野。諷而不聞,辯而不質,則可無大過矣,始可與言譯也。"[③]

此説調和了"文過則豔,質甚則野"的問題,從而解決了"率由舊章"與"佛法流布"兼顧之兩難,體現了玄奘翻譯思想的折中與調和。

"譯經雖位在僧,光價終憑朝貴"乃玄奘於唐高宗爲皇太子李弘設僧

---

① 熊宣東. 玄奘//方夢之,莊智象. 中國翻譯家研究(歷代卷). 上海:上海外語教育出版社,2017:227-228.

② 玄奘,辯機. 大唐西域記. 董志翹,譯注. 北京:中華書局,2011:30. 原文内容請參閱前言"五種不翻"相應部分——編者注.

③ 玄奘,辯機. 大唐西域記匯校. 范祥雍,匯校. 上海:上海古籍出版社,2011:634.

齋之際,應朝采之問而提出的重要翻譯思想:

> 顯慶元年正月,爲皇太子於慈恩設大齋,朝采揔至。黃門侍郎薛
> 元超、中書侍郎李義府曰:"譯經佛法之大,未知何德以光揚耶?"奘
> 曰:"公此之問,常所懷矣。譯經雖位在僧,光價終憑朝貴。"①

該説表明,僅憑"譯經僧"、譯論等内部因素而未得"朝貴"、文化等外部之力,佛法東漸則"不足光遠"。

"正翻"與"義翻"屬古代佛經翻譯方法,分別用以解決"東西兩土俱有"與"西土即有,此土全無"的譯名問題,記載於唐末景霄《四分律行事鈔簡正記》。然而,此對翻譯術語歸屬卻存爭議,一説景霄所創,二説玄奘首倡。前者將這對概念視爲景霄對玄奘"五種不翻"中"此無故"的補充與發揮②。後者通過多維度論證"正翻"與"義翻"確係玄奘所作③。孰是孰非還有待商榷,但方家爲去僞求真所做的努力有目共睹。此外,玄奘在《大般若經》漢譯與《道德經》梵譯中所體現的"内外有別"翻譯倫理觀、佛典漢譯所依的"求真喻俗"原則、"六譯法"等翻譯思想係後世提煉而成,並非玄奘本人之作,但其對翻譯活動的後續影響與現實意義不言而喻。

三、玄奘研究

玄奘法師不僅是中國歷史上偉大的佛經翻譯家,而且還是佛學家、思想家、哲學家、外交家、旅行家、邏輯學家、中外文化交流使者、法相唯識宗創始人。

玄奘研究始於 19 世紀上半葉的歐洲,如德國學者克拉普羅特(Klaproth)於 1834 年所著的《玄奘在中亞與印度的旅行》便是玄奘研究

---

① 道宣. 續高僧傳(上). 郭紹林,點校. 北京:中華書局,2014:127-128.

② 王宏印. 中國傳統譯論經典詮釋——從道安到傅雷. 武漢:湖北教育出版社,2003:61.

③ 陶磊. 佛經漢譯理論中的"正翻"與"義翻". 華東師範大學學報(哲學社會科學版),2016(6):100. / 李漢平. 對玄奘翻譯思想的幾點澄清——兼與王宏印教授商榷. 中國翻譯,2019(1):156-157.

最早的著作之一。因《大唐西域記》法、俄、英等多語種譯本早在 19 世紀中葉至 20 世紀初已相繼問世,與此相關的研究主題便最先面世,所涉地域不僅波及以德國、英國爲首的歐洲等國,還輻射到日本、韓國、印度、中國等亞洲各國。例如英國官員的《印度考古調查報告》、印度學者對《大唐西域記》地名的考辨、韓國學者對慧超的《五天竺記》與《大唐西域記》的比較研究等。

值得一提的是,日本學者山下寅次早在 1904 年便於中國刊發玄奘研究專論,《玄奘三藏的〈大唐西域記〉中所見到的都貨羅國和〈漢書·西域傳〉中所見到的月氏國之考證》在一定程度上爲此後的國內研究注入活力。但中華人民共和國成立至改革開放的約三十年間,玄奘研究的成果並不顯著,海峽兩岸的研究焦點亦各不相同。

改革開放後,學術研究隨之興起,特別是中國玄奘研究中心的建立,兩屆玄奘國際學術討論會的召開等重大事件,將玄奘研究推向新的高度。其研究陣容集中了學術界與佛教界精英,其研究廣度與深度在繼承原有成果基礎上得到了拓展,所涉研究涵蓋出生、圓寂等考證,西行與東歸時間、路綫等考定,佛典翻譯,因明邏輯,哲學思想,唯識學,玄奘與佛教、帝王及弟子的關係,《大唐西域記》相關研究,《大慈恩寺三藏法師傳》研究,玄奘與《西遊記》相關研究,玄奘研究述評等衆多領域。其研究代表作有馬佩主編的《玄奘研究》、黃心川等主編的《玄奘研究文集》、黃夏年的《百年玄奘研究綜述》等。

要而論之,縱觀百餘年玄奘研究成果,可謂領域廣泛,內涵豐富。然而玄奘研究之路漫漫,需方家上下求索,突破瓶頸,引向縱深,建立玄奘學。

四、譯文選擇的原因與理據

佛書浩瀚精深,總賅三藏十二部、八萬四千法門,共達二萬多卷,三億多字,縱使才高八斗,學富五車,窮其一生,恐難閲盡。玄奘法師所譯佛典雖總量與此不可相提並論,體量卻依然龐大,涉七十五部,一千三百三十五卷,共計一千多萬字。若心無"津梁",則奘譯典勢必被束之高閣,這便是本書譯典選擇的初衷所在。鑒於"影響大、公認度高、傳播廣"的原則,本書選擇了《金剛經》《心經》《解深密經》《説無垢稱經》《大菩薩藏經》《成唯識論》。大法東漸兩千餘年的歷史進程中,就發展的不同思潮或派別而言,佛教可分爲大乘與小乘。自印度佛教傳入中土,大乘佛教或許因其"佛性"主張受益面廣,其"度人"理念與中國本土文化思潮較爲融契,成爲自隋唐以來中國漢地佛教的主要派別。鑒於此,入選的五部譯典均爲大乘經典。

大乘又有空宗、有宗之分。"般若經"是大乘空宗的代表經典,其中小本"般若經"《金剛經》和《心經》因其"空"性而成爲經中之最,公認度、傳播度無有出其右者。作爲古印度另一大佛教宗派,大乘有宗誕生最晚,對佛教通史的解釋力最強。《解深密經》《成唯識論》等屬於大乘有宗的重要經典,亦是玄奘所創的法相唯識有宗的立宗法據要典。此外,有別於其他入選經藏譯文,《成唯識論》屬論藏,在一定程度上體現了所選譯文的多樣性,進而詮釋了收録兩經的緣由。

玄奘所譯的《説無垢稱經》屬《維摩詰經》的重譯本。同本異議雖爲佛經翻譯的常態,然而像此經這樣前後共歷七譯(漢譯),時間跨度長達約四百年,實乃罕見之舉。不難窺見該經在中土的傳播之廣與影響之大。此外,中國佛教世界觀與方法論便是根植於本經的核心思想與"不二法門",其"心淨則佛土静""入世與出世"的高深智慧對後世的影響甚遠。

將《大菩薩藏經》置於佛教中心地位顯然與事實不符,但該經乃玄奘西行東歸後的首譯本,著重強調了四無量、六度與四攝三大行門,並以此融攝大乘佛教所有法門,集中體現了大乘佛法化己度人的知覺傾向。

五、所選譯文的介紹與研究

1. 所選譯文介紹

《金剛經》全稱《大般若經第九會·能斷金剛分》,又稱《金剛般若波羅蜜多經》《金剛能斷般若波羅蜜經》《能斷金剛般若波羅蜜經》等。玄奘奉詔所譯的《能斷金剛般若波羅蜜經》實爲《大般若波羅蜜多經》第五百七十七卷的"第九能斷金剛分",爲般若系綱要,也是初期大乘佛教的經典代表作之一,已有漢、英、法、德、匈、俄、荷、日等多語種譯本,在中國佛教界和海外均享有極高的聲譽。1992年南懷瑾居士所著的《金剛經説什麼》至今暢銷不衰,掀起了當代人閱讀《金剛經》的新熱潮。

在佛經翻譯史上,同經異譯十分普遍,然而像《金剛經》這樣前後共歷六譯(漢譯)①、時間跨度約達四百年的實爲罕見。《金剛經》的首譯本乃鳩摩羅什所作,因其文學性,爲賢達君子所鍾愛,也是流通最爲廣泛的一個譯本。其後又出現了五個譯本,分別由不同時代的譯經家菩提流支、真諦、達摩笈多、玄奘和義淨所譯。在已有四個譯本的情況下,玄奘爲何於貞觀二十二年又開啟《金剛經》第五次重譯之旅? 其一,唐太宗對佛教般若經典興趣尤甚,贊《金剛般若經》理微言簡,但對譯本文義完整性存有疑慮。其二,佛經梵文版本往往各異,羅什與玄奘所依梵本也不例外。鑒於唐太宗的訴求及佛典梵本的差異,玄奘於玉華寺連夜趕譯出《金剛經》。

《金剛經》享譽世界,其價值不僅體現在中國佛學思想上,還滲透於天台、唯識等宗派,波及社會文化的各個方面,其"性空幻有"的般若智慧與"掃相破執"的修行實踐對當代人生依然具有重要的啟示。

《般若波羅蜜多心經》略稱《心經》,又稱《般若心經》,出自玄奘所譯的《大般若經》的"學觀品"。全經僅有二百六十字,原本並非單獨成卷,但因《大般若經》卷帙浩繁,古德才對其心髓部分(即般若智慧與空論)進行提煉摘錄,以便受持,是大乘佛教公認的第一經典,已有漢、藏譯本,以及英、法、德、荷、俄、日、韓、越等多語種譯本,不僅傳至東南亞等國,還波及西方多國,在世界範圍產生了廣泛的影響。可以説,《心經》是佛經中字數最少、內涵最深、傳奇最多、流傳最廣的經典之一,深受古今中外各界人士的關注。

---

① 有學者指出,《能斷金剛經》有7種不同漢譯本——作者注,詳見:李本加.《能斷金剛經》藏漢譯本比較研究. 中國藏學,2018(1):111-112.

　　同經異譯雖爲佛經翻譯的常態，然而像《心經》這樣前後共譯二十一次(漢譯)的絶無僅有。事實上，《心經》譯名和全經的翻譯乃玄奘於貞觀二十三年在翠微宫所創，在奘譯之前已有兩譯本，分別是三國時期支謙首譯的《摩訶般若波羅蜜咒經》(已失傳)和姚秦時期鳩摩羅什所譯的《摩訶般若波羅蜜大明咒經》(最早通行本)。

　　自三國至現代，《心經》衆多譯本先後問世，但現今流通的有七個版本，分別由鳩摩羅什、玄奘、法月、般若共利言、法成、智慧輪、施護等譯者所作，其中羅什譯本和玄奘譯本爲略本(只含正中分)，其餘譯本爲廣本(包含序分、正中分和流通分)①。七個版本中，玄奘譯本公認度最高。值得一提的是，綜觀羅什佛經譯本和玄奘佛經譯本，羅什譯本往往技高一籌，但《心經》是個例外。探其緣由，這可能與玄奘以慈悲心懷悉心照料了一位滿身爛瘡的僧人密不可分。

　　這部辭約義豐、聲韻順暢的佛教常誦經典，不僅完整呈現了五蘊、十二因緣、四諦等佛教核心概念，還滲透著人生解脱的真理，自誕生以來，便爲衆生度苦給樂。

　　《深密經》全稱爲《解深密經》，凡五卷八品，乃"經中之論"，涉及境、行、果三方面内容，是玄奘於貞觀二十一年在弘福寺所譯，前後共歷約兩個月。本經是瑜伽行派最重要的經典，是唯識學派創建過程中諸多理論的源流，因此《解深密經》是唯識學的必讀經典。事實上，本經(除《序品》外)全部收録於《瑜伽師地論》第七十五卷至七十八卷，然而兩經誕生時間尚無定論，故無從確定《瑜伽師地論》是否早於本經問世。迄今爲止，《解深密經》尚未發現梵文原典，但已有漢、藏譯本，以及法、日等多語譯本和各語種注疏版本。

　　就《解深密經》漢譯本而言，異譯本有四，分別是宋元嘉年間求那跋陀羅所譯的《相續解脱經》、後魏延昌二年菩提流支所譯的《深密解脱經》、陳永定年間真諦所譯的《解節經》和玄奘大師所譯的《解深密經》，由此可見，

---

① 　陳立華. 關於敦煌本古藏文《般若波羅蜜多心經》的解讀. 西藏研究,2012(3):62.

《解深密經》譯名乃玄奘所創,也是現今通行本。值得注意的是,以上四譯典中,真諦僅譯了一卷,而求那跋陀羅僅譯了一卷兩品;全譯本是由菩提流支和玄奘二人所作,四譯典中流傳最廣、對後世佛學影響最深的也推這兩種完整譯本。

然而,流支譯本的流通仍處於唯識學的早期階段,唯識思想的術語體系尚未形成,且當時的佛學界對印度大乘佛學的發展全貌普遍缺乏認知,從而導致流支譯典帶有或多或少的模糊性與隨意性。而流支翻譯缺陷的彌補及《解深密經》譯本品質的提升正是得益於玄奘大師對原典的精細梳理與安排。

《解深密經》所陳述的多重觀念呈現了唯識佛學的大體理念框架,對唯識教法的成立產生了深遠的影響,進而將佛學思維傳統從原先的破斥存在性轉向認知存在性。

《説無垢稱經》是《維摩詰經》的第七譯,亦是最後一譯,卷數最多,凡六卷十四品,是大乘佛教的重要經典。本經由玄奘大師於大慈恩寺翻經院所譯,與東漢嚴佛調首譯的《古維摩詰經》、西晉竺淑蘭譯的《異毗摩羅詰經》、西晉竺法護譯的《維摩詰所説法門經》、東晉祇多蜜譯的《維摩詰經》等七個漢譯本屬於同經異譯。然而,現存異譯本僅包括吳支謙所譯的《維摩詰經》,姚秦鳩摩羅什所譯的《維摩詰所説經》和玄奘譯本三種,收錄於《大正新修大藏經》第十四冊之中。

《説無垢稱經》的確切翻譯年份尚存爭議,一説貞觀年間,另説永徽元年。奘譯本問世之前,本經便已共歷六譯,縱跨四百餘年。然而,七譯本中深受歷代譯者青睞、後世公認度最高的既非首譯亦非末譯,而推羅什譯本,且多數西方譯本及諸多注釋義疏也是基於羅什譯本而作。那麼,玄奘為何開啟此番重譯? 其動機源於 1)舊譯本存有的缺陷;2)説唯識法的維摩詰玄理;3)玄奘的維摩詰信仰;4)梵文原典文化思潮的興起。

儘管奘譯不如羅什譯簡練流暢,文筆雋永,但奘譯義理詳盡,有其無可替代的價值,二經可相互參照,互為補充。《説無垢稱經》是對中國文化影響最大的佛經之一,其核心要義與"不二法門"為中國佛教的方法論奠定了基礎，賦予衆人入世與出世的智慧。

《菩薩藏經》即玄奘所譯《大菩薩藏經》原本，凡二十卷十二品，既是唐玄奘西行所獲的"首部佛典"，亦是西行返國後的"首譯佛典"，涉及四無量、六度、四攝等大乘教義，後由菩提流志編入《大寶積經》，收錄於《大正藏》第十一冊，卷三十五至卷五十四，稱爲"菩薩藏會"。該經由玄奘於貞觀十九年在弘福寺所譯，前後共歷約四月。

玄奘西行東歸所攜梵本衆多，其中不乏大部經典，如《瑜伽師地論》《大般若經》等。《大菩薩藏經》設爲先譯的背後緣由或許有二：其一，《大菩薩藏經》雖未彰顯瑜伽學，但囊括了大乘佛法的全部法門，翔實記録了大乘佛法的發展軌迹，明示了大乘佛教的前世今生、破繭成蝶，及其與外道的異同和自身的優勢，繼而窺見玄奘對大乘的系統認識；其二，《大菩薩藏經》的始譯磨合有助於玄奘總結翻譯得失，完善佛經譯場及譯經模式，進而確保後續譯典的數量與品質。雖然本經的影響力及後世對此的研究與引用無法與《金剛經》《心經》《法華經》等佛教經典相提並論，但由於《大菩薩藏經》深受玄奘的重視及皇室的鍾愛，該經在玄奘弟子中產生了重要的影響，並獲時爲太子的高宗爲此經而作《菩薩藏經後序》。此外，玄奘之前，該經已共歷三譯，玄奘之後，宋代法護重譯本《大乘菩薩藏正法經》又得以面世，亦在一定程度上詮釋了此經的流傳價值。

唯識所依主要經典一般爲六經十一論，十一論中最重要的當數《瑜伽師地論》，但該論共計一百卷，篇幅浩繁，恐難誦讀。鑒於此，約公元五世紀，唯識學鼻祖之一，世親菩薩著《唯識三十頌》，概述了《瑜伽師地論》唯識深妙義理，闡明了唯識之相、唯識之性和唯識之行位。該唯識經論雖簡明扼要，卻囊括了百卷《瑜伽師地論》的精華，其在唯識學中的重要性不言而喻。然而，世親完成《唯識三十頌》不久便圓寂了，未能續釋頌文，以釋衆惑。爲此，衆多論師爲之作釋論，共計二十八家，其中印度親勝、火辨、難陀、德慧、安慧、淨月、護法、勝友、勝子、智月爲十大著名論師，而護法之《釋》最具代表。玄奘法師赴印求法以唯識爲先，東歸譯經亦關注唯識經論，開創了法相唯識宗。爲充分展現《唯識三十頌》義理，玄奘本欲全譯十大論師的釋文，但因篇幅大、釋文觀點分歧，而聽從其弟子窺基的建議，以護法之《釋》爲主，參以其他印度九大論師對《唯識三十頌》的釋論，由窺基筆受，纂譯《成唯識論》十卷。該論書略稱《唯識論》，亦稱《淨唯識論》，收錄於《大正新修大藏經・瑜伽部》。全論分爲相、性、位三大部分，即明唯識相（釋《唯識三十頌》第一至二十四頌）、明唯識性（釋第二十五頌）和明唯識位（釋第二十六至三十頌），乃唯識學研究的入門之書。

2.所選譯文研究

《金剛經》流通之廣，注疏之多，堪稱"諸佛之母"。自傳入中土，其歷代注疏層見疊出，研究成果遍布論文與專著，囊括國內外。該經研究涉及宗教哲學思想、美學思想、藝術影響、語言學、思想文化價值①、《金剛經》版本、義理、翻譯語言、流傳與影響、《金剛經》與《六祖壇經》關係、《金剛經》靈驗記、《金剛經》變文、變相等衆多研究領域，但對古代文獻中的《金剛經》梳理及其與注疏間的關係、《金剛經》傳世的來龍去脈等領域仍亟待挖掘②。近五年來，《金剛經》研究既繼承了原有的傳統，亦有新的突破：不僅關注《金剛經》漢譯本研究，還涵蓋其其他譯本比較；不僅關注單譯本的研究，還觸及同經異譯的系統研究。然而，《金剛經》奘譯本研究並不多見，其關注度有待加強，只有例如王繼紅《從〈金剛經〉梵漢對勘看玄奘的翻譯語法觀念》、謝銳《〈金剛經〉玄奘譯本的校勘價值》等幾篇。

《心經》最早漢譯本誕生於三國時期，此後數百年間始終未引起佛教界的足夠關注。自奘譯本引入中土後情況才有根本性改變，這部僅有短短兩百餘字的微型典籍逐步躍升爲流傳最廣、普及度最高、影響最大、用途最多的經典之一，被視爲《大般若經》的精髓。《心經》研究焦點主要有二：其一，《心經》版本研究。《心經》前後共譯二十餘次，漢譯版本衆多，爲原文與譯文對比及譯者風格研究搭建了基礎。此外，《心經》其他譯本等

---

① 具體研究詳見：杜正乾.《金剛經》研究述評. 五臺山研究,2007(1):10-14.
② 具體研究詳見：張開媛.《金剛經》鳩摩羅什譯本在唐代的流傳和接受. 北京:北京外國語大學,2015.

的問世也爲該經的版本研究提供了更爲多元的視角,研究區域從國内拓展至國外(國外主要聚集於歐美與日本)。例如程恭讓《〈心經〉安心:從梵、漢比較研究的角度看》、仲克才讓《敦煌文獻〈般若波羅蜜多心經〉藏譯本研究》、王堯《藏漢佛典對勘釋讀之一〈般若波羅蜜多心經〉》、聶鴻音《西夏文藏傳〈般若心經〉研究》、鄧忠《略倫孔兹〈般若波羅蜜多心經〉英譯本——兼與玄奘〈心經〉漢譯本比較》等。其二,《心經》義理研究。該研究層面既有論著,亦有論文,既包括古代高僧對《心經》的注疏,亦涵蓋現代學者對《心經》的譯注。例如玄奘著《心經注解 金剛經注解》、靖邁著《心經六家注》、談錫永著《心經内義與究竟意》、方廣錩編纂《般若心經譯注集成》、趙振强著《心經四宗注疏研究》、張善文《心經與易旨——唐慧淨法師〈心經疏〉"四不思議"之易旨比照衍説》、王孺童《〈心經釋要〉"五玄"述義》、劉常淨《〈般若波羅蜜多心經〉釋義》等。

《解深密經》乃法相唯識宗的"本經",亦爲瑜伽行派的要典。自玄奘創建此宗後,《解深密經》疏釋層出不窮,其代表有窺基、圓測、遁倫等七家。然而,現存注釋僅有圓測、遁倫兩家,以及少部分真諦講疏(今人輯出)和近人新釋。需指出的是,該經還保存有三家藏文與多處日文注釋。例如,漢文注釋有圓測著《解深密經疏》十卷、遁倫著《解深密經注》十卷、韓清淨《瑜伽師地論科句披尋記彙編》第七十五至七十八卷等;藏文注釋有無著《解深密經注》、覺通《解深密經注》與智藏《解深密經·慈氏章注》;日文注釋有深甫正文譯注《國譯解深密經》及相關研究論文。此外,本經研究還涉及漢文語譯、節要、思想等方面。例如演培語譯《解深密經語體釋》、羅時憲節要《解深密經測疏節要》、唐思鵬《勝義諦思想初探——兼論〈解深密經〉勝義諦義》(上、下)、胡海龍《佛法真實論初探——以〈解深密經〉爲例》等。

《説無垢稱經》屬《維摩詰經》的同本異譯,是一部"彈偏襃圓""呵大貶小"的佛典。該經含藴著"不二法門"的高深智慧,歷來備受中國各界學人信徒的關注。此經凡七譯(漢譯),現流通本僅有三,公認度最高爲羅什譯本,此譯本亦爲後世注疏的首推底本。該經研究在文獻、思想及信仰、文學與圖像等層面有不凡成果。文獻研究分攝版本與校注、敦煌《維摩詰經》相關寫本、敦煌《維摩詰經》變文三方面;《維摩詰經》思想研究涉及《維摩詰經》整體思想、"無住本"思想、不二思想、淨土思想、中觀思想;相較於思想研究,維摩詰信仰研究雖起步較晚,但近年來已引起相關學者關注,何劍平著的《中國中古維摩詰信仰研究》便是其力作;文學研究波及文學本體、文學影響兩大方面;圖像研究細分爲綜論與專題兩類①。

然而,當前《説無垢稱經》的研究仍較爲薄弱,所賅文獻以論文爲主。例如何劍平《玄奘與〈説無垢稱經〉的傳譯》、任璐《〈説無垢稱經〉異文研究》、馬驍《窺基〈説無垢稱經疏〉研究》、蔡耀明《〈説無垢稱經·問疾品〉以菩薩所行慰問病情與安度病情之義理研究》等。

《大菩薩藏經》的研究主要聚焦該經本身及其所涉思想兩方面,研究陣營遍布海内外(國外主要集中於日本),但歷來未引起學人關注。《大菩薩藏經》本身研究的力作有日本佛教學者高崎直道的《〈菩薩藏經〉研究》,其他文獻,如月輪賢隆的《關於古品大寶積經》、岡本嘉之的《大寶積經原典考》等,多限於研究《大寶積經》時提及《菩薩藏經》。另有文獻即便論及此經,也多圍於菩薩行的某一方面,抑或體現於該經譯者研究層面。此經思想研究代表有杜繼文著的《漢譯佛教經典哲學(下)》(第七章:從《寶積經》到《菩薩藏經》)、吕有祥的《佛教自利利他思想及其現代價值》等,前者填補了日本學界在該經奘譯本思想結構梳理研究方面的空白,後者對《菩薩藏經》中的菩薩行思想作了較爲全面的研究。

《成唯識論》因是唯識宗本論,此書研究不可避免會涉及唯識學、唯識所依的六經十一論部分佛典與《成唯識論》的比較等領域。該論乃世親菩薩所著的《唯識三十頌》的十家論師注釋的糅譯本,義理甚豐繁淵微。因此,《成唯識論》研究亦圍繞其義理、觀念及其注疏而展開。義理、觀念層面涉及識變、種子説、唯識空觀、阿賴耶識緣起論等;注疏跨越不同朝代,

---

① 具體詳見:嚴勝英. 近百年來《維摩詰經》研究綜述,哈爾濱工業大學學報(社會科學版),2016(2):95-102.

以唐代注疏最具代表,其中窺基的《成唯識論述記》乃《成唯識論》首部注解,最具權威。而窺基的補充注釋《成唯識論掌中樞要》、慧沼的《成唯識論了義燈》和智周的《成唯識論演秘》堪稱"唯識三疏"。

林宗豪(蘇州大學翻譯學博士、浙江科技大學講師)

王　宏(蘇州大學教授)

2020 年 4 月於蘇州大學

第一编

《能斷金剛般若波羅蜜經》

【《大般若波羅蜜多經》卷第五百七十七　大唐三藏法師玄奘奉詔譯】

第九能斷金剛分[①]

　　如是我聞：一時，薄伽梵在室羅筏，住誓多林給孤獨園，與大苾芻衆千二百五十人俱。爾時，世尊於日初分，整理裳服，執持衣鉢，入室羅筏大城，乞食。時，薄伽梵於其城中行乞食已，出還本處，飯食訖，收衣鉢，洗足已，於食後時，敷如常座，結跏趺坐，端身正願，住對面念。時，諸苾芻來詣佛所，到已，頂禮世尊雙足，右繞三匝，退坐一面。

　　具壽善現亦於如是衆會中坐。爾時，衆中具壽善現，從座而起，偏袒一肩，右膝著地，合掌恭敬，而白佛言：“希有！世尊！乃至如來、應、正等覺，能以最勝攝受，攝受諸菩薩摩訶薩，乃至如來、應、正等覺，能以最勝付囑，付囑諸菩薩摩訶薩。世尊！諸有發趣菩薩乘者，應云何住？云何修行？云何攝伏其心？”

　　作是語已，爾時，世尊告具壽善現曰：“善哉，善哉，善現！如是，如是，如汝所説，乃至如來、應、正等覺，能以最勝攝受，攝受諸菩薩摩訶薩，乃至如來、應、正等覺，能以最勝付囑，付囑諸菩薩摩訶薩。是故，善現！汝應諦聽，極善作意，吾當爲汝分別解説，諸有發趣菩薩乘者，應如是住，如是修行，如是攝伏其心。”具壽善現白佛言：“如是，如是，世尊！願樂欲聞。”

　　佛言：“善現！諸有發趣菩薩乘者，應當發趣如是之心：‘所有諸有情，

---

① 　玄奘奉詔所譯的《能斷金剛般若波羅蜜經》實爲《大般若波羅蜜多經》第577卷的“第九能斷金剛分”──編者注

有情攝所攝；若卵生、若胎生、若濕生、若化生，若有色、若無色，若有想、若無想，若非有想非無想，乃至有情界施設所施設：如是一切，我當皆令於無餘依妙涅槃界而般涅槃；雖度如是無量有情令滅度已，而無有情得滅度者。'何以故？善現！若諸菩薩摩訶薩有情想轉，不應説名菩薩摩訶薩。所以者何？善現！若諸菩薩摩訶薩不應説言有情想轉。如是命者想、士夫想、補特伽羅想、意生想、摩納婆想、作者想、受者想轉，當知亦爾。何以故？善現！無有少法名爲發趣菩薩乘者。

"復次，善現！菩薩摩訶薩不住於事應行布施，都無所住應行布施，不住於色應行布施，不住聲、香、味、觸、法應行布施。善現！如是菩薩摩訶薩如不住相想應行布施。何以故？善現！若菩薩摩訶薩都無所住而行布施，其福德聚不可取量。"佛告善現："於汝意云何？東方虛空可取量不？"善現答言："不也！世尊！""善現！如是南、西、北方、四維、上、下，周遍十方一切世界虛空，可取量不？"善現答言："不也！世尊！"佛言："善現！如是，如是。若菩薩摩訶薩都無所住而行布施，其福德聚不可取量，亦復如是。善現！菩薩如是如不住相想應行布施。"

佛告善現："於汝意云何？可以諸相具足觀如來不？"善現答言："不也！世尊！不應以諸相具足觀於如來。何以故？如來説諸相具足即非諸相具足。"

説是語已，佛復告具壽善現言："善現！乃至諸相具足皆是虛妄，乃至非相具足皆非虛妄，如是以相、非相應觀如來。"

説是語已，具壽善現復白佛言："世尊！頗有有情於當來世，後時、後分、後五百歲，正法將滅時分轉時，聞説如是色經典句，生實想不？"佛告善現："勿作是説：'頗有有情，於當來世，後時、後分、後五百歲，正法將滅時分轉時，聞説如是色經典句生實想不？'然復，善現！有菩薩摩訶薩於當來世，後時、後分、後五百歲，正法將滅時分轉時，具足尸羅、具德、具慧。復次，善現！彼菩薩摩訶薩非於一佛所承事供養，非於一佛所種諸善根。然復，善現！彼菩薩摩訶薩於其非一百千佛所承事供養，於其非一百千佛所種諸善根，乃能聞説如是色經典句，當得一淨信心。善現！如來以其佛智悉已知彼，如來以其佛眼悉已見彼，善現！如來悉已覺彼一切有情當生無量無數福聚，當攝無量無數福聚。何以故？善現！彼菩薩摩訶薩無我想轉，無有情想、無命者想、無士夫想、無補特伽羅想、無意生想、無摩納婆想、無作者想、無受者想轉。善現！彼菩薩摩訶薩無法想轉、無非法想轉，無想轉亦無非想轉。所以者何？善現！若菩薩摩訶薩有法想轉，彼即應有我執、有情執、命者執、補特伽羅等執；若有非法想轉，彼亦應有我執、有情執、命者執、補特伽羅等執。何以故？善現！不應取法，不應取非法。是故如來密意而說筏喻法門：‘諸有智者法尚應斷，何況非法！’”

佛復告具壽善現言：“善現！於汝意云何？頗有少法，如來、應、正等覺證得阿耨多羅三藐三菩提耶？頗有少法，如來、應、正等覺是所說耶？”善現答言：“世尊！如我解佛所說義者，無有少法，如來、應、正等覺證得阿耨多羅三藐三菩提；亦無有少法，是如來、應、正等覺所說。何以故？世尊！如來、應、正等覺所證、所說、所思惟法皆不可取，不可宣說，非法，非非法。何以故？以諸賢聖補特伽羅皆是無爲之所顯故。”

佛告善現：“於汝意云何？若善男子或善女人，以此三千大千世界盛滿七寶，持用布施，是善男子或善女人，由此因緣，所生福聚寧爲多不？”善現答言：“甚多，世尊！甚多，善逝！是善男子或善女人，由此因緣，所生福聚其量甚多。何以故？世尊！福德聚，福德聚者，如來說爲非福德聚，是故如來說名福德聚、福德聚。”

佛復告善現言：“善現！若善男子或善女人，以此三千大千世界盛滿七寶持用布施；若善男子或善女人，於此法門乃至四句伽他，受持、讀誦、究竟通利，及廣爲他宣說、開示、如理作意，由是因緣所生福聚，甚多於前無量、無數。何以故？一切如來、應、正等覺阿耨多羅三藐三菩提皆從此經出，諸佛世尊皆從此經生。所以者何？善現！諸佛法、諸佛法者，如來說爲非諸佛法，是故如來說名諸佛法諸佛法。”

佛告善現：“於汝意云何？諸預流者頗作是念：‘我能證得預流果’不？”

善現答言：“不也，世尊！諸預流者不作是念：‘我能證得預流之果。’

何以故？世尊！諸預流者無少所預，故名預流；不預色、聲、香、味、觸、法，故名預流。世尊！若預流者作如是念：'我能證得預流之果。'即爲執我、有情、命者、士夫、補特伽羅等。"

佛告善現："於汝意云何？諸一來者頗作是念：'我能證得一來果'不？"

善現答言："不也，世尊！諸一來者不作是念：'我能證得一來之果。'何以故？世尊！以無少法證一來性，故名一來。"

佛告善現："於汝意云何？諸阿羅漢頗作是念：'我能證得阿羅漢'不？"

善現答言："不也！世尊！諸阿羅漢不作是念：'我能證得阿羅漢性。'何以故？世尊！以無少法名阿羅漢，由是因緣名阿羅漢。世尊！若阿羅漢作如是念：'我能證得阿羅漢性。'即爲執我、有情、命者、士夫、補特伽羅等。所以者何？世尊！如來、應、正等覺說我得無諍住最爲第一，世尊！我雖是阿羅漢永離貪欲，而我未曾作如是念：'我得阿羅漢永離貪欲。'世尊！我若作如是念'我得阿羅漢永離貪欲'者，如來不應記說我言'善現善男子得無諍住最爲第一'。以都無所住，是故如來說名無諍住無諍住。"

佛告善現："於汝意云何？如來昔在然燈如來、應、正等覺所，頗於少法有所取不？"

善現答言："不也！世尊！如來昔在然燈如來、應、正等覺所，都無少法而有所取。"

佛告善現："若有菩薩作如是言：'我當成辦佛土功德莊嚴。'如是菩薩非真實語。何以故？善現！佛土功德莊嚴佛土功德莊嚴者，如來說非莊嚴，是故如來說名佛土功德莊嚴佛土功德莊嚴。是故，善現！菩薩如是都無所住應生其心，不住於色應生其心，不住非色應生其心，不住聲、香、味、觸、法應生其心，不住非聲、香、味、觸、法應生其心，都無所住應生其心。"

佛告善現："如有士夫具身大身，其色自體假使譬如妙高山王。善現！於汝意云何？彼之自體爲廣大不？"

善現答言："彼之自體廣大！世尊！廣大！善逝！何以故？世尊！彼之自體，如來說非彼體故名自體，非以彼體故名自體。"

佛告善現："於汝意云何？乃至殑伽河中所有沙數，假使有如是沙等殑伽河，是諸殑伽河沙寧爲多不？"

善現答言："甚多！世尊！甚多！善逝！諸殑伽河尚多無數，何況其沙！"

佛言："善現！吾今告汝，開覺於汝，假使若善男子或善女人，以妙七寶盛滿爾所殑伽河沙等世界，奉施如來、應、正等覺。善現！於汝意云何？是善男子或善女人，由此因緣所生福聚寧爲多不？"

善現答言："甚多！世尊！甚多！善逝！是善男子或善女人，由此因緣所生福聚其量甚多。"

佛復告善現："若以七寶盛滿爾所沙等世界，奉施如來、應、正等覺。若善男子或善女人，於此法門乃至四句伽他，受持、讀誦、究竟通利，及廣爲他宣説、開示、如理作意，由此因緣所生福聚，甚多於前無量無數。

"復次，善現！若地方所，於此法門，乃至爲他宣説、開示四句伽他，此地方所尚爲世間諸天及人、阿素洛等之所供養，如佛靈廟，何況有能於此法門具足究竟、書寫、受持、讀誦、究竟通利，及廣爲他宣説、開示、如理作意。如是有情成就最勝希有功德。此地方所大師所住，或隨一一尊重處所若諸有智、同梵行者。"

説是語已，具壽善現復白佛言："世尊！當何名此法門？我當云何奉持？"

作是語已，佛告善現言："具壽！今此法門名爲能斷金剛般若波羅蜜多，如是名字汝當奉持。何以故？善現！如是般若波羅蜜多，如來説爲非般若波羅蜜多，是故如來説名般若波羅蜜多。"

佛告善現："於汝意云何？頗有少法如來可説不？"

善現答言："不也，世尊！無有少法如來可説。"

佛告善現："乃至三千大千世界大地微塵寧爲多不？"

善現答言："此地微塵甚多！世尊！甚多，善逝！"佛言："善現！大地微塵，如來説非微塵，是故如來説名大地微塵；諸世界，如來説非世界，是故如來説名世界。"

佛告善現："於汝意云何？應以三十二大士夫相觀於如來、應、正等覺不？"

善現答言："不也，世尊！不應以三十二大士夫相觀於如來、應、正等覺。何以故？世尊！三十二大士夫相，如來說爲非相，是故如來說名三十二大士夫相。"

佛復告善現言："假使若有善男子或善女人，於日日分捨施殑伽河沙等自體，如是經殑伽河沙等劫數捨施自體。復有善男子或善女人，於此法門乃至四句伽他，受持、讀誦、究竟通利，及廣爲他宣說、開示、如理作意，由是因緣所生福聚，甚多於前無量無數。"

爾時，具壽善現聞法威力，悲泣墮淚，俯仰捫淚而白佛言："甚奇希有，世尊！最極希有，善逝！如來今者所說法門，普爲發趣最上乘者作諸義利，普爲發趣最勝乘者作諸義利。世尊！我昔生智以來，未曾得聞如是法門。世尊！若諸有情聞說如是甚深經典生真實想，當知成就最勝希有。何以故？世尊！諸真實想、真實想者，如來說爲非想，是故如來說名真實想、真實想。

"世尊！我今聞說如是法門，領悟、信解未爲希有。若諸有情，於當來世，後時、後分、後五百歲，正法將滅時分轉時，當於如是甚深法門，領悟、信解、受持、讀誦、究竟通利，及廣爲他宣說、開示、如理作意，當知成就最勝希有。何以故？世尊！彼諸有情無我想轉，無有情想、無命者想、無士夫想、無補特伽羅想、無意生想、無摩納婆想、無作者想、無受者想轉。所以者何？世尊！諸我想，即是非想，諸有情想、命者想、士夫想、補特伽羅想、意生想、摩納婆想、作者想、受者想，即是非想。何以故？諸佛世尊離一切想。"

作是語已，爾時，世尊告具壽善現言："如是！如是！善現！若諸有情聞說如是甚深經典，不驚、不懼、無有怖畏，當知成就最勝希有。何以故？善現！如來說最勝波羅蜜多，謂般若波羅蜜多。善現！如來所說最勝波羅蜜多，無量諸佛世尊所共宣說，故名最勝波羅蜜多。如來說最勝波羅蜜多即非波羅蜜多，是故如來說名最勝波羅蜜多。

　　"復次，善現！如來説忍辱波羅蜜多即非波羅蜜多，是故如來説名忍辱波羅蜜多。何以故？善現！我昔過去世曾爲羯利王斷支節肉，我於爾時都無我想、或有情想、或命者想、或士夫想、或補特伽羅想、或意生想、或摩納婆想、或作者想、或受者想，我於爾時都無有想，亦非無想。何以故？善現！我於爾時若有我想，即於爾時應有恚想；我於爾時若有有情想、命者想、士夫想、補特伽羅想、意生想、摩納婆想、作者想、受者想，即於爾時應有恚想。何以故？善現！我憶過去五百生中，曾爲自號忍辱仙人，我於爾時都無我想、無有情想、無命者想、無士夫想、無補特伽羅想、無意生想、無摩納婆想、無作者想、無受者想，我於爾時都無有想，亦非無想。是故，善現！菩薩摩訶薩遠離一切想，應發阿耨多羅三藐三菩提心，不住於色應生其心，不住非色應生其心，不住聲、香、味、觸、法應生其心，不住非聲、香、味、觸、法應生其心，都無所住應生其心。何以故？善現！諸有所住，則爲非住。是故如來説'諸菩薩應無所住而行布施'，不應住色、聲、香、味、觸、法而行布施。

　　"復次，善現！菩薩摩訶薩爲諸有情作義利故，應當如是棄捨布施。何以故？善現！諸有情想即是非想；一切有情，如來即説爲非有情。善現！如來是實語者、諦語者、如語者、不異語者。

　　"復次，善現！如來現前等所證法、或所説法、或所思法，即於其中非諦非妄。善現！譬如士夫入於闇室，都無所見，當知菩薩若墮於事，謂墮於事而行布施，亦復如是。善現！譬如明眼士夫過夜曉已，日光出時見種種色，當知菩薩不墮於事，謂不墮事而行布施，亦復如是。

　　"復次，善現！若善男子或善女人於此法門受持、讀誦、究竟通利，及廣爲他宣説、開示、如理作意，則爲如來以其佛智悉知是人，則爲如來以其佛眼悉見是人，則爲如來悉覺是人，如是有情一切當生無量福聚。

　　"復次，善現！假使善男子或善女人，日初時分以殑伽河沙等自體布施，日中時分復以殑伽河沙等自體布施，日後時分亦以殑伽河沙等自體布施，由此異門，經於俱胝那庾多百千劫以自體布施；若有聞説如是法門，不生誹謗，由此因緣，所生福聚，尚多於前無量無數，何況能於如是法門具足究竟，書寫、受持、讀誦、究竟通利，及廣爲他宣說、開示、如理作意。

"復次，善現！如是法門不可思議、不可稱量，應當希冀不可思議所感異熟。善現！如來宣說如是法門，爲欲饒益趣最上乘諸有情故，爲欲饒益趣最勝乘諸有情故。善現！若有於此法門受持、讀誦、究竟通利，及廣爲他宣說、開示、如理作意，即爲如來以其佛智悉知是人，即爲如來以其佛眼悉見是人，則爲如來悉覺是人。如是有情一切成就無量福聚，皆當成就不可思議、不可稱量無邊福聚。善現！如是一切有情，其肩荷擔如來無上正等菩提。何以故？善現！如是法門非諸下劣信解有情所能聽聞，非諸我見、非諸有情見、非諸命者見、非諸士夫見、非諸補特伽羅見、非諸意生見、非諸摩納婆見、非諸作者見、非諸受者見所能聽聞。此等若能受持、讀誦、究竟通利，及廣爲他宣說、開示、如理作意，無有是處。

"復次，善現！若地方所開此經典，此地方所當爲世間諸天及人、阿素洛等之所供養、禮敬、右繞如佛靈廟。

"復次，善現！若善男子或善女人，於此經典受持、讀誦、究竟通利，及廣爲他宣說、開示、如理作意，若遭輕毀、極遭輕毀。所以者何？善現！是諸有情宿生所造諸不淨業應感惡趣，以現法中遭輕毀故，宿生所造諸不淨業皆悉消盡，當得無上正等菩提。

"何以故？善現！我憶：過去於無數劫復過無數，於然燈如來、應、正等覺先復過先，曾值八十四俱胝那庾多百千諸佛我皆承事，既承事已，皆無違犯。善現！我於如是諸佛世尊皆得承事，既承事已皆無違犯。若諸有情後時、後分、後五百歲，正法將滅時分轉時，於此經典受持、讀誦、究竟通利，及廣爲他宣說、開示、如理作意。善現！我先福聚，於此福聚，百分計之所不能及，如是千分、若百千分、若俱胝百千分、若俱胝那庾多百千分、若數分、若計分、若算分、若喻分、若鄔波尼殺曇分，亦不能及。

"善現！我若具說當於爾時是善男子或善女人所生福聚，乃至是善男子、是善女人所攝福聚，有諸有情則便迷悶，心惑狂亂。是故，善現！如來宣說如是法門不可思議、不可稱量，應當希冀不可思議所感異熟。"

爾時，具壽善現復白佛言："世尊！諸有發趣菩薩乘者，應云何住？云何修行？云何攝伏其心？"佛告善現："諸有發趣菩薩乘者，應當發起如是之心：'我當皆令一切有情於無餘依妙涅槃界而般涅槃，雖度如是一切有情令滅度已，而無有情得滅度者。'何以故？善現！若諸菩薩摩訶薩有情想轉，不應說名菩薩摩訶薩。所以者何？若諸菩薩摩訶薩不應說言有情想轉。如是命者想、士夫想、補特伽羅想、意生想、摩納婆想、作者想、受者想轉，當知亦爾。何以故？善現！無有少法名爲發趣菩薩乘者。"

佛告善現："於汝意云何？如來昔於然燈如來、應、正等覺所，頗有少法能證阿耨多羅三藐三菩提不？"作是語已，具壽善現白佛言："世尊！如我解佛所說義者，如來昔於然燈如來、應、正等覺所，無有少法能證阿耨多羅三藐三菩提。"

說是語已，佛告具壽善現言："如是！如是！善現！如來昔於然燈如來、應、正等覺所，無有少法能證阿耨多羅三藐三菩提。何以故？善現！如來昔於然燈如來、應、正等覺所，若有少法能證阿耨多羅三藐三菩提者，然燈如來、應、正等覺不應授我記言：'汝摩納婆於當來世名釋迦牟尼如來、應、正等覺。'善現！以如來無有少法能證阿耨多羅三藐三菩提，是故然燈如來、應、正等覺授我記言：'汝摩納婆於當來世名釋迦牟尼如來、應、正等覺。'所以者何？善現！言如來者，即是真實真如增語；言如來者，即是無生法性增語；言如來者，即是永斷道路增語；言如來者，即是畢竟不生增語。何以故？善現！若實無生即最勝義。

"善現！若如是說如來、應、正等覺能證阿耨多羅三藐三菩提者，當知此言爲不真實。所以者何？善現！由彼謗我，起不實執。何以故？善現！無有少法，如來、應、正等覺能證阿耨多羅三藐三菩提。善現！如來現前等所證法，或所說法、或所思法，即於其中非諦非妄，是故如來說一切法皆是佛法。善現！一切法，一切法者，如來說非一切法，是故如來說名一切法、一切法。"

佛告善現："譬如士夫具身大身。"具壽善現即白佛言："世尊！如來所說士夫具身大身，如來說爲非身，是故說名具身大身。"

佛言："善現！如是，如是。若諸菩薩作如是言：'我當滅度無量有情。'是則不應説名菩薩。何以故？善現！頗有少法名菩薩不？"善現答言："不也！世尊！無有少法名爲菩薩。"佛告善現："有情、有情者，如來説非有情，故名有情，是故如來説一切法無有有情、無有命者、無有士夫、無有補特伽羅等。

"善現！若諸菩薩作如是言：'我當成辦佛土功德莊嚴。'亦如是説。何以故？善現！佛土功德莊嚴、佛土功德莊嚴者，如來説非莊嚴，是故如來説名佛土功德莊嚴、佛土功德莊嚴。

"善現！若諸菩薩於無我法、無我法深信解者，如來、應、正等覺説爲菩薩菩薩。"

佛告善現："於汝意云何？如來等現有肉眼不？"善現答言："如是！世尊！如來等現有肉眼。"佛言："善現！於汝意云何？如來等現有天眼不？"善現答言："如是，世尊！如來等現有天眼。"佛言："善現！於汝意云何？如來等現有慧眼不？"善現答言："如是，世尊！如來等現有慧眼。"佛言："善現！於汝意云何？如來等現有法眼不？"善現答言："如是，世尊！如來等現有法眼。"

佛言："善現！於汝意云何？如來等現有佛眼不？"善現答言："如是，世尊！如來等現有佛眼。"佛告善現："於汝意云何？乃至殑伽河中所有諸沙，如來説是沙不？"善現答言："如是，世尊！如是，善逝！如來説是沙。"佛言："善現！於汝意云何？乃至殑伽河中所有沙數，假使有如是等殑伽河，乃至是諸殑伽河中所有沙數，假使有如是等世界。是諸世界寧爲多不？"善現答言："如是，世尊！如是，善逝！是諸世界其數甚多。"佛言："善現！乃至爾所諸世界中所有有情，彼諸有情各有種種，其心流注我悉能知。何以故？善現！心流注、心流注者，如來説非流注，是故如來説名心流注、心流注。所以者何？善現！過去心不可得，未來心不可得，現在心不可得。"

佛告善現："於汝意云何？若善男子或善女人，以此三千大千世界盛滿七寶奉施如來、應、正等覺，是善男子或善女人，由是因緣所生福聚寧爲多不？"

善現答言："甚多,世尊! 甚多,善逝!"佛言："善現! 如是,如是,彼善男子或善女人,由此因緣所生福聚其量甚多。何以故? 善現! 若有福聚,如來不説福聚、福聚。"

佛告善現："於汝意云何? 可以色身圓實觀如來不?"善現答言："不也,世尊! 不可以色身圓實觀於如來。何以故? 世尊! 色身圓實、色身圓實者,如來説非圓實,是故如來説名色身圓實、色身圓實。"

佛告善現："於汝意云何? 可以諸相具足觀如來不?"善現答言："不也,世尊! 不可以諸相具足觀於如來。何以故? 世尊! 諸相具足、諸相具足者,如來説爲非相具足,是故如來説名諸相具足、諸相具足。"

佛告善現："於汝意云何? 如來頗作是念'我當有所説法'耶? 善現! 汝今勿當作如是觀。何以故? 善現! 若言如來有所説法,即爲謗我,爲非善取。何以故? 善現! 説法説法者,無法可得,故名説法。"

爾時,具壽善現白佛言："世尊! 於當來世,後時、後分、後五百歲,正法將滅時分轉時,頗有有情,聞説如是色類法已,能深信不?"

佛言："善現! 彼非有情,非不有情。何以故? 善現! 一切有情者,如來説非有情,故名一切有情。"

佛告善現："於汝意云何? 頗有少法,如來、應、正等覺現證無上正等菩提耶?"具壽善現白佛言："世尊! 如我解佛所説義者,無有少法,如來、應、正等覺現證無上正等菩提。"佛言："善現! 如是! 如是! 於中少法無有無得,故名無上正等菩提。

"復次,善現! 是法平等,於其中間無不平等,故名無上正等菩提。以無我性、無有情性、無命者性、無士夫性、無補特伽羅等性平等,故名無上正等菩提。一切善法無不現證,一切善法無不妙覺。善現! 善法、善法者,如來一切説爲非法,是故如來説名善法、善法。

"復次,善現! 若善男子或善女人集七寶聚,量等三千大千世界其中所有妙高山王,持用布施;若善男子或善女人,於此般若波羅蜜多經中,乃至四句伽他,受持、讀誦、究竟通利,及廣爲他宣説、開示、如理作意。善現! 前説福聚於此福聚,百分計之所不能及,如是千分、若百千分、若俱胝

百千分、若俱胝那庾多百千分、若數分、若計分、若算分、若喻分、若鄔波尼殺曇分,亦不能及。"

佛告善現:"於汝意云何?如來頗作是念:'我當度脱諸有情'耶?善現!汝今勿當作如是觀。何以故?善現!無少有情如來度者。善現!若有有情如來度者,如來即應有其我執,有有情執,有命者執,有士夫執,有補特伽羅等執。善現!我等執者,如來説爲非執,故名我等執,而諸愚夫異生,强有此執。善現!愚夫異生者,如來説爲非生,故名愚夫異生。"

佛告善現:"於汝意云何?可以諸相具足觀如來不?"善現答言:"如我解佛所説義者,不應以諸相具足觀於如來。"佛言:"善現!善哉,善哉;如是,如是。如汝所説:不應以諸相具足觀於如來。善現!若以諸相具足觀如來者,轉輪聖王應是如來,是故不應以諸相具足觀於如來,如是應以諸相非相觀於如來。"

爾時,世尊而説頌曰:"諸以色觀我,以音聲尋我,彼生履邪斷,不能當見我。應觀佛法性,即導師法身;法性非所識,故彼不能了。"

佛告善現:"於汝意云何?如來、應、正等覺以諸相具足現證無上正等覺耶?善現!汝今勿當作如是觀。何以故?善現!如來、應、正等覺不以諸相具足現證無上正等菩提。復次,善現!如是發趣菩薩乘者,頗施設少法若壞若斷耶?善現!汝今勿當作如是觀。諸有發趣菩薩乘者,終不施設少法若壞若斷。

"復次,善現!若善男子或善女人,以殑伽河沙等世界盛滿七寶,奉施如來、應、正等覺,若有菩薩於諸無我、無生法中獲得堪忍:由是因緣所生福聚甚多於彼。復次,善現!菩薩不應攝受福聚。"具壽善現即白佛言:"世尊!云何菩薩不應攝受福聚?"佛言:"善現!所應攝受不應攝受,是故説名所應攝受。

"復次,善現!若有説言'如來若去、若來、若住、若坐、若卧',是人不解我所説義。何以故?善現!言如來者即是真實、真如增語,都無所去、無所從來,故名如來、應、正等覺。

"復次,善現!若善男子或善女人,乃至三千大千世界大地極微塵量等世界,即以如是無數世界色像爲墨,如極微聚。善現!於汝意云何?是極微聚寧爲多不?"善現答言:"是極微聚甚多!世尊!甚多;善逝!何以故?世尊!若極微聚是實有者,佛不應説爲極微聚。所以者何?如來説極微聚即爲非聚,故名極微聚。如來説三千大千世界即非世界,故名三千大千世界。何以故?世尊!若世界是實有者,即爲一合執,如來説一合執即爲非執,故名一合執。"佛言:"善現!此一合執不可言説、不可戲論,然彼一切愚夫異生强執是法。

"何以故?善現!若作是言'如來宣説我見、有情見、命者見、士夫見、補特伽羅見、意生見、摩納婆見、作者見、受者見',於汝意云何?如是所説爲正語不?"善現答言:"不也!世尊;不也!善逝。如是所説非爲正語。所以者何?如來所説我見、有情見、命者見、士夫見、補特伽羅見、意生見、摩納婆見、作者見、受者見即爲非見,故名我見,乃至受者見。"

佛告善現:"諸有發趣菩薩乘者,於一切法應如是知、應如是見、應如是信解,如是不住法想。何以故?善現!法想、法想者,如來説爲非想,是故如來説名法想、法想。

"復次,善現!若菩薩摩訶薩以無量無數世界盛滿七寶,奉施如來、應、正等覺。若善男子或善女人,於此般若波羅蜜多經中,乃至四句伽他,受持、讀誦、究竟通利、如理作意,及廣爲他宣説、開示,由此因緣,所生福聚,甚多於前無量、無數。云何爲他宣説、開示?如不爲他宣説、開示,故名爲他宣説、開示。"

爾時,世尊而説頌曰:"諸和合所爲,如星、翳、燈、幻,露、泡、夢、電、雲,應作如是觀。"

時,薄伽梵説是經已,尊者善現及諸苾芻、苾芻尼、鄔波索迦、鄔波斯迦,並諸世間天、人、阿素洛、健達縛等,聞薄伽梵所説經已,皆大歡喜、信受奉行。

第二編

《般若波羅蜜多心經》

般若波羅蜜多心經

觀自在菩薩,行深般若波羅蜜多時,照見五蘊皆空,度一切苦厄。

舍利子,色不異空,空不異色,色即是空,空即是色,受、想、行、識,亦復如是。

舍利子,是諸法空相。不生不滅,不垢不淨,不增不減。

是故,空中無色,無受、想、行、識;無眼、耳、鼻、舌、身、意;無色、聲、香、味、觸、法;無眼界,乃至無意識界;無無明,亦無無明盡,乃至無老死,亦無老死盡;無苦、集、滅、道,無智亦無得。

以無所得故。菩提薩埵,依般若波羅蜜多故,心無罣礙。無罣礙故,無有恐怖。遠離顛倒夢想。究竟涅槃。三世諸佛,依般若波羅蜜多故,得阿耨多羅三藐三菩提。

故知般若波羅蜜多,是大神咒,是大明咒,是無上咒,是無等等咒,能除一切苦,真實不虛。

故說般若波羅蜜多咒,即說咒曰:

揭諦,揭諦,波羅揭諦,波羅僧揭諦,菩提薩婆訶。

第三编

《解深密經》

【《解深密經》卷第一　大唐三藏法師玄奘奉詔譯】

一、序品第一

如是我聞：

一時，薄伽梵住最勝光曜，七寶莊嚴，放大光明，普照一切無邊世界，無量方所妙飾間列，周圓無際，其量難測，超過三界所行之處，勝出世間善根所起，最極自在淨識為相。如來所都，諸大菩薩眾所雲集，無量天、龍、藥叉、健達縛、阿素洛、揭路茶、緊捺洛、牟呼洛伽、人、非人等，常所翼從，廣大法味喜樂所持，作諸眾生一切義利，滅諸煩惱災橫纏垢，遠離眾魔、過諸莊嚴，如來莊嚴之所依處，大念慧行以為遊路，大止妙觀以為所乘，大空、無相、無願解脫為所入門，無量功德眾所莊嚴，大寶花王眾所建立大宮殿中。

是薄伽梵最清淨覺，不二現行，趣無相法。住於佛住逮得一切佛平等性，到無障處，不可轉法，所行無礙，其所成立不可思議。遊於三世平等法性，其身流布一切世界，於一切法智無疑滯，於一切行成就大覺，於諸法智無有疑惑，凡所現身不可分別，一切菩薩正所求智，得佛無二住勝彼岸，不相間雜。如來解脫妙智究竟，證無中邊佛地平等，極於法界，盡虛空性窮未來際。

與無量大聲聞眾俱，一切調順，皆是佛子，心善解脫，慧善解脫，戒善清淨，趣求法樂；多聞、聞持，其聞積集；善思所思，善說所說，善作所作；捷慧、速慧、利慧、出慧、勝決擇慧、大慧、廣慧及無等慧，慧寶成就；具足三明，逮得第一現法樂住；大淨福田，威儀寂靜，無不圓滿；大忍柔和，成就無減,已善奉行如來聖教。

　　復有無量菩薩摩訶薩,從種種佛土而來集會。皆住大乘,遊大乘法,於諸衆生其心平等,離諸分別及不分別種種分別,摧伏一切衆魔怨敵,遠離一切聲聞、獨覺所有作意,廣大法味喜樂所持,超五怖畏,一向趣入不退轉地,息一切衆生一切苦惱所逼迫地,而現在前。其名曰解甚深義密意菩薩摩訶薩、如理請問菩薩摩訶薩、法湧菩薩摩訶薩、善清淨慧菩薩摩訶薩、廣慧菩薩摩訶薩、德本菩薩摩訶薩、勝義生菩薩摩訶薩、觀自在菩薩摩訶薩、慈氏菩薩摩訶薩、曼殊室利菩薩摩訶薩等,而爲上首。

二、勝義諦相品第二

爾時,如理請問菩薩摩訶薩,即於佛前問解甚深義密意菩薩言:"最勝子!言一切法無二,一切法無二者,何等一切法?云何爲無二?"

解甚深義密意菩薩告如理請問菩薩曰:"善男子!一切法者,略有二種:一者、有爲;二者、無爲。是中有爲,非有爲非無爲;無爲,亦非無爲非有爲。"

如理請問菩薩復問解甚深義密意菩薩言:"最勝子!如何'有爲,非有爲非無爲;無爲,亦非無爲非有爲'?"

解甚深義密意菩薩謂如理請問菩薩曰:"善男子!言有爲者,乃是本師假施設句。若是本師假施設句,即是遍計所集、言辭所説;若是遍計所集、言辭所説,即是究竟種種遍計言辭所説。不成實故,非是有爲。善男子!言無爲者,亦墮言辭。施設離有爲、無爲少有所説,其相亦爾。然非無事而有所説。何等爲事?謂諸聖者以聖智、聖見,離名言故,現等正覺;即於如是離言法性,爲欲令他現等覺故,假立名想謂之有爲。

"善男子!言無爲者,亦是本師假施設句;若是本師假施設句,即是遍計所集、言辭所説;若是遍計所集、言辭所説,即是究竟種種遍計言辭所説。不成實故,非是無爲。善男子!言有爲者,亦墮言辭。設離無爲、有爲少有所説,其相亦爾。然非無事而有所説。何等爲事?謂諸聖者以聖智、聖見,離名言故,現等正覺;即於如是離言法性,爲欲令他現等覺故,假立名想謂之無爲。"

爾時,如理請問菩薩摩訶薩復問解甚深義密意菩薩摩訶薩言:"最勝子！如何此事彼諸聖者以聖智、聖見，離名言故，現等正覺；即於如是離言法性，爲欲令他現等覺故，假立名想，或謂有爲？或謂無爲？"

解甚深義密意菩薩謂如理請問菩薩曰："善男子！如善幻師或彼弟子，住四衢道，積集瓦、礫、草、葉、木等，現作種種幻化事業。所謂：象身、馬身、車身、步身，末尼、真珠、琉璃、螺貝、璧玉、珊瑚，種種財、穀、庫藏等身。若諸衆生愚癡、頑鈍、惡慧種類，無所曉知，於瓦、礫、草、葉、木等上諸幻化事，見已聞已，作如是念：'此所見者，實有象身、實有馬身、車身、步身，末尼、真珠、琉璃、螺貝、璧玉、珊瑚，種種財、穀、庫藏等身。'如其所見，如其所聞，堅固執著，隨起言說：'唯此諦實，餘皆愚妄。'彼於後時應更觀察。

"若有衆生非愚、非鈍、善慧種類，有所曉知，於瓦、礫、草、葉、木等上諸幻化事，見已聞已，作如是念：'此所見者，無實象身，無實馬身、車身、步身，末尼、真珠、琉璃、螺貝、璧玉、珊瑚，種種財、穀、庫藏等身；然有幻狀迷惑眼事。於中發起大象身想，或大象身差別之想，乃至發起種種財、穀、庫藏等想，或彼種類差別之想。'不如所見，不如所聞，堅固執著，隨起言說：'唯此諦實，餘皆愚妄。'爲欲表知如是義故，亦於此中隨起言說。彼於後時不須觀察。

"如是，若有衆生是愚夫類，是異生類，未得諸聖出世間慧，於一切法離言法性不能了知；彼於一切有爲、無爲，見已聞已，作如是念：'此所得者，決定實有有爲、無爲。'如其所見，如其所聞，堅固執著，隨起言說：'唯此諦實，餘皆癡妄。'彼於後時應更觀察。

"若有衆生非愚夫類，已見聖諦，已得諸聖出世間慧，於一切法離言法性如實了知；彼於一切有爲、無爲，見已聞已，作如是念：'此所得者，決定無實有爲、無爲。然有分別所起行相，猶如幻事迷惑覺慧，於中發起爲、無爲想，或爲、無爲差別之想。'不如所見，不如所聞，堅固執著，隨起言說：'唯此諦實，餘皆癡妄。'爲欲表知如是義故，亦於此中隨起言說。彼於後時不須觀察。

"如是，善男子！彼諸聖者於此事中，以聖智、聖見，離名言故，現等正覺;即於如是離言法性,爲欲令他現等覺故,假立名想,謂之有爲,謂之無爲。」

爾時,解甚深義密意菩薩,欲重宣此義而說頌曰:

> 佛說離言無二義,　　甚深非愚之所行;
> 愚夫於此癡所惑,　　樂著二依言戲論。
> 彼或不定或邪定,　　流轉極長生死苦;
> 復違如是正智論,　　當生牛羊等類中。

爾時,法湧菩薩白佛言:「世尊! 從此東方過七十二殑伽河沙等世界,有世界,名具大名稱,是中如來,號廣大名稱。我於先日,從彼佛土發來至此。我於彼佛土曾見一處,有七萬七千外道並其師首,同一會坐。爲思諸法勝義諦相,彼共思議、稱量、觀察、遍推求時,於一切法勝義諦相,竟不能得。唯除種種意解,別異意解,變異意解,互相違背共興諍論,口出矛𥍲,更相𥍲已、刺已、惱已、壞已,各各離散。世尊! 我於爾時,竊作是念:『如來出世,甚奇! 希有! 由出世故,乃於如是超過一切尋思所行勝義諦相,亦有通達,作證可得。』」說是語已。

爾時,世尊告法湧菩薩曰:「善男子! 如是,如是! 如汝所說。我於超過一切尋思勝義諦相,現等正覺;現等覺已,爲他宣說、顯現、開解、施設、照了。何以故? 我說:『勝義是諸聖者內自所證,尋思所行是諸異生展轉所證。』是故,法湧! 由此道理,當知勝義超過一切尋思境相。復次,法湧! 我說:『勝義無相所行,尋思但行有相境界。』是故,法湧! 由此道理,當知勝義超過一切尋思境相。復次,法湧! 我說:『勝義不可言說,尋思但行言說境界。』是故,法湧! 由此道理,當知勝義超過一切尋思境相。復次,法湧! 我說:『勝義絕諸表示,尋思但行表示境界。』是故,法湧! 由此道理,當知勝義超過一切尋思境相。復次,法湧! 我說:『勝義絕諸諍論,尋思但行諍論境界。』是故,法湧! 由此道理,當知勝義超過一切尋思境相。

「法湧! 當知,譬如有人盡其壽量習辛苦味;於蜜、石蜜上妙美味,不能尋思、不能比度、不能信解。或於長夜由欲貪勝解諸欲熾火所燒然故;

於內除滅一切色、聲、香、味、觸相妙遠離樂，不能尋思、不能比度、不能信解。或於長夜由言說勝解，樂著世間綺言說故；於內寂靜聖默然樂，不能尋思、不能比度、不能信解。或於長夜由見聞覺知表示勝解，樂著世間諸表示故；於永除斷一切表示薩迦耶滅究竟涅槃，不能尋思、不能比度、不能信解。法湧！當知，譬如有人於其長夜由種種我所、攝受，諍論勝解，樂著世間諸諍論故；於北拘盧洲無我所、無攝受、離諍論，不能尋思、不能比度、不能信解。如是，法湧！諸尋思者，於超一切尋思所行勝義諦相，不能尋思、不能比度、不能信解。"

爾時，世尊欲重宣此義，而說頌曰：

> 內證無相之所行，　　不可言說絕表示，
> 息諸諍論勝義諦，　　超過一切尋思相。

爾時，善清淨慧菩薩白佛言："世尊！甚奇！乃至世尊！善說！如世尊言：'勝義諦相微細甚深，超過諸法一異性相，難可通達。'世尊！我即於此曾見一處，有衆菩薩等正修行勝解行地，同一會坐，皆共思議勝義諦相與諸行相一異性相。於此會中，一類菩薩作如是言：'勝義諦相與諸行相都無有異。'一類菩薩復作是言：'非勝義諦相與諸行相都無有異，然勝義諦相異諸行相。'有餘菩薩疑惑猶豫，復作是言：'是諸菩薩，誰言諦實？誰言虛妄？誰如理行？誰不如理？'或唱是言：'勝義諦相與諸行相都無有異。'或唱是言：'勝義諦相異諸行相。'世尊！我見彼已竊作是念：'此諸善男子愚癡、頑鈍、不明、不善、不如理行，於勝義諦微細甚深，超過諸行一異性相，不能解了。'"說是語已。

爾時，世尊告善清淨慧菩薩曰："善男子！如是，如是。如汝所說：'彼諸善男子愚癡、頑鈍、不明、不善、不如理行，於勝義諦微細甚深，超過諸行一異性相，不能解了。'何以故？善清淨慧！非於諸行如是行時，名能通達勝義諦相，或於勝義諦而得作證。何以故？善清淨慧！若勝義諦相與諸行相都無異者：應於今時一切異生皆已見諦，又諸異生皆應已得無上方便安隱涅槃，或應已證阿耨多羅三藐三菩提。若勝義諦相與諸行相一向異

者：已見諦者於諸行相應不除遣；若不除遣諸行相者，應於相縛不得解脫；此見諦者於諸相縛不解脫故，於粗重縛亦應不脫；由於二縛不解脫故，已見諦者應不能得無上方便安隱涅槃；或不應證阿耨多羅三藐三菩提。

“善清淨慧！由於今時非諸異生皆已見諦，非諸異生已能獲得無上方便安隱涅槃，亦非已證阿耨多羅三藐三菩提，是故勝義諦相與諸行相都無異相，不應道理！若於此中作如是言：‘勝義諦相與諸行相都無異者。’由此道理，當知一切非如理行，不如正理。

“善清淨慧！由於今時非見諦者於諸行相不能除遣，然能除遣，非見諦者於諸相縛不能解脫，然能解脫，非見諦者於粗重縛不能解脫，然能解脫，以於二障能解脫故，亦能獲得無上方便安隱涅槃，或有能證阿耨多羅三藐三菩提，是故勝義諦相與諸行相，一向異相，不應道理！若於此中作如是言：‘勝義諦相與諸行相一向異者。’由此道理，當知一切非如理行，不如正理。

“復次，善清淨慧！若勝義諦相與諸行相都無異者，如諸行相墮雜染相，此勝義諦相亦應如是墮雜染相。善清淨慧！若勝義諦相與諸行相一向異者，應非一切行相共相，名勝義諦相。善清淨慧！由於今時勝義諦相非墮雜染相，諸行共相名勝義諦相，是故勝義諦相與諸行相都無異相，不應道理，勝義諦相與諸行相一向異相，不應道理！若於此中作如是言：‘勝義諦相與諸行相都無有異，或勝義諦相與諸行相一向異者。’由此道理，當知一切非如理行，不如正理。

“復次，善清淨慧！若勝義諦相與諸行相都無異者，如勝義諦相於諸行相無有差別，一切行相亦應如是無有差別。修觀行者於諸行中，如其所見、如其所聞、如其所覺、如其所知，不應後時更求勝義。若勝義諦相與諸行相一向異者，應非諸行唯無我性、唯無自性之所顯現，是勝義相。又應俱時別相成立，謂雜染相及清淨相。

“善清淨慧！由於今時一切行相皆有差別，非無差別；修觀行者於諸行中，如其所見、如其所聞、如其所覺、如其所知，復於後時更求勝義。又即諸行唯無我性、唯無自性之所顯現，名勝義相。又非俱時染淨二相別相成立。是故勝義諦相與諸行相都無有異、或一向異,不應道理! 若於此中作如是言:'勝義諦相與諸行相都無有異、或一向異者。'由此道理,當知一切非如理行,不如正理。

"善清淨慧! 如螺貝上鮮白色性,不易施設與彼螺貝一相異相。如螺貝上鮮白色性;金上黃色亦復如是。如箜篌聲上美妙曲性,不易施設與箜篌聲一相異相。如黑沈上有妙香性,不易施設與彼黑沈一相異相。如胡椒上辛猛利性,不易施設與彼胡椒一相異相。如胡椒上辛猛利性,訶梨淡性亦復如是。如蠹羅綿上有柔軟性,不易施設與蠹羅綿一相異相。如熟酥上所有醍醐,不易施設與彼熟酥一相異相。又如一切行上無常性,一切有漏法上苦性,一切法上補特伽羅無我性,不易施設與彼行等一相異相。又如貪上不寂靜相及雜染相,不易施設與彼貪一相異相。如於貪上,於瞋、癡上,當知亦爾。如是,善清淨慧! 勝義諦相不可施設與諸行相一相異相。

"善清淨慧! 我於如是微細、極微細,甚深、極甚深,難通達、極難通達,超過諸法一異性相,勝義諦相現正等覺;現等覺已爲他宣説、顯示、開解、施設、照了。"

爾時,世尊欲重宣此義,而説頌曰:

行界勝義相,　　離一異性相;

若分別一異,　　彼非如理行。

衆生爲相縛,　　及彼粗重縛;

要勤修止觀,　　爾乃得解脱。

爾時,世尊告長老善現曰:"善現! 汝於有情界中,知幾有情懷增上慢,爲增上慢所執持故記別所解? 汝於有情界中,知幾有情離增上慢記別所解?"

長老善現白佛言:"世尊! 我知有情界中少分有情離增上慢記別所解。世尊! 我知有情界中有無量無數不可説有情懷增上慢,爲增上慢所執持故記別所解。

“世尊！我於一時住阿練若大樹林中，時有衆多苾芻亦於此林依近我住。我見彼諸苾芻於日後分，展轉聚集，依有所得現觀，各説種種相法，記別所解。

“於中一類，由得蘊故、得蘊相故、得蘊起故、得蘊盡故、得蘊滅故、得蘊滅作證故，記別所解。如此一類由得蘊故，復有一類由得處故，復有一類得緣起故，當知亦爾。

“復有一類由得食故、得食相故、得食起故、得食盡故、得食滅故、得食滅作證故，記別所解。

“復有一類由得諦故、得諦相故、得諦遍知故、得諦永斷故、得諦作證故、得諦修習故，記別所解。

“復有一類由得界故、得界相故、得界種種性故、得界非一性故、得界滅故、得界滅作證故，記別所解。

“復有一類由得念住故、得念住相故、得念住能治所治故、得念住修故、得念住未生令生故、得念住生已堅住不忘倍修增廣故，記別所解。如有一類得念住故，復有一類得正斷故、得神足故、得諸根故、得諸力故、得覺支故，當知亦爾。

“復有一類得八支聖道故、得八支聖道相故、得八支聖道能治所治故、得八支聖道修故、得八支聖道未生令生故、得八支聖道生已堅住不忘倍修增廣故，記別所解。

“世尊！我見彼已竊作是念：‘此諸長老依有所得現觀，各説種種相法，記別所解。當知彼諸長老，一切皆懷增上慢，爲增上慢所執持故，於勝義諦遍一切一味相，不能解了。’是故，世尊！甚奇！乃至世尊！善説！如世尊言：‘勝義諦相，微細、最微細，甚深、最甚深，難通達、最難通達，遍一切一味相。’世尊！此聖教中修行苾芻，於勝義諦遍一切一味相尚難通達，況諸外道。”

爾時，世尊告長老善現曰：“如是，如是。善現！我於微細最微細、甚深最甚深、難通達最難通達，遍一切一味相勝義諦，現正等覺；現等覺已，爲他宣説、顯示、開解、施設、照了。何以故？善現！我已顯示於一切蘊中清淨所緣，是勝義諦。我已顯示於一切處、緣起、食、諦、界、念住、正斷、神足、根、力、覺支、道支中清淨所緣，是勝義諦。此清淨所緣於一切蘊中，是一味相、無別異相；如於蘊中，如是於一切處中，乃至一切道支中，是一味相、無別異相。是故，善現！由此道理，當知勝義諦是遍一切一味相。

"復次，善現！修觀行苾芻，通達一蘊真如勝義法無我性已，更不尋求各別餘蘊、諸處、緣起、食、諦、界、念住、正斷、神足、根、力、覺支、道支真如勝義法無我性。唯即隨此真如勝義無二智為依止，故於遍一切一味相勝義諦，審察趣證。是故，善現！由此道理，當知勝義諦是遍一切一味相。

"復次，善現！如彼諸蘊展轉異相，如彼諸處、緣起、食、諦、界、念住、正斷、神足、根、力、覺支、道支，展轉異相。若一切法真如勝義法無我性亦異相者，是則真如勝義法無我性亦應有因，從因所生。若從因生應是有為，若是有為應非勝義，若非勝義應更尋求餘勝義諦。善現！由此真如勝義法無我性，不名有因，非因所生，亦非有為，是勝義諦，得此勝義更不尋求餘勝義諦。唯有常常時、恒恒時，如來出世、若不出世，諸法法性安立，法界安住。是故，善現！由此道理，當知勝義諦是遍一切一味相。

"善現！譬如種種非一品類異相色中，虛空無相、無分別、無變異、遍一切一味相。如是，異性、異相一切法中，勝義諦遍一切一味相，當知亦然。"

爾時，世尊欲重宣此義，而說頌曰：

> 此遍一切一味相，　　勝義諸佛說無異；
> 若有於中異分別，　　彼定愚癡依上慢。

三、心意識相品第三

爾時,廣慧菩薩摩訶薩白佛言:"世尊!如世尊説:'於心意識秘密善巧菩薩。'於心意識秘密善巧菩薩者,齊何名爲於心意識秘密善巧菩薩?如來齊何施設彼爲於心意識秘密善巧菩薩?"説是語已。

爾時,世尊告廣慧菩薩摩訶薩曰:"善哉,善哉!廣慧!汝今乃能請問如來如是深義,汝今爲欲利益安樂無量衆生,哀愍世間,及諸天、人、阿素洛等,爲令獲得義利安樂,故發斯問。汝應諦聽,吾當爲汝説心意識秘密之義。

"廣慧當知,於六趣生死彼彼有情,墮彼彼有情衆中,或在卵生、或在胎生、或在濕生、或在化生,身分生起,於中最初一切種子心識成熟、展轉、和合、增長、廣大。依二執受:一者、有色諸根及所依執受;二者、相名分別言説戲論習氣執受。有色界中具二執受,無色界中不具二種。

"廣慧!此識亦名阿陀那識。何以故?由此識於身隨逐執持故。亦名阿賴耶識。何以故?由此識於身攝受、藏隱、同安危義故。亦名爲心。何以故?由此識色聲香味觸等積集滋長故。

"廣慧!阿陀那識爲依止、爲建立故,六識身轉,謂眼識、耳、鼻、舌、身、意識。此中有識:眼及色爲緣生眼識,與眼識俱隨行,同時、同境,有分別意識轉。有識:耳、鼻、舌、身,及聲、香、味、觸爲緣,生耳、鼻、舌、身識,與耳、鼻、舌、身識俱隨行,同時、同境,有分別意識轉。廣慧!若於爾時一眼識轉,即於此時唯有一分別意識,與眼識同所行轉。若於爾時二、三、四、五諸識身轉,即於此時唯有一分別意識,與五識身同所行轉。

"廣慧！譬如大瀑水流，若有一浪生緣現前，唯一浪轉；若二、若多浪生緣現前，有多浪轉。然此瀑水自類恒流無斷無盡。又如善淨鏡面，若有一影生緣現前，唯一影起；若二、若多影生緣現前，有多影起。非此鏡面轉變爲影，亦無受用滅盡可得。

"如是，廣慧！由似瀑流阿陀那識爲依止、爲建立故，若於爾時有一眼識生緣現前，即於此時一眼識轉，若於爾時乃至有五識身生緣現前，即於此時五識身轉。

"廣慧！如是菩薩雖由法住智爲依止、爲建立故，於心意識秘密善巧。然諸如來不齊於此，施設彼爲於心意識一切秘密善巧菩薩。廣慧！若諸菩薩於内各别：如實不見阿陀那、不見阿陀那識；不見阿賴耶、不見阿賴耶識；不見積集、不見心；不見眼色及眼識；不見耳聲及耳識；不見鼻香及鼻識；不見舌味及舌識；不見身觸及身識；不見意法及意識；是名勝義善巧菩薩；如來施設彼爲勝義善巧菩薩。廣慧！齊此名爲於心意識一切秘密善巧菩薩；如來齊此施設彼爲於心意識一切秘密善巧菩薩。"

爾時，世尊欲重宣此義，而説頌曰：

> 阿陀那識甚深細，　　我於凡愚不開演，
>
> 一切種子如瀑流，　　恐彼分别執爲我。

【《解深密經》卷第二　大唐三藏法師玄奘奉詔譯】

四、一切法相品第四

　　爾時，德本菩薩摩訶薩白佛言："世尊！如世尊説：'於諸法相善巧菩薩。'於諸法相善巧菩薩者，齊何名爲於諸法相善巧菩薩？如來齊何施設彼，爲於諸法相善巧菩薩?"説是語已。

　　爾時，世尊告德本菩薩曰："善哉！德本！汝今乃能請問如來如是深義；汝今爲欲利益安樂無量衆生，哀愍世間及諸天、人、阿素洛等；爲令獲得義利安樂故，發斯問。汝應諦聽，吾當爲汝説諸法相。

　　"謂諸法相略有三種，何等爲三？一者、遍計所執相；二者、依他起相；三者、圓成實相。云何諸法遍計所執相？謂一切法名假安立自性差別，乃至爲令隨起言説。云何諸法依他起相？謂一切法緣生自性，則此有故彼有，此生故彼生，謂無明緣行，乃至招集純大苦蘊。云何諸法圓成實相？謂一切法平等真如。於此真如，諸菩薩衆勇猛精進爲因緣故，如理作意，無倒思惟爲因緣故，乃能通達。於此通達，漸漸修集，乃至無上正等菩提方證圓滿。

　　"善男子！如眩翳人眼中所有眩翳過患，遍計所執相當知亦爾。如眩翳人眩翳衆相：或發毛、輪、蜂蠅、巨勝，或復青、黄、赤、白等相差別現前；依他起相當知亦爾。如淨眼人遠離眼中眩翳過患，即此淨眼本性所行無亂境界；圓成實相當知亦爾。

　　"善男子！譬如清淨頗胝迦寶，若與青染色合，則似帝青、大青、末尼寶像；由邪執取帝青、大青、末尼寶故，惑亂有情。若與赤染色合，則似琥珀末尼寶像；由邪執取琥珀末尼寶故，惑亂有情。若與緑染色合，則似末羅羯多末尼寶像；由邪執取末羅羯多末尼寶故，惑亂有情。若與黄染色合，則似金像；由邪執取真金像故，惑亂有情。

"如是，德本！如彼清淨頗胝迦上，所有染色相應；依他起相上，遍計所執相言説習氣，當知亦爾。如彼清淨頗胝迦上，所有帝青、大青、琥珀、末羅羯多、金等邪執；依他起相上遍計所執相執，當知亦爾。如彼清淨頗胝迦寶；依他起相，當知亦爾。如彼清淨頗胝迦上，所有帝青、大青、琥珀、末羅羯多、真金等相，於常常時，於恒恒時，無有真實、無自性性，即依他起相上，由遍計所執相，於常常時、於恒恒時，無有真實、無自性性；圓成實相，當知亦爾。

"復次，德本！相名相應以爲緣故，遍計所執相而可了知；依他起相上，遍計所執相執以爲緣故，依他起相而可了知；依他起相上，遍計所執相無執以爲緣故，圓成實相而可了知。

"善男子！若諸菩薩能於諸法依他起相上，如實了知遍計所執相，即能如實了知一切無相之法；若諸菩薩如實了知依他起相，即能如實了知一切雜染相法；若諸菩薩如實了知圓成實相，即能如實了知一切清淨相法。

"善男子！若諸菩薩能於依他起相上，如實了知無相之法，即能斷滅雜染相法；若能斷滅雜染相法，即能證得清淨相法。

"如是，德本！由諸菩薩如實了知遍計所執相、依他起相、圓成實相故；如實了知諸無相法、雜染相法、清淨相法；如實了知無相法故，斷滅一切雜染相法，斷滅一切染相法故，證得一切清淨相法。齊此名爲於諸法相善巧菩薩；如來齊此施設彼爲於諸法相善巧菩薩。"

爾時，世尊欲重宣此義，而説頌曰：

若不了知無相法，　雜染相法不能斷；
不斷雜染相法故，　壞證微妙淨相法。
不觀諸行衆過失，　放逸過失害衆生；
懈怠住法動法中，　無有失壞可憐愍。

五、無自性相品第五

爾時,勝義生菩薩摩訶薩白佛言:"世尊!我曾獨在静處,心生如是尋思:'世尊以無量門曾説:"諸蘊所有自相,生相、滅相,永斷、遍知。"如説諸蘊,諸處、緣起、諸食亦爾。以無量門曾説:"諸諦所有自相,遍知、永斷、作證、修習。"以無量門曾説:"諸界所有自相、種種界性、非一界性、永斷、遍知。"以無量門曾説:"念住所有自相、能治、所治、及以修習,未生令生、生已堅住,不忘、倍修、增長、廣大。"如説念住、正斷、神足、根、力、覺支,亦復如是。以無量門曾説:"八支聖道所有自相、能治、所治、及以修習,未生令生、生已堅住,不忘、倍修、增長、廣大。"'世尊復説:'一切諸法皆無自性、無生、無滅、本來寂静、自性涅槃。'未審世尊依何密意作如是説:'一切諸法皆無自性、無生、無滅、本來寂静、自性涅槃。'我今請問如來斯義,唯願如來哀愍解釋,説一切法皆無自性、無生、無滅、本來寂静、自性涅槃所有密意。"

爾時,世尊告勝義生菩薩曰:"善哉,善哉!勝義生!汝所尋思,甚爲如理。善哉,善哉!善男子!汝今乃能請問如來如是深義,汝今爲欲利益安樂無量衆生,哀愍世間及諸天、人、阿素洛等,爲令獲得義利安樂故,發斯問。汝應諦聽,吾當爲汝解釋所説'一切諸法皆無自性、無生、無滅、本來寂静、自性涅槃'所有密意。

"勝義生!當知我依三種無自性性密意,説言一切諸法皆無自性,所謂相無自性性、生無自性性、勝義無自性性。

"善男子!云何諸法相無自性性?謂諸法遍計所執相。何以故?此由假名安立爲相，非由自相安立爲相，是故説名相無自性性。

"云何諸法生無自性性？謂諸法依他起相。何以故？此由依他緣力故有，非自然有，是故説名生無自性性。

"云何諸法勝義無自性性？謂諸法由生無自性性故，説名無自性性；即緣生法，亦名勝義無自性性。何以故？於諸法中，若是清淨所緣境界，我顯示彼以爲勝義無自性性，依他起相非是清淨所緣境界，是故亦説名爲勝義無自性性。復有諸法圓成實相，亦名勝義無自性性。何以故？一切諸法法無我性名爲勝義，亦得名爲無自性性，是一切法勝義諦故，無自性性之所顯故。由此因緣，名爲勝義無自性性。

"善男子！譬如空花，相無自性性，當知亦爾。譬如幻像，生無自性性，當知亦爾；一分勝義無自性性，當知亦爾。譬如虛空，唯是衆色無性所顯，遍一切處；一分勝義無自性性，當知亦爾，法無我性之所顯故，遍一切故。

"善男子！我依如是三種無自性性，密意説言：'一切諸法皆無自性。'

"勝義生！當知，我依相無自性性，密意説言：'一切諸法無生、無滅、本來寂靜、自性涅槃。'何以故？若法自相都無所有，則無有生；若無有生，則無有滅；若無生無滅，則本來寂靜；若本來寂靜，則自性涅槃。於中都無少分所有更可令其般涅槃故。是故我依相無自性性，密意説言：'一切諸法無生、無滅、本來寂靜、自性涅槃。'

"善男子！我亦依法無我性所顯勝義無自性性，密意説言：'一切諸法無生、無滅、本來寂靜、自性涅槃。'何以故？法無我性所顯勝義無自性性，於常常時、於恒恒時，諸法法性、安住、無爲。一切雜染不相應故，於常常時、於恒恒時，諸法法性安住故無爲，由無爲故無生無滅；一切雜染不相應故，本來寂靜、自性涅槃。是故我依法無我性所顯勝義無自性性，密意説言：'一切諸法無生、無滅、本來寂靜、自性涅槃。'

"復次，勝義生！非由有情界中諸有情類，別觀遍計所執自性爲自性故，亦非由彼別觀依他起自性及圓成實自性爲自性故，我立三種無自性性；然由有情於依他起自性及圓成實自性上，增益遍計所執自性故，我立三種無自性性。

“由遍計所執自性相故，彼諸有情於依他起自性及圓成實自性中，隨起言説。如如隨起言説如是如是，由言説熏習心故、由言説隨覺故、由言説隨眠故，於依他起自性及圓成實自性中，執著遍計所執自性相。

“如如執著如是如是，於依他起自性及圓成實自性上，執著遍計所執自性；由是因緣，生當來世依他起自性；由此因緣，或爲煩惱雜染所染、或爲業雜染所染、或爲生雜染所染，於生死中長時馳騁、長時流轉，無有休息，或在那落迦、或在傍生、或在餓鬼、或在天上、或在阿素洛、或在人中，受諸苦惱。

“復次，勝義生！若諸有情從本已來，未種善根，未清淨障，未成熟相續，未多修勝解，未能積集福德、智慧二種資糧。我爲彼故，依生無自性性宣説諸法。彼聞是已，能於一切緣生行中，隨分解了無常、無恒，是不安隱變壞法已，於一切行，心生怖畏，深起厭患；心生怖畏，深厭患已，遮止諸惡，於諸惡法能不造作，於諸善法能勤修習。習善因故，未種善根能種善根，未清淨障能令清淨，未熟相續能令成熟。由此因緣，多修勝解，亦多積集福德、智慧二種資糧。

“彼雖如是種諸善根，乃至積集福德、智慧二種資糧；然於生無自性性中，未能如實了知相無自性性及二種勝義無自性性。於一切行未能正厭、未正離欲，未正解脱，未遍解脱煩惱雜染、未遍解脱諸業雜染、未遍解脱諸生雜染。如來爲彼更説法要，謂相無自性性及勝義無自性性。爲欲令其於一切行能正厭故、正離欲故、正解脱故，超過一切煩惱雜染故、超過一切業雜染故、超過一切生雜染故。

“彼聞如是所説法已，於生無自性性中，能正信解相無自性性及勝義無自性性，簡擇思惟，如實通達；於依他起自性中，能不執著遍計所執自性相。由言説不熏習智故、由言説不隨覺智故、由言説離隨眠智故，能滅依他起相；於現法中智力所持，能永斷滅當來世因。由此因緣，於一切行能正厭患、能正離欲、能正解脱，能遍解脱煩惱、業、生三種雜染。

“復次，勝義生！諸聲聞乘種性有情，亦由此道此行迹故，證得無上安隱涅槃。諸獨覺乘種性有情、諸如來乘種性有情,亦由此道此行迹故,證得無上安隱涅槃。一切聲聞、獨覺、菩薩,皆共此一妙清淨道,皆同此一究竟清淨,更無第二。我依此故,密意説言:'唯有一乘。'非於一切有情界中,無有種種有情種性,或鈍根性、或中根性、或利根性有情差別。

"善男子!若一向趣寂聲聞種性補特伽羅,雖蒙諸佛施設種種勇猛加行方便化導,終不能令當坐道場證得阿耨多羅三藐三菩提。何以故?由彼本來唯有下劣種性故、一向慈悲薄弱故、一向怖畏衆苦故。由彼一向慈悲薄弱,是故一向棄背利益諸衆生事;由彼一向怖畏衆苦,是故一向棄背發起諸行所作。我終不説一向棄背利益衆生事者、一向棄背發起諸行所作者,當坐道場,能得阿耨多羅三藐三菩提,是故説彼名爲一向趣寂聲聞。若回向菩提聲聞種性補特伽羅,我亦異門説爲菩薩。何以故?彼既解脱煩惱障已,若蒙諸佛等覺悟時,於所知障,其心亦可當得解脱。由彼最初爲自利益,修行加行脱煩惱障,是故如來施設彼爲聲聞種性。

"復次,勝義生!如是於我善説善制法毗奈耶,最極清淨意樂所説善教法中,諸有情類意解種種差別可得。善男子!如來但依如是三種無自性性,由深密意,於所宣説不了義經,以隱密相説諸法要,謂一切法皆無自性、無生、無滅、本來寂靜、自性涅槃。

"於是經中,若諸有情已種上品善根、已清淨諸障、已成熟相續、已多修勝解,已能積集上品福德、智慧資糧,彼若聽聞如是法已,於我甚深密意言説,如實解了,於如是法,深生信解,於如是義,以無倒慧,如實通達。依此通達善修習故,速疾能證最極究竟;亦於我所深生淨信,知是如來、應、正等覺於一切法現正等覺。

"若諸有情,已種上品善根、已清淨諸障、已成熟相續、已多修勝解,未能積集上品福德、智慧資糧。其性質直,是質直類,雖無力能思擇廢立,而不安住自見取中。彼若聽聞如是法已,於我甚深秘密言説,雖無力能如實解了,然於此法能生勝解,發清淨信,信此經典,是如來説,是其甚深,顯現甚深,空性相應,難見難悟,不可尋思,非諸尋思所行境界、微細詳審聰明智者之所解了。於此經典所説義中,自輕而住,作如是言:'諸佛菩提爲最甚深,諸法法性亦最甚深,唯佛如來能善了達,非是我等所能解了。諸佛如來,爲彼種種勝解有情,轉正法教;諸佛如來無邊智見,我等智見猶如牛迹。'於此經典,雖能恭敬,爲他宣說,書寫護持,披閱,流布,殷重供養,受誦温習;然猶未能以其修相發起加行,是故於我甚深密意所說言辭,不能通達。由此因緣,彼諸有情,亦能增長福德、智慧二種資糧,於彼相續未成熟者,亦能成熟。

"若諸有情,廣説乃至未能積集上品福德、智慧資糧,性非質直,非質直類,雖有力能思擇廢立,而復安住自見取中。彼若聽聞如是法已,於我甚深密意言説不能如實解了。於如是法雖生信解,然於其義隨言執著,謂一切法決定皆無自性,決定不生不滅,決定本來寂靜,決定自性涅槃。由此因緣,於一切法獲得無見及無相見。由得無見無相見故,撥一切相皆是無相,誹撥諸法遍計所執相、依他起相、圓成實相。何以故? 由有依他起相及圓成實相故,遍計所執相方可施設;若於依他起相及圓成實相見爲無相,彼亦誹撥遍計所執相,是故説彼誹撥三相。雖於我法起於法想,而非義中起於義想;由於我法起法想故,及非義中起義想故,於是法中持爲是法,於非義中持爲是義。彼雖於法起信解故,福德增長;然於非義起執著故,退失智慧;智慧退故,退失廣大無量善法。

"復有有情,從他聽聞,謂法爲法,非義爲義,若隨其見,彼即於法起於法想,於非義中起於義想,執法爲法、非義爲義。由此因緣,當知同彼退失善法。若有有情不隨其見,從彼欲聞一切諸法皆無自性、無生、無滅、本來寂靜、自性涅槃,便生恐怖,生恐怖已,作如是言:'此非佛語,是魔所説。'作此解已,於是經典,誹謗、毀罵。由此因緣,獲大衰損,觸大業障。由是緣故,我説若有於一切相起無相見,於非義中宣説爲義,是起廣大業障方便;由彼陷墜無量衆生,令其獲得大業障故。

"善男子! 若諸有情,未種善根、未清淨障、未熟相續、無多勝解,未集福德、智慧資糧。性非質直,非質直類,雖有力能思擇廢立,而常安住自見取中。彼若聽聞如是法已,不能如實解我甚深密意言説,亦於此法不生信解,於是法中起非法想,於是義中起非義想。於是法中執爲非法,於是義中執爲非義,唱如是言:'此非佛語,是魔所説。'作此解已,於是經典,誹謗毀罵,撥爲虚僞,以無量門,毀滅摧伏如是經典,於諸信解此經典者起怨家想。彼先爲諸業障所障,由此因緣,復爲如是業障所障,如是業障,初易施設,乃至齊於百千俱胝那庾多劫,無有出期。

"善男子!如是於我善説善制法、毗奈耶,最極清淨意樂所説善教法中,有如是等諸有情類意解種種差別可得。"

爾時,世尊欲重宣此義,而説頌曰:

> 一切諸法皆無性,　　無生無滅本來寂,
> 諸法自性恒涅槃。　　誰有智言無密意?
> 相生勝義無自性,　　如是我皆已顯示;
> 若不知佛此密意,　　失壞正道不能往!
> 依諸淨道清淨者,　　唯依此一無第二,
> 故於其中立一乘,　　非有情性無差別。
> 衆生界中無量生,　　唯度一身趣寂滅,
> 大悲勇猛證涅槃,　　不捨衆生甚難得!
> 微妙難思無漏界,　　於中解脱等無差,
> 一切義成離惑苦,　　二種異説謂常樂。

爾時,勝義生菩薩復白佛言:"世尊!諸佛如來密意語言,其奇!希有!乃至微妙最微妙!甚深最甚深!難通達最難通達!

"如是我今領解世尊所説義者:若於分別所行遍計所執相所依行相中,假名安立以爲色蘊,或自性相、或差別相;假名安立爲色蘊生、爲色蘊滅、及爲色蘊永斷、遍知,或自性相、或差別相,是名遍計所執相。世尊依此施設諸法相無自性性。若即分別所行遍計所執相所依行相,是名依他起相。世尊依此施設諸法生無自性性,及一分勝義無自性性。如是我今領解世尊所説義者:若即於此分別所行遍計所執相所依行相中,由遍計所執相不成實故,即此自性無自性性法無我真如清淨所緣,是名圓成實相。世尊依此施設一分勝義無自性性。如於色蘊,如是,於餘蘊皆應廣説;如

於諸蘊如是,於十二處,一一處中皆應廣説;於十二有支,一一支中皆應廣説;於四種食,一一食中皆應廣説;於六界、十八界,一一界中皆應廣説。

"如是我今領解世尊所説義者:若於分別所行遍計所執相所依行相中,假名安立以爲苦諦,苦諦遍知,或自性相、或差別相,是名遍計所執相。世尊依此施設諸法相無自性性。若即分別所行遍計所執相所依行相,是名依他起相。世尊依此施設諸法生無自性性,及一分勝義無自性性。如是我今領解世尊所説義者:若即於此分別所行遍計所執相所依行相中,由遍計所執相不成實故,即此自性無自性性法無我真如清淨所緣,是名圓成實相。世尊依此施設一分勝義無自性性。如於苦諦如是,於餘諦皆應廣説。如於聖諦如是,於諸念住、正斷、神足、根、力、覺支、道支中,一一皆應廣説。

"如是我今領解世尊所説義者:若於分別所行遍計所執相所依行相中,假名安立以爲正定,及爲正定能治所治,若正修未生令生,生已堅住不忘,倍修增長廣大,或自性相、或差別相,是名遍計所執相。世尊依此施設諸法相無自性性。若即分別所行遍計所執相所依行相,是名依他起相。世尊依此施設諸法生無自性性,及一分勝義無自性性。如是我今領解世尊所説義者:若即於此分別所行遍計所執相所依行相中,由遍計所執相不成實故,即此自性無自性性法無我真如清淨所緣,是名圓成實相。世尊依此施設諸法一分勝義無自性性。

"世尊!譬如毗濕縛藥,一切散藥、仙藥方中,皆應安處。如是,世尊!依此諸法皆無自性、無生、無滅、本來寂靜、自性涅槃,無自性性了義言教,遍於一切不了義經,皆應安處。

"世尊!如彩畫地,遍於一切彩畫事業皆同一味,或青、或黃、或赤、或白,復能顯發彩畫事業。如是,世尊!依此諸法皆無自性廣説乃至自性涅槃,無自性性了義言教,遍於一切不了義經,皆同一味,復能顯發彼諸經中所不了義。

"世尊!譬如一切成熟珍羞諸餅果内,投之熟酥,更生勝味。如是,世尊!依此諸法皆無自性,廣説乃至自性涅槃,無自性性了義言教,置於一切不了義經,生勝歡喜。

"世尊!譬如虚空遍一切處,皆同一味,不障一切所作事業。如是,世尊!依此諸法皆無自性廣説乃至自性涅槃,無自性性了義言教,遍於一切不了義經,皆同一味,不障一切聲聞、獨覺及諸大乘所修事業。"説是語已。

爾時,世尊歎勝義生菩薩曰:"善哉,善哉!善男子!汝今乃能善解如來所説甚深密意言義;復於此義善作譬喻,所謂世間毗濕縛藥,雜彩畫地,熟酥,虚空。勝義生!如是,如是!更無有異!如是,如是!汝應受持。"

爾時勝義生菩薩復白佛言:"世尊!初於一時在婆羅痆斯仙人墮處,施鹿林中,唯爲發趣聲聞乘者,以四諦相轉正法輪。雖是甚奇、甚爲希有,一切世間諸天、人等,先無有能如法轉者。而於彼時所轉法輪,有上、有容,是未了義,是諸諍論安足處所。

"世尊!在昔第二時中,唯爲發趣修大乘者,依一切法皆無自性、無生、無滅、本來寂静、自性涅槃,以隱密相轉正法輪。雖更甚奇、甚爲希有,而於彼時所轉法輪,亦是有上、有所容受,猶未了義,是諸諍論安足處所。

"世尊!於今第三時中,普爲發趣一切乘者,依一切法皆無自性、無生、無滅、本來寂静、自性涅槃、無自性性,以顯了相轉正法輪。第一甚奇、最爲希有。於今世尊所轉法輪無上無容,是真了義,非諸諍論安足處所。

"世尊!若善男子或善女人,於此如來依一切法皆無自性、無生、無滅、本來寂静、自性涅槃,所説甚深了義言教,聞已信解、書寫、護持、供養、流布、受誦、修習、如理思惟,以其修相發起加行,生幾所福?"説是語已。

爾時,世尊告勝義生菩薩曰:"勝義生!是善男子或善女人,其所生福無量無數難可喻知,吾今爲汝略説少分。如爪上土比大地土,百分不及一,千分不及一,百千分不及一,數算、計喻、鄔波尼殺曇分亦不及一。或如牛迹中水比四大海水,百分不及一,廣説乃至鄔波尼殺曇分亦不及一。如是,於諸不了義經,聞已信解、廣説乃至以其修相發起加行所獲功德,比此所説了義經教,聞已信解所集功德,廣説乃至以其修相發起加行所集功德,百分不及一,廣説乃至鄔波尼殺曇分亦不及一。"説是語已。

爾時,勝義生菩薩復白佛言:"世尊!於是解深密法門中,當何名此教？我當云何奉持？"

佛告勝義生菩薩曰："善男子！此名勝義了義之教；於此勝義了義之教，汝當奉持。"

說此勝義了義教時，於大會中，有六百千眾生發阿耨多羅三藐三菩提心；三百千聲聞遠塵離垢，於諸法中得法眼淨；一百五十千聲聞永盡諸漏心得解脫；七十五千菩薩得無生法忍。

【《解深密經》卷第三　大唐三藏法師玄奘奉詔譯】

六、分別瑜伽品第六

爾時慈氏菩薩摩訶薩白佛言："世尊！菩薩何依何住，於大乘中修奢摩他、毗鉢舍那？"

佛告慈氏菩薩曰："善男子！當知菩薩法假安立，及不捨阿耨多羅三藐三菩提願，爲依、爲住，於大乘中修奢摩他、毗鉢舍那。"

慈氏菩薩復白佛言："如世尊說四種所緣境事：一者、有分別影像所緣境事；二者、無分別影像所緣境事；三者、事邊際所緣境事；四者、所作成辦所緣境事。於此四中，幾是奢摩他所緣境事？幾是毗鉢舍那所緣境事？幾是俱所緣境事？"

佛告慈氏菩薩曰："善男子！一是奢摩他所緣境事，謂無分別影像；一是毗鉢舍那所緣境事，謂有分別影像；二是俱所緣境事，謂事邊際、所作成辦。"

慈氏菩薩復白佛言："世尊！云何菩薩依是四種奢摩他、毗鉢舍那所緣境事，能求奢摩他、能善毗鉢舍那？"

佛告慈氏菩薩曰："善男子！如我爲諸菩薩所說法假安立，所謂契經、應誦、記別、諷誦、自說、因緣、譬喻、本事、本生、方廣、希法、論議。菩薩於此善聽、善受、言善通利、意善尋思、見善通達，即於如所善思惟法，獨處空閑作意思惟。復即於此能思惟心，內心相續，作意思惟。如是正行多安住故，起身輕安及心輕安，是名奢摩他。如是菩薩，能求奢摩他。彼由獲得身心輕安爲所依故，即於如所善思惟法，內三摩地所行影像，觀察勝解捨離心相。即於如是三摩地影像所知義中，能正思擇、最極思擇，周遍尋思、周遍伺察，若忍、若樂、若慧、若見、若觀，是名毗鉢舍那。如是菩薩，能善毗鉢舍那。"

慈氏菩薩復白佛言："世尊！若諸菩薩緣心爲境，內思惟心，乃至未得身心輕安，所有作意，當名何等？"

佛告慈氏菩薩曰："善男子！非奢摩他作意，是隨順奢摩他勝解相應作意。"

"世尊！若諸菩薩乃至未得身心輕安，於如所思所有諸法內三摩地所緣影像作意思惟，如是作意，當名何等？"

"善男子！非毗鉢舍那作意，是隨順毗鉢舍那勝解相應作意。"

慈氏菩薩復白佛言："世尊！奢摩他道與毗鉢舍那道，當言有異？當言無異？"

佛告慈氏菩薩曰："善男子！當言非有異、非無異。何故非有異？以毗鉢舍那所緣境心爲所緣故。何故非無異？有分別影像非所緣故。"

慈氏菩薩復白佛言："世尊！諸毗鉢舍那三摩地所行影像，彼與此心，當言有異？當言無異？"

佛告慈氏菩薩曰："善男子！當言無異。何以故？由彼影像唯是識故。善男子！我說識所緣，唯識所現故。"

"世尊！若彼所行影像，即與此心無有異者，云何此心還見此心？"

"善男子！此中無有少法能見少法；然即此心如是生時，即有如是影像顯現。善男子！如依善瑩清淨鏡面，以質爲緣還見本質，而謂我今見於影像，及謂離質別有所行影像顯現。如是此心生時，相似有異三摩地所行影像顯現。"

"世尊！若諸有情自性而住，緣色等心所行影像，彼與此心亦無異耶？"

"善男子！亦無有異！而諸愚夫由顛倒覺，於諸影像，不能如實知唯是識，作顛倒解。"

慈氏菩薩復白佛言："世尊！齊何當言菩薩一向修毗鉢舍那？"

佛告慈氏菩薩曰："善男子！若相續作意唯思惟心相。"

"世尊！齊何當言菩薩一向修奢摩他？"

"善男子！若相續作意唯思惟無間心。"

"世尊！齊何當言菩薩奢摩他、毗鉢舍那和合俱轉？"

"善男子！若正思惟心一境性。"

"世尊！云何心相？"

"善男子！謂三摩地所行有分別影像，毗鉢舍那所緣。"

"世尊！云何無間心？"

"善男子！謂緣彼影像心，奢摩他所緣。"

"世尊！云何心一境性？"

"善男子！謂通達三摩地所行影像，唯是其識；或通達此已，復思惟如性。"

慈氏菩薩復白佛言："世尊！毗鉢舍那凡有幾種？"

佛告慈氏菩薩曰："善男子！略有三種：一者、有相毗鉢舍那；二者、尋求毗鉢舍那；三者、伺察毗鉢舍那。云何有相毗鉢舍那？謂純思惟三摩地所行有分別影像毗鉢舍那。云何尋求毗鉢舍那？謂由慧故，遍於彼彼未善解了一切法中，爲善了故，作意思惟毗鉢舍那。云何伺察毗鉢舍那？謂由慧故，遍於彼彼已善解了一切法中，爲善證得極解脫故，作意思惟毗鉢舍那。"

慈氏菩薩復白佛言："世尊！是奢摩他凡有幾種？"

佛告慈氏菩薩曰："善男子！即由隨彼無間心故，當知此中亦有三種。復有八種，謂初靜慮乃至非想非非想處，各有一種奢摩他故。復有四種，謂慈、悲、喜、捨四無量中，各有一種奢摩他故。"

慈氏菩薩復白佛言："世尊！如說依法奢摩他、毗鉢舍那，復說不依法奢摩他、毗鉢舍那。云何名依法奢摩他、毗鉢舍那？云何復名不依法奢摩他、毗鉢舍那？"

佛告慈氏菩薩曰："善男子！若諸菩薩隨先所受所思法相，而於其義得奢摩他、毗鉢舍那，名依法奢摩他、毗鉢舍那。若諸菩薩不待所受所思法相,但依於他教誡教授,而於其義得奢摩他、毗鉢舍那,謂觀青瘀及膿爛等,或一切行皆是無常、或諸行苦、或一切法皆無有我、或復涅槃畢竟寂靜。如是等類奢摩他、毗鉢舍那,名不依法奢摩他、毗鉢舍那。由依止法得奢摩他、毗鉢舍那,故我施設隨法行菩薩,是利根性;由不依法得奢摩他、毗鉢舍那故,我施設隨信行菩薩,是鈍根性。"

慈氏菩薩復白佛言:"世尊!如說緣別法奢摩他、毗鉢舍那,復說緣總法奢摩他、毗鉢舍那。云何名爲緣別法奢摩他、毗鉢舍那?云何復名緣總法奢摩他、毗鉢舍那?"

佛告慈氏菩薩曰:"善男子!若諸菩薩,緣於各別契經等法,於如所受所思惟法,修奢摩他、毗鉢舍那,是名緣別法奢摩他、毗鉢舍那。若諸菩薩,即緣一切契經等法,集爲一團、一積、一分、一聚作意思惟:此一切法,隨順真如,趣向真如,臨入真如;隨順菩提,隨順涅槃,隨順轉依,及趣向彼,若臨入彼。此一切法,宣說無量無數善法。如是思惟修奢摩他、毗鉢舍那,是名緣總法奢摩他、毗鉢舍那。"

慈氏菩薩復白佛言:"世尊!如說緣小總法奢摩他、毗鉢舍那,復說緣大總法奢摩他、毗鉢舍那,又說緣無量總法奢摩他、毗鉢舍那。云何名緣小總法奢摩他、毗鉢舍那?云何名緣大總法奢摩他、毗鉢舍那?云何復名緣無量總法奢摩他、毗鉢舍那?"

佛告慈氏菩薩曰:"善男子!若緣各別契經,乃至各別論義,爲一團等作意思惟,當知是名緣小總法奢摩他、毗鉢舍那。若緣乃至所受所思契經等法,爲一團等作意思惟,非緣各別,當知是名緣大總法奢摩他、毗鉢舍那。若緣無量如來法教,無量法句文字,無量後後慧所照了,爲一團等作意思惟,非緣乃至所受所思,當知是名緣無量總法奢摩他、毗鉢舍那。"

慈氏菩薩復白佛言:"世尊!菩薩齊何名得緣總法奢摩他、毗鉢舍那?"

佛告慈氏菩薩曰:"善男子!由五緣故當知名得:一者、於思惟時,刹那刹那融銷一切粗重所依;二者、離種種想得樂法樂;三者、解了十方無差別相無量法光;四者、所作成滿相應淨分無分別相,恒現在前;五者、爲令法身得成滿故,攝受後後轉勝妙因。"

慈氏菩薩復白佛言："世尊！此緣總法奢摩他、毗鉢舍那，當知從何名爲通達？從何名得？"

佛告慈氏菩薩曰："善男子！從初極喜地名爲通達；從第三發光地乃名爲得。善男子！初業菩薩亦於是中隨學作意，雖未可歎，不應懈廢。"

慈氏菩薩復白佛言："世尊！是奢摩他、毗鉢舍那，云何名有尋有伺三摩地？云何名無尋唯伺三摩地？云何名無尋無伺三摩地？"

佛告慈氏菩薩曰："善男子！於如所取尋伺法相，若有粗顯領受觀察，諸奢摩他、毗鉢舍那，是名有尋有伺三摩地。若於彼相，雖無粗顯領受觀察，而有微細彼光明念領受觀察，諸奢摩他、毗鉢舍那，是名無尋唯伺三摩地。若即於彼一切法相，都無作意領受觀察，諸奢摩他、毗鉢舍那，是名無尋無伺三摩地。

"復次，善男子！若有尋求奢摩他、毗鉢舍那，是名有尋有伺三摩地。若有伺察奢摩他、毗鉢舍那，是名無尋唯伺三摩地。若緣總法奢摩他、毗鉢舍那，是名無尋無伺三摩地。"

慈氏菩薩復白佛言："世尊！云何止相？云何舉相？云何捨相？"

佛告慈氏菩薩曰："善男子！若心掉舉或恐掉舉時，諸可厭法作意及彼無間心作意，是名止相。若心沉沒或恐沉沒時，諸可欣法作意及彼心相作意，是名舉相。若於一向止道，或於一向觀道，或於雙運轉道，二隨煩惱所染污時，諸無功用作意，及心任運轉中所有作意，是名捨相。"

慈氏菩薩復白佛言："世尊！修奢摩他、毗鉢舍那諸菩薩衆，知法知義。云何知法？云何知義？"

佛告慈氏菩薩曰："善男子！彼諸菩薩，由五種相了知於法：一者、知名；二者、知句；三者、知文；四者、知別；五者、知總。云何爲名？謂於一切染淨法中，所立自性想假施設。云何爲句？謂即於彼名聚集中，能隨宣說諸染淨義，依持建立。云何爲文？謂即彼二所依止字。云何於彼各別了知？謂由各別所緣作意。云何於彼總合了知？謂由總合所緣作意。如是一切總略爲一，名爲知法。如是名爲菩薩知法。

"善男子！彼諸菩薩，由十種相了知於義：一者、知盡所有性；二者、知如所有性;三者、知能取義;四者、知所取義;五者、知建立義;六者、知受用義;七者、知顛倒義;八者、知無倒義;九者、知雜染義;十者、知清淨義。

"善男子!盡所有性者,謂諸雜染清淨法中,所有一切品別邊際,是名此中盡所有性。如五數蘊、六數内處、六數外處,如是一切。

"如所有性者,謂即一切染淨法中,所有真如,是名此中如所有性。此復七種:一者、流轉真如,謂一切行無先後性;二者、相真如,謂一切法、補特伽羅無我性及法無我性;三者、了別真如,謂一切行唯是識性;四者、安立真如,謂我所說諸苦聖諦;五者、邪行真如,謂我所說諸集聖諦;六者、清淨真如,謂我所說諸滅聖諦;七者、正行真如,謂我所說諸道聖諦。當知此中由流轉真如、安立真如、邪行真如故,一切有情平等平等。由相真如、了別真如故,一切諸法平等平等。由清淨真如故,一切聲聞菩提、獨覺菩提、阿耨多羅三藐三菩提,平等平等。由正行真如故,聽聞正法,緣總境界勝奢摩他、毗鉢舍那所攝受慧,平等平等。

"能取義者,謂内五色處、若心、意、識及諸心法。

"所取義者,謂外六處。又能取義,亦所取義。

"建立義者,謂器世界,於中可得建立一切諸有情界。謂一村田、若百村田、若千村田、若百千村田。或一大地至海邊際,此百、此千、若此百千。或一瞻部洲,此百、此千、若此百千。或一四大洲,此百、此千、若此百千。或一小千世界,此百、此千、若此百千。或一中千世界,此百、此千、若此百千。或一三千大千世界,此百、此千、若此百千。或此拘胝、此百拘胝、此千拘胝、此百千拘胝。或此無數、此百無數、此千無數、此百千無數、或三千大千世界無數,百千微塵量等,於十方面無量無數諸器世界。

"受用義者,謂我所說諸有情類,為受用故,攝受資具。

"顛倒義者,謂即於彼能取等義,無常計常,想倒、心倒、見倒。苦計為樂,不淨計淨,無我計我,想倒、心倒、見倒。

"無倒義者,與上相違。能對治彼,應知其相。

"雜染義者,謂三界中三種雜染:一者、煩惱雜染;二者、業雜染;三者、生雜染。

"清淨義者,謂即如是三種雜染,所有離系菩提分法。

"善男子! 如是十種,當知普攝一切諸義。

"復次,善男子! 彼諸菩薩,由能了知五種義故,名爲知義。何等五義? 一者、遍知事;二者、遍知義;三者、遍知因;四者、得遍知果;五者、於此覺了。

"善男子! 此中遍知事者,當知即是一切所知:謂或諸蘊,或諸内處或諸外處;如是一切。

"遍知義者,乃至所有品類差別所應知境。謂世俗故、或勝義故,或功德故、或過失故,緣故,世故,或生、或住、或壞相故,或如病等故,或苦集等故,或真如、實際、法界等故,或廣略故,或一向記故、或分別記故、或反問記故、或置記故,或隱密故、或顯了故:如是等類,當知一切名遍知義。

"言遍知因者,當知即是能取前二菩提分法,所謂念住或正斷等。

"得遍知果者,謂貪、恚、癡永斷毗奈耶,及貪、恚、癡一切永斷諸沙門果。及我所説聲聞、如來若共不共世出世間所有功德,於彼作證。

"於此覺了者,謂即於此作證法中,諸解脱智,廣爲他説、宣揚、開示。

"善男子! 如是五義,當知普攝一切諸義。

"復次,善男子! 彼諸菩薩,由能了知四種義故,名爲知義。何等四義? 一者、心執受義;二者、領納義;三者、了別義;四者、雜染清淨義。善男子! 如是四義,當知普攝一切諸義。

"復次,善男子! 彼諸菩薩,由能了知三種義故,名爲知義。何等三義? 一者、文義;二者、義義;三者、界義。

"善男子! 言文義者,謂名身等。

"義義當知復有十種:一者、真實相;二者、遍知相;三者、永斷相;四者、作證相;五者、修習相;六者、即彼真實相等品差別相;七者、所依能依相屬相;八者、即遍知等障礙法相;九者、即彼隨順法相;十者、不遍知等及遍知等過患功德相。

"言界義者,謂五種界:一者、器世界;二者、有情界;三者、法界;四者、所調伏界;五者、調伏方便界。

"善男子！如是五義，當知普攝一切諸義。"

慈氏菩薩復白佛言："世尊！若聞所成慧了知其義，若思所成慧了知其義，若奢摩他、毗鉢舍那修所成慧了知其義，此何差別？"

佛告慈氏菩薩曰："善男子！聞所成慧，依止於文，但如其說，未善意趣，未現在前，隨順解脫，未能領受成解脫義。思所成慧，亦依於文，不唯如說，能善意趣，未現在前，轉順解脫，未能領受成解脫義。若諸菩薩修所成慧，亦依於文亦不依文，亦如其說亦不如說，能善意趣，所知事同分三摩地所行影像現前，極順解脫，已能領受成解脫義。善男子！是名三種知義差別。"

慈氏菩薩復白佛言："世尊！修奢摩他、毗鉢舍那諸菩薩衆，知法知義，云何爲智？云何爲見？"

佛告慈氏菩薩曰："善男子！我無量門宣說智、見二種差別，今當爲汝略說其相。若緣總法修奢摩他、毗鉢舍那所有妙慧，是名爲智；若緣別法修奢摩他、毗鉢舍那所有妙慧，是名爲見。"

慈氏菩薩復白佛言："世尊！修奢摩他、毗鉢舍那諸菩薩衆由何，作意何等？云何除遣諸相？"

佛告慈氏菩薩曰："善男子！由真如作意，除遣法相及與義相；若於其名及名自性無所得時，亦不觀彼所依之相，如是除遣。如於其名，於句、於文、於一切義，當知亦爾。乃至於界及界自性無所得時，亦不觀彼所依之相，如是除遣。"

"世尊！諸所了知真如義相，此真如相亦可遣不？"

"善男子！於所了知真如義中，都無有相，亦無所得，當何所遣？善男子！我說了知真如義時，能伏一切法義之相，非此了達餘所能伏。"

"世尊！如世尊說，濁水器喻、不淨鏡喻、撓泉池喻，不任觀察自面影相；若堪任者，與上相違。如是若有不善修心，則不堪任如實觀察所有真如；若善修心，堪任觀察。此說何等能觀察心？依何真如而作是說？"

"善男子！此說三種能觀察心，謂聞所成能觀察心，若思所成能觀察心，若修所成能觀察心。依了別真如作如是說。"

"世尊！如是了知法義菩薩爲遣諸相勤修加行，有幾種相難可除遣？誰能除遣？"

"善男子！有十種相，空能除遣。何等爲十？一者、了知法義故，有種種文字相；此由一切法空，能正除遣。二者、了知安立真如義故，有生、滅、住、異性相續隨轉相；此由相空及無先後空，能正除遣。三者、了知能取義故，有顧戀身相及我慢相；此由內空及無所得空，能正除遣。四者、了知所取義故，有顧戀財相；此由外空，能正除遣。五者、了知受用義、男女承事資具相應故，有內安樂相、外淨妙相；此由內外空及本性空，能正除遣。六者、了知建立義故，有無量相；此由大空，能正除遣。七者、了知無色故，有內寂靜解脫相；此由有爲空，能正除遣。八者、了知相真如義故，有補特伽羅無我相、法無我相，若唯識相及勝義相；此由畢竟空、無性空、無性自性空及勝義空，能正除遣。九者、由了知清淨真如義故，有無爲相、無變異相；此由無爲空、無變異空，能正除遣。十者、即於彼相對治空性，作意思惟故，有空性相；此由空空，能正除遣。"

"世尊！除遣如是十種相時，除遣何等？從何等相而得解脫？"

"善男子！除遣三摩地所行影像相；從雜染縛相而得解脫，彼亦除遣。善男子！當知就勝說，如是空治如是相，非不一一治一切相。譬如無明，非不能生乃至老死諸雜染法。就勝但說能生於行，由是諸行親近緣故。此中道理，當知亦爾。"

爾時，慈氏菩薩復白佛言："世尊！此中何等空是總空性相？若諸菩薩了知是已，無有失壞於空性相，離增上慢？"

爾時，世尊歎慈氏菩薩曰："善哉，善哉！善男子！汝今乃能請問如來如是深義，令諸菩薩於空性相無有失壞。何以故？善男子！若諸菩薩於空性相有失壞者，便爲失壞一切大乘。是故汝應諦聽，諦聽！當爲汝說總空性相。善男子！若於依他起相及圓成實相中，一切品類雜染、清淨遍計所執相，畢竟遠離性，及於此中都無所得，如是名爲於大乘中總空性相。"

慈氏菩薩復白佛言："世尊！此奢摩他、毗鉢舍那，能攝幾種勝三摩地？"

佛告慈氏菩薩曰：“善男子！如我所説無量聲聞、菩薩、如來，有無量種勝三摩地，當知一切皆此所攝。”

“世尊！此奢摩他、毗鉢舍那以何爲因？”

“善男子！清淨尸羅，清淨聞思所成正見，以爲其因。”

“世尊！此奢摩他、毗鉢舍那以何爲果？”

“善男子！善清淨戒、清淨心、善清淨慧，以爲其果。復次，善男子！一切聲聞及如來等，所有世間及出世間一切善法，當知皆是此奢摩他、毗鉢舍那所得之果。”

“世尊！此奢摩他、毗鉢舍那能作何業？”

“善男子！此能解脱二縛爲業，所謂相縛及粗重縛。”

“世尊！如佛所説五種系中，幾是奢摩他障？幾是毗鉢舍那障？幾是俱障？”

“善男子！顧戀身財，是奢摩他障；於諸聖教不得隨欲，是毗鉢舍那障；樂相雜住，於少喜足，當知俱障。由第一故，不能造修；由第二故，所修加行不到究竟。”

“世尊！於五蓋中，幾是奢摩他障？幾是毗鉢舍那障？幾是俱障？”

“善男子！掉舉、惡作，是奢摩他障；惛沉、睡眠、疑，是毗鉢舍那障；貪欲、瞋恚，當知俱障。”

“世尊！齊何名得奢摩他道圓滿清淨？”

“善男子！乃至所有惛沉、睡眠正善除遣，齊是名得奢摩他道圓滿清淨。”

“世尊！齊何名得毗鉢舍那道圓滿清淨？”

“善男子！乃至所有掉舉、惡作正善除遣，齊是名得毗鉢舍那道圓滿清淨。”

“世尊！若諸菩薩於奢摩他、毗鉢舍那現在前時，應知幾種心散動法？”

“善男子！應知五種：一者、作意散動；二者、外心散動；三者、内心散動；四者、相散動；五者、粗重散動。善男子！若諸菩薩舍於大乘相應作意,墮在聲聞、獨覺相應諸作意中,當知是名作意散動。若於其外五種妙欲諸雜亂相,所有尋思隨煩惱中,及於其外所緣境中,縱心流散,當知是名外心散動。若由惛沉及以睡眠,或由沉没,或由愛味三摩鉢底,或由隨一三摩鉢底諸隨煩惱之所染污,當知是名内心散動。若依外相,於内等持所行諸相,作意思惟,名相散動。若内作意爲緣,生起所有諸受,由粗重身計我起慢,當知是名粗重散動。"

"世尊!此奢摩他、毗鉢舍那,從初菩薩地乃至如來地,能對治何障?"

"善男子!此奢摩他、毗鉢舍那,於初地中,對治惡趣煩惱業生雜染障。第二地中,對治微細誤犯現行障。第三地中,對治欲貪障。第四地中,對治定愛及法愛障。第五地中,對治生死涅槃一向背趣障。第六地中,對治相多現行障。第七地中,對治細相現行障。第八地中,對治於無相作功用及於有相不得自在障。第九地中,對治於一切種善巧言辭不得自在障。第十地中,對治不得圓滿法身證得障。善男子!此奢摩他、毗鉢舍那,於如來地,對治極微細最極微細煩惱障及所知障。由能永害如是障故,究竟證得無著無礙一切智見。依於所作成滿所緣,建立最極清淨法身。"

慈氏菩薩復白佛言:"世尊!云何菩薩依奢摩他、毗鉢舍那勤修行故,證得阿耨多羅三藐三菩提?"

佛告慈氏菩薩曰:"善男子!若諸菩薩已得奢摩他、毗鉢舍那,依七真如,於如所聞所思法中,由勝定心,於善審定、於善思量、於善安立真如性中,内正思惟。彼於真如正思惟故,心於一切細相現行尚能棄捨,何況粗相?善男子!言細相者,謂心所執受相,或領納相,或了別相,或雜染清淨相,或内相,或外相,或内外相,或謂我當修行一切利有情相,或正智相,或真如相,或苦集滅道相,或有爲相,或無爲相,或有常相,或無常相,或苦有變異性相,或苦無變異性相,或有爲異相相,或有爲同相相,或知一切是一切已有一切相,或補特伽羅無我相,或法無我相。於彼現行,心能棄捨。

"彼既多住如是行故,於時時間,從其一切系蓋散動,善修治心。從是已後,於七真如,有七各别自内所證通達智生,名爲見道。由得此故,名入菩薩正性離生,生如來家,證得初地,又能受用此地勝德。彼於先時,由得奢摩他、毗鉢舍那故,已得二種所緣,謂有分別影像所緣,及無分別影像所緣。彼於今時得見道故,更證得事邊際所緣。復於後後一切地中,進修修道,即於如是三種所緣作意思惟。譬如有人,以其細楔出於粗楔。如是菩薩,依此以楔出楔方便,遣内相故,一切隨順雜染分相皆悉除遣。相除遣故,粗重亦遣。永害一切相粗重故,漸次於彼後後地中,如煉金法陶煉其心。乃至證得阿耨多羅三藐三菩提,又得所作成滿所緣。

"善男子!如是菩薩於内止觀正修行故,證得阿耨多羅三藐三菩提。"

慈氏菩薩復白佛言:"世尊!云何修行引發菩薩廣大威德?"

"善男子!若諸菩薩善知六處,便能引發菩薩所有廣大威德:一者、善知心生;二者、善知心住;三者、善知心出;四者、善知心增;五者、善知心減;六者、善知方便。

"云何善知心生?謂如實知十六行心生起差別,是名善知心生。十六行心生起差別者:一者、不可覺知堅住器識生,謂阿陀那識;二者、種種行相所緣識生,謂頓取一切色等境界分別意識,及頓取内外境界覺受,或頓於一念瞬息須臾,現入多定,見多佛土,見多如來,分別意識;三者、小相所緣識生,謂欲界繫識;四者、大相所緣識生,謂色界繫識;五者、無量相所緣識生,謂空、識、無邊處繫識;六者、微細相所緣識生,謂無所有處繫識;七者、邊際相所緣識生,謂非想非非想處繫識;八者、無相識生,謂出世識及緣滅識;九者、苦俱行識生,謂地獄識;十者、雜受俱行識生,謂欲行識;十一、喜俱行識生,謂初二靜慮識;十二、樂俱行識生,謂第三靜慮識;十三、不苦不樂俱行識生,謂從第四靜慮乃至非想非非想處識;十四、染污俱行識生,謂諸煩惱及隨煩惱相應識;十五、善俱行識生,謂信等相應識;十六、無記俱行識生,謂彼俱不相應識。

"云何善知心住?謂如實知了別真如。

"云何善知心出?謂如實知出二種縛:所謂相縛及粗重縛。此能善知,應令其心從如是出。

"云何善知心增?謂如實知能治相縛、粗重縛心,彼增長時,彼積集時,亦得增長,亦得積集,名善知增。

"云何善知心滅？謂如實知彼所對治相,及粗重所雜染心,彼衰退時,彼損減時,此亦衰退,此亦損減,名善知滅。

"云何善知方便？謂如實知解脫、勝處、及與遍處,或修或遣。

"善男子！如是菩薩,於諸菩薩廣大威德,或已引發、或當引發、或現引發。"

慈氏菩薩復白佛言："世尊！如世尊說：'於無餘依涅槃界中,一切諸受無餘永滅。'何等諸受於此永滅？"

"善男子！以要言之,有二種受無餘永滅。何等爲二？一者、所依粗重受；二者、彼果境界受。所依粗重受,當知有四種：一者、有色所依受；二者、無色所依受；三者、果已成滿粗重受；四者、果未成滿粗重受。果已成滿受者,謂現在受。果未成滿受者,謂未來因受。彼果境界受,亦有四種：一者、依持受；二者、資具受；三者、受用受；四者、顧戀受。於有餘依涅槃界中,果未成滿受一切已滅,領彼對治明觸生受,領受共有。或復彼果已成滿受。又二種受,一切已滅。唯現領受,明觸生受。於無餘依涅槃界中般涅槃時,此亦永滅。是故說言於無餘依涅槃界中,一切諸受無餘永滅。"

爾時,世尊說是語已,復告慈氏菩薩曰："善哉,善哉！善男子！汝今善能依止圓滿最極清淨妙瑜伽道,請問如來。汝於瑜伽,已得決定,最極善巧。吾已爲汝宣說圓滿最極清淨妙瑜伽道,所有一切過去、未來正等覺者,已說、當說皆亦如是。諸善男子、若善女人,皆應依此勇猛精進,當正修學！"

爾時,世尊欲重宣此義,而說頌曰：

於法假立瑜伽中,　　若行放逸失大義；
依止此法及瑜伽,　　若正修行得大覺。
見有所得求免離,　　若謂此見爲得法,
慈氏彼去瑜伽遠,　　譬如大地與虛空。
利生堅固而不作,　　悟已勤修利有情,
智者作此窮劫量,　　便得最上離染喜。

若人爲欲而説法，　　彼名捨欲還取欲，

愚癡得法無價寶，　　反更遊行而乞丐。

於諍誼雜戲論著，　　應捨發起上精進，

爲度諸天及世間，　　於此瑜伽汝當學！

爾時，慈氏菩薩復白佛言：“世尊！於是解深密法門中，當何名此教？我當云何奉持？”

佛告慈氏菩薩曰：“善男子！此名瑜伽了義之教，於此瑜伽了義之教汝當奉持。”

説此瑜伽了義教時，於大會中，有六百千衆生，發阿耨多羅三藐三菩提心；三百千聲聞，遠塵離垢，於諸法中，得法眼淨；一百五十千聲聞，諸漏永盡，心得解脱；七十五千菩薩，獲得廣大瑜伽作意。

七、地波羅蜜多品第七

爾時，觀自在菩薩白佛言："世尊！如佛所説菩薩十地，所謂極喜地、離垢地、發光地、焰慧地、極難勝地、現前地、遠行地、不動地、善慧地、法雲地；復説佛地爲第十一。如是諸地，幾種清淨？幾分所攝？"

爾時，世尊告觀自在菩薩曰："善男子！當知諸地四種清淨、十一分攝？

"云何名爲四種清淨能攝諸地？謂增上意樂清淨攝於初地；增上戒清淨攝第二地；增上心清淨攝第三地；增上慧清淨於後後地轉勝妙故，當知能攝從第四地乃至佛地。善男子！當知如是四種清淨普攝諸地。

"云何名爲十一種分能攝諸地？謂諸菩薩先於勝解行地，依十法行，極善修習勝解忍故，超過彼地，證入菩薩正性離生。彼諸菩薩由是因緣，此分圓滿。而未能於微細毀犯誤現行中正知而行，由是因緣，於此分中猶未圓滿。爲令此分得圓滿故，精勤修習便能證得，彼諸菩薩由是因緣，此分圓滿。而未能得世間圓滿、等持、等至及圓滿聞持陀羅尼，由是因緣，於此分中猶未圓滿。爲令此分得圓滿故，精勤修習便能證得，彼諸菩薩由是因緣，此分圓滿。而未能令隨所獲得菩提分法，多修習住，心未能捨諸等至愛及與法愛，由是因緣，於此分中猶未圓滿。爲令此分得圓滿故，精勤修習便能證得，彼諸菩薩由是因緣，此分圓滿。而未能於諸諦道理如實觀察，又未能於生死涅槃棄捨一向背趣作意，又未能修方便所攝菩提分法，由是因緣，於此分中猶未圓滿。爲令此分得圓滿故，精勤修習便能證得，彼諸菩薩由是因緣,此分圓滿。而未能於生死流轉如實觀察,又由於彼多生厭故,未能多住無相作意,由是因緣,於此分中猶未圓滿。爲令此分得圓滿故,精勤修習便能證得,彼諸菩薩由是因緣,此分圓滿。而未能令無相作意、無缺、無間、多修習住,由是因緣,於此分中猶未圓滿。爲令此分得圓滿故,精勤修習便能證得,彼諸菩薩由是因緣,此分圓滿。而未能於無相住中捨離功用,又未能得於相自在,由是因緣,於此分中猶未圓滿。爲令此分得圓滿故,精勤修習便能證得,彼諸菩薩由是因緣,此分圓滿。而未能於異名衆相、訓詞差別、一切品類宣說法中,得大自在,由是因緣,於此分中猶未圓滿。爲令此分得圓滿故,精勤修習便能證得,彼諸菩薩由是因緣,此分圓滿。而未能得圓滿法身現前證受,由是因緣,於此分中猶未圓滿。爲令此分得圓滿故,精勤修習便能證得,彼諸菩薩由是因緣,此分圓滿。而未能得遍於一切所知境界無著、無礙、妙智、妙見,由是因緣,於此分中猶未圓滿。爲令此分得圓滿故,精勤修習便能證得,由是因緣,此分圓滿。此分滿故,於一切分皆得圓滿。善男子! 當知如是十一種分普攝諸地。”

觀自在菩薩復白佛言:“世尊! 何緣最初名極喜地? 乃至何緣說名佛地?”

佛告觀自在菩薩曰:“善男子! 成就大義,得未曾得出世間心,生大歡喜,是故最初名極喜地。遠離一切微細犯戒,是故第二名離垢地。由彼所得三摩地及聞持陀羅尼,能爲無量智光依止,是故第三名發光地。由彼所得菩提分法,燒諸煩惱,智如火焰,是故第四名焰慧地。由即於彼菩提分法,方便修習最極艱難,方得自在,是故第五名極難勝地。現前觀察諸行流轉,又於無相多修作意方現在前,是故第六名現前地。能遠證入無缺無間無相作意,與清淨地共相鄰接,是故第七名遠行地。由於無相得無功用,於諸相中不爲現行煩惱所動,是故第八名不動地。於一切種說法自在,獲得無罪廣大智慧,是故第九名善慧地。粗重之身,廣如虛空,法身圓滿,譬如大雲,皆能遍覆,是故第十名法雲地。永斷最極微細煩惱及所知障,無著無礙,於一切種所知境界,現正等覺,故第十一說名佛地。”

觀自在菩薩復白佛言："於此諸地有幾愚癡、有幾粗重爲所對治?"

佛告觀自在菩薩曰："善男子！此諸地中有二十二種愚癡、十一種粗重爲所對治。謂於初地有二愚癡：一者、執著補特伽羅及法愚癡，二者、惡趣雜染愚癡；及彼粗重爲所對治。於第二地有二愚癡：一者、微細誤犯愚癡，二者、種種業趣愚癡；及彼粗重爲所對治。於第三地有二愚癡：一者、欲貪愚癡，二者、圓滿聞持陀羅尼愚癡；及彼粗重爲所對治。於第四地有二愚癡：一者、等至愛愚癡，二者、法愛愚癡；及彼粗重爲所對治。於第五地有二愚癡：一者、一向作意棄背生死愚癡，二者、一向作意趣向涅槃愚癡；及彼粗重爲所對治。於第六地有二愚癡：一者、現前觀察諸行流轉愚癡，二者、相多現行愚癡；及彼粗重爲所對治。於第七地有二愚癡：一者、微細相現行愚癡，二者、一向無相作意方便愚癡；及彼粗重爲所對治。於第八地有二愚癡：一者、於無相作功用愚癡，二者、於相自在愚癡；及彼粗重爲所對治。於第九地有二愚癡：一者、於無量説法、無量法句文字、後後慧辯陀羅尼自在愚癡，二者、辯才自在愚癡；及彼粗重爲所對治。於第十地有二愚癡：一者、大神通愚癡，二者、悟入微細秘密愚癡；及彼粗重爲所對治。於如來地有二愚癡：一者、於一切所知境界極微細著愚癡，二者、極微細礙愚癡；及彼粗重爲所對治。

"善男子！由此二十二種愚癡及十一種粗重故，安立諸地；而阿耨多羅三藐三菩提離彼繫縛。"

觀自在菩薩復白佛言："世尊！阿耨多羅三藐三菩提甚奇希有，乃至成就大利大果，令諸菩薩能破如是大愚癡羅網，能越如是大粗重稠林，現前證得阿耨多羅三藐三菩提。"

觀自在菩薩復白佛言："世尊！如是諸地，幾種殊勝之所安立?"

佛告觀自在菩薩曰："善男子！略有八種：一者、增上意樂清淨；二者、心清淨；三者、悲清淨；四者、到彼岸清淨；五者、見佛供養承事清淨；六者、成熟有情清淨；七者、生清淨；八者、威德清淨。

"善男子！於初地中，所有增上意樂清淨，乃至威德清淨；後後諸地乃至佛地，所有增上意樂清淨，乃至威德清淨，當知彼諸清淨展轉增勝，唯於佛地除生清淨。又初地中所有功德，於上諸地平等皆有，當知自地功德殊勝。一切菩薩十地功德皆是有上，佛地功德當知無上。"

觀自在菩薩復白佛言："世尊！何因緣故說菩薩生，於諸有生最爲殊勝？"

佛告觀自在菩薩曰："善男子！四因緣故：一者、極淨善根所集起故；二者、故意思擇力所取故；三者、悲愍濟度諸衆生故；四者、自能無染除他染故。"

觀自在菩薩復白佛言："世尊！何因緣故說諸菩薩行廣大願、妙願、勝願？"

佛告觀自在菩薩曰："善男子！四因緣故：謂諸菩薩，能善了知涅槃樂住，堪能速證；而復棄捨速證樂住；無緣無待發大願心；爲欲利益諸有情故，處多種種長時大苦。是故我說彼諸菩薩行廣大願、妙願、勝願。"

觀自在菩薩復白佛言："世尊！是諸菩薩凡有幾種所應學事？"

佛告觀自在菩薩曰："善男子！菩薩學事略有六種：所謂布施、持戒、忍辱、精進、靜慮、慧到彼岸。"

觀自在菩薩復白佛言："世尊！如是六種所應學事，幾是增上戒學所攝？幾是增上心學所攝？幾是增上慧學所攝？"

佛告觀自在菩薩曰："善男子！當知初三，但是增上戒學所攝；靜慮一種，但是增上心學所攝；慧是增上慧學所攝；我說精進遍於一切。"

觀自在菩薩復白佛言："世尊！如是六種所應學事，幾是福德資糧所攝？幾是智慧資糧所攝？"

佛告觀自在菩薩曰："善男子！若增上戒學所攝者，是名福德資糧所攝；若增上慧學所攝者，是名智慧資糧所攝；我說精進、靜慮二種遍於一切。"

觀自在菩薩復白佛言："世尊！於此六種所學事中，菩薩云何應當修學？"

佛告觀自在菩薩曰："善男子！由五種相應當修學：一者、最初於菩薩藏波羅蜜多相應微妙正法教中,猛利信解;二者、次於十種法行,以聞、思、修所成妙智,精進修行;三者、隨護菩提之心;四者、親近真善知識;五者、無間勤修善品。"

觀自在菩薩復白佛言:"世尊! 何因緣故,施設如是所應學事,但有六數?"

佛告觀自在菩薩曰:"善男子! 二因緣故:一者、饒益諸有情故;二者、對治諸煩惱故。當知前三饒益有情,後三對治一切煩惱。前三饒益諸有情者,謂諸菩薩由布施故,攝受資具饒益有情;由持戒故,不行損害逼迫惱亂,饒益有情;由忍辱故,於彼損害逼迫惱亂堪能忍受,饒益有情。後三對治諸煩惱者,謂諸菩薩由精進故,雖未永伏一切煩惱,亦未永害一切隨眠,而能勇猛修諸善品,彼諸煩惱不能傾動善品加行;由靜慮故,永伏煩惱;由般若故,永害隨眠。"

觀自在菩薩復白佛言:"世尊! 何因緣故,施設所餘波羅蜜多,但有四數?"

佛告觀自在菩薩曰:"善男子! 由前六種波羅蜜多爲助伴故。謂諸菩薩,於前三種波羅蜜多所攝有情,以諸攝事,方便善巧而攝受之,安置善品,是故我說方便善巧波羅蜜多與前三種而爲助伴。若諸菩薩,於現法中煩惱多故,於修無間無有堪能,羸劣意樂故、下界勝解故,於內心住無有堪能,於菩薩藏不能聞緣善修習故,所有靜慮,不能引發出世間慧。彼便攝受少分狹劣福德資糧,爲未來世煩惱輕微,心生正願,如是名願波羅蜜多。由此願故,煩惱微薄,能修精進,是故我說願波羅蜜多與精進波羅蜜多而爲助伴。若諸菩薩,親近善士,聽聞正法,如理作意爲因緣故,轉劣意樂成勝意樂,亦能獲得上界勝解,如是名力波羅蜜多。由此力故,於內心住有所堪能,是故我說力波羅蜜多與靜慮波羅蜜多而爲助伴。若諸菩薩,於菩薩藏,已能聞緣善修習故,能發靜慮,如是名智波羅蜜多。由此智故,堪能引發出世間慧,是故我說智波羅蜜多與慧波羅蜜多而爲助伴。"

觀自在菩薩復白佛言:"世尊! 何因緣故,宣說六種波羅蜜多如是次第?"

佛告觀自在菩薩曰:"善男子! 能爲後後引發依故。謂諸菩薩,若於身財無所顧吝,便能受持清淨禁戒;爲護禁戒,便修忍辱;修忍辱已,能發精進;發精進已,能辦靜慮;具靜慮已,便能獲得出世間慧。是故我説波羅蜜多如是次第。"

觀自在菩薩復白佛言:"世尊! 如是六種波羅蜜多,各有幾種品類差別?"

佛告觀自在菩薩曰:"善男子! 各有三種。施三種者:一者、法施;二者、財施;三者、無畏施。戒三種者:一者、轉捨不善戒;二者、轉生善戒;三者、轉生饒益有情戒。忍三種者:一者、耐怨害忍;二者、安受苦忍;三者、諦察法忍。精進三種者:一者、被甲精進;二者、轉生善法加行精進;三者、饒益有情加行精進。靜慮三種者:一者、無分別寂靜極寂靜無罪故,對治煩惱衆苦樂住靜慮;二者、引發功德靜慮;三者、引發饒益有情靜慮。慧三種者:一者、緣世俗諦慧;二者、緣勝義諦慧;三者、緣饒益有情慧。"

觀自在菩薩復白佛言:"世尊! 何因緣故,波羅蜜多説名波羅蜜多?"

佛告觀自在菩薩曰:"善男子! 五因緣故:一者、無染著故;二者、無顧戀故;三者、無罪過故;四者、無分別故;五者、正回向故。無染著者,謂不染著波羅蜜多諸相違事。無顧戀者,謂於一切波羅蜜多諸果異熟及報恩心無繫縛。無罪過者,謂於如是波羅蜜多無間雜染法,離非方便行。無分別者,謂於如是波羅蜜多,不如言詞執著自相。正回向者,謂以如是所作所集波羅蜜多,回求無上大菩提果。"

"世尊! 何等名爲波羅蜜多諸相違事?"

"善男子! 當知此事略有六種:一者、於喜樂欲財富自在諸欲樂中,深見功德及與勝利;二者、於隨所樂縱身、語、意而現行中,深見功德及與勝利;三者、於他輕蔑不堪忍中,深見功德及與勝利;四者、於不勤修著欲樂中,深見功德及與勝利;五者、於處憒鬧世雜亂行,深見功德及與勝利;六者、於見、聞、覺、知、言説戲論,深見功德及與勝利。"

"世尊! 如是一切波羅蜜多何果異熟?"

"善男子! 當知此亦略有六種:一者、得大財富;二者、往生善趣;三者、無怨無壞多諸喜樂；四者、爲衆生主；五者、身無惱害；六者、有大宗葉。”

“世尊！何等名爲波羅蜜多間雜染法？”

“善男子！當知略由四種加行：一者、無悲加行故；二者、不如理加行故；三者、不常加行故；四者、不殷重加行故。不如理加行者，謂修行餘波羅蜜多時，於餘波羅蜜多遠離失壞。”

“世尊！何等名爲非方便行？”

“善男子！若諸菩薩以波羅蜜多饒益衆生時，但攝財物饒益衆生便爲喜足，而不令其出不善處安置善處，如是名爲非方便行。何以故？善男子！非於衆生唯作此事名實饒益。譬如糞穢若多若少，終無有能令成香潔。如是衆生由行苦故，其性是苦，無有方便，但以財物暫相饒益，可令成樂，唯有安處妙善法中，方可得名第一饒益。”

觀自在菩薩復白佛言：“世尊！如是一切波羅蜜多有幾清淨？”

佛告觀自在菩薩曰：“善男子！我終不説波羅蜜多，除上五相有餘清淨。然我即依如是諸事總別，當説波羅蜜多清淨之相。

“總説一切波羅蜜多清淨相者，當知七種。何等爲七？一者、菩薩於此諸法不求他知；二者、於此諸法見已不生執著；三者、即於如是諸法不生疑惑，謂爲能得大菩提不；四者、終不自贊毀他有所輕蔑；五者、終不憍傲放逸；六者、終不少有所得便生喜足；七者、終不由此諸法，於他發起嫉妒慳吝。

“別説一切波羅蜜多清淨相者，亦有七種。何等爲七？謂諸菩薩，如我所説七種布施清淨之相，隨順修行。一者、由施物清淨行清淨施；二者、由戒清淨行清淨施；三者、由見清淨行清淨施；四者、由心清淨行清淨施；五者、由語清淨行清淨施；六者、由智清淨行清淨施；七者、由垢清淨行清淨施。是名七種施清淨相。

“又諸菩薩，能善了知制立律儀一切學處，能善了知出離所犯，具常尸羅，堅固尸羅，常作尸羅，常轉尸羅，受學一切所有學處，是名七種戒清淨相。

"若諸菩薩於自所有業果異熟深生依信,一切所有不饒益事現在前時,不生憤發;亦不反罵、不瞋、不打、不恐、不弄、不以種種不饒益事反相加害;不懷怨結;若諫誨時不令恚惱;亦復不待他來諫誨;不由恐怖有染愛心而行忍辱;不以作恩而便放舍,是名七種忍清淨相。

"若諸菩薩,通達精進平等之性;不由勇猛勤精進故自舉陵他;具大勢力;具大精進;有所堪能;堅固勇猛;於諸善法終不捨軛,如是名爲七種精進清淨之相。

"若諸菩薩,有善通達相三摩地靜慮;有圓滿三摩地靜慮;有俱分三摩地靜慮;有運轉三摩地靜慮;有無所依三摩地靜慮;有善修治三摩地靜慮;有於菩薩藏聞緣修習無量三摩地靜慮,如是名爲七種靜慮清淨之相。

"若諸菩薩,遠離增益、損減二邊行於中道,是名爲慧;由此慧故,如實了知解脫門義,謂空、無願、無相三解脫門;如實了知有自性義,謂遍計所執、若依他起、若圓成實三種自性;如實了知無自性義,謂相、生、勝義三種無自性性;如實了知世俗諦義,謂於五明處;如實了知勝義諦義,謂於七真如;又無分別離諸戲論純一理趣多所住故,無量總法爲所緣故,及毗鉢舍那故;能善成辦法隨法行,是名七種慧清淨相。"

觀自在菩薩復白佛言:"世尊!如是五相各有何業?"

佛告觀自在菩薩曰:"善男子!當知彼相有五種業,謂諸菩薩無染著故,於現法中於所修習波羅蜜多,恒常殷重勤修加行無有放逸。無顧戀故,攝受當來不放逸因。無罪過故,能正修習極善圓滿、極善清淨極善鮮白波羅蜜多。無分別故,方便善巧波羅蜜多,速得圓滿。正回向故,一切生處波羅蜜多及彼可愛諸果異熟,皆得無盡,乃至無上正等菩提。"

觀自在菩薩復白佛言:"世尊!如是所說波羅蜜多,何者最廣大?何者無染污?何者最明盛?何者不可動?何者最清淨?"

佛告觀自在菩薩曰:"善男子!無染著性、無顧戀性、正回向性,最爲廣大。無罪過性、無分別性,無有染污。思擇所作,最爲明盛。已入無退轉法地者,名不可動。若十地攝、佛地攝者,名最清淨。"

觀自在菩薩復白佛言:"世尊!何因緣故,菩薩所得波羅蜜多諸可愛果及諸異熟常無有盡？波羅蜜多亦無有盡？"

佛告觀自在菩薩曰："善男子！展轉相依生起修習無間斷故。"

觀自在菩薩復白佛言："世尊！何因緣故，是諸菩薩深信愛樂波羅蜜多，非於如是波羅蜜多所得可愛諸果異熟？"

佛告觀自在菩薩曰："善男子！五因緣故：一者、波羅蜜多是最增上喜樂因故；二者、波羅蜜多是其究竟饒益一切自他因故；三者、波羅蜜多是當來世彼可愛果異熟因故；四者、波羅蜜多非諸雜染所依事故；五者、波羅蜜多非是畢竟變壞法故。"

觀自在菩薩復白佛言："世尊！一切波羅蜜多，各有幾種最勝威德？"

佛告觀自在菩薩曰："善男子！當知一切波羅蜜多，各有四種最勝威德：一者、於此波羅蜜多正修行時，能捨慳吝、犯戒、心憤、懈怠、散亂、見趣所治；二者、於此正修行時，能爲無上正等菩提、真實資糧；三者、於此正修行時，於現法中能自攝受饒益有情；四者、於此正修行時，於未來世能得廣大無盡可愛諸果異熟。"

觀自在菩薩復白佛言："世尊！如是一切波羅蜜多，何因？何果？有何義利？"

佛告觀自在菩薩曰："善男子！如是一切波羅蜜多，大悲爲因；微妙可愛諸果異熟，饒益一切有情爲果；圓滿無上廣大菩提爲大義利。"

觀自在菩薩白佛言："世尊！若諸菩薩具足一切無盡財寶成就大悲，何緣世間現有衆生貧窮可得？"

佛告觀自在菩薩曰："善男子！是諸衆生自業過失！若不爾者，菩薩常懷饒益他心，又常具足無盡財寶，若諸衆生無自惡業能爲障礙，何有世間貧窮可得？譬如餓鬼爲大熱渴逼迫其身，見大海水悉皆涸竭；非大海過，是諸餓鬼自業過耳。如是菩薩所施財寶猶如大海無有過失，是諸衆生自業過耳，猶如餓鬼自惡業力令無有果。"

觀自在菩薩復白佛言："世尊！菩薩以何等波羅蜜多，取一切法無自性性？"

佛告觀自在菩薩曰："善男子！以般若波羅蜜多能取諸法無自性性。"

“世尊！若般若波羅蜜多能取諸法無自性性,何故不取有自性性？”

“善男子！我終不説以無自性性取無自性性。然無自性性,離諸文字自内所證;不可捨於言説文字而能宣説。是故我説般若波羅蜜多能取諸法無自性性。”

觀自在菩薩復白佛言:“世尊！如佛所説波羅蜜多,近波羅蜜多,大波羅蜜多。云何波羅蜜多？云何近波羅蜜多？云何大波羅蜜多？”

佛告觀自在菩薩曰:“善男子！若諸菩薩經無量時修行施等成就善法,而諸煩惱猶故現行,未能制伏然爲彼伏,謂於勝解行地軟中勝解轉時,是名波羅蜜多。復於無量時修行施等,漸復增上,成就善法,而諸煩惱猶故現行,然能制伏非彼所伏,謂從初地已上,是名近波羅蜜多。復於無量時修行布施等,轉復增上,成就善法,一切煩惱皆不現行,謂從八地已上,是名大波羅蜜多。”

觀自在菩薩復白佛言:“世尊！此諸地中煩惱隨眠可有幾種？”

佛告觀自在菩薩曰:“善男子！略有三種:一者、害伴隨眠,謂於前五地。何以故？善男子！諸不俱生現行煩惱,是俱生煩惱現行助伴,彼於爾時永無復有,是故説名害伴隨眠。二者、羸劣隨眠,謂於第六、第七地中微細現行,若修所伏不現行故。三者、微細隨眠,謂於第八地已上,從此已去,一切煩惱不復現行,唯有所知障爲依止故。”

觀自在菩薩復白佛言:“世尊！此諸隨眠,幾種粗重斷所顯示？”

佛告觀自在菩薩曰:“善男子！但由二種:謂由在皮粗重斷故,顯彼初二,復由在膚粗重斷故,顯彼第三。若在於骨粗重斷者,我説永離一切隨眠,位在佛地。”

觀自在菩薩復白佛言:“世尊！經幾不可數劫能斷如是粗重？”

佛告觀自在菩薩曰:“善男子！經於三大不可數劫、或無量劫,所謂年、月、半月、晝夜、一時、半時、須臾、瞬息、刹那量劫不可數故。”

觀自在菩薩復白佛言:“世尊！是諸菩薩於諸地中所生煩惱,當知何相？何失？何德？”

佛告觀自在菩薩曰:“善男子！無染污相。何以故？是諸菩薩於初地中,定於一切諸法法界已善通達,由此因緣,菩薩要知方起煩惱非爲不知,是故說名無染污相。於自身中不能生苦,故無過失。菩薩生起如是煩惱,於有情界能斷苦因,是故彼有無量功德。"

觀自在菩薩復白佛言:"甚奇! 世尊! 無上菩提乃有如是大功德利,令諸菩薩生起煩惱,尚勝一切有情、聲聞、獨覺善根,何況其餘無量功德?"

觀自在菩薩復白佛言:"世尊! 如世尊說:'若聲聞乘、若復大乘,唯是一乘。'此何密意?"

佛告觀自在菩薩曰:"善男子! 如我於彼聲聞乘中,宣說種種諸法自性,所謂五蘊、或內六處、或外六處,如是等類;於大乘中,即說彼法同一法界、同一理趣,故我不說乘差別性。於中或有如言於義妄起分別,一類增益,一類損減。又於諸乘差別道理,謂互相違,如是展轉遞興諍論。如是名爲此中密意。"

爾時,世尊欲重宣此義,而說頌曰:

> 諸地攝想所對治,　　殊勝生願及諸學,
> 由依佛說是大乘,　　於此善修成大覺。
> 宣說諸法種種性,　　復說皆同一理趣,
> 謂於下乘或上乘,　　故我說乘無異性。
> 如言於義妄分別,　　或有增益或損減,
> 謂此二種互相違,　　愚癡意解成乖諍。

爾時,觀自在菩薩摩訶薩復白佛言:"世尊! 於是解深密法門中,此名何教? 我當云何奉持?"

佛告觀自在菩薩曰:"善男子! 此名諸地波羅蜜多了義之教,於此諸地波羅蜜多了義之教,汝當奉持!"

說此諸地波羅蜜多了義教時,於大會中有七十五千菩薩,皆得菩薩大乘光明三摩地。

【《解深密經》卷第五　大唐三藏法師玄奘奉詔譯】

八、如來成所作事品第八

　　爾時，曼殊室利菩薩摩訶薩請問佛言：“世尊！如佛所說如來法身，如來法身有何等相？”

　　佛告曼殊室利菩薩曰：“善男子！若於諸地波羅蜜多，善修出離，轉依成滿，是名如來法身之相。當知此相，二因緣故不可思議：無戲論故，無所爲故。而諸衆生計著戲論，有所爲故。”

　　“世尊！聲聞、獨覺所得轉依，名法身不？”

　　“善男子！不名法身。”

　　“世尊！當名何身？”

　　“善男子！名解脫身。由解脫身故，說一切聲聞、獨覺與諸如來平等平等；由法身故，說有差別。如來法身有差別故，無量功德最勝差別，算數譬喻所不能及。”

　　曼殊室利菩薩復白佛言：“世尊！我當云何應知如來生起之相？”

　　佛告曼殊室利菩薩曰：“善男子！一切如來化身作業，如世界起一切種類；如來功德衆所莊嚴，住持爲相。當知化身相有生起，法身之相無有生起。”

　　曼殊室利菩薩復白佛言：“世尊！云何應知示現化身方便善巧？”

　　佛告曼殊室利菩薩曰：“善男子！遍於一切三千大千佛國土中，或衆推許增上王家，或衆推許大福田家，同時入胎、誕生、長大、受欲、出家、示行苦行、捨苦行已成等正覺，次第示現。是名如來示現化身方便善巧。”

曼殊室利菩薩復白佛言："世尊！凡有幾種，一切如來身所住持言音差別？由此言音所化有情，未成熟者令其成熟，已成熟者緣此爲境速得解脱？"

佛告曼殊室利菩薩曰："善男子！如來言音略有三種：一者、契經；二者、調伏；三者、本母。"

"世尊！云何契經？云何調伏？云何本母？"

"曼殊室利！若於是處，我依攝事顯示諸法，是名契經。謂依四事，或依九事，或復依於二十九事。

"云何四事？一者、聽聞事；二者、歸趣事；三者、修學事；四者、菩提事。

"云何九事？一者、施設有情事；二者、彼所受用事；三者、彼生起事；四者、彼生已住事；五者、彼染淨事；六者、彼差別事；七者、能宣説事；八者、所宣説事；九者、諸衆會事。

"云何名爲二十九事？謂依雜染品有：攝諸行事，彼次第隨轉事，即於是中作補特伽羅想已，於當來世流轉因事，作是想已，於當來世流轉因事。依清淨品有：繫念於所緣事，即於是中勤精進事，心安住事，現法樂住事，超一切苦緣方便事，彼遍知事。此復三種：顛倒遍知所依處故，依有情想外有情中邪行遍知所依處故，內離增上慢遍知所依處故。修依處事，作證事，修習事，令彼堅固事，彼行相事，彼所緣事，已斷未斷觀察善巧事，彼散亂事，彼不散亂事，不散亂依處事，不棄修習劬勞加行事，修習勝利事，彼堅牢事，攝聖行事，攝聖行眷屬事，通達真實事，證得涅槃事，於善説法毗奈耶中世間正見超升一切外道所得正見頂事，及即於此不修退事，於善説法毗奈耶中不修習故，説名爲退，非見過失，故名爲退。

"曼殊室利！若於是處，我依聲聞及諸菩薩，顯示別解脱及別解脱相應之法，是名調伏。"

"世尊！菩薩別解脱，幾相所攝？"

"善男子！當知七相：一者、宣説受軌則事故；二者、宣説隨順他勝事故；三者、宣説隨順毀犯事故；四者、宣説有犯自性故；五者、宣説無犯自性故；六者、宣説出所犯故；七者、宣説捨律儀故。

"曼殊室利！若於是處，我以十一種相決了分別顯示諸法，是名本母。何等名爲十一種相？一者、世俗相；二者、勝義相；三者、菩提分法所緣相；四者、行相；五者、自性相；六者、彼果相；七者、彼領受開示相；八者、彼障礙法相；九者、彼隨順法相；十者、彼過患相；十一者、彼勝利相。

"世俗相者，當知三種：一者、宣說補特伽羅故；二者、宣說遍計所執自性故；三者、宣說諸法作用事業故。勝義相者，當知宣說七種真如故。菩提分法所緣相者，當知宣說遍一切種所知事故。

"行相者，當知宣說八行觀故。云何名爲八行觀耶？一者、諦實故；二者、安住故；三者、過失故；四者、功德故；五者、理趣故；六者、流轉故；七者、道理故；八者、總別故。

"諦實者，謂諸法真如。

"安住者，謂或安立補特伽羅，或復安立諸法遍計所執自性，或復安立一向、分別、反問、置記，或復安立隱密、顯了、記別、差別。過失者，謂我宣說諸雜染法，有無量門差別過患。

"功德者，謂我宣說諸清淨法，有無量門差別勝利。

"理趣者，當知六種：一者、真義理趣；二者、證得理趣；三者、教導理趣；四者、遠離二邊理趣；五者、不可思議理趣；六者、意趣理趣。

"流轉者，所謂三世三有爲相，及四種緣。

"道理者，當知四種：一者、觀待道理；二者、作用道理；三者、證成道理；四者、法爾道理。觀待道理者，謂若因若緣，能生諸行，及起隨說，如是名爲觀待道理。作用道理者，謂若因若緣，能得諸法，或能成辦，或復生已作諸業用，如是名爲作用道理。證成道理者，謂若因若緣，能令所立、所說、所標、義得成立，令正覺悟，如是名爲證成道理。

"又此道理略有二種：一者、清淨；二者不清淨。由五種相名爲清淨，由七種相名不清淨。

"云何由五種相名爲清淨？一者、現見所得相；二者、依止現見所得相；三者、自類譬喻所引相；四者、圓成實相；五者、善清淨言教相。

"現見所得相者，謂一切行皆無常性，一切行皆是苦性，一切法皆無我性，此爲世間現量所得。如是等類，是名現見所得相。

“依止現見所得相者，謂一切行皆刹那性，他世有性，淨不淨業無失壞性。由彼能依粗無常性，現可得故。由諸有情種種差別，依種種業現可得故，由諸有情若樂若苦，淨不淨業以爲依止，現可得故。由此因緣，於不現見可爲比度。如是等類，是名依止現見所得相。

“自類譬喻所引相者，謂於內外諸行聚中，引諸世間共所了知所得生死以爲譬喻，引諸世間共所了知所得生等種種苦相以爲譬喻，引諸世間共所了知所得不自在相以爲譬喻，又復於外引諸世間共所了知所得衰盛以爲譬喻。如是等類，當知是名自類譬喻所引相。

“圓成實相者，謂即如是現見所得相，若依止現見所得相，若自類譬喻所得相，於所成立，決定能成，當知是名圓成實相。

“善清淨言教相者，謂一切智者之所宣説，如言涅槃究竟寂靜，如是等類，當知是名善清淨言教相。

“善男子！是故由此五種相故，名善觀察清淨道理，由清淨故，應可修習。”

曼殊室利菩薩復白佛言：“世尊！一切智相者，當知有幾種？”

佛告曼殊室利菩薩曰：“善男子！略有五種：一者、若有出現世間一切智聲，無不普聞；二者、成就三十二種大丈夫相；三者、具足十力，能斷一切衆生一切疑惑；四者、具足四無所畏宣説正法，不爲一切他論所伏，而能摧伏一切邪論；五者、於善説法、毗奈耶中，八支聖道、四沙門等，皆現可得。如是生故，相故，斷疑網故，非他所伏能伏他故，聖道、沙門現可得故，如是五種，當知名爲一切智相。

“善男子！如是證成道理，由現量故、由比量故、由聖教量故。由五種相，名爲清淨。

“云何由七種相名不清淨？一者、此餘同類可得相；二者、此餘異類可得相；三者、一切同類可得相；四者、一切異類可得相；五者、異類譬喻所得相；六者、非圓成實相；七者、非善清淨言教相。

“若一切法意識所識性，是名一切同類可得相，若一切法相性業法因果異相,由隨如是一一異相,決定展轉各各異相,是名一切異類可得相。善男子!若於此餘同類可得相,及譬喻中有一切異類相者,由此因緣,於所成立非決定故,是名非圓成實相。又於此餘異類可得相,及譬喻中有一切同類相者,由此因緣,於所成立不決定故,亦名非圓成實相。非圓成實故,非善觀察清淨道理,不清淨故,不應修習。若異類譬喻所引相,若非善清淨言教相,當知體性皆不清淨。

"法爾道理者,謂如來出世,若不出世,法性,安住、法住、法界,是名法爾道理。

"總別者,謂先總説一句法已,後後諸句差別分別究竟顯了。

"自性相者,謂我所説有行有緣,所有能取菩提分法,謂念住等,如是名爲彼自性相。

"彼果相者,謂若世間若出世間,諸煩惱斷,及所引發世出世間諸果功德,如是名爲得彼果相。

"彼領受開示相者,謂即於彼,以解脱智而領受之,及廣爲他宣説開示,如是名爲彼領受開示相。

"彼障礙法相者,謂即於修菩提分法,能隨障礙諸染污法,是名彼障礙法相。

"彼隨順法相者,謂即於彼多所作法,是名彼隨順法相。

"彼過患相者,當知即彼諸障礙法所有過失,是名彼過患相。

"彼勝利相者,當知即彼諸隨順法所有功德,是名彼勝利相。"

曼殊室利菩薩復白佛言:"唯願世尊爲諸菩薩略説契經、調伏、本母、不共外道陀羅尼義,由此不共陀羅尼義,令諸菩薩得入如來所説諸法甚深密意。"

佛告曼殊室利菩薩曰:"善男子!汝今諦聽,吾當爲汝略説不共陀羅尼義,令諸菩薩,於我所説密意言詞能善悟入。

"善男子!若雜染法、若清淨法,我説一切皆無作用,亦都無有補特伽羅,以一切種離所爲故。非雜染法先染後淨,非清淨法後淨先染,凡夫異生,於粗重身,執著諸法、補特伽羅自性差別,隨眠妄見以爲緣故,計我我所；由此妄見，謂我見、我聞、我嗅、我嘗、我觸、我知、我食、我作、我染、我淨，如是等類邪加行轉。若有如實知如是者，便能永斷粗重之身，獲得一切煩惱不住，最極清淨，離諸戲論，無爲依止，無有加行。善男子！當知是名略説不共陀羅尼義。"

爾時，世尊欲重宣此義，而説頌曰：

> 一切雜染清淨法，　　皆無作用數取趣。
> 由我宣説離所爲，　　染污清淨非先後。
> 於粗重身隨眠見，　　爲緣計我及我所；
> 由此妄謂我見等，　　我食我爲我染淨。
> 若如實知如是者，　　乃能永斷粗重身，
> 得無染淨無戲論，　　無爲依止無加行。

爾時，曼殊室利菩薩摩訶薩復白佛言："世尊！云何應知諸如來心生起之相？"

佛告曼殊室利菩薩曰："善男子！夫如來者，非心意識生起所顯，然諸如來有無加行心法生起，當知此事猶如變化。"

曼殊室利菩薩復白佛言："世尊！若諸如來法身，遠離一切加行；既無加行，云何而有心法生起？"

佛告曼殊室利菩薩曰："善男子！先所修習方便般若加行力故，有心生起。善男子！譬如正入無心睡眠，非於覺悟而作加行，由先所作加行勢力而復覺悟。又如正在滅盡定中，非於起定而作加行，由先所作加行勢力，還從定起。如從睡眠及滅盡定心更生起，如是如來由先修習方便般若加行力故，當知復有心法生起。"

曼殊室利菩薩復白佛言："世尊！如來化身，當言有心爲無心耶？"

佛告曼殊室利菩薩曰："善男子！非是有心，亦非無心。何以故？無自依心故，有依他心故。"

曼殊室利菩薩復白佛言："世尊！如來所行，如來境界，此之二種，有何差別？"

佛告曼殊室利菩薩曰："善男子！如來所行,謂一切種,如來共有不可思議無量功德,衆所莊嚴清淨佛土。如來境界,謂一切種,五界差別。何等爲五？一者、有情界；二者、世界；三者、法界；四者、調伏界；五者、調伏方便界。如是名爲二種差別。"

曼殊室利菩薩復白佛言："世尊！如來成等正覺、轉正法輪、入大涅槃,如是三種,當知何相？"

佛告曼殊室利菩薩曰："善男子！當知此三皆無二相。謂非成等正覺、非不成等正覺；非轉正法輪、非不轉正法輪；非入大涅槃、非不入大涅槃。何以故？如來法身究竟淨故,如來化身常示現故。"

曼殊室利菩薩復白佛言："世尊！諸有情類,但於化身見聞奉事生諸功德,如來於彼有何因緣？"

佛告曼殊室利菩薩曰："善男子！如來是彼增上所緣之因緣故。又彼化身,是如來力所住持故。"

曼殊室利菩薩復白佛言："世尊！等無加行,何因緣故如來法身,爲諸有情放大智光,及出無量化身影像？聲聞、獨覺解脱之身,無如是事？"

佛告曼殊室利菩薩曰："善男子！譬如等無加行,從日、月輪水火二種頗胝迦寶放大光明,非餘水火頗胝迦寶,謂大威德有情所住持故,諸有情業增上力故。又如從彼善工業者之所雕飾,末尼寶珠出印文像,不從所餘不雕飾者。如是緣於無量法界方便般若,極善修習磨瑩,集成如來法身,從是能放大智光明及出種種化身影像,非唯從彼解脱之身,有如斯事。"

曼殊室利菩薩復白佛言："世尊！如世尊說：'如來、菩薩威德住持,令諸衆生於欲界中,生刹帝利、婆羅門等大富貴家,人身財寶無不圓滿,或欲界天、色、無色界,一切身財圓滿可得。'世尊！此中有何密意？"

佛告曼殊室利菩薩曰："善男子！如來、菩薩威德住持,若道若行,於一切處,能令衆生獲得身財皆圓滿者,即隨所應,爲彼宣說此道此行。若有能於此道此行正修行者,於一切處所獲身財無不圓滿。若有衆生於此道行違背輕毀,又於我所起損惱心及瞋恚心,命終已後,於一切處所得身財無不下劣。曼殊室利！由是因緣,當知如來及諸菩薩威德住持,非但能令身財圓滿，如來、菩薩住持威德，亦令衆生身財下劣。”

曼殊室利菩薩復白佛言：“世尊！諸穢土中，何事易得？何事難得？諸淨土中，何事易得？何事難得？”

佛告曼殊室利菩薩曰：“善男子！諸穢土中，八事易得，二事難得。何等名爲八事易得？一者、外道；二者、有苦衆生；三者、種姓家世興衰差別；四者、行諸惡行；五者、毀犯尸羅；六者、惡趣；七者、下乘；八者、下劣意樂加行菩薩。何等名爲二事難得？一者、增上意樂加行菩薩之所遊集；二者、如來出現於世。曼殊室利！諸淨土中與上相違，當知八事甚爲難得，二事易得。”

爾時，曼殊室利菩薩白佛言：“世尊！於此解深密法門中，此名何教？我當云何奉持？”

佛告曼殊室利菩薩曰：“善男子！此名如來成所作事了義之教，於此如來成所作事了義之教，汝當奉持。”

説是如來成所作事了義教時，於大會中有七十五千菩薩摩訶薩，皆得圓滿法身證覺。

第四編

《說無垢稱經》

【《說無垢稱經》卷第一　大唐三藏法師玄奘奉詔譯】

一、序品第一

如是我聞：

一時薄伽梵住廣嚴城庵羅衛林，與大苾芻衆八千人俱、菩薩摩訶薩三萬二千——皆爲一切衆望所識，大神通業修已成辦，諸佛威德常所加持，善護法城能攝正法，以大師子吼聲敷演，美音遐振周遍十方，爲諸衆生不請善友，紹三寶種能使不絕，降伏魔怨、制諸外道，永離一切障及蓋纏，念定、總持無不圓滿，建立無障解脫智門，逮得一切無斷殊勝念慧等持陀羅尼辯；皆獲第一布施、調伏寂靜尸羅、安忍、正勤、靜慮、般若、方便、善巧、妙願力、智波羅蜜多，成無所得不起法忍，已能隨轉不退法輪，咸得無相妙印所印，善知有情諸根勝劣，一切大衆所不能伏，而能調御得無所畏；已積無盡福智資糧，相好嚴身色像第一，捨諸世間所有飾好，名稱高遠逾於帝釋，意樂堅固猶若金剛；於諸佛法得不壞信、流法寶光、澍甘露雨，於衆言音微妙第一，於深法義廣大緣起；已斷二邊見習相續，演法無畏猶師子吼，其所講說乃如雷震，不可稱量過稱量境；集法寶慧爲大導師，正直審諦柔和微密，妙達諸法難見難知；甚深實義隨入一切，有趣無趣意樂所歸，獲無等等佛智灌頂，近力無畏不共佛法；已除所有怖畏惡趣，復超一切險穢深坑，永棄緣起金剛刀仗，常思示現諸有趣生；爲大醫王善知方術，應病與藥，愈疾施安；無量功德皆成就、無量佛土皆嚴淨，其見聞者無不蒙益；諸有所作亦不唐捐，設經無量百千俱胝那庾多劫贊其功德亦不能盡——其名曰：等觀菩薩、不等觀菩薩、等不等觀菩薩、定神變王菩薩、法自在菩薩、法幢菩薩、光幢菩薩、光嚴菩薩、大嚴菩薩、寶峰菩薩、辯峰菩薩、寶手菩薩、寶印手菩薩、常舉手菩薩、常下手菩薩、常延頸菩薩、常喜根菩薩、常喜王菩薩、無屈辯菩薩、虛空藏菩薩、執寶炬菩薩、寶吉祥菩薩、寶施菩薩、帝網菩薩、光網菩薩、無障靜慮菩薩、慧峰菩薩、天王菩薩、壞魔菩薩、電天菩薩、現神變王菩薩、峰相等嚴菩薩、師子吼菩薩、雲雷音菩薩、山相擊王菩薩、香象菩薩、大香象菩薩、常精進菩薩、不捨善軛菩薩、妙慧菩薩、妙生菩薩、蓮花勝藏菩薩、三摩地王菩薩、蓮花嚴菩薩、觀自在菩薩、得大勢菩薩、梵網菩薩、寶杖菩薩、無勝菩薩、勝魔菩薩、嚴土菩薩、金髻菩薩、珠髻菩薩、慈氏菩薩、妙吉祥菩薩、珠寶蓋菩薩，如是等上首菩薩摩訶薩三萬二千。

復有萬梵，持髻梵王而爲上首，從本無憂四大洲界爲欲瞻禮供養世尊及聽法故來在會坐；復有萬二千天帝，各從餘方四大洲界亦爲瞻禮供養世尊及聽法故來在會坐；並餘大威力諸天、龍、藥叉、健達縛、阿素洛、揭路荼、緊捺洛、莫呼洛伽、釋、梵、護世等悉來會坐；及諸四衆——苾芻、苾芻尼、鄔波索迦、鄔波斯迦——俱來會坐。

爾時，世尊無量百千諸來大衆恭敬圍繞而爲說法——譬如大寶妙高山王處於大海巍然迥出——踞大師子勝藏之座，顯耀威光蔽諸大衆。

時廣嚴城有一菩薩，離呫毗種，名曰寶性，與離呫毗五百童子各持一蓋，七寶莊嚴，往庵羅林詣如來所，各以其蓋奉上世尊，奉已頂禮世尊雙足，右繞七匝卻住一面。

佛之威神令諸寶蓋合成一蓋，遍覆三千大千世界，而此世界廣長之相悉於中現。

又，此三千大千世界所有大寶妙高山王、一切雪山、目真鄰陀山、摩訶目真鄰陀山、香山、寶山、金山、黑山、輪圍山、大輪圍山、大海、江河、陂泉、池沼，及百俱胝四大洲渚、日、月、星辰、天宮、龍宮、諸尊神宮，並諸國邑、王都、聚落，如是皆現此寶蓋中。

又，十方界諸佛、如來所說正法皆如響應，於此蓋內無不見聞。

時諸大衆睹佛神力，歡喜踴躍，歎未曾有，合掌禮佛瞻仰尊顏，目不暫捨默然而住。

爾時，寶性即於佛前右膝著地，合掌恭敬，以妙伽他而贊佛曰：

目淨修廣妙端嚴，	皎如青紺蓮花葉，
已證第一淨意樂，	勝奢摩陀到彼岸。
久積無邊清淨業，	獲得廣大勝名聞，
故我稽首大沙門，	開導希夷寂路者。
既見大聖以神變，	普現十方無量土，
其中諸佛演說法，	於是一切悉見聞。
法王法力超群生，	常以法財施一切，
能善分別諸法相，	觀第一義摧怨敵，
已於諸法得自在，	是故稽首此法王。
說法不有亦不無，	一切皆得因緣立，
無我、無造、無受者，	善惡之業亦不亡。
始在佛樹降魔力，	得甘露滅勝菩提，
此中非心意受行，	外道、群邪所不測。
三轉法輪於大千，	其輪能寂本性寂，
希有法智天人證，	三寶於是現世間。
以斯妙法濟群生，	無思、無怖、常安寂，
度生、老、死大醫王，	稽首無邊功德海。
八法不動如山王，	於善、不善俱慈愍，
心行如空平等住，	孰不承敬此能仁？
以斯微蓋奉世尊，	於中普現三千界，
諸天、龍、神宮殿等，	故禮智見功德身。
十力神變示世間，	一切皆如光影等，
眾睹驚歎未曾有，	故禮十力大智見。
眾會瞻仰大牟尼，	靡不心生清淨信，
各見世尊在其前，	斯則如來不共相；
佛以一音演說法，	眾生隨類各得解，

皆謂世尊同其語，　　斯則如來不共相；

佛以一音演說法，　　衆生各各隨所解，

普得受行獲其利，　　斯則如來不共相；

佛以一音演說法，　　或有恐畏或歡喜，

或生厭離或斷疑，　　斯則如來不共相。

稽首十力諦勇猛，　　稽首已得無怖畏，

稽首至定不共法，　　稽首一切大導師，

稽首能斷衆結縛，　　稽首已住於彼岸，

稽首普濟苦群生，　　稽首不依生死趣。

已到有情平等趣，　　善於諸趣心解脫，

牟尼如是善修空，　　猶如蓮花不著水。

一切相遣無所遣，　　一切願滿無所願，

大威神力不思議，　　稽首如空無所住。

爾時，寶性說此伽他贊世尊已，復白佛言："如是五百童子菩薩皆已發趣阿耨多羅三藐三菩提，彼咸問我嚴淨佛土。唯願如來哀愍，爲說淨佛土相。云何菩薩修淨佛土？"

作是語已，佛言："寶性！善哉善哉，汝今乃能爲諸菩薩請問如來淨佛土相及問菩薩修淨佛土。汝今諦聽，善思念之，當爲汝等分別解說。"

於是寶性及諸菩薩咸作是言："善哉，世尊！唯願爲說，我等今者皆希聽受。"

爾時，世尊告衆菩薩："諸有情土是爲菩薩嚴淨佛土。所以者何？諸善男子！一切菩薩隨諸有情增長饒益，即便攝受嚴淨佛土；隨諸有情發起種種清淨功德，即便攝受嚴淨佛土；隨諸有情應以如是嚴淨佛土而得調伏，即便攝受如是佛土；隨諸有情應以如是嚴淨佛土悟入佛智，即便攝受如是佛土；隨諸有情應以如是嚴淨佛土起聖根行，即便攝受如是佛土。所以者何？諸善男子！菩薩攝受嚴淨佛土，皆爲有情增長、饒益、發起種種清淨功德。諸善男子！譬如有人欲於空地造立宮室，或復莊嚴隨意無礙，若於虛空終不能成。菩薩如是，知一切法皆如虛空，唯爲有情增長、饒益、生淨功德,即便攝受如是佛土。攝受如是淨佛土者非於空也。

"復次,寶性！汝等當知：發起無上菩提心土是爲菩薩嚴淨佛土,菩薩證得大菩提時,一切發起大乘有情來生其國；純意樂土是爲菩薩嚴淨佛土,菩薩證得大菩提時,所有不謟、不誑有情來生其國；善加行土是爲菩薩嚴淨佛土,菩薩證得大菩提時,發起住持妙善加行一切有情來生其國；上意樂土是爲菩薩嚴淨佛土,菩薩證得大菩提時,具足成就善法有情來生其國；修布施土是爲菩薩嚴淨佛土,菩薩證得大菩提時,一切能捨財法有情來生其國；修淨戒土是爲菩薩嚴淨佛土,菩薩證得大菩提時,圓滿成就十善業道意樂有情來生其國；修安忍土是爲菩薩嚴淨佛土,菩薩證得大菩提時,三十二相莊嚴其身、堪忍柔和寂靜有情來生其國；修精進土是爲菩薩嚴淨佛土,菩薩證得大菩提時,諸善勇猛精進有情來生其國；修靜慮土是爲菩薩嚴淨佛土,菩薩證得大菩提時,具足成就正念、正知、正定有情來生其國；修般若土是爲菩薩嚴淨佛土,菩薩證得大菩提時,一切已入正定有情來生其國；四無量土是爲菩薩嚴淨佛土,菩薩證得大菩提時,常住慈悲喜捨有情來生其國；四攝事土是爲菩薩嚴淨佛土,菩薩證得大菩提時,諸有解脫所攝有情來生其國；巧方便土是爲菩薩嚴淨佛土,菩薩證得大菩提時,善巧觀察諸法有情來生其國；修三十七菩提分土是爲菩薩嚴淨佛土,菩薩證得大菩提時,通達一切念、住正斷、神足、根、力、覺支、道支圓滿有情來生其國；修回向土是爲菩薩嚴淨佛土,菩薩證得大菩提時,其國具足衆德莊嚴；善説息除八無暇土是爲菩薩嚴淨佛土,菩薩證得大菩提時,其國永離惡趣無暇；自守戒行不譏彼土是爲菩薩嚴淨佛土,菩薩證得大菩提時,其國無有犯禁之名；十善業道極清淨土是爲菩薩嚴淨佛土,菩薩證得大菩提時,壽量決定大富梵行、所言誠諦、常以軟語、眷屬不離、善宣密意、離諸貪欲、心無瞋恚、正見有情來生其國。

"諸善男子！如是,菩薩隨發菩提心則有純淨意樂,隨其純淨意樂則有妙善加行,隨其妙善加行則有增上意樂,隨其增上意樂則有止息,隨其止息則有發起,隨其發起則有回向,隨其回向則有寂靜,隨其寂靜則有清淨有情,隨其清淨有情則有嚴淨佛土,隨其嚴淨佛土則有清淨法教,隨其清淨法教即有清淨妙福,隨其清淨妙福則有清淨妙慧,隨其清淨妙慧則有清淨妙智,隨其清淨妙智則有清淨妙行,隨其清淨妙行則有清淨自心,隨其清淨自心則有清淨諸妙功德。

"諸善男子! 是故,菩薩若欲勤修嚴淨佛土,先應方便嚴淨自心。所以者何? 隨諸菩薩自心嚴淨,即得如是嚴淨佛土。"

爾時,舍利子承佛威神作如是念:"若諸菩薩心嚴淨故,佛土嚴淨;而我世尊行菩薩時心不嚴淨故,是佛土雜穢若此?"

佛知其念即告之言:"於意云何? 世間日、月豈不淨耶? 而盲不見。"

對曰:"不也。是盲者過,非日月咎。"

佛言:"如是,眾生罪故不見世尊佛土嚴淨,非如來咎。舍利子! 我土嚴淨而汝不見。"

爾時,持髻梵王語舍利子:"勿作是意謂此佛土爲不嚴淨。所以者何? 如是佛土最極嚴淨。"

舍利子言:"大梵天王! 今此佛土嚴淨云何?"

持髻梵言:"唯,舍利子! 譬如他化自在天宮有無量寶功德莊嚴,我見世尊釋迦牟尼佛土嚴淨有無量寶功德莊嚴亦復如是。"

舍利子言:"大梵天王! 我見此土其地高下——丘陵、坑坎、毒刺、沙礫、土石、諸山——穢惡充滿。"

持髻梵言:"唯,大尊者! 心有高下不嚴淨故,謂佛智慧意樂亦爾,故見佛土爲不嚴淨。若諸菩薩於諸有情其心平等、功德嚴淨,謂佛智慧意樂亦爾,便見佛土最極嚴淨。"

爾時,世尊知諸大眾心懷猶豫,便以足指按此大地。即時三千大千世界無量百千妙寶莊嚴,譬如功德寶莊嚴佛無量功德寶莊嚴土。一切大眾歎未曾有,而皆自見坐寶蓮華。

爾時,世尊告舍利子:"汝見如是眾德莊嚴淨佛土不?"

舍利子言:"唯然,世尊! 本所不見、本所不聞,今此佛土嚴淨悉現。"

告舍利子:"我佛國土常淨若此,爲欲成熟下劣有情,是故示現無量過失雜穢土耳。舍利子! 譬如三十三天共寶器食,隨業所招其食有異。如是,舍利子！無量有情生一佛土,隨心淨穢所見有異,若人心淨便見此土無量功德妙寶莊嚴。"

當佛現此嚴淨土時,寶性所將五百童子一切皆得無生法忍、八萬四千諸有情類皆發無上正等覺心。

時佛、世尊即攝神足,於是世界還復如故。求聲聞乘三萬二千諸天及人,知有爲法皆悉無常,遠塵離垢得法眼淨;八千苾芻永離諸漏,心善解脫。

二、顯不思議方便善巧品第二

爾時，廣嚴城中有大菩薩，離呫毗種，名無垢稱，已曾供養無量諸佛，於諸佛所深殖善根，得妙辯才、具無生忍、逮諸總持、遊戲神通，獲無所畏摧魔怨力。入深法門善於智度，通達方便大願成滿，明瞭有情意樂及行，善知有情諸根勝劣。智度成辦，說法淳熟，於大乘中決定修習，於所作業能善思量。住佛威儀，入心慧海，諸佛咨嗟稱揚顯說，釋、梵、護世常所禮敬，爲欲成熟諸有情故，以善方便居廣嚴城。具無盡財，攝益貧窮、無依、無怙；具清淨戒，攝益一切有犯有越；以調順忍攝益瞋恨、暴嫉、楚毒；以大精進攝益一切懈怠懶惰；安住靜慮、正念解脫、等持等至，攝益一切諸有亂心；以正決擇攝益一切妄見、惡慧。雖爲白衣而具沙門威儀功德，雖處居家不著三界，示有妻子常修梵行，現有眷屬常樂遠離。雖服寶飾而以相好莊嚴其身、雖現受食而以靜慮等至爲味、雖同樂著博弈嬉戲而實恒爲成熟有情、雖稟一切外道軌儀而於佛法意樂不壞、雖明一切世間書論而於內苑賞玩法樂、雖現一切邑會衆中而恒爲最說法上首。

爲隨世教於尊卑等所作事業示無與乖，雖不希求世間財寶，然於俗利示有所習。爲益含識遊諸市衢、爲護群生理諸王務、入講論處導以大乘、入諸學堂誘開童蒙、入諸淫舍示欲之過，爲令建立正念正知遊諸伎樂。若在長者，長者中尊爲說勝法；若在居士，居士中尊斷其貪著；若在刹帝利，刹帝利中尊教以忍辱；若在婆羅門，婆羅門中尊除其我慢；若在大臣，大臣中尊教以正法；若在王子，王子中尊示以忠孝；若在內官，內官中尊化正宮女；若在庶人，庶人中尊修相似福殊勝意樂；若在梵天，梵天中尊示諸梵衆静慮差別；若在帝釋，帝釋中尊示現自在悉皆無常；若在護世，護世中尊守護一切利益安樂。

是無垢稱以如是等不可思議無量善巧方便慧門饒益有情，其以方便現身有疾。以其疾故，國王、大臣、長者、居士、婆羅門等，及諸王子並餘官屬無數千人，皆往問疾。

時無垢稱因以身疾廣爲説法，言："諸仁者！是四大種所合成身，無常、無强、無堅、無力。朽故迅速，不可保信，爲苦、爲惱、衆病之器，多諸過患、變壞之法。諸仁者！如此之身，其聰慧者所不爲怙。是身如聚沫不可撮摩、是身如浮泡不得久立、是身如陽焰從諸煩惱渴愛所生、是身如芭蕉都無有實、是身如幻從顛倒起、是身如夢爲虛妄見、是身如影從業緣現、是身如響屬諸因緣、是身如雲須臾變滅、是身如電念念不住、是身無主爲如地、是身無我爲如水、是身無有情爲如火、是身無命者爲如風、是身無有補特伽羅與虛空等、是身不實四大爲家、是身爲空離我我所、是身無知如草木等、是身無作風力所轉、是身不淨穢惡充滿、是身虛僞雖假覆蔽飲食將養必歸磨滅、是身多患四百四病之所集成、是身易壞如水隧級常爲朽老之所逼迫、是身無定爲要當死、是身如怨害周遍毒蛇之所充滿、是身如空聚諸蘊界處所共合成。

"諸仁者！於如是身應生厭離，於如來身應起欣樂。所以者何？如來身者，無量善法共所集成，從修無量殊勝福德智慧所生，從修無量勝戒定慧解脱解脱知見所生，從修慈悲喜捨所生，從修布施、調伏寂静戒、忍、精進、静慮、解脱、等持等至、般若、方便、願、力、智生，從修一切到彼岸生，修六通生，修三明生，修三十七菩提分生，修止觀生，從修十力、四無畏生，從修十八不共法生，從斷一切不善法、集一切善法生，從修諦實不放逸生，從修無量清淨業生。

"諸仁者！如來之身功德如是，汝等皆應發心求證。汝等欲得如是之身、息除一切有情病者，當發阿耨多羅三藐三菩提心。"

是無垢稱爲諸集會來問疾者如應説法，令無數千人皆發阿耨多羅三藐三菩提心。

三、聲聞品第三

時無垢稱作是思惟："我嬰斯疾寢頓於床,世尊大悲寧不垂愍,而不遣人來問我疾?"爾時,世尊知其所念,哀愍彼故,告舍利子："汝應往詣無垢稱所問安其疾。"時舍利子白言:"世尊! 我不堪任詣彼問疾。所以者何? 憶念我昔於一時間在大林中宴坐樹下,時無垢稱來到彼所,稽首我足而作是言:'唯,舍利子! 不必是坐爲宴坐也。夫宴坐者,不於三界而現身心是爲宴坐;不起滅定而現諸威儀是爲宴坐;不捨一切所證得相而現一切異生諸法是爲宴坐;心不住内亦不行外是爲宴坐;住三十七菩提分法而不離於一切見趣是爲宴坐;不捨生死而無煩惱、雖證涅槃而無所住是爲宴坐。若能如是而宴坐者,佛所印可。'

"時我,世尊! 聞是語已,默然而住不能加報,故我不任詣彼問疾。"

爾時,世尊告大目連："汝應往詣無垢稱所問安其疾。"

時大目連白言:"世尊! 我不堪任詣彼問疾。所以者何? 憶念我昔於一時間入廣嚴城,在四衢道爲諸居士演説法要。時無垢稱來到彼所,稽首我足而作是言:'唯,大目連! 爲諸白衣居士説法不當應如尊者所説,夫説法者應如法説。'時我問言:'云何名爲如法説耶?'彼即答言:'法無有我,離我垢故;法無有情,離情塵故;法無命者,離生死故;法無補特伽羅,前後際斷故;法常寂然,滅諸相故;法離貪著,無所緣故;法無文字,言語斷故;法無譬説,遠離一切波浪思故;法遍一切,如虚空故;法無有顯,無相、無形,遠離一切行動事故;法無我所,離我所故;法無了別,離心識故;法無有比,無相待故;法不屬因,不在緣故;法同法界,等入一切真法界故;法隨於如,無所隨故;法住實際,畢竟不動故;法無動搖,不依六境故;法無去來,無所住故;法順空、隨無相、應無願,遠離一切增減思故;法無取捨,離生滅故;法無執藏,超過一切眼、耳、鼻、舌、身、意道故;法無高下,常住不動故;法離一切分別所行,一切戲論畢竟斷故。唯,大目連! 法相如是,豈可說乎? 夫說法者,一切皆是增益、損減;其聽法者,亦復皆是增益、損減。若於是處無增、無減,即於是處都無可說、亦無可聞、無所了別。尊者目連! 譬如幻士爲幻化者宣說諸法,住如是心乃可說法。應善了知一切有情根性差別,妙慧觀見無所罣礙,大悲現前贊說大乘,念報佛恩,意樂清淨,法詞善巧,爲三寶種永不斷絕,乃應說法。'

"世尊! 彼大居士說此法時,於彼衆中八百居士皆發無上正等覺心。時我,世尊! 默無能辯,故我不任詣彼問疾。"

爾時,世尊告迦葉波:"汝應往詣無垢稱所問安其疾。"

大迦葉波白言:"世尊! 我不堪任詣彼問疾。所以者何? 憶念我昔於一時間入廣嚴城,遊貧陋巷而巡乞食。時無垢稱來到彼所,稽首我足而作是言:'唯,大迦葉! 雖有慈悲而不能普,捨豪富、從貧乞。尊者迦葉! 住平等法應次行乞食,爲不食故應行乞食、爲欲壞彼於食執故應行乞食、爲欲受他所施食故應行乞食。以空聚想入於聚落、爲欲成熟男女大小入諸城邑、趣佛家想詣乞食家,爲不受故應受彼食。所見色與盲等、所聞聲與向等、所嗅香與風等、所食味不分別、受諸觸如智證、知諸法如幻相,無自性、無他性,無熾然、無寂滅。尊者迦葉! 若能不捨八邪入八解脫、以邪平等入正平等、以一摶食施於一切,供養諸佛及衆賢聖,然後可食。如是,食者非有雜染、非離雜染,非入静定、非出静定,非住生死、非住涅槃,爾乃可食。諸有施於尊者之食,無小果、無大果,無損減、無增益,趣入佛趣、不趣聲聞。尊者迦葉! 若能如是而食於食,爲不空食他所施食。'

"時我,世尊! 聞說是語得未曾有,即於一切諸菩薩等深起敬心。甚奇,世尊! 斯有家士辯才智慧乃能如是,誰有智者得聞斯說而不發於阿耨多羅三藐三菩提心? 我從是來不勸有情求諸聲聞獨覺等乘,唯教發心趣求無上正等菩提,故我不任詣彼問疾。"

爾時,世尊告大善現:"汝應往詣無垢稱所問安其疾。"

時大善現白言:"世尊!我不堪任詣彼問疾。所以者何?憶念我昔於一時間入廣嚴城而行乞食,次入其舍。時無垢稱爲我作禮,取我手鉢盛滿美食而謂我言:'尊者善現!若能於食以平等性而入一切法平等性,以一切法平等之性入於一切佛平等性,其能如是乃可取食。尊者善現!若能不斷貪恚愚癡亦不與俱、不壞薩迦耶見入一趣道、不滅無明並諸有愛而起慧明及以解脱、能以無間平等法性而入解脱平等法性——無脱、無縛,不見四諦、非不見諦非得果,非異生、非離異生法,非聖、非不聖——雖成就一切法而離諸法想,乃可取食。若,尊者善現!不見佛、不聞法、不事僧,彼外道六師——滿迦葉波、末薩羯離瞿舍離子、想吠多子、無勝髮、稿犎迦衍那、離系親子——是尊者師依之出家,彼六師墮,尊者亦墮,乃可取食。若,尊者善現!墮諸見趣而不至中邊,入八無暇不得有暇,同諸雜染離於清淨;若諸有情所得無諍,尊者亦得而不名爲清淨福田;諸有布施尊者之食墮諸惡趣,而以尊者爲與衆魔共連一手,將諸煩惱作其伴侶。一切煩惱自性即是尊者自性——於諸有情起怨害想、謗於諸佛、毀一切法、不預僧數、畢竟無有般涅槃時——若如是者乃可取食。'

"時我,世尊!得聞斯語猶拘重闇迷失諸方,不識是何言、不知以何答,便捨自鉢欲出其舍。時無垢稱即謂我言:'尊者善現!取鉢勿懼。於意云何?若諸如來所作化者,以是事詰寧有懼不?'我言:'不也。'無垢稱言:'諸法性相皆如幻化,一切有情及諸言説性相亦爾,諸有智者於文字中不應執著亦無怖畏。所以者何?一切言説皆離性相。何以故?一切文字性相亦離,都非文字,是則解脱;解脱相者即一切法。'

"世尊!彼大居士説是法時,二萬天子遠塵離垢,於諸法中得法眼淨;五百天子得順法忍。時我默然,頓喪言辯,不能加對,故我不任詣彼問疾。"

爾時,世尊告滿慈子:"汝應往詣無垢稱所問安其疾。"

時滿慈子白言:"世尊!我不堪任詣彼問疾。所以者何?憶念我昔於一時間在大林中爲諸新學苾芻説法。時無垢稱來到彼所,稽首我足而作是言:'唯,滿慈子!先當入定觀苾芻心,然後乃應爲其説法。無以穢食置於寶器,應先了知是諸苾芻有何意樂;勿以無價吠琉璃寶同諸危脆賤水精珠。尊者滿慈!勿不觀察諸有情類根性差別授以少分根所受法,彼自無瘡勿傷之也,欲行大道莫示小徑、無以日光等彼螢火、無以大海内於牛迹、無以妙高山王内於芥子、無以大師子吼同野干鳴。尊者滿慈子!是諸苾芻皆於往昔發趣大乘、心祈菩提,中忘是意,如何示以聲聞乘法?我觀聲聞智慧微淺過於生盲,無有大乘觀諸有情根性妙智,不能分別一切有情根之利鈍。'

"時無垢稱便以如是勝三摩地,令諸苾芻隨憶無量宿住差別——曾於過去五百佛所種諸善根、積習無量殊勝功德、回向無上正等覺心——隨憶如是宿住事已求菩提心,還現在前,即便稽首彼大士足。時無垢稱因爲説法,令於無上正等菩提不復退轉。

"時我,世尊!作如是念:'諸聲聞人不知有情根性差別,不白如來,不應輒爾爲他説法。'所以者何?諸聲聞人不知有情諸根勝劣、非常在定如佛世尊,故我不任詣彼問疾。"

爾時,世尊告彼摩訶迦多衍那:"汝應往詣無垢稱所問安其疾。"

迦多衍那白言:"世尊!我不堪任詣彼問疾。所以者何?憶念我昔於一時間,佛爲苾芻略説法已便入静住,我即於後分別決擇契經句義,謂無常義、苦義、空義、無我義、寂滅義。時無垢稱來到彼所,稽首我足而作是言:'唯,大尊者迦多衍那!無以生滅分別心行説實相法。所以者何?諸法畢竟,非已生、非今生、非當生,非已滅、非今滅、非當滅義,是無常義;洞達五蘊畢竟性空無所由起,是苦義;諸法究竟無所有,是空義;知我無我無有二,是無我義;無有自性亦無他性,本無熾然、今無息滅,無有寂静,畢竟寂静、究竟寂静,是寂滅義。'説是法時,彼諸苾芻諸漏永盡,心得解脱。

"時我,世尊!默然無辯,故我不任詣彼問疾。"

爾時,世尊告大無滅:"汝應往詣無垢稱所問安其疾。"

時大無滅白言:"世尊!我不堪任詣彼問疾。所以者何?憶念我昔於一時間在大林中一處經行。時有梵王名曰嚴淨，與萬梵俱，放大光明來詣我所，稽首作禮而問我言：'尊者無滅！所得天眼能見幾何？'時我答言：'大仙當知：我能見此釋迦牟尼三千大千佛之世界，如觀掌中阿摩洛果。'時無垢稱來到彼，稽首我足而作是言：'尊者無滅！所得天眼爲有行相？爲無行相？若有行相即與外道五神通等；若無行相即是無爲，不應有見。云何尊者所得天眼能有見耶？'時我，世尊！默無能對；然彼諸梵聞其所說得未曾有，即爲作禮而問彼言：'世孰有得真天眼者？'無垢稱言：'有佛、世尊得真天眼，不捨寂定見諸佛國，不作二相及種種相。'時彼梵王五百眷屬皆發無上正等覺心，禮無垢稱，歘然不現，故我不任詣彼問疾。"

爾時，世尊告優波離："汝應往詣無垢稱所問安其疾。"

時優波離白言："世尊！我不堪任詣彼問疾。所以者何？憶念我昔於一時間，有二苾芻犯所受戒，深懷愧恥不敢詣佛，來至我所稽首我足而謂我言：'唯，優波離！今我二人違越律行誠以爲恥，不敢詣佛，願解憂悔得免斯咎。'我即爲其如法解說，令除憂悔、得清所犯，示現勸導、贊勵慶慰。時無垢稱來到彼所，稽首我足而作是言：'唯，優波離！無重增此二苾芻罪，當直除滅憂悔所犯，勿擾其心。所以者何？彼罪性不住內、不出外、不在兩間。如佛所說："心雜染故，有情雜染；心清淨故，有情清淨。"如是，心者亦不住內，亦不出外，不在兩間。如其心然，罪垢亦然；如罪垢然，諸法亦然，不出於如。唯，優波離！汝心本淨，得解脫時此本淨心曾有染不？'我言：'不也。'無垢稱言：'一切有情心性本淨曾無有染，亦復如是。唯，優波離！若有分別、有異分別即有煩惱，若無分別、無異分別即性清淨；若有顛倒即有煩惱、若無顛倒即性清淨；若有取我即成雜染、若不取我即性清淨。唯，優波離！一切法性生滅不住，如幻、如化、如電、如雲；一切法性不相顧待，乃至一念亦不暫住；一切法性皆虛妄見，如夢、如焰、如健達婆城；一切法性皆分別心所起影像，如水中月、如鏡中像。如是知者名善持律、如是知者名善調伏。'

"時二苾芻聞說是已得未曾有，咸作是言：'奇哉，居士！乃有如是殊勝慧辯，是優波離所不能及，佛說持律最爲其上而不能說。'我即告言：'汝勿於彼起居士想。所以者何？唯除如來,未有聲聞及餘菩薩而能制此大士慧辯,其慧辯明殊勝如是。'時二苾芻憂悔即除,皆發無上正等覺心,便爲作禮而發願言:'當令有情皆得如是殊勝慧辯。'

"時我默然不能加對,故我不任詣彼問疾。"

爾時,世尊告羅怙羅:"汝應往詣無垢稱所問安其疾。"

時羅怙羅白言:"世尊! 我不堪任詣彼問疾。所以者何? 憶念我昔於一時間,有諸童子——離呫毗種——來詣我所,稽首作禮而問我言:'唯,羅怙羅! 汝佛之子,捨輪王位出家爲道。其出家者爲有何等功德、勝利?'我即如法爲説出家功德、勝利。時無垢稱來到彼所,稽首我足而作是言:'唯,羅怙羅! 不應如是宣説出家功德、勝利。所以者何? 無有功德、無有勝利,是爲出家。唯,羅怙羅! 有爲法中可得説有功德、勝利;夫出家者爲無爲法,無爲法中不可説有功德、勝利。唯,羅怙羅! 夫出家者,無彼、無此,亦無中間。遠離諸見,無色、非色,是涅槃路。智者稱贊、聖所攝受,降伏衆魔、超越五趣,淨修五眼、安立五根、證獲五力。不惱於彼,離諸惡法,摧衆外道,超越假名。出欲淤泥無所繫著、無所攝受,離我我所,無有諸取、已斷諸取,無有擾亂、已斷擾亂,善調自心、善護他心,隨順寂止、勤修勝觀,離一切惡、修一切善。若能如是,名真出家。'

"時無垢稱告諸童子:'汝等今者於善説法毗奈耶中宜共出家。所以者何? 佛出世難、離無暇難、得人身難,具足有暇第一最難。'諸童子言:'唯,大居士! 我聞佛説,父母不聽不得出家。'無垢稱言:'汝等童子但發無上正等覺心,勤修正行,是即出家、是即受具成苾芻性。'時三十二離呫童子皆發無上正等覺心,誓修正行。

"時我默然不能加辯,故我不任詣彼問疾。"

爾時,世尊告阿難陀:"汝應往詣無垢稱所問安其疾。"

時阿難陀白言:"世尊! 我不堪任詣彼問疾。所以者何? 憶念我昔於一時間,世尊身現少有所疾,當用牛乳。我於晨朝整理常服,執持衣鉢詣廣嚴城婆羅門家,佇立門下從乞牛乳。時無垢稱來到彼所,稽首我足而作是言:'唯,阿難陀! 何爲晨朝持鉢在此?'我言:'居士! 爲世尊身少有所疾，當用牛乳故來至此。’時無垢稱而謂我言：‘止止，尊者！莫作是語勿謗世尊，無以虛事誹謗如來。所以者何？如來身者金剛合成，一切惡法並習永斷、一切善法圓滿成就。當有何疾？當有何惱？唯，阿難陀！默還所止，莫使異人聞此粗言、無令大威德諸天及餘佛土諸來菩薩得聞斯語。唯，阿難陀！轉輪聖王成就少分所集善根尚得無病，豈況如來無量善根福智圓滿而當有疾？定無是處。唯，阿難陀！可速默往，勿使我等受斯鄙恥。若諸外道婆羅門等聞此粗言，當作是念：“何名爲師？自身有病尚不能救，云何能救諸有疾乎？”可密速去勿使人聞。又，阿難陀！如來身者即是法身非雜穢身、是出世身世法不染、是無漏身離一切漏、是無爲身離諸有爲、出過衆數諸數永寂。如此佛身當有何疾？’

“時我，世尊！聞是語已實懷慚愧：‘得無近佛而謬聽耶？’即聞空中聲曰：‘汝，阿難陀！如居士言，世尊真身實無有病，但以如來出五濁世，爲欲化導貧窮、苦惱、惡行有情示現斯事。行矣，阿難陀！取乳勿慚。’

“時我，世尊！聞彼大士辯説如是，不知所云，默無酬對，故我不任詣彼問疾。”

如是，世尊一一別告五百聲聞諸大弟子：“汝應往詣無垢稱所問安其疾。”是諸聲聞各各向佛説其本緣，贊述大士無垢稱言，皆曰：“不任詣彼問疾。”

四、菩薩品第四

爾時,世尊告慈氏菩薩摩訶薩言:"汝應往詣無垢稱所問安其疾。"

慈氏菩薩白言:"世尊!我不堪任詣彼問疾。所以者何?憶念我昔於一時間爲睹史多天王及其眷屬說諸菩薩摩訶薩等不退轉地所有法要。時無垢稱來到彼所,稽首我足而作是言:'尊者慈氏!唯佛、世尊授仁者記,一生所繫當得無上正等菩提。爲用何生得授記乎?過去耶?未來耶?現在耶?若過去生,過去生已滅;若未來生,未來生未至;若現在生,現在生無住。如世尊說:"汝等苾芻刹那刹那具生、老、死,即没即生。"若以無生得授記者,無生即是所入正性,於此無生所入性中無有授記,亦無證得正等菩提。云何,慈氏!得授記耶?爲依如生得授記耶?爲依如滅得授記耶?若依如生得授記者,如無有生;若依如滅得授記者,如無有滅。無生、無滅真如理中無有授記。一切有情皆如也、一切法亦如也、一切聖賢亦如也、至於慈氏亦如也。若尊者慈氏得授記者,一切有情亦應如是而得授記。所以者何?夫真如者,非二所顯,亦非種種異性所顯。若尊者慈氏當證無上正等菩提,一切有情亦應如是,當有所證。所以者何?夫菩提者,一切有情等所隨覺。若尊者慈氏當般涅槃,一切有情亦應如是當有涅槃。所以者何?非一切有情不般涅槃。佛說真如爲般涅槃,以佛觀見一切有情本性寂滅即涅槃相,故說真如爲般涅槃。是故,慈氏!勿以此法誘諸天子,勿以此法滯諸天子。夫菩提者,無有趣求亦無退轉。

"'尊者慈氏!當令此諸天子捨於分別菩提之見。所以者何?夫菩提者,非身能證、非心能證。寂滅是菩提,一切有情、一切法相皆寂滅故;不增是菩提,一切所緣不增益故;不行是菩提,一切戲論、一切作意皆不行故;永斷是菩提,一切見趣皆永斷故;捨離是菩提,一切取著皆捨離故;離繫是菩提,永離一切動亂法故;寂靜是菩提,一切分別永寂靜故;廣大是菩提,一切弘願不測量故;不諍是菩提,一切執著、一切諍論皆遠離故;安住是菩提,住法界故;隨至是菩提,隨真如故;不二是菩提,差別法性皆遠離故;建立是菩提,實際所立故;平等是菩提,一切眼色乃至意法皆悉平等如虛空故;無爲是菩提,生住異滅畢竟離故;遍知是菩提,一切有情所有心行皆遍知故;無間是菩提,內六處等所不雜故;無雜是菩提,一切煩惱相續習氣永遠離故;無處是菩提,於真如中一切方處所遠離故;無住是菩提,於一切處不可見故;唯名是菩提,此菩提名無作用故;無浪是菩提,一切取捨永遠離故;無亂是菩提,常自靜故;善寂是菩提,本性淨故;明顯是菩提,自性無雜故;無取是菩提,離攀緣故;無異是菩提,隨覺諸法平等性故;無喻是菩提,一切比況永遠離故;微妙是菩提,極難覺故;遍行是菩提,自性周遍如虛空故;至頂是菩提,至一切法最上首故;無染是菩提,一切世法不能染故。如是,菩提非身能證、非心能證。'

"世尊!彼大居士説此法時,於天衆中二百天子得無生法忍。時我默然不能加辯,故我不任詣彼問疾。"

爾時,世尊告光嚴童子:"汝應往詣無垢稱所問安其疾。"

光嚴童子白言:"世尊!我不堪任詣彼問疾。所以者何?憶念我昔於一時間出廣嚴城,時無垢稱方入彼城,我爲作禮問言:'居士從何所來?'彼答我言:'從妙菩提來。'我問:'居士!妙菩提者爲何所是?'即答我言:'淳直意樂是妙菩提,由此意樂不虛假故;發起加行是妙菩提,諸所施爲能成辦故;增上意樂是妙菩提,究竟證會殊勝法故;大菩提心是妙菩提,於一切法無忘失故;清淨布施是妙菩提,不悕世間異熟果故;固守淨戒是妙菩提,諸所願求皆圓滿故;忍辱柔和是妙菩提,於諸有情心無恚故;勇猛精進是妙菩提,熾然勤修無懈退故;寂止靜慮是妙菩提,其心調順有堪能故;殊勝般若是妙菩提,現見一切法性相故;慈是妙菩提,於諸有情心平等故;悲是妙菩提,於諸疲苦能忍受故;喜是妙菩提,恒常領受法苑樂故;捨是妙菩提,永斷一切愛恚等故;神通是妙菩提,具六神通故;解脱是妙菩提,離分別動故;方便是妙菩提,成熟有情故;攝事是妙菩提,攝諸有情故;多聞是妙菩提,起真實行故;調伏是妙菩提,如理觀察故;三十七種菩提分法是妙菩提,棄捨一切有爲法故;一切諦實是妙菩提,於諸有情不虚誑故;十二緣起是妙菩提,無明不盡乃至老、死、憂苦、熱惱皆不盡故;息諸煩惱是妙菩提,如實現證真法性故;一切有情是妙菩提,皆用無我爲自性故;一切諸法是妙菩提,隨覺一切皆性空故;降伏魔怨是妙菩提,一切魔怨不傾動故;不離三界是妙菩提,遠離一切發趣事故;大師子吼是妙菩提,能善決擇無所畏故;諸力無畏不共佛法是妙菩提,普於一切無訶厭故;三明鑒照是妙菩提,離諸煩惱獲得究竟無餘智故;一刹那心覺一切法究竟無餘是妙菩提,一切智智圓滿證故。如是,善男子! 若諸菩薩真實發趣具足相應、波羅蜜多具足相應、成熟有情具足相應、一切善根具足相應、攝受正法具足相應、供養如來具足相應,諸有所作——往來、進止、舉足、下足——一切皆從妙菩提來、一切皆從諸佛法來,安住一切諸佛妙法。'

"世尊! 彼大居士説是法時,五百天子皆發無上正等覺心。時我默然不能加辯,故我不任詣彼問疾。"

爾時,世尊告持世菩薩:"汝應往詣無垢稱所問安其疾。"

持世菩薩白言:"世尊! 我不堪任詣彼問疾。所以者何? 憶念我昔於一時間在自住處,時惡魔怨從萬二千諸天女等——狀如帝釋——鼓樂弦歌來到我所,與其眷屬稽首我足,作諸天樂供養於我,合掌恭敬在一面立。我時意謂真是帝釋而語之言:'善來,憍尸迦! 雖福應有不當自恣,當勤觀察諸欲戲樂皆悉無常,於身命財當勤修習,證堅實法。'即語我言:'唯,大正士! 可受此女以備供侍。'我即答言:'止,憍尸迦! 無以如是非法之物而要施我沙門釋子,此非我宜所。'

"言未訖時,無垢稱來到彼所,稽首我足而謂我言:'非帝釋也,是惡魔怨嬈汝故耳。'時無垢稱語惡魔言:'汝今可以此諸天女回施於我,是我在家白衣所宜,非諸沙門釋子應受。'時惡魔怨即便驚怖,念:'無垢稱將無惱我。'欲隱形去;爲無垢稱神力所持而不能隱,盡其神力種種方便亦不能去。即聞空中聲曰：‘汝惡魔怨應以天女施此居士，乃可得還自所天宮。’是惡魔怨以怖畏故俯仰而與。

"時無垢稱語諸女言：‘是惡魔怨以汝施我，今諸姊等當發無上正等覺心。’即隨所應爲説種種隨順成熟妙菩提法，令其趣向正等菩提。復言：‘姊等已發無上正等覺心，有大法苑樂可以自娛，不應復樂五欲樂也。’諸天女言：‘唯，大居士！云何名爲大法苑樂？’無垢稱言：‘法苑樂者，謂於諸佛不壞淨樂、於正法中常聽聞樂、於和合衆勤敬事樂、於其三界永出離樂、於諸所緣無依住樂、於諸蘊中觀察無常如怨害樂、於諸界中無倒觀察如毒蛇樂、於諸處中無倒觀察如空聚樂、於菩提心堅守護樂、於諸有情饒益事樂、於諸師長勤供侍樂、於惠施中離慳貪樂、於淨戒中無慢緩樂、於忍辱中堪調順樂、於精進中習善根樂、於靜慮中知無亂樂、於般若中離惑明樂、於菩提中廣大妙樂、於衆魔怨能摧伏樂、於諸煩惱能遍知樂、於諸佛土遍修治樂、於相隨好莊嚴身中極圓滿樂、於其福智二種資糧正修習樂、於妙菩提具莊嚴樂、於甚深法無驚怖樂、於三脱門正觀察樂、於般涅槃正攀緣樂、不於非時而觀察樂、於同類生見其功德常親近樂、於異類生不見過失無憎恚樂、於諸善友樂親近樂、於諸惡友樂將護樂、於巧方便善攝受樂、於諸法中歡喜信樂、於不放逸修習一切菩提分法最上妙樂。如是，諸姊！是爲菩薩大法苑樂。此法苑樂，諸大菩薩常住其中，汝等當樂，勿樂欲樂。’

"時惡魔怨告天女曰：‘汝等可來，今欲與汝俱還天宮。’諸女答言：‘惡魔汝去，我等不復與汝俱還。所以者何？汝以我等施此居士，云何更得與汝等還？我等今者樂法苑樂、不樂欲樂，汝可獨還。’時惡魔怨白無垢稱：‘唯，大居士！可捨此女，一切所有心不耽著而惠施者是爲菩薩摩訶薩也。’無垢稱言：‘吾以捨矣，汝可將去，當令汝等一切有情法願滿足。’

"時諸天女禮無垢稱而問之言：‘唯，大居士！我等諸女還至魔宮云何修行？’無垢稱言：‘諸姊當知：有妙法門名無盡燈，汝等當學。’天女復問：‘云何名爲無盡燈耶？’答言：‘諸姊！譬如一燈然百千燈，瞑者皆明，明終不盡，亦無退減。如是，諸姊！夫一菩薩勸發建立百千俱胝那庾多衆趣求無上正等菩提，而此菩薩菩提之心終無有盡，亦無退減，轉更增益。如是，爲他方便善巧宣說正法，於諸善法轉更增長，終無有盡，亦無退減。諸姊當知：此妙法門名無盡燈，汝等當學。雖住魔宮，當勸無量天子、天女發菩提心，汝等即名知如來恩真實酬報，亦是饒益一切有情。’是諸天女恭敬頂禮無垢稱足。時無垢稱捨先制持惡魔神力，令惡魔怨與諸眷屬忽然不現還於本宮。

“世尊！是無垢稱有如是等自在神力、智慧辯才、變現說法，故我不任詣彼問疾。”

爾時，世尊告長者子蘇達多言：“汝應往詣無垢稱所問安其疾。”

時蘇達多白言：“世尊！我不堪任詣彼問疾。所以者何？憶念我昔自於父舍七日七夜作大祠會，供養一切沙門、婆羅門及諸外道、貧窮、下賤、孤獨、乞人。而此大祠期滿七日，時無垢稱來入會中而謂我言：‘唯，長者子！夫祠會者不應如汝今此所設。汝今應設法施祠會，何用如是財施祠爲？’我言：‘居士！何等名爲法施祠會？’彼答我言：‘法施祠者，無前、無後，一時供養一切有情，是名圓滿法施祠會。其事云何？謂以無上菩提行相引發大慈、以諸有情解脫行相引發大悲、以諸有情隨喜行相引發大喜、以攝正法攝智行相引發大捨、以善寂靜調伏行相引發布施波羅蜜多、以化犯禁有情行相引發淨戒波羅蜜多、以一切法無我行相引發堪忍波羅蜜多、以善遠離身心行相引發精進波羅蜜多、以其最勝覺支行相引發靜慮波羅蜜多、以聞一切智智行相引發般若波羅蜜多、以化一切衆生行相引發修空、以治一切有爲行相引修無相、以故作意受生行相引修無願、以善攝受正法行相引發大力、以善修習攝事行相引發命根、以如一切有情僕隸敬事行相引發無慢、以不堅實貿易一切堅實行相引發證得堅身命財、以其六種隨念行相引發正念、以修淨妙諸法行相引發意樂、以勤修習正行行相引發淨命、以淨歡喜親近行相引發親近承事聖賢、以不憎恚非聖行相引調伏心、以善清淨出家行相引發清淨增上意樂、以常修習中道行相引發方便善巧多聞、以無靜法通達行相引發常居阿練若處、以正趣求佛智行相引發宴坐、以正息除一切有情煩惱行相引發善修瑜伽師地、以具相好成熟有情莊嚴清淨佛土行相引發廣大妙福資糧、以知一切有情心行隨其所應說法行相引發廣大妙智資糧、以於諸法無取無捨一正理門悟入行相引發廣大妙慧資糧、以斷一切煩惱習氣諸不善法障礙行相引發證得一切善法、以隨覺悟一切智智一切善法資糧行相引發證行一切所修菩提分法。汝善男子！如是名爲法施祠會。若諸菩薩安住如是法施祠會名大施主，普爲世間天人供養。'

"世尊！彼大居士説此法時，梵志衆中二百梵志皆發無上正等覺心。我於爾時歎未曾有，得淨歡喜，恭敬頂禮彼大士足，解寶瓔珞價直百千慇勤奉施。彼不肯取，我言：'大士！哀愍我故，願必納受。若自不須，心所信處隨意施與。'時無垢稱乃受瓔珞，分作二分，一分施此大祠會中最可厭毀貧賤乞人，一分奉彼難勝如來。以神通力令諸大衆皆見他方陽焰世界難勝如來，又見所施一分珠瓔在彼佛上成妙寶臺，四方四臺等分間飾種種莊嚴，甚可愛樂。現如是等神變事已，復作是言：'若有施主以平等心施此會中最下乞人，猶如如來福田之想——無所分別，其心平等，大慈大悲——普施一切不求果報，是名圓滿法施祠祀。'時此乞人見彼神變、聞其所説得不退轉增上意樂，便發無上正等覺心。

"世尊！彼大居士具如是等自在神變、無礙辯才，故我不任詣彼問疾。"

如是，世尊一一別告諸大菩薩："令往居士無垢稱所問安其疾。"是諸菩薩各各向佛説其本緣，贊述大士無垢稱言，皆曰："不任詣彼問疾。"

【《説無垢稱經》卷第三　大唐三藏法師玄奘奉詔譯】

五、問疾品第五

爾時,佛告妙吉祥言:"汝今應詣無垢稱所慰問其疾。"

時妙吉祥白言:"世尊!彼大士者難爲酬對,深入法門善能辯説,住妙辯才覺慧無礙。一切菩薩所爲事業皆已成辦,諸大菩薩及諸如來秘密之處悉能隨入,善攝衆魔,巧便無礙。已到最勝無二無雜法界,所行究竟彼岸,能於一相莊嚴法界説無邊相莊嚴法門。了達一切有情根行,善能遊戲最勝神通,到大智慧巧方便趣。已得一切問答決擇無畏自在,非諸下劣言辯詞鋒所能抗對。雖然,我當承佛威神詣彼問疾,若當至彼隨己力能與其談論。"

於是,衆中有諸菩薩及大弟子、釋梵、護世、諸天子等咸作是念:"今二菩薩皆具甚深廣大勝解,若相抗論,決定宣説微妙法教。我等今者爲聞法故,亦應相率隨從詣彼。"是時衆中八千菩薩、五百聲聞、無量百千釋梵、護世、諸天子等,爲聞法故皆請隨往。

時妙吉祥與諸菩薩、大弟子衆、釋梵、護世及諸天子,咸起恭敬頂禮世尊,前後圍繞出庵羅林詣廣嚴城,至無垢稱所欲問其疾。

時無垢稱心作是念:"今妙吉祥與諸大衆俱來問疾,我今應以己之神力空其室內,除去一切床座、資具及諸侍者、衛門人等,唯置一床現疾而臥。"時無垢稱作是念已,應時即以大神通力令其室空除諸所有,唯置一床現疾而臥。

時妙吉祥與諸大衆俱入其舍,但見室空無諸資具、門人、侍者,唯無垢稱獨寢一床。

時無垢稱見妙吉祥唱言：“善來，不來而來、不見而見、不聞而聞。”

妙吉祥言：“如是，居士！若已來者不可復來，若已去者不可復去。所以者何？非已來者可施設來、非已去者可施設去，其已見者不可復見、其已聞者不可復聞。且置是事。居士所苦寧可忍不？命可濟不？界可調不？病可療不？可令是疾不至增乎？世尊殷勤致問無量。居士此病少得痊不？動止氣力稍得安不？今此病源從何而起？其生久如當云何滅？”

無垢稱言：“如諸有情無明有愛生來既久，我今此病生亦復爾。遠從前際生死以來，有情既病，我即隨病；有情若愈，我亦隨愈。所以者何？一切菩薩依諸有情久流生死，由依生死便即有病；若諸有情得離疾苦，則諸菩薩無復有病。譬如世間長者居士唯有一子，心極憐愛，見常歡喜無時暫捨。其子若病，父母亦病；若子病愈，父母亦愈。菩薩如是，愍諸有情猶如一子。有情若病，菩薩亦病；有情病愈，菩薩亦愈。”

又言：“是病何所因起？”

“菩薩疾者從大悲起。”

妙吉祥言：“居士！此室何以都空，復無侍者？”

無垢稱言：“一切佛土亦復皆空。”

問：“何以空？”

答：“以空空。”

又問：“此空爲是誰空？”

答曰：“此空無分別空。”

又問：“空性可分別耶？”

答曰：“此能分別亦空。所以者何？空性不可分別爲空。”

又問：“此空當於何求？”

答曰：“此空當於六十二見中求。”

又問：“六十二見當於何求？”

答曰：“當於諸佛解脱中求。”

又問：“諸佛解脱當於何求？”

答曰："當於一切有情心行中求。又，仁所問：'何無侍者？'一切魔怨及諸外道皆吾侍也。所以者何？一切魔怨欣贊生死、一切外道欣贊諸見，菩薩於中皆不厭棄，是故魔怨及諸外道皆吾侍者。"

妙吉祥言："居士此病爲何等相？"

答曰："我病都無色相，亦不可見。"

又問："此病爲身相應？爲心相應？"

答曰："我病非身相應，身相離故；亦身相應，如影像故。非心相應，心相離故；亦心相應，如幻化故。"

又問："地界、水、火、風界，於此四界何界之病？"

答曰："諸有情身皆四大起，以彼有病是故我病；然此之病非即四界，界性離故。"

無垢稱言："菩薩應云何慰喻有疾菩薩令其歡喜？"

妙吉祥言："示身無常而不勸厭離於身、示身有苦而不勸樂於涅槃、示身無我而勸成熟有情、示身空寂而不勸修畢竟寂滅、示悔先罪而不説罪有移轉、勸以己疾愍諸有情令除彼疾、勸念前際所受眾苦饒益有情、勸憶所修無量善本令修淨命、勸勿驚怖精勤堅勇、勸發弘願作大醫王療諸有情身心眾病令永寂滅，菩薩應如是慰喻有疾菩薩令其歡喜。"

妙吉祥言："有疾菩薩云何調伏其心？"

無垢稱言："有疾菩薩應作是念：'今我此病皆從前際虛妄、顛倒、分別煩惱所起業生，身中都無一法真實，是誰可得而受此病？'所以者何？四大和合假名爲身，大中無主，身亦無我。此病若起要由執我，是中不應妄生我執。當了此執是病根本，由此因緣應除一切有情我想，安住法想。應作是念：'眾法和合共成此身生滅流轉，生唯法生、滅唯法滅。'如是，諸法展轉相續互不相知，竟無思念，生時不言我生、滅時不言我滅。

"有疾菩薩應正了知如是法想：'我此法想即是顛倒。'夫法想者即是大患，我應除滅，亦當除滅一切有情如是大患。云何能除如是大患？謂當除滅我我所執。云何能除我我所執？謂離二法。云何離二法？謂內法外法畢竟不行。云何二法畢竟不行？謂觀平等無動、無搖、無所觀察。云何平等？謂我涅槃二俱平等。所以者何？二性空故。此二既無，誰復爲空？但以名字假説爲空。此二不實，平等見已無有餘病，唯有空病。應觀如是，空病亦空。所以者何？如是空病畢竟空故。有疾菩薩應無所受而受諸受，若於佛法未得圓滿，不應滅受而有所證，應離能受所受諸法。若苦觸身應愍險趣一切有情，發趣大悲除彼衆苦。

"有疾菩薩應作是念：'既除己疾，亦當除去有情諸疾。'如是，除去自他疾時，無有少法而可除者，應正觀察疾起因緣，速令除滅，爲説正法。何等名爲疾之因緣？謂有緣慮。諸有緣慮皆是疾因，有緣慮者皆有疾故。何所緣慮？謂緣三界。云何應知如是緣慮？謂正了達此有緣慮都無所得，若無所得則無緣慮。云何絕緣慮？謂不緣二見。何等二見？謂内見、外見。若無二見則無所得，既無所得緣慮都絕，緣慮絕故則無有疾，若自無疾則能斷滅有情之疾。

"又，妙吉祥！有疾菩薩應如是調伏其心：唯菩薩菩提能斷一切老、病、死苦。若不如是，已所勤修即爲虛棄。所以者何？譬如有人能勝怨敵乃名勇健；若能如是永斷一切老、病、死、苦乃名菩薩。

"又，妙吉祥！有疾菩薩應自觀察：如我此病，非真、非有；一切有情所有諸病亦非真、非有。如是觀時，不應以此愛見纏心於諸有情發起大悲，唯應爲斷客塵煩惱於諸有情發起大悲。所以者何？菩薩若以愛見纏心於諸有情發起大悲，即於生死而有疲厭；若爲斷除客塵煩惱於諸有情發起大悲，即於生死無有疲厭。菩薩如是爲諸有情處在生死能無疲厭，不爲愛見纏繞其心；以無愛見纏繞心故，即於生死無有繫縛；以於生死無繫縛故，即得解脱；以於生死得解脱故，即便有力宣説妙法，令諸有情遠離繫縛、證得解脱。世尊依此密意説言：'若自有縛，能解他縛無有是處；若自解縛，能解他縛斯有是處。'是故，菩薩應求解脱，離諸繫縛。

"又，妙吉祥！何等名爲菩薩繫縛？何等名爲菩薩解脱？若諸菩薩味著所修靜慮解脱等持等至是則名爲菩薩繫縛，若諸菩薩以巧方便攝諸有生無所貪著是則名爲菩薩解脱；若無方便善攝妙慧是名繫縛，若有方便善攝妙慧是名解脱。

"云何菩薩無有方便善攝妙慧名爲繫縛？謂諸菩薩以空、無相、無願之法而自調伏，不以相好瑩飾其身、莊嚴佛土、成熟有情，此諸菩薩無有方便善攝妙慧，名爲繫縛。云何菩薩有巧方便善攝妙慧名爲解脫？謂諸菩薩以空、無相、無願之法調伏其心，觀察諸法有相、無相修習作證，復以相好瑩飾其身、莊嚴佛土、成熟有情，此諸菩薩有巧方便善攝妙慧，名爲解脫。

"云何菩薩無有方便善攝妙慧名爲繫縛？謂諸菩薩安住諸見，一切煩惱纏縛隨眠，修諸善本而不回向正等菩提，深生執著，此諸菩薩無巧方便善攝妙慧，名爲繫縛。云何菩薩有巧方便善攝妙慧名爲解脫？謂諸菩薩遠離諸見，一切煩惱纏縛隨眠，修諸善本而能回向正等菩提，不生執著，此諸菩薩有巧方便善攝妙慧，名爲解脫。

"又，妙吉祥！有疾菩薩應觀諸法身之與疾悉皆無常、苦、空、無我，是名爲慧；雖身有疾常在生死，饒益有情曾無厭倦，是名方便。又，觀身心及與諸疾展轉相依，無始流轉生滅無間，非新、非故，是名爲慧；不求身心及與諸疾畢竟寂滅，是名方便。

"又，妙吉祥！有疾菩薩應如是調伏其心，不應安住調伏不調伏心。所以者何？若住不調伏心是凡愚法，若住調伏心是聲聞法。是故，菩薩於此二邊俱不安住，是則名爲菩薩所行。

"若於是處，非凡所行、非聖所行，是則名爲菩薩所行；若處觀察生死所行而無一切煩惱所行，是則名爲菩薩所行；若處觀察涅槃所行而不畢竟寂滅所行，是則名爲菩薩所行；若處示現四魔所行而越一切魔事所行，是則名爲菩薩所行；若求一切智智所行而不非時證智所行，是則名爲菩薩所行；若求四諦妙智所行而不非時證諦所行，是則名爲菩薩所行；若正觀察內證所行而故攝受生死所行，是則名爲菩薩所行；若行一切緣起所行而能遠離見趣所行，是則名爲菩薩所行；若行一切有情諸法相離所行而無煩惱隨眠所行，是則名爲菩薩所行；若正觀察無生所行而不墮聲聞正性所行，是則名爲菩薩所行；若攝一切有情所行而無煩惱隨眠所行，是則名爲菩薩所行；若正欣樂遠離所行而不求身心盡滅所行，是則名爲菩薩所行；若樂觀察三界所行而不壞亂法界所行，是則名爲菩薩所行；若樂觀察空性所行而求一切功德所行，是則名爲菩薩所行；若樂觀察無相所行而求度脫有情所行，是則名爲菩薩所行；若樂觀察無願所行而能示現有趣所行，是則名爲菩薩所行；若樂遊履無作所行而常起作一切善根無替所行，是則名爲菩薩所行；若樂遊履六度所行而不趣向一切有情心行妙智彼岸所行，是則名爲菩薩所行；若樂觀察慈悲喜捨無量所行而不求生梵世所行，是則名爲菩薩所行；若樂遊履六通所行而不趣證漏盡所行，是則名爲菩薩所行；若樂建立諸法所行而不攀緣邪道所行，是則名爲菩薩所行；若樂觀察六念所行而不隨生諸漏所行，是則名爲菩薩所行；若樂觀察非障所行而不希求雜染所行，是則名爲菩薩所行；若樂觀察静慮解脫等持等至諸定所行而能不隨諸定勢力受生所行，是則名爲菩薩所行；若樂遊履念住所行而不樂求身受心法遠離所行，是則名爲菩薩所行；若樂遊履正斷所行而不見善及與不善二種所行，是則名爲菩薩所行；若樂遊履神足所行而無功用變現自在神足所行，是則名爲菩薩所行；若樂遊履五根所行而不分別一切有情諸根勝劣妙智所行，是則名爲菩薩所行；若樂安立五力所行而求如來十力所行，是則名爲菩薩所行；若樂安立七等覺支圓滿所行，不求佛法差別妙智善巧所行，是則名爲菩薩所行；若樂安立八聖道支圓滿所行而不厭背邪道所行，是則名爲菩薩所行；若求止觀資糧所行，不墮畢竟寂滅所行，是則名爲菩薩所行；若樂觀察無生滅相諸法所行而以相好莊嚴其身，成滿種種佛事所行，是則名爲菩薩所行；若樂示現聲聞、獨覺威儀所行而不棄捨一切佛法緣慮所行，是則名爲菩薩所行；若隨諸法究竟清淨、本性常寂、妙定所行，非不隨順一切有情種種所樂威儀所行，是則名爲菩薩所行；若樂觀察一切佛土其性空寂，無成、無壞，如空所行，非不示現種種功德、莊嚴佛土、饒益一切有情所行，是則名爲菩薩所行；若樂示現一切佛法轉於法輪入大涅槃佛事所行，非不修行諸菩薩行差別所行，是則名爲菩薩所行。”

說是一切菩薩所行希有事時，是妙吉祥所將衆中八億天子聞所説法皆於無上正等菩提發心趣向。

六、不思議品第六

時舍利子見此室中無有床座，竊作是念："此諸菩薩及大聲聞當於何坐？"

時無垢稱知舍利子心之所念，便即語言："唯，舍利子！為法來耶？求床坐耶？"

舍利子言："我為法來，非為床座。"

無垢稱言："唯，舍利子！諸求法者不顧身命，何況床座？

"又，舍利子！諸求法者不求色蘊乃至識蘊，諸求法者不求眼界乃至意識界，諸求法者不求眼處乃至法處，諸求法者不求欲界、色無色界。

"又，舍利子！諸求法者不求佛執及法僧執，諸求法者不求知苦、斷集、證滅及與修道。所以者何？法無戲論。若謂我當知苦、斷集、證滅、修道，即是戲論，非謂求法。

"又，舍利子！諸求法者不求於生、不求於滅。所以者何？法名寂靜及近寂靜，若行生滅是求生滅，非謂求法、非求遠離。諸求法者不求貪染。所以者何？法無貪染、離諸貪染，若於諸法乃至涅槃少有貪染是求貪染，非謂求法。

"又，舍利子！諸求法者不求境界。所以者何？法非境界。若數一切境界所行是求境界，非謂求法。

"又，舍利子！諸求法者不求取捨。所以者何？法無取捨。若取捨法是求取捨，非謂求法。

"又，舍利子！諸求法者不求攝藏。所以者何？法無攝藏。若樂攝藏是求攝藏,非謂求法。

"又,舍利子! 諸求法者不求法相。所以者何? 法名無相。若隨相識即是求相,非謂求法。

"又,舍利子! 諸求法者不共法住。所以者何? 法無所住。若與法住即是求住,非謂求法。

"又,舍利子! 諸求法者不求見聞及與覺知。所以者何? 法不可見聞、覺知。若行見聞、覺知是求見聞、覺知,非謂求法。

"又,舍利子! 諸求法者不求有爲。所以者何? 法名無爲,離有爲性。若行有爲是求有爲,非謂求法。

"是故,舍利子! 若欲求法,於一切法應無所求。"説是法時,五百天子遠塵離垢,於諸法中得法眼淨。

時無垢稱問妙吉祥:"仁者曾遊十方世界無量無數百千俱胝諸佛國土,何等佛土有好上妙具足功德大師子座?"

妙吉祥言:"東方去此過三十六殑伽沙等諸佛國土,有佛世界名曰山幢,彼土如來號山燈王,今正現在安隱住持。其佛身長八十四億逾膳那量,其師子座高六十八億逾膳那量;彼菩薩身長四十二億逾膳那量,其師子座高三十四億逾膳那量。居士當知:彼土如來師子之座最爲殊妙具諸功德。"

時無垢稱攝念入定發起如是自在神通。即時東方山幢世界山燈王佛遣三十二億大師子座——高廣嚴淨,甚可愛樂——乘空來入無垢稱室。此諸菩薩及大聲聞、釋梵、護世、諸天子等,昔所未見、先亦未聞。其室欻然廣博嚴淨,悉能苞容三十二億師子之座不相妨礙,廣嚴大城及贍部洲、四大洲等諸世界中,城邑、聚落、國土、王都,天、龍、藥叉、阿素洛等所住宫殿,亦不迫迮,悉見如本,前後無異。

時無垢稱語妙吉祥:"就師子座。與諸菩薩及大聲聞如所敷設俱可就座,當自變身稱師子座。"

其得神通諸大菩薩各自變身爲四十二億逾膳那量,升師子座端嚴而坐。其新學菩薩皆不能升師子之座,時無垢稱爲説法要,令彼一切得五神通，即以神力各自變身爲四十二億逾膳那量，升師子座端嚴而坐。

其中復有諸大聲聞皆不能升師子之座。時無垢稱語舍利子："仁者！云何不升此座？"

舍利子言："此座高廣，吾不能升。"

無垢稱言："唯，舍利子！宜應禮敬山燈王佛，請加神力方可得坐。"時大聲聞咸即禮敬山燈王佛，請加神力，便即能升師子之座端嚴而坐。

舍利子言："甚奇，居士！如此小室乃能容受爾所百千高廣嚴淨師子之座不相妨礙，廣嚴大城及贍部洲四大洲等諸世界中，城邑、聚落、國土、王都，天、龍、藥叉、阿素洛等所有宮殿，亦不迫迮，悉見如本，前後無異。"

無垢稱言："唯，舍利子！諸佛、如來、應、正等覺及不退菩薩有解脫名不可思議。若住如是不可思議解脫菩薩，妙高山王高廣如是，能以神力內芥子中，而令芥子形量不增、妙高山王形量不減。雖現如是神通作用，而不令彼四大天王、三十三天知見我等何往何入，唯令所餘睹神通力調伏之者知見妙高入乎芥子。如是，安住不可思議解脫菩薩方便善巧智力所入不可思議解脫境界，非諸聲聞、獨覺所測。

"又，舍利子！若住如是不可思議解脫菩薩，四大海水深廣如是，能以神力內一毛孔，而令毛孔形量不增、四大海水形量不減。雖現如是神通作用，而不令彼諸龍、藥叉、阿素洛等知見我等何往何入，亦不令彼魚、鼈、黿、鼉及餘種種水族生類、諸龍神等一切有情憂怖惱害，唯令所餘睹神通力調伏之者知見如是四大海水入於毛孔。如是，安住不可思議解脫菩薩方便善巧智力所入不可思議解脫境界，非諸聲聞、獨覺所測。

"又，舍利子！若住如是不可思議解脫菩薩，如是三千大千世界形量廣大，能以神力方便斷取置右掌中，如陶家輪速疾旋轉擲置他方殑伽沙等世界之外，又復持來還置本處，而令世界無所增減。雖現如是神通作用，而不令彼居住有情知見我等何去何還，都不令其生往來想亦無惱害，唯令所餘睹神通力調伏之者知見世界有去有來。如是，安住不可思議解脫菩薩方便善巧智力所入不可思議解脫境界，非諸聲聞、獨覺所測。

"又，舍利子！若住如是不可思議解脫菩薩，或諸有情宜見生死多時相續而令調伏、或諸有情宜見生死少時相續而令調伏,能以神力隨彼所宜,或延七日以爲一劫令彼有情謂經一劫、或促一劫以爲七日令彼有情謂經七日,各隨所見而令調伏。雖現如是神通作用,而不令彼所化有情覺知如是時分延促,唯令所餘睹神通力調伏之者覺知延促。如是,安住不可思議解脫菩薩方便善巧智力所入不可思議解脫境界,非諸聲聞、獨覺所測。

"又,舍利子!若住如是不可思議解脫菩薩,能以神力集一切佛功德莊嚴清淨世界置一佛土示諸有情。又以神力取一佛土一切有情置之右掌,乘意勢通遍到十方,普示一切諸佛國土。雖到十方一切佛土,住一佛國而不移轉。又以神力從一毛孔現出一切上妙供具,遍歷十方一切世界供養諸佛、菩薩、聲聞。又以神力於一毛孔普現十方一切世界所有日、月、星辰色像。又以神力乃至十方一切世界大風輪等吸置口中而身無損,一切世界草木、叢林雖遇此風竟無搖動。又以神力,十方世界所有佛土劫盡燒時,總一切火內置腹中,雖此火勢熾焰不息而於其身都無損害。又以神力過於下方無量俱胝殑伽沙等諸佛世界,舉一佛土擲置上方過於俱胝殑伽沙等諸佛世界一佛土中,如以針鋒舉小棗葉,擲置餘方都無所損。雖現如是神通作用,而無緣者不見、不知,於諸有情竟無惱害,唯令一切睹神通力調伏之者便見是事。如是,安住不可思議解脫菩薩方便善巧智力所入不可思議解脫境界,非諸聲聞、獨覺所測。

"又,舍利子!若住如是不可思議解脫菩薩,能以神力現作佛身種種色像、或現獨覺及諸聲聞種種色像、或現菩薩種種色像——諸相隨好,具足莊嚴——或復現作梵王、帝釋、四大天王、轉輪王等一切有情種種色像。或以神力變諸有情令作佛身及諸菩薩、聲聞、獨覺、釋梵、護世、轉輪王等種種色像。或以神力轉變十方一切有情上中下品音聲差別,皆作佛聲第一微妙,從此佛聲演出無常苦空無我、究竟涅槃、寂靜義等言詞差別,乃至一切諸佛、菩薩、聲聞、獨覺說法音聲皆於中出,乃至十方諸佛說法所有一切名句、文身、音聲差別皆從如是佛聲中出,普令一切有情得聞,隨乘差別悉皆調伏。或以神力,普於十方隨諸有情言音差別,如其所應出種種聲演說妙法,令諸有情各得利益。

"唯，舍利子！我今略説安住如是不可思議解脱菩薩方便善巧智力所入不可思議解脱境界。若我廣説，或經一劫、或一劫餘、或復過此，智慧辯才終不可盡。如我智慧辯才無盡，安住如是不可思議解脱菩薩方便善巧智力所入不可思議解脱境界亦不可盡，以無量故。"

爾時，尊者大迦葉波聞説安住不可思議解脱菩薩不可思議解脱神力，歎未曾有，便語尊者舍利子言："譬如有人對生盲者，雖現種種差別色像，而彼盲者都不能見。如是，一切聲聞、獨覺皆若生盲、無殊勝眼，聞説安住不可思議解脱菩薩所現難思解脱神力，乃至一事亦不能了。誰有智者——男子、女人——聞説如是不可思議解脱神力不發無上正等覺心？我等今者於此大乘如燋敗種永絶其根，復何所作？我等一切聲聞、獨覺聞説如是不思議解脱神力，皆應號泣聲震三千大千世界。一切菩薩聞説如是不可思議解脱神力，皆應欣慶頂戴受持，如王太子受灌頂位生長堅固信解勢力。若有菩薩聞説如是不可思議解脱神力堅固信解，一切魔王及諸魔衆於此菩薩無所能爲。"

當於尊者大迦葉波説是語時，衆中三萬二千天子皆發無上正等覺心。

時無垢稱即語尊者迦葉波言："十方無量無數世界作魔王者，多是安住不可思議解脱菩薩方便善巧現作魔王，爲欲成熟諸有情故。大迦葉波！十方無量無數世界一切菩薩，諸有來求手、足、耳、鼻、頭、目、髓、腦、血、肉、筋骨、一切支體，妻妾、男女、奴婢、親屬，村城、聚落、國邑、王都、四大洲等，種種王位、財穀、珍寶、金銀、真珠、珊瑚、螺貝、吠琉璃等諸莊嚴具，房舍、床座、衣服、飲食、湯藥、資産、象馬輦輿、大小諸船、器仗軍衆，如是一切逼迫菩薩而求乞者，多是安住不可思議解脱菩薩以巧方便現爲斯事試驗菩薩，令其了知意樂堅固。所以者何？增上勇猛諸大菩薩，爲欲饒益諸有情故，示現如是難爲大事。凡夫下劣無復勢力，不能如是逼迫菩薩爲此乞求。

"大迦葉波！譬如螢火終無威力映蔽日輪。如是，凡夫及下劣位無復勢力逼迫菩薩爲此乞求。大迦葉波！譬如龍象現威鬥戰非驢所堪，唯有龍象能與龍象爲斯戰諍。如是，凡夫及下劣位無有勢力逼迫菩薩，唯有菩薩能與菩薩共相逼迫,是名安住不可思議解脫菩薩方便善巧智力所入不可思議解脫境界。"

　　說此法時,八千菩薩得入菩薩方便善巧智力所入不可思議解脫境界。

【《説無垢稱經》卷第四　大唐三藏法師玄奘奉詔譯】

七、觀有情品第七

時妙吉祥問無垢稱："云何菩薩觀諸有情？"

無垢稱言："譬如幻師觀所幻事。如是，菩薩應正觀察一切有情。

"又，妙吉祥！如有智人觀水中月、觀鏡中像、觀陽焰水、觀呼聲響、觀虛空中雲城臺閣、觀水聚沫所有前際、觀水浮泡或起或滅、觀芭蕉心所有堅實、觀第五大、觀第六蘊、觀第七根、觀十三處、觀十九界、觀無色界衆色影像、觀燋敗種所出牙莖、觀龜毛等所作衣服、觀夭没者受欲戲樂、觀預流果所起分別薩迦耶見、觀一來果受第三有、觀不還果入母胎藏、觀阿羅漢貪瞋癡毒、觀得忍菩薩慳吝犯戒恚害等心、觀諸如來習氣相續、觀生盲者睹見衆色、觀住滅定有出入息、觀虛空中所有鳥迹、觀半擇迦根有勢用、觀石女兒所有作業、觀佛所化起諸結縛、觀諸畢竟不生煩惱、觀夢悟已夢中所見、觀不生火有所焚燒、觀阿羅漢後有相續。如是，菩薩應正觀察一切有情。所以者何？諸法本空，真實無我、無有情故。"

妙吉祥言："若諸菩薩如是觀察一切有情，云何於彼修於大慈？"

無垢稱言："菩薩如是觀有情已，自念：'我當爲諸有情説如斯法，令其解了。'是名真實修於大慈，與諸有情究竟安樂。如是，菩薩修寂滅慈，無諸取故；修無熱慈，離煩惱故；修如實慈，三世等故；修不違慈，無等起故；修無二慈，離内外故；修無壞慈，畢竟住故；修堅固慈，增上意樂如金剛故；修清淨慈，本性淨故；修平等慈，等虛空故；修阿羅漢慈，永害結賊故；修獨覺慈，不待師資故；修菩薩慈，成熟有情無休息故；修如來慈，隨覺諸法真如性故;修佛之慈,覺悟睡夢諸有情故;修自然慈,任運等覺諸法性故;修菩提慈,等一味故;修無偏慈,愛憎斷故;修大悲慈,顯大乘故;修無諍慈,觀無我故;修無厭慈,觀性空故;修法施慈,離師卷故;修淨戒慈,成熟犯戒諸有情故;修堪忍慈,隨護自他令無損故;修精進慈,荷負有情利樂事故;修靜慮慈,無愛味故;修般若慈,於一切時現知法故;修方便慈,於一切門普示現故;修妙願慈,無量大願所引發故;修大力慈,能辦一切廣大事故;修若那慈,了知一切法性相故;修神通慈,不壞一切法性相故;修攝事慈,方便攝益諸有情故;修無著慈,無礙染故;修無詐慈,意樂淨故;修無諂慈,加行淨故;修無誑慈,不虛假故;修深心慈,離瑕穢故;修安樂慈,建立諸佛安樂事故。唯,妙吉祥! 是名菩薩修於大慈。”

妙吉祥言:“云何菩薩修於大悲?”

無垢稱言:“所有造作、增長善根悉皆棄捨,施諸有情一切無吝,是名菩薩修於大悲。”

妙吉祥言:“云何菩薩修於大喜?”

無垢稱言:“於諸有情作饒益事歡喜無悔,是名菩薩修於大喜。”

妙吉祥言:“云何菩薩修於大捨?”

無垢稱言:“平等饒益,不望果報,是名菩薩修於大捨。”

妙吉祥言:“若諸菩薩怖畏生死,當何所依?”

無垢稱言:“若諸菩薩怖畏生死,常正依住諸佛大我。”

又問:“菩薩欲住大我,當云何住?”

曰:“欲住大我,當於一切有情平等解脫中住。”

又問:“欲令一切有情解脫,當何所除?”

曰:“欲令一切有情解脫,除其煩惱。”

又問:“欲除一切有情煩惱,當何所修?”

曰:“欲除一切有情煩惱,當修如理觀察作意。”

又問:“欲修如理觀察作意,當云何修?”

曰:“欲修如理觀察作意,當修諸法不生不滅。”

又問:“何法不生? 何法不滅?”

曰："不善不生,善法不滅。"

又問："善、不善法孰爲本?"

曰："以身爲本。"

又問："身孰爲本?"

曰："欲貪爲本。"

又問："欲貪孰爲本?"

曰："虛妄分別爲本。"

又問："虛妄分別孰爲本?"

曰："倒想爲本。"

又問："倒想孰爲本?"

曰："無住爲本。"

妙吉祥言："如是,無住孰爲其本?"

無垢稱言："斯問非理。所以者何? 夫無住者,即無其本,亦無所住。由無其本、無所住故,即能建立一切諸法。"

時無垢稱室中有一本住天女,見諸大人、聞所說法,得未曾有,踴躍歡喜,便現其身,即以天花散諸菩薩、大聲聞衆。時彼天花至菩薩身即便墮落,至大聲聞便著不墮。時聲聞衆各欲去華,盡其神力皆不能去。

爾時,天女即問尊者舍利子言："何故去華?"

舍利子言："華不如法,我故去之。"

天女言："止,勿謂此華爲不如法。所以者何? 是華如法,唯尊者等自不如法。所以者何? 華無分別、無異分別,唯尊者等自有分別、有異分別。於善說法毗奈耶中,諸出家者若有分別、有異分別,則不如法;若無分別、無異分別,是則如法。唯,舍利子! 觀諸菩薩華不著者,皆由永斷一切分別及異分別,觀諸聲聞華著身者,皆由未斷一切分別及異分別。

"唯,舍利子! 如人有畏時,非人得其便;若無所畏,一切非人不得其便。若畏生死業煩惱者,即爲色、聲、香、味、觸等而得其便;不畏生死業煩惱者,世間色、聲、香、味、觸等不得其便。又,舍利子! 若煩惱習未永斷者,華著其身;若煩惱習已永斷者,華不著也。"

舍利子言："天止此室經今幾何?"

天女答言："我止此室如舍利子所住解脱。"

舍利子言："天止此室如是久耶?"

天女復言："所住解脱亦何如久?"

時舍利子默然不答。天曰："尊者是大聲聞,具大慧辯,得此小問默不見答。"

舍利子言："夫解脱者,離諸名言,吾今於此竟知何説。"

天曰："所説文字皆解脱相。所以者何? 如此解脱,非内、非外、非離二種中間可得;文字亦爾,非内、非外、非離二種中間可得。是故,無離文字説於解脱。所以者何? 以其解脱,與一切法其性平等。"

舍利子言："豈不以離貪、瞋、癡等爲解脱耶?"

天曰："佛爲諸增上慢者説離一切貪、瞋、癡等以爲解脱;若爲遠離增上慢者即説一切貪、瞋、癡等本性解脱。"

舍利子言："善哉,天女! 汝何得證慧辯若斯?"

天曰："我今無得、無證,慧辯如是。若言我今有得、有證,即於善説法毗奈耶爲增上慢。"

舍利子言："汝於三乘爲何發趣?"

天女答言："我於三乘並皆發趣。"

舍利子言："汝何密意作如是説?"

天曰："我常宣説大乘令他聞故,我爲聲聞;自然現覺真法性故,我爲獨覺;常不捨離大慈悲故,我爲大乘。

"又,舍利子! 我爲化度求聲聞乘諸有情故,我爲聲聞;我爲化度求獨覺乘諸有情故,我爲獨覺;我爲化度求無上乘諸有情故,我爲大乘。

"又,舍利子! 譬如有人入瞻博迦林,一切唯嗅瞻博迦香,終無樂嗅草麻香等。如是,若有止此室者,唯樂大乘功德之香,終不樂於聲聞、獨覺功德香等,由此室中一切佛法功德妙香常所薰故。

"又,舍利子! 諸有釋梵四大天王、那伽、藥叉及阿素洛,廣説乃至人非人等,入此室者皆爲瞻仰如是大士及爲親近禮敬、供養聽聞大法,一切皆發大菩提心、皆持一切佛法功德妙香而出。

"又，舍利子！吾止此室十有二年，曾不聞說聲聞獨覺相應言論，唯聞大乘諸菩薩行大慈大悲不可思議諸佛妙法相應言論。

"又，舍利子！此室常現八未曾有殊勝之法。何等爲八？唯，舍利子！此室常有金色光明周遍照曜，晝夜無異，不假日月所照爲明，是爲一未曾有殊勝之法。

"又，舍利子！此室常有一切世間人、非人等，入此室已不爲一切煩惱所害，是爲二未曾有殊勝之法。

"又，舍利子！此室常有一切釋梵四天王等及餘世界諸大菩薩集會不空，是爲三未曾有殊勝之法。

"又，舍利子！此室常聞菩薩六種波羅蜜多不退法輪相應言論，是爲四未曾有殊勝之法。

"又，舍利子！此室常作天人伎樂，於諸樂中演出無量百千法音，是爲五未曾有殊勝之法。

"又，舍利子！此室常有四大寶藏、衆珍盈溢，恒無有盡，給施一切貧窮、鰥寡、孤獨、無依、乞求之者皆令稱遂，終不窮盡，是爲六未曾有殊勝之法。

"又，舍利子！此室常有釋迦牟尼如來、無量壽如來、難勝如來、不動如來、寶勝如來、寶焰如來、寶月如來、寶嚴如來、寶音聲如來、師子吼如來、一切義成如來，如是等十方無量如來。若此大士發心祈請，應時即來廣爲宣說一切如來秘要法門，說已還去，是爲七未曾有殊勝之法。

"又，舍利子！此室常現一切佛土功德莊嚴、諸天宮殿衆妙綺飾，是爲八未曾有殊勝之法。

"唯，舍利子！此室常現八未曾有殊勝之法，誰有見斯不思議事而復發心樂求聲聞、獨覺法乎？"

時舍利子問天女言："汝今何不轉此女身？"

天女答言："我居此室十有二年，求女人性了不可得。當何所轉？唯，舍利子！譬如幻師化作幻女。若有問言：'汝今何不轉此女身？'爲正問不？"

舍利子言：“不也，天女！幻既非實，當何所轉？”

天曰：“如是，諸法性相皆非真實，猶如幻化，云何乃問不轉女身？”

即時天女以神通力變舍利子令如天女，自變其身如舍利子而問之言：“尊者！云何不轉女身？”

時舍利子以天女像而答之言：“我今不知轉滅男身轉生女像。”

天女復言：“尊者若能轉此女身，一切女身亦當能轉。如舍利子實非是女而現女身；一切女身亦復如是，雖現女身而實非女。世尊依此密意說言：‘一切諸法，非男、非女。’”

爾時，天女作是語已，還攝神力，各復本形，問舍利子：“尊者女身今何所在？”

舍利子言：“今我女身無在、無變。”

天曰：“尊者！善哉善哉。一切諸法亦復如是，無在、無變。說一切法無在、無變，是真佛語。”

時舍利子問天女言：“汝於此沒，當生何所？”

天女答言：“如來所化當所生處，我當生彼。”

舍利子言：“如來所化，無沒、無生。云何而言當所生處？”

天曰：“尊者！諸法有情應知亦爾，無沒、無生。云何問我當生何所？”

時舍利子問天女言：“汝當久如證得無上正等菩提？”

天女答言：“如舍利子還成異生，具異生法，我證無上正等菩提久近亦爾。”

舍利子言：“無處、無位，我當如是還成異生，具異生法。”

天曰：“尊者！我亦如是，無處、無位，當證無上正等菩提。所以者何？無上菩提無有住處，是故亦無證菩提者。”

舍利子言：“若爾，云何佛說諸佛如殑伽沙現證無上正等菩提、已證、當證？”

天曰：“尊者！皆是文字、俗數、語言，說有三世諸佛證得，非謂菩提有去、來、今。所以者何？無上菩提超過三世。又，舍利子！汝已證得阿羅漢耶？”

舍利子言："不得而得，得無所得。"

天曰："尊者！菩提亦爾，不證而證，證無所證。"

時無垢稱即語尊者舍利子言："如是，天女已曾供養、親近、承事九十有二百千俱胝那庾多佛、已能遊戲神通智慧、所願滿足得無生忍、已於無上正等菩提永不退轉，乘本願力如其所欲，隨所宜處成熟有情。"

八、菩提分品第八

時妙吉祥問無垢稱："云何菩薩於諸佛法到究竟趣？"

無垢稱言："若諸菩薩行於非趣乃於佛法到究竟趣。"

妙吉祥言："云何菩薩行於非趣？"

無垢稱言："若諸菩薩雖復行於五無間趣，而無恚惱、忿害毒心；雖復行於那落迦趣，而離一切煩惱塵垢；雖復行於諸傍生趣，而離一切黑暗無明；雖復行於阿素洛趣，而離一切傲慢、憍逸；雖復行於琰魔王趣，而集廣大福慧資糧；雖復行於無色定趣，而能於彼不樂趣向；雖復示行貪欲行趣，而於一切所受欲中離諸染著；雖復示行瞋恚行趣，而於一切有情境界離諸瞋恚，無損害心；雖復示行愚癡行趣，而於諸法遠離一切黑暗無明，以智慧明而自調伏；雖復示行慳貪行趣，而能棄捨諸內外事不顧身命；雖復示行犯戒行趣，而能安立一切尸羅，杜多功德，少欲知足，於小罪中見大怖畏；雖復示行瞋忿行趣，而能究竟安住慈悲，心無恚惱；雖復示行懈怠行趣，而能勤習一切善根，精進無替；雖復示行根亂行趣，而常恬默，安止靜慮；雖復示行惡慧行趣，而善通達一切世間出世間信、至究竟慧波羅蜜多；雖復示行諂詐行趣，而能成辦方便善巧；雖復示行密語方便、憍慢行趣，而為成立濟度橋梁；雖復示行一切世間煩惱行趣，而性清淨究竟無染；雖復示行衆魔行趣，而於一切佛法覺慧而自證知，不隨他緣；雖復示行聲聞行趣，而為有情説未聞法；雖復示行獨覺行趣，而為成辦大慈大悲成熟有情；雖復現處諸貧窮趣，而得寶手珍財無盡；雖復現處諸缺根趣，而具相好妙色嚴身；雖復現處卑賤生趣，而生佛家種姓尊貴，積集殊勝福慧資糧；雖復現處羸劣、醜陋、衆所憎趣，而得勝妙那羅延身，一切有情常所樂見；雖復現處諸老、病趣，而能畢竟除老、病根，超諸死畏；雖復現處求財位趣，而多修習觀無常想，息諸悕求；雖復現處宮室、妓女、諸戲樂趣，而常超出諸欲淤泥，修習畢竟遠離之行；雖復現處諸頑囂趣，而具種種才辯莊嚴，得陀羅尼念慧無失；雖復現處諸邪道趣，而以正道度諸世間；雖復現處一切生趣，而實永斷一切趣生；雖復現處般涅槃趣，而常不捨生死相續；雖復示現得妙菩提轉大法輪入涅槃趣，而復勤修諸菩薩行相續無斷。唯，妙吉祥！菩薩如是行於非趣，乃得名爲於諸佛法到究竟趣。”

時無垢稱問妙吉祥：“何等名爲如來種性？願爲略説。”

妙吉祥言：“所謂一切僞身種性是如來種性，一切無明有愛種性是如來種性，貪欲、瞋恚、愚癡種性是如來種性，四種虛妄顛倒種性是如來種性。如是，所有五蓋種性、六處種性、七識住種性、八邪種性、九惱事種性、十種不善業道種性，是如來種性。以要言之，六十二見、一切煩惱、惡不善法所有種性，是如來種性。”

無垢稱言：“依何密意作如是説？”

妙吉祥言：“非見無爲、已入正性離生位者能發無上正等覺心，要住有爲煩惱諸行、未見諦者能發無上正等覺心。譬如高原陸地不生殟鉢羅花、鉢特摩花、拘母陀花、奔荼利花，要於卑濕穢淤泥中乃得生長此四種花。如是，聲聞獨覺種性、已見無爲、已入正性離生位者，終不能發一切智心，要於煩惱諸行卑濕穢淤泥中方能發起一切智心，於中生長諸佛法故。

“又，善男子！譬如植種置於空中終不生長，要植卑濕糞壤之地乃得生長。如是，聲聞獨覺種性、已見無爲、已入正性離生位者，不能生長一切佛法，雖起身見如妙高山，而能發起大菩提願，於中生長諸佛法故。

“又，善男子！譬如有人不入大海終不能得吠琉璃等無價珍寶，不入生死煩惱大海終不能發無價珍寶一切智心。是故，當知一切生死煩惱種性是如來種性。”

爾時，尊者大迦葉波歎妙吉祥：“善哉善哉！極爲善説實語如語，誠無異言，一切生死煩惱種性是如來種性。所以者何？我等今者心相續中生死種子悉已燋敗,終不能發正等覺心,寧可成就五無間業,不作我等諸阿羅漢究竟解脱。所以者何? 成就五種無間業者,猶能有力盡無間業、發於無上正等覺心、漸能成辦一切佛法;我等漏盡諸阿羅漢永無此能,如缺根士於妙五欲無所能爲。如是,漏盡諸阿羅漢諸結永斷,即於佛法無所能爲,不復志求諸佛妙法。是故,異生能報佛恩,聲聞、獨覺終不能報。所以者何? 異生聞佛、法、僧功德,爲三寶種終無斷絶、能發無上正等覺心、漸能成辦一切佛法;聲聞、獨覺假使終身聞説如來力無畏等乃至所有不共佛法一切功德,終不能發正等覺心。"

爾時,衆中有一菩薩名曰普現一切色身,問無垢稱言:"居士! 父母、妻子、奴婢、僕使、親友、眷屬、一切侍衛、象馬車乘、御人等類,悉爲是誰? 皆何所在?"

時無垢稱以妙伽他而答之曰:

慧度菩薩母、	善方便爲父,
世間真導師,	無不由此生。
妙法樂爲妻、	大慈悲爲女、
真實諦法男、	思空勝義舍、
煩惱爲賤隷、	僕使隨意轉、
覺分成親友,	由此證菩提。
六度爲眷屬、	四攝爲妓女、
結集正法言,	以爲妙音樂。
總持作園苑、	大法成林樹、
覺品華莊嚴、	解脱智慧果。
八解之妙池,	定水湛然滿;
七淨華彌布,	洗除諸垢穢。
神通爲象馬、	大乘以爲車,
調御菩提心,	遊八道支路。
妙相具莊嚴,	衆好而綺間,
慚愧爲衣服,	勝意樂爲鬘。

具正法珍財，　曉示爲方便，
無倒行勝利，　回向大菩提。
四靜慮爲床、　淨命爲茵蓐，
念智常覺悟，　無不在定心。
既餐不死法，　還飲解脫味，
沐浴妙淨心，　塗香上品戒。
殄滅煩惱賊，　勇健無能勝，
摧伏四魔怨，　建妙菩提幢。
雖實無起滅，　而故思受生，
悉現諸佛土，　如日光普照。
盡持上妙供，　奉獻諸如來，
於佛及自身，　一切無分別。
雖知諸佛國，　及與有情空，
而常修淨土，　利物無休倦。
一切有情類，　色聲及威儀，
無畏力菩薩，　剎那能盡現。
雖覺諸魔業，　而示隨所轉，
至究竟方便，　有表事皆成。
或示現自身，　有諸老、病、死，
成熟諸有情，　如遊戲幻法；
或現劫火起，　天地皆熾然，
有情執常相，　照令知速滅。
千俱胝有情，　率土咸來請，
同時受彼供，　皆令趣菩提。
於諸禁咒術，　書論衆伎藝，
皆知至究竟，　利樂諸有情。
世間諸道法，　遍於中出家，
隨方便利生，　而不墮諸見。

或作日、月、天、　　梵王、世界主，
地、水及火、風，　　饒益有情類。
能於疾疫劫，　　　　現作諸良藥，
蠲除諸疾苦，　　　　令趣大菩提；
能於饑饉劫，　　　　現作諸飲食，
先除彼飢渴，　　　　說法令安泰；
能於刀兵劫，　　　　修慈悲靜慮，
令無量有情，　　　　欣然無恚害；
能於大戰陣，　　　　示現力朋黨，
往復令和好，　　　　勸發菩提心。
諸佛土無量，　　　　地獄亦無邊，
悉往其方所，　　　　拔苦令安樂。
諸有傍生趣，　　　　殘害相食啖，
皆現生於彼，　　　　利樂名本生。
示受於諸欲，　　　　而常修靜慮，
惑亂諸惡魔，　　　　令不得其便。
如火中生華，　　　　說爲甚希有，
修定而行欲，　　　　希有復過此。
或現作淫女，　　　　引諸好色者，
先以欲相招，　　　　後令修佛智；
或爲城邑宰、　　　　商主及國師，
臣僚輔相尊，　　　　利樂諸含識；
爲諸匱乏者，　　　　現作無盡藏，
給施除貧苦，　　　　令趣大菩提；
於諸憍慢者，　　　　現作大力士，
摧伏彼貢高，　　　　令住菩提願；
於諸恐怖者，　　　　方便善安慰，
除彼驚悸已，　　　　令發菩提心；

現作五通仙，　　清淨修梵行，
皆令善安住，　　戒忍慈善中；
或見諸有情，　　現前須給侍，
乃爲作僮僕，　　弟子而事之；
隨彼彼方便，　　令愛樂正法，
於諸方便中，　　皆能善修學。
如是無邊行，　　及無邊所行，
無邊智圓滿，　　度脫無邊衆。
假令一切佛，　　住百千劫中，
贊述其功德，　　猶尚不能盡。
誰聞如是法，　　不願大菩提？
除下劣有情，　　都無有慧者。

九、不二法門品第九

時無垢稱普問衆中諸菩薩曰："云何菩薩善能悟入不二法門？仁者皆應任己辯才各隨樂説。"

時衆會中有諸菩薩各隨所樂次第而説。

時有菩薩名法自在，作如是言："生、滅爲二。若諸菩薩了知諸法本來無生，亦無有滅，證得如是無生法忍，是爲悟入不二法門。"

復有菩薩名曰勝密，作如是言："我及我所分別爲二。因計我故便計我所，若了無我亦無我所，是爲悟入不二法門。"

復有菩薩名曰無瞬，作如是言："有取、無取分別爲二。若諸菩薩了知無取則無所得，無所得故則無增減、無作、無息，於一切法無所執著，是爲悟入不二法門。"

復有菩薩名曰勝峰，作如是言："雜染、清淨分別爲二。若諸菩薩了知雜染、清淨無二則無分別，永斷分別趣寂滅迹，是爲悟入不二法門。"

復有菩薩名曰妙星，作如是言："散動、思惟分別爲二。若諸菩薩了知一切無有散動、無所思惟，則無作意。住無散動，無所思惟、無有作意，是爲悟入不二法門。"

復有菩薩名曰妙眼，作如是言："一相、無相分別爲二。若諸菩薩了知諸法無有一相、無有異相、亦無無相，則知如是一相、異相、無相平等，是爲悟入不二法門。"

復有菩薩名曰妙臂，作如是言："菩薩、聲聞二心爲二。若諸菩薩了知二心性空如幻，無菩薩心、無聲聞心，如是二心其相平等皆同幻化，是爲悟入不二法門。”

復有菩薩名曰育養，作如是言：“善及不善分別爲二。若諸菩薩了知善性及不善性無所發起，相與無相二句平等，無取、無捨，是爲悟入不二法門。”

復有菩薩名曰師子，作如是言：“有罪、無罪分別爲二。若諸菩薩了知有罪及與無罪二皆平等，以金剛慧通達諸法，無縛、無解，是爲悟入不二法門。”

復有菩薩名師子慧，作如是言：“有漏、無漏分別爲二。若諸菩薩知一切法性皆平等，於漏、無漏不起二想，不著有想、不著無想，是爲悟入不二法門。”

復有菩薩名淨勝解，作如是言：“有爲、無爲分別爲二。若諸菩薩了知二法性皆平等，遠離諸行，覺慧如空，智善清淨，無執、無遣，是爲悟入不二法門。”

復有菩薩名那羅延，作如是言：“世出、世間分別爲二。若諸菩薩了知世間本性空寂，無入、無出，無流、無散，亦不執著，是爲悟入不二法門。”

復有菩薩名調順慧，作如是言：“生死、涅槃分別爲二。若諸菩薩了知生死其性本空，無有流轉亦無寂滅，是爲悟入不二法門。”

復有菩薩名曰現見，作如是言：“有盡、無盡分別爲二。若諸菩薩了知都無有盡、無盡，要究竟盡乃名爲盡，若究竟盡不復當盡則名無盡。又，有盡者謂一刹那，一刹那中定無有盡則是無盡。有盡無故，無盡亦無。了知有盡、無盡性空，是爲悟入不二法門。”

復有菩薩名曰普密，作如是言：“有我、無我分別爲二。若諸菩薩了知有我尚不可得，何況無我？見我、無我其性無二，是爲悟入不二法門。”

復有菩薩名曰電天，作如是言：“明與無明分別爲二。若諸菩薩了知無明本性是明，明與無明俱不可得，不可算計、超算計路，於中現觀平等無二，是爲悟入不二法門。”

復有菩薩名曰喜見，作如是言：“色、受、想、行及識與空分別爲二。若知取蘊性本是空，即是色空、非色滅空，乃至識蘊亦復如是，是爲悟入不二法門。”

復有菩薩名曰光幢,作如是言:"四界與空分別爲二。若諸菩薩了知四界即虛空性,前中後際四界與空性皆無倒,悟入諸界,是爲悟入不二法門。"

復有菩薩名曰妙慧,作如是言:"眼色、耳聲、鼻香、舌味、身觸、意法分別爲二。若諸菩薩了知一切其性皆空,見眼自性於色無貪、無瞋、無癡;如是,乃至見意自性於法無貪、無瞋、無癡,此則爲空。如是見已,寂靜安住,是爲悟入不二法門。"

復有菩薩名無盡慧,作如是言:"布施、回向一切智性各別爲二;如是,分別戒、忍、精進、靜慮、般若及與回向一切智性各別爲二。若了布施即所回向一切智性,此所回向一切智性即是布施;如是,乃至般若自性即所回向一切智性,此所回向一切智性即是般若。了此一理,是爲悟入不二法門。"

復有菩薩名甚深覺,作如是言:"空、無相、無願分別爲二。若諸菩薩了知空中都無有相,此無相中亦無有願,此無願中無心、無意、無識可轉。如是,即於一解脱門具攝一切三解脱門。若此通達,是爲悟入不二法門。"

復有菩薩名寂静根,作如是言:"佛、法、僧寶分別爲二。若諸菩薩了知佛性即是法性、法即僧性,如是三寶皆無爲相,與虛空等;諸法亦爾。若此通達,是爲悟入不二法門。"

復有菩薩名無礙眼,作如是言:"是薩迦耶及薩迦耶滅分別爲二。若諸菩薩知薩迦耶即薩迦耶滅,如是了知,畢竟不起薩迦耶見,於薩迦耶薩迦耶滅,即無分別、無異分別。證得此二究竟滅性,無所猜疑、無驚、無懼,是爲悟入不二法門。"

復有菩薩名善調順,作如是言:"是身、語、意三種律儀分別爲二。若諸菩薩了知如是三種律儀皆無作相,其相無二。所以者何?此三業道皆無作相——身無作相即語無作相、語無作相即意無作相、意無作相即一切法俱無作相——若能隨入無造作相,是爲悟入不二法門。"

復有菩薩名曰福田,作如是言:"罪行、福行及不動行分別爲二。若諸菩薩了知罪行、福及不動皆無作相,其相無二。所以者何?罪、福、不動如是三行性相皆空，空中無有罪、福、不動三行差別，如是通達，是爲悟入不二法門。"

復有菩薩名曰華嚴，作如是言："一切二法皆從我起。若諸菩薩知我實性即不起二，不起二故即無了別，無了別故無所了別，是爲悟入不二法門。"

復有菩薩名曰勝藏，作如是言："一切二法有所得起。若諸菩薩了知諸法都無所得則無取捨，既無取捨，是爲悟入不二法門。"

復有菩薩名曰月上，作如是言："明之與暗分別爲二。若諸菩薩了知實相無暗、無明，其性無二。所以者何？譬如苾芻入滅盡定，無暗、無明；一切諸法其相亦爾。如是妙契諸法平等，是爲悟入不二法門。"

復有菩薩名寶印手，作如是言："欣厭涅槃、生死爲二。若諸菩薩了知涅槃及與生死不生欣厭則無有二。所以者何？若爲生死之所繫縛則求解脫；若知畢竟無生死縛，何爲更求涅槃解脫？如是通達，無縛、無解，不欣涅槃、不厭生死，是爲悟入不二法門。"

復有菩薩名珠髻王，作如是言："正道、邪道分別爲二。若諸菩薩善能安住正道，邪道究竟不行；以不行故，則無正道、邪道二相；除二相故則無二覺；若無二覺，是爲悟入不二法門。"

復有菩薩名曰諦實，作如是言："虛之與實分別爲二。若諸菩薩觀諦實性尚不見實，何況見虛？所以者何？此性非是肉眼所見，慧眼乃見。如是見時，於一切法無見、無不見，是爲悟入不二法門。"

如是，會中有諸菩薩隨所了知各別說已，同時發問妙吉祥言："云何菩薩名爲悟入不二法門？"

時妙吉祥告諸菩薩："汝等所言雖皆是善，如我意者，汝等此說猶名爲二。若諸菩薩於一切法無言、無說，無表、無示，離諸戲論、絕於分別，是爲悟入不二法門。"

時妙吉祥復問菩薩無垢稱言："我等隨意各別說已，仁者當說，云何菩薩名爲悟入不二法門？"

時無垢稱默然無說。

妙吉祥言:"善哉善哉! 如是菩薩是真悟入不二法門,於中都無一切文字言説分別。"

此諸菩薩説是法時,於衆會中五千菩薩皆得悟入不二法門,俱時證會無生法忍。

【《說無垢稱經》卷第五　大唐三藏法師玄奘奉詔譯】

十、香臺佛品第十

時舍利子作是思惟："食時將至，此摩訶薩說法未起，我等聲聞及諸菩薩當於何食？"

時無垢稱知彼思惟便告之曰："大德！如來爲諸聲聞說八解脫，仁者已住，勿以財食染污其心而聞正法。若欲食者且待須臾，當令皆得未曾有食。"

時無垢稱便入如是微妙寂定，發起如是殊勝神通，示諸菩薩、大聲聞衆，上方界分去此佛土過四十二殑伽沙等諸佛世界，有佛世界名一切妙香，其中有佛號最上香臺，今現在彼安隱住持。彼世界中有妙香氣，比餘十方一切佛土人天之香最爲第一。彼有諸樹皆出妙香，普薰方域一切周滿。彼中無有二乘之名，唯有清淨大菩薩衆，而彼如來爲其說法。彼世界中一切臺觀、宮殿、經行、園林、衣服皆是種種妙香所成。彼佛世尊及菩薩衆所食香氣微妙第一，普薰十方無量佛土。

時彼如來與諸菩薩方共坐食，彼有天子名曰香嚴——已於大乘深心發趣——供養承事彼土如來及諸菩薩。

時此大衆一切皆睹彼界如來與諸菩薩方共坐食如是等事。

時無垢稱遍告一切菩薩衆言："汝等大士誰能往彼取妙香食？"

以妙吉祥威神力故，諸菩薩衆咸皆默然。

時無垢稱告妙吉祥："汝今云何於此大衆而不加護，令其乃爾？"

妙吉祥言："居士！汝今不應輕毀諸菩薩衆，如佛所言：'勿輕未學。'"

時無垢稱不起於床，居眾會前化作菩薩——身真金色，相好莊嚴，威德光明蔽於眾會——而告之曰："汝善男子！宜往上方去此佛土過四十二殑伽沙等諸佛世界，有佛世界名一切妙香，其中有佛號最上香臺，與諸菩薩方共坐食。汝往到彼頂禮佛足，應作是言：'於此下方有無垢稱，稽首雙足，敬問世尊："少病、少惱、起居輕利、氣力康和、安樂住不？"遙心右繞多百千匝，頂禮雙足作如是言："願得世尊所食之餘，當於下方堪忍世界施作佛事，令此下劣欲樂有情當欣大慧，亦使如來無量功德名稱普聞。"'"

時化菩薩於眾會前上升虛空——舉眾皆見——神通迅疾經須臾頃便到一切妙香世界，頂禮最上香臺佛足，又聞其言："下方菩薩名無垢稱，稽首雙足，敬問世尊：'少病、少惱、起居輕利、氣力康和、安樂住不？'遙心右繞多百千匝，頂禮雙足作如是言：'願得世尊所食之餘，當於下方堪忍世界施作佛事，令此下劣欲樂有情當欣大慧，亦使如來無量功德名稱普聞。'"

時彼上方菩薩眾會見化菩薩相好莊嚴，威德光明微妙殊勝，歎未曾有："今此大士從何處來？堪忍世界爲在何所？云何名爲下劣欲樂？"尋問最上香臺如來："唯願世尊爲說斯事。"

佛告之曰："諸善男子！於彼下方去此佛土過四十二殑伽沙等諸佛世界，有佛世界名曰堪忍，其中佛號釋迦牟尼如來、應、正等覺，今現在彼安隱住持，居五濁世爲諸下劣欲樂有情宣揚正法。彼有菩薩名無垢稱——已得安住不可思議解脫法門——爲諸菩薩開示妙法，遣化菩薩來至此間稱揚我身功德名號，並贊此土眾德莊嚴，令彼菩薩善根增進。"

彼菩薩眾咸作是言："其德何如乃作是化，大神通力無畏若斯？"

彼佛告言："諸善男子！是大菩薩成就殊勝大功德法，一刹那頃化作無量無邊菩薩，遍於十方一切國土，皆遣其往施作佛事，利益安樂無量有情。"

於是，最上香臺如來以能流出眾妙香器盛諸妙香所薰之食，授無垢稱化菩薩手。時彼佛土有九百萬大菩薩僧同時舉聲請於彼佛："我等欲與此化菩薩俱往下方堪忍世界，瞻仰釋迦牟尼如來，禮敬供事、聽聞正法，並欲瞻仰、禮敬供事彼無垢稱及諸菩薩，唯願世尊加護聽許。"

彼佛告曰："諸善男子！汝便可往，今正是時。汝等皆應自攝身香入堪忍界，勿令彼諸有情醉悶放逸；汝等皆應自隱色相入堪忍界，勿令彼諸菩薩心生愧恥。汝等於彼堪忍世界勿生劣想而作障礙。所以者何？諸善男子！一切國土皆如虛空，諸佛、世尊爲欲成熟諸有情故，隨諸有情所樂示現種種佛土——或染、或淨，無決定相——而諸佛土實皆清淨、無有差別。"

時化菩薩受滿食器，與九百萬諸菩薩僧，承彼佛威神及無垢稱力於彼界沒，經須臾頃至於此土無垢稱室欻然而現。

時無垢稱化九百萬師子之座——微妙莊嚴，與前所坐諸師子座都無有異——令諸菩薩皆坐其上。

時化菩薩以滿食器授無垢稱。如是食器妙香普薰廣嚴大城及此三千大千世界無量無邊。妙香薰故，一切世界香氣芬馥。廣嚴大城諸婆羅門、長者、居士、人、非人等，聞是香氣得未曾有，驚歎無量，身心踴悅。

時此城中離呫毗王名爲月蓋，與八萬四千離呫毗種，種種莊嚴，悉來入於無垢稱室，見此室中諸菩薩衆其數甚多、諸師子座高廣嚴飾，生大歡喜，歎未曾有，禮諸菩薩及大聲聞，卻住一面。

時諸地神及虛空神，並欲色界諸天子衆，聞是妙香，各與眷屬無量百千，悉來入於無垢稱室。

時無垢稱便語尊者舍利子等諸大聲聞："尊者可食如來所施甘露味食。如是食者，大悲所薰，勿以少分下劣心行而食此食；若如是食，定不能消。"

時衆會中有劣聲聞作如是念："此食甚少，云何充足如是大衆？"

時化菩薩便告之言："勿以汝等自少福慧測量如來無量福慧。所以者何？四大海水乍可有竭，是妙香食終無有盡。假使無量大千世界一切有情一一搏食，其食搏量等妙高山，如是搏食或經一劫、或一百劫猶不能盡。所以者何？如是食者，是無盡戒、定、慧、解脫、解脫知見所生。如來所食之餘，無量三千大千世界一切有情，經百千劫食此香食終不能盡，於是大衆皆食此食悉得充滿而尚有餘。"

時諸聲聞及諸菩薩並人天等一切衆會，食此食已其身安樂，譬如一切安樂莊嚴世界菩薩一切安樂之所住持，身諸毛孔皆出妙香；譬如一切妙香世界衆妙香樹常出無量種種妙香。

時無垢稱問彼上方諸來菩薩："汝等知不？彼土如來於其世界爲諸菩薩云何説法？"

彼諸菩薩咸共答言："我土如來不爲菩薩文詞説法，但以妙香令諸菩薩皆悉調伏。"

"彼諸菩薩各各安坐妙香樹下，諸妙香樹各各流出種種香氣，彼諸菩薩聞斯妙香便獲一切德莊嚴定，獲此定已即具一切菩薩功德。"

時彼上方諸來菩薩問無垢稱："此土如來釋迦牟尼爲諸有情云何説法？"

無垢稱曰："此土有情一切剛强極難調化，如來還以種種能伏剛强語言而調化之。云何名爲種種能伏剛强語言？謂爲宣説此是地獄趣、此是傍生趣、此是餓鬼趣，此是無暇生、此是諸根缺，此是身惡行、是身惡行果，此是語惡行、是語惡行果，此是意惡行、是意惡行果，此是斷生命、是斷生命果，此是不與取、是不與取果，此是欲邪行、是欲邪行果，此是虛誑語、是虛誑語果，此是離間語、是離間語果，此是粗惡語、是粗惡語果，此是雜穢語、是雜穢語果，此是貪欲、是貪欲果，此是瞋恚、是瞋恚果，此是邪見、是邪見果，此是慳吝、是慳吝果，此是毀戒、是毀戒果，此是瞋恨、是瞋恨果，此是懈怠、是懈怠果，此是心亂、是心亂果，此是愚癡、是愚癡果，此受所學、此越所學，此持別解脱、此犯別解脱，此是應作、此非應作，此是瑜伽、此非瑜伽，此是永斷、此非永斷，此是障礙、此非障礙，此是犯罪、此是出罪，此是雜染、此是清淨，此是正道、此是邪道，此是善、此是惡，此是世間、此出世間，此是有罪、此是無罪，此是有漏、此是無漏，此是有爲、此是無爲，此是功德、此是過失，此是有苦、此是無苦，此是有樂、此是無樂，此可厭離、此可欣樂，此可棄捨、此可修習，此是生死、此是涅槃，如是等法有無量門。此土有情其心剛强，如來説此種種法門安住其心令其調伏。

"譬如象馬？悷不調,加諸楚毒乃至徹骨然後調伏。如是,此土剛强有情極難調化,如來方便以如是等苦切言詞殷勤誨喻,然後調伏趣入正法。"

時彼上方諸來菩薩聞是説已得未曾有,皆作是言:"甚奇,世尊釋迦牟尼能爲難事,隱覆無量尊貴功德,示現如是調伏方便,成熟下劣貧匱有情,以種種門調伏攝益。是諸菩薩居此佛土亦能堪忍種種勞倦,成就最勝希有堅牢不可思議大悲精進,助揚如來無上正法,利樂如是難化有情。"

無垢稱言:"如是,大士! 誠如所説。釋迦如來能爲難事,隱覆無量尊貴功德,不憚劬勞,方便調伏如是剛强難化有情。諸菩薩衆生此佛土亦能堪忍種種勞倦,成就最勝希有堅牢不可思議大悲精進,助揚如來無上正法,利樂如是無量有情。

"大士當知:堪忍世界行菩薩行饒益有情經於一生,所得功德多於一切妙香世界百千大劫行菩薩行饒益有情所得功德。所以者何？ 堪忍世界略有十種修集善法,餘十方界清淨佛土之所無有。何等爲十？ 一、以惠施攝諸貧窮,二、以淨戒攝諸毁禁,三、以忍辱攝諸瞋恚,四、以精進攝諸懈怠,五、以静慮攝諸亂意,六、以勝慧攝諸愚癡,七、以説除八無暇法普攝一切無暇有情,八、以宣説大乘正法普攝一切樂小法者,九、以種種殊勝善根普攝未種諸善根者,十、以無上四種攝法恒常成熟一切有情,是爲十種修集善法,此堪忍界悉皆具足,餘十方界清淨佛土之所無有。"

時彼佛土諸來菩薩復作是言:"堪忍世界諸菩薩衆成就幾法無毁無傷,從此命終生餘淨土？"

無垢稱言:"堪忍世界諸菩薩衆成就八法無毁無傷,從此命終生餘淨土。何等爲八？ 一者、菩薩如是思惟:'我於有情應作善事,不應於彼希望善報。'二者、菩薩如是思惟:'我應代彼一切有情受諸苦惱,我之所有一切善根悉回施與。'三者、菩薩如是思惟:'我應於彼一切有情其心平等,心無罣礙。'四者、菩薩如是思惟:'我應於彼一切有情摧伏憍慢,敬愛如佛。'五者、菩薩信解增上,於未聽受甚深經典暫得聽聞,無疑、無謗;六者、菩薩於他利養無嫉妒心、於己利養不生憍慢;七者、菩薩調伏自心,常省己過,不譏他犯;八者、菩薩恒無放逸於諸善法,常樂尋求精進修行菩提分法。堪忍世界諸菩薩衆若具成就如是八法無毀無傷,從此命終生餘淨土。"

其無垢稱與妙吉祥諸菩薩等於大衆中宣說種種微妙法時,百千衆生同發無上正等覺心、十千菩薩悉皆證得無生法忍。

十一、菩薩行品第十一

佛時猶在庵羅衛林爲衆説法，於衆會處其地欻然廣博嚴淨，一切大衆皆現金色。

時阿難陀即便白佛："世尊！此是誰之前相？於衆會中欻然如是廣博嚴淨，一切大衆皆現金色。"

佛告具壽阿難陀曰："是無垢稱與妙吉祥將諸大衆恭敬圍繞，發意欲來赴斯衆會，現此前相。"

時無垢稱語妙吉祥："我等今應與諸大士詣如來所，頂禮、供事、瞻仰世尊，聽受妙法。"

妙吉祥曰："今正是時，可同行矣。"

時無垢稱現神通力，令諸大衆不起本處並師子座住右掌中往詣佛所，到已置地，恭敬頂禮世尊雙足，右繞七匝卻住一面，向佛合掌，儼然而立。

諸大菩薩下師子座，恭敬頂禮世尊雙足，右繞三匝卻住一面，向佛合掌，儼然而立。

諸大聲聞、釋梵、護世四天王等亦皆避座，恭敬頂禮世尊雙足，卻住一面，向佛合掌，儼然而立。

於是，世尊如法慰問諸菩薩等一切大衆，作是告言："汝等大士隨其所應各復本座。"時諸大衆蒙佛教敕，各還本座恭敬而坐。

爾時，世尊告舍利子："汝見最勝菩薩大士自在神力之所爲乎？"

舍利子言："唯然，已見。"

世尊復問："汝起何想？"

舍利子言："起難思想。我見大士不可思議，於其作用神力功德不能算數、不能思惟、不能稱量、不能述歎。"

時阿難陀即便白佛："今所聞香昔來未有，如是香者爲是誰香？"

佛告之言："是諸菩薩毛孔所出。"

時舍利子語阿難陀："我等毛孔亦出是香。"

阿難陀曰："如是妙香，仁等身内何緣而有？"舍利子言："是無垢稱自在神力，遣化菩薩往至上方最上香臺如來佛土，請得彼佛所食之餘來至室中供諸大衆，其間所有食此食者一切毛孔皆出是香。"

時阿難陀問無垢稱："是妙香氣當住久如？"

無垢稱言："乃至此食未皆消盡，其香猶住。"

阿難陀曰："如是所食，其經久如當皆消盡？"

無垢稱言："此食勢分七日七夜住在身中，過是已後乃可漸消，雖久未消而不爲患。具壽當知：諸聲聞乘未入正性離生位者若食此食，要入正性離生位已然後乃消；未離欲者若食此食，要得離欲然後乃消；未解脫者若食此食，要心解脫然後乃消；諸有大乘菩薩種性未發無上菩提心者若食此食，要發無上菩提心已然後乃消；已發無上菩提心者若食此食，要當證得無生法忍然後乃消；其已證得無生忍者若食此食，要當安住不退轉位然後乃消；其已安住不退位者若食此食，要當安住一生繫位然後乃消。

"具壽當知：譬如世間有大藥王名最上味，若有衆生遇遭諸毒遍滿身者與令服之，乃至諸毒未皆除滅，是大藥王猶未消盡；諸毒滅已然後乃消。食此食者亦復如是，乃至一切煩惱諸毒未皆除滅，如是所食猶未消盡；煩惱滅已然後乃消。"

阿難陀言："不可思議，如是大士所致香食能爲衆生作諸佛事。"

佛即告言："如是如是，如汝所説不可思議，此無垢稱所致香食能爲衆生作諸佛事。"

爾時，佛復告阿難陀："如無垢稱所致香食能爲衆生作諸佛事，如是，於餘十方世界，或有佛土以諸光明而作佛事、或有佛土以菩提樹而作佛事、或有佛土以諸菩薩而作佛事、或有佛土以見如來色身相好而作佛事、或有佛土以諸化人而作佛事、或有佛土以諸衣服而作佛事、或有佛土以諸臥具而作佛事、或有佛土以諸飲食而作佛事、或有佛土以諸園林而作佛事、或有佛土以諸臺觀而作佛事、或有佛土以其虛空而作佛事。所以者何？由諸有情因此方便而得調伏。

"或有佛土爲諸有情種種文詞宣説幻夢、光影、水月、響聲、陽焰、鏡像、浮雲、健達縛城、帝網等喻而作佛事；或有佛土以其音聲、語言、文字宣説種種諸法性相而作佛事；或有佛土清淨寂寞，無言、無説、無訶、無贊，無所推求、無有戲論，無表、無示，所化有情因斯寂寞自然證入諸法性相而作佛事。

"如是當知：十方世界諸佛國土其數無邊，所作佛事亦無數量。以要言之，諸佛所有威儀、進止、受用、施爲，皆令所化有情調伏，是故一切皆名佛事。

"又，諸世間所有四魔、八萬四千諸煩惱門，有情之類爲其所惱，一切如來即以此法爲諸衆生而作佛事。

"汝今當知：如是法門名爲悟入一切佛法。若諸菩薩入此法門，雖見一切成就無量廣大功德嚴淨佛土不生喜貪、雖見一切無諸功德雜穢佛土不生憂恚，於諸佛所發生上品信樂恭敬，歎未曾有。諸佛、世尊一切功德平等圓滿——得一切法究竟真實平等性故——爲欲成熟差別有情示現種種差別佛土。

"汝今當知：如諸佛土雖所依地勝劣不同，而上虛空都無差別。如是當知：諸佛、世尊爲欲成熟諸有情故，雖現種種色身不同而無障礙，福德智慧究竟圓滿都無差別。

"汝今當知：一切如來悉皆平等——所謂最上周圓無極形色威光、諸相隨好、族姓尊貴、清淨尸羅定慧解脱解脱知見、諸力無畏不共佛法、大慈大悲大喜大舍利益安樂、威儀所行正行壽量、説法度脱成熟有情、清淨佛土，悉皆平等。以諸如來一切佛法悉皆平等，最上周圓究竟無盡，是故皆同名正等覺、名爲如來、名爲佛陀。

"汝今當知：設令我欲分別廣説此三句義，汝經劫住無間聽受，窮其壽量亦不能盡。假使三千大千世界有情之類，皆如阿難得念總持多聞第一，咸經劫住無間聽受，窮其壽量亦不能盡。此正等覺、如來、佛陀三句妙義，無能究竟宣揚決擇，唯除諸佛。如是當知：諸佛菩提功德無量，無滯妙辯不可思議。”

說是語已，時阿難陀白言：“世尊！我從今去不敢自稱得念總持多聞第一。”

佛便告曰：“汝今不應心生退屈。所以者何？我自昔來但說汝於聲聞眾中得念總持多聞第一，非於菩薩。汝今且止，其有智者不應測量諸菩薩事。汝今當知：一切大海源底深淺猶可測量，菩薩智慧念定總持辯才大海無能測者。汝等聲聞置諸菩薩所行境界不應思惟；於一食頃是無垢稱示現變化所作神通，一切聲聞及諸獨覺百千大劫示現變化神力所作亦不能及。”

時彼上方諸來菩薩皆起禮拜釋迦牟尼，合掌恭敬白言：“世尊！我等初來見此佛土種種雜穢生下劣想，今皆悔愧舍離是心。所以者何？諸佛境界方便善巧不可思議，爲欲成熟諸有情故，如如有情所樂差別，如是如是示現佛土。唯然，世尊！願賜少法，當還一切妙香世界，由此法故常念如來。”

說是語已，世尊告彼諸來菩薩言：“善男子！有諸菩薩解脫法門名有盡無盡，汝今敬受當勤修學。云何名爲有盡無盡？言有盡者，即是有爲，有生滅法；言無盡者，即是無爲，無生滅法。

“菩薩不應盡其有爲，亦復不應住於無爲。云何菩薩不盡有爲？謂諸菩薩不棄大慈、不捨大悲，曾所生起增上意樂，一切智心繫念寶重而不暫忘，成熟有情常無厭倦，於四攝事恒不棄捨，護持正法不惜身命，求習諸善終無厭足。常樂安立回向善巧，詢求正法曾無懈倦，敷演法教不作師倦。常欣瞻仰供事諸佛，故受生死而無怖畏、雖遇興衰而無欣戚，於諸未學終不輕陵、於已學者敬愛如佛、於煩惱雜能如理思、於遠離樂能不耽染、於己樂事曾無味著、於他樂事深心隨喜，於所修習靜慮解脫等持等至如地獄想而不味著、於所遊歷界趣生死如宮苑想而不厭離、於乞求者生善友想捨諸所有皆無顧吝,於一切智起回向想,於諸毀禁起救護想,於波羅蜜多如父母想速令圓滿,於菩提分法如翼從想不令究竟,於諸善法常勤修習、於諸佛土恒樂莊嚴、於他佛土深心欣讚、於自佛土能速成就。

"爲諸相好圓滿莊嚴,修行清淨無礙大施;爲身語心嚴飾清淨,遠離一切犯戒惡法;爲令身心堅固堪忍,遠離一切忿恨煩惱;爲令所修速得究竟,經劫無數生死流轉;爲令自心勇猛堅住,聽佛無量功德不倦;爲欲永害煩惱怨敵,方便修治般若刀杖;爲欲荷諸有情重擔,於蘊界處求遍了知;爲欲摧伏一切魔軍,熾然精進曾無懈怠;爲欲護持無上正法,離慢,勤求善巧化智;爲諸世間愛重受化,常樂習行,少欲知足。

"於諸世法恒無雜染,而能隨順一切世間;於諸威儀恒無毀壞,而能示現一切所作。

"發生種種神通妙慧,利益安樂一切有情;受持一切所聞正法,爲起妙智正念總持;發生諸根勝劣妙智,爲斷一切有情疑惑;證得種種無礙辯才,敷演正法常無擁滯;爲受人天殊勝喜樂,勤修清淨十善業道;爲正開發梵天道路,勤進修行四無量智;爲得諸佛上妙音聲,勸請說法,隨喜讚善;爲得諸佛上妙威儀,常修殊勝寂靜三業;爲令所修念念增勝,於一切法心無染滯;爲善調御諸菩薩僧,常以大乘勸眾生學;爲不失壞所有功德,於一切時常無放逸;爲諸善根展轉增進,常樂修治種種大願;爲欲莊嚴一切佛土,常勤修習廣大善根;爲令所修究竟無盡,常修回向善巧方便。

"諸善男子! 修行此法是名菩薩不盡有爲。

"云何菩薩不住無爲? 謂諸菩薩雖行於空,而於其空不樂作證;雖行無相,而於無相不樂作證;雖行無願,而於無願不樂作證;雖行無作,而於無作不樂作證;雖觀諸行皆悉無常,而於善根心無厭足;雖觀世間一切皆苦,而於生死故意受生;雖樂觀察內無有我,而不畢竟厭舍自身;雖樂觀察外無有情,而常化導心無厭倦;雖觀涅槃畢竟寂靜,而不畢竟墮於寂滅;雖觀遠離究竟安樂,而不究竟厭患身心;雖樂觀察無阿賴耶,而不棄捨清白法藏;雖觀諸法畢竟無生,而常荷負利眾生事;雖觀無漏,而於生死流轉不絕;雖觀無行,而行成熟諸有情事;雖觀無我,而於有情不捨大悲;雖觀無生,而於二乘不墮正位;雖觀諸法畢竟空寂,而不空寂所修福德;雖觀諸法畢竟遠離,而不遠離所修智慧;雖觀諸法畢竟無實,而常安住圓滿思惟;雖觀諸法畢竟無主,而常精勤求自然智;雖觀諸法永無標幟,而於了義安立佛種。

"諸善男子! 修行此法是名菩薩不住無爲。

"又,善男子! 以諸菩薩常勤修集福資糧故不住無爲,常勤修集智資糧故不盡有爲;成就大慈無缺減故不住無爲,成就大悲無缺減故不盡有爲;利益安樂諸有情故不住無爲,究竟圓滿諸佛法故不盡有爲;成滿一切相好莊嚴佛色身故不住無爲,證得一切力無畏等佛智身故不盡有爲;方便善巧化衆生故不住無爲,微妙智慧善觀察故不盡有爲;修治佛土究竟滿故不住無爲,佛身安住常無盡故不盡有爲;常作饒益衆生事故不住無爲,領受法義無休廢故不盡有爲;積集善根常無盡故不住無爲,善根力持不斷壞故不盡有爲;爲欲成滿本所願故不住無爲,於永寂滅不希求故不盡有爲;圓滿意樂善清淨故不住無爲,增上意樂善清淨故不盡有爲;恒常遊戲五神通故不住無爲,佛智六通善圓滿故不盡有爲;波羅蜜多資糧滿故不住無爲,本所思惟未圓滿故不盡有爲;集法財寶常無厭故不住無爲,不樂希求少分法故不盡有爲;堅牢誓願常無退故不住無爲,能令誓願究竟滿故不盡有爲;積集一切妙法藥故不住無爲,隨其所應授法藥故不盡有爲;遍知衆生煩惱病故不住無爲,息除衆生煩惱病故不盡有爲。

"諸善男子! 菩薩如是不盡有爲、不住無爲,是名安住有盡無盡解脱法門,汝等皆當精勤修學。"

爾時,一切妙香世界最上香臺如來佛土諸來菩薩聞説如是有盡無盡解脱門已,法教開發勸勵其心,皆大歡喜,身心踴躍,以無量種上妙香花、諸莊嚴具供養世尊及諸菩薩並此所説有盡無盡解脱法門。復以種種上妙香花散遍三千大千世界,香花覆地深没於膝。時諸菩薩恭敬頂禮世尊雙足,右繞三匝,稱揚贊頌釋迦牟尼及諸菩薩並所説法,於此佛土欻然不現,經須臾間便住彼國。

【《説無垢稱經》卷第六　大唐三藏法師玄奘奉詔譯】

十二、觀如來品第十二

　　爾時,世尊問無垢稱言:"善男子! 汝先欲觀如來身故而來至此,汝當云何觀如來乎?"

　　無垢稱言:"我觀如來都無所見,如是而觀。何以故? 我觀如來,非前際來、非往後際、現在不住。所以者何? 我觀如來色真如性其性非色,受真如性其性非受,想真如性其性非想,行真如性其性非行,識真如性其性非識。不住四界,同虛空界;非六處起,超六根路;不雜三界,遠離三垢;順三解脱,隨至三明。非明而明、非至而至,至一切法無障礙際。實際非際、真如非如,於真如境常無所住、於真如智恒不相應。真如境智其性俱離,非因所生、非緣所起,非有相、非無相,非自相、非他相,非一相、非異相,非即所相、非離所相,非同所相、非異所相,非即能相、非離能相,非同能相、非異能相,非此岸、非彼岸、非中流,非在此、非在彼、非中間,非内、非外,非俱、不俱,非已去、非當去、非今去,非已來、非當來、非今來,非智、非境,非能識、非所識,非隱、非顯,非闇、非明,無住、無去,無名、無相,無强、無弱,不住方分、不離方分,非雜染、非清淨,非有爲、非無爲,非永寂滅、非不寂滅,無少事可示、無少義可説,無施、無慳,無戒、無犯,無忍、無恚,無勤、無怠,無定、無亂,無慧、無愚,無諦、無妄,無出、無入,無去、無來,一切語言施爲斷滅。非福田、非不福田,非應供、非不應供,非能執、非所執,非能取、非所取,非相、非不相,非爲、非不爲,無數、離諸數,無礙、離諸礙,無增、無減。平等平等,同真實際,等法界性。非能稱、非所稱、超諸稱性,非能量、非所量、超諸量性，無向、無背、超諸向背，無勇、無怯、超諸勇怯，非大、非小，非廣、非狹，無見、無聞，無覺、無知。離諸繫縛，蕭然解脫，證會一切智智平等，獲得一切有情無二，逮於諸法無差別性，周遍一切，無罪、無愆，無濁、無穢，無所礙著，離諸分別，無作、無生，無虛、無實，無起、無盡，無曾、無當，無怖、無染，無憂、無喜，無厭、無欣，一切分別所不能緣、一切名言所不能説。

"世尊！如來身相如是，應如是觀，不應異觀。如是觀者名爲正觀，若異觀者名爲邪觀。"

爾時，舍利子白佛言："世尊！此無垢稱從何命終而來生此堪忍世界？"

世尊告曰："汝應問彼。"

時舍利子問無垢稱："汝從何没來生此土？"

無垢稱言："唯，舍利子！汝於諸法遍知作證，頗有少法可没生乎？"

舍利子言："唯，無垢稱！無有少法可没生也。"

無垢稱言："若一切法遍知作證無没生者，云何問言：'汝從何没來生此土？'又，舍利子！於意云何？諸有幻化所作男女，從何處没而來生此？"

舍利子言："幻化男女不可施設有没生也。"

無垢稱言："如來豈不説一切法如幻化耶？"

舍利子言："如是如是。"

無垢稱言："若一切法自性自相如幻如化，云何仁者欻爾問言：'汝從何没來生此土？'又，舍利子！没者即是諸行斷相，生者即是諸行續相。菩薩雖没，不斷一切善法行相；菩薩雖生，不續一切惡法行相。"

爾時，世尊告舍利子："有佛世界名曰妙喜，其中如來號爲無動，是無垢稱爲度衆生，從彼土没來生此界。"

舍利子言："甚奇，世尊！如此大士未曾有也，乃能舍彼清淨佛土而來樂此多雜穢處。"

無垢稱曰："唯，舍利子！於意云何？日光豈與世間闇冥樂相雜住？"

舍利子言："不也，居士！日輪才舉，衆冥都息。"

無垢稱曰："日輪何故行贍部洲？"

舍利子言："爲除闇冥，作照明故。"

無垢稱曰："菩薩如是，爲度有情生穢佛土，不與一切煩惱雜居，滅諸衆生煩惱闇耳。"

爾時，大衆咸生渴仰，欲見妙喜功德莊嚴清淨佛土無動如來及諸菩薩、聲聞等衆。

佛知衆會意所思惟，告無垢稱言："善男子！今此會中諸神仙等一切大衆咸生渴仰，欲見妙喜功德莊嚴清淨佛土無動如來及諸菩薩、聲聞等衆，汝可爲現令所願滿。"

時無垢稱作是思惟："吾當於此不起於座，以神通力速疾移取妙喜世界及輪圍山、園林、池沼、泉源、溪谷、大海、江河，諸蘇迷盧圍繞峰壑，日、月、星宿，天、龍、鬼、神、帝釋、梵王宮殿，衆會並諸菩薩、聲聞衆等，村城、聚、落國邑、王都、在所居家男女大小，乃至廣説無動如來、應、正等覺大菩提樹、聽法安坐海會大衆諸寶蓮華。往十方界爲諸有情作佛事者，三道寶階自然湧出。從贍部洲至蘇迷頂三十三天，爲欲瞻仰禮敬供養不動如來及聞法故，從此寶階每時來下；贍部洲人爲欲觀見三十三天園林宮室，每亦從此寶階而上。如是清淨妙喜世界——無量功德所共合成，下從水際輪，上至色究竟——悉皆斷取置右掌中，如陶家輪、若花鬘貫，入此世界示諸大衆。"

其無垢稱既作是思，不起於床入三摩地，發起如是殊勝神通，速疾斷取妙喜世界置於右掌入此界中。

彼土聲聞及諸菩薩、人天大衆得天眼者咸生恐怖，俱發聲言："誰將我去？誰將我去？唯願世尊救護我等，唯願善逝救護我等。"

時無動佛爲化衆生方便告言："諸善男子！汝等勿怖，汝等勿怖。是無垢稱神力所引，非我所能。"

彼土初學人天等衆、未得殊勝天眼通者皆悉安然不知不見，聞是語已咸相驚問："我等於今當何所往？"

妙喜國土雖入此界，然其衆相無減、無增，堪忍世間亦不迫迮。雖復彼此二界相雜,各見所居與本無異。

爾時,世尊釋迦牟尼告諸大衆:"汝等神仙普皆觀見妙喜世界無動如來莊嚴佛土及諸菩薩、聲聞等耶?"

一切咸言:"世尊!已見。"

時無垢稱即以神力化作種種上妙天花及餘末香與諸大衆,令散供養釋迦牟尼、無動如來、諸菩薩等。

於是,世尊復告大衆:"汝等神仙欲得成辦如是功德莊嚴佛土爲菩薩者,皆當隨學無動如來本所修行諸菩薩行。"

其無垢稱以神通力示現如是妙喜界時,堪忍土中有八十四那庾多數諸人天等同發無上正等覺心,悉願當生妙喜世界。世尊咸記:"皆當往生無動如來所居佛土。"

時無垢稱以神通力移取如是妙喜世界、無動如來、諸菩薩等爲欲饒益此界有情,其事畢已還置本處,彼此分離,兩衆皆見。

爾時,世尊告舍利子:"汝已觀見妙喜世界、無動如來、菩薩等不?"

舍利子言:"世尊!已見。願諸有情皆住如是莊嚴佛土,願諸有情成就如是福德智慧圓滿功德一切皆似無動如來,願諸有情皆當獲得自在神通如無垢稱。

"世尊!我等善獲勝利瞻仰親近如是大士,其諸有情若但聞此殊勝法門當知猶名善獲勝利,何況聞已信解、受持、讀誦、通利、廣爲他説?況復方便精進修行?

"若諸有情手得如是殊勝法門便爲獲得法珍寶藏,若諸有情信解如是殊勝法門便爲紹繼諸佛相續,若諸有情讀誦如是殊勝法門便成菩薩與佛爲伴,若諸有情受持如是殊勝法門便爲攝受無上正法,若有供養學此法者當知其室即有如來,若有書寫供養如是殊勝法門便爲攝受一切福德、一切智智,若有隨喜如是法門便爲施設大法祠祀,若以如是殊勝法門一四句頌爲他演説便爲已逮不退轉位,若善男子或善女人能於如是殊勝法門信解忍受愛樂觀察,即於無上正等菩提已得授記。"

十三、法供養品第十三

爾時，天帝釋白佛言：「世尊！我雖從佛及妙吉祥聞多百千法門差別，而未曾聞如是所說不可思議自在神變解脫法門。如我解佛所說義趣，若諸有情聽聞如是所說法門，信解、受持、讀誦、通利、廣爲他說，尚爲法器決定無疑，何況精勤如理修習？如是有情關閉一切惡趣險徑、開闢一切善趣夷塗，常見一切諸佛菩薩，降伏一切外道他論、摧滅一切暴惡魔軍，淨菩提道，安立妙覺履踐如來所行之路。」

復言：「世尊！若諸有情聽聞如是所說法門，信解、受持、乃至精勤如理修習，我當與其一切眷屬恭敬供養是善男子、善女人等。世尊！若有村城、聚落、國邑、王都——受持、讀誦、開解、流通此法門處——我亦與其一切眷屬爲聞法故共詣其所，諸未信者當令其信，諸已信者如法護持令無障難。」

爾時，世尊告天帝釋：「善哉善哉！如汝所說，汝今乃能隨喜如來所說如是微妙法門。天帝當知：過去、未來、現在諸佛所有無上正等菩提，皆於如是所說法門略說開示。是故，若有諸善男子或善女人聽聞如是所說法門，信解、受持、讀誦、通利、廣爲他說、書寫供養，即爲供養過去、未來、現在諸佛。

「又，天帝釋！假使三千大千世界滿中如來——譬如甘蔗及竹葦、麻稻、山林等——若善男子或善女人經於一劫或一劫餘，恭敬尊重、贊歎承事，以諸天人一切上妙安樂供具、一切上妙安樂所居，奉施供養於諸如來。般涅槃後供養一一全身舍利，以七珍寶起窣堵波——縱廣量等四洲世界，其形高峻上至梵天，表柱、輪盤、香花、幡蓋、衆珍、伎樂嚴飾第一——如是建立一一如來七寶莊嚴窣堵波已，經於一劫或一劫餘，以諸天人一切上妙花鬘、燒香、塗香、末香、衣服、幡蓋、寶幢、燈輪、衆珍、伎樂、種種供具恭敬尊重、贊歎供養。於意云何？是善男子或善女人由此因緣獲福多不？”

天帝釋言：“甚多，世尊！難思，善逝！百千俱胝那庾多劫亦不能説其福聚量。”

佛告天帝：“如是如是。吾今復以誠言語汝：若善男子或善女人聽聞如是不可思議自在神變解脱法門，信解、受持、讀誦、宣説，所獲福聚甚多於彼。所以者何？諸佛無上正等菩提從此生故，唯法供養乃能供養如是法門，非以財物。天帝當知：無上菩提功德多故，供養此法其福甚多。”

爾時，世尊告天帝釋：“乃往過去不可思議不可稱量無數大劫有佛出世，名曰藥王如來、應、正等覺、明行圓滿、善逝、世間解、無上丈夫、調御士、天人師、佛、世尊。彼佛世界名曰大嚴，劫名嚴淨。藥王如來壽量住世二十中劫，其聲聞僧有三十六俱胝那庾多數、其菩薩衆十二俱胝。

“時有輪王名曰寶蓋，成就七寶主四大洲，具足千子端嚴勇健能伏他軍。時王寶蓋與其眷屬，滿五中劫恭敬尊重、贊歎承事藥王如來，以諸天人一切上妙安樂供具、一切上妙安樂所居，奉施供養。過五劫已，時寶蓋王告其千子：‘汝等當知：我已供養藥王如來，汝等今者亦當如我奉施供養。’於是，千子聞父王教歡喜敬受，皆曰：‘善哉，一切協同滿五中劫。’與其眷屬恭敬尊重、贊歎承事藥王如來，以諸人天一切上妙安樂供具、一切上妙安樂所居，奉施供養。

“時一王子名爲月蓋，獨處閑寂作是思惟：‘我等於今如是殷重恭敬供養藥王如來，頗有其餘恭敬供養最上、最勝、過於此不？’以佛神力，於上空中有天發聲告王子曰：‘月蓋當知：諸供養中，其法供養最爲殊勝。’即問：‘云何名法供養？’天答：‘月蓋！汝可往問藥王如來：“世尊！云何名法供養？”佛當爲汝廣説開示。’

“王子月蓋聞天語已，即便往詣藥王如來，恭敬殷勤頂禮雙足，右繞三匝卻住一面白言：‘世尊！我聞一切諸供養中，其法供養最爲殊勝，此法供

養其相云何?'

"藥王如來告王子曰:'月蓋當知:法供養者,謂於諸佛所説經典——微妙甚深似甚深相,一切世間極難信受、難度、難見,幽玄細密,無染了義,非分別知;菩薩藏攝總持經王,佛印所印分別開示不退法輪,六到彼岸由斯而起,善攝一切所應攝受;菩提分法正所隨行,七等覺支親能導發,辯説開示大慈大悲,拔濟引安諸有情類,遠離一切見趣魔怨;分別闡揚甚深緣起,辯内無我、外無有情,於二中間無壽命者、無養育者,畢竟無有;補特伽羅性空,無相、無願、無作、無起;相應能引妙覺、能轉法輪,天、龍、藥叉、健達縛等咸共尊重稱歎供養;引導衆生大法供養,圓滿衆生大法祠祀,一切聖賢悉皆攝受;開發一切菩薩妙行,真實法義之所歸依,最勝無礙由斯而起;詳説諸法無常有苦、無我寂靜,發生四種法嗢拖南,遣除一切慳貪、毀禁、瞋恨、懈怠、妄念、惡慧,驚怖一切外道邪論、惡見、執著,開發一切有情善法增上勢力,摧伏一切惡魔軍衆;諸佛聖賢共所稱歎,能除一切生死大苦、能示一切涅槃大樂,三世十方諸佛共説——於是經典若樂聽聞、信解、受持、讀誦、通利,思惟觀察甚深義趣,令其顯著施設安立,分別開示明瞭現前,復廣爲他宣揚辯説,方便善巧攝護正法,如是一切名法供養。

"'復次,月蓋!法供養者,謂於諸法如法調伏,及於諸法如法修行。隨順緣起,離諸邪見,修習無生,不起法忍,悟入無我及無有情。於諸因緣無違、無諍、不起異議,離我我所、無所攝受。依趣於義、不依於文,依趣於智、不依於識,依趣了義所説契經、終不依於不了義説世俗經典而生執著,依趣法性、終不依於補特伽羅見有所得。如其性相悟解諸法,入無藏攝滅阿賴耶,息除無明乃至老、死,息除愁歎、憂苦、熱惱,觀察如是十二緣起無盡引發、常所引發,願諸有情捨諸見趣。如是名爲上法供養。'"

佛告天帝:"王子月蓋從藥王佛聞説如是上法供養,得順法忍,即脱寶衣、諸莊嚴具,奉施供養藥王如來,白言:'世尊!我願於佛般涅槃後攝受正法,作法供養護持正法。唯願如來以神通力哀愍加威,令得無難降伏魔怨,護持正法修菩薩行。'藥王如來既知月蓋增上意樂,便記之曰:'汝於如來般涅槃後能護法城。'

"時彼王子得聞授記歡喜踴躍,即於藥王如來住世聖法教中以清淨信棄捨家法、趣於非家。既出家已,勇猛精進修諸善法;勤修善故,出家未久獲五神通,至極究竟得陀羅尼無斷妙辯。

"藥王如來般涅槃後,以其所得神通智力,經十中劫隨轉如來所轉法輪。月蓋苾芻滿十中劫隨轉法輪護持正法,勇猛精進,安立百千俱胝有情令於無上正等菩提得不退轉、教化十四那庾多生令於聲聞獨一覺乘心善調順、方便引導無量有情令生天上。"

佛告天帝:"彼時寶蓋轉輪王者豈異人乎?勿生疑惑、莫作異觀。所以者何?應知即是寶焰如來。其王千子即賢劫中有千菩薩次第成佛——最初成佛名迦洛迦孫馱如來,最後成佛名曰盧至,四已出世,餘在當來。彼時護法月蓋王子豈異人乎?即我身是。天帝當知:我説一切於諸佛所設供養中,其法供養最尊、最勝、最上、最妙、最爲無上。是故,天帝!欲於佛所設供養者,當法供養,無以財物。"

十四、囑累品第十四

爾時，佛告慈氏菩薩：“吾今以是無量無數百千俱胝那庾多劫所集無上正等菩提所流大法付囑於汝。如是經典——佛威神力之所住持、佛威神力之所加護——汝於如來般涅槃後五濁惡世，亦以神力住持攝受，於瞻部洲廣令流布無使隱滅。所以者何？ 於未來世有善男子或善女人、天、龍、藥叉、健達縛等——已種無量殊勝善根、已於無上正等菩提心生趣向勝解廣大——若不得聞如是經典，即當退失無量勝利；若彼得聞如是經典必當信樂，發希有心歡喜頂受。我今以彼諸善男子、善女人等付囑於汝，汝當護念令無障難，於是經典聽聞修學，亦令如是所說法門廣宣流布。

“慈氏當知：略有二種菩薩相印。何等爲二？ 一者、信樂種種綺飾文詞相印，二者、不懼甚深法門，如其性相悟入相印。若諸菩薩尊重信樂綺飾文詞，當知是爲初學菩薩；若諸菩薩於是甚深無染無著不可思議自在神變解脫法門微妙經典無有恐畏，聞已信解、受持、讀誦、令其通利、廣爲他說，如實悟入精進修行得出世間清淨信樂，當知是爲久學菩薩。

“慈氏當知：略由四緣初學菩薩爲自毀傷不能獲得甚深法忍。何等爲四？ 一者、初聞昔所未聞甚深經典，驚怖疑惑，不生隨喜；二者、聞已誹謗輕毀，言：‘是經典我昔未聞，從何而至？’三者、見有受持、演說此深法門善男子等不樂親近、恭敬禮拜；四者、後時輕慢、憎嫉、毀辱、誹謗。由是四緣，初學菩薩爲自毀傷，不能獲得甚深法忍。

“慈氏當知：略由四緣信解甚深法門菩薩爲自毀傷不能速證無生法忍。何等爲四？ 一者、輕蔑發趣大乘未久修行初學菩薩，二者、不樂攝受誨示、教授、教誡,三者、甚深廣大學處不深敬重,四者、樂以世間財施攝諸有情、不樂出世清淨法施。由是四緣信解甚深法門菩薩爲自毀傷,不能速證無生法忍。”

慈氏菩薩聞佛語已歡喜踴躍而白佛言:“世尊所説甚爲希有,如來所言甚爲微妙。如佛所示菩薩過失,我當悉皆究竟遠離;如來所有無量無數百千俱胝那庾多劫所集無上正等菩提所流大法,我當護持,令不隱滅。若未來世諸善男子或善女人求學大乘是真法器,我當令其手得如是甚深經典,與其念力令於此經受持、讀誦、究竟通利、書寫、供養、無倒修行、廣爲他説。世尊! 後世於是經典若有聽聞、信解、受持、讀誦、通利、無倒修行、廣爲他説,當知皆是我威神力住持加護。”

世尊告曰:“善哉善哉! 汝爲極善,乃能隨喜如來善説,攝受護持如是正法。”

爾時,會中所有此界及與他方諸來菩薩,一切合掌俱發聲言:“世尊! 我等亦於如來般涅槃後,各從他方諸別世界皆來至此,護持如來所得無上正等菩提所流大法,令不隱滅,廣宣流布。若善男子或善女人能於是經聽聞、信解、受持、讀誦、究竟通利、無倒修行、廣爲他説,我當護持,與其念力令無障難。”

時此衆中四大天王亦皆合掌同聲白佛:“世尊! 若有村城、聚落、國邑、王都——如是法門所流行處——我等皆當與其眷屬並大力將率諸軍衆,爲聞法故往詣其所,護持如是所説法門,及能宣説、受持、讀誦此法門者,於四方面百逾繕那皆令安隱,無諸障難、無有伺求得其便者。”

爾時,世尊復告具壽阿難陀曰:“汝應受持如是法門,廣爲他説令其流布。”

阿難陀曰:“我已受持如是法門。世尊! 如是所説法門其名何等? 我云何持?”

世尊告曰:“如是名爲‘説無垢稱不可思議自在神變解脱法門’,應如是持。”

時薄伽梵説是經已,無垢稱菩薩、妙吉祥菩薩、具壽阿難陀,及餘菩薩、大聲聞衆並諸天人、阿素洛等,聞佛所説,皆大歡喜,信受奉行。

第五編

《大菩薩藏經》

【《大寶積經》卷第三十五　大唐三藏法師玄奘奉詔譯】

一、菩薩藏會第十二之一開化長者品第一

如是我聞：

一時薄伽梵於室羅筏國雨安居，過三月恣舉已、作衣服竟，與大苾芻衆千二百五十人俱，遊化諸國。是薄伽梵，成就廣大微妙名稱，出現世間，爲諸天人之所讚頌，所謂如來、應、正等覺、明行圓滿、善逝、世間解、無上丈夫、調御士、天人師、佛、薄伽梵。深住自證，具足神通，威德映蔽諸天世間魔王梵王阿素洛等。常爲衆生説微妙法，開示初善中善後善，文義巧妙純一圓滿清白梵行。時四部衆、國王大臣、種種外道、沙門婆羅門，及諸長者、天龍藥叉、人非人等，以無量上妙衣服飲食臥具醫藥種種供具奉獻如來。

爾時世尊，大衆圍繞供養恭敬尊重讚歎，漸次遊行至摩揭陀國，詣王舍大城住鷲峰山。時王舍城中有大長者名曰賢守，已曾親觀過去諸佛，宿殖善根福感通被，大族大富，資産財寶無不具足。時彼長者聞大沙門出釋氏宮，證於無上正等菩提，與諸大衆來遊此國，彼佛世尊有如是等廣大名稱出現世間，十號具足，成就通慧説微妙法，乃至圓滿清白梵行。時彼長者作是思惟：“我今當往鷲峰山王，爲欲奉見彼如來故，若我見者必獲善利。”作是念已，與五百長者出王舍城將往佛所。爾時世尊於日初分，服僧伽胝執持衣鉢，諸苾芻僧侍從圍繞，在大衆前威儀嚴整，進止安庠正智而行，顧視屈申端嚴殊異，爲化衆生現乞食法，方欲入城處於中路。時賢守等五百長者遙見如來，威嚴超挺衆所樂觀，成就金色之身大丈夫相三十有

二,諸根寂定神慮憺怕,逮得上勝調順寂止,攝護諸根如大龍象,清淨無撓如澄泉池,足蹈七寶所成百千億葉紅蓮華上,爲諸無數天人藥叉之所供養,雨大天華散如來上,其華若流彌滿於地。諸長者等既睹世尊,以無量百千功德莊嚴從遠而來,歎未曾有,以清淨心往如來所,頂禮佛足卻住一面。

爾時賢守等五百長者白佛言:"世尊！未曾有也。如來神力映奪天仙吉祥魔梵,如來威德具大名稱,圓光妙色蔽諸大衆。世尊體相如大金山,容貌端嚴無等等者。世尊成就一切世間甚稀奇法。我唯世尊威德如是,觀何等相,棄捨家法悟大菩提?"

爾時賢守長者即於佛前而說頌曰:

我昔曾聞最勝尊,　　吉祥妙色大名稱,

今睹威光勝所聞,　　如真金像備衆德。

如來色像喻金山,　　高廣嚴淨觀無厭,

威德莊嚴苾芻衆,　　猶如滿月處衆星。

世尊頂相無能見,　　高顯映發逾山王,

頂髻周圓漸次斂,　　其相平偃猶天蓋。

紺髮軟膩而右旋,　　如安繕色帝青寶,

鮮淨光逾孔雀項,　　我今瞻仰無厭足。

面貌端嚴額平正,　　眉相皎淨若天弓,

白毫映徹無瑕穢,　　光潔照曜如星王。

發喜淨眼甚微妙,　　衆睹皆生欣樂心,

我今奉觀無暫捨,　　頂禮淨眼世間依。

鼻相高平修且直,　　漸廣圓成如鑄金,

唇相丹暉極清淨,　　喻頻婆果末尼等。

妙齒鮮白含光潤,　　等鶴牛乳蓮華根,

堅密齊平極明淨,　　調順奢摩他所感。

齒及隨齒根深固,　　斷際上下皆齊整,

佛牙光白最超勝,　　如彼雁行王處中,

善逝廣長之舌相，　　覆面薄淨如蓮華，
赤銅赤色末尼寶，　　含暉皎鏡如初日，
世尊耳相極端嚴，　　梵世天人不聞見，
喬答摩種狻猊頜，　　無畏猶如師子王。
我觀善逝咽喉相，　　能引世間甘露味，
清淨映徹無瑕穢，　　具大神力不思議。
頸前橫約修且直，　　處中都無纖雜文，
現人中勝天中天，　　恒食味中第一味。
肩膊充圓悉成滿，　　胸臆雄猛威容盛，
人中尊相世未聞，　　如山頂日光流照。
手足兩肩及項後，　　七處光淨恒平滿，
修臂膞圓象王鼻，　　雙掌垂下摩于膝。
上身廣厚如獸王，　　瞿陀樹相周圓滿，
那羅延力合成身，　　具足大力及忍力。
無垢身毛皆上靡，　　隨現一孔一毛生，
煙塵不污如蓮華，　　右旋相成而細軟。
我昔傳聞隱密相，　　陰藏深如天馬王，
髀腨周圓漸次斂，　　其相猶如天鹿王，
足厚隆起跟圓長，　　手相網鞔如雁王，
平滿纖長二十指，　　赤銅甲色如蓮華，
雙跖千輻金輪相，　　光淨微妙具莊嚴。
如來遊步於世間，　　瞿拉坡相不相觸，
去地四指蹈空行，　　衆寶紅蓮隨足現，
顧視安行象王步，　　進趣端肅如天主，
大聖威嚴無所畏，　　處衆逾於師子王，
妙色映蔽毗沙門，　　威光超勝百千日，
梵世天人尚無等，　　何況出過如來者。
行住說法度衆生，　　天仙龍神咸恭敬，

> 或散天華奏天樂，　　紛然繁會滿虛空。
> 今睹世尊大神變，　　故我竊懷疑惑心，
> 本觀何等勝功德，　　出家趣於無上道？

爾時世尊告賢守長者曰："長者當知，我觀世間一切衆生，爲十苦事之所逼迫。何謂爲十？一者生苦逼迫，二者老苦逼迫，三者病苦逼迫，四者死苦逼迫，五者愁苦逼迫，六者怨恨逼迫，七者苦受逼迫，八者憂受逼迫，九者痛惱逼迫，十者生死流轉大苦之所逼迫。長者！我見如是十種苦事逼迫衆生，爲得阿耨多羅三藐三菩提，出離如是逼迫事故，以淨信心捨釋氏家趣無上道。"

爾時世尊欲重宣此義，而説頌曰：

> 我觀諸凡夫，　　閉流轉牢獄，
> 常爲生老病，　　衆苦所逼迫。
> 愁憂及怨恨，　　死苦等所牽，
> 爲除牢獄怖，　　令欣出離法。

"復次長者！我觀世間一切衆生，爲十惱害互相憎嫉。何謂爲十？一者曾於我身作不饒益、心生惱害，二者今於我身作不饒益、心生惱害，三者當於我身作不饒益、心生惱害，四者曾於我之所愛作不饒益、心生惱害，五者今於我之所愛作不饒益、心生惱害，六者當於我之所愛作不饒益、心生惱害，七者曾於我所不愛而作饒益、心生惱害，八者今於我所不愛而作饒益、心生惱害，九者當於我所不愛而作饒益、心生惱害，十者於諸過失作不饒益、心生惱害。長者！我見如是十種惱害，惱害世間一切衆生，爲得阿耨多羅三藐三菩提，出離如是惱害事故，以淨信心捨釋氏家趣無上道。"

爾時世尊欲重宣此義，而説頌曰：

> 衆生互憎嫉，　　皆由十惱生，
> 於我及我親，　　三世俱惱害。
> 或於我非親，　　起諸饒益相，
> 怨憎由此生，　　三世俱惱害。

> 第十諸過失，　　生長怨憎苦，
> 我觀如是過，　　厭患故出家。

“復次長者！我觀世間一切衆生，入於十種惡見稠林，由異見故不能自出。何謂爲十？一者我見惡見稠林，二者有情見惡見稠林，三者壽命見惡見稠林，四者數取趣見惡見稠林，五者斷見惡見稠林，六者常見惡見稠林，七者無作見惡見稠林，八者無因見惡見稠林，九者不平等因見惡見稠林，十者邪見惡見稠林。長者！我見衆生入於十種惡見稠林不能得出，爲得阿耨多羅三藐三菩提，永斷如是諸惡見故，以淨信心捨釋氏家趣無上道。”

爾時世尊欲重宣此義，而説頌曰：

> 一切愚凡夫，　　入惡見稠林，
> 我見有情見，　　及以壽命見，
> 斷見與常見，　　依無作見等，
> 爲安立正見，　　是故我出家。

“復次長者！我觀世間一切衆生，於無數劫具造百千那庾多拘胝過失，常爲十種大毒箭所中。何謂爲十？一者愛毒箭，二者無明毒箭，三者欲毒箭，四者貪毒箭，五者過失毒箭，六者愚癡毒箭，七者慢毒箭，八者見毒箭，九者有毒箭，十者無有毒箭。長者！我見衆生爲於十種毒箭所中，求阿耨多羅三藐三菩提，永斷如是諸毒箭故，以淨信心捨釋氏家趣無上道。”

爾時世尊欲重宣此義，而説頌曰：

> 愛箭毒衆生，　　過拘胝大劫，
> 無明之所盲，　　從闇入於闇。
> 欲箭中諸蘊，　　吸染名貪箭，
> 悶亂過失箭，　　被服愚癡箭，
> 陵高發慢箭，　　違淨起見箭，
> 因有無有箭，　　墮有及無有。

> 諸愚癡凡夫，　　鋒刃由其口，
> 更相起諍論，　　此實此非實。
> 爲拔毒箭故，　　如來興世間，
> 救諸中箭者，　　出家成聖道。

"復次長者！我觀世間一切衆生，由十種愛建立根本。何者爲十？所謂緣愛故求，緣求故得，緣於得故便起我所，緣我所故起諸定執，緣諸定執故起欲貪，緣欲貪故起深耽著，緣深耽著故起慳吝，緣慳吝故起於聚斂，緣聚斂故起諸守護，緣守護故執持刀仗諍訟讒謗起種種苦，又因此故興別離語長養諸惡不善之法。長者！我見衆生由此十種愛根本法之所建立，求於阿耨多羅三藐三菩提，爲得無根無所依法故，以淨信心捨釋氏家趣無上道。"

爾時世尊欲重宣此義，而説頌曰：

> 愛所吞衆生，　　尋逐於諸欲，
> 得利興我所，　　從此生定執，
> 我當作所作，　　欲貪縛增長，
> 耽著慳吝等，　　相續次第生，
> 慳過染世間，　　能起堅積聚，
> 聚斂故守護，　　遍生無有間，
> 守護在愚夫，　　刀仗相加害，
> 種諸不善業，　　因此生衆苦。
> 觀愛因緣已，　　衆苦則不生，
> 無根無住覺，　　諸覺中最上。

"復次長者！我觀世間一切衆生，皆由十種惡邪性故建立邪定。何等爲十？一者邪見，二者邪思惟，三者邪語，四者邪業，五者邪命，六者邪精進，七者邪念，八者邪定，九者邪解脱，十者邪解脱智見。長者！我觀衆生由如是等十邪性故建立邪定，爲欲證得阿耨多羅三藐三菩提，出離如是諸邪性故，以淨信心捨釋氏家趣無上道。"

爾時世尊欲重宣此義，而説頌曰：

懷邪見衆生，　　　邪思惟境界，

宣説於邪語，　　　及行諸邪業，

邪命邪精進，　　　邪念與邪定，

成就邪解脱，　　　及趣邪智見。

邪性決定聚，　　　愚夫之所依，

爲令住正性，　　　故趣無上道。

　　“復次長者！我觀世間一切衆生，由於十種不善業道，而能建立安處邪道、多墮惡趣。何等爲十？一者奪命，二者不與取，三者邪淫，四者妄語，五者離間語，六者粗語，七者綺語，八者貪著，九者瞋恚，十者邪見。長者！我見衆生由是十種不善業故，乘於邪道多趣多向多墮惡道，爲欲證得阿耨多羅三藐三菩提，超出一切諸邪道故，以淨信心捨釋氏家趣無上道。”

　　爾時世尊欲重宣此義，而説頌曰：

諸害命衆生，　　　劫盗他財物，

行諸邪欲行，　　　速墮於地獄。

粗言離間語，　　　妄語乖寂静，

綺語等凡夫，　　　愚癡之所縛。

貪著他資財，　　　數起於瞋恚，

興種種邪見，　　　是人趣惡道。

三種由身起，　　　四種語業生，

意能成三惡，　　　故名惡行者。

行諸惡業已，　　　牽趣惡道中，

吾今現世間，　　　拔濟令出離。

　　“復次長者！我觀世間一切衆生，由於十種染污法故，處在煩惱墮煩惱垢中。何謂爲十？一者慳垢染污，二者惡戒垢染污，三者瞋垢染污，四者懈怠垢染污，五者散亂垢染污，六者惡慧垢染污，七者不遵尊教垢染污，八者邪疑垢染污，九者不信解垢染污，十者不恭敬垢染污。長者！我見衆生以如是等十染污法之所染污，爲得阿耨多羅三藐三菩提，證於無染無上法故,以淨信心捨釋氏家趣無上道。"

爾時世尊欲重宣此義,而説頌曰:

> 世多分衆生, 十染所逼迫,
> 樂有爲煩惱, 曾不生厭離。
> 慳垢所染污, 一切愚凡夫,
> 犯戒非寂靜, 不習三摩地,
> 瞋垢背忍辱, 懈怠退正勤,
> 其心不專住, 惡慧愚鈍者,
> 於父母師長, 不遵奉言教,
> 疑見網衆生, 不求照世覺,
> 誹謗於甚深, 佛所説妙法,
> 被服無明蘊, 聖蘊懷輕賤。
> 觀是染污已, 誰樂處有爲,
> 當勤證寂滅, 無爲無染污。

"復次長者!我觀世間一切衆生,爲十種纏縛之所纏縛。何謂爲十?一者由慳嫉網之所纏縛,二者由無明膜之所覆翳,三者煩惱迷醉墮愚癡坎,四者愛欲駛流之所漂没,五者末摩死節邪箭所中,六者忿恨密煙之所熏焯,七者貪欲盛火之所燒然,八者過失毒藥之所悶亂,九者諸蓋毒刺之所遮礙,十者常處生死流轉饑饉曠野正勤疲怠。長者!我觀衆生爲如是等十種纏縛所纏縛已,求阿耨多羅三藐三菩提,爲證無纏無縛法故,以淨信心捨釋氏家趣無上道。"

爾時世尊欲重宣此義,而説頌曰:

> 老吞少盛年, 老壞淨妙色,
> 老損念定慧, 終爲死所吞。
> 病能摧勢力, 劫奪勇猛心,
> 壞諸根聚落, 羸劣無依怙。
> 死如羅刹女, 猛健甚可畏,

常隨逐世間，　　飲竭衆生命。

我已厭世間，　　老病死逼迫，

爲求無老死，　　清安法出家。

世爲三火燒，　　我觀無救者，

雨甘露法雨，　　滅除三毒焰。

觀諸失道者，　　生盲癡瘖等，

爲與世間眼，　　示導故出家。

衆生疑乳養，　　蘊蓋所蔽障，

爲彼除悔惱，　　説法故出家。

愚夫互違反，　　伺隙興加害，

爲和怨憎故，　　利世故出家。

於父母師長，　　力慢無恭敬，

爲摧憍慢幢，　　是故我出家。

觀貪障世間，　　由財相損害，

爲得七聖財，　　斷諸法貧者。

或致相刑殘，　　利已終非益，

我觀定捨身，　　求離三有獄。

三有昔未知，　　真實利益事，

爲開真實益，　　是故我出家。

觀趣地獄者，　　惡業因熾然，

受無邊重苦，　　爲脱故出家。

觀諸畜生趣，　　互相加殺害，

無依爲作依，　　悲心故出家。

觀焰魔鬼趣，　　飢渴大苦逼，

爲證妙菩提，　　施不死甘露。

人道追求苦，　　諸天捨命苦，

觀苦遍三有，　　爲濟故出家。

我觀耽欲者，　　遠離諸慚愧，

凌逼於尊親，　　荒淫甚豬狗。

又觀諸愚夫，　　女媚所吞食，

放逸造非義，　　爲捨故出家。

觀劫濁眾生，　　惡法燒魔使，

我爲摧伏故，　　趣成無上覺。

在家眾過本，　　出家趣菩提，

故捨大地等，　　爲窮生死際。

爾時五百長者聞佛所說，得未曾有，方知如來是真覺者。即於佛前，異口同聲而說頌曰：

我等怖畏老死逼，　　願宣妙法盡其際。

世尊諸有趣清淨，　　離有性淨超諸有，

願拔諸有令不有，　　及在禁閉有家者。

世雄離染最解脱，　　遠離塵垢心清淨，

調御法中大調御，　　願開微妙甘露門。

備上妙色勝丈夫，　　天人世間無等者，

世無等等最勝尊，　　願說妙法濟群生。

三垢永滅吐諸過，　　慧眼清淨醫障消，

淨塵離闇開癡綱，　　願無等尊宣妙法。

眾生苦聚無依怙，　　溺大有池無救者，

願起慈悲廣濟心，　　速拔高升安隱岸。

有河憍慢癡回澓，　　鬥訟病苦波濤盛，

眾生漂没無依救，　　願發慈心濟有流。

朗日千億曜金山，　　佛身光盛逾於彼，

願以勝妙梵音聲，　　宣布端嚴最上法。

諸法自性本清淨，　　體相洞徹等明珠，

無有作者無受者，　　不從他聞遍照覺。

自然具足力無畏，　　行妙淨行稱無邊，

無邊智解如遊空，　　願大法王宣妙法。

爾時世尊作如是念："是五百長者善根已熟堪任法化，我今當爲如應說法，令諸長者即於此處除捨俗相以信出家，斷諸煩惱得漏盡慧。"作是念已，即升虛空結跏趺坐。諸長者等既睹神變，歎未曾有，於如來所倍生敬重信仰之心。

爾時世尊告諸長者："汝等善聽。世有十種逼迫苦事，所謂生苦、老苦、病苦、死苦、愁苦、怨苦、苦受、憂受、痛惱生死，如是十種逼迫苦事逼迫衆生。汝等今者欲解脱不？復次諸長者！世有十惱害事，所謂曾於我身作不饒益，今於我身作不饒益，當於我身作不饒益，於我曾愛作不饒益，於我今愛作不饒益，於我當愛作不饒益，我曾不愛而作饒益，我今不愛而作饒益，我當不愛而作饒益，又於一切不饒益過心生惱害。如是十種惱害之事，汝等今者欲解脱不？復次諸長者！世有十種異見惡見稠林，所謂我見、衆生見、壽命見、數取見、斷見、常見、無作用見、無因見、不平等見、邪見。如是十種惡見稠林，汝等今者欲解脱不？復次長者！世爲十種大毒箭所中，所謂愛毒、無明毒、欲毒、貪毒、過失毒、愚癡毒、慢毒、見毒、有毒、無有毒。如是十種大毒之箭，汝等今者欲解脱不？復次諸長者！世有十種愛根本法，所謂緣愛故求，緣求故得，緣於得故便起我所，緣我所故起諸定執，緣諸定執故起欲貪，緣欲貪故起深耽著，緣深耽著便起慳吝，緣慳吝故起於聚斂，緣聚斂故便起守護，緣守護故執持刀仗譏謗諍訟起別種語，種種諸苦惡不善法並因斯起。如是十種愛根本法，汝等今者欲解脱不？復次諸長者！世有十種邪性，所謂邪見、邪思惟、邪語、邪業、邪命、邪勤、邪念、邪定、邪解脱、邪解脱智見。如是十種邪性，汝等今者欲解脱不？復次諸長者！世有十種不善業道，所謂害命、不與取、行邪淫、妄語、離間語、粗惡語、綺語、貪、恚、邪見。如是十種不善業道，汝等今者欲解脱不？復次諸長者！世有十種染污垢法，所謂慳垢、惡戒垢、瞋垢、懈怠垢、散亂垢、惡慧垢、不遵尊教垢、疑垢、不信解垢、不恭敬垢。如是十種染污垢法，汝等今者欲解脱不？復次諸長者！世有十種生死流轉大怖畏事，所謂纏縛慳嫉之網、覆翳無明之膜、墮墜愚癡深坑、漂没愛欲駃流、末摩邪箭所中、

薰焯忿恨密煙、焚燒貪欲盛火、迷悶過失毒藥、遮障諸蓋毒刺、饑饉流轉曠
野。如是十種生死流轉大怖畏事，汝等今者欲解脫不？"

爾時五百長者一心同聲白佛言："世尊！我等今者願欲解脫所說十種
逼迫苦事，所謂生、老、病、死、愁、怨、憂、苦、惱害、生死，如是廣說乃至流
轉饑饉曠野諸逼迫事，我等皆當願得解脫。"

爾時世尊告是五百諸長者曰："汝等善聽，吾今當說正法之要。諸長
者！眼不求解脫。何以故？眼無作無用故，眼不能思不能了別，是故諸長
者，眼非是我。應如是持。如是耳鼻舌身意，意不求解脫。何以故？意無
作無用故，意不能思不能了別，是故諸長者。意亦非我。應如是持。

"復次諸長者！色不求解脫。何以故？色無作無用故，色不能思不能
了別，是故諸長者，色亦非我。應如是持。如是聲香味觸法，法不求解脫。
何以故？法無作無用故，法不能思不能了別。是故諸長者！法亦非我。
應如是持。

"復次諸長者！色蘊不求解脫。何以故？色蘊無作無用故，色蘊不能
思不能了別，是故諸長者！色蘊非我。應如是持。如是受蘊想蘊行蘊識
蘊，識蘊不求解脫。何以故？識蘊無作無用故，識蘊不能思不能了別，是
故諸長者！識蘊非我。應如是持。

"復次諸長者！地界不求解脫。何以故？地界無作無用故，地界不能
思不能了別，是故諸長者，地界非我。應如是持。如是水界火界風界空界
識界，識界不求解脫。何以故？識界無作無用故？識界不能思不能了別？
是故諸長者！識界非我。應如是持。

"復次諸長者！諸法不實，分別所起，依於眾緣，無能無力從眾緣轉。
若有眾緣假設諸法，若無眾緣則無假法。諸長者！一切諸法唯假施設，此
中都無生者老者死者盡者起者，唯有永斷諸趣清淨寂滅可以歸依，是故汝
等應如是知。是故諸長者！一切諸法不實分別之所生起，依於眾緣羸劣
無力從眾緣轉。若有眾緣假立諸法，若無眾緣則無假法。諸長者！一切
諸法唯是假立，此中都無生者老者死者盡者起者，唯有永斷諸趣清淨寂静
可以歸依。如是諸長者！若有不實分別則有假立不正作意，若無不實分

別則無假立不正作意。若有不正作意則有假立無明,若無不正作意則無假立無明。若有無明則有假立諸行,若無無明則無假立諸行。若有諸行則有假立於識,若無諸行則無假立於識。若有假識則有假立名色,若無有識則無假立名色。若有名色則有假立六處,若無名色則無假立六處。若有六處則有假立於觸,若無六處則無假立於觸。若有於觸則有假立於受,若無於觸則無假立於受。若有於受則有假立於愛,若無於受則無假立於愛。若有於愛則有假立於取,若無於愛則無假立於取。若有於取則有假立於有,若無於取則無假立於有。若有於有則有假立於生,若無於有則無假立於生。若有於生則有假立老死,若無有生則無假立老死。如是諸長者! 云何爲老? 所謂情識惛耄、頭白髮落、皮緩面皺、壽命損減、諸根衰熟,諸行朽故是名爲老。云何爲死? 所謂喪滅轉世、休廢墮落、諸蘊散壞、委棄於地,舍衆同分是名爲死。若老若死合名老死。

"諸長者! 生若是有,有假老死。生若是無,無假老死。云何爲生? 所謂是生,等生趣起諸蘊出現,及得諸處會衆同分,是名爲生。諸長者! 有若是有則有假生,有若是無則無假生。云何爲有? 所謂欲有、色有及無色有,福及非福、不動業等,是名爲有。諸長者! 取若是有則有假有,取若是無則無假有。云何爲取? 所謂欲取、見取、戒禁取、我取,故名爲取。諸長者! 愛若是有則有假取,愛若是無則無假取。云何爲愛? 所謂色愛、聲愛、香愛、味愛、觸愛、法愛,是名爲愛。諸長者! 受若是有則有假愛,受若是無則無假愛。云何爲受? 所謂眼觸所生受,耳觸鼻觸舌觸身觸意觸所生受,是名爲受。諸長者! 觸若是有則有假受,觸若是無則無假受。云何爲觸? 所謂眼觸耳觸鼻觸舌觸身觸意觸,是名爲觸。諸長者! 六處若有則有假觸,六處若無則無假觸。云何爲六處? 所謂眼處耳處鼻處舌處身處意處,是爲六處。諸長者! 名色若有有假六處,名色若無無假六處。云何爲名色? 所謂受、想、思、觸、作意,四大界及四大界之所造色,是名名色。諸長者! 識若是有有假名色,識若是無無假名色。云何爲識,所謂眼識耳識鼻識舌識身識意識,是名爲識。諸長者! 行若是有則有假識,行若是無則無假識。云何爲行? 所謂色思聲思香思味思所觸思法思,是名爲行。諸長者！無明若有則有假行，無明若無則無假行。云何爲無明？所謂前際無知、後際無知、前後際無知，內無知、外無知、內外無知，苦無知、集無知、滅無知、道無知，緣無知、緣起無知。於緣生法，若黑若白、有緣無緣、有光影無光影、有罪無罪、可親近不可親近，無知無見、無對觀、無達解，如是等相是名無明。

"諸長者！不正作意若有則有假立無明，若無不正作意則無假立無明。云何名爲不正作意？所謂我於過去，是何等性？是何等處？是何等類？我往未來，是何等性？是何等處？是何等類？復於內身多起疑惑，云何名我？我爲是誰？爲有爲無？爲虛爲實？是何等性？是何等處？是何等類？我昔何處住於彼處起如是等不正作意，從六見中隨生一見，執有我見執無我見，或依我故而觀我見，或不依我而觀我見？又復虛妄起如是見，我即世間或當緣起？爲常爲恒不轉不變，永正住止？如是諸見，是名不正作意。

"諸長者！不實分別若有則有假立不正作意，不實分別若無則無假立不正作意。云何名爲不實分別？謂我、有情、命者、丈夫、數取、生者、意生、摩納婆、作者、受者，是名不實。而諸無聞凡夫妄起如是我分別、有情分別、命者分別、丈夫分別、數取分別、生者分別、意生分別、摩納婆分別、作者分別、受者分別等分別故，是爲不實分別。諸長者！如是不實分別若有則有假立不正作意，不實分別若無則無假立不正作意。諸長者！不正作意若有則有假立無明，不正作意若無則無假立無明。無明若有則有假立諸行，無明若無則無假立諸行。如是乃至生若是有則有假立老死，生若是無則無假立老死。"

爾時佛告諸長者："汝今當知，一切諸法，不實分別所起，依於眾緣羸劣無力從眾緣轉。眾緣若有則有假法，眾緣若無則無假法。諸長者！一切諸法唯是假立，此中都無生者老者死者盡者及以起者，唯有永斷諸趣清淨寂滅可以歸依。諸長者！於意云何？譬如大池所生諸魚水族之屬，依何力住？"

長者白言："世尊！此諸魚等依水力住。"

佛言："如是如是。諸長者！此水頗有思念爲有力不？"

長者白言："世尊！此水無力無能,何所思念?"

佛言："如是如是。諸長者！不實分別所起諸法亦復如是,但假施設無力無能從衆緣轉。衆緣若有則有假法,衆緣若無則無假法。諸長者！一切諸法唯是假立,此中都無生者老者死者盡者起者,唯有永斷諸趣清淨寂滅可以歸依。是故諸長者！汝等應正觀察如是衆緣,非安隱處難可保持,深生怖懼逃走遠避。復應觀察此是何法? 因怖何法而來至此? 汝等如是正觀察時,無法可得、無怖無捨。何以故? 一切諸法皆不可得,一切種求不可得故;諸法無我,離塵垢故;諸法無衆生,遠離我故;諸法無命,出過生老病死愁憂苦惱逼迫等故;諸法無數取,三世斷故;諸法無字,一切言音不可說故;諸法無著,無所緣故;諸法寂靜,寂滅相故;諸法普遍,虛空性故;諸法性空,無定屬故;諸法無動,無所依故;諸法依實際住善住,無動相應故;諸法不可開闡,離相波浪故;諸法不可顯示,無相無形、無有光影,離諸行故;諸法非我所有,離我所故;諸法不可分別,離心意識故;諸法無有愛藏,超過眼耳鼻舌身意道故;諸法不可舉移,離生住壞故;諸法無作無用,離心意識故;諸法屬緣,性羸劣故。諸長者！我說是眼,四大所造,無常無住,無恒不堅之法,羸弱速朽難可保信,衆苦所集多病多害。汝諸長者！眼爲如是,不應依止。耳鼻舌身意亦復如是,不應依止。當如是觀。復次諸長者！眼如聚沫不可撮摩,眼如浮泡不得久住,眼如陽焰業惑愛生,眼如芭蕉性不堅固,眼如幻術從顛倒起,是眼如夢唯虛妄見,是眼如響系屬衆緣,眼如光影業光影現,眼如浮雲聚亂散相,眼如流電刹那便滅,是眼無主猶如地,是眼無我猶如水,眼非有情猶如火,眼非壽命猶如風,眼非數取猶如空,眼爲不實依藏諸大,是眼爲空離我我所,是眼無知如草木土石,是眼無作機關風轉,是眼虛假朽穢所聚,是眼浮僞摧散破壞滅盡之法,眼如丘井常爲老逼,眼無住際終歸磨滅。諸長者！眼爲多過,應如是觀,乃至於意、一切諸法亦復如是。

"復次諸長者！一切諸法唯有妄欲,異生愚夫不知妄欲故,妄謂是眼、妄謂是耳,乃至妄謂是意。諸長者,但有妄欲,異生愚夫不知妄欲故,謂此是色、謂此是聲,香味觸法亦復如是。諸長者！但有妄欲,異生愚夫不知妄欲故,謂此色蘊、謂此受蘊,想行識蘊亦復如是。諸長者! 但有妄欲,異生愚夫不知妄欲故,謂此地界、謂此水界,火風空識亦復如是。諸長者! 一切諸法唯有妄欲,異生愚夫不知妄欲故,謂此有爲、謂此無爲,乃至一切諸法亦復如是。諸長者! 汝等今者應捨妄欲趣於無欲,於諸妻子家宅財物深知虛妄不應執著。不執著故,以淨信心舍離家法趣於非家,當得無欲。諸長者! 何等名爲出家無欲? 謂住尸羅別解脫戒,具足攝持威儀行處,見於小犯生大怖畏,受學律儀成就戒蘊。諸長者! 汝等若能奉持戒已,於是六根六境、五蘊六界,深知虛假皆不執著,以不著故是名出家無欲之法。諸長者! 若不著眼乃至識界,以不著故則不保護。何者不保護? 眼不保護、耳鼻舌身意不保護,色不保護、聲香味觸法不保護,色蘊不保護、受想行識蘊不保護,地界不保護、水火風空識界不保護。以不保護則無煩惱,若無煩惱則名爲輕。云何爲輕? 謂無所見。若無所見則不依物起瞋害心,由無瞋害則不自害、不思害他、不思俱害,以無害故則於無餘大涅槃界而便入證。

"諸長者! 汝等應知,誰於寂滅而便入證? 諸長者! 眼不入寂滅、耳鼻舌身意不入寂滅,然因於眼起諸妄執,或計爲我或計我所,若遠離者即是寂滅。遠離何等而爲寂滅? 若遠離貪即是寂滅,若遠離瞋即是寂滅,若遠離癡即是寂滅,若離無智即是寂滅。復次諸長者! 過去無智不可遠離,未來無智不可遠離,現在無智不可遠離;然要因於遠離無智而正智起。諸長者! 何等爲智? 所謂盡智。何等盡智? 過去非盡智、未來非盡智、現在非盡智。然諸長者! 因離無智而此智生。此智不遠離智,因離眼無智而此智生。又諸長者! 眼非我所,若非我所則不取著,若不取著即是最上,若是最上即是解脫。何處解脫? 於我執所而得解脫。有情執所、壽命執所、數取執所、斷常執所、一切執所,乃至分別執所而得解脫。行者若能於執解脫則不分別,若不分別則非分別非不分別。何等不分別? 所謂不分別我及以我所。行者爾時於一切法,離散不積、捨而不取,舍故寂滅、解脫、除遣,最勝解脫離諸繫縛。於何等處名爲除遣? 一切苦處而得除遣。汝諸長者! 若求出離,勿於一法而生取著。何以故? 若有取著則有怖畏,若無取著則無怖畏。

"復次諸長者！眼非寂滅、耳鼻舌身意亦非寂滅,色非寂滅乃至識界亦非寂滅。然諸長者！因於識界起不實執,或計爲我及以我所,若離於此即是寂滅。遠離何等而得寂滅？謂遠離貪而得寂滅,離瞋離癡及以無智而得寂滅。復次諸長者！過去無智不可遠離、未來無智不可遠離、現在無智不可遠離;然離無智而得智生。諸長者！何等爲智？所謂盡智。何等盡智？過去非盡智、未來非盡智、現在非盡智;然諸長者！因離無智而智得生。此智不遠離智,因離識無智故而智得生。而此識界非是我所,若非我所則不取著,若不取著即是最上,若是最上是即解脫。何處解脫？於我執所而得解脫,有情壽命乃至於一切分別執所而得解脫。行者若能於執解脫則不分別,若不分別則非分別非不分別。何等不分別？謂不分別我及我所。行者爾時離散不積、捨而不取,捨故寂滅、解脫、除遣,最勝解脫離諸繫縛。於何除遣？一切苦處而得除遣。汝諸長者！若求出離,勿於一法而生取著。何以故？若有取著則有怖畏,若無著者則無怖畏。"

爾時世尊欲重宣此義,而說頌曰：

取著生怖畏，　　由斯趣惡道，
觀此有怖處，　　智者不應取。
汝修諸聖道，　　應當善觀察，
如是觀便得，　　異此則不可。
一切處皆空，　　虛動非堅實，
愛誑惑世間，　　勿於此生亂。
我已知空法，　　了諸法不堅，
湛然獲安泰，　　證無動妙樂。
若如是了知，　　諸法唯空者，
彼解脫眾苦，　　及滅於諍論，
欲攝受一切，　　生諸災橫者。
攝受故取著，　　著故生諸有，
從有生於生，　　由生遠寂滅，

生者老病死，　　如是大苦逼。

無欲故無取，　　無取故無有，

無有故無生，　　老病死亦爾。

聚集資生具，　　一時皆棄捨，

並捨愛妻子，　　趣苾芻威儀。

勿貪親與財，　　咄哉念知足，

勿如旃荼羅，　　下賤心來往，

勿自恃持戒，　　輕毀犯戒者，

恃戒凌於人，　　是名真破戒。

譬如鹿被彈，　　若縛若致死，

處魔胃慢者，　　縛害亦如是。

慢能壞善心，　　又損自他善，

故勿輕毀戒，　　況持戒梵行。

當學大仙子，　　常住空閒處，

勿顧於身命，　　趣寂靜解脫。

應離無義本，　　順世尼乾論，

愛敬演甚深，　　空相應妙法。

內外十二處，　　我説心爲本，

彼復因業生，　　業由思久住，

眼色俱爲緣，　　而生起於識，

緣闕則不生，　　譬無薪之火。

如是生諸法，　　和合互相生，

無作無受者，　　現作用如幻，

一切內外法，　　我已知空幻，

愚夫顛倒執，　　分別我我所。

眼中無有情，　　外諸處亦爾，

非我作壽者，　　諸法類應知。

眼不思解脫，　　耳鼻舌亦然，

> 身意等無作， 　諸法觀如是。
> 譬如巨海中， 　鼓濤成沫聚，
> 明眼者察知， 　審其非堅實。
> 如是五蘊體， 　達者知非固，
> 當解脫生老， 　愁憂災橫等。
> 我法中出家， 　知諸法如幻，
> 不虛彼信施， 　即名供諸佛。

爾時五百長者聞是法已，即於此處遠塵離垢，於諸法中得法眼淨，如無黑淨衣置染器中速受染色，如是諸長者法眼清淨亦復如是。

爾時世尊復爲長者宣説妙法，示教贊善："諸長者！我説此眼自性是苦而復熾然。何等熾然？所謂貪火瞋火癡火之所熾然，生老病死愁歎憂苦不安等法之所熾然。如是諸長者！我説此耳鼻舌身意自性是苦而復熾然。何等熾然？所謂貪火瞋火癡火，生老病死愁歎憂苦不安等法之所熾然。諸長者！我説此色自性是苦而復熾然。何等熾然？所謂貪火瞋火癡火之所熾然，乃至聲香味觸法亦復如是。諸長者！我説色蘊自性是苦而復熾然。何等熾然？所謂貪火瞋火癡火之所熾然，乃至受想行識蘊亦復如是。諸長者！我説地界自性是苦而復熾然。何等熾然？所謂貪火瞋火癡火之所熾然，如是乃至水火風空識界，自性是苦而復熾然。何等熾然？所謂貪火瞋火癡火，生老病死愁歎憂苦不安等法之所熾然。是故諸長者！我今不執眼耳鼻舌身意，汝等亦應如是隨學。我今不執色聲香味觸法，乃至不執色等諸蘊、地等諸界、此世他世，汝等亦應如是隨學。諸長者！汝等若於眼耳鼻舌身意不執著者，則不依眼住、不依耳鼻舌身意住。汝等不依色聲香味觸法時，汝等則不依於一切法住。汝等不依色蘊乃至不依識蘊住者，則不依色蘊乃至識蘊住。汝等不依地水火風空識界時，則不依地界乃至識界住。汝等不依此世他世及以一切世間住者，如是汝等不取一切法時，則不依於一切法住。若能不依一切法住者，是則名爲非當有非不當有。汝等若悟非當有非不當有者，我説汝等解脫生老病死諸苦。"

爾時世尊欲重宣此義，而説頌曰：

> 生死所熾盛，　　燒然諸世間，
> 受苦無能救，　　喪失於聖道。
> 照世諸如來，　　時乃一興現，
> 無刹那遠離，　　當起堅精進，
> 修習於正行，　　慧觀應察知，
> 如慧觀當得，　　異此非所獲。
> 若於此修習，　　應知一切空，
> 了達空法已，　　非心空菩提。
> 貪瞋及與癡，　　是三毒大火，
> 燒諸世愚者，　　長眠而不覺。
> 生老病及死，　　愁歎諸苦等，
> 知世逼迫已，　　勿依諸法住。

爾時五百長者白佛言："世尊！我等今者欲於佛所出家，受具足戒修清淨行。未審世尊垂愍聽不？"

佛言："善來苾芻。"即名出家具足戒已成苾芻法。

爾時世尊欲重宣此義，而說頌曰：

> 袈裟執受已，　　其髮自然斷，
> 一切皆持鉢，　　即座成羅漢。
> 知得羅漢已，　　於苾芻眾前，
> 及對諸天等，　　大師已問說：
> "昔於世依怙，　　廣行諸布施，
> 隨其所生處，　　常感多安樂。
> 彼今得見我，　　復生清淨心，
> 由彼心清淨，　　故爲說妙法。"
> 聞說得羅漢，　　永離於我見，
> 證空法現前，　　解脫諸生死。

【《大寶積經》卷第三十六　大唐三藏法師玄奘奉詔譯】

二、菩薩藏會第十二之二
金毗羅天受記品第二

　　爾時世尊於彼中道不移其處,令諸長者建立聖果。以如來威勢入王舍城,四衆圍繞容儀庠序。時有護王舍城諸天藥叉大善神王,名金毗羅,作如是念:"今者如來形相殊異,於世間中最勝難遇,堪受人天之所供養。我等今當應以種種上妙供具奉獻如來。"作是念已,便以最勝飲食具足香味成就妙色奉上於佛。爾時世尊愍其所獻故爲納受。時金毗羅王所領大藥叉衆六萬八千,在虛空中咸生隨喜,以清遠音唱言:"善哉善哉。"時金毗羅即以此義告其衆曰:"我已奉佛上妙供具,汝等亦應以諸供養施苾芻僧,當令汝等於長夜中利益安樂。"諸藥叉衆受王教已,即以上供施苾芻僧。時諸僧衆哀受其供。

　　爾時世尊爲乞食故入王舍城,既得食已將還所止。時有無量千衆天、龍、藥叉、健達縛、阿素洛、揭路茶、緊捺洛、牟呼洛伽,及無量千人與非人,又有無量拘胝那庾多百千衆生,隨從佛後。爾時如來往彼最勝寬廣之地,敷如常座而坐其上。時金毗羅與其部從,即持種種天曼陀羅花、殟鉢羅花、鉢特摩花、拘貿陀花、奔茶利花,復持種種天旃檀末諸供養具,而散於佛,所謂勝散、大勝散,妙散、大妙散。作如是等殷勤散已,合掌佛前禮敬而住。

　　爾時如來知金毗羅及其大衆心之所念,即便微笑。諸佛常法,現微笑時,從其面門出種種無量色光,所謂青黄赤白紅色銀色及水精色,其光遍照無量無邊一切世界,日月威光掩蔽不現,下照地獄令彼悅樂,乃至上踴至於梵世。所應作已而復還來,右繞七匝,或於世尊頂上而沒,或從兩肩,或從兩膝而滅沒者。諸佛常法,若授地獄衆生記時,爾時光明兩足下沒,若授畜生光從背沒,若授鬼趣從身前沒,若授人道從左脅沒,若授天趣從右脅沒,若授聲聞從兩膝沒,若授獨覺從兩肩沒,若佛世尊授諸菩薩摩訶薩阿耨多羅三藐三菩提記時,爾時光明從頂上沒。

時長老阿難陀既睹世尊微笑光明,以七條衣覆左肩已,偏袒右肩右膝著地,合掌禮足,以頌問曰:

照世依怙者,　　何故放光明?
利益世間尊,　　何緣現微笑?
誰今下聖種,　　爲佛菩提因?
今爲誰授記?　　誰應住解脫?
大雄猛導師,　　非無因而笑,
願牟尼當說,　　現光之所爲?

爾時世尊即便以頌報阿難曰:

金毗羅淨心,　　奉獻諸供具,
救世依怙者,　　故現斯微笑。
捨神王報已,　　往三十三天,
受彼天福盡,　　上生焰摩天,
又生睹史多,　　受諸天欲樂,
福盡生人中,　　興爲智慧王,
王四洲人主,　　自在轉輪帝。
捨後人王已,　　便生梵世天,
天上及人中,　　數往來不息,
二十拘胝劫,　　常感諸妙樂。
最後捨王位,　　出家求佛道,
衆緣具足已,　　成究竟菩提。

三萬諸藥叉，　　由奉養於佛，
便捨藥叉報，　　生三十三天。
後見慈氏尊，　　復獲阿羅漢，
既蒙授道化，　　即各供諸佛。
滿千藥叉衆，　　爲住大菩提，
由是善根故，　　不生諸惡趣。
或有千藥叉，　　當供佛導師，
求無上菩提，　　利益衆生故。
或有二三千，　　持香花鬘等，
當供養諸佛，　　爲得佛菩提。
或有千拘胝，　　當供諸佛已，
修自體清淨，　　後證入菩提。
金毗子世羅，　　具大神通力，
亦發大願心，　　我當成等覺。
曾供養諸佛，　　遍起於弘誓，
今復供養我，　　心趣無上道。
由此善根力，　　捨諸弊惡趣，
當見慈氏尊，　　又獻拘胝蓋，
獻拘胝蓋已，　　復獻拘胝衣，
獻拘胝衣已，　　爾時便出家。
具滿五百歲，　　專修行梵行，
求最上菩提，　　利益衆生故。
當成彼願故，　　修行施戒等，
如殑伽沙劫，　　精勤常不斷。
如是汝當知，　　爲示現故說，
彼修行勝行，　　倍增過上數。
如前說譬喻，　　殑伽沙劫數，
得見彼諸佛，　　當修大供養。

奇哉勝妙智，　　奇哉無上心，

諸眾大導師，　　名所不能顯。

後當成正覺，　　一切眾生尊，

號名曰醫王，　　普聞十方界。

七十拘胝歲，　　說法度眾生，

其兩足世尊，　　久當入寂滅。

二十大集會，　　調伏眾生心，

最後一大會，　　經二百億歲。

如所說大會，　　度無量聲聞，

如聲聞數量，　　菩薩眾亦爾。

利益眾生已，　　如來方涅槃，

正法住世間，　　經於百千歲。

滿五百劫中，　　是苾芻成佛，

於彼一一劫，　　千如來出現。

諸有智慧者，　　當思法水灌，

應生勇猛心，　　行多聞正理。

遠於非正理，　　常修正理法，

應修習多聞，　　由此慧增長。

四根本法義，　　濟度諸菩薩，

施戒聞捨法，　　賢善菩提道。

為眾說是法，　　最勝無上乘，

演布聲聞道，　　善斷諸疑網。

諸有請問者，　　我今悉開許，

能說深妙法，　　照世者難遇。

　　爾時金毗羅子世羅即於佛前聞佛授記，歡喜踊躍得未曾有，作如是念：“今者世尊將往鷲峰山王，我當復應於如來所殖少善根。”作是念已，告其眾曰：“卿等當知，如來當發王舍大城升鷲峰山，卿等宜可發勇猛心，隨其力能辦諸供養。”時彼世羅即與官屬，從王舍城至鷲峰山中間道路，屏除

草穢磚瓦礫石株杌毒刺,極令遍淨如明鏡面,又以香水沾灑其地,敷勝妙
衣遍於中路,散布名華量與人等,燒妙堅香順路普熏,列樹幢幡懸諸寶蓋,
於虛空中張施繒彩,條別間設羅布其上。又作種種天諸音樂,前後充滿。
其路極廣盡一箭道,皆遍覆以水生諸花,所謂殟鉢羅花、鉢特摩花、拘貿陀
花、奔荼利花。又以鴛鴦勝鳥間錯其花行列道側。於彼道上又以金縷繒
彩而用敷之,上施七寶所成殊妙等網遍覆於道。時彼世羅,於佛由路作如
是等大莊嚴已,自化其身極令姝大,與諸官屬歡喜踴悅,倍生欣慶發諸勝
心,所謂暢適心、調善心、柔軟心、清淨心、離蓋心、充美心、歸依佛心歸依
法心歸依眾心、不動菩提心、不退轉心、無等心、無等等心、超過一切三界
心、於一切眾生起大慈心起大悲心起大喜心起大捨心、起一切佛法器心、
堅心固心、不可壞心、不朽敗心、捨離聲聞獨覺地心、成立一切菩薩地心。
彼住如是諸勝心已,往如來所頂禮佛足,右繞三匝卻住一面,合掌向佛而
說頌曰:

> 我已為世依,　　辦無上供養,
> 佛為世間尊,　　演最上法者。
> 十力皆成就,　　安住諸無畏,
> 利益眾生事,　　如導師所作。
> 具相三十二,　　八十隨形好,
> 世怙猶如日,　　流光遍於世。
> 轉於妙法輪,　　最勝十二行,
> 宣布深妙法,　　利益群生故。
> 顯示諸神變,　　如佛之儀式,
> 為多拘胝眾,　　作諸利益事。
> 未來諸大雄,　　祐世間如日,
> 宣揚彼聖法,　　悟成無上智。
> 為捨為救拔,　　為道為歸趣,
> 為諸生盲眾,　　導之施慧眼。
> 五趣眾生類,　　我當作依怙,

解脱諸苦聚，　　如先佛所離。

我爲兩足尊，　　天中天日月，

天帝那伽衆，　　阿素洛奉敬。

所設諸供具，　　世無有等者，

我作上妙業，　　無有相似者。

如法主世尊，　　具足三十二，

上微妙福相，　　世無與等者。

爾時世尊爲金毗羅子世羅而説頌曰：

諸供大師者，　　爲最上法因，

彼有情中勝，　　菩提不難得。

供養照世間，　　光性世依怙，

諸天龍及人，　　所應供養者。

悟上妙菩提，　　坐最勝道樹，

摧伏諸惡魔，　　爲衆生説法。

爾時世尊，與無量百千天、龍、藥叉、羅刹、健達縛、緊捺洛、牟呼洛伽、人與非人，復有無量百千那庾多拘胝諸衆生等前後圍繞，佛於其中最居衆首。以如來大威德故、大神通故、大宗勢故、種種自在大變化故，放大光明震動大地，雨大蓮花滿虛空中，鼓於百千那庾多拘胝天諸伎樂。時諸大衆歎未曾有，既睹神變倍加恭敬。爾時如來足步蓮花大如車輪，隨莊嚴道往鷲峰山王。既到彼已，告長老阿難陀曰：“汝爲如來敷置勝座，所謂最上之座、法座、微妙座、勝過一切三界座、尊勝座、佛座、如來之座，我當於此坐，爲欲利益一切衆生故，説大乘菩薩行所依經，名微妙吉祥大菩薩藏。此經能令一切衆生疑山崩墮，此經能令一切衆生疑網斷絶，此經能令一切衆生疑根不生，此大乘經利益安樂諸衆生故，哀愍大衆及諸天人，是故如來方爲開闡。”

爾時長老阿難陀，如佛所教敷施法座。時彼衆中有六十八拘胝天子，各捨上衣，爲如來故敷法座上。佛於其上如常敷座，顧諸天子而説頌曰：

諸天數衣服，　　最勝上微妙，
救世大導師，　　安處此法座。
到諸法彼岸，　　如來升座已，
大地六種動，　　令眾皆歡喜。
放光照佛土，　　並耀諸山王，
世尊現神通，　　濟度樂法者。
諸天龍及人，　　鳩槃荼餓鬼，
布怛那等眾，　　互相見無障。
百千那庾多，　　拘胝諸天等，
睹佛放光明，　　此時甚難遇。
頻毗娑羅王，　　諸大臣圍繞，
來詣世依怙，　　最勝如來所。
佛知天龍人，　　大眾皆坐已，
為利諸眾生，　　顧視於四方。
告諸有疑者，　　當問兩足尊，
我將導世間，　　善斷諸疑網。

　　爾時三千大千世界所有眾生，為聽法者皆來集會。既聞如來說是法已，為聞法故靜息外緣，心住一境攝念而住。爾時世尊告長老大目揵連："汝今當知，有誰苾芻住在遠處未來會坐，當召令集。"

　　時長老大迦葉在大雪山南面而住，大目揵連憶念知已，以神通力往彼白言："如來今者在鷲峰山，於大眾前為諸天魔梵、沙門婆羅門、天人阿素洛等，當說妙法。正待仁者可共往彼，勿令我等於法障礙。"時大迦葉語大目揵連言："汝且前往，吾尋後至。"作是語已，時大迦葉不起於座，化神通力入王舍城，將從四部導眾而行，往鷲峰山頂禮佛足，於大眾中對於佛前不遠而坐。

　　時大目揵連睹斯化已，以神通力來至佛所，乃見迦葉先已處座。白迦葉言："尊者！成就速疾大神通分，乃能不起本座現斯神化。"大迦葉言："世尊說汝神通第一。吾今微現，未可涉言。"

三、試驗菩薩品第三

爾時長老舍利子即從座起,以鬱多羅僧覆左肩上,偏袒右肩以右膝輪而置於地,向佛合掌恭敬而住,白佛言:"世尊! 我今欲有少問,唯願如來、應、正遍知哀愍聽許爲我解説。"

佛告長老舍利子言:"恣汝所問。如來今者當爲解説,令汝心喜。"

舍利子白佛言:"世尊! 菩薩摩訶薩成就幾法,身業無失、語業無失、意業無失? 成就幾法,身業清淨、語業清淨、意業清淨? 成就幾法,身業不動、語業不動、意業不動,不爲天魔及魔軍衆之所嬈轉,從初發一切智心修行正行,地地增勝善巧方便,爲一切衆生作勝導師,爲普導師、爲大照炬、爲大梯隥、爲橋爲船、爲濟度者、爲彼岸者、爲舍爲救、爲歸爲趣,而能不捨一切智心?"

爾時舍利子欲重宣此義,以頌問曰:

菩薩何等義, 　能住大菩提?

何名德及法, 　由此悟無上?

又行何等行, 　利益諸衆生?

修習何法已, 　成佛人中勝?

云何伏惡魔, 　住最勝菩提,

震動拘胝土, 　悟無上正覺?

菩薩者何義? 　如是句云何?

云何爲菩提, 　及無上佛法?

云何行世間, 　利益群生類,

> 不染如蓮花，　　解脱拘胝衆？
>
> 云何爲天龍，　　非人等供養？
>
> 我諸所請問，　　慈悲願爲説。

爾時佛告長老舍利子："善哉善哉！吾今當爲分別解説。舍利子！菩薩摩訶薩成就一法，則能攝受汝所問法，及餘無量無邊佛法。何者一法？謂菩提心及備信欲。舍利子！是名菩薩摩訶薩成就一法則能攝受無邊佛法。"

舍利子白佛言："世尊！何等名爲信欲具足？復以何義名菩提心？"

佛告舍利子："信欲具足者，是謂堅實不可壞故，是謂牢固不可動故。言不動者無蹷失故，無蹷失者能善住故，能善住者不退轉故，不退轉者觀衆生故，觀衆生者大悲根本故，大悲根本者不疲倦故，不疲倦者成熟衆生故，成熟衆生者善知自樂故，善知自樂者無希望故，無希望者不染資具故，不染資具者爲衆生依故，爲衆生依者觀待下劣衆生故，觀待下劣衆生者爲救濟故，爲救濟者爲歸趣故，爲歸趣者不卒暴故，不卒暴者善觀察故，善觀察者無怨嫌故，無怨嫌者善調信欲故，善調信欲者無所存故，無所存者善清淨故，善清淨者妙鮮白故，妙鮮白者内離垢故，内離垢者外善清淨故。舍利子！如是堅實難壞，乃至内離於垢外善清淨者，是名信欲具足也。"

佛復告舍利子："菩提心者何相何貌？舍利子！菩提心者無有過失，不爲一切煩惱之所染故。菩提心者相續不絶，不爲餘乘中所證故。菩提心者堅固難動，不爲異論所牽奪故。菩提心者不可破壞，一切天魔不傾敗故。菩提心者常恒不變，善根資糧所積集故。菩提心者不可搖動，必能獨證諸佛法故。菩提心者妙善安住，於菩薩地善安住故。菩提心者無有間斷，不爲餘法所對治故。菩提心者譬如金剛，善能穿徹佛深法故。菩提心者勝善平等，於諸衆生種種欲解無不等故。菩提心者最勝清淨，性不染故。菩提心者無有塵垢，發明慧故。菩提心者寬博無礙，含受一切衆生性故。菩提心者廣大無邊，如虚空故。菩提心者無有障礙，令無礙智遍行一切無緣大悲不斷絶故。菩提心者應可親近，爲諸智者所稱贊故。菩提心者猶如種子，能生一切諸佛法故。菩提心者爲能建立，建立一切喜樂事故。菩提心者發生諸願，由戒淨故。菩提心者難可摧滅，由住忍故。菩提心者不可制伏，由正勤故。菩提心者最極寂静，由依一切大静慮故。菩提心者無所匱乏，由慧資糧善圓滿故。復次舍利子！菩提心者即是如來尸羅蘊、三摩地蘊、般羅若蘊、解脱蘊、解脱智見蘊之根本也。又菩提心者，即是如來十力、四無所畏、十八不共佛法之根本也。”

舍利子言：“菩提心者，謂以此心用菩提爲生體故，名菩提心。”

“如是舍利子！諸菩薩摩訶薩成就信欲菩提心故，是名菩提薩埵、是名廣大薩埵、是名極妙薩埵、是名勝出一切三界薩埵、是名身業無失語業無失意業無失、是名身業清淨語業清淨意業清淨、是名身業無動語業無動意業無動。菩薩摩訶薩以具如是諸業淨故，不爲天魔及魔軍衆之所嬈轉，從初發一切智心修行正行，地地增勝善巧方便，不爲一切世法所動，能爲衆生作大導師、作勝導師、作普導師、爲大照炬、爲大梯隥、爲橋爲船、爲濟度者、爲彼岸者、爲舍爲救、爲歸爲趣。舍利子！菩薩摩訶薩如是發一切智心故，魔及魔軍不能傾動。”

爾時佛告舍利子：“諸菩薩摩訶薩由具如是淨信欲故，發阿耨多羅三藐三菩提心已，心多淨信，樂睹賢聖、樂聞正法、樂不慳吝，開舒心手而行大施，欣樂大捨樂均普施。於諸衆生心無罣礙、心無穢濁、心無憒亂、心不間雜，於業業報深心奉敬無疑無慮，知黑白法果報不壞，乃至命難不起諸惡，永離殺生、不與取、邪淫行、妄語、乖離語、粗惡語、綺語、貪染、瞋恚、愚癡邪見。爲斷如是不善業道，受持奉行十善業道，由具信故於諸沙門若婆羅門，正至正行具德具戒，其心純淨成調順法，具足多聞勤行咨問，修正作意調善寂静，親近寂滅不起諍訟非不愛語，善知信欲非不善知，善法相應遠諸惡法，不掉不高性離躁動，性離粗言語無浮雜，守念正住心安妙定，善斷有本、不中毒箭、捨離重擔、超度疑慮。及以後有諸佛世尊、菩薩摩訶薩、聲聞獨覺，於如是等善知友所，如實覺已親覲敬仰奉事將遇。行者如是於善知友身行奉事，復以法施而攝受之，宣説妙法示教贊喜，所謂若行柁那得大財富、若行尸羅得生天樂、若好多聞獲得大慧、若修諸定便離繫縛。復爲開顯種種微妙清淨勝法，此是布施此布施報，此是慳吝此慳吝報,此是尸羅此尸羅報,此是犯戒此犯戒報,此是忍辱此忍辱報,此是瞋恚此瞋恚報,此是正勤此正勤報,此是懈怠此懈怠報,此是靜慮此靜慮報,此是亂心此亂心報,此是智慧此智慧報,此是惡慧此惡慧報,此身妙行此身妙行報,此身惡行此身惡行報,此語妙行此語妙行報,此語惡行此語惡行報,此意妙行此意妙行報,此意惡行此意惡行報,此善此不善,此應作此不應作,此若作已感得長夜義利安樂,此若作已感得長夜非義非利非安樂果。

"舍利子!行者如是爲諸善友宣説是法示教贊喜已,覺知堪任大法器者,即爲開示甚深微妙空相應法,所謂空法、無相法、無願法、無行法、無生法、無起法、無我法、無數取法、無壽命法、無衆生法。復爲開示甚深緣起,所謂此有故彼有,此生故彼生。無明緣行,行緣識,識緣名色,名色緣六處,六處緣觸,觸緣受,受緣愛,愛緣取,取緣有,有緣生,生緣老死愁歎憂苦身心焦惱。如是種種生起純大苦聚。又此無故彼無,此滅故彼滅。謂無明滅故行滅,行滅故識滅,乃至生滅故老死滅,如是乃至純大苦聚滅。

"舍利子!又應爲説,此中無有一法是有可得而可滅者。何以故?由彼諸法從因緣生,無有主宰、無有作者、無有受者,從因緣轉,又無一法流轉旋還亦無隨轉。由癡妄故假立三界,從煩惱苦之所流轉但假施設。行者如是如實觀察癡妄之時,無有一法能作餘法。若於是中無有作者,作者不可得故,乃至無有一法流轉旋還,流轉旋還不可得故。舍利子!行者若聞如是甚深法已無疑無慮,善入諸法無罣礙性,是人不著於色、不著受想行識,不著眼色及以眼識、不著耳鼻舌身意法及以意識,皆不可得故。

"復次舍利子!菩薩摩訶薩信受如是性空法已,不退見佛、不退聞法、不退奉僧,在在所生不離見佛、不離聞法、不離奉僧,面生佛前猛勵正勤志求善法。是人住正勤已,不戀居家男女眷屬奴婢僕使及諸資具,是人不爲淫欲所嬈,速於今生捨盛年樂以淨信心於佛法中出家入道。既出家已,得善知識善伴善友,善住思惟善住信欲。由善住信欲故,善聽聞法堅奉修行,不但言説以爲宗極覺慧成就,樂求多聞無有厭足。如所聞法,以無染心爲他廣演,於諸利養恭敬名譽情無希望,不捨正義妄爲他説,如其所聞如其所住而爲説法。於聽法衆起大慈心，於諸衆生起大悲心。舍利子！行者如是有多聞故，不顧身命、少欲知足、寂静欣樂、易滿易養、樂處空閑，如所聞法觀察其義，依於實義不依於文。爲諸天人阿素洛界之所依止，不專爲己爲諸衆生求於大乘，所謂佛智、無等智、無等等智、勝出一切三界之智。舍利子！我説是人獲得第一不放逸法。

"舍利子！云何名爲不放逸法？所謂諸根寂静。何等諸根寂静？所謂眼見於色不取相貌，如實覺知色味色患及色出離。如是耳所聞聲、鼻所嗅香、舌所嘗味、身所覺觸、意所識法，不取相貌，如實覺知法味法患及法出離。舍利子！如是名爲心不放逸。復次不放逸者，調伏自心善護他心，除樂煩惱趣樂正法，不行欲覺、恚覺、害覺，不行貪不善根、瞋不善根、癡不善根，不行身惡行、語惡行、意惡行，不行不如理作意，不行一切惡不善法，此則名爲不放逸也。如是舍利子！是諸菩薩摩訶薩既不放逸，能勤修習如理作意，若法是有如實知有，若法是無如實知無，觀察此中何者是有、何者是無？即以慧力如實能知。正修習者聖解脱有，邪修習者聖解脱無。無業報者此則是有，有業報者此則是無。復次眼爲是有，有眼者無。耳鼻舌身意，意爲是有，有意者無。復次色爲無常苦變異法此則是有，色爲常住不變不壞此則是無。受想行識無常苦變異法此則是有，受想行識常住不變不壞此則是無。復次無明爲緣諸行則有，若無無明諸行則無。乃至以生爲緣老死則有，若無生者老死亦無。復次施感大財此則是有，施感貧窮此則是無。持戒生天此則是有，犯戒生天此則是無。聞生大慧此則是有，諸惡慧者能生大慧此則是無。修定離縛此則是有，修定繫縛此則是無。復次若如理作意而有繫縛、不如理作意離繫縛者，此二俱無。若諸菩薩發起正勤菩提則有，若起懈惰菩提則無。若無憍慢出家授記是名爲有，若憍慢者寂滅則無。復次遍一切處空性是有，遍一切處有我、數取、衆生、壽命、丈夫等類此則爲無。如是舍利子！若諸菩薩摩訶薩行不放逸，能善修習如理作意，世間智者同知是有施設爲有，世間智者同知是無施設爲無。舍利子，若定説有，非正了知；若定説無，是亦名爲非正了知。何以故？諸佛世尊所説實義能隨覺了故。舍利子！諸佛世尊具大智力總攝諸法,安處四種鄔柁南中。何等爲四？所謂一切行無常,一切行苦,一切法無我,涅槃寂滅。舍利子！所演一切行無常者,如來爲諸常想衆生斷常想故。所演一切行苦法者,如來爲諸樂想衆生斷樂想故。所演一切無我法者,如來爲諸我想衆生斷我想故。所演寂滅涅槃法者,如來爲諸住有所得顛倒衆生斷有所得顛倒心故。舍利子！是諸菩薩摩訶薩若聞如來説一切行爲無常者！即能善入畢竟無常。若有聞説一切行苦！則能興厭起離願心。若有聞説諸法無我！則能修習於三摩地妙解脱門。若有聞説寂滅涅槃！則能修習無相三摩地而不非時趣入真際。如是舍利子！若諸菩薩摩訶薩能善修習如是法者,終不退失一切善法,速能圓滿一切佛法。"

【《大寶積經》卷第三十七　大唐三藏法師玄奘奉詔譯】

四、菩薩藏會第十二之三
如來不思議性品第四之一

　　爾時佛告舍利子："是諸菩薩摩訶薩善住如是清淨信已，復能信受如來、應、正遍知十種不可思議法，諦奉清淨無惑無疑不異分別，倍復踴躍深生歡喜發稀奇想。舍利子！何等名爲如來十種不思議法？舍利子！一者信受如來不思議身，二者信受如來不思議音聲，三者信受如來不思議智，四者信受如來不思議光，五者信受如來不思議尸羅及以等觀，六者信受如來不思議神通，七者信受如來不思議力，八者信受如來不思議無畏，九者信受如來不思議大悲，十者信受如來不思議不共佛法。舍利子！是名十種不思議法。若有菩薩摩訶薩爲求法故興起正勤，不怯不退不生捨離發如是心：'我今未得不思議法，寧使風所轉身皮肉筋骨受大苦惱，或復血肉乾枯竭盡，要必勤行精進中無暫廢。'如是舍利子！已得信解諸菩薩摩訶薩，若聞如是如來十種不思議法，信受諦奉清淨無疑，倍復踴躍深生歡喜發稀奇想。"

　　爾時世尊欲重宣此義而説頌曰：

　　　　佛身難思議，　　爲真法身顯，
　　　　無相不可觀，　　唯佛子能信。
　　　　諸趣雜種類，　　音聲不可思，
　　　　隨音爲説法，　　信諸佛境界。
　　　　一切種群生，　　三世諸根異，

佛皆能覺了，	信是不思議。
諸佛無邊光，	光網不思議，
遍滿十方界，	無邊佛土海。
佛戒超世間，	不依止世法，
神足不思議，	菩薩能信受。
眾生不能知，	如來之境界，
如來常在定，	解脱不思議。
法界不相雜，	唯佛力能知，
大仙諸智力，	猶若空無際。
為利一眾生，	住無邊劫海，
令其得調伏，	大悲心如是。
一切諸群生，	種種問難海，
一音令悦解，	無畏不思議。
成一切種智，	隨覺於諸法，
及不共佛法，	遍智皆能見。
一切難思議，	諸佛法如是，
有能奉信者，	是為善住信。

爾時佛告舍利子："云何菩薩摩訶薩於如來不思議身，信受諦奉清淨無疑，倍復踴躍深生歡喜發稀奇想？舍利子！所謂如來身者，永斷一切惡不善法。何以故？由能成就一切微妙諸善法故。如來身者，遠離一切不淨洟唾痰癊膿血大小便利。何以故？如來久已解脱一切骨肉筋脈故。如來身者自性清徹。何以故？如來久已遠離一切煩惱諸垢穢故。如來身者出過世間。何以故？不為世法之所染污故。如來身者無量功德，久已積集福智資糧，一切眾生慧命依止。如來身者無量淨戒之所熏修，無量等觀及無量慧、解脱、解脱智見之所熏修。如來身者諸功德華之所嚴飾。如來身者如淨鏡中微妙之像，如淨水中明滿之月，又如光影之所照耀。如來身者不可思議，等虛空界極法界性。如來身者清淨無染，遠離一切諸染穢濁。如來身者即是無為，遠離一切諸有為相。如來身者是虛空身、是無等

身、無等等身、一切三界無與等身。如來身者無譬喻身、無相似身。如來身者清淨無垢，離諸煩惱自性清徹。又舍利子，如來身者不可以前際求、不可以後際求、不可以現在求、不可以生處種姓求。如來身者不可以色求、不可以相求、不可以好求。如來身者不可以心求、不可以意求、不可以識求。如來身者不可以見求、不可以聞求、不可以念求、不可以了別求。如來身者不可以蘊求、不可以界求、不可以處求。如來身者不可以生求、不可以住求、不可以壞滅求。如來身者不可以取求、不可以捨求、不可以出離求、不可以行求。如來身者不可以顯色求、不可以相貌求、不可以形色求、不可以來求、不可以去求。如來身者不可以淨戒作意求、不可以等觀作意求、不可以正慧作意求、不可以解脫作意求、不可以解脫智見作意求。如來身者不可以有相求、不可以無相求、不可以諸法相求。如來身者不可以力增益求、不可以無畏增益求、不可以無礙辯增益求、不可以神通增益求、不可以大悲增益求、不可以不共佛法增益求。舍利子！菩薩摩訶薩欲求如來身者，當應如幻如焰如水中月如是自性求如來身。

"舍利子！如來身者即是空無相無願解脫之身、無變異身、無動壞身、無分別身、無依止身、無思慮身。如來身者即是安住善住得不動身。如來身者即是無色色自性身、即是無受受自性身、即是無想想自性身、即是無行行自性身、即是無識識自性身。舍利子！如來身者無有無生、無四大身，如來身者即是希有希有法身。如來身者非眼所起，不在色中亦不在外；不依於耳，不在聲內亦不在外；非鼻所知，不在香中亦不在外；非舌所顯，不在味中亦不在外；不與身合，不在觸中亦不在外。如來身者不依心轉、不依意轉、不依識轉，安住不動，非是旋還亦不隨轉。舍利子！如來身者等量虛空，如來身者極於法界，如來身者盡虛空界。舍利子！是名第一如來不思議身。是諸菩薩摩訶薩聞如來不思議身如虛空已，信受諦奉清淨無疑，倍復踴躍深生歡喜發稀奇想。"

爾時世尊欲重宣此義而說頌曰：

> 拘胝那庾劫，　　行無量大行，
> 善淨身三業，　　獲無等佛身。

慈心遍十方，　　起大悲行施，
常離邪淫行，　　得勝虛空身。
於世尊福田，　　佛子廣行施，
捨淨珍服等，　　如無量殑沙。
奉持於淨戒，　　如犛牛護尾，
假使碎身苦，　　於怨大忍生。
正勤波羅蜜，　　修行極疲苦，
發弘大誓願，　　求常住佛身。
樂觀諸定境，　　樂廣慧方便，
樂觀於法界，　　願等法界身。
於佛行善已，　　成無等妙覺，
獲大虛空身，　　清白離塵染。
無我人性空，　　無相不可說，
證是牟尼身，　　過諸眼境界。
意淨離色聲，　　本空無起作，
見真如身者，　　則見十方佛。
如種種幻化，　　象馬狂夫等，
誑惑愚倒者，　　如是觀十方。
三世無量佛，　　同處法性身，
無等等虛空，　　極清淨法界。

"如是舍利子！是名如來不可思議身。菩薩摩訶薩信受諦奉清淨無疑，倍復踴躍深生歡喜發稀奇想。"

爾時佛告舍利子："云何菩薩摩訶薩於如來不思議音聲，信受諦奉清淨無疑，乃至發稀奇想？舍利子！如來出世愍諸含識敷演法化，所發音聲齊於眾會。由所調伏眾生力故，如來音聲普遍十方無量世界，令諸眾生心歡喜故。舍利子！然諸如來所出音聲，雖遍世界不作是念：'我為苾芻眾說法，我為苾芻尼眾說法，我為鄔波索迦眾、鄔波斯迦眾、婆羅門眾、刹帝利眾、長者眾、天眾、梵眾，如是等眾而為說法。'亦不作念：'我今演說契

經、應頌、記莂、伽他、自説、緣起、本事、本生、方廣、希法、譬喻、解釋,如是
等趣十二分教。'初未生念爲之敷演。舍利子!如來隨諸衆集,所謂苾芻
乃至梵衆,如其所聞種種正勤而爲説法。是諸衆生樂聞法故,各自謂聞如
來法聲面門而發。然是法聲於其所説,種類言詞不相障礙,各別悟解自所
了法,是則名爲不可思議。舍利子!諸佛如來先福所感,果報音聲其相無
量。所謂慈潤聲、可意聲、意樂聲、清淨聲、離垢聲、美妙聲、喜聞聲、辯了
聲、不靳聲、不澀聲、令身適悦聲、心生踊躍聲、心歡悦豫聲、發起喜樂聲、
易解聲、易識聲、正直聲、可愛聲、可喜聲、慶悦聲、意悦聲、師子王吼聲、大
雷震聲、大海震聲、緊捺洛歌聲、羯羅頻伽聲、梵天聲、天鼓聲、吉祥聲、柔
軟聲、顯暢聲、大雷深遠聲、一切含識諸根喜聲、稱可一切衆會聲、成就一
切微妙相聲。舍利子!如是等如來音聲,具足如是殊勝功德,及餘無量無
邊功德之所莊嚴。舍利子!是名第二如來不思議音聲。是諸菩薩摩訶薩
聞如來不思議音聲,具足無量殊勝功德,信受諦奉清淨無疑,倍復踊躍深
生歡喜發稀奇想。"

爾時世尊欲重宣此義而説頌曰:

導師演妙音,　　所謂梵音聲,
由是法具足,　　令諸梵歡喜。
牟尼演妙音,　　從大悲流湧,
謂與慈相應,　　喜捨亦如是。
如是具足音,　　滅衆生貪火,
息除瞋恚毒,　　壞裂諸癡暗。
假使贍部洲,　　無量種人聲,
縱獲遍聞已,　　終不悟解脱。
天地虛空聲,　　不悟亦如是,
若聞聖主聲,　　必能證寂滅。
二足及四足,　　多足及無足,
悉同彼音聲,　　悟之善惡法。
三千世界內,　　下中上音聲,

> 隨彼種類音，　　化令證解脫。
> 演無分別聲，　　無縛無攝受，
> 處定開真諦，　　聞者息煩惱。
> 無邊衆生聞，　　佛法僧音聲，
> 及施戒聞忍，　　如來聲如是。
> 彼聲非有量，　　聲智俱無邊，
> 信佛聲無疑，　　唯聰慧菩薩。

爾時佛告舍利子："云何菩薩摩訶薩於如來不思議大智，信受諦奉清淨無疑，倍復踴躍深生歡喜發稀奇想？舍利子！如來無礙智見不可思議，於一切法中依之而起。諸菩薩摩訶薩則能信受諦奉，乃至發稀奇想。舍利子！如來爲生信故，依如來智波羅蜜多廣説譬喻，諸有智者便得開解。舍利子！假使有人以殑伽沙等世界中所有草木莖幹枝葉，下至量齊四指積爲大聚，以火焚之乃變成墨，擲置他方殑伽沙等世界海中，於百千歲就以磨之盡爲墨汁。舍利子！如來成就如是無礙智見。以是智故從彼如是大海之中取一墨滴，以智力故分析了知是某世界如是樹成，某根某莖、某枝某條、花果葉等，類別所作皆悉了知。何以故？舍利子！由如來善通達法界故，而能如是了知此墨從某世界某樹而來。如是次第乃至廣説。舍利子！是名如來、應、正遍知具足如是大神通力、具足如是大威德力、具足如是大宗勢力。是故舍利子！若有善男子善女人於如來大智清淨信受，又於佛所起愛敬心者，彼善男子善女人所有善根叵知其邊速盡苦際。何以故？舍利子！如來善通達法界故。由通達故，若有衆生於如來所起微善者，盡於苦際畢竟不壞。

"舍利子！我今爲汝復説譬喻，令有智者因此喻故於義解了。舍利子！如有男子壽命百年，此人持一毛端散分以爲百五十分，取毛一分沾水一滴，來至我所而作是言：'敢以滴水持用相寄，後若須者當還賜我。'爾時如來取其滴水置殑伽河中，而爲彼河流浪洄澓之所旋轉，和合引注至於大海。是人滿百年已來至我所，而白我言：'先寄滴水今請還我。'舍利子！如來成就不思議智，由是智故如來、應、正等覺知彼水滴在於大海，便以一分毛端就大海内沾本水滴用還是人。舍利子！此譬喻者義何謂耶？所謂衆生曾以一滴微善之水寄置如來福田手中久而不失。如是舍利子！若有善男子善女人，於如來不思議智清淨信受起愛敬心，緣念如來興諸供養，又以名花散空奉獻，是人所有善根叵知其邊速盡苦際。何以故？舍利子！如來善通達法界故。若人於如來所起一念善心者，盡於苦際畢竟不壞。"

爾時長老舍利子白佛言："世尊！如來不思議大智離識而轉不？"

佛言："不也。"

舍利子復白佛言："世尊！若如是者，云何爲智？云何爲識？"

佛言："舍利子！有四識住識，依此住故名識住。何者爲四？所謂色識住者，識緣於色、識住色中，由如此故生喜住著，轉加增長堅固廣大。受識住者，識緣於受、識住受中，由如此故生喜住著，轉加增長堅固廣大。想識住者，識緣於想、識住想中，由如此故生喜住著，轉加增長堅固廣大。行識住者，識緣於行、識住行中，由如此故生喜住著，轉加增長堅固廣大。舍利子！如是等相名之爲識。復以何等名之爲智？所謂不住五受蘊中、了達識蘊，是名爲智。又舍利子！所言識者，謂能了別地界水界火界風界，是名爲識。所言智者，若有不住四大界中，能善通達識之法界不相離者，是名爲智。又舍利子！所言識者，謂能了別眼所知色、耳所知聲、鼻所知香、舌所知味、身所知觸、意所知法，是名爲識。所言智者，於内寂静不行於外，唯依於智，不於一法而生分別及種種分別，是名爲智。又舍利子！從境界生是名爲識，從作意生是名爲識，從分別生是名爲識。無取無執、無有所緣、無所了別、無有分別，是名爲智。又舍利子！所言識者，住有爲法。何以故？無爲法中識不能行。若能了達無爲之法，是名爲智。又舍利子！住生滅者名之爲識。不生不滅無有所住是名爲智。舍利子！如是諸相若識若智，是名如來第三不思議大智。若諸菩薩摩訶薩聞如是不思議大智無障無礙，一切法中依之而起，信受諦奉清淨無疑，倍復踴躍深生歡喜發稀奇想。"

爾時世尊欲重宣此義而説頌曰：

> 無量殑伽沙，　　十方界草木，

盡焚成墨灰，　　億載磨於海。

十力智深妙，　　取滴示含生，

如實分別知，　　此某界樹等。

如是十方界，　　塵水示如來，

佛智等虛空，　　遍曉無疑滯。

十方眾生心，　　發貪瞋癡行，

如實悉能知，　　無增減解脱。

十力世尊智，　　照明於法界，

無分別離思，　　佛子能信受。

爾時佛告舍利子："云何菩薩摩訶薩於如來不思議大光,信受諦奉清淨無疑,倍復踴躍深生歡喜發稀奇想? 舍利子! 諸佛如來善通達法界故不可思議。由通達故,一切如來放大光明,遍照三千大千佛之世界而無障礙。舍利子! 譬如空中無諸雲霧,日輪炎盛放大光明遍照於世。如是舍利子! 如來、應、正等覺放大光明遍照一切亦復如是。又舍利子! 如世間中燈油之光,於螢火光爲廣爲大,顯照明淨超過最勝。燭炬之耀超勝燈光,庭燎火聚又勝燭炬,藥草發光逾於火聚,星宿之光倍過藥草,滿月流光又過星耀,炎盛日光逾超於月,四天王天身所發光、宮殿光、牆壁光、莊嚴具光,倍勝於前不可爲喻。如是展轉乃至他化自在天身、宮殿、牆壁、身莊嚴具,皆發光明又倍於上。梵身天光、梵輔天光、梵眾天光、大梵天光,如是少光、無量光、光淨、少淨,乃至遍淨、廣果、有想、無想、無煩、無熱、善現、善見、色究竟天,所有身光、宮殿光、牆壁光、莊嚴具光,比前諸光爲最第一。如是色究竟天所有光明,比於如來正遍知光,而如來光超過於彼,微妙顯照最勝明淨,廣大第一不可爲喻。何以故? 舍利子! 如來光者不可思議,從無量戒聚生,從等持聚生,慧聚、解脱聚、解脱智見聚生,從如是等無量功德之所由生。又舍利子! 三千大千世界所有諸光,比如來光,百倍不及其一,乃至優波尼商倍不及其一,如是算數譬喻所不能及。復次舍利子! 如贍部捺陀金置凡金中,令彼凡金猶如墨聚失於明照。如是舍利子! 於此三千大千世界中所有光明,若於如來光前不能明照亦復如是。

又一切世間所有諸光，於如來光前不可説言，有光、有淨、有勝、有上、有無上也。

“復次舍利子！汝今當知，如來不爲憐愍衆生攝持此光令週一尋者，但以一分業所生光則能遍照三千大千佛之世界，令日月光悉不復現。若如是者，不可分別有晝有夜，不可分別有月半月，及以時節歲數分齊；但爲憐愍諸衆生故現週一尋。舍利子！若如來、應、正遍知發意欲以光明遍滿無量無數無邊世界，則能遍照。何以故？舍利子！如來以得第一般若波羅蜜多故。舍利子！我今爲汝更説譬喻重明此義，諸有智者倍增顯了。舍利子！假使有人以此三千大千世界碎爲微塵，置衣襟中往至東方，過爾所微塵數世界乃下一塵，如是展轉盡此微塵，而此東方所有世界未盡其邊。如是南西北方四維上下亦復如是。舍利子！於汝意云何？頗有人能得是世界諸邊際不？”

舍利子言：“不也。薄伽梵！不也。蘇揭多！”

“舍利子！是諸世界所有諸光無量無邊不可思議，而如來光最爲第一。彼一切光於如來光，百倍不及其一，乃至優波尼商分不及其一，如是算數譬喻所不能及。舍利子！如來發意欲以光明遍照一切世界，則能遍照。何以故？由如來得第一般若波羅蜜多故。舍利子！如來光者無有障礙，所有牆壁、若樹若木、若輪圍山、大輪圍山、乾陀摩達那山、目脂鄰陀山、大目脂鄰陀山、伊沙陀羅山、雪山、黑山及蘇迷盧山王，如是等皆不能障，佛之光明悉能洞徹，遍照三千大千世界。舍利子！少智衆生不能信解如來光者，或有衆生見如來光唯照一尋，次有智者見如來光照於二尋，次有智者見如來光照拘盧舍，次大智者乃至能見如來光明遍照三千大千世界。舍利子！乃至百千世界主梵天王，能見如來光明遍照百千世界。如是展轉，乃至已登上地諸大菩薩摩訶薩，能見如來光明遍照無量無邊世界。舍利子！如來爲欲憐愍諸衆生故，又放光明遍照如虛空等諸衆生界。舍利子！是名第四如來不思議光。諸菩薩摩訶薩聞如來説是大光不可思議如虛空已，無惑無疑清淨信受，倍復踴躍深生歡喜發稀奇想。”

爾時世尊欲重宣此義而説頌曰：

日月等光明，	及諸釋梵等，
乃至色究竟，	無光等佛者。
色究竟天光，	遍照三千界，
比佛一毛光，	十六不及一。
如來所放光，	遍滿虛空界，
諸大慧眾生，	方能見如是。
佛光無有邊，	量等虛空性，
隨所化眾生，	見光有差別。
如有生盲者，	不見日光明，
彼不見光照，	謂日光無有。
下劣諸眾生，	不見佛光明，
彼不見光照，	謂佛光無有。
或見光一尋，	或見拘盧舍，
或及一由旬，	或滿三千界。
已住於大地，	大慧光菩薩，
或住八九地，	至於十地者。
如來超彼地，	光輪無有邊，
不思議佛土，	施作諸佛事。
諸佛不思議，	佛光不思議，
信者及獲福，	亦爾難思議。

爾時佛告舍利子："云何菩薩摩訶薩於如來不可思議淨尸羅眾及三摩地眾，信受諦奉清淨無疑，倍復踴躍深生歡喜發稀奇想？舍利子！汝等應知如是正說，若諸含識在於世間奉持尸羅清淨無染，由清淨故，當知是人成就清淨身業、成就清淨語業、成就清淨意業。是人雖復常處世間，而不爲彼世法所染。當知是人爲婆羅門、爲離諸惡、爲沙門者、爲寂靜者，是名第一修靜慮者、得第一三摩地波羅蜜多者。舍利子！如是含識則是如來。如是說者是名正說。何以故？舍利子！我初不見諸天世間，若魔若梵若沙門若婆羅門，及餘天人阿素洛等，具有如是無量無邊不可思議清淨尸羅

三摩地衆等如來者。何以故？舍利子！如來以得第一尸羅三摩地波羅蜜多故。舍利子！汝今欲聞佛說如來尸羅波羅蜜多譬喻不？”

舍利子言：“今正是時。薄伽梵！今正是時。蘇揭多！世尊！若諸苾芻聞佛所說如來尸羅波羅蜜多譬喻者，如所聞已當共受持。”

佛告舍利子：“善哉善哉！吾當爲汝分別解說。舍利子！於汝意云何？諸衆生界與大地界，何者最多？”

舍利子言：“如我解佛所說義者，衆生界多，非地界也。”

佛言：“如是如是。舍利子！衆生界多，非如地界。舍利子！假使三千大千世界所有衆生，卵生胎生濕生化生，若有色若無色，若有想若無想若非有想非無想所有衆生。彼一切衆生於一刹那頃、或一牟呼羅多頃、或一羅婆頃，假使同時皆得人身。舍利子！彼一切衆生得人身已，於一刹那乃至一羅婆頃，假使同時悉成阿耨多羅三藐三菩提。是一一如來復化作爾所如來，是一一所化如來各有千頭，是一一頭各有千口，是一一口各有千舌。時彼一切諸化如來，皆悉成就如來十力、四無所畏、四無礙解，又成就佛無障無礙無盡辯才。舍利子！是諸如來以爾所舌，布演無礙無盡辯才，依一如來尸羅波羅蜜多衆無量稱讚，雖經拘胝那庾多百千大劫如是稱讚，而如來戒衆猶不能盡。舍利子！如來戒衆無量無邊無有窮盡不可思議，是諸如來無上智慧無礙無障無盡辯亦無窮盡不可思議。乃至諸化如來未至同時入大涅槃，讚說如來戒衆亦不能盡。何以故，如來戒衆及諸世尊無上智慧無礙辯才，此二俱是不可思議故，無量無數與虛空界平等平等。舍利子！且置三千大千世界所有衆生。假使東方殑伽沙等世界中所有衆生，如是南西北方四維上下十方殑伽沙等世界中所有衆生，彼一切衆生於一刹那頃乃至羅婆頃，同時皆得人身，俱成阿耨多羅三藐三菩提。如是廣說，乃至如來戒衆及諸如來無上智慧無礙辯才，俱是不可思議無量無數與虛空界平等平等。何以故？舍利子！由如來證得第一尸羅波羅蜜多故。”

爾時佛告舍利子：“汝今欲聞佛說如來三摩地波羅蜜多譬喻不？”

舍利子言：“今正是時。若諸苾芻聞佛所說如來三摩地波羅蜜多譬喻者,如所聞已當共奉持。"

佛告舍利子:"假使有時於此世間劫將欲燒,由第七日彼日出故,三千大千世界一時燒然,如是極然、遍極然、大洞然。舍利子! 當知如來於此大洞然等世界之內隨於一處,假使如來在中若依經行若住若坐若臥,當知此處成就十種甚稀奇法不可思議。舍利子! 何等名爲十稀奇法? 所謂如來遊止之處,不加功力坦然平正猶如掌中。舍利子! 是名此處成就第一甚稀奇法。

"復次舍利子! 假使如上世界乃至大洞然等,如來在中若依經行若住坐臥,其處自然高踴顯敞無雜瓦石。舍利子! 是名此處成就第二甚稀奇法。

"復次舍利子! 假使如上世界乃至大洞然等,如來在中若依經行若住坐臥,其處自然平博嚴淨而爲如來之所受用。舍利子! 是名此處成就第三甚稀奇法。

"復次舍利子! 假使如上世界乃至大洞然等,如來在中若依經行若住坐臥,其處自然生諸香草,光色青翠卷軟右旋,具細滑觸如迦遮鄰地。舍利子! 是名此處成就第四甚稀奇法。

"復次舍利子! 假使如上世界乃至大洞然等,如來在中若依經行若住坐臥,其處自然八功德水出現於地,所謂一輕、二冷、三軟、四澄靜、五無穢、六清淨、七樂飲、八多飲無患。舍利子! 是名此處成就第五甚稀奇法。

"復次舍利子! 假使如上世界乃至大洞然等,如來在中若依經行若住坐臥,其處自然涼風和暢輕靡相發,此是如來先業所感。舍利子,譬如極炎熱時,於日後分有一丈夫,熱所逼故奔趣殑河,投於水中沐浴身體,熱之既息清涼悦樂,往返遊戲度至餘岸經行往來。遥見不遠有大樹林,枝葉翠盛陰影厚密,便往林中。復見施妙床座敷勝氍氀,上加綿蓐,覆以迦遮鄰地之帔,輕妙鮮支重覆其上,排軟倚枕置床兩頭。彼大丈夫升於此床若坐若臥,於床四面清風微動輕扇相續。如是舍利子! 如來於此大洞然等世界之中行住坐臥,自然涼風微扇相續亦復如是。舍利子! 是名此處成就第六甚稀奇法。

"復次舍利子！假使如上世界乃至大洞然等，如來在中若依經行若住坐臥，其處自然江河池沼有水生花種種出現，所謂殟鉢羅花、鉢特摩花、拘貿陀花、奔荼利花，其花芬馥光彩映發見者悅樂。舍利子！是名此處成就第七甚稀奇法。

"復次舍利子！假使如上世界乃至大洞然等，如來於中行住坐臥，其處自然原陸陵阜皆生妙花種種出現，所謂阿底目多迦花、瞻博迦花、蘇末那花、婆使迦花、阿輸迦花、波吒羅花、迦膩羅花、怛羅尼花、瞿怛羅尼花，如是等花開敷鮮榮色香具足，眾生見者得未曾有。舍利子！是名此處成就第八甚稀奇法。

"復次舍利子！假使如上世界乃至大洞然等，如來於中行住坐臥，其處自然金剛爲體堅固難壞。舍利子！是名此處成就第九甚稀奇法。

"復次舍利子！假使如上三千大千世界劫欲盡時，乃至燒、極燒、遍極燒，然、極然、遍極然、大洞然等，是諸世界如來在中若依經行若住坐臥，當知其處是佛靈廟諸天世間，若魔若梵、若沙門若婆羅門、天及人民阿素洛等，恭敬供養尊重之處。舍利子！是名此處成就第十甚稀奇法。

"復次舍利子！汝今當知，如是十種甚稀奇法，皆是如來先世業力之所成就。何以故？舍利子！如來善通達法界故。由通達故，如來、應、正遍知入是三摩地，依此定心受樂不退，雖經殑伽沙等諸大劫住，然如來未曾退起三摩地心。舍利子！如來、應、正遍知依此定心經一食頃，或住一劫、百劫、千劫或住百千劫，或住一拘胝劫、百拘胝劫、千拘胝劫、百千拘胝劫，或復乃至過於上數。何以故？如來、應、正遍知成就第一三摩地波羅蜜多故。由成就故，如來具足如是大神通力，具足如是大威德力，具足如是大宗勢力。舍利子！如彼非想非非想處諸天子生，識緣一境經八萬四千劫住，乃至三摩地壽命未盡已來，此識不爲餘境界識之所移轉。舍利子！彼諸天子尚以世定之力經爾所時，何況如來三摩地波羅蜜多而無久住。

"復次舍利子！如來、應、正遍知初證阿耨多羅三藐三菩提夜，乃至入無餘大般涅槃界夜，於其中間，如來之心於三摩地未曾有起。故名此定無回轉心、無所行心、無觀察心、無動慮心、無流蕩心、無攝眾聚心、無散亂心、無高舉心、無沉下心、無防護心、無覆藏心、無欣勇心、無違逆心、無萎悴心、無動搖心、無驚喜心、無惛沉心、無分別心、無異分別心、無遍分別心。又此定者不隨識心、不依眼心、不依耳鼻舌身意心、不依色心、不依聲香味觸法心、不趣諸法心、不起智心、不觀過去心、不觀未來心、不觀現在心。舍利子！如來、應、正遍知住三摩地如是離心，無有一法而可得者，於一切法中無礙智見生，以無功用故。又舍利子！如來不起於三摩地，離心意識而能作諸佛事，以無功用故。如是舍利子！是諸菩薩摩訶薩聞如來不思議尸羅及三摩地已，信受諦奉清淨無疑，倍復踴躍深生歡喜發稀奇想。”

爾時世尊欲重宣此義而說頌曰：

無量無等百千劫，	昔有趣中行覺行，
戒聞定忍不放逸，	導師能修妙覺因。
最勝業果淨如是，	妙廣淨戒超諸有，
十力尊戒如空淨，	難說無垢譬虛空。
從佛初得菩提夜，	至後入於寂滅夜，
佛心無行無異行，	大靜慮定未曾起。
十力戒聚無退分，	解脫神力亦如是，
一心住經無量劫，	大聖無思無異思。
佛智如空非思境，	明達無緣照三世，
無心意思無改變，	唯有佛子能信受。

爾時佛告舍利子：“云何菩薩摩訶薩於如來不思議神力，信受諦奉清淨無疑，倍復踴躍深生歡喜發稀奇想？舍利子！如來、應、正遍知所獲神通，不可思議不可宣說，今當爲汝方便開顯。舍利子！如來常說我聲聞眾中得神通者，所謂長老大目犍連最爲第一。舍利子！如是所得神通，若以稱量觀察聲聞神通，不見有與菩薩神通等者。若以稱量觀察聲聞菩薩所得神通，不見有與諸佛如來神通等者。舍利子！是名如來不可思議神通。

是諸菩薩摩訶薩爲欲證得如來神通者,倍應發起上品正勤則能獲證。舍利子! 汝等今者欲於如來所聞説不思議神通譬喻不?"

舍利子言:"今正是時。若諸苾芻聞佛所説神通譬喻者,如所聞已當共受持。"

佛告舍利子:"諦聽諦聽,當爲汝説。"

舍利子言:"如是世尊! 願樂欲聞。"

佛告舍利子:"於汝意云何? 尊者大目揵連有大神通不?"

舍利子言:"我昔從佛受持是語,尊者大目揵連於聲聞僧中神通第一。"

佛言:"如是如是。舍利子! 今當爲汝廣説譬喻。假使三千大千世界滿中聲聞,皆得神通如大目揵連,譬如甘蔗竹葦稻麻叢林。是諸聲聞以諸正勤迅速勢力神通變化顯現之時,欲比如來神通變化,百分、千分、百千萬分不及其一,拘胝分、百拘胝分、千拘胝分、百千拘胝分不及其一,如是僧佉分、迦羅分、伽拏那分、嗢波摩分、優波尼商分不及其一。何以故? 如來、應、正遍知以得第一神通變化波羅蜜多故。

"復次舍利子! 假使如來以一芥子投之於地,彼聲聞衆以諸正勤迅速勢力神通變化大顯現時,終不能動所投芥子如毛端許。何以故? 如來、應、正遍知以得第一神通變化故。又舍利子! 且置三千大千世界。假使東方乃至如殑伽沙等世界中所有衆生,如是十方殑伽沙等世界衆生,若卵生若胎生乃至非想非非想處,一切衆生俱是聲聞,成就第一神通變化皆如尊者大目揵連。如是聲聞以諸正勤迅速勢力神通變化大顯現時,終不能動所投芥子如毛端許。何以故? 如來以得第一波羅蜜神通波羅蜜多故。舍利子! 是名如來具足如是大神通力,具足如是大威德力,具足如是大宗勢力。"

爾時薄伽梵復告長老舍利子言:"舍利子! 汝頗曾聞風劫起時,世有大風名僧伽多。彼風所吹,舉此三千大千世界蘇迷盧山王、輪圍山、大輪圍山,及四大洲八萬小洲大山大海,舉離本處高逾繕那碎爲末不?"

舍利子言:"我昔面於佛前親聞受持如是之事。"

佛言:"如是如是。舍利子! 又風災起,更有大風名僧伽多。彼風所吹，舉此三千大千世界並蘇迷盧山、輪圍山等，及諸大海，舉高百逾繕那已碎末爲塵。或復舉高二百逾繕那，或高四百五百，乃至舉高千逾繕那，或高三千四千逾繕那已碎末爲塵，乃至或高無量百千逾繕那已碎末爲塵。而此諸塵隨風散滅了不可得，何況山石當有存者。此風又上，擊散壞滅焰摩天宮，乃至諸塵散滅，何況宮殿當有存者。如是展轉次第而上，擊散壞滅睹史多天、樂變化天、他化自在天、魔羅衆天、婆摩天、淨光天、遍淨天所有宮殿，乃至彼諸微塵亦皆散滅不可而得，何況宮殿牆壁而可存者。舍利子！假使如上大風卒起摧壞世界，即以此風吹如來衣一毛端際尚不能動，何況衣角及全衣者。何以故？如來、應、正等覺成就不可思議神通，不可思議威儀，不可思議妙行，不可思議大悲故。復次舍利子！假使十方如殑伽河沙等世界有如是等大風輪起，將欲吹壞此諸世界。爾時如來以一指端持此世界往至餘處，或令風輪無力能吹颯然還返，然於如來神通變化及一切力無有退減。舍利子！如來神通不可思議難聞難信，唯有諸大菩薩摩訶薩乃能信受諦奉清淨無惑無疑，倍復踊躍深生歡喜發稀奇想。”

爾時世尊欲重宣此義而説頌曰：

假使三界諸含靈，　　一切變成聲聞衆，
盡得神通波羅蜜，　　譬如尊者目揵連。
獲大神通力如來，　　以一芥子投於地，
一切聲聞現神通，　　未能搖轉毛端量。
假使十方世界中，　　所有殑伽河沙等，
吠嵐僧伽大猛風，　　吹碎如斯諸世界。
如是諸風大猛盛，　　將吹一切智衣服，
盡其勢力不能動，　　乃至如一毛端量。
大牟尼尊以一毛，　　能障彼風令不起，
佛具如斯大神力，　　等彼虛空無邊際。

“如是舍利子！是名如來不可思議大神通力。菩薩摩訶薩信受諦奉清淨無疑，倍復踊躍深生歡喜發稀奇想。”

【《大寶積經》卷第三十八　　大唐三藏法師玄奘奉詔譯】

菩薩藏會第十二之四
如來不思議性品第四之二

　　爾時佛告舍利子："云何菩薩摩訶薩於如來不思議力,信受諦奉清淨無疑,倍復踊躍深生歡喜發稀奇想? 舍利子! 諸佛如來具足成就如是十力,由成就故,如來、應、正等覺於大眾中正師子吼,自稱我處大仙尊位轉大梵輪,一切世間所有沙門婆羅門、若天若魔若梵等,不能如法而轉。舍利子! 何等名爲如來十力? 所謂處非處智力、業報智力、種種界智力、種種解智力、種種根智力、一切遍行行智力、靜慮解脫三摩地三摩鉢底雜染清淨智力、隨念前世宿住作證智力、死生作證智力、漏盡作證智力。舍利子! 如來成就如是十力故,乃至於大眾中能轉梵輪,一切世間所不能轉。

　　"復次舍利子! 云何如來是處非處智力? 舍利子! 如來無上智力處非處者,所謂於是處如實知是處,於非處如實知非處。舍利子! 何等爲是處? 何等爲非處? 舍利子! 言非處者無所攝受,謂身惡行、語惡行、意惡行,能感可喜可樂可愛可意報者,無有是處。言是處者有所攝受,謂身惡行、語惡行、意惡行,能感不可喜不可樂不可愛不可意報者,斯有是處。又舍利子! 言非處者無所攝受,謂身妙行、語妙行、意妙行,能感不可喜不可樂不可愛不可意報者,無有是處。言是處者有所攝受,謂身妙行、語妙行、意妙行,能感可喜可樂可愛可意報者,斯有是處。復次舍利子! 言非處者無所攝受,謂由慳故能感大富、由犯戒故得生人天、由瞋恚故感得端正、由懈怠故能得對觀、謂心亂者入正決定、由惡慧故永斷一切相續習氣,如是說者無有是處。言是處者有所攝受,謂由慳故能感貧窮、由毀犯戒便感地獄畜生鬼趣、由瞋恚故感醜陋報、由懈怠故不得對觀、由心亂故不入正定、由惡慧故不斷一切相續習氣,如是說者斯有是處。又舍利子! 言非處者無所攝受,謂由布施能感貧窮、由持戒故墮於地獄畜生鬼趣、由含忍故感得醜陋、由正勤故不得對觀、由心一緣不入正定、由聖慧故不斷一切相續習氣,如是說者無有是處。言是處者有所攝受,謂由布施能感大富、由持戒故得生人天、由懷忍故感得端正、由正勤故能得對觀、由心一緣入正決定、由聖慧故永斷一切相續習氣,如是說者斯有是處。

"復次舍利子! 言非處者無所攝受,謂因殺生而感長壽、不與取者能得大富、行邪欲者感貞良妻,如是說者無有是處。言是處者有所攝受,謂殺生者能感短壽、不與取者能感貧窮、行邪欲者妻不貞良,如是說者斯有是處。又非處者無所攝受,謂離殺者能感短壽、離不與取能感貧窮、離於邪欲妻不貞良,如是說者無有是處。言是處者有所攝受,謂離殺者能感長壽、離不與取能感大富、離邪欲者感貞良妻,如是說者斯有是處。

"復次舍利子! 如是一切善不善業道是處非處,今當略說顯示其要。謂妄語者不感誹謗無有是處,若能感者斯有是處。離妄語者能感誹謗無有是處,不感誹謗斯有是處。離間語者若能感得不壞眷屬無有是處,不能感者斯有是處。遠離間語感壞眷屬無有是處,感不壞眷屬斯有是處。粗惡語者若得常聞可意之聲無有是處,聞不可意聲斯有是處。離粗惡語聞不可意聲無有是處,若不聞者斯有是處。若懷綺語感說言教令他信受無有是處,若不信受斯有是處。若離綺語所說言教令他不受無有是處,若信受者斯有是處。又舍利子! 若貪著者感財不散無有是處,若感散失斯有是處。若離貪著感財散失無有是處,若不能感斯有是處。若心瞋恚不趣地獄無有是處,若有趣者斯有是處。若離瞋恚不生善趣無有是處,若往生者斯有是處。若興邪見受邪見因能得道者無有是處,不能得道斯有是處。謂正見者受正見因不得聖道無有是處,能得聖道斯有是處。

"復次舍利子! 造無間者心得安住無有是處,若不安住斯有是處。又舍利子！若戒淨者心不安住無有是處，若得安住斯有是處。又舍利子！
若住有所得見能得順忍無有是處，若不得者斯有是處。若信解空不得順
忍無有是處，若有得者斯有是處。又舍利子！若住惡作得心安息無有是
處，若不能得斯有是處。若繫心者不得心安無有是處，若能得者斯有是
處。又舍利子！若有女人爲轉輪王、爲釋天主、爲梵自在無有是處，若丈
夫作斯有是處。若有女人出世作佛無有是處，轉女身已出世作佛斯有是
處。又舍利子！若第八人未證於果而出受者無有是處，證果已出斯有是
處。若至聖流受第八有無有是處，即此諸蘊而般涅槃斯有是處。若一來
人受第三有無有是處，即此諸蘊而般涅槃斯有是處。若不還人復還於此
無有是處，即於彼處而般涅槃斯有是處。若阿羅漢更續生有無有是處，若
不更續斯有是處。又舍利子！若諸聖人更求邪師受邪標幟無有是處，不
求邪師及邪標幟斯有是處。又舍利子！若得無生法忍菩薩有退轉者無有
是處，定得菩提無有退轉斯有是處。

　　“復次舍利子！言非處者無所攝受，若諸菩薩安坐道場不證菩提中而
起者，無有是處。言是處者有所攝受，若諸菩薩坐於道場，證佛道已而便
起者，斯有是處。又舍利子！言非處者，若謂如來習氣相續，無有是處。
言是處者，一切如來習氣永斷，斯有是處。又舍利子！若謂如來智有礙者
無有是處，佛智無礙斯有是處。又舍利子！若有能觀如來頂者無有是處，
無有能觀斯有是處。又舍利子！若有能知如來心住無有是處，若不能知
斯有是處。又舍利子！若言如來有不定心而可得者無有是處，諸佛世尊
心恒在定斯有是處。又舍利子！若諸如來行不實語無有是處，若諸如來
是真語者、是實語者、是諦語者、不異語者斯有是處。又舍利子！諸佛如
來誤失可得無有是處，由無誤失故名爲佛及薄伽梵斯有是處。舍利子，如
是四無所畏、十八不共佛法，亦應如是廣分別説。

　　“復次舍利子！言非處者無所攝受，乃至如來於現在世有障有礙智見
轉者，無有是處。言是處者有所攝受，佛薄伽梵於現在世無障無礙智見轉
者，斯有是處。舍利子！是名如來處非處智力，不可思議無量無邊。譬如
虛空無邊無際，如是如來處非處智力無邊無際亦復如是。若有欲求如來、

應、正等覺處非處智力邊際者,不異有人求虛空際。舍利子!菩薩摩訶薩聞諸如來不可思議是處非處智力如虛空已,信受諦奉清淨無疑,倍復踴躍深生歡喜發稀奇想。"

爾時世尊欲重宣此義而說頌曰:

> 十方虛空無邊量,　　處非處智亦無邊,
> 如實知處非處已,　　爲衆廣宣微妙法。
> 解脫道器成就人,　　佛知其行方爲說,
> 若非解脫道器者,　　知非處已便捨離。
> 假使虛空可移動,　　十方大地同時裂,
> 世出世間大聖尊,　　處非處智皆如實。

"舍利子!此謂如來第一處非處智力。由成就故,如來、應、正等覺於大衆中正師子吼,自稱我處大仙尊位轉大梵輪,於諸世間所有沙門婆羅門、若天魔梵等,一切不能如法而轉。

"復次舍利子!云何如來業報智力?舍利子!如來、應、正等覺以無上智力,如實能知去來今業及於業受,若因若處若諸異報皆能了知。舍利子!云何如來如實知耶?所謂如來、應、正等覺如實能知過去業受,得於善因遠離不善,於未來世當與善根爲因。若於過去業受,得不善因遠離於善,在未來世當與不善根爲因。如是等相如來於此如實知之。若諸業受於未來世當順劣分、若諸業受於未來世當順勝分,如是等相如來於此如實知之。又舍利子!若諸業受於現在世順下劣分、於未來世當順勝分,若諸業受於現在世隨順勝分、於未來世順下劣分,若諸業受於現在世順下劣分、於未來世亦順劣分,若諸業受於現在世隨順勝分、於未來世亦順勝分,如是等相如來於此如實知之。又舍利子!若諸業受於過去世狹劣方便、於未來世廣大方便,若諸業受少有所作獲大勝進、若諸業受廣有所作得少勝進,如是等相如實知之。又舍利子!若諸業受當得聲聞性因、當得獨覺性因、當得佛性因者,如是等相如來於此如實知之。又舍利子!若諸業受現在世苦、能於未來感樂異報,若諸業受現在世樂、能於未來感苦異報,若

諸業受現在世苦、能於未來感苦異報,若諸業受現在世樂,能於未來感樂異報,如是等相如來於此如實知之。

"復次舍利子!如來如實能知過去未來現在一切有情若業若因、若諸異報、若即若離、若有隨順不異分者,如是等相如來知已,爲諸有情如實宣說。舍利子!如來、應、正遍知去來今業及業受因處所異報智,無量無邊不可思議。譬如虛空無邊無際,如是如來業異報智力無邊無際亦復如是。若有欲求如來、應、正等覺業異報智力邊際者,不異有人求虛空際。舍利子!菩薩摩訶薩聞諸如來業異報智力如虛空不可思議已,信受諦奉清淨無疑,倍復踴躍深生歡喜發稀奇想。"

爾時世尊欲重宣此義而説頌曰:

> 如來善知因異報,　　明眼如實了諸業,
> 最勝三世無有礙,　　有情諸行如實知。
> 一切含靈於五趣,　　當得成諸苦樂因,
> 若能轉因所轉苦,　　明照善逝如實知。
> 黑白異報一切業,　　隨其所應因異報,
> 猶若掌中如意寶,　　善逝了觀如實知。
> 諸異報業因雖少,　　當來獲果無有量,
> 或無量因感少果,　　善逝遍能如實知。
> 若因當證聲聞果,　　及當證於獨覺果,
> 能感無上妙智力,　　善逝無餘如實知。
> 若業成熟因時苦,　　此業當獲於樂果,
> 若業成熟因時樂,　　當獲苦果如實知。
> 若業因果皆住苦,　　若業因果皆住樂,
> 若業自體因自體,　　善逝相應如實知。
> 苦果循環於三世,　　有情流轉五趣中,
> 最勝圓滿菩提智,　　皆能不異如實知。

"舍利子!是名第二如來業異報智力。由成就故,如來、應、正等覺於

大衆中正師子吼，自稱我處大仙尊位轉大梵輪，於諸世間所有沙門婆羅門、若天魔梵等，一切不能如法而轉。

"復次舍利子！云何如來種種解智力？舍利子！如來、應、正等覺以無上智力，能如實知彼有情類、彼數取趣，非一欲解種種欲解，如來於此能並了知。舍利子！吾更爲汝廣分別說。彼數取者，或住貪欲起瞋恚解、或住瞋恚起貪欲解，乃至住於愚癡起貪瞋解，如是等相如來如實皆能了知。又舍利子！若數取者住於不善起不善解、或住善法而起善解，是亦如來如實了知。若數取者住於下劣方便起廣大解、或住廣大方便起下劣解，或由此解下劣方便當住勝進、或由此解勝進方便當住下劣，是亦如來如實了知。又舍利子！若由此解當殖邪定種、若由此解當殖正定種、若由此解當殖正定解脫種者，是亦如來如實了知。又舍利子！若由此解當趣欲界，或趣色界、或無色界，若由此解遍趣三界，是亦如來如實了知。又舍利子！若由此解順下劣分當獲勝進、或得勝進當住下劣，是亦如來如實了知。又舍利子！若由此解當於來世受種種生、受種種類種種受用，是亦如來如實了知。又舍利子！若由此解當退墮頂、或由此解殖解脫種，是亦如來如實了知。既了知已，如其所應廣爲有情如法演說。如是舍利子！如來非一解種種解智力，不可思議無邊無際與虛空等。是諸菩薩摩訶薩聞如來種種解智力如虛空不可思議已，信受諦奉清淨無疑，倍復踊躍深生歡喜發稀奇想。"

爾時世尊欲重宣此義而說頌曰：

> 世間種種解，　　過現無有量，
> 彼種種解心，　　導師皆能了。
> 若有貪解者，　　復當住瞋恚，
> 或現住瞋恚，　　癡解如實知。
> 住癡起貪解，　　心注不思議，
> 間雜流轉起，　　導師悉能知。
> 諸下劣方便，　　而起廣大解，
> 或增上方便，　　導師悉能知。

隨入於邪性，　　復入所不趣，

解脫三界解，　　如來悉能知。

種種生及類，　　諸受用差別，

若退墮於頂，　　兩足尊能知。

知種種解已，　　導師如法説，

是第三佛力，　　最勝子能信。

"舍利子！是名如來第三種種解智力。由成就故，如來、應、正遍知於大衆中正師子吼，自稱我處大仙尊位能轉梵輪，一切世間沙門婆羅門及天魔梵，不能如法而轉。

"復次舍利子！云何如來種種界智力？舍利子！如來、應、正等覺以無上智力，如實了知一切世間種種諸界。由此界故，世間含生集起福行、集非福行、集不動行，或由此界殖出離種，如是等界如來於此如實了知。又舍利子！如來如實了知眼界、色界及眼識界。如是等界云何知耶？謂如實知，由内空、外空、内外空故。乃至如實了知意界、法界及意識界。如是等界云何知耶？謂如實知，由内空、外空、内外空故。又如實知地界、水界、火界、風界。如是等界云何知耶？謂如實知，如空界故。如是欲界、色界及無色界如實了知，遍分別所起故。又如實知有爲界造作相故，無爲界無造作相故，雜染界煩惱所引相故，清淨界自體光淨相故。又如實知諸行界不順理無明相故，涅槃界順理明相故。如是諸界皆能明瞭。是故舍利子！若界能安立世間，此界世間之所依住。如是若界能發牽引、若界能興建立、若界能起方便、若界能生意欲、若界能起熾然、若界能爲依止，舍利子！如是等界無量無邊，是亦如來如實明瞭。既明瞭已，如其所應廣爲有情如法演説。舍利子！如來非一界種種界智力，不可思議無有邊際與虛空等。若有欲求如來種種界智力邊際者，不異有人求於空際。如是舍利子！是諸菩薩摩訶薩聞如來種種界智力如虛空不可思議已，信受諦奉清淨無疑，倍復踴躍深生歡喜發稀奇想。"

爾時世尊欲重宣此義而説頌曰：

世間諸含生，　　依止種種界，
隨其所流轉，　　最勝悉能知。
福非福不動，　　及順於出離，
住如是界已，　　證寂靜涅槃。
若眼界色界，　　及以眼識界，
耳鼻舌身意，　　諸界悉能知。
又知於法界，　　及以意識界，
內外界悉空，　　佛能如實知。
地界及水界、　　火界與風界，
四界同空相，　　如是悉能知。
若欲界色界，　　及以無色界，
遍分別所起，　　佛能如實知。
如虛空無邊，　　界無邊亦爾，
佛皆能照了，　　不謂我能知。
諸界本無生，　　亦無有滅者，
是謂涅槃界，　　勝丈夫能知。
如空量無邊，　　諸佛智如是，
由智能了知，　　變異於諸界。
已知種種界，　　調伏諸含生，
是佛第四力，　　最勝子能信。

"舍利子！是名如來第四非一界種種界智力。由成就此力故，如來、應、正等覺於大眾中正師子吼，自稱我處大仙尊位能轉梵輪，一切世間沙門婆羅門及天魔梵所不能轉。

"復次舍利子！云何如來非一根種種根智力？舍利子！如來、應、正等覺以無上智力故如實能知，若他有情、若數取者種種諸根差別之相，如來皆能分別了知。舍利子！如是等相云何知耶？所謂了知鈍根中根利根、勝根劣根，由隨遍分別根故。能知眾生起極重貪、起極重瞋、起極重癡，如是諸根是亦如來如實了知。又舍利子！由隨遍分別根故，如來能知,或起假立貪瞋癡、或起微薄貪瞋癡、或起顛倒貪瞋癡、或起摧伏貪瞋癡,如是等相是亦如來如實了知。又舍利子! 若不善因所生諸根、若由善因所生諸根、若不動因所生諸根、若出離因所生諸根,是亦如來如實了知。又舍利子! 如來如實了知,眼根、耳根、鼻根、舌根、身根、意根,女根、男根、命根,樂根、苦根、憂根、喜根、捨根,信根、正勤根、念根、慧根、三摩地根,未知當知根、知根、知已根,如是諸根差別之相,是亦如來如實了知。又舍利子! 如來如實知彼諸根,因於眼根當住耳根而不住彼鼻舌身根,或因耳根當住鼻根、或因鼻根當住舌根、或因舌根當住身根、或因身根當住眼根,如是等根如來於此如實知之。

"復次舍利子! 若諸有情住布施根修戒方便,爾時如來以勝劣根智爲説布施。若住戒根修施方便,爲説於戒。若住忍根修勤方便,爲説忍法。住正勤根修忍方便,爲説正勤。住静慮根修慧方便,爲説静慮。若住慧根修定方便,爲説正慧。如是一切菩提分法諸根差別如實了知,皆應廣説。又舍利子! 若諸有情住聲聞根而返修於獨覺方便,如來以諸根智爲説下乘。住獨覺根而修聲聞智方便者,以諸根智爲説中乘。住大乘根而修二乘智方便者,以諸根智爲説大乘。住下劣根修大乘行,以諸根智爲説二乘。若諸有情無堪任根、無堪任相,如來如實知無堪任非法器已而便捨置。若諸有情有堪任根、有堪任相,如來如實知有堪任是法器者,即便殷勤鄭重説法令其悟入。如是舍利子! 如來了知一切有情諸根純熟及不純熟、諸根出離及不出離。舍利子! 諸有情根,如來如實一切了知,住如是相、如是方便、如是信解、如是本因、如是所緣、如是等流、如是究竟。舍利子! 如來種種根智不可思議無邊無際與虛空等,若有欲求如來諸根智力邊際者,不異有人求虛空際。諸菩薩摩訶薩聞是根力如虛空已,信受諦奉清淨無疑,倍復踴躍深生歡喜發稀奇想。"

爾時世尊欲重宣此義而説頌曰:

> 到根彼岸含靈尊,　　善達有情意性行,
> 隨諸衆生根所堪,　　人中師子爲説法。
> 下中上根所堪任,　　善逝勝智根中起,

観彼解脱器心已， 知行慧者爲説法。

若人諸根能發起， 至極相續微煩惱，

善達彼人所有根， 知行隨順爲説法。

若諸丈夫有善根， 隨勤信欲廣開示，

又隨根行相差別， 説諸勝義定慧等。

若人發起於信欲， 慧者隨根説淨道，

知彼所行衆行已， 爲説勝法超諸苦。

有定住佛菩提根， 迷倒誤轉聲聞智，

爲説大乘成正覺， 此佛難伏第五力。

"舍利子！是名如來第五種種根智力。由成就此力故，如來於大衆中正師子吼，自稱我處大仙尊位能轉梵輪，一切世間沙門婆羅門及天魔梵不能如法而轉。

"復次舍利子！云何如來遍趣諸行智力？舍利子！如來、應、正等覺以無上智力故，如實了知遍行諸行。舍利子！如是等相云何了知？謂能了知有情性等，正定之性、不正定性及邪定性。舍利子！云何名爲正定之性？謂由因力先世方便，開智利根之所生故。若諸如來爲彼説法、若不説法，如來如實知彼有情前世因果堪任法器，隨應説法令速解脱。舍利子！云何名爲不定之性？由外緣力而成熟相，若得如法教授教誡可得解脱，不得如法教授教誡不得解脱。如來爲説隨順緣因相應之法，彼諸有情聞正法已，如理修行證解脱果。爲如是等得義利故，諸佛世尊出興於世。舍利子！云何名爲邪定之性？謂有情性煩惱所蔽不修淨業，識性薄弱愚癡深厚，住邪見網非正法器。若使如來爲彼説法、若不説法，終不堪任證於解脱。如來如實知彼有情非法器已而便捨置。是故舍利子！諸菩薩摩訶薩愍此有情作利益故，被弘誓鎧入邪見軍教化摧伏。又舍利子！如來如實了知三種貪行：或淨美相起於貪行，或愛戀相起於貪行，或先世因起於貪行。又能了知三種瞋行：或損害相起於瞋行，委練觀察起於瞋行，先世隨眠起於瞋行。又觀了知三種癡行：或有癡行因無明生，或有癡行因妄有身見生，或有癡行因疑而生。如是一切如來如實皆能了知。

"復次舍利子！如來如實了知諸行。苦樂二行俱能速通，諸根利故。苦樂二行俱是遲通，諸根鈍故。又如實知遲行遲通，舍所緣故。遲行速通，道不息故。速行遲通，勇決進故。速行速通，非彼性故。又如實知，或有諸行簡擇力滿非修習力，或有諸行修習力滿非簡擇力，或有諸行簡擇修習二力俱滿，或有諸行簡擇修習力俱不滿；如是諸相如來如實皆能了知。又如實知，或有諸行信欲具足非方便具足，或有諸行方便具足信欲不具足，或有諸行信欲方便俱不具足，或有諸行信欲方便二俱具足；如是一切皆能了知。又如實知，或有諸行身業清淨非由語心，或有諸行語業清淨非由身心，或有諸行心業清淨非由身語，或有諸行非身語心，或有諸行由身語心而得清淨。舍利子！如是乃至一切有情所有諸行，或因流轉、或因不流轉、或因流轉及不流轉，如來以無礙智見故，於如是等一切處轉。如是舍利子！如來遍教行智力不可思議無邊無際與虛空等，諸菩薩摩訶薩聞是智力不可思議如虛空已，信受諦奉清淨無疑，倍復踴躍深生歡喜發稀奇想。"

爾時世尊欲重宣此義而說頌曰：

善逝如實了諸行，	能知定因有情性，
又知不定成熟相，	及諸根因相應法。
諸行三種貪相應，	及與三種瞋癡合，
無邊廣惑相應行，	緣因大師如實知。
諸有苦行而根利，	及有此行而鈍根，
諸有樂行根利鈍，	世大依怙如實知。
諸有鈍行及鈍修，	或復行鈍而修利，
或復行速而修遲，	或有俱速非彼性。
或有諸行簡擇生，	不由修習道力起，
或修習生非簡擇，	俱生別異共相應。
或有諸行信欲轉，	清淨而非方便淨，
或有返此俱不俱，	佛遍智者皆明瞭。
復有淨修於身業，	非語非心業清淨，

> 或復語淨及身淨，　　　而彼心體非清淨。
>
> 或有内心常清淨，　　　身語二業非清淨，
>
> 或復語淨及心淨，　　　而彼身業未嘗淨。
>
> 或身語心淨不淨，　　　諸行流轉及寂滅，
>
> 遍智見者如實知，　　　是爲如來第六力。

"舍利子！是名如來第六遍趣行智力。由此力故，如來自稱處仙尊位轉大梵輪，乃至無有如法轉者。

"復次舍利子！云何如來靜慮解脱三摩地三摩鉢底發起雜染清淨智力？舍利子！如來、應、正等覺以無上智力故，如實了知若自若他一切靜慮解脱三摩地及三摩鉢底發起雜染清淨之法。舍利子！如是等相云何知耶？謂如實知，由因由緣一切有情能令雜染。又如實知，由因緣故一切有情能令清淨。舍利子！何因何緣能令雜染？舍利子！由不稱理作意爲因、無明爲緣，令諸有情發起雜染。如是無明爲因、諸行爲緣，諸行爲因、識爲其緣，以識爲因、名色爲緣，名色爲因、六處爲緣，六處爲因、諸觸爲緣，諸觸爲因、受爲其緣，以受爲因、愛爲其緣，以愛爲因、取爲其緣，以取爲因、有爲其緣，以有爲因、生爲其緣，以生爲因、老死爲緣，煩惱爲因、諸業爲緣，諸見爲因、愛爲其緣，隨眠爲因、諸纏爲緣。舍利子，由如此等諸因緣故，令諸有情發起雜染。如是等相是亦如來如實了知。舍利子！何因何緣能令清淨？舍利子！有二因二緣能令一切有情清淨，所謂由他順音及由内自如理作意，又奢摩他緣於一境及毗鉢舍那善巧方便。復有二因二緣能令清淨，謂不來智及不去智。復有二因二緣能令清淨，謂無生觀及證正定。復有二因二緣能令清淨，謂行具足及明無明解脱作證。復有二因二緣能令清淨，謂修解脱門及性解脱智。復有二因二緣能令清淨，謂隨覺諦及隨得諦。舍利子！如是諸因諸緣能令一切有情清淨，是亦如來如實了知。

"復次舍利子！如來如實知諸有情雜染境界、知諸有情清淨境界，或有雜染境界入於清淨境界、或有清淨境界入於雜染境界，如是皆由如實觀故。或有雜染境界入於雜染境界、或有清淨境界入於清淨境界，如是皆由

增上慢執故。如來於中如實智轉。又舍利子！如來以如實知，於諸靜慮超越間雜差別中轉，所謂離欲惡不善法，有尋有伺離生喜樂，具足安止最初靜慮。如來安住初靜慮已從滅定出，如是乃至入滅定已從初靜慮出。又舍利子！如來以如實知，於八解脫或順次入、或復逆入、或順逆入、或間雜入。舍利子！如是解脫何等爲八？謂有色觀諸色是初解脫，內無色想外觀諸色是第二解脫，於淨解脫或於淨性起於淨解是第三解脫，虛空想處定是第四解脫，識想處定是第五解脫，無所有處定是第六解脫，非有想非無想處定是第七解脫，若想受滅是第八解脫。又舍利子！如來以如實智，或安住一三摩地中而復示現餘三摩地及三摩鉢底，又復示現種種觀解，而諸如來於諸等持未曾混亂。又舍利子！諸佛如來不緣三摩地故入於三摩地，或依一三摩地故成就一切餘三摩地，或不起一三摩地而能遍入諸三摩地。又諸如來心常住定無展轉緣，又諸如來無不定心而可得者。諸佛如來住定深妙，無有能觀如來所得三摩地者。舍利子！聲聞所得三摩地爲獨覺三摩地之所映奪，獨覺所得三摩地爲諸菩薩三摩地之所映奪，菩薩所得三摩地爲諸佛三摩地之所映奪，如來所得三摩地無映奪者。何以故？以諸如來無映奪智常現轉故。舍利子！如來如實了知，如是教授、如是教誡，而能發起聲聞獨覺諸三摩地。又以如是教授教誡，而能發起諸菩薩等妙三摩地。諸佛如來如實知已，便作如是教授教誡。舍利子！如來靜慮解脫三摩地三摩鉢底雜染清淨發起智力，不可思議無邊無際與虛空等，若有欲求如來定力邊際者，不異有人求空邊際。舍利子！諸菩薩摩訶薩聞是諸定智力不可思議如虛空已，信受諦奉清淨無疑，倍復踴躍深生歡喜發稀奇想。"

爾時世尊欲重宣此義而說頌曰：

> 由此有情興雜染，　　由此有情得清淨，
> 大雄如是了知已，　　廣爲宣揚微妙法。
> 由彼違理作意因，　　無明爲緣生雜染，
> 復因無明諸行緣，　　乃至展轉生諸苦。
> 違理作意及無明，　　爲彼有支生根本，

諸佛如實了知已，　　隨其所應宣妙法。

一切雜染之根本，　　所謂業行及無明，

復從此緣生諸識，　　如是展轉興諸苦。

由彼所說隨順音，　　及由內懷如理觀，

如斯二因二緣故，　　一切含靈證清淨。

由奢摩他如理因，　　及由毗鉢舍那緣，

如是含靈證解脫，　　大師如實皆能了。

行者安住淨尸羅，　　觀察諸法皆空寂，

已善修習解脫門，　　遠離諸有迫迮苦。

此皆諸佛如實知，　　一切有情清淨行，

空無相願解脫門，　　善逝隨根而顯示。

獨覺最勝及聲聞，　　順逆履遊諸靜慮，

如來宣示彼所證，　　如有毒刺及怨仇。

諸佛所證定解脫，　　究竟無怨無毒刺，

當知第七如來力，　　不爲異證所摧伏。

"舍利子！是名如來第七諸定智力。由得此力故，如來自稱處仙尊位轉大梵輪，乃至無有如法轉者。

"復次舍利子！云何如來宿住隨念作證智力？舍利子！如來、應、正等覺以無上智力故，隨所憶念如實了知。舍利子！如來如是如實了知，若自若他一切有情無量宿住，或念一生十生百生千生乃至無量拘胝那庾多百千生，悉皆隨念而能知之。又隨念知劫壞劫成或劫成壞，或無量劫壞、無量劫成、無量劫成壞，或復隨念百拘胝劫乃至無量百千拘胝那庾多劫皆能了知。又能隨念，我於先世曾彼彼處，如是名、如是姓、如是種類、如是飲食、如是色、如是相、如是形貌、如是壽量、如是久住、如是苦樂。我於彼彼處終生彼彼處，復於彼彼處終來生此處。如是若自若他並諸形相處所流類無量宿住，悉能隨念而並知之。又舍利子！如來如實了知，一切有情隨其往因，以此因故如是有情來生於此，知此因已隨應說法。又能了知一切有情，於過去世諸心相續，此心無間緣如是境如是心生，由是所緣不具

足故如是心滅。如是一切如來如實隨念了知。又舍利子！若一有情心生
展轉，從如是心無間次第如是相續，於如殑伽沙劫種種言說不能令盡。如
一有情心相如是，一切有情其心亦爾，如來隨彼所有一切心相，隨念悉能
如實了知。又舍利子！如來依諸有情諸心展轉，盡於後際拘胝劫數說不
能盡，而如來智亦無有盡。

"復次舍利子！如來宿住隨念作證智力，不可思議、無有等者、無等等
者、無量無數、不可宣說，又不可說有邊盡際。舍利子！如來以佛神力加
諸有情令念宿住，而告之曰：'汝今應念於過去世，已種如是諸善法根，或
於佛所、或聲聞所、或獨覺所，或於正法種諸善根，如是善根悉當憶念。'彼
諸有情以如來力，隨念皆知。舍利子！如是如來以佛神力加彼有情，令知
宿住無量善根所緣境已，如其所應而為說法。舍利子！若諸有情於阿耨
多羅三藐三菩提得不退轉，隨其欲解而求出離，或依聲聞乘、或依獨覺乘、
或發阿耨多羅三藐三菩提心者，如是如來隨念智力如實了知。如是舍利
子！如來宿住隨念作證智力，不可思議、無量無數、無有邊際、與虛空等，
諸有欲求如來宿住隨念邊際者，不異有人求空邊際。舍利子！諸菩薩摩
訶薩聞是宿住智力不可思議如虛空已，信受諦奉無惑無疑，乃至踊躍歡喜
發稀奇想。"

爾時世尊欲重宣此義而說頌曰：

> 不思那庾拘胝劫，　　照世明燈悉隨念，
> 亦念過往自他生，　　如觀掌內五庵果。
> 隨念名姓色分別，　　住壽命盡諸生趣，
> 含靈具足如是因，　　知時如應為說法。
> 諸過去世無邊際，　　衆生所有心心法，
> 是心無間是心生，　　最勝大智皆能了。
> 善逝了知一有情，　　過往無間心相續，
> 如殑伽沙拘胝劫，　　不能說盡其邊際。
> 乃至後際拘胝劫，　　演諸含靈往所行，
> 而不與等智無盡，　　是名諸佛智海量。

一切有情善信欲，　　　已曾供養諸世尊，

佛威神力所加被，　　　令緣過去修淨行。

大師隨念彼所受，　　　過去曾修諸福行，

念彼所住三乘智，　　　不退解脫所依處。

善逝稱往無邊智，　　　諸有情界難思議，

無邊名稱第八力，　　　最勝長子能信受。

"舍利子！是名如來第八宿住智力。由得是力故，如來自稱處仙尊位轉大梵輪，乃至不能如法而轉。

"復次舍利子！云何如來天眼通作證智力？舍利子！如來、應、正等覺以無上智力，清淨天眼超過於人，觀諸有情死此生彼、若劣若勝、好色惡色，如其習業或往善趣、或往惡趣，如是等相如來明見如實了知。又能如實知諸含靈所造業行，如是有情成就身惡行、成就語惡行、成就意惡行、誹謗賢聖、起諸邪見，彼乘如是邪見業受因故，身壞命終墮諸惡趣，或生地獄、或生畜生、或生鬼趣。如來又知如是有情，成就身妙行、成就語妙行、成就意妙行、不謗賢聖、修行正見，彼乘如是正見業受因故，身壞命終往諸善趣，若生天上樂世界中。又復如來以淨天眼觀於十方，不可宣說過殑伽沙數盡虛空際窮法界量，諸佛世界種種相狀。或復現見諸佛剎土有洞然者、或見剎土有正壞者、或見剎土有正成者。又復現見一切含識死時生時。或復現見諸大菩薩從睹史多天降神母胎、或復現見出母胎者、或觀諸方各行七步、或復現見入處內宮、或見出家現修苦行、或見諸佛悟大菩提、或復現見轉大法輪、或復現見捨諸壽行入大涅槃。或復現見諸聲聞眾一切畢竟入般涅槃，或復現見一切獨覺示諸神通報淨施福而涅槃者。又諸有情非可現見，而為如來天眼所見，亦非彼外五通仙眼之所能見，亦非聲聞獨覺菩薩等眼之所能見，彼一切如來天眼悉能現見。如是非所現見微細眾生如車輪量，如來以天眼觀之，多於三千大千世界所有人天。如是一切無量無邊不可思議，如來悉能如實明見。舍利子！如來以淨天眼觀察一切無量佛土諸含靈性，何等眾生是如來化？何等眾生見如來已方調伏者？如來爾時隨應利見，即於前住令彼悟解，非餘眾生之所能知。如是舍利子！如來天眼隨念作證智力，不可思議、無有邊際、與虛空等，諸有欲求如來天眼智力邊際者，不異有人求空邊際。舍利子！諸菩薩摩訶薩聞如是力不可思議如虛空已，信受諦奉乃至發稀奇想。」

爾時世尊欲重宣此義而說頌曰：

善逝天眼淨無垢，	淨業修治無量劫，
最勝由是觀十方，	無垢難思諸佛土。
或壞或成或成壞，	乃至起住火洞然，
或有佛住或無佛，	自然尊眼悉能見。
有情性廣難思議，	乃至有色及無色，
若墮惡趣善趣生，	自然尊眼悉能見。
或多拘胝佛現在，	或現如來入涅槃，
並及緣覺若聲聞，	自然尊眼悉能見。
或為利生諸菩薩，	或行近妙菩提行，
住諸如來無障處，	自然導師皆能見。
善逝如是眼無垢，	能見極細諸眾生，
第九眼力不思議，	最勝聰慧了能信。

“舍利子！是名如來第九天眼智力。由此力故，自稱我處大仙尊位轉大梵輪，乃至一切世間不能如法而轉。

“復次舍利子！云何如來流盡作證智力？舍利子！如來、應、正等覺以無上智力，如實了知爲盡諸流無流，心解脫慧解脫，自然通慧作證具足而住。如實了知，我生已盡、梵行已立、所作已辦、不受後有。舍利子！如來流盡智力清淨無垢光潔圓照，永斷一切相續習氣。諸聲聞乘雖復流盡，唯能斷除少分習氣。諸獨覺乘雖復流盡，亦能斷除少分習氣，而遠離大悲及諸才辯。唯有如來諸流永盡，具一切種微妙佛法，斷除一切相續習氣，大悲所攝無畏才辯之所觀察，一切世間諸有含識不能映奪，一刹那心而常具足相應無異。何以故？由如來無業無煩惱，無忘失威儀諸習氣故。舍利子！譬如清淨虛空不與一切煙塵雲霧而共住止，如是如來流盡智力不與一切煩惱習氣而共住也。舍利子！諸佛如來住如是等流盡智已，復能爲彼有流有取一切衆生說流盡法及說永斷一切取法。一切衆生諸流諸取皆從虛妄遍分別起，如來如實觀察是已，欲令一切不復起故，如其所應以諸譬喻而爲說法，令如實知諸流虛妄，由知是已不取諸法，由不取故則能畢竟入般涅槃。又舍利子！如來如實了知一切有情諸流起滅諸流趣行，如是知已爲諸有情如應說法。如是舍利子！如來流盡作證智力，不可思議、無有邊際、與虛空等，若有欲求如來流盡智力邊際者，不異有人求於空際。舍利子！諸菩薩摩訶薩聞如來流盡作證智力不可思議如虛空已，信受諦奉心慮清淨無惑無疑，倍復踴躍深生歡喜發稀奇想。”

爾時世尊欲重宣此義而說頌曰：

> 導師流盡智無垢，　　無量廣大淨無障，
> 由成如是第十力，　　故說寂靜妙菩提。
> 諸聲聞乘流盡智，　　有量習氣隨繫縛，
> 人中最勝大導師，　　無量結習同灰燼。
> 有證緣覺菩提者，　　遠離大悲才與辯，
> 唯薄伽梵諸流盡，　　大悲才辯無有量。
> 諸佛安住流盡智，　　了知衆生流取相，
> 皆從虛妄諸法生，　　彼未解斯真理趣。
> 如來起悲爲敷演，　　無常不淨無我法，
> 彼觀諸法空無性，　　當證如來寂靜地。
> 無我無壽無數取，　　無人摩納作受者，
> 虛妄遍入諸法中，　　起大悲心說令脫。
> 善逝慈悲無厭倦，　　真智常流無忘失，
> 由是最勝恒方便，　　爲利衆生開妙法。
> 能伏他論第十力，　　無有邊際等虛空，
> 世尊常住十力故，　　無等法輪恒轉世。

“舍利子！是名如來第十流盡智力。由成就此力故，如來，應，正等覺

自稱我處大仙尊位,於大衆中正師子吼轉大梵輪,一切世間沙門婆羅門、諸天魔梵,不能如法而轉。如是舍利子! 諸菩薩摩訶薩由聞如來功德不可思議故,於如來十力信受諦奉,心慮清淨無惑無疑,倍復踴躍深生歡喜發稀奇想。"

【《大寶積經》卷第三十九　大唐三藏法師玄奘奉詔譯】

菩薩藏會第十二之五
如來不思議性品第四之三

　　爾時佛告舍利子："云何菩薩摩訶薩於如來不思議無畏,信受諦奉心志清淨無惑無疑,倍復踴躍深生歡喜發稀奇想? 舍利子! 如來、應、正等覺有四種不思議無畏。由成就是四無畏故,如來、應、正等覺於大衆中自稱我處大仙尊位,正師子吼轉大梵輪,一切世間沙門婆羅門、諸天魔梵,不能如法而轉。舍利子! 何等名爲四無所畏? 舍利子! 如來、應、正等覺成就無上智力故,於大衆中自稱我是正等覺者。此中諸天世間不見有能於如來前立如是論:'汝於此法非正等覺。'舍利子! 云何如來名正等覺? 舍利子! 如來能於一切諸法平等正覺無非平等,若凡夫法、若諸聖法、若諸佛法、若諸學法、若無學法、若獨覺法、若菩薩法,平等平等。若世間法、若出世間法,若有罪無罪、有流無流、有爲無爲,如是等一切諸法,如來悉能平等正覺,是故名爲正等覺者。舍利子! 云何名爲平等之性? 舍利子! 諸見自體與彼空性其性平等,諸相自體與彼無相其性平等,三界自體與彼無願其性平等,生法自體與彼無生其性平等,諸行自體與彼無行其性平等,起法自體與彼不起其性平等,貪性自體與彼無貪其性平等,三世自體與彼真如其性平等,無明有愛自體與明解脫其性平等,生死流轉自體與彼寂靜涅槃其性平等。如是舍利子! 如來能於一切諸法平等正覺,是故如來名正等覺。

　　"復次舍利子! 此如來無畏不可思議,又以大悲而爲方便,真如平等、真性如性、非不如性、不變異性、無覆藏性、無怖畏性、無退屈性、無違諍性,由如是故光顯大衆,能令悅豫遍身怡適,心生淨信踴躍歡喜。舍利子!世間衆生無有能於如來無畏起違諍者。何以故?由如來無畏不可爲諍故。如性平等處法界性,流布遍滿諸世界中,無能違害。舍利子!如如來無畏於一切甚深微細難可知法能正等覺,如是如來安住大悲,種種言音、種種法門爲彼有情開示妙法,若能依此修遠離行速盡苦際。若諸含識實非大師自稱大師、非正等覺稱正等覺,以如來不思議無畏故悉皆映奪,令彼衆生傲慢摧碎逃迸遠避。舍利子!如來無畏不可思議無邊無際譬如虛空,若有欲求如來無畏邊際者,不異有人求空邊際。舍利子!諸菩薩摩訶薩聞如來説是不思議無畏已,信受諦奉清淨無疑,歡喜踴躍發稀奇想。舍利子!是名第一正等覺無畏。由如來成就此無畏故,於大衆中正師子吼轉大梵輪,乃至一切世間所不能轉。

"復次舍利子!如來、應、正等覺成就無上智力故,於大衆中自稱我今諸流已盡,此中諸天世間無能於如來前如法立論:'汝有如是諸流未盡。'舍利子!云何如來流盡之性?舍利子!如來於欲流中心善解脱,永斷一切貪行習氣故;如來於有流中心善解脱,永斷一切瞋行習氣故;如來於無明流中心善解脱,永斷一切癡行習氣故;如來於見流中心善解脱,永斷一切煩惱行習氣故。以是因緣,故説如來諸流已盡。舍利子!如是説法依世俗故非爲勝義,於勝義中無有一法住聖智前可遍知、可永斷、可修習、可作證者。何以故?舍利子!所言盡者,未嘗不盡性究竟盡,不由對治説名爲盡;如實性盡。如實性盡故無法可盡,無法可盡故即是無爲,以無爲故無生無滅亦無有住。是故説言,如來出世若不出世,常住法性常住法界。即於其中聖智慧轉,雖如是轉無轉無還。舍利子!由是法門故無有諸流,亦無流盡而可得者。如是如來住大悲已,爲諸有情説流盡法。

"復次舍利子!如來無畏不可思議,復以大悲而爲方便,真如平等、真性如性、非不如性、不變異性、無覆藏性、無怖畏性、無退屈性、無違諍性,由如是故光顯大衆,能令悅豫遍身怡適,心生淨信歡喜踴躍。舍利子!世間衆生無有能於如來無畏起違諍者。何以故?由如來無畏不可爲諍故,真如平等處法界性,流布遍滿諸世界中,無能違害。如是不可思議無量無數無有邊際妙法成就,由如來大悲熏心,爲諸衆生説流盡法,欲令永斷彼諸流故。舍利子!如來無畏不可思議無邊無際譬如虛空,若有欲求如來無畏邊際者,不異有人求空邊際。舍利子!是諸菩薩摩訶薩聞如來説是不思議無畏已,信受諦奉清淨無疑,乃至發稀奇想。舍利子!是名第二流盡無畏。由成就此無畏故,如來於大衆中正師子吼,自稱我處大仙尊位轉大梵輪,乃至一切世間所不能轉。

"復次舍利子!如來、應、正等覺成就無上智力故,於大衆中唱如是言:'我説障法決定能障。'此中諸天世間無能於如來前如法立論:'汝説如是障法不能爲障。'舍利子!云何名爲能障礙法?舍利子!謂有一法能爲障礙。何等一法?謂心不清淨。復有二法能爲障礙,謂無慚、無愧。復有三法能爲障礙,謂身惡行、語惡行、意惡行。復有四法能爲障礙,由貪欲故行所不行、由瞋恚故行所不行、由愚癡故行所不行、由怖畏故行所不行。復有五法能爲障礙,謂殺生、不與取、欲邪行、妄語、飲酒。復有六法能爲障礙,謂不恭敬佛菩提、不恭敬法、不恭敬僧、不恭敬律儀、不恭敬三摩地、不恭敬建立施設。復有七法能爲障礙,謂慢、勝慢、勝上慢、增上慢、邪慢、下慢、我慢。復有八法能爲障礙,何等爲八?謂邪見、邪思、邪語、邪業、邪命、邪勤、邪念、邪三摩地。復有九法能爲障礙,何等爲九?謂於我身去來今世作不饒益生惱害事、於我所愛去來今世作不饒益生惱害事、我所不愛於去來今而作饒益生惱害事。復有十法能爲障礙,謂十不善道。是故略説是十種法能爲障礙,爲欲止息寂静永斷如是障礙法故,如來爲諸有情敷演正法。舍利子!乃至一切違罪作意相應諸結,若由諸法住愛味觀,顛倒相應、違背出離、愛見執著、於有味著,有所依事身語意業,彼一切相如來了知皆是障礙。既了知已,如實説爲能障礙法。復次舍利子!此如來無畏不可思議,以大悲爲方便,真如平等、真性如性、非不如性、無變異性、無覆藏性、無怖畏性、無退屈性、無違静性,由如是故光顯大衆,能令悦豫遍身怡適,心生淨信踴躍歡喜。舍利子!世間衆生無有能於如來無畏起違静者。何以故?由如來無畏不可爲静故。如性平等處法界性,流布遍滿諸世界中，無能違害。如是無量無數不可思議無與等者不可宣説妙法成就，而如來大悲熏心，爲諸有情説障礙法，欲令止息寂静永斷彼障法故。舍利子！如來無畏不可思議無邊無際譬如虛空，若有欲求如來無畏邊際者，不異有人求於空際。舍利子！是諸菩薩摩訶薩聞如來説是不思議無畏如虛空已，信受諦奉清淨無疑，乃至發稀奇想。舍利子！是名第三説障法無畏。由如來成就此無畏故，於大衆中正師子吼轉大梵輪，乃至一切世間所不能轉。

"復次舍利子！如來、應、正等覺成就無上智力故，於大衆中唱如是言：'我説聖出離，所修能正盡苦道；若諸有情修習此道必定出離。'此中諸天世間無能於如來前如法立論：'汝所説道不能出離。'舍利子！云何名爲聖出離道？舍利子！所謂一正趣道，能令衆生畢竟清淨。復有二法能令衆生畢竟出離，謂奢摩他及毗鉢舍那。復有三法能令出離，謂空、無相、無願解脱之門。復有四法能令出離，謂緣身生念、緣受生念、緣心生念、緣法生念。復有五法能令出離，謂信根、勤根、念根、三摩地根、慧根。復有六法能令出離，謂念佛、念法、念僧、念戒、念捨、念天。復有七法能令出離，所謂念等覺支、擇法等覺支、勤等覺支、喜等覺支、安息等覺支、三摩地等覺支、捨等覺支。復有八法能令出離，所謂聖八支道，正見、正思惟、正語、正業、正命、正勤、正念、正三摩地。復有九種悦根本法能令出離，所謂悦、喜、安息、樂、三摩地、如實智見、厭、及離欲、解脱。復有十法能令出離，謂十善業道。如是如來爲諸有情如實開示聖出離行。舍利子！乃至一切所有正善菩提分法，或戒聚相應、或三摩地聚、慧聚、解脱聚、解脱智見聚相應，或聖諦相應、如是名爲能出離行。又舍利子！能出離者所謂正行。言正行者，於此法中無有一法，若增若減、若來若去、若取若捨。何以故？非行正行者行一種覺。若能如實知見諸法皆不二性，是則名爲聖出離行。舍利子！此如來無畏不可思議，以大悲爲方便，真如平等、真性如性、非不如性、無變異性、無覆藏性、無怖畏性、無退屈性、無違静性，由如是故光顯大衆，能令悦豫遍身怡適，心生淨信踊躍歡喜。舍利子！世間衆生無有能於如來無畏起違静者。何以故？由如來無畏不可爲静故。如性平等處法界性，流布遍滿諸世界中，無能違害。如是聖出離行，無量無數不可思議無與等者不可宣説妙法成就，而如來大悲熏心，爲諸衆生開示演説聖出離行。若有衆生如實解了修行正道，必能出離速盡諸苦。舍利子！如來無畏無邊無際譬如虛空，若有欲求如來無畏邊際者，不異有人求於空際。舍利子！諸菩薩摩訶薩聞是如來不思議無畏已，信受諦奉清淨無疑，乃至發稀奇想。舍利子！是名第四説聖出離道無畏。由如來成就此無畏故，於大衆中正師子吼轉大梵輪，一切世間沙門婆羅門、諸天魔梵不能如法而轉。舍利子！如來如是四種無畏無邊無際譬如虛空，一切衆生不能得盡其邊際者。諸菩薩摩訶薩聞如來如是不思議無畏如虛空已，信受諦奉清淨無疑，倍復踴躍深生歡喜發稀奇想。"

爾時世尊欲重宣此義而説頌曰：

> 自然正覺悟，　　諸法平等性，
> 故遍見如來，　　説名正等覺。
> 若諸凡夫法，　　及學無學法，
> 最勝獨覺法，　　佛法悉平等。
> 一切世間法，　　及諸出世法，
> 善不善不動，　　涅槃路平等。
> 若空若無相，　　若離諸願樂，
> 無生無有爲，　　悉見平等性。
> 覺平等性已，　　如所應宣説，
> 解脱諸有情，　　大牟尼無畏。
> 已解脱三有，　　復開示解脱，
> 諸人天聖尊，　　顯第二無畏。
> 最勝覺障法，　　習不證解脱，
> 非清淨下劣，　　不具諸羞愧。
> 未嘗有身護，　　及以語意護，
> 貪瞋癡怖畏，　　害命損他財，
> 行邪欲妄語，　　飲酒不恭敬，

七慢八邪支，	悉非解脫處，
九惱害多過，	十不善業道，
不如理思惟，	愚癡無解脫。
顛倒修諸行，	執虛妄放逸，
佛知說障法，	是第三無畏。
清淨門無量，	修習證菩提，
佛自然通達，	說趣甘露法。
乃至諸所有，	衆多妙善法，
助清淨菩提，	最勝所稱贊。
若善修習已，	不證諸解脫，
必無有是處，	十力者誠言。
若如理思惟，	息廣大煩惱，
觀諸法平等，	善修習聖行。
不執著諸相，	是法及非法，
解脫諸憂怖，	大淨者所說。
善知種種法，	虛廓如淨空，
又如幻如夢，	解脫諸有海。
若放逸造業，	輪回諸有趣，
大悲愍衆生，	欲令證解脫。
十力牟尼尊，	處生死化法，
是第四無畏，	清淨等虛空。

"如是舍利子！是名如來不思議無畏。菩薩摩訶薩信受諦奉清淨無疑，乃至發稀奇想。"

爾時佛告舍利子："云何菩薩摩訶薩於如來不思議大悲，信受諦奉乃至發稀奇想？舍利子！諸佛如來大悲常轉。何以故？諸佛如來不舍一切衆生故，於一切時爲成熟一切衆生故，當知大悲常起不息。舍利子！此如來大悲如是無量、如是不可思議、如是無等等、如是無邊、如是不可說、如是猛利、如是久遠，隨諸衆生乃至如來一切語業，於是大悲亦難宣說。何以故？猶如如來證得菩提不可思議，如是如來於諸衆生大悲發起，亦復如是不可思議。舍利子！云何如來證得菩提？舍利子！猶如來入如是無根無住故，證得菩提。舍利子！何等爲根？何等爲住？有身爲根，虛妄分別爲住。如來於此二法平等解了，是故説言，猶如如來入無根無住故，證得阿耨多羅三藐三菩提。一切衆生不能解了如是二法，如來於彼發起大悲，我今定當開示令其解了如是無根無住法故。

"復次舍利子！夫菩提者其性寂静。何等名爲寂静二法？舍利子！於内爲寂、於外爲静。何以故？眼性是空，離我我所，如是耳鼻舌身意意性是空，離我我所。若如是知，名之爲寂。如實了知眼性空已不趣於色，乃至如實了知意性空已不趣於法。若如是知，名之爲静。一切衆生於此寂静二法不能解了，如來於彼發起大悲，我今定當開示令其解了如是寂静二法故。

"復次舍利子！我證菩提自性清淨。云何名爲自性清淨？舍利子！菩提之性體無染污，菩提之性與虛空等，菩提之性是虛空性，菩提之性同於虛空，菩提虛空平等平等究竟性淨。愚癡凡夫不覺如是自性清淨，而爲客塵煩惱之所染污。一切衆生於是自性清淨不能解了，如來於彼發起大悲，我今定當開示令其解了如是自性清淨故。

"復次舍利子！我證菩提無入無出。何等名爲入出二法？舍利子！所言入者名執諸法，所言出者名不執諸法。如來明見無入無出平等法性，猶如如來明見無遠及無彼岸。何以故？以一切法性離遠及彼岸故，能證是法故名如來。一切衆生於此無入無出法性不能覺了，如來於彼發起大悲，我今定當開示令其覺了如是無入無出法故。

"復次舍利子！我證菩提無相無境。何等名爲無相無境？舍利子。不得眼識名爲無相，不觀於色名爲無境。乃至不得意識名爲無相，不觀於法名爲無境。舍利子！無相無境衆聖所行。何等所行？謂在三界愚癡凡夫於衆聖所行不能行故，於無相無境不能覺了。如來於彼發起大悲，我今定當開示令其覺了如是無相無境法故。

"復次舍利子！言菩提者非去來今，三世平等三相輪斷。何等名爲三相輪斷？舍利子！於過去世心無顧轉，於未來世識無趣向，於現在世意無起作。是心意識無有安住，不分別過去、不執著未來、不戲論現在。一切衆生不能覺悟三世等性三輪清淨，如來於彼發起大悲，我今定當開示令其覺悟如是三世三輪平等清淨故。

　　“復次舍利子！我證菩提無爲無性。何故名曰無爲無性？舍利子！是菩提性非眼識所識，乃至非意識所識。言無爲者無生無滅亦無有住，三相永離故名無爲。舍利子！知無爲性當覺有爲。何以故？諸法自性即是無性。夫無性者即體無二，一切衆生不能覺悟此無性無爲故，如來於彼發起大悲，我今定當開示令其覺悟如是無性無爲故。

　　“復次舍利子！我證菩提無差別迹。何故名爲無差別迹？舍利子！真如法性二俱名迹，性無別異性無安住名無差別。諸法實際名之爲迹，性無動搖名無差別。諸法空性名之爲迹，性不可得名無差別。諸法無相名之爲迹，性不可尋名無差別。諸法無願名之爲迹，性無發起名無差別。無衆生性名之爲迹，即體性無名無差別。是虛空相名之爲迹，性不可得名無差別。其性無生是名爲迹，其性無滅名無差別。其性無爲是名爲迹，性無行住名無差別。爲菩提相是名爲迹，其性寂静名無差別。爲涅槃相是名爲迹，其性無生名無差別。舍利子！一切衆生不能覺悟無差別迹，如來於彼發起大悲，我今定當開示令其覺悟如是無差別迹故。

　　“復次舍利子！言菩提者不可以身證、不可以心證。何以故？身性無知無有作用，譬如草木牆壁琢石之光，心性亦爾。譬如幻事陽焰水月，若能如是覺悟身心是名菩提。舍利子！但以世俗言説假名菩提，菩提實性不可言説，不可以身得、不可以心得、不可以法得、不可以非法得、不可以真實得、不可以非真實得、不可以諦得、不可以妄得。何以故？由菩提性離言説故，亦離一切諸法相故。又以菩提無有形相用通言説，譬如虛空無有形處故不可説。舍利子！如實尋求一切諸法皆無言説。何以故？由諸法中無有言説，於言説中亦無諸法。一切衆生不能覺悟如是諸法理趣，如來於彼發起大悲，我今定當開示諸法理趣令其覺悟如是諦實義旨故。

　　“復次舍利子！言菩提者無取無藏。何等名爲無取無藏？舍利子！

了知眼故名無所取,不觀色故名曰無藏。舍利子!如來證是菩提無取無藏故,不取於眼、不藏於色、不住於識,乃至不取於意、不藏於法、不住於識。雖不住識而能了知一切衆生心之所住。云何了知?謂諸衆生心住四法。何等爲四?一切衆生心住於識、心住於受、心住於想、心住於行。如來如是如實了知住與不住,一切衆生不能覺悟無住實際,如來於彼發起大悲,我今定當開示令其覺悟如是無住實際法故。

"復次舍利子!言菩提者空之異名,由空空故菩提亦空,菩提空故諸法亦空,是故如來如其空性覺一切法,不由空故覺法空性,由一理趣智故覺法性空。空與菩提性無有二,由無二故不可説言此是菩提、此是空性;若有二者則可言説此爲菩提、此爲空性。以法無二無有二相,無名無相無行,畢竟不行亦不現行。所言空者遠離取執,勝義諦中無法可得,由性空故説名爲空。如説太虛名爲虛空,而太虛性不可言説。如是空法説名爲空,而彼空性不可言説。如是悟入諸法實無有名假立名説,然諸法名無方無處。如名詮諸法,此法無方無處亦復如是。如來了知一切諸法從本已來無生無起,如是知已而證解脱,然其實性無縛無脱。諸癡凡夫不能覺悟此菩提性,如來於彼發起大悲,我當開示令其覺悟如是菩提之實性故。

"復次舍利子!菩提之性與太虛等,然太虛性無等不等。菩提亦爾無等不等,猶如諸法性無真實,不可説等及不平等。如是舍利子!如來覺悟一切諸法其性平等無不平等,如實覺悟無有少法可爲平等及不平等,如是如來如實智量窮諸法量。何者名爲如實智耶?謂知諸法本無而生生已離散,無主而生無主而散,若生若散隨衆緣轉,此中無有一法若轉若還及隨轉者,故説如來爲斷諸徑説微妙法。一切衆生不能覺悟斷諸徑法,如來於彼發起大悲,我當開示令其覺悟如是斷諸徑法故。

"復次舍利子!言菩提者即是如句。何等名爲如句之相?舍利子!如菩提相諸色亦爾,同彼真如無有退還而不遍至,受想行識亦復如是,如彼真如無不遍至。舍利子!如菩提相同彼真如,四大之性亦復如是,如彼真如無有退還而不遍至。如菩提性同彼真如,眼界色界及眼識界,乃至意界法界及意識界亦復如是。如菩提相但假施設,一切諸法蘊界處等但假施設亦復如是。知如是相名爲如句。又舍利子！如來一切如實覺悟不顛倒覺，猶如前際，中後亦爾。何以故？前際無生、後際無趣、中際遠離，如是一切名爲如句，如是一句一切亦爾，如是一切一句亦爾，非如性中一性多性而是可得。一切衆生不能覺悟此之如句，如來於彼發起大悲，我當開示令其覺悟如是真如法句故。

"復次舍利子！言菩提者名入於行及入無行。何等名爲行及無行？舍利子！發起善法名之爲行，一切諸法即不可得名爲無行。住不住心名之爲行，無相三摩地解脫門名爲無行。舍利子！所言行者稱量算數觀察於心，言無行者過稱量等。云何名爲過稱量等？以一切處無有諸識作用業故。舍利子！所言行者謂於是處觀察有爲，言無行者謂於是處證於無爲。愚癡凡夫不能覺悟入行非行，如來於彼發起大悲，我當開示令其覺悟如是入行非行法故。

"復次舍利子！夫菩提者無流無取。云何名爲無流無取？舍利子！離四流性故曰無流。何謂爲四？離欲流性、離有流性、離無明流性、離見流性。舍利子！離四取性故名無取。何等爲四？離欲取性、離有取性、離見取性、離戒取性。舍利子！如是四取皆由無明，而爲盲闇愛水隍池之所擁閉，由執我故受蘊界處。如來於中如實了知，我取根本自證清淨，亦令衆生證得清淨。舍利子！如來既證是清淨故，於諸法中無所分別。何以故？舍利子！由此分別起不如理思惟，此但如理相應故不起無明，不起無明故不能發起十二有支，若不發起十二有支此即無生，若無生者此即決定，若決定者此即了義，若了義者此即勝義，若勝義者即無人義，無人義者即不可說義，不可說義者即緣起義，諸緣起義者即是法義，諸法義者即如來義。舍利子！若能如是觀緣起者即是觀法，若觀法者即觀如來。如是觀者離真如外無有所觀。此中云何有所有耶？謂相及緣。如是二法若能觀察無相無緣，即真實觀。如來覺悟如是諸法平等故平等，愚癡凡夫不能覺悟此無流無取性，如來於彼發起大悲，我當開示令其覺悟如是無流無取性故。

"復次舍利子！夫菩提者，其性清淨無垢無執。云何名爲清淨無垢及以無執？舍利子！空故清淨，無相故無垢，無願故無執。又舍利子！無生故清淨、無作故無垢、無取故無執。又舍利子！自性故清淨，遍淨故無垢，光潔故無執。又舍利子！無戲論故清淨，離戲論故無垢，戲論寂靜故無執。又舍利子！真如故清淨，法界故無垢，實際故無執。又舍利子！虛靜故清淨，無礙故無垢，空寂故無執。又舍利子！內遍知故清淨，外不行故無垢，內外不可得故無執。又舍利子！蘊遍知故清淨，界自體故無垢，處損減故無執。又舍利子！過去盡智故清淨，未來無生智故無垢，現在法界住智故無執。舍利子！如是清淨無垢無執之性同趣一句，言一句者謂寂靜句。諸寂靜者即極寂靜，極寂靜者即遍寂靜，遍寂靜者名大牟尼。舍利子！猶如太虛菩提亦爾，如菩提性諸法亦爾，如諸法性真實亦爾，如真實性國土亦爾，如國土性涅槃亦爾，故說涅槃諸法平等亦名究竟。無邊際相故無有對治，離對治相故如是諸法本來清淨無垢無執。舍利子！如來於是色無色等一切諸法，如實覺悟觀有情性，遊戲清淨無垢無執，發起大悲，我今定當開示令其覺悟如是清淨無垢無執法故。

"復次舍利子！如是如來不可思議大悲，不由功用任運常轉，流布遍滿十方世界無有障礙。舍利子！如來大悲不可思議無邊無際猶如虛空，若有欲求如來大悲邊際者，不異有人求於空際。舍利子！是諸菩薩摩訶薩聞如來不思議大悲同虛空已，信受諦奉清淨無疑，乃至發稀奇想。"

爾時世尊欲重宣此義而說頌曰：

> 諸佛證菩提，　　無根無所住，
> 如佛所證已，　　爲諸眾生說。
> 諸佛證菩提，　　寂靜極寂靜，
> 觀眼等內空，　　色等外空性。
> 有情不覺悟，　　寂靜極寂靜，
> 如來知句義，　　於彼起大悲。
> 菩提性光潔，　　清淨等虛空，
> 是眾生不了，　　於彼起大悲。
> 諸佛證菩提，　　無去來取捨，

是眾生不了，　　　於彼起大悲。

諸佛證菩提，　　　無相無境界，

眾聖之所行，　　　非愚夫所履。

諸凡夫不知，　　　雖知不明達，

如來於彼類，　　　興起於大悲。

無爲之自性，　　　無生亦無滅，

於彼亦無住，　　　三輪長解脫。

愚夫不能覺，　　　諸有爲自性，

於彼起大悲，　　　開如是理趣。

菩提非身證，　　　亦不由心證，

身自性無知，　　　心如幻事等。

愚夫不能覺，　　　身心自體性，

於彼起大悲，　　　開如是妙理。

諸佛自然證，　　　廣大勝菩提，

安坐樹王下，　　　觀察含靈性。

登上生死輪，　　　循環種種趣，

如來見彼已，　　　興猛屬大悲。

憍慢之所壞，　　　見網恒纏裹，

於苦生樂想，　　　無常起常想。

計淨我眾生，　　　命者見所壞，

如來觀彼已，　　　興猛屬大悲。

一切眾生性，　　　覆障於癡膜，

無有慧光明，　　　如重雲掩日。

如來見彼已，　　　興猛屬大悲，

以無垢智光，　　　當爲彼明照。

既入諸惡趣，　　　常迷失正道，

或墮地獄趣，　　　畜生鬼趣中。

過去佛已知，　　　導開前正路，

今佛見彼已，　　興猛屬大悲。

佛知一切法，　　真如及實性，

清淨等虛空，　　證成真解脫。

諸眾生不知，　　如是淨妙法，

如來見彼已，　　興猛屬大悲。

"如是舍利子！是名如來不思議大悲。諸菩薩摩訶薩聞是不可思議大悲已，信受諦奉清淨無疑，倍復踴躍深生歡喜發稀奇想。"

【《大寶積經》卷第四十　大唐三藏法師玄奘奉詔譯】

菩薩藏會第十二之六
如來不思議性品第四之四

　　爾時佛告舍利子："云何菩薩摩訶薩於如來不思議不共佛法,信受諦奉清淨無疑,乃至發稀奇想? 舍利子! 如來成就十八不共佛法,由成就故,如來、應、正等覺於大衆中正師子吼,自稱我處大仙尊位轉大梵輪,一切世間沙門婆羅門、諸天魔梵不能如法而轉。舍利子! 何等名爲十八不共佛法? 舍利子! 所謂如來處世無諸誤失,以無失故名爲如來。何等名爲無有誤失? 舍利子! 如來身業無有誤失,以無失故,一切世間若愚若智,不能立如法論,謂如來身有誤失者。何以故? 佛薄伽梵身業畢竟無誤失故。舍利子! 諸佛如來遊步世間,直視於前、轉身回顧、若屈若伸,服僧伽胝、攝持衣鉢,進止往來行住坐臥,如來於中無失威儀端嚴庠序。舍利子! 如來若往城邑若旋返時,雙足蹈空而千輻輪現於地際,悦意妙香鉢特摩花自然踴出承如來足。若畜生趣一切有情爲如來足之所觸者,極滿七夜受諸快樂,命終之後往生善趣樂世界中。舍利子! 如來被服不著其身如四指量,吠嵐婆風不能披動。舍利子! 如來身光極照無間,觸彼衆生令興樂受。舍利子! 如是一切身無過相,故説如來身無誤失。如自所證身無誤失,亦爲衆生説如斯法,令其永斷身業誤失。舍利子! 如來語業無有誤失,以無失故,一切世間若愚若智,不能如法伺求如來語業誤失。何以故? 舍利子! 如來爲迦羅時語者,如來爲實語者、爲諦語者、爲三摩耶時語者、爲如語而作者、爲善訓釋詞語者、爲令衆生歡悦語者、爲無重述語者、爲文義莊嚴語者、爲隨發一音皆令信解歡悦語者。舍利子！如是一切語無過相，故説如來語業無失。如自所證語無誤失，亦爲衆生説如是法，令其永斷語業誤失。舍利子！如來之心無有誤失，以無失故，一切世間若愚若智，不能如法伺候如來心業誤失。何以故？舍利子！如來不捨甚深定法，而能發起作諸佛事不役神慮，於一切法無礙智見任運而轉，故説如來心無誤失。如自所證心無失故，亦爲衆生説如斯法，令其永斷心業誤失。舍利子！如是身語心業無有失故，是名如來第一諸業無有誤失不共佛法。

"復次舍利子！云何如來所發言音無有卒暴？舍利子！如來以無卒暴發言音故，一切世間若魔若魔眷屬及餘天子諸外道等，不能伺候如來便者。何以故？舍利子！如來言音本無卒暴、無隨卒暴。何以故？久已永離諸愛恚故，一切衆生雖加尊敬而心不高，雖加輕侮而心不戚。又舍利子！如來無有所作過時及不究竟，非由此事而起追悔，及隨前事起卒暴音。又舍利子！如來無有與世諍訟，是故如來無卒暴音。如來常止無諍深定無我所執，亦無有取遠離諸縛，是故如來無卒暴音。舍利子！如是無量音無卒暴，如來於中悉皆證入。如佛所證音無卒暴，亦爲衆生説如斯法，令其永斷諸卒暴故。舍利子！是名如來第二言無卒暴不共佛法。

"復次舍利子！云何如來念無忘失？舍利子！如來正念無忘失故，不於一法而生愚亂。何以故？如來住於靜慮解脱三摩地三摩鉢底中不癡忘故，觀諸有情心行動轉無罣礙故，如其所應宣説妙法無忘失故，於諸義法訓詞辯才無礙解中無忘失故，於去來今無礙智見如是無量無忘失故。如自所證去來現在無礙智見無有忘失，亦爲有情説如斯法，令其證得無忘失念。舍利子！是名如來第三念無忘失不共佛法。

"復次舍利子！云何如來無不定心而可得者？舍利子！如來若行若住、若坐若臥、若食若飲、若語若默，常處深定中無出離。何以故？由如來證得甚深三摩地最勝波羅蜜多，成就無障無礙深靜慮故。舍利子！無有衆生處有情類若定不定能觀如來心及心所，唯除如來威力加被而能得知。如自所證常處定心，亦爲有情依三摩地説如斯法，令其永斷散亂之心。舍利子！是名如來第四無不定心不共佛法。

“復次舍利子！云何如來無諸異想？何以故？舍利子！由異想故可有安住不平等心。如來心常安住平等故，於一切無諸異想。舍利子！如來於諸佛土無諸異想，以彼佛土如虛空故。如來於諸有情無種種想，由彼有情性無我故。如來於諸佛所無種種想，由彼法性無有差別平等智故。如來於一切法無種種想，由離欲法性平等故。如來於持戒者其心無愛、於犯戒者其心無恚，於有恩所無不酬報、於有怨所情無加害，於所調伏無不平等，於住邪定心不輕慢，於諸法中平等安住，故名如來無種種想。如自所證無異想故，亦為衆生說如斯法，令其永斷種種異想。舍利子！是名如來第五無諸異想不共佛法。

“復次舍利子！云何如來無簡擇捨。何以故？舍利子！如來已修聖道而證此捨，非未修道而有證故。如來已修於心、已修於戒、已修於慧而證此捨，非所未修而有證故。舍利子！如來捨者隨智慧行不隨癡行，如來捨者是出世間不墮世間，如來捨者是聖是出離非為不聖非不出離，如來捨者能轉梵輪悲愍衆生常不捨離，如來捨者任運成就不隨對治故。舍利子！如來捨者無高不高亦無下劣，得住不動遠離二邊，超過一切思量簡擇。觀待於時亦不過時，無動無思、無有分別、無異分別、無修無損、無有憍逸、無有示現，真性如性、不虛妄性、非不如性，如是無量。舍利子！如來如是大捨成就，為諸衆生捨圓滿故說如斯法。舍利子！是名如來第六無簡擇捨不共佛法。

“復次舍利子！云何如來志欲無有退減？舍利子！何等志欲而無退減？所謂如來善法志欲。復有何義名為志欲？舍利子！如來大慈志欲無減、如來大悲志欲無減、如來說法志欲無減、調伏衆生志欲無減、成熟衆生志欲無減、興於遠離志欲無減、教導菩薩志欲無減、紹三寶種令不斷絕志欲無減。一切如來不隨欲行，如來志欲智為前導。如自所證志欲無減，亦為衆生說如斯法，令彼證得圓滿無上一切智智之志欲故。舍利子！是名如來第七志欲無減不共佛法。

“復次舍利子！云何如來正勤無有退減？舍利子！何等正勤而不退

減？所謂不舍所化衆生正勤、於聽法衆不懷擯遣正勤。以如是等無有退没故，説如來正勤無減。舍利子！假使如來值遇如是樂聞法衆堪任法器，若能聽法經劫無倦，如來亦隨經劫不起於座、不緣食飲相續説法中無暫廢。又舍利子！如來爲衆生故，假使過於殑伽沙等諸佛世界唯一衆生是佛化限，爾時如來躬往其所爲説法要，令其悟入正勤無厭。舍利子！如來身無疲倦及以語心亦無疲倦。何以故？如來身語及心常安息故。舍利子！如來長劫發起精進、贊歎精進，爲諸衆生説如是法，令彼勤修是精進故證聖解脱。舍利子！是名如來第八正勤無減不共佛法。

“復次舍利子！云何如來於一切一法及一切種、一切念無有退減？何以故？由諸如來念無退故。舍利子！如來證得阿耨多羅三藐三菩提，無間觀察一切衆生去來諸心相續知已，如來於中畢竟了知無有忘念。又如實知衆生行已，如來於中無復役智，而如來念曾無退減。又舍利子！如來安立三聚衆生諸根悟入意解趣行，審觀察已更不憶念，無重思惟不復觀察，常爲衆生宣説妙法無有斷絶。何以故？由如來念無退減故。如自所證無退減念，亦爲衆生説如斯法，令其永斷諸念退減。舍利子！是名如來第九念無退減不共佛法。

“復次舍利子！云何佛三摩地無有退減？舍利子！佛三摩地與一切法其性平等無非平等。何以故？由一切一法及一切種法無有不平等性故。舍利子！何因緣故佛三摩地復無退減？舍利子！以真如平等故即三摩地平等，以三摩地平等故即如來平等。以能證入如是平等性故，三摩地者名爲等定。又舍利子！若貪際平等即離貪際平等，若瞋際平等即離瞋際平等，若癡際平等即離癡際平等，若有爲際平等即無爲際平等，若生死際平等即涅槃際平等。以如來證入如是平等性故，於三摩地而無退減。何以故？平等之性無退減故。舍利子！此佛三摩地非眼相應，亦非耳鼻舌身意相應。何以故？然彼如來諸根無缺故。又如來三摩地，不依地界不依水火風界，不依欲界色無色界，不依此世及他世間。何以故？由無依故無退無減。是故如來如自所證諸三摩地無有退減，亦爲衆生説如是法，令彼證得諸三摩地故。舍利子！是名如來第十三摩地無有退減不共佛法。

"復次舍利子！云何如來智慧無有退減？舍利子！何等名爲如來智慧？所謂了知諸法不緣他知、爲他有情及以他人演妙法智、無盡善巧無礙解智、分別一切句智、悟入一句百千大劫説無盡智、如其所聞斷疑網智、於一切處無障礙智、宣説安立聖三乘智、能遍了達八萬四千有情心行智、如應開示八萬四千諸法藏智。舍利子！此如來智慧無邊無際無有窮盡，由此智慧不可盡故，隨慧而説亦無有盡，故説如來智慧無有退減。如自所證智慧無減，亦爲衆生説如斯法，令其證得無盡智慧故。舍利子！是名如來第十一智慧無減不共佛法。

"復次舍利子！云何如來解脱無有退減？舍利子！何等名爲如來解脱？舍利子！諸聲聞乘隨悟音聲故得解脱，諸獨覺乘隨悟衆緣故得解脱，佛薄伽梵遠離一切執著二邊故得解脱，是故説爲如來解脱。何以故？舍利子！如是解脱，前際無縛、後際無轉，不住現在故。又舍利子！眼之與色二執解脱，如是耳聲鼻香舌味身觸二執解脱，攝受無執依止解脱故。又舍利子！心之與智自性光潔體無瑕穢，是故諸佛由刹那心相應慧故，證得阿耨多羅三藐三菩提。以是如來隨所證覺，亦爲衆生説如斯法，令彼證覺如是法故。舍利子！是名如來第十二解脱無減不共佛法。

"復次舍利子！云何如來一切身業智爲前導隨智而轉？何以故？舍利子！由能成就是身業故，一切有情若見如來即便調伏，或聞説法亦皆調伏。是故如來或現默然調伏衆生，或現飲食調伏衆生，或現諸威儀調伏衆生，或現諸勝相調伏衆生，或現隨形好調伏衆生，或現無觀頂調伏衆生，或現觀視相調伏衆生，或現神光觸照調伏衆生，或現遊步舉足下足調伏衆生，或現往還城邑聚落調伏衆生。舍利子！以要言之，佛薄伽梵無有威儀而不調伏諸衆生者，故説如來一切身業智爲前導隨智而轉，亦爲衆生説如是法，令其證入如是智故。舍利子！是名如來第十三身業智導不共佛法。

"復次舍利子！云何如來一切語業智爲前導隨智而轉？何以故？舍利子！佛薄伽梵不虛説法故，以智前導，所有記莂無不圓備，凡所宣説言詞顯妙。舍利子！如來語言隨現而轉不可思議，今當略説。舍利子！如來語者，易解了語、易明識語、不高大語、不卑下語、非不勝語、不邪曲語、不謇吃語、不繁亂語、不澀鈍語、不粗獷語、不隱没語、柔和聲語、可欣樂語、不虚贏語、不輕掉語、不調疾語、不繁重語、不迅急語、善斷約語、善調釋語、極妙和美語、勝妙音語、善唱導語、大清亮語、大雷震語、無遺逸語、飲甘露語、有義旨語、可親附語、廣大之語、可愛重語、無塵染語、離塵顯語、無栽穢語、無垢濁語、無魯鈍語、威嚴盛語、無障礙語、能教導語、明潔之語、有正直語、無怯憚語、無缺減語、非輕急語、能生喜樂語、令身怡適語、令心踊躍語、寂静貪語、寂静瞋語、壞滅癡語、吞啖魔語、調伏惡語、摧異論語、有表示語、天鼓音語、智者悦語、羯羅頻迦音語、上帝音語、梵天音語、海潮音語、雲雷音語、地山震吼音語、鴻鶴王音語、孔雀王音語、黄鸝音語、命命音語、鵝雁王音語、鹿王音語、箜篌音語、伐洛迦音語、鉢挲縛音語、大吼音語、長笛音語、易開解語、易了別語、暢明曉語、適悦意語、可聽聞語、深遠音語、無暗啞語、悦可耳語、生善根語、文句無缺語、善説文句語、義句相應語、法句相應語、時相應語、時捷對語、不過時語、知根勝劣語、莊嚴施語、淨尸羅語、教授忍語、練正勤語、令樂静慮語、悟入正慧語、慈善集語、悲無倦語、清淨喜語證入舍語、安立三乘語、令三寶種不斷絶語、安立三聚語、淨三解脱語、遍修諦語、遍修智語、達者不毀語、聖者稱贊語、隨虚空量語、一切種妙成就語。舍利子！如是無量無邊微妙清淨如來之語，故説如來一切語業智爲前導隨智而轉。如自所證如是語業，亦隨諸有情而爲説法，令其證入如是語故。舍利子！是名如來第十四語業智導不共佛法。

“復次舍利子！云何如來一切意業智爲前導隨智而轉？舍利子！夫如來者心意與識皆不可説故。舍利子！夫如來者應以智求，智增上故説名如來。此如來智隨至一切衆生之心、隨入一切衆生之意、不離一切衆生之識，焚蕩諸法諸三摩地，不從他緣超過一切所緣境界，遠離緣生滅三有趣，超諸慢種、解脱魔業、離諸諂誑，舍我我所，除滅無明癡暗之膜，善修道支，與虚空等無有分別，與諸法界而無差別。舍利子！如來證入如是意業，爲如是相智爲前導，隨衆生心而爲説法，令彼證入如來意故。舍利子！是名如來第十五意業智導不共佛法。

"復次舍利子！云何如來於過去世無著無礙智見轉？舍利子！何以此智名之爲轉？舍利子！如來以無礙智，能知如是無量無邊過去世中，所有諸佛國土若成若壞，彼一切事無量無數，如來方便悉能數知。如是乃至諸佛國中，所有卉木叢林衆藥所攝彼一切事，如來於此悉能了知。如是乃至諸佛國中，諸衆生身衆生假立，彼一切相悉能了知。又能了知彼中所有若干衆生種種性種種色，乃至廣説，如來於此悉能了知。舍利子！如是彼中所有諸佛出現於世，彼一一如來所宣正法，如來於此悉能如實分別了知。如是乃至爾所衆生於聲聞乘已調伏者，或獨覺乘已調伏者，或於大乘已調伏者，是亦如來悉能了知。又諸佛土差別之相，苾芻僧衆壽量法住，入息出息受用飲食，如是等類差別之相，如來於此悉能了知。舍利子！一切有情過去世相，若死若生若界若趣，如來於此悉能分別如實了知。又諸有情種種根性、種種行性、種種意解性，如是無量悉能了知。又能了知諸心相續，所謂如是如是心無間，如是如是心生起，彼諸心相若干非一，如來方便悉能數知。舍利子！如來或以現智、或種類智，證得如是過去謝往諸心相續。自既證是智無不備，隨衆生心而爲説法，欲令證入如是智故。舍利子！是名如來第十六過去無礙智不共佛法。

"復次舍利子！云何如來於未來世無著無礙智見轉？舍利子！何以此智名之爲轉？所謂未來世中所有如來，或當出現、或當滅度，或復當有、或復當無，彼一切相，如來於此悉能了知。如是乃至當來火劫燒、當來水劫壞、當來風劫壞，乃至一切諸佛國土，當住久近若干等異，如來於此悉能了知。如是乃至當來諸佛國土，所有地界若干微塵、所有卉木叢林衆藥等事，乃至當來星宿色相若干非一，如來於此悉能了知。如是乃至遍滿一一諸佛土中，當來諸佛獨覺聲聞及以菩薩出現於世，所有受用若飲若食、入息出息、行住威儀無量等相，如來如實悉能了知。如是乃至一一如來化行差別，觀有情性當證解脱，或乘聲聞乘、或乘獨覺乘、或乘大乘當證解脱，如來一切悉能了知。如是遍滿未來之世一一佛土，爾所衆生生處差別，諸有情心心所有法，如來一切悉能了知。舍利子！如來如是如實了知，非有來世遠心相續，然由如來觀於來世如實了知。自既證已，亦與衆生演説斯法，欲令證入如是智故。舍利子！是名如來第十七未來無礙智不共佛法。

　　"復次舍利子！云何如來於現在世無著無礙智見轉？舍利子！何以此智名之爲轉？舍利子！如來於現在世十方一切諸佛土中，所有三種方便數知如是了知，現在諸佛諸菩薩衆、諸聲聞衆、諸獨覺衆若干差別悉能了知。又能了知現在世中，星宿色相卉木諸藥叢林等事，乃至現在十方一切地界微塵分量，如來如實方便數知。舍利子！十方國土一切水界不可思議，如來以一毛端舉滴令盡，如是無量悉能明瞭方便數知。又十方國土一切火界焰起差別，如來於此方便數知。又十方國土一切風界依色處起，如來亦能方便了知。又十方國土諸大虛界毛端際量若干非一，如來如實方便數知。舍利子！如來如是了知現在三種衆生界，乃至了知現在地獄衆生界，彼能生因及彼出因。又知現在畜生衆生界，生因出因俱能了知。焰魔界衆亦復如是。又能了知現在人間諸衆生界，生彼之因及終歿因俱能了知。又能了知現在天趣諸衆生界，生彼之因及終歿因俱能了知。又能了知現在衆生諸心相續，有煩惱性離煩惱性。及以現在所化衆生諸根差別及非所化，一切衆生諸根差別，如是無量，如來如實悉能了知。舍利子！如來如是了知現在一切諸法，非如來智隨二識行，爲諸衆生悟入無二而説斯法，令其覺悟如是之智。舍利子！是名如來第十八現在無礙智不共佛法。

　　"復次舍利子！諸佛如來成就如是十八不共佛法故，圓滿無餘遍十方界，光明流照一切大衆。復由是法希有奇特威光名稱功德法故，映奪一切天魔衆會。舍利子！如來不共佛法不可思議無邊無際猶如虛空，若有欲求如來一切不共佛法邊量者，不異有人求於空際。舍利子！是諸菩薩摩訶薩聞如來不共佛法不可思議如虛空已，信受諦奉志懷清淨無惑無疑，倍復踴躍深生歡喜發稀奇想。"

　　爾時世尊欲重宣此義而説頌曰：

　　　導師身語及意業，　　無有誤失亦無動，
　　　即以此法導衆生，　　是爲如來不共法。
　　　其心不高亦不下，　　究竟遠離於瞋愛，

常住無諍諍永滅，　　　是爲如來不共法。

導師於法及與智，　　　解脫所行無忘念，

諸無礙解亦無失，　　　是爲如來不共法。

若住若食若經行，　　　若坐若臥心常定，

無亂亦無眾生想，　　　是爲如來不共法。

善逝於諸佛國土，　　　有情及佛無異想，

住平等性大意解，　　　是爲如來不共法。

最勝無諸簡擇捨，　　　勝決定道善修故，

無有分別異分別，　　　是爲如來不共法。

大師善欲無退減，　　　常與慈悲方便俱，

調伏眾生廣無量，　　　是爲如來不共法。

善逝精進曾無減，　　　觀所化眾量無邊，

三業調伏諸眾生，　　　是爲如來不共法。

諸佛大念曾無減，　　　處菩提座成正覺，

已覺諸法無重覺，　　　是爲如來不共法。

無有分別異分別，　　　自然住等三摩地，

靜慮諸法無所依，　　　是爲如來不共法。

導師智慧最吉祥，　　　了達一切眾生行，

演說妙法隨意解，　　　是爲如來不共法。

隨聲而聞緣獨覺，　　　及與諸佛勝解脫，

無礙離垢譬虛空，　　　善逝大捨難思慮，

諸佛本來無有心，　　　自性解脫心相續，

如解脫法爲眾說，　　　是爲如來不共法。

眾生眼見佛威儀，　　　若住若行入城邑，

相好光明諸所現，　　　莫不調伏而修善，

真實薩埵放光明，　　　多拘胝眾受安樂，

光現無不度眾生，　　　是爲最勝不共法。

自然聖者演法音，　　　皆得聽聞隨意解，

所聞法聲如回應，　　是名最勝不共法。

善逝導師無心業，　　諸行業轉皆由智，

智入一切眾生心，　　是名最勝不共法。

諸三摩地及靜慮，　　善修成滿離戲論，

住平等性類虛空，　　是名最勝不共法。

於過去世一切法，　　種種諸趣解脫智，

善逝妙智無礙轉，　　是名最勝不共法。

諸佛於彼未來世，　　世界當有及當無，

眾生國土及最勝，　　無有遺餘正明瞭，

善逝觀於未來世，　　心靜曾無散亂時，

眾生及法如實知，　　是名最勝不共法。

諸有流行現在世，　　最勝無障悉能知，

導師境界等虛空，　　是名如來不共法。

已說如來不共法，　　最勝十八不思議，

真如實性等虛空，　　聰慧菩薩能信受。

"舍利子！是名如來成就如是十八不共佛法。由成就故，如來、應、正遍知於大眾中正師子吼，自稱我處大仙尊位能轉梵輪，一切世間沙門婆羅門、諸天魔梵不能如法而轉。舍利子！如是安住淨信諸菩薩摩訶薩，於如來十不思議及十種不可思議法，信受諦奉志懷清淨無惑無疑，倍復踴躍深生歡喜發稀奇想。"

五、菩薩藏會第十二之七四無量品第五

　　爾時佛告舍利子："菩薩摩訶薩安住如是清淨信已，佛薄伽梵知是菩薩摩訶薩爲菩薩藏法門之器，知是諸佛正法器已，躬往其所開發顯示菩薩之道。舍利子！汝今當知，如是法門差別之相。所謂菩薩摩訶薩安住淨信，佛薄伽梵知是菩薩爲菩薩藏法門之器，知是諸佛正法器已，躬往其所開菩薩道。舍利子！如彼往昔超越無數廣大無量不可思議阿僧企耶劫，爾時有佛出現於世，名爲大蘊如來、應、正等、覺明行圓滿、善逝、世間解、無上丈夫、調御士、天人師、佛、薄伽梵，住自作證具足神通，爲諸世間天人魔梵、沙門婆羅門、阿素洛等無量大衆，宣說妙法開示演暢，初中後善文義巧妙，純滿清白隨順梵行。舍利子！爾時大蘊如來、應、正等覺有七十二那庾多聲聞弟子共會說法，皆是大阿羅漢，諸漏已盡無復煩惱，乃至心得自在，到於第一究竟彼岸。舍利子！是時有王名最勝壽，如法治世，號持政王。所治大城名最勝幢，廣博嚴麗安隱豐樂甚可愛樂，人物充滿誼嘩熾盛。舍利子！時勝壽王有子名精進行，年居童幼形貌端嚴，成就第一圓滿淨色，爲諸衆生之所樂見，已曾供養承事拘胝那庾多百千諸佛，親觀奉敬殖諸善本。舍利子！爾時精進行童子與諸內宮出遊園觀，時大蘊如來、應、正等覺知是童子爲菩薩藏法門之器，又是諸佛正法之器，便往彼園精進行所。既到彼已上住空中，爲是童子開菩薩道。

　　"又復贊說三世諸佛'童子當知，云何名爲菩薩道耶？所謂菩薩摩訶薩，於諸有情精勤修習四無量心。何等爲四？所謂大慈波羅蜜、大悲波羅蜜、大喜波羅蜜、大舍波羅蜜。又勤精進於諸攝法隨順修學。童子！若有菩薩如是修行，是名開菩薩道。

"復次童子！云何菩薩摩訶薩於諸眾生精勤修學大慈無量波羅蜜？所謂菩薩摩訶薩行菩薩道，爲阿耨多羅三藐三菩提故，盡眾生界慈心遍滿。以何等量爲眾生界？所謂盡虛空界是眾生量。童子當知，如虛空界無所不遍，如是菩薩摩訶薩大慈無量亦復如是，無有眾生含識種類而不充遍。童子當知，如眾生界無有限量，如是菩薩摩訶薩所修之慈亦無限量。空無邊故眾生無邊，眾生無邊故慈亦無邊。童子當知，眾生界多非大地界，又非水界火界風界。吾今爲汝廣說譬喻，令汝了知諸眾生界無限量義。童子當知，假使十方各如殑伽河沙等世界數量，一切同時合成大海，滿其中水。復有如上殑伽河沙等眾生同共集會，析一毛端爲百五十分，共以一分沾取海中第一滴水。復有餘殑伽河沙等眾生如前同會，取一分毛沾取海中第二滴水。復有餘殑伽河沙等眾生如前同會，取一分毛沾取海中第三滴水。童子當知，假使以是毛滴方便尚可沾盡此大海水，而眾生性邊量無盡。是故當知，眾生之性無量無邊不可思議，而菩薩慈悉皆遍滿。童子！於汝意云何？如是無量無邊修慈善根，頗有能得其邊際不？'精進行童子白佛言：'不也。世尊！'佛言：'如是如是。童子！菩薩摩訶薩亦復如是，修慈善根遍眾生界爲無限量。復次童子！我今更說大慈之相。童子當知，此慈無量能護自身，此慈如是發起他利，於無諍論慈最第一，慈能除斷忿恚根栽，慈能永滅一切過失，慈能遠離諸有愛纏。此慈如是，但見眾生清淨勝德，而不見彼有諸愆犯。慈能超越熱惱所侵，慈能生長身語心樂。慈力如是，不爲一切他所惱害，慈性安隱離諸怖畏，慈善根力隨順聖道，慈能令彼多瞋暴惡不忍眾生發清淨信，慈能濟拔諸眾生聚。以慈力故於彼刀杖性無執持，慈能將導一切眾生趣於解脫。是慈能滅諸惡瞋恚，是慈遠離詐現威儀諂諂矯飾逼切求索，而能增長利養恭敬名譽等事。以慈力故梵釋天王之所禮敬，以慈嚴身所有威德。行慈之人爲聰慧者所共稱讚，慈能防護一切愚夫。是慈力故超過欲界，順梵天道開解脫路。慈爲大乘最居前導，慈能攝御一切諸乘，慈能積集無染福聚，慈善之力一切有依，

諸福業事所不能及。慈能莊嚴三十二相及隨顯相，慈能離彼鄙賤下劣不
具諸根，慈爲坦路善道涅槃歸趣之所。是慈能遠一切惡道及諸八難，是慈
力故喜樂法樂，不貪一切富貴王位受用樂具。是慈力故於諸衆生等心行
施，是慈能離種種妄想。慈爲門路一切尸羅學之所由，慈能救濟諸犯禁
者，是慈能現忍辱之力，慈能遠離一切憍慢矜伐自大，慈能發起無動精進，
慈能令修正方便行速疾究竟，慈能爲諸靜慮解脫及三摩地三摩鉢底之所
根本。慈能令心出離煩惱諸有熾然，慈爲一切智慧生因。由慈無量能聞
持故，自他諸品皆悉決定。慈能除遣順魔煩惱，是慈力故同住安樂。慈能
令人起住坐臥密護威儀，慈能損減諸掉性欲。是慈猶如妙香塗身，是慈能
塗慚愧衣服，是慈遣一切諸難煩惱惡趣。慈能濟拔一切衆生，大慈無量
捐捨自樂，能與一切衆生安隱快樂。如是無量不可思議大慈之相，吾今略
說。童子！是名菩薩摩訶薩大慈無量波羅蜜。菩薩摩訶薩由成就是大慈
無量故，觀諸衆生常懷慈善，勤求正法無有疲倦。童子當知，諸聲聞慈唯
能自救，諸菩薩慈畢竟度脫一切衆生。童子當知，衆生緣慈，初發大心菩
薩所得。法緣之慈，趣向聖行菩薩所得。無緣之慈，證無生忍菩薩所得。
童子！是名菩薩摩訶薩大慈無量波羅蜜。若菩薩摩訶薩安住大慈波羅蜜
故，則於一切衆生慈心遍滿。

　　"復次精進行童子！云何名爲菩薩摩訶薩大悲無量波羅蜜？童子當
知，菩薩摩訶薩爲欲證得阿耨多羅三藐三菩提故，應以大悲而爲導首，如
人命根出息入息而爲上首。如是童子，證得大乘菩薩摩訶薩亦復如是，必
以大悲而爲導首。童子！如轉輪王所有衆寶，要以金輪而爲前導。如是
童子！菩薩摩訶薩亦復如是，所有一切諸佛正法，皆以大悲而爲導首。

　　"復次童子！菩薩摩訶薩爲阿耨多羅三藐三菩提故，度諸衆生行於大
悲，畢竟不捨一切衆生。童子！云何菩薩摩訶薩於衆生所發起大悲？童
子！菩薩摩訶薩行大悲時，觀諸衆生虛僞身見之所纏縛、爲諸惡見之所藏
隱。菩薩摩訶薩如是觀已，於諸衆生發起大悲，我當爲彼說微妙法，令其
永斷虛僞身見種種纏縛諸惡見等。

　　"復次童子！菩薩摩訶薩行大悲時，觀諸衆生安住不實虛僞顛倒，於

無常中妄起常想，於諸苦中妄起樂想，於無我中妄起我想，於不淨中妄起淨想。童子！菩薩摩訶薩如是觀已，於諸眾生發起大悲，我當爲彼說微妙法，令其永斷虛妄不實諸顛倒故。

"復次童子！菩薩摩訶薩行大悲時，觀諸眾生愚癡顛倒耽嗜愛欲，於母姊妹尚生陵逼，況復於彼餘眾生等。菩薩摩訶薩觀是事已，作如是念：'苦哉世間，乃能容止非聖之聚、惡業無愧充滿其中。'復作是念：'咄哉苦哉！如是眾生曾處母胎，臥息停止生由產門，如何無恥共行斯事。如是眾生深爲大失極可憐愍，種種過患極可訶責。何以故？爲貪瞋癡之所害故，又爲無智所加害故，捨離正法安住非法，修行惡法墮在地獄、畜生、焰魔鬼趣。如是眾生惡業引故，所往之處行於非道。'童子！譬如野干於彼塚間，爲諸群狗之所搏逐，逃迸走避臨大峻崖，窮途所逼夜中噑叫。如是童子！彼諸眾生亦復如是同於野干。復次童子！譬如生盲，群狗逼逐臨大坑澗。如是童子！彼諸眾生亦復如是同於生盲。復次童子！譬如圂豬行處糞穢兼又食噉初無厭惡。如是童子！彼諸眾生亦復如是同於圂豬。如是眾生極可憐愍，淫惱所逼於親非親，爲諸煩惱之所加害，行魔徒黨魔胃所縛，纏裹惑網陷沒欲泥。童子！菩薩摩訶薩觀是事已，於彼眾生發起大悲，我當爲彼宣說妙法令其永斷諸欲煩惱故。

"復次童子！菩薩摩訶薩行大悲時，觀諸眾生五蓋所覆、欲箭所中，貪著六處，眼見色已執著像貌不能捨離，如是耳所聞聲、鼻所嗅香、舌所嘗味、身所覺觸，執著形相皆不能捨。是諸眾生多於瞋恚互相怨仇，若得義利稱我善友，得非義利便相加害。是諸眾生多於惛沉及以眠睡羸劣愚鈍，爲無智膜之所覆障。是諸眾生不善掉悔之所纏縛，常爲種種諸惡煩惱染污其心。是諸眾生疑網纏裹，於甚深法不能決定。童子！菩薩摩訶薩如是觀已，於諸眾生發起大悲，我當爲彼說微妙法，令其永斷諸陰蓋故。

"復次童子！菩薩摩訶薩行大悲時，觀諸眾生爲慢所害、過慢所害、我慢所害、增上慢所害、邪慢所害，於諸下劣計我爲勝，於彼等者計我最勝。或有眾生計色爲我，或復乃至計識爲我，於所未證計我已證。由恃此故，應可問訊而不問訊，應可禮拜而不禮拜，於諸長宿心無敬順，於尊重師不加衹仰,於聰睿者而不請問,何等爲善,何等不善? 何等應修,何等不修? 何等應作,何等不作? 何等有罪,何等無罪? 何等爲道? 何等爲三摩地? 何等爲解脱? 如是等法曾未明瞭,但自計我爲勝爲尊。童子! 菩薩摩訶薩如是觀已,於諸衆生發起大悲,我當爲彼説微妙法,令其永斷一切憍慢種故。

"復次童子! 菩薩摩訶薩行大悲時,觀諸衆生愛縛所縛,爲愛僮僕妻妾男女所共纏裹,爲無義利之所圍繞,爲諸衰禍之所繫縛,生死關鍵之所遮礙,不能出離地獄、傍生、焰魔鬼道。爲彼有縛之所拘撿,而不能得縱任自在。童子! 菩薩摩訶薩如是觀已,於諸衆生發起大悲,我當爲彼説微妙法,令其獲得縱任自在隨欲而行趣涅槃故。

"復次童子! 菩薩摩訶薩行大悲時,觀諸衆生遠離善友爲惡知識之所纏執,由彼昵近諸惡友故,耽著一切不善之業,所謂殺生、偷盜、邪行、妄語、離間、粗獷、綺語、貪、恚、邪見,諸如是等無量惡業熾然建立。童子! 菩薩摩訶薩如是觀已,於諸衆生發起大悲,我當爲彼説微妙法,令其爲諸善友所攝,捨棄十種不善業道,令具受持十善業故。

"復次童子! 菩薩摩訶薩行大悲時,觀諸衆生爲諸愚癡之所覆蔽,無明暗暝之所翳障,顛倒執著,於其自體有情命者、生者、人者、少年丈夫及數取者、作者受者、我及我所,如是諸見無邊無量堅執不捨。童子! 菩薩摩訶薩如是觀已,於諸衆生發起大悲,我當爲彼説微妙法,令聖慧眼得清淨故,又令永斷一切見故。

"復次童子! 菩薩摩訶薩行大悲時,觀諸衆生樂著生死流轉不息五蘊魁膾,常恒尋逐三界囹圄,曾無遠離桎梏枷鎖不思開釋。菩薩摩訶薩觀見是已,於諸衆生發起大悲,我當爲彼説微妙法,令彼解脱五蘊魁膾,又令越度生死曠野,及以出離三界牢獄諸繫縛故。

"復次童子! 菩薩摩訶薩行大悲時,觀諸含識從不善生,如鞠如輪轉圓不定。由此業故,從此世間至彼世間,又從彼世間至此世間,迅速流轉馳向五趣背涅槃道。童子! 菩薩摩訶薩觀是事已,於諸衆生發起大悲,我應爲彼説微妙法,當爲開闢涅槃宮門令其趣入。如是童子! 菩薩摩訶薩行大悲時，觀衆生性發起十種大悲無量。復次童子！菩薩摩訶薩復有十種大悲轉相，所謂如是大悲由於不諂而得生起，譬如虛空永出離故。如是大悲由於不誑而得生起，從增上意而出離故。如是大悲非由詐妄而得發起，從如實道質直其心而出離故。如是大悲由於不曲而得生起，極善安住無曲之心而出離故。如是大悲由彼無有憍高怯下而得生起，一切有情高慢退屈善出離故。如是大悲由護彼故而得生起，從自心淨而出離故。如是大悲由堅固慧而得生起，永離一切動不動心、妙住其心善出離故。如是大悲由捨自樂而得生起，授與他樂善出離故。如是大悲爲欲荷負諸衆生故而得生起，堅固精進善出離故。

"復次童子！菩薩摩訶薩大悲無量，復有如是十種轉相。所謂一切大乘出離，皆因大悲而得出離，以是因故説名大悲。如是大悲建立一切布施、持戒、忍辱、精進、靜慮、智慧，由是因故説名大悲。如是大悲建立念處、正斷、神足。如是大悲建立根、力覺支、隨念、共法覺支，及與道支，歡喜本業、諸定次第、十善業道，乃至諸相皆如是説，以是因故説名大悲。如是大悲建立如來自然智慧，以是因故名爲大悲。童子當知！如是大悲作自所作、善作所作不變異作，爲諸衆生作所應作。如是大悲一切衆生如意圓滿，童子！是名菩薩摩訶薩大悲無量波羅蜜。由成就是大悲波羅蜜故，菩薩摩訶薩觀諸衆生處如是位，復於彼所重興悲愍。

"復次精進行童子！云何名爲菩薩摩訶薩大喜無量波羅蜜？童子當知，菩薩摩訶薩爲衆生故求阿耨多羅三藐三菩提時，修行大喜。如是喜者有無量相。童子當知，菩薩喜者名諸善法憶念歡悦清淨妙喜。何以故？於諸善法無下戚性、無退屈性、無疲倦性故。是喜名爲遠離一切樂世間性。何以故？安住一切樂法樂性故。是喜能令内以歡悦身力勇鋭。何以故？慧覺怡暢心意踴躍故。是喜樂於如來之身。何以故？樂求相好好莊嚴故。是喜聞法無有厭倦。何以故？欣樂依法能正行故。由斯喜故於法欣勇，於諸衆生心無損害，喜樂菩提於廣大法悉能信解，發起遠離少分乘心。是喜名爲制伏慳喜。何以故？於諸求者行必施故。由斯喜故，於諸犯戒愛心攝受，於諸持戒心常清淨，又復能令自尸羅淨。是喜名爲超過一切惡道怖畏安隱之喜,是喜名爲忍受他人諸惡言詞鄙語路喜,是喜名爲無返報喜。何以故?若遇挑眼截手刵足斬支節時心堪忍受。是喜名爲敬尊重喜。何以故?於諸長宿具修威儀,曲躬恭敬跪拜尊嚴故。是喜名爲恒舒顏喜。何以故?心志和泰遠離顰蹙先言問訊故。是喜名爲遠離一切詐現威儀諛諂矯誑逼求之喜。何以故?是喜趣向堅實正法之道路故。由此喜故,於諸菩薩起深愛樂猶如大師,於正法所起愛樂心如自己身,於如來所起愛樂心如自己命,於尊重師起愛樂心猶如父母,於諸衆生起愛樂心視如一子,於阿遮利耶受教師所起愛樂心敬如眼目,於諸正行起愛樂心猶如身首,於波羅蜜起愛樂心猶如手足,於説法師所起愛樂心如衆重寶,所求正法起愛樂心猶如良藥,於能舉罪及憶念者起愛樂心猶如良醫。如是童子!是名菩薩摩訶薩大喜無量波羅蜜。諸菩薩摩訶薩住是大喜波羅蜜故,行菩薩行常懷歡喜,勤求正法無有厭倦。

"復次精進行童子!云何名爲菩薩摩訶薩大捨無量波羅蜜?童子當知,菩薩摩訶薩爲衆生故發阿耨多羅三藐三菩提已,當行大捨。當知是捨有於三種。何等爲三?謂捨煩惱捨、護自他捨、時非時捨。何等名爲捨煩惱捨?童子當知,菩薩摩訶薩於敬事所其心不高,於不敬事心無卑下,若受利養心不憍高,不得利養心無紆鬱,於彼持戒及犯戒所起平等覺,得勝名譽心不悕樂,被諸譭謗情無憂戚,若致譏訶志無貶退,於稱贊所善住法性,於諸苦事有擇慧力,於諸樂事有無常苦觀解之力,棄捨愛欲斷諸瞋恚,於怨親所其心平等,於善作惡作其心無二,於有愛不愛情無所觀,於善聞惡聞不生執著,於善説惡説心無愛恚,於諸欲味及過患所平等稱量,於我自身及他衆生起於平等信欲之意,於身命所情無顧戀,於下中上諸衆生所起平等照,於隱顯法起平等性,於諦非諦自體清淨。如是童子!菩薩摩訶薩若能自然起勝對治,是名菩薩摩訶薩捨煩惱捨。

"復次童子!何等名爲護自他捨?童子當知,菩薩摩訶薩若被他人節節支解割皮肉時,常自觀心住於大捨,雖復支解割其身肉,然其内心唯住於捨無所希望,及以追求縱於身語起諸變異俱能堪忍,是則名爲護自他捨。爾時菩薩又觀二種心無損害。何等爲二?所謂不由眼相及以色相,

乃至不由意相及以法相，心生損害而住於捨。何以故？無損無害是乃名
爲護自他捨。復次，何等名爲護自他捨？被他所損不加報故，於自於他俱
能忍受，是名爲捨。於諸有恩及無恩所平等方便，是名爲捨。是捨名爲無
諍極捨、滅自心捨、觀自體捨、不害他捨。於諸定事菩薩能捨，然佛世尊非
所聽許諸菩薩等唯修於捨。何以故？菩薩摩訶薩尚應修習諸行作用，日
夜常念發起精進求諸善法，於時非時乃應修捨。

"復次童子！何等名爲時非時捨？童子當知，菩薩摩訶薩具大智慧，
善能修習時與非時，謂非法器諸衆生所應起於捨，不恭敬所應起於捨，於
無利益譏毀苦惱應起於捨，於聲聞乘趣正決定應起於捨，於修施時應捨修
戒，於修戒時應捨修施，於修忍時應捨牽引施戒精進，修精進時應捨修戒，
修靜慮時應捨施度，修習慧時應捨緣發五波羅蜜多。童子！是名菩薩摩
訶薩時非時捨。何以故？由所不應作法無造作性故，是故菩薩深知非益
而行於捨。若有菩薩摩訶薩安住大捨波羅蜜行菩薩行，則於一切惡不善
法能興大捨。童子，如是等相，是名菩薩摩訶薩大慈大悲大喜大捨。若諸
菩薩摩訶薩安住如是四無量波羅蜜者，當知是則爲菩薩藏法門之器，又是
諸佛正法之器。

"如是舍利子！此薄伽梵大蘊如來爲精進行童子廣開示此四無量已，
復爲開解六波羅蜜多及諸攝法，令是童子隨順修學。舍利子！是精進行
童子精勤修習如所聞法，廣如後說。"

六、陀那波羅蜜多品第六

　　爾時佛告舍利子："云何菩薩摩訶薩爲阿耨多羅三藐三菩提故,精勤修習諸波羅蜜多行菩薩行? 舍利子! 菩薩摩訶薩行菩薩行者,即於如是六波羅蜜多精勤修學,是則名爲行菩薩行。舍利子! 何等名爲六波羅蜜多? 舍利子! 所謂柁那波羅蜜多、尸羅波羅蜜多、羼底波羅蜜多、毗利耶波羅蜜多、靜慮波羅蜜多、般若波羅蜜多。舍利子! 如是名爲六波羅蜜多。菩薩摩訶薩依如是六波羅蜜多故行菩薩道。

　　"復次舍利子! 云何名爲菩薩摩訶薩依柁那波羅蜜多行菩薩行? 舍利子! 菩薩摩訶薩度衆生故行柁那波羅蜜多時,爲諸衆生而作施主。若沙門婆羅門等有來求者悉皆施與,須食與食,須飲與飲,珍異肴膳無不盡施。如是或求車乘、衣服華鬘、塗香末香,或求坐臥依倚、床席敷具、病藥燈明、音樂奴婢,或求金銀末尼、真珠琉璃、螺貝璧玉、珊瑚等寶,或求象馬車輅、園林池苑、男女妻妾、財穀庫藏,或求四大有洲自在之王一切樂具及諸嬉戲娛樂之物,或有來求手足耳鼻、頭目肉血、骨髓身分,菩薩摩訶薩見來求者悉能一切歡喜施與。舍利子! 以要言之,一切世間所須之物,菩薩摩訶薩行大施故,但見來求無不施與。復次舍利子! 菩薩摩訶薩行柁那波羅蜜多故,復有十種清淨施法。何等爲十? 一者菩薩摩訶薩無有不正求財而行施,二者菩薩摩訶薩不逼迫衆生而行布施,三者菩薩摩訶薩不以恐怖而行布施,四者菩薩摩訶薩不棄捨邀請而行布施,五者菩薩摩訶薩不觀顏面而行布施,六者菩薩摩訶薩於諸衆生情無異想而行布施,七者菩薩摩訶薩無貪愛心而行布施,八者菩薩摩訶薩無起瞋恚而行布施,九者菩薩摩訶薩不求刹土而行布施，十者菩薩摩訶薩於諸衆生起福田想不以輕蔑而行布施。舍利子！是名菩薩摩訶薩行於十種清淨之施，爲滿柁那波羅蜜多故。

"復次舍利子！菩薩摩訶薩行柁那波羅蜜多時，復有十種清淨行施。何等爲十？一者菩薩摩訶薩不毀業報而行布施，二者菩薩摩訶薩不以邪意而行布施，三者菩薩摩訶薩無不信解而行布施，四者菩薩摩訶薩無有厭倦而行布施，五者菩薩摩訶薩無有現相而行布施，六者菩薩摩訶薩勇勵熾然而行布施，七者菩薩摩訶薩無有變悔而行布施，八者菩薩摩訶薩於持戒者不以偏敬而行布施，九者菩薩摩訶薩於犯戒所不以輕鄙而行布施，十者菩薩摩訶薩不希果報而行布施。舍利子！是名菩薩摩訶薩行於十種清淨之施，爲欲滿足柁那波羅蜜多故。

"復次舍利子！菩薩摩訶薩行柁那波羅蜜多時，復有十種行清淨施。何等爲十？一者菩薩摩訶薩不以毀呰而行布施，二者菩薩摩訶薩不以背面而行布施，三者菩薩摩訶薩無不清淨而行布施，四者菩薩摩訶薩不現忿相而行布施，五者菩薩摩訶薩不現嫉相而行布施，六者菩薩摩訶薩不現恚相而行布施，七者菩薩摩訶薩無不殷重而行布施，八者菩薩摩訶薩無不自手而行布施，九者菩薩摩訶薩不以許多後便與少而行布施，十者菩薩摩訶薩不求來生而行布施。舍利子！是名菩薩摩訶薩行於十種清淨之施，爲欲滿足柁那波羅蜜多故。

"復次舍利子！菩薩摩訶薩行柁那波羅蜜多時！復有十種行清淨施。何等爲十？一者菩薩摩訶薩無不常施，二者菩薩摩訶薩無繫屬施。三者菩薩摩訶薩。無差別施。四者菩薩摩訶薩無他緣施，五者菩薩摩訶薩無微劣施，六者菩薩摩訶薩不希財色及以自在而行布施，七者菩薩摩訶薩無求生於釋梵護世諸大天故而行布施，八者菩薩摩訶薩無有回向聲聞獨覺地故而行布施，九者菩薩摩訶薩無爲聰慧所譏訶故而行布施，十者菩薩摩訶薩無不回向薩伐若故而行布施。舍利子！是名菩薩摩訶薩行於十種清淨之施，皆爲滿足柁那波羅蜜多故。

"復次舍利子！菩薩摩訶薩行柁那波羅蜜多時，復有十種行清淨施。

何等爲十？謂如前說十種法中，出離有爲證得無爲。又舍利子！菩薩摩訶薩如是行施，能得十種稱讚利益上妙功德。何等爲十？一者菩薩摩訶薩由施食故，獲得長壽才辯、安樂妙色、雄力勇健，無不具足。二者菩薩摩訶薩由施飲故，獲得永離一切煩惱渴愛，無不具足。三者菩薩摩訶薩由施諸乘故，獲得一切利益安樂衆事，無不具足。四者菩薩摩訶薩由施衣服故，獲得成就慚愧，皮膚清淨猶如金色，無不具足。五者菩薩摩訶薩由施香鬘故，獲得淨戒多聞諸三摩地塗香聖行，無不具足。六者菩薩摩訶薩由以末香塗香施故，當得遍體香潔妙香聖行，無不具足。七者菩薩摩訶薩由施上味故，獲得甘露上味、大丈夫相，無不具足。八者菩薩摩訶薩由以舍宅房宇施故，當得與諸衆生爲舍爲宅、爲救爲洲、爲歸爲趣，無不具足。九者菩薩摩訶薩由愍病者施醫藥故，當得無老病死，圓滿甘露不死妙藥，無不具足。十者菩薩摩訶薩由以種種資生衆具施故，感得一切圓滿衆具菩提分法，無不具足。舍利子！是名菩薩摩訶薩爲得菩提修行是施，獲得如是十種稱讚利益上妙功德，皆爲滿於柂那波羅蜜多故。

"復次舍利子！菩薩摩訶薩行柂那波羅蜜多時修行布施，又復獲得十種稱讚利益上妙功德。何等爲十？一者菩薩摩訶薩施燈明故，獲得如來清淨五眼，無不具足。二者菩薩摩訶薩施音樂故，獲得如來清淨天耳，無不具足。三者菩薩摩訶薩以諸金銀、末尼真珠、琉璃螺貝、璧玉珊瑚、一切珍寶施故，感得圓滿三十有二大丈夫相，無不具足。四者菩薩摩訶薩以種種雜寶及衆名花施故，獲得圓滿八十隨顯之相，無不具足。五者菩薩摩訶薩以象馬車乘施故，獲得廣大徒衆眷屬繁多，無不具足。六者菩薩摩訶薩以園林臺觀施故，獲得成就靜慮解脫三摩地三摩鉢底，無不具足。七者菩薩摩訶薩以財穀庫藏施故，獲得圓成諸法寶藏，無不具足。八者菩薩摩訶薩以奴婢僕使施故，獲得圓滿自在身心閑豫，無不具足。九者菩薩摩訶薩以男女妻妾施故，獲得圓滿可愛可樂可意阿耨多羅三藐三菩提，無不具足。十者菩薩摩訶薩以四洲自在一切王位施故，獲得一切種微妙圓滿一切智智，無不具足。舍利子！菩薩摩訶薩如是行施，名爲攝受十種稱讚利益上妙功德，皆爲滿足柂那波羅蜜多故。

"復次舍利子！菩薩摩訶薩爲得阿耨多羅三藐三菩提故，行柁那波羅蜜多時所修布施，又得十種稱贊利益。何等爲十？一者菩薩摩訶薩以上妙五欲施故，獲得清淨戒、定、慧聚，及以解脫、解脫智見聚，無不具足。二者菩薩摩訶薩以上妙戲樂器施故，獲得清淨遊戲法樂，無不具足。三者菩薩摩訶薩以足施故，感得圓滿法義之足趣菩提座，無不具足。四者菩薩摩訶薩以手施故，感得圓滿清淨法手拯濟衆生，無不具足。五者菩薩摩訶薩以耳鼻施故，獲得諸根圓滿成就，無不具足。六者菩薩摩訶薩以支節施故，獲得清淨無染威嚴佛身，無不具足。七者菩薩摩訶薩以目施故，獲得觀視一切衆生清淨法眼無有障礙，無不具足。八者菩薩摩訶薩以血肉施故，獲得堅固身命，攝持長養一切衆生貞實善權，無不具足。九者菩薩摩訶薩以髓腦施故，獲得圓滿不可破壞等金剛身，無不具足。十者菩薩摩訶薩以頭施故，證得圓滿超過三界無上最上一切智智之首，無不具足。舍利子！菩薩摩訶薩爲得菩提行如是施，攝受如是相貌，圓滿佛法稱贊利益上妙功德，皆爲滿足柁那波羅蜜多故。

"復次舍利子！如是菩薩摩訶薩行柁那波羅蜜多時，其性聰睿智慧甚深，無量方便行於布施，以世間財求於無上正等菩提衆聖王財，以生死財而求甘露不死仙財，以虛僞財而求堅實賢聖之財，由如是故廣行布施。舍利子！是菩薩摩訶薩爲求無上菩提及涅槃故，以世間財物修行施時，一切世間財物樂具無不盡捨。何以故？皆依無上正等覺故。舍利子！如世農夫依彼犁牛耕治地已便下種子，如是農夫依彼犁具無量功力，展轉獲得金銀末尼一切寶物，及得種種上妙衣服。何以故？一切世間無有財物與穀等故。如是舍利子！菩薩摩訶薩有時有分依世間財證覺無上正等菩提，亦復如是。

"復次舍利子！譬如乳牛或啖乾草，或啖濕草，或飲冷水，或飲暖水，而能出於乳、酪、生蘇、熟蘇及以醍醐。如是舍利子！菩薩摩訶薩依於無上正等菩提行世財施，隨所樂欲，有能獲得轉輪王報及獲帝釋梵王勝報。由成就是三種報故，菩薩十地速得圓滿，如來十力、四無所畏，因是施故速得圓滿，乃至具足千業所起十八不共佛法，又具千業所起六十種圓滿妙音,又具百業所起一一大丈夫相,又具二百業所起無見頂髻相,又過此百倍圓滿成就如來大法螺相,又過拘胝百千倍成就如來皓齒齊列不缺不疏平等之相。如是等相,無量功業之所合成,皆由如來業果報相施行所起,速得圓滿。

"復次舍利子! 菩薩摩訶薩行柁那波羅蜜多時,於乞者所起大慈心而行布施,此心續起殑伽沙等方得成滿,中無間絕佛三摩地。舍利子! 如來、應、正等覺住此三摩地已,能於一一毛孔而出百三摩地,猶如殑伽大河流化不絕而得自在。是故當知,如來所有一切神通變化,多由施行而得成就。舍利子! 如是如來所有佛法,皆由昔日行菩薩行世間財施之所攝受。舍利子! 是名菩薩摩訶薩行財施時,爲求甘露、爲求堅實、爲求菩提、爲求涅槃,應知如是法門差別。所謂菩薩摩訶薩依世財施,而與柁那波羅蜜多相應,證覺阿耨多羅三藐三菩提故。

"復次舍利子! 菩薩摩訶薩行柁那波羅蜜多時! 其相無量吾今當説。往昔過去無數廣大無量不可思議阿僧企耶劫,於彼時分有佛出世,號旁耆羅私如來、應、正等覺、明行圓滿、善逝、世間解、無上丈夫、調御士、天人師、佛、薄伽梵。舍利子、彼佛住世壽十千歲,與百千苾芻大聲聞衆同共集會,皆阿羅漢,離諸煩惱具大勢力,乃至一切心得自在,逮勝究竟。舍利子! 時彼世中有紡績者,名織紡綖,形貌端正衆所樂觀。彼作業處去佛不遠,每日將晚欲還家時,往詣佛所,常以一縷微綖奉施如來,因白佛言:'願薄伽梵哀愍我故,受此縷綖爲攝受處。以此善根於未來世,得成如來、應、正等覺,能攝一切。'時彼世尊便爲納受。如是日施一縷,滿千五百爲善攝受。由此福故,乃經十五拘胝劫中不墮惡趣,又經千拘胝反爲轉輪王,又經千拘胝反爲天帝釋。以此善根柔和微妙欣愛等業,便得奉覲千拘胝佛,於諸佛所供養恭敬尊重贊歎,又以諸花塗香末香,及以香鬘繒蓋幢幡、衣服飲食坐臥之具、病緣醫藥一切衆物奉獻如來。從是已後又經一阿僧企耶劫出現於世,證覺阿耨多羅三藐三菩提,號善攝受如來、應、正等覺、明行圓滿、善逝、世間解、無上丈夫、調御士、天人師、佛、薄伽梵,住壽世間經二十拘胝歲,有二十拘胝那庾多大聲聞衆,一切皆是大阿羅漢。彼佛世尊成立安住五拘胝等菩薩摩訶薩,於阿耨多羅三藐三菩提演説妙法,利益安樂無量無數諸有情已現入涅槃。彼薄伽梵滅度之後,正法住世滿一千年,廣布舍利流遍供養,亦如我今涅槃之後。舍利子!汝今當觀,由施微縷發大心故,次第展轉成滿佛法。舍利子!當知此施由心廣大不由於縷。何以故?若施廣大不由心者,如向施主以微縷施,不應得心清淨究竟。如是舍利子!當觀菩薩摩訶薩行柁那波羅蜜多時,依世財施便得一切圓滿功德。舍利子!菩薩摩訶薩行柁那波羅蜜多時,其性聰睿智慧甚深,因於少施多有所作,由智力故增上所作,由慧力故廣大所作,回向力故無邊所作。"

爾時世尊欲重宣此義而説頌曰:

行施不求妙色財,	亦不願感天人趣,
爲求無上勝菩提,	施微便感無量福。
行施不求名稱聲,	未曾爲樂及徒衆,
亦不求諸生死報,	施微而獲於大果。
布施飲食及衣服,	不求諸有及諸趣,
爲求開解甘露門,	施如毛端福無量。
既無掉動及高慢,	亦離諸諂慳嫉心,
懈怠諸緣皆悉捨,	唯勤行施利於世。
財穀王位及身命,	歡喜捨已心無變,
如斯善捨獲廣大,	菩提解脱未爲難。
愛樂諸來乞求者,	如父如母如妻子,
所獲財物常行施,	見彼感財無妒心。
行施之時衆繁雜,	土塊杖木來加害,
雖見曾無恚恚心,	愛語如舊情欣悦。
若施彼怨猶若親,	於驚怖者施無畏,
凡所有物皆能捨,	而心未嘗生鄙吝。
恒樂正求無上法,	於世王位絕希求,
出離世間嚴飾處,	常勤奉行於法施。

> 除彼樂求穢欲者，　　誰有能求天世王，
> 是故智者不貪樂，　　諸欲王位生天樂。
> 大名稱者所行施，　　恒求無上佛菩提，
> 捨捐身命及餘事，　　速疾能感多安樂。
> 聰慧菩薩行諸施，　　未曾遠離上菩提，
> 不求妙色世間財，　　又不願樂生天樂。
> 雖求涅槃無所依，　　遠離一切諸希願，
> 若能如是善修習，　　則名知道開道者。

　　"舍利子！聰慧菩薩摩訶薩於是布施具足成就，善能修行菩薩妙行無有疑惑。舍利子，是名菩薩摩訶薩柁那波羅蜜多。若諸菩薩摩訶薩爲阿耨多羅三藐三菩提故，精進修行是菩薩行，一切衆魔魔民天子於此菩薩不能嬈亂，又不爲彼異道他論所能摧屈。"

【《大寶積經》卷第四十二　大唐三藏法師玄奘奉詔譯】

七、菩薩藏會第十二之八
尸波羅蜜品第七之一

　　爾時佛告舍利子："云何菩薩摩訶薩尸羅波羅蜜多？菩薩摩訶薩爲阿耨多羅三藐三菩提？依此勤修行菩薩行。舍利子！菩薩摩訶薩行尸羅波羅蜜多故，有三種妙行。何等爲三？一者身妙行，二者語妙行，三者意妙行。舍利子，何等名爲身妙行、語妙行、意妙行耶？舍利子！所謂菩薩摩訶薩遠離殺生，離不與取，離欲邪行，是名身妙行。舍利子！菩薩摩訶薩遠離妄語，遠離離間語，遠離粗惡語，遠離綺語，是名語妙行。舍利子！菩薩摩訶薩於諸貪著、瞋恚、邪見皆無所有，是名意妙行。菩薩摩訶薩具足如是三妙行故，是名尸羅波羅蜜多。

　　"復次舍利子！菩薩摩訶薩行尸羅波羅蜜多時，如是思惟：'云何身妙行、語妙行、意妙行耶？'舍利子！菩薩摩訶薩如是思惟：'若身不造殺生不與取欲邪行業者，是名身妙行。'菩薩摩訶薩如是思惟：'若語不造妄語、離間、粗惡、綺語業者，是名語妙行。'菩薩摩訶薩如是思惟：'若意不造貪著、瞋恚、邪見業者，是名意妙行。'由具如是正思惟故，是名菩薩摩訶薩行尸羅波羅蜜多。

　　"復次舍利子！如是菩薩摩訶薩行尸羅波羅蜜多時，作如是念：'若業不由身語意造，此業爲可建立不？'菩薩摩訶薩如是如理觀察，若業不由身語意造，此業不可建立，若青若黃、若赤若白、若紅若頗胝色。此業又非眼所識，非耳所識，非鼻舌身意所識。何以故？舍利子！由於此業非能生非所生非己生，不可執受，都無有能了別此業。菩薩摩訶薩如是了知此尸羅性不可爲作，若不可爲作則不可建立，若不可建立我等於中不應執著。如是菩薩摩訶薩由觀解力故，不見妙行及以尸羅，亦不見有具尸羅者，不見尸羅所回向處。菩薩摩訶薩如是觀已，畢竟不起妄有身見。何以故？舍利子！有身見故可有觀察，此是持戒，此是犯戒。如是觀已，於彼守護及以儀則，若行若境皆悉具足正知而行，正知行故名持戒者。菩薩摩訶薩不取著自不取著他而行於行，不毀尸羅不取尸羅而行於行。若取著我即取尸羅，若不著我不取尸羅。若知尸羅是不可得，即不毀犯所有律儀。若於律儀無毀犯者，即不名爲毀犯尸羅，又亦不名執取尸羅。舍利子！以何因緣於是尸羅而不執取？謂一切法知他相故。若由他相則無有我，若我是無何所執取？"

爾時世尊欲重宣此義而説頌曰：

> 若有身語意清淨，　　行時恒修一切淨，
> 常住清淨諸禁戒，　　是名菩薩具尸羅。
> 賢聖聰慧諸菩薩，　　能善護持十業道，
> 不由身語及意作，　　如是智者説尸羅。
> 若非造作非所生，　　非執無形亦無顯，
> 由無有形有顯故，　　未曾可得而建立。
> 尸羅無爲亦無作，　　非眼能見非耳聞，
> 非鼻非舌亦非身，　　又非心意所能識。
> 若非六根之所識，　　則無有能施設者，
> 如是觀察尸羅淨，　　曾未依執住尸羅。
> 不恃持戒生憍慢，　　不計我想護尸羅，
> 善護尸羅無戒想，　　具足尸羅行覺行。
> 妄有身見已除遣，　　見與見者曾無有，
> 無有能見無彼處，　　不觀持戒犯戒者。
> 善入無護法理趣，　　威儀具足不思議，
> 妙善正知能守護，　　除斯更無具戒者。

無我想者無尸羅，	無所依我能依戒，
我說究竟常無畏，	不執身我與尸羅。
說無我者不取戒，	說無我者戒無依，
說無我者不希戒，	說無我者戒無心。
不毀尸羅不執戒，	亦不計我起尸羅，
無所依我及戒想，	甚深慧行菩提行。
如是尸羅無所畏，	此人常不犯尸羅，
若能不執有諸法，	如是尸羅聖所贊。
若住我見諸愚夫，	計我具戒能持戒，
彼受護戒果終已，	於三惡趣常纏縛。
若有斷盡諸我見，	彼無有我及我所，
是真持戒無見故，	無復怖畏墮諸惡。
若能如是知戒行，	無有能見犯尸羅，
尚不觀我及三有，	況見持戒及犯戒。

"復次舍利子！如是行尸羅波羅蜜多菩薩摩訶薩行菩薩行清淨戒時，具有十種極重深心。何等爲十？一者發起深心信奉諸行，二者發起深心勤加精進，三者猛勵樂欲諸佛正法，四者廣具崇重一切諸業，五者深懷信奉一切果報，六者於諸賢聖深發敬心，七者於諸尊重鄔波柂耶、阿遮利耶清淨侍奉，八者於賢聖所興起供養，九者於諸正法勵意求請，十者求菩提時不顧身命。舍利子！如是行尸羅菩薩摩訶薩有如是等十深心法。菩薩摩訶薩安住深心修諸善法。何等名爲諸善法耶？所謂三種妙行：身妙行、語妙行、意妙行。若諸菩薩摩訶薩安住如是三種妙行，爲欲勤求大菩薩藏微妙法門。何以故？以諸菩薩摩訶薩依此法門，能趣阿耨多羅三藐三菩提故。"

爾時世尊欲重宣此義而說頌曰：

由身而發起，	佛所贊善業，
爲得聞法故，	供養諸賢聖。

於法及聖人，　　猛勵起恭敬，

爲利諸衆生，　　慈心不嫉妒。

當演智人言，　　無諂不愛語，

所說欣樂相，　　發語無粗鄙。

意業常居善，　　曾無樂諸惡，

恒觀察法性，　　恭敬住慈心。

於如來聖教，　　敬心而聽法，

於法恭敬已，　　速悟大菩提。

　　"舍利子！諸菩薩摩訶薩行尸羅波羅蜜多時，安住如是十最勝法，勤求菩薩藏法門故，於諸賢聖一切師長，勤加恭敬奉事供養，乃至施及貯水之器。復次舍利子！菩薩摩訶薩行尸羅波羅蜜多時，應具如是十種發心。何等爲十？舍利子！菩薩摩訶薩觀是病身，諸界毒蛇恒相違害，多諸苦惱多諸過患，癲狂癰癧疽癬惡瘡、風熱痰飲衆病所聚。又是身者如病如癰、如被箭刺、如暴水流、如魁膾者，搖動不息速起速滅。又觀是身虛僞羸弱老朽疾壞，暫時停住難可愛樂狀若塚間。爾時菩薩復作是念：'我此病身雖經此苦，曾不值遇如是福田。我今得值，又復善感如此之身，我當依諸福田長養慧命，舍不堅身獲於堅身。爲欲勤求大菩薩藏微妙法門故，於彼賢聖鄔波柂耶、阿遮利耶諸尊師所奉事供養，乃至施及貯水之器。'舍利子！是名菩薩摩訶薩第一發心。"

　　爾時世尊欲重宣此義而說頌曰：

諸界暴毒蛇，　　展轉相依附，

隨一興增動，　　生則致大患。

所謂眼耳鼻，　　舌齒內腹藏，

如是諸患惱，　　皆悉依身生。

癰癧與癲狂、　　疽癬大疾癘，

諸餘種種病，　　無不依身生。

是身猶如病，　　如癰如中箭，

如是毒害身，　　速壞暫時住，
如趣彼塚間，　　悉是無常相，
搖鼓爛壞身，　　衆病速生滅。
我當修佛身，　　所因賢善業，
以彼朽爛壞，　　衰老無常身，
轉成於佛身，　　及難思法身。
以如是朽壞，　　遍常流穢身，
當證得如是，　　無流無穢身。
若人怖寒熱，　　遮障堅防護，
畢爲老病死，　　諸苦同煎害。
若人於寒熱，　　身遍能堪忍，
莊嚴丈夫業，　　速成無上身。
我當勤供養，　　世所同尊重，
以不堅實身，　　當貿彼堅實。

"舍利子！諸菩薩摩訶薩行尸羅波羅蜜多時，發如是等第一心已，爲欲勤求大菩薩藏微妙法門故，於說法師倍復奉事勤加供養，乃至施及貯水之器。

"復次舍利子！菩薩摩訶薩行尸羅波羅蜜多時，發如是念：'身是不堅性非牢固，當假覆蔽洗濯按摩，而復終歸破壞離散摩滅之法。'舍利子！譬如陶師埏埴瓦器，若大若小終歸破壞。如是舍利子！身爲不堅終歸破壞，如彼瓦器。又舍利子！譬如樹枝所依花葉果實，終歸墮落。如是舍利子！身爲不堅必墮落法，勢非久住如熟果等。又舍利子！譬如草端霜露凝滴，日光照灼必不停住。如是舍利子！身爲不堅，如霜露滴亦不久住。又舍利子！譬如大海及以衆流，有泡沫聚一切不堅，其性虛弱不可敲觸。如是舍利子！是身不堅猶如沫聚，本性虛弱亦復如是。又舍利子！如天大雨流泡亂浮徐起徐滅。如是舍利子！身爲不堅如水上泡，其性輕薄亦復如是。舍利子！菩薩摩訶薩深自觀身，見是事已復作是念：'我於長夜感得如是不堅固身，曾未值遇如是福田。我今得值，又復善感如此之身，我當依諸福田長養慧命,以不堅身貿易堅身,爲欲勤求大菩薩藏微妙法門故,於説法師奉事供養,乃至施及貯水之器。'舍利子!是名菩薩摩訶薩第二發心。"

爾時世尊欲重宣此義而説頌曰:

如世諸陶師,	埏埴壞成器,
皆當歸破壞,	衆生命如是。
譬如依樹枝,	所有葉花果,
皆歸墮落法,	人命亦如是。
如草端垂露,	日光之所照,
須臾不暫停,	人命亦如是。
如河海聚沫,	其性本虚弱,
如是不堅身,	虚浮亦如是。
譬如天大雨,	生起水浮泡,
刹那速消滅,	不堅身亦爾。
不堅起堅想,	於堅想不堅,
邪分別所行,	不能證堅實。
於堅起堅智,	不堅知不堅,
正分別所行,	能證於堅實。
爲修堅實想,	微施於水器,
故以不堅身,	貿易彼堅實。

"舍利子!諸菩薩摩訶薩行尸羅波羅蜜多時,發如是第二心已,爲欲勤求大菩薩藏微妙法門故,於説法師倍復奉事勤加供養,乃至施及貯水之器。

"復次舍利子!菩薩摩訶薩行尸羅波羅蜜多時,發如是心:'我於長夜遠離善友,諸惡知識之所拘執,其性懈怠不修精進,下劣愚鈍多邪惡見,妄起如是癡不善心,無施無愛亦無福祀無有善作,及以惡作無作增長諸業果報。'菩薩摩訶薩作如是念:'我爲貪欲之所惑亂,長夜流轉,造作種種惡不善業。由此不善惡業力故，感得穢惡自體報果，生鬼國中乏資生具，無有一切最勝福田。又我曾生餓鬼趣中，恒食炭火經無量歲，又於眾多百千歲中，不聞水名況復身觸。'又作是念：'而我今者值遇如是最勝福田，又感善身果報成就多資生具，我當依諸福田廣修善業，不顧身命承事師長鄔波柁耶、阿遮利耶，為欲勤求大菩薩藏微妙法門故，於説法師奉事供養，乃至施及貯水之器。'舍利子！是名菩薩摩訶薩第三發心。"

爾時世尊欲重宣此義而説頌曰：

如是善知識，	常親近敬奉，
便成如是性，	故應數親近。
為惡友拘執，	遠離賢善友，
懈怠鄙精進，	慳嫉多諂曲，
無施等邪見，	非撥於一切。
我曾生鬼趣，	受弊惡形質，
於生死長夜，	可畏大闇中，
飢渴遍煎惱，	多受於眾苦，
於多百千歲，	曾不聞水名，
不見淨福田，	不得無是難。
我今感於此，	難得之世間，
又奉值賢明，	獲無難具足，
復離惡知識，	得逢賢善友，
誓不顧身命，	當為證菩提。
以清淨善心，	恭侍尊師長，
亦當供諸佛，	為證菩提故。

"舍利子！諸菩薩摩訶薩行尸羅波羅蜜多時，發如是第三心已，為欲勤求大菩薩藏微妙法門故，於説法師倍復奉敬勤加供養，乃至施及貯水之器。

"復次舍利子！菩薩摩訶薩行尸羅波羅蜜多時，發如是心：'我於長夜遠離善友,惡友拘執懈怠懶惰,下劣精進無智愚癡,由如是見由如是忍,謂有衆生受諸苦惱,如是悲泣號哭之時,復以身手妄加捶打種種惱害。以此因緣,便生如是無量惡見,謂無惡業無惡業報。復由瞋恚覆蔽心故,造作種種惡不善業,以是業報得穢惡身,生畜生中乏資生具,無有一切最勝福田。'菩薩摩訶薩作如是念:'我於彼趣,或作駝駝及牛驢等,食啖芻草,加諸杖捶訶喝恐怖,情所不樂强令馱負。'復作是念:'我於往昔雖經此苦,曾不值遇如是福田。我今得值,又復善感如此之身,我當依諸福田不顧身命,以不堅身貿易堅身,供事師長,爲欲勤求大菩薩藏微妙法門故,於説法師奉事供養,乃至施及貯水之器。'舍利子!是名菩薩摩訶薩第四發心。"

爾時世尊欲重宣此義而説頌曰:

我於彼長夜,　　未知登聖道,
墮在駝牛驢,　　多受諸勤苦。
我今得人身,　　當修賢善業,
由此證菩提,　　是爲聰慧相。
我當起恭敬,　　建立諸佛法,
奉覲説法師,　　爲得菩提故。
過去難思劫,　　循環生死輪,
往來非義利,　　無福田養命。
遠離善知識,　　常親近惡友,
隨彼教誨轉,　　數墮諸惡處。
我曾於傍生,　　閉縛驅打罵,
由斯惡業故,　　受不愛苦果。
遂墮於惡處,　　作駝駝牛驢,
負重猶加杖,　　不親善友故。
我今得難得,　　人身及善友,
既蒙生善處,　　又得值無難。
如龜久處海,　　欣遇浮木孔,
身語善防護,　　精進心强盛,

> 無諂事善友，　　長養慧命身。
> 若有尊重師，　　發我慧心者，
> 能宣説勝妙，　　菩提道大師，
> 供養兩足尊，　　諸塗香末香，
> 種種衣花鬘，　　我當承敬奉。
> 現在十方佛，　　勝義常開示，
> 無邊金色日，　　當修行供養。
> 遍遊諸佛土，　　廣供調御師，
> 爲淨菩提道，　　當升大覺座。

“舍利子！諸菩薩摩訶薩行尸羅波羅蜜多時，發如是等第四心已，爲欲勤求大菩薩藏微妙法門故，於説法師倍增奉事勤加供養，乃至施及貯水之器。

“復次舍利子！菩薩摩訶薩行尸羅波羅蜜多時，發如是心：‘我昔長夜遠離善友、惡友拘執，懈怠懶惰下劣精進，無智愚癡由興惡見，如是信忍、如是欲樂，妄作是念。若以一切有情一切衆生，或取身肉同煮一鑊，或取其身同剉爲膾，雖作如是不名非福。又興惡見，不由此故而招於惡，不由此故而生於惡。由妄見故，又於大海此岸所有衆生，一切布施悉令充足，雖作如是不名非罪。妄生異計，不因此故而招於福，不因此故而生於福。以妄見故，又於大海彼岸所有衆生一切斬害，亦不因此而招於惡，又不因此而生於惡。’菩薩摩訶薩作如是念：‘我於往昔如是作已，不能了知是罪非罪、是福非福，習近惡見愚癡所蔽，多造不善諸重惡業。由此業報，感得下弊穢惡地獄之身，於地獄中或啖鐵丸，或以鋸解，受於種種堅硬苦味，純苦無間相續不已，乃至經彼多百千歲，尚不聞樂聲何況身觸。’爾時菩薩復作是念：‘我於往昔雖經此苦，曾不值遇如是福田。我今得值，又復善感如是之身，我當依諸福田長養慧命，以不堅身貿易堅身，不顧身命奉事師長，爲欲勤求大菩薩藏微妙法門故，於説法師奉事供養，乃至施及貯水之器。’舍利子！是名菩薩摩訶薩第五發心。”

爾時世尊欲重宣此義而説頌曰：

我曾親惡友，　　爲惡心欺誑，
依止衆惡見，　　徒興造惡業。
盡大海此岸，　　所住諸衆生，
施飲食充滿，　　謂不招生福；
盡大海彼岸，　　所住諸衆生，
我悉加殺害，　　謂非招惡業。
如是諸惡見，　　數習恒親近，
墮極苦地獄，　　壓榨於身首。
昔於三惡趣，　　徒盡百千身，
未曾見諸佛，　　世間之導首。
世善友名稱，　　其聲尚難聞，
我幸人中利，　　當修賢善業。
得人身甚難，　　既得長命難，
正法聞難會，　　諸佛出世難。
我已得人身，　　感茲危脆命，
逢值佛興世，　　預如來正教。
我不復當行，　　身語心惡業，
勿令我未來，　　受不愛苦果。
我以清淨心，　　當修清淨業，
由身語及意，　　行世所難行。
我終不違師，　　衆人所許教，
又當興供養，　　爲佛菩提故。
以我不諂誑，　　及無幻僞心，
當開修直路，　　爲佛菩提道。
無畏大菩薩，　　已發如是心，
奉施貯水器，　　慧方便具足。

“舍利子！諸菩薩摩訶薩行尸羅波羅蜜多時，發如是第五心已，爲欲勤求大菩薩藏微妙法門故，於説法師倍增奉事勤加供養，乃至施及貯水之器。

“復次舍利子！菩薩摩訶薩行尸羅波羅蜜多時，發如是心：‘我於長夜遠離善友、惡友拘執，懈怠懶惰下劣精進，無智愚癡，由是惡見如是信忍、如是欲樂，妄生是念，撥無迎逆，曲躬跪拜，合掌問訊，諸善業報爲慢所蔽多造惡業。由惡業報，在人趣中感鄙穢形，於諸福田未曾長養清淨慧命。’菩薩摩訶薩作如是念：‘我憶往昔受於孤露貧窮下賤，繫屬於他奴婢等類，又受耽嗜色欲有情眾生，貪著一切諸色欲相，住不平等惡行之數，起於種種諸惡邪見，毀壞尸羅，毀壞正見，安住三種不善根中，安住四種不應行處，爲五種蓋之所覆蔭，於六尊重不懷恭敬，於七種法未能隨轉，八邪性中邪決定行，九惱害事之所惱害，十惡業道常登遊踐。地獄因道常面現前，於天因道背而不面，遠離一切諸善知識，爲諸惡友之所執持，隨逐魔怨自在而行，遠諸善法現行一切不善之法。又爲如是，橫加鞭杖訶喝恐怖，情所不忍強抑驅役供給於他。’菩薩摩訶薩又作是念：‘我昔未值如是福田故受諸惡。我今得值，又復善感如來之身，我當依諸福田，以不堅身易於堅身，又當自養慧命，不顧身命奉事師長，爲欲勤求大菩薩藏微妙法門故，於說法師奉事供養，乃至施及貯水之器。’舍利子！是名菩薩摩訶薩第六發心。”

爾時世尊欲重宣此義而説頌曰：

親近惡友增憍慢，	經於無量多劫海，
人趣受生奴婢身，	於諸有流長夜轉。
我今已得於難得，	第一勇猛善人身，
又得生於妙國土，	值佛清淨無諸難。
諸有賢善最勝友，	能宣菩薩行道者，
心寶增長諸菩薩，	多拘胝劫今乃值。
無常無恒虛薄身，	譬如水泡並聚沫，
又似幻事及戲變，	如夢所見囈言等。
命如雲電不久住，	於世念念將消滅，
是命將逝刹那間，	故以不堅易堅命。
我憶往昔多時中，	墮在慢山深險處，

曾於過去被欺誑，　　經不思議百劫海。
我今盡捨身貪愛，　　又無顧戀壽命心，
當速捨離憍高慢，　　於尊重師深敬奉。
又世所共同尊長，　　所謂父母諸兄等，
當速捨離憍高慢，　　第一崇遵極恭仰。
近妙菩提諸菩薩，　　與我同奉菩提行，
應生堅固愛敬心，　　當樂供養專承事。
昔具重慢慢增長，　　不知調御斷慢法，
當以無上智金剛，　　令憍慢山永摧碎。
菩提妙行圓成已，　　安止最勝菩提座，
摧伏鬥諍魔軍衆，　　當度四流群生等。
十方所有諸患人，　　臥自糞中爲衆厭，
於彼興發慈悲意，　　爲作拔濟所歸趣。
安住大施波羅蜜，　　於佛威德能防護，
具足修成於忍行，　　發起正勤令現前。
得具淨慮波羅蜜，　　此時調伏心令住，
安住大慧善方便，　　當爲一切尊福田。
增長盛福力如是，　　不可思議善智慧，
若得第一自在智，　　乃至應時奉水器。

“舍利子！諸菩薩摩訶薩行尸羅波羅蜜多時，發如是第六心已，爲欲勤求大菩薩藏微妙法門故，於説法師倍復承事勤加供養，乃至施及貯水之器。

“復次舍利子！菩薩摩訶薩行尸羅波羅蜜多時，發如是心：‘我於長夜遠離善友、惡友拘執，懈怠懶惰下劣精進無智愚癡，由是惡見，如是信忍、如是欲樂，妄生是念，謂無黑業無黑業報、無有白業無白業報、無黑白業無黑白報、無非黑白業無非黑白報。又不請問沙門婆羅門，何者爲善？何者不善？何者有罪？何者無罪？何者應修？何者不修？何者應作？何者不應作。又不請問修何等行，於長夜中能感無義無利及諸苦惱？又作何行，於長夜中能感有義有利及諸安樂?'菩薩摩訶薩作如是念:'我於往昔由於此慢及以勝慢所障蔽故,而能多造不善惡業,以此業報感得人身諸根缺減,於勝福田未養慧命。雖處人中等作覆器,童蒙嬉戲愚戇聾盲,於善惡義無力無能了達宣暢。'又作是念:'我昔未遇是勝福田故造諸惡,我今值遇,又復善感具諸根身,我當依諸福田增長慧命,又應不顧身命求諸力,能了達善說惡說之義,又當請問於說法師,何者爲善? 何者不善? 何者有罪? 何者無罪? 何者應修? 何者不應修? 何者應作? 何者不應作? 作何等行令彼聲聞及獨覺法而現在前? 作何等行令諸佛法及菩薩法而現在前。'舍利子! 菩薩摩訶薩爲欲勤求菩薩藏故,依尸羅波羅蜜多行菩薩行,以不堅身易於堅身,於說法師承事供養,乃至施及貯水之器。舍利子! 是名菩薩摩訶薩第七發心。"

爾時世尊欲重宣此義而說頌曰:

於昔過去多百劫,　　遠離益我親善友,
未曾請問善不善,　　有罪無罪諸業果。
由增上慢自在力,　　墮於地獄鬼趣中,
習近惡念爲同侶,　　經多百劫墜惡道。
或習人趣多千劫,　　輪回受身根不具,
不知何善何不善,　　有罪無罪作業果。
我獲人道猛健身,　　具足諸根處清淨,
遠離諸難得無難,　　如龜引頸遇浮孔。
值世作明燈照者,　　聞說離欲諸聖教,
時我請問世間尊,　　善與不善等業果。
云何具慳墮諸趣?　　云何無慳爲施主?
云何貪諂污尸羅?　　云何戒財全守護?
云何忿恚憤亂人?　　云何無忿忍辱力?
云何懈怠散亂心?　　云何精勤樂靜慮?
云何惡慧啞愚癡?　　云何有慧樂真實?
云何專意行菩提,　　具足尋求賢聖行?

> 云何流慈遍世間？　　云何拔濟諸惡趣？
>
> 云何樂法無厭心，　　能求菩提諸行藏？
>
> 云何往詣十方刹，　　現住諸佛世尊前？
>
> 云何致敬修功業？　　云何請問普賢行？
>
> 我今正應勤請問，　　法師尊重等尊重，
>
> 云何於師樂敬養？　　云何令師意歡悦？
>
> 佛子已生如是心，　　能集廣大妙福力，
>
> 及勝自在智慧力，　　歡喜奉施至水器。

"舍利子！諸菩薩摩訶薩行尸羅波羅蜜多時，發如是第七心已，爲欲勤求大菩薩藏微妙法門故，於説法師倍復奉事勤加供養，乃至施及貯水之器。

"復次舍利子！菩薩摩訶薩行尸羅波羅蜜多時，發如是心：'我於長夜遠離善友、惡友拘執，懈怠懶惰下劣精進，癡鈍無識猶如啞羊，捨離一切正義相應文句、正法相應文句、寂靜相應文句、滅止相應文句、正覺相應文句、諸沙門婆羅門般涅槃等相應文句。捨離如是諸文句已，反更受持讀誦思尋，究達一切非義相應文句、非法相應文句，乃至非涅槃等相應文句。由如是故妄興是見，謂無有力、無有精進、無丈夫果、無勢無勇、無行無威，或俱生念無有行威。又生是念，無因無緣可令有情而生染污，不由因緣有情雜染。又生是念，無因無緣可令有情而得清淨，不由因緣有情清淨。'菩薩摩訶薩又作是念：'我於長夜由依如是不平等因、無因見故，多造種種惡不善業。由此業報，我於往昔在人趣身諸相不具，於諸福田未長慧命。雖處人中等於覆器，童蒙嬉戲愚惷聾盲，無力無能受持讀誦思惟究達正義相應文句，乃至涅槃相應文句。'又作念：'我昔未遇是勝福田故生妄見，我今值遇，乃至不顧身命爲求力能，當於正義相應文句、正法相應文句、寂靜相應文句，乃至涅槃相應文句，如是等正法文句皆是大菩薩藏微妙法門之所攝者。我今受持讀誦思惟究竟，必當發起最上正勤，盡命承事於説法師。我今依尸羅波羅蜜多行菩薩行，爲欲於此菩薩藏法，能受能持能讀能誦修行供養故。'又作是念：'我當以不堅身易於堅身，當善造集若福若智

二種資糧。由是二力,常恒親近菩薩藏法。'菩薩摩訶薩如是思已,於説法師承事供養,乃至施及貯水之器。舍利子！是名菩薩摩訶薩第八發心。"

爾時世尊欲重宣此義而説頌曰:

若法真實義相應,　　　隨順修習道支道,
爲於寂滅而作證,　　　而能流通涅槃路。
我昔遠離如是法,　　　反更流習於諸惡,
非法非義非寂静,　　　乃至涅槃不相應。
無有精進亦無力,　　　無丈夫果無威勢,
撥無諸行無勇猛,　　　一切盡空無所得。
無有諸佛亦無法,　　　及無世間之父母,
無有黑法與白法,　　　若果若報悉皆無。
於如是等諸惡見,　　　無始世來恒習行,
由斯墮於地獄中,　　　純受極苦久難出。
如是轉受傍生趣,　　　及墮焰魔惡世間,
或時得生人趣中,　　　愚騃無智而暗啞,
童蒙嬉戲與盲聾,　　　闇鈍頑嚚無智識,
從是復墮於地獄,　　　受諸重苦增愚暗。
我從久遠無量劫,　　　未曾得是清淨身,
已遇諸根皆具足,　　　是時宜速加精進。
諸法真實義相應,　　　能爲寂静之助伴,
趣菩提道與菩提,　　　我宜及時求是法。
諸大菩薩秘奧藏,　　　甚深真實義相應,
經彼百千俱胝劫,　　　若得聞者爲希有。
如是及餘諸佛法,　　　無量無數不思議,
我當精勤受已持,　　　爲證諸佛菩提故。
又當正勤起恭敬,　　　承事供養説法師,
所謂諸佛諸菩薩,　　　當於彼聞無上法。
諸無所畏大菩薩,　　　發起如是勇猛心,

智慧方便善成就，　　乃至施及貯水器。

"舍利子！諸菩薩摩訶薩行尸羅波羅蜜多時，發起如是第八心已，爲欲勤求大菩薩藏微妙法門故，於説法師倍增承事勤加供養，乃至施及貯水之器。

"復次舍利子！菩薩摩訶薩行尸羅波羅蜜多時，發如是心：'一切衆生爲無義行之所拘執，顧戀身命著無義行，不能勵意專修義利。'舍利子！云何名爲著無義行？謂於身命有所顧戀，於覺分法情無希望，計我我所以爲前導，恒於其身防衛覆障，沐浴調治莊飾寶護，是則名爲著無義行。舍利子！復有著無義行，謂於身命有所顧戀，於覺分法情無希望，計我我所以爲前導，而於妻妾、男女兄弟、朋友眷屬親戚防衛覆障，乃至一切諸受用具寶玩執著，是則名爲著無義行。舍利子！復有著無義行，謂於身命有所顧戀，於覺分法情無希望，計我我所以爲前導，而於奴婢僮僕防衛驅役桎梏守護，是則名爲著無義行。舍利子！云何名爲專修義利？謂於身命無所顧戀，於覺分法有所希望，妙菩提心以爲前導，專修勝善身業意業及以語業，是則名爲專修義利。舍利子！復有專修義利，謂於身命無所顧戀，於覺分法有所希望，妙菩提心以爲前導，專修引發柁那波羅蜜多乃至般若波羅蜜多，是則名爲專修義利。舍利子！復有專修義利，謂於身命無所顧戀，於覺分法有所希望，妙菩提心以爲前導，而專修行布施愛語利益同事，攝化一切諸衆生故，是則名爲專修義利。舍利子！復有專修義利，謂於身命無所顧戀，於覺分法有所希望，妙菩提心以爲前導，專修念處、正斷、神足、根、力、覺分，如是道支，是則名爲專修義利。舍利子！復有專修義利，謂於身命無所顧戀，於覺分法有所希望，妙菩提心以爲前導，而於父母及諸師長，專修供養恭敬禮拜，曲躬合掌謙下問訊，迎逆給事並和順業，是則名爲專修義利。舍利子！復有專修義利，謂於身命無所顧戀，於覺分法有所希望，妙菩提心以爲前導，於三寶所隨順法教專修敬事。舍利子！菩薩摩訶薩作如是念：'一切衆生專著無義，爲無義行之所拘執，顧戀身命放逸懈怠。而我今者專修義利，爲有義利之所守護。我當勤加精進，以身供事諸説法師，以不堅身易於堅身，當修福智二力資糧，以修福智力資糧故，當近無上微妙菩提。'舍利子！菩薩摩訶薩依尸羅波羅蜜多行菩薩行，爲求如是菩薩藏故，承事供養諸說法師，乃至施及貯水之器。舍利子！是爲菩薩摩訶薩第九發心。"

爾時世尊欲重宣此義而說頌曰：

> 諸愚癡凡夫，　　常顧於身命，
> 不願求菩提，　　起雜染三業。
> 常爲利自身，　　及妻子眷屬，
> 寶玩於無義，　　是名癡凡夫。
> 驅役奴僕等，　　多畜養四足，
> 寶著於無義，　　是名無智者。
> 貯積多財穀，　　不施不食用，
> 寶著於無義，　　名守藏愚夫。
> 諸愚癡凡夫，　　專寶著無義，
> 具妙慧菩薩，　　精求諸義利。
> 不顧於身命，　　欣樂助菩提，
> 起種種善業，　　是名專義利。
> 方便善修習，　　施戒忍正勤，
> 静慮與妙慧，　　是名專義利。
> 供養於父母，　　給侍諸師長，
> 深敬奉三寶，　　是名專義利。
> 於攝一切法，　　諸菩薩妙藏，
> 誦持及開闡，　　是名專義利。
> 如是專義利，　　諸佛之所贊，
> 精進善相應，　　是勝無畏子。
> 發如是念已，　　以清淨信心，
> 敬養尊重師，　　乃至奉水器。

"舍利子！諸菩薩摩訶薩行尸羅波羅蜜多時，發起如是第九心已，爲欲勤求大菩薩藏故,於説法師倍復承事勤加供養,乃至施及貯水之器。

"復次舍利子!菩薩摩訶薩行尸羅波羅蜜多時,發如是心:'世間衆生邪僻自在,反執師教無所克獲。不獲何等?所謂聖財。云何聖財?謂信戒聞慚愧捨慧,如是等法是謂聖財。彼諸衆生不獲此故名極貧窮。'菩薩摩訶薩又作是念:'我今應修妙善自在,於師教誨隨順敬受。所以者何?菩薩摩訶薩由妙自在,於師教誨隨順敬受,有所證得。何所證得?所謂聖財。何等名爲菩薩聖財?謂菩薩藏法門差別。了知菩薩妙善自在,即説法師妙善自在,於菩薩藏法門差別,廣爲衆生宣暢敷演,辯了建立,開闡分別,顯示流布。菩薩摩訶薩安住如是菩薩藏已,獲聖法財永斷貧窮,速疾證於阿耨多羅三藐三菩提。'舍利子!菩薩摩訶薩依尸羅波羅蜜多行菩薩行,發是心已妙善自在,於師教誨隨順敬受,復作是念:'我當以不堅身貿易堅身,爲欲勤求菩薩藏故,承事供養於説法師,乃至施及貯水之器。'舍利子!是名菩薩摩訶薩第十發心。"

爾時世尊欲重宣此義而説頌曰:

> 世間下劣諸衆生,　　諛諂幻惑多奸僞,
> 顛倒僻執不如理,　　專惡自在違師教。
> 深知是已順師誨,　　便能分別廣敷演,
> 由斯獲得仙聖財,　　信戒捨聞慚愧慧。
> 如是七財無盡藏,　　知非器者勿開顯,
> 世間多有善衆生,　　堪爲諸佛淨法器。
> 無諂美言來請問,　　妙善自在而閒雅,
> 常發勇猛勤精進,　　恭敬正法樂常聞。
> 爲證諸佛妙菩提,　　不顧所愛之身命,
> 知彼堪任正法器,　　復能受持深妙理。
> 導師發起大慈悲,　　爲説無雜真法界,
> 諸大菩薩妙法藏,　　依彼建立勝菩提。
> 又於其中廣開示,　　諸佛堅固聖財寶,
> 一切諸法爲空相,　　亦無相相無我相。

無有壽命無變異，　　無諸戲論無受藏，

一切諸法之自性，　　不從緣生亦無相。

曾無初起無終滅，　　無相真如之所顯，

若善自在柔和者，　　於師教誨無倒執。

自然最勝爲開示，　　本境所學解脫門，

淨信尸羅與慚愧，　　正聞舍施般羅若。

爲彼分別廣敷顯，　　無盡七財之法藏，

佛子和柔妙自在，　　隨順善友所誨言，

我當承事說法師，　　爲證無上菩提故。

菩薩適發是心已，　　於渴乏者生悲愛，

乃至經營淨瓦器，　　盛滿清水隨時施。

　　"舍利子！諸菩薩摩訶薩行尸羅波羅蜜多時，發起如是第十心已，爲欲勤求大菩薩藏故，於說法師倍增承事勤加供養，乃至施及貯水之器。"

【《大寶積經》卷第四十三　　大唐三藏法師玄奘奉詔譯】

菩薩藏會第十二之九尸波羅蜜品第七之二

　　爾時佛告舍利子：“菩薩摩訶薩行尸羅波羅蜜多時，成就如是善根力故，獲得四種廣勝處法。何等爲四？一者於諸善法速能趣入，二者爲説法師之所贊美，三者修行成滿無有毀犯，四者於佛正法堅持不壞。舍利子！是爲菩薩摩訶薩獲得四種廣勝處法。又舍利子！菩薩摩訶薩由是力故，處在人中復獲四種廣勝處法。何等爲四？一者爲多衆生隨逐修學，於諸白法究竟安住；二者於夷坦路營建逆旅極當堅密，速令衆生獲得歡喜；三者於長夜中得法利故，歡泰之心無有退減；四者臨終捨命無惑纏心，往生善趣安樂世界。舍利子！是爲菩薩摩訶薩處在人中獲得四種廣勝處法。又舍利子！菩薩摩訶薩由是力故，處在天中復獲四種廣勝處法。何等爲四？一者以福感故能攝天衆。二者諸天集會瞻仰面門：‘菩薩今者將何所演？我等聞已當有開悟。’三者爲天帝釋及餘天子之所參觀請法斷疑，而是菩薩不往其所。四者現大宮殿，爲於菩薩之所受用。舍利子！是爲菩薩摩訶薩處在天中獲得四種廣勝處法。舍利子！如是菩薩摩訶薩行尸羅波羅蜜多時，若在天上若生人中，復得無量無邊百千萬億諸妙法門，皆爲滿足尸羅波羅蜜多故。”

　　爾時世尊欲重宣此義而説頌曰：

菩薩處高座，　　諸天所禮敬，

瞻仰彼尊顏，　　將宣何等法？

一切皆恭敬，　　具慧除慳客，

處歡喜宮殿，	釋天來請疑。
天中命盡已，	來生於人間，
爲轉輪聖王，	大力無慳吝。
若人中命終，	還復生天上，
曾未更衆苦，	奉養法師故。
恒獲如是等，	四種廣勝處，
爲無下劣心，	恭敬説法者。
若以敬愛心，	奉施於水器，
則天龍及人，	所應親供養。

"復次舍利子！是諸菩薩摩訶薩行尸羅波羅蜜多時，成就如是諸善根故，復於天中得四種法。何等爲四？一者了知先世所經造業；二者了知因此善故來生天上，及能了知退失善法；三者了知從此命終當生某處；四者爲諸天衆宣説妙法示教贊喜，既利益已便捨天身。舍利子！是爲菩薩摩訶薩生在天中得四種法，皆由尸羅波羅蜜多故。

"復次舍利子！菩薩摩訶薩行尸羅波羅蜜多時，成就如是諸善根故，復得四種圓成勝法。舍利子！何等爲四？一者菩薩摩訶薩捨天宮已，還來人趣與戒俱生。二者菩薩摩訶薩處在人中，獲得五種成勝生法。云何爲五？所謂得生勝家、得勝妙色、得勝淨戒、得勝眷屬、於諸衆生得修勝慈，如是名爲獲得五種成勝生法。三者菩薩摩訶薩處在人中，復得五種成不壞法。云何爲五？所謂得善知識不可破壞、所受之身終無中夭、所得財位中無退失、得菩提心無能壞者、於賈法時得自豐足，如是名爲獲得五種成不壞法。四者菩薩摩訶薩處在人中，又復獲得五種希有圓滿之法。云何爲五？菩薩摩訶薩於舍宅中安設空器，隨菩薩手所及之處，一切衆寶即皆盈滿。是名第一獲得希有圓滿之法。菩薩摩訶薩若遇渴時，即於其前具八德池自然湧現，是名第二獲得希有圓滿之法。菩薩摩訶薩福德持身不爲外物之所侵害，所謂若毒若刀、若火若水、吸精氣者，或復藥叉及諸惡鬼，不能損害，是名第三獲得希有圓滿之法。菩薩摩訶薩於瞻部洲諸災劫起，所謂若刀兵劫、若饑饉劫、若疾病劫、若火劫、若水劫、若風劫、若渴劫、若熱光劫、若藥叉劫。舍利子！如是別劫興起之時，爾時菩薩不生其中，便處天上受極快樂、受多極樂，是名第四獲得希有圓滿之法。菩薩摩訶薩即以如是善根力故，永不復生諸難之處、不生惡趣，若悔纏心即能見知速疾遠離，是名第五獲得希有圓滿之法。舍利子！是名菩薩摩訶薩行尸羅波羅蜜多故，又復獲得四種希有圓成勝法。

"復次舍利子！菩薩摩訶薩行尸羅波羅蜜多時，成就如是善根力故，常不遠離四種妙法。云何爲四？一者菩薩摩訶薩但見有苦諸衆生時，即便獲得大悲之心；二者菩薩摩訶薩所有男女，皆於菩薩恭敬隨順；三者菩薩摩訶薩能制衰老不爲所侵；四者菩薩摩訶薩資生作業百倍獲利，或復過此二倍三倍。舍利子！是爲菩薩摩訶薩行尸羅波羅蜜多時，成就如是四種妙法恒無遠離。

"復次舍利子！菩薩摩訶薩行尸羅波羅蜜多時，成就如是諸善根故，不爲三法之所劫奪。何等爲三？一者不爲貪欲之所劫奪，二者不爲瞋恚之所劫奪，三者不爲愚癡之所劫奪。舍利子！是爲菩薩摩訶薩行尸羅波羅蜜多故！遠離三種劫奪之法。

"復次舍利子！菩薩摩訶薩行尸羅波羅蜜多時，成就如是諸善根故，獲得四種無病之法。何等爲四？一者菩薩摩訶薩不爲長病之所纏逼，二者菩薩摩訶薩支體鮮澤未曾羸悴，三者菩薩摩訶薩資生衆具無有損減，四者菩薩摩訶薩不爲國王盜賊惡人及餘衆生所加惱害。舍利子！是爲菩薩摩訶薩行尸羅波羅蜜多故，獲得四種成無病法。

"復次舍利子！菩薩摩訶薩行尸羅波羅蜜多時，成就如是諸善根故，獲得四種尊位之相。何等爲四？一者菩薩摩訶薩爲轉輪王，威加四域以法御世名爲法王，七寶來應皆悉成就。何等爲七？所謂輪寶、象寶、馬寶、女寶、末尼珠寶、主家藏寶、主兵臣寶。千子滿足形貌端嚴，威勢雄猛降伏怨敵。是轉輪王爲四大洲之所朝宗欽仰歸化，又爲宰相群臣守衛，衆會國界人民及諸小王共所遵敬。舍利子！是爲菩薩摩訶薩獲得第一尊位之相。又舍利子！菩薩摩訶薩於妙五欲不染樂著，所謂眼所識色、耳所識聲、鼻所識香、舌所識味、身所識觸。菩薩摩訶薩於是五欲不染著故，以淨信心捨家入道速獲五通,人及非人之所恭敬。舍利子!是爲菩薩摩訶薩獲得第二尊位之相。舍利子!菩薩摩訶薩在所生處。自然常得最上覺、最上慧、最上辯,爲諸大王之所尊敬。如過去世大烏末荼爲王敬重,而是菩薩亦復如是,爲王敬重請升御座,又爲宰相群臣守衛,衆會國界人民所共尊仰。舍利子!是爲菩薩摩訶薩獲得第三尊位之相。又舍利子!菩薩摩訶薩既悟阿耨多羅三藐三菩提已,威德殊勝圓滿第一,爲諸天、龍、藥叉、健達縛、阿素洛、揭路荼、緊捺洛、牟呼洛伽、人非人等一切有情同所歸敬。何以故?由是菩薩成就最勝戒定慧品、解脫解脫智見品,於此法中證得清淨故。舍利子!是爲菩薩摩訶薩獲得第四尊位之相。舍利子!是名菩薩摩訶薩行尸羅波羅蜜多時,獲得四種尊位之相,皆爲成滿尸羅波羅蜜多故。

"復次舍利子!如是菩薩摩訶薩行尸羅波羅蜜多時,具清淨心,以貯水器奉施鄔波柁耶及阿遮利耶二尊師故,獲得如是無量無邊功德妙法。所謂菩薩摩訶薩爲求法故,去來進止隨順於師,如其所言終不違逆,成就如是善根力故,復獲四種最勝資財。何等爲四?一者菩薩摩訶薩所生之處,獲得大王所用資財,非餘衆生下劣資具。二者菩薩摩訶薩所生之處,受離欲法獲得仙財,以淨信心捨家入道,名聖法財。三者菩薩摩訶薩所生之處得宿命念,名獲念財。由此念故,生生之處終不忘失菩提之心。四者菩薩摩訶薩證得阿耨多羅三藐三菩提已,名菩提財,常爲四衆、天、龍、藥叉、健達縛、阿素洛、揭路荼、緊捺洛、牟呼洛伽、人非人等前後圍繞。舍利子!是名菩薩摩訶薩行尸羅波羅蜜多故,證得四種最勝資財。

"復次舍利子!菩薩摩訶薩行尸羅波羅蜜多時,於説法師乃至受持四句頌等,去來進止隨順教命,所謂是善是不善、是有罪是無罪、是應修是不應修。又如是教乃至作此事已,於長夜中能感無義無利諸苦惱法。若作此已,於長夜中能感有義有利諸安樂法。如是等教隨師所命,不作不善、修習善法,無違無逆。由是菩薩摩訶薩成就如是善根力故,復獲四種成高勝法。何等爲四?一者菩薩摩訶薩得具尸羅成高勝法,二者菩薩摩訶薩所感形體一切身分悉皆圓滿,三者菩薩摩訶薩獲得大慧、湧慧、高慧、廣慧、捷慧、利慧、速慧、深慧、決擇之慧,四者菩薩摩訶薩身壞命終生於善趣諸天世界。舍利子! 是名菩薩摩訶薩行尸羅波羅蜜多時,獲得四種成高勝法。

"復次舍利子! 菩薩摩訶薩行尸羅波羅蜜多時,成就如是善根力故,又獲四種無能觀法。何等爲四? 舍利子! 菩薩摩訶薩成就如是善根力故,所在生處感得隱密陰藏之相,是名第一無能觀法。舍利子! 菩薩摩訶薩成就如是善根力故,從初生已,若母若父、若餘眷屬、若天若龍藥叉羅刹健達縛阿素洛揭路茶緊捺洛牟呼洛伽人非人等,所有衆生若清淨心、若雜染心,皆不能見菩薩之頂,是名第二無能觀法。舍利子! 菩薩摩訶薩成就如是善根力故,從初生已,若母若父乃至人非人等,所有衆生若清淨心、若雜染心,於菩薩面無能修飾。瞻睹之者若有起心:'我當瞻飾菩薩面'者,便於兩足而現面像。何以故? 舍利子! 以是菩薩摩訶薩成就如是稀奇法故名善丈夫,又復成就最勝丈夫第一詞辯,是名第三無能觀法。舍利子! 菩薩摩訶薩成就如是善根力故,初生之時,無人扶侍自立於地遍觀四方,即便獲得明利之智。何以故? 由是菩薩摩訶薩於過去世以無諂心求聞法故。而是菩薩摩訶薩又復獲得無邪諂眼,由成就是無諂眼故,以淨天眼超勝於人,乃至能觀三千大千世界所有衆生。又此菩薩摩訶薩獲得速疾廣大之智,由成就是廣大智故,而能了知一切衆生於三時中所積集心。何以故? 由是菩薩摩訶薩於彼往昔求法之時,作意攝心勤加恭敬,於正法所起良藥想、起珍寶想、起難遭想、起妙善想,如其所念求聞正法,聞已受持。菩薩摩訶薩又因是故,復獲捷疾簡擇之智,由成就是簡擇智故,善能稱量諸衆生戒,乃至善能稱量正聞、定、慧、解脫、解脫智見。又菩薩摩訶薩善能稱量一切衆生尸羅同性,乃至善能稱量正聞、定、慧、解脫、解脫智見同性。又菩薩摩訶薩善能稱量一切衆生戒之等流,乃至善能稱量正聞、定、慧、解脫、解脫智見等流。又菩薩摩訶薩善能稱量一切衆生尸羅等流超勝之相,乃至善能稱量正聞、定、慧、解脫、解脫智見等流超勝之相。又菩薩摩訶薩善能稱量一切衆生進止威儀修行正行勇猛之相。舍利子! 菩薩摩訶薩如是展轉稱量思惟一切衆生諸功德已,而作是念:'是諸衆生所有戒聞,乃至解脫解脫智見,是諸衆生所有尸羅同性,乃至正聞、定、慧、解脫、解脫智見同性。是諸衆生所有尸羅等流,乃至正聞、定、慧、解脫、解脫智見等流。是諸衆生所有尸羅等流超勝之相,乃至正聞、定、慧、解脫、解脫智見等流超勝之相。是諸衆生所有進止威儀修行正行勇猛之相,如是等相皆是衆生所有功德。我今於中稱量觀察,不見與己有平等者。'爾時菩薩又更思惟:'一切衆生根本堅住,與己校量,不見一切與我等者。'又舍利子!菩薩摩訶薩初生之時,於刹那頃能速發起業報妙智。由此智故,一彈指頃善能了知一切衆生千種心相。是時菩薩摩訶薩以智尋思此一切心,不見與己有平等者。菩薩摩訶薩如是正知,我今獨處最上尊位,如師子王安住無畏,如大龍王有大威德。足不踐地各行七步,念菩提座微妙業報,住在現前唱如是言:'我於世間最爲尊大。我於世間最爲殊勝。我今當證生老死邊。我當度脫一切衆生生老病死憂悲苦惱。我當爲諸衆生宣説廣大微妙最勝無上正法。'舍利子!菩薩摩訶薩發是語時,中無有間,其聲遍告滿此三千大千佛之世界。其中衆生聞是聲已,驚怖毛竪天鼓戰掉數發大聲。而此世界皆悉震動,唯有菩薩所住之地,如車輪許嶷然安靜。即此地輪下依水聚,亦不爲彼大風搖動。是菩薩摩訶薩自觀己身,見無量光遍身而住,即證阿耨多羅三藐三菩提已,爲諸衆生所共瞻仰,是名第四無能觀法。舍利子!是名菩薩摩訶薩獲得四種無能觀法。何以故?皆是菩薩摩訶薩於過去世行尸羅波羅蜜多時,隨順法師去來進止,遵承教命無違逆故。

"復次舍利子!菩薩摩訶薩行尸羅波羅蜜多時,成就如是諸善根已,復獲四種迅速之法。何等爲四?菩薩摩訶薩成佛之時具足如是,諸佛如來所説之法無有缺減,又所説法言無虛設。是名第一迅速之法。菩薩摩訶薩成佛之時具足如是,諸佛如來若有所命,作如是言:'進來苾芻。'爾時衆生便進佛所,髮自斷落,被服袈裟,持鉢多羅。是名第二迅速之法。菩薩摩訶薩成佛之時具足如是,諸佛如來善知衆生三時之心。是名第三迅速之法。菩薩摩訶薩成佛之時具足如是,諸佛如來善知衆生應病藥智。是名第四迅速之法。舍利子!是名菩薩摩訶薩獲得四種迅速之法。何以故？由於往昔行尸羅波羅蜜多時，以清淨心奉施鄔波柁耶及阿遮利耶諸説法師之水器故。

"復次舍利子！菩薩摩訶薩依尸羅波羅蜜多具足如是善根力故，成佛之時復得四種他不害法。何等爲四？舍利子！如來身者無依無受。何以故？如來之身若爲火、刀、毒藥、他物能損害者，無有是處。舍利子！是爲菩薩摩訶薩成佛之時，具尸羅故，獲得四種無損害法。

"復次舍利子！菩薩摩訶薩依尸羅波羅蜜多，由具如是善根力故，成佛之時復得四種他無過法。何等爲四？一者諸佛如來無依無受。所以者何？無有衆生於如來前能發是言：'我爲如來説未聞法，乃至一句。'若能説者，無有是處。二者諸佛如來無依無受。所以者何？無有衆生於如來前如法立論，乃至一句。若立論者，無有是處。三者諸佛如來無依無受。所以者何？無衆生能得如來乃至微分一不定心。若能得者，無有是處。何以故？舍利子！諸佛如來心恒在定，謂住慈悲喜捨等故。四者諸佛如來無依無受。所以者何？無有衆生能取如來身色諸相。若取相者，無有是處。舍利子！諸佛如來具尸羅故，獲得四種他無過法。

"復次舍利子！諸佛如來成就如是善根力故，獲得具足五無量法。何等爲五？一者諸佛如來尸羅無量，二者諸佛如來正聞無量，三者諸佛如來正定無量，四者諸佛如來正慧無量，五者諸佛如來解脱解脱智見無量。舍利子！如是如來五無量法，皆由往昔行尸羅波羅蜜多時，於鄔波柁耶、阿遮利耶諸尊重所隨順師教，去來進止無違逆故。

"復次舍利子！諸佛如來具足尸羅波羅蜜多已，成就如是善根力故，獲得四種無障礙智。何等爲四？所謂諸佛世尊於過去世無障無礙智見轉。諸佛世尊於未來世無障無礙智見轉。諸佛世尊於現在世無障無礙智見轉。諸佛世尊善能發起平等之心，由起如是平等心故，能知三世平等之性。舍利子！是爲如來具尸羅故獲得四種無障礙智。

"復次舍利子！諸佛如來又復善能成就正智，由正智故不依屬他，而能悉知一切諸法。諸佛如來又能成就不思議智，由成就此不思議智故，而能了知諸風雨相。舍利子！如來善知世有大風名烏盧博迦，乃至衆生諸有覺受皆由此風所搖動故。此風輪量高三拘盧舍,於此風上虛空之中復有風起,名曰雲風,此風輪量高五拘盧舍。於此風上虛空之中復有風起,名瞻薄迦,此風輪量高十逾繕那。於此風上虛空之中復有風起,名吠索縛迦,此風輪量高三十逾繕那。又此風上虛空之中復有風起,名曰去來,此風輪量高四十逾繕那。如是舍利子!次第轉上六萬八千拘胝風輪之相,如來、應、正等覺依止大慧悉能了知。舍利子!最上風輪名爲周遍,上界水輪之所依止,其水高量六十八百千逾繕那,爲彼大地之所依止。其地量高六十八千逾繕那。舍利子!是地量表有一三千大千世界,其中有佛,號曰弘蘊如來、應、正等覺,今現在彼住世施化。其佛壽量三十拘胝歲,聲聞弟子有三十拘胝那庾多,一切皆是大阿羅漢,諸漏已盡無復煩惱,乃至證得諸心自在最上波羅蜜。爾時彼佛與如是等大聲聞衆同共集會。復有百拘胝等菩薩摩訶薩,皆悉證得菩薩藏法,於諸義理妙善決定,爲多聞海爲大法師,住空無相及以無願。舍利子!我涅槃後具滿千歲,彼佛方乃入般涅槃,正法住世滿於千歲,流布舍利遍益世間,亦如我今般涅槃後,舍利流布遍益之相。舍利子!如來無障礙智又能了知過於彼佛世界之上無量無邊風輪圓相,並諸佛土具足圓相。舍利子!又過此上有別世界,現無如來,而有百千獨覺所住。其中衆生,皆於獨覺而種善根。舍利子!如來依彼智故,復能了知此世界上,有殑伽沙等諸佛如來出興於世,今現在彼度諸衆生。如是十方無量無數不可思議不可稱量諸佛如來、應、正等覺出興於世,今現在彼度諸衆生,如來妙智悉能了知。舍利子,如來又能了知如上所說諸佛世界,現燒然等成壞之相無量無邊,如來妙智皆悉明瞭。”

爾時世尊説是語已,長老舍利子白佛言:“世尊!如來、應、正等覺成就何等諸善根故,而能獲得如是無量不可思議無障礙智?”

佛告舍利子:“如來由住尸羅波羅蜜多故,妙善自在,於正法所發起恭敬尊重之想,起良藥想,起珍寶想,起難遭想,起善根想,如所應想,生深敬想,又能安住攝正法想。舍利子!如來由住尸羅波羅蜜多敬重法故,獲得如是明利大智。如是大智又能了知無量無數過於前量。舍利子!諸佛世尊無斷之智,無量無數不可思議不可稱量不可宣説往來之相。舍利子!

諸佛如來具尸羅故，復得如是自在之力。是故如來如彈指頃，往殑伽沙等諸佛世界而復旋返還本住處。舍利子！諸佛如來於是正法尸羅波羅蜜多所以淨信解聽聞受持，由此獲得速疾解脫，由此解脫我善解脫。於何法中而得解脫？謂於諸苦善得解脫。

"復次舍利子！若有菩薩摩訶薩於此四種恭敬住處，聞斯法已得清淨信，行尸羅波羅蜜多故，發如是心：'我如是住，我於此住。由我如是常安住故，我常不離諸佛正法。'舍利子！菩薩摩訶薩受持是經法門章句，彼由如是善根力故，復獲四種慧所成法。何等爲四？一者由具慧故能發大慧。二者由具慧故逢值諸佛親覲承事。三者由具慧故以淨信心捨家入道。四者由具慧故速證阿耨多羅三藐三菩提。舍利子！是名菩薩摩訶薩行尸羅波羅蜜多時獲得四種慧所作法。

"復次舍利子！菩薩摩訶薩行尸羅波羅蜜多時，由成就是善根力故，又獲四種多所作法。何等爲四？一者受得人身，名多所作。二者值佛出世，名多所作。三者以淨信心捨家入道，名多所作。四者速證阿耨多羅三藐三菩提，名多所作。舍利子！是名菩薩摩訶薩行尸羅波羅蜜多時，獲得四種多所作法。

"復次舍利子！菩薩摩訶薩行尸羅波羅蜜多時，由成就是善根力故，復獲四種支分之法。何等爲四？一者菩薩摩訶薩獲轉輪支，謂處人中作轉輪王。二者菩薩摩訶薩處於梵世爲大梵王。三者菩薩摩訶薩處諸天衆而爲天帝。四者菩薩摩訶薩證得阿耨多羅三藐三菩提已，於一切法具足圓滿，號爲法王處世垂化，又復獲得吉祥諸力淨衆生智神通境界，如是諸相皆能了知，爲諸世間天人之眼。"

爾時世尊欲重宣此義而説頌曰：

救世之明眼，　　諸群生最上，
善解諸醫法，　　由斯證寂滅。
往返隨師教，　　感報爲如是，
未曾受衆苦，　　及不善自在。
速往生天上，　　速還返人中，

速奉見諸佛，　　速得離諸難。
巨富豐大財，　　目觀諸伏藏，
隨手之所及，　　眾寶皆盈滿。
化現妙池沼，　　八德水常盈，
未曾受憂惱，　　為善自在果。
手足不繚戾，　　又無醜短相，
支體不乾枯，　　亦復無減少，
不傴不缺目，　　指相無增減，
首異於象頂，　　為善自在果。
儀貌皆圓滿，　　質重如金聚，
端嚴眾樂觀，　　容相皆鮮妙。
諸天龍鬼神，　　及以世人等，
供養而尊敬，　　為妙自在德。
遠離諸惡道，　　往人天善趣，
速悟大菩提，　　為善自在果。
若人悉能了，　　一切眾生心，
各行七步已，　　妙音告世界。
斯人智最上，　　斯人慧最上，
解脫亦最上，　　眾生中最上。
慧令慧清淨，　　慧依智安立，
慧智與解脫，　　皆依諸佛證。
由慧自性生，　　所知由智了，
若有具智慧，　　所求無不遂。
如是甚深義，　　我為汝略說，
無慧少欲人，　　寧當受此義？
彼由癡所癡，　　眾惡所逼迫，
發起於忿恚，　　不恭敬正法。
若少欲眾生，　　於如是正法，

不復興恭敬，　　　更起諸餘事。

不敬法衆生，　　　恣志所迷執，

常懷染污心，　　　不應爲宣說。

諸老熟所及，　　　衰邁摩訶羅，

彼臨命終時，　　　虛言住後有。

諸老熟所及，　　　衰邁摩訶羅，

妄呑羅漢供，　　　速墮於地獄。

具戒尚難得，　　　況阿羅漢果，

信者營靈廟，　　　復由沉惡趣。

"復次舍利子！菩薩摩訶薩行尸羅波羅蜜多時！如是精勤修行戒行！爲求菩薩藏故！以身承事正行諸師！獲得如上所説功德！又復獲得倍過前數無量無邊不可思議功德利益。舍利子！當知菩薩摩訶薩安住如是菩薩藏故，行善自在妙清淨戒諸菩薩行。舍利子！云何名爲妙戒清淨？舍利子！菩薩摩訶薩行尸羅波羅蜜多故，獲得十種清淨尸羅，汝應知之。何等爲十？一者於諸衆生曾無損害。二者於他財物不行劫盜。三者於他妻妾遠諸染習。四者於諸衆生不興欺誑。五者和合眷屬無有乖離。六者於諸衆生不起粗言，由能堪忍彼惡言故。七者遠離綺語，凡有所言諦審説故。八者遠離貪著，於他受用無我所故。九者遠離瞋恚，善能忍受粗言辱故。十者遠離邪見，由不敬事諸餘天仙及神鬼故。舍利子！是爲菩薩摩訶薩行尸羅波羅蜜多時獲得十種清淨尸羅。當如是學。

"復次舍利子！菩薩摩訶薩行尸羅波羅蜜多時，復有十種清淨尸羅，汝今當知。何等爲十？一者不缺尸羅，不由無智之所證故。二者不穿尸羅，不平等生所遠離故。三者不斑尸羅，一切煩惱所不雜故。四者不染尸羅，唯爲白法所增長故。五者應供尸羅，隨其所欲自在行故。六者稱贊尸羅，諸聰慧者不訶毀故。七者不呰尸羅，一切過惡不容受故。八者善護尸羅，善能守護諸根門故。九者善守尸羅，自然正智恒現前故。十者善趣尸羅，大菩提願爲助伴故。舍利子！是爲菩薩摩訶薩行尸羅波羅蜜多時獲得十種清淨尸羅。當如是學。

"復次舍利子！菩薩摩訶薩行尸羅波羅蜜多故，復有十種清淨尸羅，汝今當知。云何爲十？一者少欲尸羅，如法清淨善知量故。二者知足尸羅，永斷一切諸貪著故。三者正行尸羅，能令身心皆遠離故。四者住靜尸羅，於諸憒鬧皆捨遠故。五者杜多功德蠲除嗜欲尸羅，自在善根之所成故。六者聖種知足尸羅，不顧他顏無希望故。七者如說而行尸羅，幽明奉攝不欺人天故。八者自省己過尸羅，常以法鏡照了自心故。九者不譏他闕尸羅，將護彼意故。十者成熟衆生尸羅，不舍諸攝法故。舍利子！是爲菩薩摩訶薩行尸羅波羅蜜多故獲得十種清淨尸羅。當如是學。

"復次舍利子！菩薩摩訶薩行尸羅波羅蜜多時！復有十種清淨尸羅！汝今當知。云何爲十？一者於佛淨信尸羅，離心栽蘖故。二者於法淨信尸羅，守護正法故。三者於僧淨信尸羅，恭敬聖衆故。四者俯屈從事尸羅，不離思惟佛菩提故。五者親近善友尸羅，覺分資糧善積集故。六者遠離惡友尸羅，棄捨一切不善法故。七者大慈波羅蜜多尸羅，成熟一切諸衆生故。八者大悲波羅蜜多尸羅，困厄衆生令解脫故。九者大喜波羅蜜多尸羅，於彼正法生喜樂故。十者大舍波羅蜜多尸羅，於諸愛恚兩俱捨故。舍利子！是爲菩薩摩訶薩行尸羅波羅蜜多故獲得十種清淨尸羅。當如是學。

"復次舍利子！菩薩摩訶薩行尸羅波羅蜜多時，復有十種清淨尸羅，汝今當知。何等爲十？一者柁那波羅蜜多尸羅，爲善成熟諸衆生故。二者羼底波羅蜜多尸羅，善護一切衆生心故。三者毗利耶波羅蜜多尸羅，於諸正行不退轉故。四者靜慮波羅蜜多尸羅，靜慮資糧善滿足故。五者般若波羅蜜多尸羅，聽聞根本無厭足故。六者樂求聞法尸羅，常樂請求菩薩藏故。七者不顧惜身尸羅，以無常想恒觀察故。八者不寶重命尸羅，以如幻心常現觀故。九者諸意滿足尸羅，從初發心善清淨故。十者佛戒和合尸羅，回向如來一切戒故。舍利子！是爲菩薩摩訶薩行尸羅波羅蜜多故獲得清淨尸羅。當如是學。

"復次舍利子！是諸菩薩摩訶薩行尸羅波羅蜜多時，具足如是清淨戒故，無有人天諸妙快樂是諸菩薩而不受者，無有世間工巧業處是諸菩薩所不知者,無有世間諸眾生等所受用具是諸菩薩不獲感者,無有凡夫不互爲怨而是菩薩於彼眾生曾無瞋恚,無有世間虛誑妄語菩薩於彼不生信受,無有世間諸眾生等菩薩於彼不起母想,無有世間諸眾生等菩薩於彼不生父想,無有世間諸眾生等菩薩於彼不生保任親附之想,無有一切有爲之法菩薩於彼不起無常生滅之想。舍利子!菩薩摩訶薩了知諸行皆無常已,不顧身命修清淨戒,行諸菩薩所行正行,皆爲成滿尸羅波羅蜜多故。"

爾時世尊欲重宣此義而說頌曰:

妙色妙音聲,　　能濟樂法者,

菩薩未爲難,　　住淨尸羅故。

面目皆圓淨,　　不生盲跛傴,

諸身分端正,　　皆由淨戒生。

具大力大勢,　　赫奕大威光,

復由精進慧,　　令惡魔驚怖。

諸王咸供養,　　天龍所尊敬,

善斷諸疑網,　　深心行大慈。

安住於戒聚,　　法行大名稱,

苦逼不生畏,　　終不墮惡道。

眾生皆惛睡,　　菩薩能覺之,

常無有暫眠,　　遍四方求法。

安住於戒聚,　　爲求菩提道,

捨最上名珍,　　妻子身肉等。

求最勝法教,　　及無上佛法,

於世間所依,　　應修諸供養。

若訶責罵詈,　　惱害興惡行,

加哀及贊美,　　斯由住忍故。

如所說修行,　　言常不虛誑,

安坐道場已,　　震動於大地。

於佛法無疑,　　捨離邪天眾,

恒事天所尊，	謂佛薄伽梵。
世間諸衆生，	刀杖等相加，
能令彼和合，	是爲聰敏相。
衆生受重苦，	多百拘胝劫，
雖不來見求，	若睹常無捨。
善友交談論，	義利由斯獲，
而衆生不求，	反更相加害。
我以贍部洲，	及諸佛國土，
滿中珍寶聚，	用資求善友。
假使以利刀，	割斷我支節，
於彼衆生類，	常行平等心。
捨愚夫作業，	爲佛法因緣，
常守淨尸羅，	安住微妙法。
修習法隨法，	行菩提妙行，
爲求佛菩提，	三明慧甘露。
安住於戒聚，	修學諸佛法，
是爲聰慧者，	天世應修供。
一切法無疑，	善達諸工巧，
深曉衆生意，	弘揚美妙法。
戒聚已清淨，	安坐菩提樹，
降伏惡魔軍，	悟無上正覺。
揚暉滿世界，	猶如日月光，
菩薩有情尊，	能開聖慧眼。
授手引群生，	問道皆開示，
常歡笑先言，	曾無懷嫉恚。
捨無量自身，	及施多財寶，
未嘗有遠離，	最上佛菩提。
信戒已圓具，	善住諦實言，

曾無有幻偽，　　安住尸羅聚。

諸來菩薩所，　　或設虛妄言，

有聞皆信受，　　而恒依諦語。

若有詐菩薩，　　假言衣食施，

終無有惠及，　　菩薩無恚心。

【《大寶積經》卷第四十四　大唐三藏法師玄奘奉詔譯】

菩薩藏會第十二之十尸波羅蜜品第七之三

　　"復次舍利子！菩薩摩訶薩行尸羅波羅蜜多時，具足如是清淨尸羅，於諸行中常恒發起不可樂想，於諸眾生起父母想，於彼有情起難保想，於妙五欲起非妙想，於受了別起無識想。舍利子！是菩薩摩訶薩作是觀已，不起平等不平等心。何以故？是菩薩摩訶薩作如是觀，若當發起心平等者，應超出心入於寂滅。若當發起心不平等，應令染心轉不平等。如是眼色為緣生於眼識，染心起滅由隨眠故，彼心體生，於所緣境妄心計淨。若能了知彼不如理而體不淨，如是知已便得解脫，若彼解脫即盡於彼。彼何所盡？所謂貪盡、瞋盡、癡盡。如是盡者，即非貪盡、瞋盡、癡盡。何以故？若刹那貪有滅盡者，即應貪異、盡異。若如是者，貪應是實，盡亦是實。若貪是實，不應滅盡。然舍利子！一切有情皆由不正思惟如理作意故生於貪欲。夫貪欲者分別所起，若無分別計執斯斷，若斷計執即無有實，由無實故中無所貪，由無貪故即是真實。若是真實於中無苦，由無苦故則無燒惱，無燒惱故即是真實。若是真實於中無熱，由無熱故是即清涼、是即涅槃。於涅槃中無有貪愛。何以故？舍利子！夫涅槃者無有思慮，我當除滅如是貪愛，貪愛盡故名得涅槃。若如是者，即能貪異，所貪亦異，涅槃復異。此若異者，則於彼為彼。若於彼為彼，智者應當尋思彼實。如是求已不得堅實，若無堅實即為是虛，若是虛者即為寂靜，若寂靜者即為是空。空無何法？謂我我所。若常若恒若住若變異法，則無有情，則無命者。由如是故，於貪瞋癡則無所起。舍利子！以何等故有我我所？計此為我，此我所有起我我所，顛倒計我故執我所，執我所故便有所作，於所作中起四種行。云何爲四？謂身所作、語心所作，由意思惟發粗惡語，從此便生運身加害。舍利子！一切愚癡凡夫由起自他別異想故，爲想所執，爲想所縛。菩薩摩訶薩行尸羅波羅蜜多故，於如是事知顛倒已，不與諸行而相習近。何以故？由習近故則生怖畏。菩薩摩訶薩作如是念：'我今爲求無怖畏故度諸衆生，不宜於彼而生怖畏，我當與之共爲親愛。'

"復次舍利子！云何菩薩摩訶薩依尸羅波羅蜜多故，於一切衆生起父母想？舍利子！菩薩摩訶薩行尸羅波羅蜜多時，作是思惟：'無有衆生於彼過去久遠世來非父非母易可得者。何以故？一切衆生定曾爲我若父若母。然由於彼生貪心故捨於母想，生瞋心故捨於父想，流轉生死不能斷絶。'是故舍利子！菩薩摩訶薩由斯事故深思惟已，於諸衆生起眷屬想。舍利子！如彼過去超阿僧企耶廣大無量不可思議劫，爾時有佛名最勝衆，出現於世，如來、應、正等覺、明行圓滿、善逝、世間解、無上丈夫、調御士、天人師、佛、薄伽梵。彼佛住壽九拘胝歲，與九拘胝那庾多大聲聞衆同共集會。爾時有一菩薩名爲得念，生在王宮，形貌端嚴，衆所樂見，成就第一圓淨色相。然此菩薩初生之時，父母各以八萬四千童少媟女而以賜之，親友眷屬復以八萬四千諸妙媟女而用上之，父母知友復以媟女八萬四千奉於菩薩，爲欲生長常隨翼從。舍利子！時菩薩父爲是菩薩起三時殿，熱時、雨時及以寒時，令彼菩薩居重殿上隨時而住，又令無量百千伎樂圍繞菩薩而娛樂之。爾時菩薩聞諸樂音，將舉其聲起生滅想而現在前。樂音暫止，便思此聲依何而起？何處而生？依何而息？何處而滅？爾時菩薩作是觀時，不起晝夜差別之想，唯恒發起無常之想、一切世間不可樂想。舍利子！爾時得念菩薩四萬歲中未曾於樂而生耽著，又四萬歲於諸欲中未曾貪染。是時菩薩住深宮中，入四靜慮，發五神通，即從內宮以神足力身升虛空，往最勝衆如來、應、正等覺薄伽梵所。既到彼已請問彼佛，得少善法旋還本宮。舍利子！是得念菩薩於彼如來入涅槃日，復往如來所住之處，問諸苾芻：'最勝衆佛今爲何在？我今欲見親觀供養。'時諸苾芻告得念曰：'善男子！汝不知耶？如來今者已般涅槃。'爾時菩薩既知如來般

涅槃已,即於是處舉身投地,涕泣悶絕良久乃蘇。"便説頌曰:

> 如是照世間,　　到諸法彼岸,
> 我住放逸地,　　如何自欺誑?
> 百千劫拘胝,　　如來乃一現,
> 而我不奉事,　　誰當作依救?
> 如我自惟忖,　　我母非親善,
> 何不贊如來,　　令我初生見。
> 父亦非親善,　　陷我於諸欲,
> 既被所拘執,　　乖事世間依。
> 不聞佛所説,　　六十妙音聲,
> 生爲失大利,　　謂不事佛故。
> 到諸法彼岸,　　利世大悲者,
> 我憍逸所執,　　不事兩足尊。
> 千億那庾劫,　　見諸佛甚難,
> 我不修供養,　　滅後方來至。
> 今我重思忖,　　父母俱非善,
> 當我初生時,　　何不爲贊佛,
> 令見最勝尊,　　常住如來所,
> 廣修諸供養,　　及聽聞正法?
> 如來所宣暢,　　六十妙音聲,
> 而我未曾聞,　　滅後方來至。
> 我今失大利,　　涅槃後方來,
> 無爲演妙法,　　如先佛所説。

"舍利子! 爾時得念菩薩即於是處悲啼而起,往最勝衆如來般涅槃床。"既到彼已哀慟悲噎,右繞如來滿百千匝,卻住一面而説頌曰:

> 佛爲群生真實尊,　　顯揚無上微妙法,
> 我今發起至誠心,　　爲獲最勝菩提故。

我今敬禮如來足，　世界真言大慧者，
願我當獲如斯智，　等最勝尊之所得。
我昔羸劣無智慧，　墮在魔羅品類中，
安處居家多迫迮，　不得奉事人中上。
我已曾修勝妙福，　由此暫得觀如來，
然佛不垂開正法，　故我於今受極苦。
我今天龍等眾前，　興發至誠真諦語，
若我本期如實者，　當依所言無不遂。
願我當於未來世，　諸佛出現人中尊，
見甚深義廣大用，　宣說無上真實法。
爾時諸難我不生，　既生諸欲不親近，
女色自在無隨轉，　摧壞魔羅之圄圇。
生生常得見諸佛，　無上正法現前聞，
由睹諸佛淨信生，　生淨信已修諸行。
若我所發至誠言，　必當諦實非虛者，
由此如來還起坐，　如從重睡欻然覺。
菩薩適發誠言已，　如來應時便起坐，
百千拘胝諸天眾，　以上妙衣而奉散。
菩薩是時心喜悅，　舉身上踴住虛空，
既在虛空安住已，　以妙伽他讚最勝。
慈心利世大明照，　第一說者大神通，
覺悟愍念世間依，　演宣無上正法者。

"舍利子！爾時得念菩薩宣說如是諸讚頌已。"欲令大眾倍歡悅故，復於佛前而說頌曰：

我於未來當作佛，　示現授記人中尊，
汝等大眾應隨學，　於如來所興供養。
世間依怙不思議，　誰有於斯不生信？

哀愍我等及衆生，　　已入涅槃還重起。

"舍利子！是得念菩薩於最勝衆如來法中大設供養殖諸善本，即以如是善根力故，於此命終生彼善趣諸天世界，經二十大劫拘胝不墮惡趣，又經二十大劫拘胝不受欲樂。舍利子！是得念菩薩於如是時親觀奉事七千諸佛，於諸佛所廣設供養，爲求阿耨多羅三藐三菩提故常修梵行。於最後劫來世之時，得勝上身自善根力之所發起，成等正覺，號娑羅王如來、應、正等覺、明行圓滿、善逝、世間解、無上丈夫、調御士、天人師、佛、薄伽梵，出現於世。舍利子！是娑羅王佛壽二十拘胝歲，與諸弟子再會説法，第一大會聲聞弟子有二十拘胝，第二大會有四十千，一切皆是大阿羅漢，諸漏已盡，無復煩惱，獲大勢力，乃至得到諸心自在第一彼岸。舍利子！彼佛世尊般涅槃後，流布舍利廣起靈廟，正法住世滿十千歲。"

爾時薄伽梵欲重宣此義而説頌曰：

舍利子當知，　　是得念菩薩，
二十劫拘胝，　　未曾墮惡道。
又經如是劫，　　不習諸貪欲，
於是中間時，　　七千佛滅度。
愛樂諸佛法，　　常修清淨行，
最後悟菩提，　　號娑羅王佛。
三十拘胝千，　　住無上正覺，
悟上菩提已，　　利益諸衆生。
二十拘胝歲，　　廣宣微妙法，
二十拘胝衆，　　及餘四十千，
一切盡諸漏，　　皆佛之仙衆。
彼佛涅槃後，　　舍利廣流布，
靈廟具足滿，　　六十千拘胝。
滅後法住世，　　經於十千歲，
聞佛説正教，　　皆生清淨信。

　　如來所說法，　　　智者不生疑，

　　終不墮惡道，　　　速證於寂滅。

　　"復次舍利子！如是菩薩摩訶薩行尸羅波羅蜜多故清淨戒衆，於諸衆生起父母想。何以故？我於往昔生貪心故捨於母想，生瞋心故捨於父想。我今行尸羅波羅蜜多安住淨戒，於彼諸欲恒興起厭違背之心。是菩薩摩訶薩爲除貪故，以正作意於諸欲中起於真實違厭之想。舍利子！是菩薩摩訶薩由起如是正思惟故，能自了知諸欲之相，又能了知諸欲違厭。舍利子！云何名爲了知諸欲，及能了知諸欲違厭？舍利子！所言諸欲名爲貪愛，謂貪眼識所識諸色是名爲欲，貪愛耳識所識諸聲是名爲欲。如是貪愛鼻識所識諸香、舌識所識諸味、身識所識諸觸，是名爲欲。舍利子！若有貪愛則有執著，夫執著者名之爲結。結名發起，發起名縛，又亦名爲不實戲論。如是舍利子！一切衆生皆爲不實戲論諸縛所縛、纏縛、遍縛、增上遍縛，不得解脫。舍利子！一切衆生爲誰縛故名之爲縛？所謂色縛所縛故名之爲縛，乃至聲香味觸縛所縛故名之爲縛。又何等故名爲色縛？謂於自身所得諸色，妄起我想、命者之想、數取趣想、常想恒想、不變異想、實想全想、一合之想，如是等想名爲色縛。舍利子！何等名爲色縛所縛？謂於所起我自體相，深親寶重廣興我愛，於諸妻妾一切女色戀著不已，如是名爲色縛所縛。舍利子！是諸衆生既得受用諸欲法已，造不善業，不如實知諸欲過失。云何名爲諸欲過失？舍利子！一切諸欲無非過失。是故智者於諸過失不應生欲。然趣惡道是欲重過，吾當爲汝開示其相。舍利子！云何名爲能趣惡道諸欲重過？舍利子！我說一切習近欲時，無有少惡而不造者。彼若報熟，無有少苦而不攝受。是故舍利子！我觀一切千世界中，衆生大怨無過妻妾女色諸欲。何以故？舍利子！夫有智者即是如來，言無智者謂群生也。若諸智者之所訶毀是名真實，若諸無智之所攝受則非真實。舍利子！諸無智者何所攝受？所謂攝受諸有爲法，攝受妻妾女色諸欲及男女等。彼無智者又爲妻子諸女色等之所攝受。如是展轉更相攝受，則不攝受於彼聖道。舍利子！彼無智者，爲於男女妻妾諸女色等所纏縛故，於諸善法多生障礙。何所障礙？所謂障礙出家、障礙尸羅、障礙静慮、障礙天道、障礙涅槃，又能障礙諸妙善法。又舍利子！彼無智者，若有攝受男女妻妾諸女色等，略說則是攝受怨仇，即爲攝受地獄、傍生、焰魔鬼趣等。舍利子！如是攝受，取要言之，即是攝受一切惡不善法，障礙一切諸賢聖法。又若攝受男女妻妾諸女色等，乃至則於一切美食亦能障礙，況餘勝事。舍利子！如是障礙略而言之，所謂障礙見佛、障礙聞法、障礙奉僧，障礙見佛所得淨信、障礙聞法所得淨信、障礙奉僧所得淨信。又略而言，障礙獲得具足無難，障礙信財、戒財、聞財、捨財、慧財、慚財、愧財。舍利子！若有攝受男女妻妾諸色欲等，即爲攝受不信、惡戒、邪聞、慳吝、惡邪之慧、無慚、無愧，又復攝受病癰毒箭火聚毒蛇。舍利子！若有樂處居家耽嗜不捨，當知即是樂處塚間，是故我說樂處居家如住塚間，及曠野處無所投告，即爲喪失諸白淨法。又舍利子！若有衆生味著男女妻妾諸女色欲，當知即是味著礫石之甍，即是味著利刀之刃，即是味著大熱鐵丸，即是味著坐熱鐵床，即是味著熱鐵機隥。舍利子！若有味著花鬘香塗，即是味著熱鐵花鬘，亦是味著屎尿塗身。舍利子！若有攝受居處舍宅，當知攝受大熱鐵甕。若有攝受奴婢作使，當知攝受地獄惡卒。若有攝受象馬駝驢牛羊雞豕，當知攝受地獄之中黑駁諸狗，又是攝受百逾繕那禁衛之卒。取要言之，若有攝受妻妾男女諸女色欲，當知即是攝受一切衆苦憂愁悲惱之聚。舍利子！寧當依附千逾繕量大熱鐵床，是床極熱遍熱猛焰洞然，於彼父母所給妻妾諸女色欲，乃至不以染愛之心遠觀其相，何況親附抱持之者。何以故？舍利子！當知婦人是衆苦本、是障礙本、是殺害本、是繫縛本、是憂愁本、是怨對本、是生盲本，當知婦人滅聖慧眼。當知婦人如熱鐵花散布於地，足蹈其上。當知婦人於諸邪性流布增長。舍利子！何因緣故名爲婦人？所言婦者名加重擔。何以故？能使衆生負重擔故，能使衆生弊重擔故，能使衆生受重擔故，能使衆生持於重擔有所行故，能使衆生荷於重擔遍周行故，能令衆生於此重擔心疲苦故，能令衆生爲於重擔所煎迫故，能令衆生爲於重擔所傷害故。舍利子！復以何緣名之爲婦？所言婦者，是諸衆生所輸委處，是貪愛奴所流沒處，是順婦者所輸稅處，是婦媚者所迷惑處，是婦勝者所歸投處，是屈婦者所憑仗處，婦自在者所放逸處，爲婦奴者所疲苦處，隨婦轉者所欣仰處。舍利子！以如是等諸因緣故，名是諸處以之爲婦。又舍利子！世間衆生由婦因緣不捨重擔。不捨何等之重擔耶？所謂五蘊。何等五蘊？色蘊、受蘊、想蘊、行蘊、識蘊。舍利子！世間婦人能令衆生不捨如是五蘊重擔，故名五蘊以之爲婦。舍利子！復何因緣世人名婦爲故第二？舍利子！如是女人，是犯尸羅第二伴故，是犯威儀第二伴故，是犯正見第二伴故，是飲食時第二伴故，是往地獄傍生鬼趣第二伴故，能障聖慧礙涅槃樂攝一切苦第二伴故，是以名爲故第二也。舍利子！復以何故世人名婦以爲母衆？舍利子！一切女人生多過失無邊幻誑故名母衆。若有隨逐母衆自在，當知即墮魔羅手中自在爲惡。如是舍利子！當知世界一切女人生多過失無邊幻誑，心多輕躁、心多掉動，其心流蕩傾覆不住。心似山狄、心似猿猴，善能示現幻誑之術。如是諸相，故名女人以爲母衆。又舍利子！言母衆者即母幻村，又亦名爲幻之城邑、幻王所都、幻客之亭、幻人之館、幻國幻村、幻處幻方，是幻世間、是幻世界、是無邊幻、是廣大幻、是無量幻、是不可思議幻。舍利子！由如是等諸欲重過能趣惡道，故號女人名母幻村。舍利子！譬如幻師善學幻術，於大衆中示現種種幻誑之事。舍利子！母村亦爾，善學女人幻誑之術，能令丈夫若見若聞若摩若觸皆被繫縛。又諸女人巧知惑媚，由知媚故勢力自在，凡有所作歌舞戲笑、啼泣往來、若住坐臥，於一切時能令丈夫不得自在，隨彼女人繫縛驅使。舍利子！譬如世間成熟稻田被大雹雨傷殘滋甚。如是舍利子！是母幻村，猶如大雹墮丈夫田，摧壞一切白法苗稼消滅都盡。舍利子！諸如是等能趣惡道貪欲重過，一切世間愚癡凡夫，爲之幻惑不能覺了，而復攝受所愛妻妾諸女色欲爲之迷醉。

"復次舍利子！聰慧菩薩摩訶薩行尸羅波羅蜜多故，於是諸欲深知過已，便依正法起二種想，所謂於諸愚夫起惡人想，於佛菩薩起善人想。菩薩摩訶薩作是觀已，便自思惟：'我今應往善丈夫趣，不宜往彼惡丈夫趣。我不應往地獄傍生焰魔鬼趣，我不應往毀尸羅趣，我不應往犯戒住處；我今應往最勝無上離前諸法無障礙趣，我今應往諸佛如來大智慧趣。'又作是念：'我當逆流而行非順流者，我當作師子吼非野幹鳴，我當示現金翅鳥王之大勢力，不應示現微細蜫蟲之所有力，我今應作賢良之人，不作險惡憒雜之人，我今應唉賢良勝士清淨之食，不應唉彼無良下士不淨之食，我應修行微妙靜慮、最勝靜慮、殊特靜慮、第一三摩地所得彼類靜慮，不應修行非彼類靜慮、非下少靜慮。'舍利子！菩薩摩訶薩又作是念：'我應遊戲諸佛靜慮，不應遊戲聲聞獨覺一切愚夫異生靜慮。我當修行無依靜慮，不應修行依色靜慮。又亦不依受想行識靜慮，不應修行依地界靜慮。又亦不依水界火界風界靜慮，亦不修行依欲界靜慮。又亦不依色界無色界靜慮，亦不修行依此世他世靜慮。又亦不依已見已聞已念已識已得已觸已證如是靜慮。'舍利子！是菩薩摩訶薩復作是念言：'我當修習無依靜慮，由修習故，當不自損，又不損他，亦不俱損。我當追求圓成佛智，豈復應求世間諸欲？

"復次舍利子！如是聰慧菩薩摩訶薩行尸羅波羅蜜多時，作如是等諸正觀已，復應當發四種厭離。云何為四？所謂能於諸欲而生厭離，於諸有中能生厭離，於不知恩諸眾生所而生厭離，於一切行諸苦惱所而生厭離。舍利子！是名菩薩摩訶薩行尸羅波羅蜜多故發起四種厭離之想。應如是學。

"復次舍利子！菩薩摩訶薩行尸羅波羅蜜多時，觀諸有情處於惡道見妙女色起貪心者，應起四種厭離之想。云何為四？所謂退失想、顛墜想、行廁想、膿潰糞穢不淨之想。如是舍利子！處諸惡道有情識者見妙女色，尚應發起如是四想，何況於人。舍利子！安住大乘諸族姓子厭離一切有為行者，見妙女色起於退失、顛墜、行廁、膿潰糞穢如是四想。若起此想猶生貪心，又應更起三種親想，所謂於母等類起於母想、姊妹等類起姊妹想，於女等類而起女想。"

佛告舍利子："菩薩摩訶薩聞我所說能善解者，應當隨順如是經典尸羅波羅蜜多。何以故？無有眾生是易可得久遠世來非我父母。所以者何？是諸眾生皆曾為我而作父母。若有習近妻妾女人，則為習近過去之母。舍利子！菩薩摩訶薩聞我說已，為清淨故，應當如是勵勤修學。

"復次舍利子！一切世間愚癡凡夫，於彼正法違逆不信。菩薩不爾，隨順正法無有違逆。若有修行如是諸觀，猶爲貪心所隨逐者，菩薩復應如理觀察，所生貪心見何而生？若當於眼起貪心者，菩薩重應如理觀之：我爲於眼起染愛者，誰能見耶？爲眼見眼耶？則彼自體見自體耶？何以故？彼亦是眼，此亦是眼，皆爲四大之所造故，又爲大種之所生故，非由自體於此自體而起染愛，又非於我自體而起染愛。何以故？彼則是此故。若有於彼起染愛者，應是於此而起染愛，以無差別故。一切世間愚癡凡夫無差別住，我今應求差別之法。何以故？以諸欲覺都無有德故。"

爾時世尊欲重宣此義而説頌曰：

> 展轉同一義，　　都無差別性，
> 由乖理邪執，　　起是貪愛心。
> 云何四大生，　　還能染大造？
> 諸法猶如幻，　　無由起貪愛。
> 我等邪分別，　　妄起貪愛心，
> 不肖者生貪，　　賢善人無愛。
> 遍於十方界，　　無實貪可求，
> 但虚妄分別，　　故起斯貪愛。

"復次舍利子！菩薩摩訶薩行尸羅波羅蜜多時，作是觀已猶被貪心而隨逐者，若有聞佛所説諸法善根力故，復應隨順如是經典，所謂眼如聚沫不可撮摩。何以故？彼聚沫等一切諸法，本無有我亦無有情、無有命者、無數取趣、無摩納婆、無丈夫、無意生、無作者、無受者。於如是等無作無受，一切法中誰能染愛？又於何所而生染愛？舍利子！眼如浮泡性非堅實。何以故？彼浮泡等一切諸法，本無有我亦無有情、無有命者、無數取趣、無摩納婆、無丈夫、無意生、無作者、無受者。於如是等無作無用，諸法之中誰能染愛？又於何所而生染愛？舍利子！眼如陽焰業惑愛生。何以故？彼陽焰等一切諸法，本無有我亦無有情，乃至誰能染愛？於何染愛？舍利子！眼如芭蕉體非貞固。何以故？彼芭蕉等一切諸法，本無有我亦無有情，乃至誰能染愛？於何染愛？舍利子！是眼如夢非如實見。何以故？彼虛夢等一切諸法，本無有我亦無有情，乃至誰能染愛？於何染愛？舍利子！眼如傳響繫屬衆緣。何以故？彼傳響等一切諸法，本無有我亦無有情，乃至誰能染愛？於何染愛？舍利子！眼如光影依業影現。何以故？彼光影等一切諸法，本無有我亦無有情，乃至誰能染愛？於何染愛？舍利子！眼如浮雲飄亂散相。何以故？彼云等法本無有我亦無有情，乃至誰能染愛？於何染愛？舍利子！眼如流電念壞相應。何以故？彼電等法本無有我亦無有情，乃至誰能染愛？於何染愛？舍利子！是眼如空離我我所。何以故？彼空等法本無有我亦無有情，乃至誰能染愛？於何染愛？舍利子！眼爲無知如草木土石。何以故？無知等法本無有我亦無有情，乃至誰能染愛？於何染愛？舍利子！眼無作用，隨風機轉。何以故？無作等法本無有我亦無有情，乃至誰能染愛？於何染愛？舍利子！眼爲虛誑不淨朽爛之所積聚。何以故？虛誑等法本無有我亦無有情，乃至誰能染愛？於何染愛？舍利子！眼爲虛僞摧破壞散滅盡之法。何以故？虛僞等法本無有我亦無有情，乃至誰能染愛？於何染愛？舍利子！眼如丘井常爲老逼。何以故？丘井等法本無有我亦無有情，乃至誰能染愛？於何染愛？舍利子！眼不久停終於死際。何以故？彼非久停一切諸法，本無有我亦無有情，無有命者、無數取趣、無摩納婆、無丈夫、無意生、無作者、無受者。於如是等無作無用緣會所生諸法之中，誰能染愛？又於何所而行染愛？如是廣說一切内外諸根塵法亦復如是。舍利子！菩薩摩訶薩如是正觀察時，爲諸貪愛所牽引者，無有是處。若有菩薩摩訶薩作是觀者，當知是則於諸法中永離貪愛。舍利子！是名菩薩摩訶薩行尸羅波羅蜜多時畢竟清淨滅諸貪愛。”

爾時佛告舍利子：“如是清淨行尸羅波羅蜜多菩薩摩訶薩，不行一切害衆生業，乃至命難於諸衆生終不加害。不行一切不與取業，乃至命難於他資具終不劫盜。不習一切淫荒邪行，乃至命難於諸女色終不染趣。不説一切欺誑妄語，乃至命難於諸衆生不行虛誑。不説一切粗獷之言，乃至命難於諸衆生終不毁罵。不説一切離間之言，乃至命難於諸衆生不行破語，於自眷屬生知足故。不傳一切浮綺談説，言必如量，乃至命難終不綺繪異詞，矯飾文句。於他財物不起貪著，乃至命難諸所受用終無愛染。於諸惱辱具忍成就，聞粗惡言善能堪耐，乃至命難不生忿恚。於諸法中不生邪見，乃至命難終不信事諸餘天神，唯於佛所淨心歸趣。舍利子！如是名爲菩薩摩訶薩尸羅清淨。"

佛告舍利子："是菩薩摩訶薩行尸羅波羅蜜多故，具足成就無量無邊諸佛正法。舍利子！菩薩摩訶薩由行尸羅波羅蜜多故，具足成就不缺尸羅，不與無智相親近故。具足成就不穿尸羅，不平等生能遠離故。具足成就不斑尸羅，不近惡人諸煩惱故。具足成就不雜尸羅，唯爲白法所增長故。具足成就應供尸羅，如其所欲自在行故。具足成就稱贊尸羅，不爲智者所訶毁故。具足成就善守尸羅，圓備正念及正知故。具足成就不訾尸羅，於諸過失所不生故。具足成就善護尸羅，於諸根門善防衛故。具足成就高廣尸羅，爲一切佛所憶念故。具足成就少欲尸羅，知淨量故。具足成就知足尸羅，欣樂斷故。具足成就正行尸羅，身心遠離故。具足成就處靜尸羅，厭煩鬧故。具足成就聖種善喜尸羅，不顧他顏無希望故。具足成就杜多功德少事尸羅，自在生長諸善根故。具足成就如説而行尸羅，不誑世間諸天人故。具足成就大慈尸羅，不害一切諸有命故。具足成就大悲尸羅，堪忍一切諸苦惱故。具足成就大喜尸羅，於彼法樂無退減故。具足成就大捨尸羅，一切愛恚畢竟斷故。具足成就常省己過尸羅，恒於內心善察照故。具足成就不譏彼闕尸羅，於衆生心善隨護故。具足成就成熟衆生尸羅，究竟能到施彼岸故。具足成就善守護尸羅，究竟能到戒彼岸故。具足成就無憎害心尸羅，究竟能到忍彼岸故。具足成就不退轉尸羅，究竟能到正勤彼岸故。具足成就定分圓滿尸羅，究竟能到靜慮彼岸故。具足成就正聞無厭尸羅，究竟能到大慧彼岸故。具足成就親近善友尸羅，覺分資糧善修集故。具足成就遠離惡友尸羅，棄捨不平等道故。具足成就不顧戀身尸羅，以無常想恒觀察故。具足成就不顧戀命尸羅，以其所重不常保故。具足成就不起悔尸羅，心善清淨故。具足成就不詐現尸羅，方便善清淨故。具足成就不惱熱尸羅，於增上意善清淨故。具足成就不輕掉尸羅，永離諸貪愛故。具足成就不高慢尸羅，和柔質直故。具足成就不强戾尸羅,性賢善故。具足成就善調伏尸羅,無憤恚故。具足成就寂静尸羅,性安攝故。具足成就善語尸羅,如其所說無違逆故。具足成就成熟有情尸羅,常不捨離諸攝法故。具足成就守護正法尸羅,於聖法財自不壞故。舍利子!聰慧菩薩摩訶薩如是清淨戒聚,具足成就尸羅波羅蜜多,爲阿耨多羅三藐三菩提故,善能修行菩薩妙行。舍利子!是名菩薩摩訶薩尸羅波羅蜜多。若諸菩薩摩訶薩精勤修行是菩薩行,一切衆魔魔民天子於此菩薩不能嬈亂,又不爲彼異道他論所能摧屈。"

【《大寶積經》卷第四十五　大唐三藏法師玄奘奉詔譯】

八、菩薩藏會第十二之十一 羼底波羅蜜多品第八

　　爾時佛告舍利子："云何名爲菩薩摩訶薩羼底波羅蜜多？菩薩摩訶薩爲阿耨多羅三藐三菩提故,於如是法精勤修學行菩薩行。舍利子！菩薩摩訶薩由住如是羼底波羅蜜多故,具足忍力立性堅正,於諸寒熱飢渴、蛇蠍蚊虻、風日等觸志能堪忍,又能忍粗惡言說鄙陋詞句,及以依身所起猛迅苦受堅硬辛楚奪命至死,諸如是等所有苦受並能堪忍。舍利子！若諸菩薩摩訶薩能具是者,是則名爲羼底波羅蜜多。

　　"復次舍利子！我昔長夜未成佛時,行菩薩行常修忍辱。"

　　舍利子白佛言："世尊！云何世尊爲菩薩時,修集忍辱行菩薩行？"

　　佛告舍利子："我憶過去行菩薩行,多有衆生數來毀罵,非法訶責,面於我前出諸非法弊惡言說。舍利子！我於爾時行羼底波羅蜜多故,制伏其心不生忿恚慳吝惱熱,但作是念：'於諸行中無有少法是易可得過於毀罵及訶責者,是故我今應當修捨。又我於彼應起慈悲。何以故？世間衆生多分安住毀罵訶責,由斯業故還復感得如是之相訶毀果報,在在所生常得醜陋可惡之身。我今不樂醜陋之事,豈應樂行毀罵訶責？何以故？如是訶毀諸惡業者,是則名爲不相應業、不稱理業、愚夫之業,是下劣業、非善人業、非賢聖業。由此業故,墮於地獄、傍生、焰魔世界。又由此業與諸惡趣而爲眷屬,由此業故感得貧窮藥叉之身,又由此業感貧藥叉根本果報,由此業故感得貧窮餓鬼之身,又由此業感貧餓鬼根本果報,由此業故

感得貧窮人趣之身,又由此業感貧人趣根本果報,又由如此訶毀業故感得下趣及以下趣根本果報。我今不應求下劣趣。所以者何?若我求作如是事者,與諸衆生有何差別,然彼衆生不順於理,我既順理不應同彼。'舍利子!是諸菩薩摩訶薩行羼底波羅蜜多者,應當隨我修學是法。何以故?舍利子!是諸菩薩爲他毀罵訶責之時,便能依是正法作意思惟忍受。是菩薩摩訶薩由得如是忍辱力故,復獲無量諸妙善根。假使以諸珍寶滿佛世界四大洲中持用布施,比前功德皆不能及。所以者何?是忍辱行,極善丈夫方能修習。何以故?一切衆生多爲毀罵訶責之所拘執,由如是故生死流轉不能斷絕。

"復次舍利子!是諸菩薩摩訶薩行羼底波羅蜜多者,應自勉勵審諦觀察,作如是念:'我若被他訶毀之時,爲能思惟於佛菩提及法僧不?若能思惟是則爲善,若不能思不名爲善。'復更以餘無量方便,思惟於佛、思惟菩提及以法僧。舍利子!菩薩摩訶薩作是思已,應當觀察,我今與一切衆生有何差別殊異之相。何以故?彼諸衆生現於我身起瞋害者,於佛菩提及以法僧曾不思惟。我若同彼不思惟者,與諸衆生有何差別,有何殊異稀奇之相?舍利子!是菩薩摩訶薩又復思惟:'若被他人現瞋恚時心便生捨,於佛菩提及法僧等曾無思念,此非我宜。'又作是念:'若我於彼起瞋恚者,則爲無智無忍辱力,亦於本願而便棄捨。所以者何?若起瞋恚則無是心:我當攝受一切衆生,我當不捨一切衆生。我若起瞋於一有情,不名菩薩攝化之法。誰請於我行菩薩道?而況往昔發如是願:我當速證阿耨多羅三藐三菩提已,廣爲衆生宣說正法。適發如是弘誓之時,諸佛世尊同共證我便作是念:此族姓子發心安住如是無上正等覺已,當爲衆生廣宣正法。又於今者,諸佛世尊無障礙智、無障礙見現證知我。是故不應爲他毀罵訶責之時,若起瞋恚,於佛菩提法僧之所若生捨者,不應憶念。何以故?現在東方殑伽沙等諸佛世界,彼世界中有殑伽沙等如來、應、正等覺現在住持。彼佛世尊亦證知我心生正願。南西北方四維上下亦復如是。當我發是正願之時,諸佛同聲讚我忍力,故我不應作師子吼已復作野幹聲。師子吼者,謂我當證大忍辱力;野幹聲者,謂於衆生而行瞋恚訶毀等相。'舍利子!

是菩薩摩訶薩復作是念：‘世間衆生若得彼利方乃利他，我亦如是得衆生利方利彼者，我與世間有何差別？有何殊異稀奇之相？’又作是念：‘世間衆生若彼於此作無義利，此復於彼作無義利。我亦如是，衆生於我作無義利，我復於彼作無義利。若如此者，我與衆生有何稀奇差別殊異？’舍利子！菩薩摩訶薩於是法中應當修學。又作是念：‘世間衆生互爲怨對，若得彼利謂爲善友，若不得利更相殺害。我見如是深過失故，應當不觀一切衆生於我之身作諸利樂，及於我身作無義利。’但作是念：‘我於今者必當饒益一切衆生，爲欲滿足羼底波羅蜜多故。’”

爾時世尊欲重宣此義而説頌曰：

設彼於我爲無利，	經於多百拘胝劫，
見彼有情受衆苦，	終無安住於捨心。
設有互得世財利，	更相稱贊爲善友，
若互不得世財利，	彼此怨對相殘害。
假使以此贍部洲，	或復三千佛世界，
盛滿珍寶來相惠，	常求我爲賢善友。
假使執持利刀劍，	來解我身諸支節，
我當於彼諸衆生，	平等利益心無二。
於諸毀罵我當忍，	亦忍一切諸難苦，
當爲衆生贊忍力，	亦自安住大忍中。
世間暴惡諸有情，	以刀毒等相加害，
能和合彼爲善友，	此則聖賢聰睿相。
我當不學世愚夫，	又應與彼而爲異，
凡夫聖者之所行，	流轉寂滅差別故。

“復次舍利子！菩薩摩訶薩行羼底波羅蜜多時，應作如是修學正法。舍利子！是菩薩摩訶薩復作是念：‘假使經於百千那庾多拘胝大劫，被諸衆生常以刀杖瓦石土塊種種加害，但使須臾得存微命，猶應欣慶作如是念：‘奇哉如是有情聖者，能於我命不見全斷。’是菩薩摩訶薩從是已後轉

增修學，又作是念：'假使衆生行七步頃斬截我首等殑伽沙，然我於彼終不發起若忿若恚。所以者何？夫忿恚者速能損害百千大劫所集善根，若我善根爲瞋害已，復當經於百千大劫方始勤苦修行聖道。若如是者，阿耨多羅三藐三菩提極難可得，是故我當被忍辱鎧，以堅固力摧忿恚軍。'又舍利子！菩薩摩訶薩住大乘者，起忿恚心魔得其便，既得便已，於阿耨多羅三藐三菩提能爲障礙。舍利子！忿恚心者於菩提道能爲擾亂，擾亂心者能發惡魔所有魔業。此中云何名爲魔業？若有菩薩心住衣鉢不能捨離，當知魔業心住乞食。諸施主家不能捨離，當知魔業；心住名聞恭敬利養不能捨離，當知魔業；於出家法常生厭患，當知魔業；於白淨法多生輕賤，當知魔業；於空寂處無志求心，當知魔業；不樂無上正等菩提，當知魔業；於餘智慧恒欣求習當知魔業。乃至於鄔波柂耶、阿遮利耶二勝師所不修敬仰恭順之心，當知魔業。舍利子！諸如是等忿恚之心，能於菩提而爲擾亂。舍利子！是則名爲住擾亂心菩薩摩訶薩，爲諸惡魔之所使故作諸魔業。

"復次舍利子！菩薩摩訶薩行羼底波羅蜜多時，作如是念：'於長夜中，諸衆生等爲諸惡魔伺求便者，所謂瞋恚。'舍利子！我今爲汝廣説其事。我念過去爲大仙人名修行處，時有惡魔化作五百健罵丈夫，恒尋逐我興諸惡罵，晝夜去來行住坐臥僧坊靜室聚落俗家，若在街巷、若空閑處，隨我坐立，是諸化魔以粗惡言毀罵訶責，滿五百年未曾休廢。舍利子！我自憶昔五百歲中爲諸魔羅之所訶毀，未曾於彼起微恨心，恒興慈救而用觀察。舍利子！我於爾時復作是念：'若有諸善男子守護尸羅具衆善法，於貪瞋癡性輕少者，不唯於彼作諸利益，説我以爲行難行者。又亦不唯於彼作諸利益，能證無上正等菩提。何以故？若有衆生剛強難伏，毀犯尸羅具諸惡法，爲性濁重貪瞋癡者，若我於彼作諸利益，是則説我爲難行者。由我於彼作諸利益，速成無上正等菩提，先當令彼證寂滅故。'舍利子！是諸菩薩摩訶薩若忿恚心現在前時，應生如是諸大正念。若生是念，諸利益事速得圓滿。舍利子！如來於過去世，由行如是羼底波羅蜜多菩薩行故，證得阿耨多羅三藐三菩提。是故菩薩摩訶薩欲求無上正等覺者，於諸忍力常具成就，堪受一切寒熱飢渴、風日蚊虻蛇蠍等觸，又能堪忍粗惡言説鄙陋詞句、依身所生猛利諸苦堅硬楚辛奪命至死,如是苦受並能堪忍。舍利子! 是名菩薩摩訶薩安住是忍,速能成就羼底波羅蜜多故。

"復次舍利子! 云何菩薩摩訶薩羼底波羅蜜多? 菩薩摩訶薩依之修行,具足成滿忍法之相。舍利子! 菩薩忍者,無有瞋恚是菩薩忍,無有忿懟是菩薩忍,無諸怒害是菩薩忍,不起怨諍是菩薩忍,無諸煩惱是菩薩忍,善能自護是菩薩忍,善能護他是菩薩忍,當善護身是菩薩忍,當善護語是菩薩忍,當善護心是菩薩忍,如理觀察是菩薩忍,厭離諸欲是菩薩忍,依淨業報是菩薩忍,身善清淨是菩薩忍,語善清淨是菩薩忍,心善清淨是菩薩忍,受諸天人圓滿淨樂是菩薩忍,如來相好圓滿莊嚴是菩薩忍,如來言說梵音微妙是菩薩忍,行菩薩行攝諸善本令不壞失是菩薩忍,出離眾生逼迫苦惱是菩薩忍,除滅一切諸惡怨對是菩薩忍。舍利子! 略而言之,當知一切如來力、無所畏、不共佛法、大慈大悲大喜大舍無量圓滿諸佛妙法,皆是菩薩摩訶薩羼底波羅蜜多之所成就。

"復次舍利子! 菩薩摩訶薩行羼底波羅蜜多時,應當具足諸忍正行。舍利子! 菩薩摩訶薩若被罵詈終無返報,善達言語如響聲故。若被捶打終無返報,善達身形如影像故。若被忿怒終無返報,善觀其心如幻幻故。若被讚毀終無愛恚,善知自身德圓滿故。於得失利不生欣戚,調伏其心住寂靜故。不希美稱不犯惡名,善能觀察廣大慧故。毀而不下讚而不高,德善安住不傾動故。於諸苦事曾無厭惡,苦眾生所深懷戀故。於諸樂相曾無欣愛,知有為樂性無常故。世間八法所不能染,不依一切有趣生故。於諸自苦善能堪忍,終不令他受苦惱故。於勝菩提心無退屈,覺分資糧善圓滿故。節節支解乃至斬首善能堪忍,希求如來金剛身故。屠割身肉善能堪忍,為求如來妙相好故。諸變惡事善能堪忍,為殖一切善業力故。舍利子! 如是等相,名為菩薩摩訶薩成就羼底波羅蜜多。應如是學。

"復次舍利子! 菩薩摩訶薩行羼底波羅蜜多時諸忍之相,所謂菩薩摩訶薩修行忍者,是則名為畢竟堪忍。何以故? 若謂我能堪忍毀罵而起忍者,是則名為俱生之忍,如是忍者非畢竟忍。若謂誰能起罵、復何所罵而起忍者,是則名為挍計法忍。若謂是眼能罵眼耶而起忍者,是則名為觀諸處忍。若謂此中無能所罵而起忍者,是則名爲悟入一切無衆生忍。舍利子!如是諸忍皆非菩薩畢竟之忍。又舍利子!若謂罵聲但有諸字,是則名爲響聲之忍,如是忍者非畢竟忍。若謂彼我俱無常者,是則名爲悟無常忍。若謂彼有顚倒我無顚倒,是則名爲高下之忍。若謂彼非正理我是正理,是名相應不相應忍。若謂彼住邪道我住正道,是則名爲二道別忍,如是忍者非畢竟忍。若謂我忍於空不忍見趣,我忍無相不忍諸覺,我忍無願不忍志求,我忍無作不忍諸行,我忍惑盡不忍煩惱,我忍諸善不忍不善,我忍無罪不忍有罪,我忍無漏不忍有漏,我忍出世不忍世間,我忍清淨不忍雜染,我忍涅槃不忍生死,舍利子!如是諸忍但得名爲治斷之忍,皆非菩薩畢竟忍也。

　　"復次舍利子!云何菩薩摩訶薩行於羼底波羅蜜多時,修行菩薩畢竟之忍?舍利子!若隨順空不滅諸見,於彼空性亦無增益,如是忍者是名菩薩畢竟之忍。若隨順空不滅求願,於無願性亦無增益;若隨順空不滅諸行,於無作性亦無增益;若隨順空不滅煩惱,於惑盡性亦無增益;若隨順空不滅不善,於彼善性亦無增益;若隨順空不滅有罪,於無罪性亦無增益;如是乃至若隨順空不滅生死,於涅槃性亦無增益。舍利子!如是等相而生忍者,則名菩薩摩訶薩畢竟之忍。舍利子!一切諸法,非能生非所生、非已生非現生,無有一法是可生起,無生起故則無有盡。若有能知此無盡者,則名菩薩摩訶薩畢竟之忍。舍利子!一切諸法,非是有爲亦非無爲,無有增益無損無增亦無長養,無盛無衰,無有作者,無有起者,由無起故亦無有盡。如是忍者,則名菩薩摩訶薩無生之忍。舍利子!菩薩摩訶薩爲阿耨多羅三藐三菩提故行菩薩行,若有具足成就如是忍者,是名菩薩摩訶薩羼底波羅蜜多圓滿成就。舍利子!若菩薩摩訶薩安住如是羼底波羅蜜多,精勤修學行菩薩行者,不爲諸魔魔衆天子之所擾亂,又亦不爲異道邪論所能摧伏。"

九、菩薩藏會第十二之十二
毗利耶波羅蜜多品第九之一

　　爾時佛告舍利子："云何菩薩摩訶薩爲阿耨多羅三藐三菩提故，依毗利耶波羅蜜多行菩薩行？舍利子！菩薩摩訶薩於是正勤波羅蜜多精進修學行菩薩行。舍利子！菩薩摩訶薩具足成就不退正勤，而能不顧所重身命，發大精進求菩薩藏微妙法門，殷重聽聞受持讀誦究竟研尋通達義趣，廣爲他人敷演開示，或復書持如理修學，是名菩薩摩訶薩行菩薩行。舍利子！云何名爲不顧身命？舍利子！菩薩摩訶薩行正勤波羅蜜多時，設爲於他所加恐怖作如是言：'若汝於此菩薩藏經受持讀誦，乃至廣爲他人開示書持如理修學者，我當以百具箭槊貫舉汝身除斷汝命。'舍利子！菩薩摩訶薩當於爾時，雖聞此言曾不入心，無恐無怖無驚無畏，發四堅固勇猛威勢，於菩薩藏微妙法門轉加精進，不棄不捨不遠不離，具足成就猛利信解、堅固信解、堅固堪忍、堅固正勤。舍利子！我當爲汝說堅固忍、堅固正勤方便譬喻，爲令菩薩得堅固忍、堅固正勤，行菩薩道不顧身命。舍利子！假使三千大千世界所有衆生有情所攝，若卵生、若胎生、若濕生、若化生，若有色、若無色，若有想、若無想、若非有想非無想，若可見若不可見，彼諸衆生乃至於刹那頃皆得人身，於菩薩所同結百千極重怨仇。彼諸怨等語菩薩言：'汝若於是菩薩藏經差別文句，受持讀誦乃至廣爲他人開示書持如理修學者，我等諸人同時執縛當斷汝命。'舍利子！菩薩摩訶薩行毗利耶波羅蜜多故，當於爾時，雖聞此語都無發起一念怖心，但具攝持四種正法，專務尋求大菩薩藏微妙法門。舍利子！是名菩薩摩訶薩具足成就不退正勤波羅蜜多故。又復成就無邊勢力勇猛精進，正勤勇健、心意勇健、淨戒勇健、大忍勇健、等持勇健、大慧勇健、正行勝智皆悉勇健。舍利子！是菩薩摩訶薩行正勤波羅蜜多時，具足如是大忍力故，假使十方無量衆生各競執持百千刀劍，於菩薩所興加逆害。菩薩爾時，於諸有情終不微發一念瞋心。舍利子！如是菩薩摩訶薩住忍力故，如大梵王、如天帝釋、如蘇迷盧四寶山王不可傾動，常住慈悲，恒起意解救療衆生，於諸所行終無退轉。而是菩薩心如大地、心如大水、心如大火、心如大風及以虛空，又能善修對治貪瞋癡等栽蘗根本。舍利子！若有菩薩摩訶薩以殑伽沙等無量世界盛滿一切無價珍寶，持用奉施無量如來、應、正等覺。又有菩薩摩訶薩行毗利耶波羅蜜多者，聽聞如是大菩薩藏微妙法門，聞是經已往空閑處，繫念思惟如是之法精進修學，令未修學諸菩薩等愛樂習行。舍利子！如是菩薩摩訶薩行正勤故，攝持無量諸妙善根，非彼行施之所能及。何以故？舍利子！如是善根繫屬阿耨多羅三藐三菩提故。是故諸菩薩摩訶薩於菩薩藏微妙法門，應當聽聞受持讀誦，若復書寫廣爲他說，發起正勤勇猛修習。

"復次舍利子！發起正勤波羅蜜多菩薩摩訶薩，當應修行不行行處。舍利子！云何名爲不行行處？舍利子！不行行處所謂涅槃。言不行者，諸惡天魔所不行故。所言行者，正勤善人之所行故。言善人者，所謂諸佛獨覺及佛弟子。所以者何？諸登聖道所有善人及佛世尊，皆爲趣向般涅槃故。舍利子！一切衆生多行三處。何等三處？所謂隨順惡道、趣向惡道、將墮惡道。是故諸菩薩摩訶薩於雜染法終不隨順，唯求出離戒忍多聞白等諸法。舍利子！世間衆生多住無業，而恒自計住於有業。世間衆生多諸懈怠，而恒自謂發起正勤。是故舍利子！聰慧菩薩摩訶薩終不與彼無業懈怠共相習近，又亦不墮於其數中，唯與同行發起正勤諸大菩薩而相習近。何以故？舍利子！無有衆生於彼最勝無染淨相大般涅槃生淨信解如菩薩者。舍利子！發起正勤波羅蜜多菩薩摩訶薩，不唯自爲證涅槃故發勤精進，然爲攝受一切有情令諸衆生得利樂故，修行正行發勤精進，開示教導安處衆生於聖道路故，說菩薩名善丈夫。"

爾時世尊欲重宣此義而説頌曰：

正勤無緩縵，　　常具大精進，
於菩薩藏法，　　聰睿恒受持。
善思惟法義，　　於佛不思議，
但勤求淨法，　　故名爲菩薩。
正勤大慧者，　　坐妙菩提樹，
摧怖惡魔軍，　　由般若精進。
現守護禁戒，　　任持諸世間，
爲利益衆生，　　常精進無限。

"復次舍利子！如是大乘大菩薩藏微妙經典流布於世，能令衆生發大歡喜，又能引生福德智慧，感大財富令其增長，能感諸天殊勝快樂，能感一切圓滿具足，能生一切諸佛如來力、無所畏、無礙智解、大慈大悲大喜大捨不共佛法。略而言之，能引一切諸佛之法，摧怖魔怨令心清淨，能發猛慧窮生涯本，盡苦邊際能近涅槃。舍利子！於當來世我與汝等般涅槃後後五百歲，爾時多有薄福衆生，當於是經不生信重毀滅捨棄。復有無量福德衆生，欽奉是經如理修學勤加精進，爲求無上正等菩提故，爲求尸羅故，爲求多聞、爲求定、慧、解脱、解脱智見故，爲求一切佛法利樂一切衆生故，爲捨邪見修行正見故，爲捨生死流轉修於聖道故，爲欲演説正法降伏天魔故，爲欲捨離貪愛調伏瞋心、摧破愚癡除滅無明發慧明故。

"復次舍利子！當來之世若有衆生聞是法已，爲求一切諸善法故，當發增上勇猛正勤。以聞如是微妙法故，於諸佛法無有障礙決定無疑。舍利子！爾時復有無量衆生，福果所資住增上意，爲求無上正等覺故聽是經典，聞已當獲廣大歡喜，於菩薩藏微妙法門極善研習如説修行。又舍利子！爾時當有於如來教樂聞法者，彼諸衆生隨以何等差別因緣，遇得聽聞如是經典，聞已當獲廣大歡喜，生歡喜已發堅精進，能於如是大菩薩藏微妙法寶取少寶分。舍利子！譬如大海水上漂流無量種種熟果，色香美味皆悉具足。有一丈夫發起勇猛大精進力，便入海中運動手足接取彼果若二若三。然是丈夫執持此果，從海而出往至一處取而嘗之，乃知其味淳美希有，即作是念：'如是妙果具色香味，我從生來未曾得食，當更發勤精進重入海中，運其手足斂收餘果。'作是念已，來至海濱通遍觀之了不復見，深起追悔生大憂惱：'我先何爲不多收取，乃令失是無量妙果。'如是舍利子！於我滅後後五百歲，無上正法將滅之時，當有無量諸衆生等，少信少施少戒少慧少修精進，隨以何等差別因緣，遇得聽聞如是經寶。既聞法已，於此經中但得少分微淺之義，乃至受持一四句頌，復爲惡魔嬈亂障蔽，不爲衆人之所敬問及以供養稱贊信奉。是持經者知彼衆人不敬重故，便於此經安住舍心，持先所聞經中句義微細少分，往一静處思惟觀察，心生歡喜而復悔恨，作如是言：'嗚呼奇哉！我於今者大失善利。諸佛如來無上正教，如何不多聽聞領受？'又於如來起深重心，倍於先來發正念者。舍利子！當爾之時，有諸苾芻惡魔持故，聞是經已，於衆人前當起誹謗，言是經典，諸文華者之所造作，實非佛説。由如是故，有諸苾芻於是經典全不聽受。"

爾時世尊欲重宣此義而説頌曰：

聞是法已，	當無障礙，	於諸佛法，
最上無疑。	諸少福者，	不得聽聞，
諸多福者，	聞是經典。	少福之人，
雖聞不信，	多福聞已，	頂戴如鬘。
諸少福者，	言非聖教，	當墜惡趣，
如盲墮坑。	多福之人，	聞生歡喜，
當往善趣，	如酥滴水。	諸薄福者，
聞生憂惱，	受苦長夜，	不脱黑暗。
雖得少聞，	復爲魔嬈，	謗佛菩提，
速入地獄。		

"復次舍利子！諸佛如來具足成就清淨妙智，乃至能知四衆之心。若一苾芻、苾芻尼、鄔波索、迦鄔波斯迦，於當來世正法滅時，或有聽聞如是

經典隨順領受，或有聞已輕毀誹謗，或有衆生全不聽聞，如是一切如來淨智悉能了知。舍利子！若有菩薩摩訶薩及餘一切諸有衆生，聞已領受如是經典精進修習，當得成就四種無障清淨之法。何等爲四？一者成就尸羅無障清淨，二者成就具足無難清淨，三者成就逢值諸佛親事供養無障清淨，四者成就見慈氏佛初得見已無障清淨。舍利子！彼諸衆生聞是經已，如上所説諸妙善根，隨其方便必當獲得。舍利子！是名菩薩摩訶薩修行正勤波羅蜜多故成就四種無上清淨之法。

"復次舍利子！於當來世正法滅時，有諸菩薩摩訶薩安住大乘修行正勤波羅蜜多者，於是經典勤加修學，發大精進聽聞受持，書寫讀誦，窮尋旨趣，廣爲他説，敷揚開顯。爾時當有十障礙法出現世間，諸有智者深當覺知不應隨轉，但當發起勇猛精進受持是經。舍利子！何等名爲十種障礙，智者覺知不應隨轉？舍利子！有諸苾芻發勤精進，於是經典求聞誦習。爾時惡魔令持經者口噤不語，便於是經不得建立。是名第一障礙之法。諸有智者深當覺知不應隨轉。又舍利子！有諸苾芻發勤精進，於是經典求聞誦習。爾時惡魔令持經者患其眼目，便於是經不得建立。是名第二障礙之法。諸有智者深當覺知不應隨轉。又舍利子！有諸苾芻發勤精進，於是經典求聞誦習。爾時惡魔令持經者身諸支節一時皆病，便於是經不得建立。是名第三障礙之法。諸有智者深當覺知不應隨轉。又舍利子！有諸苾芻發勤精進，於是經典求聞誦習。爾時惡魔令持經者於其住處心不喜樂尋欲捨棄，便於是經不得建立。是名第四障礙之法。諸有智者深當覺知不應隨轉。又舍利子！有諸苾芻發勤精進，於是經典求聞誦習。爾時惡魔令持經者互生忿恚，爲忿壞心相加殘害，便於此經不得建立。是名第五障礙之法。諸有智者深當覺知不應隨轉。又舍利子！有諸苾芻發勤精進，於是經典欲求誦習。爾時惡魔令持經者起言諍事、起鬥訟事、起譏刺事、起乖離事、起瞋罵事，由是事故彼此口中互生矛槊，互相言訟、互相殘害、互相乖競，由起如是諍競事故便生障礙，於是經典不得流轉，起意造作諸餘事業。是名第六障礙之法。諸有智者深當覺知不應隨轉。又舍利子！有諸苾芻發勤精進，於是經典欲求誦習。爾時惡魔將壞滅故作諸形相,或俗人形,或出家形,來至其所嬈亂其意,令於是經不能受持,反加謗毀,復更起心樂餘事業。是名第七障礙之法。諸有智者深當覺知不應隨轉。又舍利子！當來之世正法欲滅,爾時有諸年少苾芻,於是經典起清淨信心生愛樂,在我法律中爲行毗利耶波羅蜜多故發勤精進,於阿耨多羅三藐三菩提深心安住,又於是經恭敬聽聞,既得聞已生大歡喜。時諸年少苾芻,當爲鄔波柁耶及阿遮利耶二本學師之所障礙,令於自法不生樂欲。是時二師而語之言:'汝所持經,此非佛語、非佛菩提、非是正法、非毗奈耶、非大師教。'時彼苾芻聞師教誨信受領解,於佛菩提即便棄捨。是時二師重語苾芻:'汝等應當精進修學,如我所説若法若律。'時諸苾芻信受領已,先所修習增上善根,爲師所壞皆悉斷滅。舍利子！彼諸苾芻斷善根已,復爲惡魔之所誆惑,由誆惑故於佛正教造障法業,臨命終時惡境現前惛癡迷亂,乃至夭死都皆集現,而復重興感地獄業。舍利子！如是當來諸不善事,如來於此悉能了知。又舍利子！當來之世,有諸年少苾芻於是經典起諸惡見誹謗不信,凡所遊履經行往來,以種種言常興謗毀。如來於此悉能了知。舍利子！菩薩摩訶薩發勤精進住大乘者,當於爾時應起四想。何等爲四？一者應當發起自調伏想;二者應觀自身所作事業,不應觀他所有諸事;三者於彼有情起悲愍想;四者住空閑處,於自他心起隨護想。舍利子！如是四想,住大乘者若被誹謗,應當發起。又舍利子！當來之世,無量衆生受諸邪見,於彼演説正法苾芻信受者少,不懷敬重請問經義,又不供養親近往來,亦不承事返生凌蔑。於説非法苾芻信受者多,得大勢力,爲諸衆生所共敬重請問經義,供養稱贊是非法者。因此緣故,復於是經詆謗譏笑。舍利子！當爾之時,諸衆生等於是經典不欣樂者,聞斯詆謗倍不欣樂。諸欣樂者被謗毀故,便於此經捨離樂欲教離樂欲。諸苾芻等轉更熾盛,致令轉讀是經典者於衆會前不得開示。是名第八障礙之法。諸有智者應當覺知不應隨轉。又舍利子！當來之世有諸苾芻,貪愛所蔽多行劫盜,欣樂世間三種弊法。何等爲三？一者欣樂追求世間衣鉢,二者欣樂追求世間飲食,三者欣樂追求世間戲論綺飾文頌。如是三法是名第九障礙之法。諸有智者應當覺知不應隨轉。又舍利子！當來之世正法滅

時,有諸菩薩安住大乘行毗利耶波羅蜜多故,於是經典發勤勇猛增上精進
書寫受持研尋讀誦,廣爲他人開示演說。彼諸人等當爲諸魔之所執持、煩
惱業障之所覆蔽,喜世間業,樂世間業,方便勤求世間事業,於世談論喜樂
轉增,方便勤求世間談論,喜樂睡眠,方便勤求喜於衆亂樂於衆亂,方便勤
求樂著衆亂。於是經典不能受持,又不轉讀研尋其義,亦不爲他廣敷開
示。舍利子! 於佛教中無有所餘能爲内損,無有所餘能速毀滅,唯除懶惰
諸惡芯勞。是名第十障礙之法。諸有智者應當覺知不應隨轉。"

爾時世尊欲重宣此義而説頌曰:

正法滅時多障礙, 當興種種惡魔業,
於白淨法不修習, 亦不樂求勝涅槃。
薄少智慧具惡覺, 不求安住於正法,
備行種種非法行, 遊諸惡趣定無疑。
彼諸衆生臨命終, 無有能爲救護者,
又彼親教及傳授, 命終當墮三惡趣。
百千拘胝那庾劫, 爲求世利涉諸苦,
常爲三火所燒然, 云何令彼速解脱?
我已證成無等覺, 轉於微妙梵法輪,
諸天世間不能轉, 今故爲轉度衆生。
如是彼時諸群生, 捨我世間難得法,
習近惡魔諸品類, 當受無邊極重苦。
障彼習行施戒等, 菩提聖道之因緣,
若有精勤於佛教, 當迷惑彼正道路。
諸有聽聞如是法, 宣説無我諸空理,
安住此法正行時, 惡魔當爲彼障礙。
謂此最勝此真實, 於非勝實勝實想,
反加謗毀佛正教, 當知速墮於地獄。
若有衆生於佛所, 深起堅牢愛恭敬,
聽聞如是正法已, 歡喜隨順而稱贊。

惡魔知彼既生喜，　　與諸眷屬同愁怖，
便與種種驚畏相，　　於彼人所生留難。
或當變作苾芻形，　　詐現相親竊言議，
謂此非正菩提道，　　何故在此而奔趣？
有諸眾生於是經，　　將發堅固住正勤，
又被誘附而輕弄，　　用斯廢捨不修學。
既被魔羅所惑亂，　　隨魔意轉而拘執，
乃告此經非正法，　　便於寂滅永棄捨。
彼又棄捨大導師，　　復不勤求無上法，
又復發生我愛已，　　速疾趣彼地獄中。
爾時當有少眾生，　　樂欲勤求此空法，
不得和合同修習，　　乃各流散他方土。
如是無上最勝法，　　諸當聞者皆輕毀，
持法者怖遠逃避，　　是相當興未來世。
此國全無持法者，　　遠方雖有未為多，
縱有受持此經者，　　悉皆捐捨無咨問。
世間依怙聖教中，　　如是甚深無上法，
無量障礙在未來，　　了然猶如現在住。
時有持法賢善者，　　不顧身命住空閑，
修習演宣如是法，　　速疾往升於善趣。

菩薩藏會第十二之十三
毗利耶波羅蜜多品第九之二

　　"復次舍利子！當來之世法欲滅時，復有菩薩摩訶薩安住大乘行毗利耶波羅蜜多者，見如是等諸惡衆生誹謗毀滅是正法已，倍增振發勇猛正勤大精進力，於是經典大菩薩藏微妙法門，殷勤聽受書持讀誦，廣爲他人開示演說。舍利子，如是菩薩摩訶薩當於爾時應起四想。何等爲四？舍利子！所謂我父寶藏不久當滅，由爲此故，佛薄伽梵釋迦牟尼如來、應、正等覺，於百千那庾多拘胝無數大劫，精勤修習難行苦行，方乃獲是正法寶藏。是故我當發勤精進，奉持此藏遍持此藏，極當遍持廣通此藏，欲令法寶久不滅故。舍利子！譬如有人唯有一子，憐念愛重具大福相觀無厭足。是人後時欲有所趣，而攜此子將涉危難，恐顚墜故以手執持，又等遍持極等遍持，勿令我子墮險難處。如是舍利子！彼善男子亦復如是，深懷奉信敬重於我，不捨如是無上法寶，志恒希求清淨寂滅，雖經惡世而能攝受最勝正法。舍利子！我今以此菩提因緣無上正法付囑是人。又舍利子！譬如世間大軍戰時，少有衆生爲護衆故處於前陣，唯有果敢雄猛丈夫合率驍勇抗拒勍敵，爲護己衆，處大軍前振威而住。如是舍利子！於當來世正法滅時，壞正法者當現前時，有諸衆生發起深心欣樂寂滅，而能於是無上法寶，乃至受持少分要義。當知是人亦復如是，被於正勤堅固甲冑，奮發勇猛大精進力，摧碎諸魔所有軍陣。何以故？舍利子！若有衆生於是經典乃至受持一四句頌，不生誹謗隨喜贊歎，言此經典真是佛說，於多人前廣宣顯示者,當知是人即爲隨喜讚説去來現在諸佛所説經法。舍利子！如來不説是人但得少分功德果報,我説是人乃能成就如虚空量大功德聚。何以故？舍利子！我説是等名爲善人。如是善人甚爲難得,謂知恩者及報恩者。舍利子！如是知恩及報恩者,當知是爲人中珍寶。又舍利子！於當來世正法滅時,諸惡魔等威勢現時,若有衆生於如來所信重不捨,受持是經無有遠離,我説是人第一丈夫,爲善丈夫、爲勝丈夫、爲健丈夫、爲大丈夫。當知是人則爲如來勝法朋侶,非爲詐現朋惡黨者,當知是人行實行者。如是舍利子！菩薩摩訶薩應當修習堅固正行,乃至命終中無暫廢。於諸佛所當勤衞護,乃至命終中無暫廢。於正法所當勤攝受,乃至命終中無暫廢。甚深空法當勤信解,乃至命終中無暫廢。舍利子！是爲菩薩摩訶薩於後惡世所起四法。若有成就如是四法菩薩摩訶薩,於當來世法欲盡時、謗正法時、滅正法時、犯戒徒黨大強盛時、熾然追求順世外道惡咒術時、劫濁亂時、有情濁時、壽命濁時、煩惱濁時、諸見濁時,菩薩摩訶薩當於爾時應住三處而爲依止。何等爲三？所謂應住阿蘭若處、應住靜息滅處、應住佛菩提處。舍利子！是爲菩薩摩訶薩當來惡世住於三處,應如是持,是則具足毗利耶波羅蜜多故。"

爾時世尊欲重宣此義而説頌曰:

> 於最勝法不遠離,　　爲盡生老病死苦,
> 常勤精進無妄念,　　當速成就自他利。
> 若有於是善説法,　　聞已安住正思惟,
> 當知我爲彼大師,　　彼則是我真弟子。
> 若不聽聞如是法,　　設聞不住正思惟,
> 是人當趣諸惡道,　　猶彼衆流歸大海。
> 百千拘胝那庾劫,　　諸佛出現甚爲難,
> 雖復暫遇不親奉,　　當隨惡魔自在轉。

"復次舍利子！乃往過去九十一劫,當於爾時有佛出世,名曰勝觀如來、應、正等覺、明行圓滿、善逝、世間解、無上丈夫、善調御士、天人師、佛、

薄伽梵。舍利子！彼佛法中有六苾芻，行諸惡行恒相隨逐：一名善見，二名善樂，三名歡喜，四名調善，五名蘇逾遮，六名火天授。舍利子！是六苾芻恒説非法，有我有人，有常有斷，結固周旋更相信任，趣深隱所同共謀議：'我等應當各各誘化，人別百家用爲徒黨。又令百家傳告眷屬，如是展轉親姻傳告，或當至於五十百等。'作是議已便往教化，若村若城郊野店肆，或至王都及餘邦國，一一諸家悉皆往趣。既到彼已不説正法，於佛世尊先行譏謗。舍利子！彼惡苾芻云何譏謗？舍利子！諸惡苾芻告衆人言：'世間決定有我、有衆生、有壽命者、有數取者。若諸世間定無有我及諸法者，誰去誰來，誰坐誰臥，誰語誰默？誰能行施，誰是所受，誰能受用，誰受苦樂，誰有能受不苦不樂？'若有人來語汝等言：'世間決定無我、無衆生、無壽命者、無數取者。'當知是人爲汝等怨，非汝善友。舍利子！爾時諸惡苾芻重更誘化婦人丈夫及以男女，作如是言：'若有人説無我等法，當知其人爲不善者、爲暴惡者，是汝惡友非汝善友。'復更化言：'汝等諸人是聰慧者，深能領解我所説義。自今已往，若諸惡友非善友來，當爲汝説世間決定無我等法。汝等不應輒相親昵交顧往還承事供養。'舍利子！諸惡苾芻行如是化，於半月間人各誘得滿五百家歸從其見。舍利子！爾時有諸苾芻是阿羅漢，永離一切煩惱垢穢，而是勝觀如來、應、正等覺真實弟子，爲乞食等諸因緣故，詣彼諸惡苾芻所化之家。暫至其門，便爲婦人丈夫及諸男女所共毀罵非理訶責，以粗惡言面陳挫辱。"爲諸苾芻而説頌曰：

> 汝等不能知正法，　　汝等迷失於聖道，
> 汝等退捨於淨教，　　汝等皆當墮地獄。

　　"舍利子！彼諸人等説是語已，於阿羅漢倍更訶罵。既訶罵已，復以種種言詞而罵於佛。"即於佛前説伽陀曰：

> 如來所説非虛妄，　　所謂諸行悉無常，
> 又説諸法皆無我，　　及以無恒無不變。
> 諸行都無有堅實，　　皆爲虛僞妄失法，
> 所説空華無所有，　　但能誑惑彼愚夫。

“舍利子！彼諸人等説如是語輕毀佛已,倍增憤恚。”又於佛前説伽他曰:

> 如來所説一切法,　　決定無我無眾生,
> 無有壽命無數取,　　亦無作者及受者。
> 而今現見諸世間,　　有能行施及所受,
> 並餘種種受用人,　　及覺廣大諸受等。
> 當知宣説定無我,　　一切皆應墮惡道。

“舍利子！當爾之時,諸不善人同聲説是非法語者,大小男女有六十八拘胝千眾生,皆惡芯芻所化導故行是惡業。彼命終已同生無間大地獄中,受身粗大魚形人首,其舌長廣彌布於地,周遍下釘如殖薑田,又於舌上眾多鐵犁常以耕之。彼一一身又爲一百極惡商佉之所唼食。又於空中大熱鐵丸,猛焰赫然光色熾盛,從空而墮常雨其身。是諸罪人以惡業故,受如是等種種楚毒。”

爾時世尊欲重宣此義而説頌曰:

> 鐵丸猛焰如飛電,　　可畏無量百千種,
> 常於其身而墮墜,　　熾然恒受種種苦。
> 又於身内遍流轉,　　炎熾猛盛難逢近,
> 騰焰高踴百由旬,　　流火遍出身毛孔。
> 又彼眾生一一舌,　　盡爲無量鐵犁耕,
> 一切舌分皆分裂,　　如是苦受恒纏繞。
> 斯由親近惡友已,　　能感如斯大苦聚,
> 又由遠離具戒者,　　致令速墮於惡道。

“舍利子！時彼非法六惡芯芻,由惡教故,命終之後皆生阿毗大地獄中。一一受身縱廣等量三十逾繕那,彼一一身皆生千口,一一口中各生二舌,是一一舌廣長量等四逾繕那,一一舌上有五百鐵犁,鐵牛挽之以耕其舌。是諸罪人雖受苦痛,大苦逼故不遑號叫。又於頭上各有萬億獄卒,手執害具刀鋸矛矟,斫刺破裂壞其身首。在此獄中壽萬億歲,如是展轉復往

諸餘大地獄中，具受辛酸種種苦楚。何以故？由彼瞋毀佛聖教故。舍利子！當於爾時，有大長者名曰安隱，財富無量，資産具足，多諸珍寶，金銀琉璃、珊瑚末尼、真珠貝玉無不備有。又多僕使奴婢，財穀庫藏皆悉盈滿。是時長者爲惡芯芻之所教化，既受其語生於斷見。長者有妻名爲焰慧，容色盛美，爲人所重。彼生一男，形貌端嚴，衆睹無厭，成就第一圓滿淨色，曾於過去無量百千那庾多拘胝佛所植諸善本。當初生時三返微笑，又發是言：'奇哉奇哉！云何今者生斷見家？'其母聞已，驚恐惶懼，身毛爲竪，與諸女人棄之逃避。舍利子！時諸女人欲審悉故，還來近住觀察是兒爲何等類？天耶？龍耶？爲藥叉耶？爲健達縛？爲阿素洛？爲揭路茶？爲緊捺洛？爲牟呼洛伽？爲究槃茶？爲畢舍遮人非人耶？舍利子！"時此嬰兒再發是言告諸女曰："汝雖怖走，我甚安樂。"時此嬰兒爲諸女人而説頌曰：

汝當樂義利，　　於義利勿怖，

我當度汝等，　　令脫於邪道。

汝安隱勿怖，　　應怖前惡友，

我當度汝等，　　令脫於邪見。

"舍利子！時彼父母及餘大衆，聞是嬰兒説伽他已，便往兒所。"是時嬰兒爲其父母而説頌曰：

家中凡所有，　　廣大諸財穀，

速持來見與，　　供佛及聲聞。

彼大聲聞衆，　　照世勝觀尊，

三界圍輪中，　　都無與等者。

彼大聲聞衆，　　照世勝觀尊，

廣闡揚妙法，　　利益諸群品。

彼大聲聞衆，　　照世勝觀尊，

身具三十二，　　大丈夫威相。

彼佛聲聞衆，　　猶如烏曇花，

　　名稱甚難聞，　　過億拘胝劫。

　　“舍利子！時兒父母聞是法已，即取家中二十拘胝上妙財寶。”將至兒所而語之言：“此諸財寶是汝父母所有之物，汝當取之，隨汝志意生信之所任持奉施。”爾時父母即爲是兒而說頌曰：

　　　　此是汝父母，　　所致諸財寶，
　　　　隨心所敬信，　　汝當持布施。
　　　　若金若珍寶，　　家中甚豐積，
　　　　隨心所敬信，　　汝當持速施。
　　　　衣服坐臥具，　　花鬘及塗香，
　　　　隨心所敬信，　　汝持歡喜施。
　　　　於佛及法僧，　　無上福田所，
　　　　爲利諸群生，　　當應行布施。

　　“舍利子！爾時嬰兒聞其父母所說頌已。”復爲父母而說頌曰：

　　　　我今往勝觀，　　世間依怙所，
　　　　當廣設供養，　　爲利群生故。
　　　　諸有欲希求，　　天上人中樂，
　　　　應隨我所詣，　　勝觀如來所。

　　“舍利子！爾時嬰兒以念正知觀視四方，白父母曰：‘父母當知，我今應往薄伽梵勝觀如來、應、正等覺所。’於是衆人聞是語已皆大驚愕：‘云何嬰兒當初生日，便能與人往返言議？又能徒步有所造詣？’時有八萬四千衆生，聞是奇異皆來雲集，而作是言：‘我等當觀此嬰兒者是何等類。爲天？爲龍？爲藥叉耶？乃至爲畢舍遮人非人耶？’舍利子！爾時嬰兒與諸大衆八萬四千前後圍繞，往詣勝觀如來所止之處。當此嬰兒往佛所時，以福德力恐爲風日所損弊故，於上空中十千寶蓋自然而現用覆其身。又於嬰兒所由之路，虛空之中羅布金網，雨上妙花及細末香，超勝諸天常所散者。扇清涼風與天香合，周流飄散相續不斷。虛空諸天又於行路，以諸香水而用灑之,覆以金羅種種珍服。又彼諸天雨花布道,光彩相曜積齊於膝。於其道側無量百千清淨池沼自然出現,八功德水具足盈滿,生諸妙花,所謂殟鉢羅花、鉢特摩花、拘貿陀花、奔荼利花,含發鮮榮彌滿池内。又有鳬雁鴛鴦異類衆鳥遊戲水上。舍利子!時彼嬰兒所由之路,七寶欄楯以界道側,諸天伎樂具無量千,深遠妙音自然而發。左右寶樹行列莊嚴,於大道中復施花路,現於身前爲供養故,以待嬰兒遊履其上。於其花路承步諸花,舉足之時自然隱没,及將下足花便踴現。爾時嬰兒遊此花道經須臾頃,即便回顧觀諸大衆。"説伽他曰:

汝等無理不應行, 異我此路餘非理,

而我常遊此正理, 故往有理最勝處。

超過無量那庚劫, 時復一福遇人身,

時有一佛出世間, 時勤修得淨信慧。

"舍利子!爾時嬰兒爲諸大衆説伽他已,於虛空中有八萬四千諸大天子同聲贊言:'善哉善哉!'"便説伽他贊嬰兒曰:

善哉善哉大智慧, 汝所宣説會正理,

仁者後顧爲無理, 有正理者當前趣。

"舍利子!"爾時嬰兒又以伽他報諸天曰:

汝諸天等所宣説, 有理無理之正言,

我今問汝汝當答, 有理無理之實義。

"舍利子!"爾時諸天復以伽他報嬰兒曰:

若樂欲住諸財寶, 不樂出離所行處,

如是無理諸凡愚, 安住地獄之前道。

若樂捨家趣非家, 當應捨欲棄財寶,

是人於世有正理, 不久便開解脱門。

"舍利子!"爾時嬰兒復以伽他報諸天曰:

> 如汝所説理無理，　　觀汝全未能明曉。
>
> 如是有理無理義，　　我深於此正開悟。

　　"舍利子！"爾時嬰兒説是語已，即便前進趣薄伽梵毗鉢尸如來、應、正等覺大會之所。既到彼已，頂禮佛足右繞三匝卻住一面，於薄伽梵勝觀如來深生敬仰，即以伽他而贊頌曰：

> 常行利益諸世間，　　勝觀三明施甘露，
>
> 如大龍象大師子，　　由是我今常敬禮。
>
> 世間明照甚難得，　　猶如烏曇跋羅花，
>
> 爲世依怙作光明，　　形色微妙甚圓具。
>
> 世間衆苦所逼迫，　　不能了知真聖道，
>
> 逾越正路而逃逝，　　譬等生盲處於世。
>
> 願我此世當成佛，　　如今勝觀人中尊，
>
> 當拔衆生無量苦，　　及救三火燒然者。
>
> 如是無邊百千衆，　　皆隨我來至於此，
>
> 唯願演宣微妙法，　　悉令安住上菩提。

　　"'舍利子！'爾時嬰兒説是頌已，白勝觀如來、應、正等覺言：'世尊！願我來世於此世間，當成如來、應、正等覺，爲諸衆生顯揚正法，亦如今者勝觀如來爲諸大衆廣説妙法。'爾時會中有八萬四千衆生，復白勝觀如來言：'世尊！我等亦願於當來世，得成如來、應、正等覺，爲衆生故顯揚正法，亦如今者勝觀如來等無有異。'爾時勝觀如來、應、正等覺，了知如是八萬四千人增上意已，即便微笑。舍利子！諸佛法爾，於微笑時有種種光，青黃赤白紅頗胝色，從佛面門自然而發，遍照無量無邊佛之世界，上至梵世映蔽一切日月光明。其光遍照所應作已，而復還來右繞勝觀如來百千匝已，從薄伽梵頂髻而入。舍利子！"爾時勝觀如來有一侍者，睹佛神變現微笑已，從坐而起偏覆左肩，以右膝輪安處於地，向佛合掌曲躬禮敬，即於佛前以頌問曰：

> 我今問佛勝觀尊，　　端嚴希有生衆喜，

何等因緣大善逝，　　　現發微笑世間依？

兩足世尊現微笑，　　　其相非無有因緣，

願演微笑因緣本，　　　利益世間悲愍故。

今有百千拘胝衆，　　　現住牟尼世尊前，

攝耳專注樂聽聞，　　　願世間依愍衆説。

佛爲一切衆生眼，　　　爲舍爲救爲歸趣，

能斷衆生諸有疑，　　　憐愍世間利益者。

如來善知諸過去，　　　又能通達彼未來，

於一切法不生疑，　　　及以現在諸佛土。

通智法王論自在，　　　出過三世妙如來，

我今請問世間依，　　　何等因緣現微笑？

佛能永斷他疑網，　　　於一切法自無疑，

八音暢宣微妙法，　　　善拔衆生憂毒箭。

我心喜踊難陳説，　　　合十指掌懷恭敬，

敢問法主大聖尊，　　　何等因緣現微笑？

　　"'舍利子！'爾時勝觀如來、應、正等覺告侍者曰：'苾芻！汝今見是嬰兒在我前不？'對曰：'唯然。我今已見。'勝觀佛言：'此嬰兒者，往昔過去曾於六十四拘胝那庾多百千佛所供養恭敬尊重贊歎，以諸衣服飲食臥具病緣醫藥及餘資物持用奉施彼諸佛已，爲欲趣向三菩提故，又於過去十那庾多佛所修行梵行，回向阿耨多羅三藐三菩提。苾芻當知，今是嬰兒所將大衆八萬四千，於過去世並是嬰兒本生父母。何以故？此嬰兒者曾於過去發如是願：'願我經生在在處處所有父母，皆令安住於佛菩提。又令諸母更無第二再受女身。'由是願故，彼諸衆生至於今日，隨逐嬰兒來至我所，又隨修學發於無上正等覺心。"爾時勝觀如來欲重宣此義，爲侍者苾芻而説是頌：

苾芻當觀此嬰兒，　　　及現前住多千衆，

其心踊躍發誠言，　　　願我當來如法主。

當知曾於過去生，　　如上數量諸佛所，
恭敬供養大導師，　　利益天人世間者。
於十那庾諸佛所，　　依佛捨家持正法，
常行最勝之所行，　　爲求無上菩提故。
汝觀八萬四千衆，　　今現皆住如來前，
曾於久遠過去世，　　悉是嬰兒之父母。
又此嬰兒曾發願，　　諸有生生父母者，
普令安住上正覺，　　更不重受女人身。
彼皆隨學嬰兒行，　　發菩提心於我所，
今我皆當授彼記，　　方將爲世兩足尊。
由此因緣現微笑，　　彼昔勝行我能知，
及以未來諸所作，　　當證人中大聖主。
諸天龍神及人等，　　無量百千那庾多，
聞佛爲彼授記已，　　於勝觀尊生大喜。

“舍利子！”爾時嬰兒聞佛授記，心生歡喜踴躍無量，悦意泰然得未曾有，速疾往詣其父母所，説伽他曰：

如是多千衆，　　我前生父母，
皆已住菩提，　　父母心何趣？

“舍利子！”爾時父母復以伽他報其子曰：

如子志所趣，　　我心亦如是，
當成一切智，　　此決定無疑。
子已生我家，　　願後勿相捨，
常當憶念我，　　令速證菩提。

“舍利子！”爾時嬰兒復以伽他報父母曰：

我諸行化導，　　皆願先成佛，
最後我當成，　　照世人調御。

"舍利子！汝今當觀彼過去世勝觀如來法中嬰兒者，豈異人乎？勿作餘疑，今大自在天子是也。從是已後又經拘胝那庾多劫更不退墮，過是劫後生轉輪王聖種族中。彼當來父號曰名稱，如我今父淨飯大王；彼當來母號曰離暗，如我今母摩訶摩耶；彼當來子號曰無憂，如我今子羅睺羅。舍利子！彼既出家悟菩提已得成為佛，名曰大悲如來、應、正等覺，十號具足。其佛壽量滿百千拘胝歲，佛身常光遍照所及十逾繕那，佛說法處大會充滿百逾繕那。大悲如來處世教化，為度聲聞三會說法。第一大會度諸弟子有百拘胝，第二大會度諸弟子有那庾多拘胝，第三大會度諸弟子有百千那庾多拘胝。舍利子！其弟子中滿一拘胝皆是大阿羅漢，諸漏已盡無復煩惱，得自在慧具八解脫，成就靜慮及六神通。舍利子，大悲如來所度聲聞阿羅漢眾，如上所說三會數量，彼菩薩眾其數亦等，皆是往世所生父母。彼佛世尊宣說妙法利益無數諸眾生已，然後涅槃。佛滅度後，正法住世滿拘胝歲，分布舍利饒益眾生，亦如我今般涅槃後，流布供養等無有異。舍利子！安住正勤菩薩摩訶薩亦復如是，修行毗利耶波羅蜜多時，為求阿耨多羅三藐三菩提故，能於是經修行正行，倍增振發勇猛正勤大精進力，度脫無量諸眾生等。我說是人為善丈夫，思覺觀察不倦不退，勇猛精進明繫在心。舍利子！云何菩薩摩訶薩不倦精進？

"舍利子！菩薩摩訶薩為眾生故求菩提時，不應限以數量而有所求。何以故？菩薩摩訶薩不作是念：'於爾所劫我當流轉。於爾所劫我不流轉。'以如是故，菩薩爾時被難思鎧處於生死，作是念言：'假使如我前際所經生死如是，更受勤苦經於生死倍過前際，為求菩提中無懈息。'舍利子！菩薩摩訶薩具足如是堅固弘誓，則名成就不倦精進。

"復次舍利子！菩薩摩訶薩云何修行勇猛精進？舍利子！假使三千大千世界滿中熾火，發起勇猛正勤菩薩摩訶薩，為欲往觀彼如來故，以精進力於是熾火從中而過不怯不退。又舍利子！勇猛正勤菩薩摩訶薩，為求聽聞大菩薩藏微妙法門故，以精進力雖逢是火，從中直過而無怯退。又舍利子！假使三千大千世界滿中熾火，勇猛正勤菩薩摩訶薩，為欲宣說大菩薩藏深妙法故，以精進力於是熾火從中直過而無怯退。又舍利子！假使三千大千世界滿中熾火，勇猛正勤菩薩摩訶薩，爲欲生起善根因緣，以精進力於是熾火從中直過而無怯退。又舍利子！假使三千大千世界滿中熾火，勇猛正勤菩薩摩訶薩，爲欲利益諸衆生故，以精進力能於中過。如是爲欲令他得寂靜故、得調伏故，雖逢是火，皆由中過而無怯退。又舍利子！發起勇猛不倦正勤菩薩摩訶薩，爲欲令他般涅槃故，以精進力雖逢是火，能於中過而無怯退。舍利子！是名菩薩摩訶薩修行毗利耶波羅蜜多勇猛之相。

"復次舍利子！發起勇猛不倦正勤菩薩摩訶薩行毗利耶波羅蜜多時，由不懈倦堅固不退善根所發無上大悲之所熏故，恒發勇猛大精進力，於諸衆生常行化導。又舍利子！如是發起勇猛不倦正勤菩薩摩訶薩，於一切時舉足下足常不捨離大菩提心，於佛法僧恒生珍敬繫念在前，於諸衆生恒遍觀察爲利益故，不欲令被煩惱勢力之所逼奪。又舍利子！發起勇猛不倦正勤菩薩摩訶薩，所有已生諸妙善根一切回向無上菩提，令此善根畢竟無盡。譬如少水投於大海，乃至劫燒中無有盡。舍利子！菩薩摩訶薩亦復如是，以諸善根回向菩提亦無有盡，是名菩薩摩訶薩勇猛不倦大精進力。又舍利子！勇猛不倦精進菩薩摩訶薩，以平等行積集善根，於諸衆生起平等行積集善根，爲欲引生一切智智積集善根，爲欲利益諸衆生故積集善根。舍利子！如是無量諸大善根，皆是菩薩摩訶薩勇猛無倦大精進力之所集起。

"復次舍利子！如是勇猛不倦正勤菩薩摩訶薩，常應精進修學是法，所得福聚無量無邊。今當廣説福聚之相。舍利子！我觀世間一切衆生所有福聚無量無邊，如是乃至一切有學無學所有福聚、一切獨覺所有福聚，轉復無量不可思議。如上所有諸福聚等，假使皆悉内置衆生一毛孔中，如是衆生一一毛孔皆有如上福德之聚，無量無邊不可思議。如是假使一切衆生一切毛孔所有福聚合集，置一無關鍵會大法祠中。舍利子！如是法祠功德福聚倍增於百，感得如來大丈夫身色相之一。如是一一大丈夫相，皆以如是功德所成。如是一切如來身中大丈夫相，所有福聚皆合成一眉間毫相。如是入一眉間毫相福聚，又過於此滿百千倍大功德聚，合成如來頂上無能觀見烏瑟膩沙大丈夫相。如是入一肉髻大功德聚，又過於此滿於拘胝百千倍大功德聚，合成如來大法商佉之相。舍利子！由此如來大法螺相爲無量種功德集成，以如是故，如來隨所意欲出大音聲遍告無量無邊一切世界，爲諸有情廣說妙法，如其根性隨聞信解悉令歡喜。何以故？皆由精進所修學故。舍利子！菩薩摩訶薩應作是念：'如是無上正等菩提雖極難得，我當不捨精進鎧甲發大勇猛，必定速悟無上菩提不足爲難。既成佛已隨我意欲，於法螺相出大音聲，遍告無量無邊一切世界，爲諸衆生說微妙法，隨根信解皆令歡喜。'舍利子！是名菩薩摩訶薩勇猛無倦正勤之相。

"復次舍利子！勇猛無倦精進菩薩摩訶薩依毗利耶波羅蜜多故，常應如是精進修學，由修學故具足成就一切智慧。舍利子！假使三千大千世界所有衆生，一切成就隨信行智，即用此智欲以比一成就隨法行智，百分不及一、千分不及一、百千萬分不及一、僧佉分不及一、迦羅分不及一、伽拏那分不及一、烏波摩分不及一、烏波尼沙陀分不及一。復次舍利子！假使三千大千世界所有衆生，一切成就隨法行智，欲以比一第八人智，百分不及一，乃至烏波尼沙陀分不及一。復次舍利子！假使三千大千世界所有衆生，一切成就第八人智，欲以比一預流果智，百分不及一，乃至烏波尼沙陀分不及一。復次舍利子！假使三千大千世界所有衆生，一切成就預流果智，欲以比一乃至一來向智，如是一來果智乃至欲比不還果智，如是乃至欲比阿羅漢智、若獨覺智、若過百劫菩薩智、若成就不退轉菩薩智，如是乃至欲比繫屬一生菩薩智，皆應廣說無量無邊算數譬喻所不能及。如是舍利子！假使十方無量無邊一切世界所有衆生，皆悉成就繫屬一生菩薩之智，欲比如來十力之一處非處智，百分千分百千萬分不及一、僧佉分不及一、迦羅分不及一、伽拏那分不及一、烏波摩分不及一、烏波尼沙陀分不及一，乃至算數譬喻所不能及。舍利子！是菩薩摩訶薩行毗利耶波羅蜜多故，聞如來如是甚深智解之時，其心不驚無有怖畏，於是智人生樂欲心，發起正勤中無廢捨，作如是念：'我今修行勇猛精進，假使我身皮肉骨血筋脈髓腦皆悉枯燥爛壞無遺，未得如來如是處非處智力已來，於其中間發大勇猛堅固精進終無懈廢。'舍利子！是名菩薩摩訶薩勇猛無倦正勤波羅蜜多堅固之相。應如是學。復次舍利子！菩薩摩訶薩行毗利耶波羅蜜多故，發大勇猛無倦正勤，常應如是精進修學。由修學故，能滅眾生諸煩惱火。舍利子！假使一切眾生於過去世所有諸心，皆入眾生一心中轉。如是眾生一一諸心，乃至一切眾生一一各有爾所諸心，無量繁雜難可了知。如是一切眾生一一心中，各具無量貪瞋癡等諸惑繁雜。以此一切眾生所有煩惱，皆入一眾生一心中轉。舍利子！假使展轉一切眾生，皆具如是無量煩惱難可了知。菩薩摩訶薩作如是念：'我當策勵勇猛發勤精進，尋求如是智慧資糧，隨我所發正勤之力，於諸眾生貪瞋癡火及餘熱惱我要當令息滅無遺，斬除毒害摧破散壞同於灰燼，速令眾生住涅槃道。'舍利子！是名菩薩摩訶薩勇猛無倦正勤波羅蜜多。應如是學。

"復次舍利子！菩薩摩訶薩依毗利耶波羅蜜多故，安住勇猛無倦精進，常應如是正勤修學。以修學故，諸善身業無有休廢，諸善語業無有休廢，諸善心業無有休廢，乃至所有一切正勤皆為方便策進菩薩身語心業。舍利子！然諸世間但說菩薩身語二業精進第一，不說菩薩心精進相。舍利子！菩薩摩訶薩心精進相無量無邊，吾今略說。何等名為心精進相？謂菩薩心修行正勤若進若止，如是為相。舍利子！云何名為正勤進止？舍利子！菩薩修行大精進者，為菩提故勤行精進。所言進者於諸眾生發起大悲，所言止者謂無我忍。所言進者攝諸眾生，所言止者於法不取。所言進者生死無倦，所言止者不得三界。所言進者一切盡捨，所言止者不厭布施。所言進者攝取淨戒，所言止者不厭尸羅。所言進者堪忍眾苦，所言止者心無毀壞。所言進者起諸善法，所言止者心常遠離。所言進者攝受靜慮，所言止者心常寂滅。所言進者聞法無厭，所言止者如理善巧。所言進者聽說無倦，所言止者無戲論法。所言進者求慧資糧，所言止者斷諸戲論。所言進者增長梵信，所言止者真知行捨。所言進者具五神通，所言止者遍知漏盡。所言進者修諸念處，所言止者念無功用。所言進者正斷方便，所言止者善惡俱捨。所言進者引發神足，所言止者任運作用。所言進者諸根善權，所言止者觀非根性。所言進者攝受諸力，所言止者智無制伏。所言進者生菩提分,所言止者智簡擇法。所言進者求道資糧,所言止者無來往性。所言進者求奢摩他,所言止者心住寂止。所言進者資助勝觀,所言止者伺察法性。所言進者隨覺諸因,所言止者諸因遍智。所言進者從他聞音,所言止者如法修行。所言進者謂身莊嚴,所言止者謂法性身。所言進者謂語莊嚴,所言止者聖默然性。所言進者信解脫門,所言止者無有發起。所言進者遠離四魔,所言止者捨煩惱習。所言進者方便善巧,所言止者觀察深慧。所言進者觀察緣境,所言止者無功用觀。所言進者觀察假名,所言止者了達實義。舍利子! 諸如是等進止之相,是名菩薩摩訶薩唯心精進。若諸菩薩摩訶薩聞如是等心精進相,應當發起勇猛無倦具足正勤。舍利子! 如是名爲菩薩摩訶薩修行正勤波羅蜜多無有厭倦勇猛精進修習之相。”

【《大寶積經》卷第四十七　大唐三藏法師玄奘奉詔譯】

菩薩藏會第十二之十四
毗梨耶波羅蜜多品第九之三

"復次舍利子！如是勇猛無倦正勤菩薩摩訶薩，成就五種增進之法，便能速悟阿耨多羅三藐三菩提。舍利子！何等名爲成就五種增進之法？所謂值佛出世爲增進法，得近善友爲增進法，得具無難爲增進法，隨所修集一切善法永不失壞爲增進法，於彼安住律儀菩薩摩訶薩所隨從修學爲增進法。舍利子！是爲菩薩摩訶薩修行毗利耶波羅蜜多故，成就五法增進不退，速悟無上正等菩提。"

爾時長老舍利子白佛言："世尊！頗有菩薩於是五法而損減不？"

佛言："有。"

曰："何謂也？大德薄伽梵！何者是也？大德蘇揭多。"

佛告舍利子："有五種法菩薩成就便能損減。何等爲五？謂於佛世而不值遇，於彼善友不懷親近，具無難法而不獲得，修習善法多有失壞，於諸安住律儀菩薩心無隨學。由具如是損減法故，亦不速悟無上菩提。舍利子！何等五法菩薩成就？舍利子！在家菩薩爲王師傅，以威勢力恐怖眾生，致有緣務祈請威福，若爲成辦如是事者重相酬謝。而是菩薩睹世利故，心無正直便爲作之，凡所出言無非爲利。舍利子！由如是法損減善道，由如是法損減無難。如是在家菩薩爲養身故行諸惡行，不值佛世，乃至不疾證於阿耨多羅三藐三菩提。舍利子！是名菩薩成就第一損減之法。

"復次舍利子！在家菩薩住毀城法。何等名爲住毀城法？舍利子！若諸如來、應、正等覺出現世間，爲諸天人魔梵説法，開示宣暢初中後善、文義巧妙純一圓滿清白梵行。爾時當有四衆出現，所謂苾芻、苾芻尼、鄔波索迦、鄔波斯迦。時苾芻尼依附村城郊野館舍國邑王都，爲護戒故在中居止。彼諸在家菩薩來是住處污其戒衆，以毀戒故名住毀城。犯是事已不值佛世，乃至不能疾悟無上菩提。舍利子！是名菩薩成就第二損減之法。

"復次舍利子！在家菩薩見諸有依善説法律演正法時，便於父母兄弟姊妹妻妾男女眷屬及諸衆生而爲法障。舍利子！在家菩薩障礙法已，於長夜中自於法律常多障礙，不值佛世，乃至不能疾悟無上菩提。舍利子！是名菩薩成就第三損減之法。

"復次舍利子！在家菩薩聞佛經中如來贊説少欲知足、出要相應獨静山林離苦之法，心生不信輕毀誹謗，亦教他人起如是見。是諸在家不善菩薩毀呰如來清淨教已，還復沉溺可毀呰趣。何等名爲可毀呰趣？謂墮地獄、畜生、焰魔世界，或生邊地及蔑戾車惡邪見中。在家菩薩行是事故，不值佛世，乃至不悟無上菩提。舍利子！是名菩薩成就第四損減之法。

"復次舍利子！在家菩薩依止國王及諸大臣乃至富貴有自在者，行弊惡行恃爲勢力，譏訶毀罵輕蔑戲弄無量衆生。舍利子！在家菩薩以成就此語惡行故，速能招集諸惡趣報，不值佛世、不遇善友、不得無難、失壞善根、不隨安住律儀菩薩修學正法、不能速悟無上菩提。舍利子！是名菩薩成就第五損減之法。"

爾時世尊欲重宣此義而説頌曰：

> 菩薩成就五種法，　　如是智慧無增長，
> 既不速疾見如來，　　亦不逢事人中上。
> 或爲王者大師傅，　　欺詐誑惑諸衆生，
> 由具如斯不善業，　　不遇世間依怙者。
> 令多有情生怖畏，　　若納贓財若損害，
> 興造如斯惡業已，　　終不奉值人中尊。

或令諸尼淨戒聚，	破壞摧滅生悲苦，
當離無量億如來，	叵得成就諸無難。
於其父母妻子等，	障礙不令修法行，
又障聽聞於正法，	速感愚癡覆蔽果。
若人厭世樂出家，	便致拘執緣留礙，
當離無量最勝尊，	叵得成就諸無難。
若有聽聞如是法，	所謂贊說住空閑，
便生不忍忿恚心，	謗毀謂爲非法說。
謗毀如是正法已，	常住生盲大劇苦，
一切重障罪業中，	方斯十六不及一。
彼難奉見諸如來，	設見不能懷信敬，
受女黃門生盲身，	又受駝驢豬狗等。
若有於佛及菩薩，	深生殷重愛敬心，
遠離一切障礙已，	相續修行賢聖道。
父母妻子眷屬等，	恒樂安勤正法中，
眾生厭世求出家，	贊美勸助令其果。
若處眷屬正法中，	當速往登賢善趣，
有能贊勸出家者，	速悟無上佛菩提。

"復次舍利子！出家菩薩復有五法，若成就者，不值佛世、不親善友、不具無難、失壞善根、不隨安住律儀菩薩修學正法，亦不速悟無上菩提。舍利子！何等名爲出家菩薩成就五法？一者毀犯尸羅，二者誹謗正法，三者貪著名利，四者堅執我見，五者能於他家多生慳嫉。舍利子！如是名爲出家菩薩成就五法，不值佛世乃至不獲無上正等菩提。舍利子。譬如餓狗惶惶緣路，遇值瑣骨久無肉膩，但見赤塗言是厚味便就銜之。至多人處四衢道中，以貪味故涎流骨上妄謂甜美，或齧或舐或嚙或吮，歡愛纏附初無捨離。時有剎帝利、婆羅門及諸長者，皆大富貴來遊此路。時此餓狗遙見彼來，心生熱惱作如是念：'彼來人者將無奪我所重美味？'便於是人發大瞋恚，出深毒聲，惡眼邪視，露現齒牙便行嚙害。舍利子！於意云何？

彼來人者應爲餘事，豈復求此無肉赤塗之骨瑣耶？"

舍利子白佛言："世尊！不也。世尊！不也。善逝！"

佛告舍利子："若如是者，彼慳餓狗以何等故，出深毒聲現牙而吠？"

舍利子言："如我意解，恐彼來人貪著美膳，必能奪我甘露良味，由如是意現牙吠耳。"

佛告舍利子："如是如是！如汝所言。當來末世有諸苾芻，於他施主勤習家慳，耽著屎尿妄加纏裹，雖值如是具足無難，而便委棄不修正撿。此之苾芻，我說其行如前癡狗。舍利子！我今出世憐愍衆生，欲止息故專思此事，爲如是等諸惡苾芻說此譬喻。

"復次舍利子！是諸菩薩摩訶薩爲欲利益安樂無量衆生故，求於佛智，行毗利耶波羅蜜多。彼諸菩薩摩訶薩於己身肉尚行惠施，况復規求妄想惡肉，而於他家起諸慳嫉？舍利子！彼諸苾芻慳他家故，我說是人爲癡丈夫、爲活命者、爲守財穀奴僕隸者、爲重世財寶玩縛者、唯於衣食所欽尚者、爲求妄想貪嗜惡肉起慳嫉者。舍利子！我今更說如是正法。彼諸苾芻先至他家，不應見餘苾芻而生嫉妒。若有苾芻違我法教，見餘苾芻或作是言：'此施主家先爲我識，汝從何來乃在此耶？我於此家極爲親密，調謔交顧。汝從何來輒相侵奪？'舍利子！以何等故，彼慳苾芻於後來者偏生嫉妒？舍利子！由諸施家許其衣鉢飲食臥具病緣醫藥及供身等資生什物。彼作是念：'恐彼施主將先許物施後來者。'由如是故，即此苾芻於施主家起三重過：一者起住處過，見餘苾芻或起恨言：'我於今者當離此處。'二者凡所習近當言未知應與不應。三者於不定家妄起諸過。舍利子！彼慳苾芻於後來人發三惡言：一者說住處過，以諸惡事增益其家，令後苾芻心不樂住。二者於後苾芻所有實言反爲虛說。三者詐現善相諂附是人，伺有微隙對衆治舉。舍利子！如是苾芻於他施家生慳嫉者，速滅一切所有白法，永盡無遺。

"復次舍利子！若有苾芻住家慳者，我說是人爲不善者，則爲棄捨菩提資糧，又爲不能隨逐安住律儀菩薩修正法者。又舍利子！如是種相，我更當說。乃往昔時過於無數廣大無量不可思議阿僧企耶劫，有佛出世，名勝現王如來、應、正等覺、明行圓滿、善逝、世間解、無上丈夫、調御士、天人師、佛、薄伽梵。彼佛住壽九十拘胝歲,聲聞衆會九十拘胝那庾多,皆是大阿羅漢,諸漏已盡,乃至一切得心自在第一究竟。舍利子! 當於爾時,有大長者名爲善擇,其家巨富多饒財寶,資産僮僕無不充遍。有二子:一名律儀,二名住律儀。年在幼稚,容貌端正,淨色圓滿,衆人喜見。舍利子! 時勝現王如來、應、正等覺於晨朝時服衣持鉢,大芯芻僧左右翼從,彼佛世尊居僧上首,爲福利故現乞食法,入彼長者所住大城。威儀庠序諸根寂定,心意恬怕逮得調順奢摩他,及獲第一調順奢摩他,修攝諸根如大龍象,澄静無濁如深泉池,盛德巍巍如金樓觀,色相超挺如紫金山。又如大海衆寶充盈,如帝釋主諸天圍繞,如大梵王心慮寂静。舍利子! 彼薄伽梵有如是等威相莊嚴。長者二子當於爾時在重閣上,遙睹勝現王佛從遠而來,容貌威嚴色像第一,發歡喜心歎未曾有。舍利子! 彼住律儀童子以先睹佛喜踴内心,白其兄曰:'從生已來,兄頗曾見如是端嚴含靈王不?'兄報弟曰:'我從生來實未曾見如是端嚴含靈中王。'弟白兄言:'如我惟忖,於未來世定當作是含靈中王。舍利子!'爾時住律儀童子即爲其兄而説頌曰:

> 如律儀兄今所見,　　我於當來定如是,
> 大芯芻衆所圍繞,　　當復倍勝於今日。
> 求菩提道因緣故,　　當誓不啖諸飲食,
> 兄既樂居牢獄中,　　我意決定當超勝。
> 如是一切衆生尊,　　譬等衆星之滿月,
> 誰有見斯不生信,　　而樂居家不出離?

"舍利子!"爾時律儀童子即以伽他報其弟曰:

> 弟當且止勿高聲,　　非但語言便遂事。
> 我豈當發世語言,　　試誰在先成正覺?

"舍利子!"爾時住律儀童子復以伽他白其兄曰:

> 如是無上菩提道,　　非但弊鄙慳心證,

我當發大賢善聲，　　決定成佛人中上。

夫懷慳者相如是，　　資產不欲令他知，

今我豈復守沉默，　　尚捨身命況財寶。

我以家資咸布施，　　爲求菩提道因緣，

及以兄分家財寶，　　盡施佛田深敬故。

誰見如是最勝尊，　　具三十二妙相者，

而不發願趣菩提，　　唯除具諸下劣見。

所有家宅及財寶，　　父母並諸眷屬等，

我當一切皆捨離，　　速往善逝如來所。

爲世依怙作光明，　　照世慈尊極難遇，

百千拘胝那庾劫，　　如是勝相甚難聞。

我見世尊入王都，　　大苾芻僧所圍繞，

如盛滿月在清天，　　流光洞照諸依地。

我見世尊遊四衢，　　周遍莊嚴於一切，

猶彼具足千光日，　　獨滿虛空常遍照。

我見世尊居眾首，　　莊嚴顯發苾芻僧，

如彼蘇迷盧山王，　　映諸寶山悉嚴麗。

如來威光極熾盛，　　通照此土諸群生，

圓成妙相兩足尊，　　榮光鑒飾諸大眾。

如來住大神通力，　　善御天龍非人等，

復興無量種變現，　　爲眾生故入王都。

誰見如斯正法主，　　三十二相大莊嚴，

而復希趣下劣乘？　　唯除不肖愚聞者。

我今欣睹人中尊，　　發生難得清淨信，

爲利含識趣菩提，　　要當往覲如來所。

“舍利子！”爾時律儀童子又以伽他報其弟曰：

我於途路非懈怠，　　而不速往如來所，

待我下斯重閣已，　　當出外宇諦思惟。

宜應捐捨於我想，　　又不顧惜吾身命，

及求最上丈夫智，　　爾乃往詣如來所。

父母家宅及財寶，　　於如是等生重愛，

我今一時皆棄捨，　　爾乃往詣如來所。

若有欲願當成佛，　　又深愛樂如來者，

宜速捐諸珍寶聚，　　捨離家法趣非家。

"舍利子！爾時住律儀童子聞是語已，即於閣上下其階道，將往勝現王如來、應、正等覺所。未至之頃，其兄律儀又從重閣速疾而下，馳詣佛所修敬已訖。時住律儀後乃方至。爾時律儀兄童子即以十億無價寶衣奉獻如來。"又於佛前而說頌曰：

我今不求於妙相，　　奉施如來無價衣，

唯願當來所獲報，　　如今世尊等無異。

一切含靈中最勝，　　一切妙法善安住，

唯願當來所獲報，　　如今世尊等無異。

具足無上智慧藏，　　諸力正勤善安住，

三十二相身所持，　　願速當成人中上。

成就諸佛十種力，　　四無所畏善安住，

唯願當來所獲報，　　如今世尊等無異。

如佛所知真淨法，　　唯佛善住皆明照，

願賜演通如是法，　　令我速悟上菩提。

我今不求妙色相，　　奉佛無價勝上衣，

唯希寂靜妙菩提，　　為利諸天世間故。

如來所住微妙法，　　一切異論無傾動，

我今為求如是法，　　敢施無價勝上衣。

諸法無生無老病，　　亦無憂愁悲歎等，

願為開斯寂靜法，　　導利諸天世間故。

若法無有貪瞋癡，　　亦無諸慢及渴愛，

願説菩提與佛性，　　無爲清凉甘露法。

若法如來所安住，　　爲天龍等深敬禮，

或有思慮或無思，　　願爲開斯寂静法。

佛住是處能通照，　　無量四方諸佛土，

如發大焰深暗中，　　願證如斯等甘露。

若諸一切愛無愛，　　性常不依於欲界，

色無色界亦無依，　　願説如斯勝妙法。

"舍利子！"爾時住律儀童子聞兄律儀説是頌已，便以一具新妙寶展奉施勝現王如來，即於佛前説伽他曰：

願我當爲諸群生，　　爲救爲趣爲依舍，

更不履踐於邪徑，　　恒導群迷説正路。

願常不習諸貪欲，　　此乃愚夫之所行，

永離一切有爲法，　　恒值如來出興世。

既逢明照世間者，　　便應供養兩足尊，

勤求無上佛菩提，　　爲利一切群生故。

當以無量香花鬘，　　高妙幢幡諸寶蓋，

奉獻龍中之大龍，　　爲利一切群生故。

復以種種上衣服，　　臥具飲食諸醫藥，

俱持奉獻佛世尊，　　爲利一切群生故。

擊大小鼓吹螺貝，　　及奏簫管清歌等，

俱持奉獻照世尊，　　爲利一切群生故。

厚味種種極淳濃，　　世間微妙所珍尚，

俱持奉獻救世尊，　　爲利一切群生故。

廣行如是供養已，　　利益無量諸群生，

我於爾時便出家，　　精勵勤修於梵行。

當安住斯八妙道，　　復安無量億衆生，

願我爲諸有識依，　　　常不履於邪曲徑。

衆聖訶毀極下劣，　　　所謂淫欲我能捐，

又當棄捐諸放逸，　　　於不放逸恒修學。

願我永不生衆難，　　　常得生諸淨信家，

生生常見人中尊，　　　見已於佛生深信。

既生信已修恭敬，　　　以妙花鬘及塗香，

種種音樂供養已，　　　爲求諸佛深智慧。

如是廣修諸供養，　　　乃經無量拘胝劫，

永斷欲法捨居家，　　　精勤奉修清淨行。

"舍利子！"爾時住律儀童子說是頌已，即於所贊勝現王如來之處，爲彼如來以赤栴檀建立道場，高花綺飾四逾繕那，縱廣莊嚴備諸雕麗。爾時童子既立道場莊嚴成就，即以奉施彼佛世尊，又於佛前而說頌曰：

佛所安住四種住，　　　往昔最勝所稱譽，

我今欣求如是住，　　　唯願善逝慈哀許。

若有安住是所住，　　　心常了知無量衆，

及知過去未來生，　　　我今欣求如是住。

若住是住至究竟，　　　四種正勝四神足，

及四最勝無礙辯，　　　我今欣求如是住。

"舍利子！爾時薄伽梵勝現王如來哀此童子，受其所獻上勝道場，與苾芻僧入中居止。時彼童子既睹如來及苾芻僧受其施故，心大歡喜踴躍無量，又以種種上妙供具而爲供養，倍加恭敬尊重贊歎，於半月間中無斷絕。過是已後，便於佛前除去鬚髮，被袈裟衣，以淨信心捨棄家法趣於非家，專志精勤求諸善法。舍利子！時二童子求善法已，心正了知，於佛菩提俱發弘誓。其兄律儀作是誓言：'願我最先成等正覺，其佛名曰世間依怙放大光明。'其弟住律儀者又發誓言：'願我最先成等正覺，其佛名曰大導商主天人中尊。'舍利子！爾時律儀童子菩薩摩訶薩作是願已，即於勝現王如來前，合掌而立大誓莊嚴。"說伽他曰：

> 我當不復更安坐，　　亦無放倚身眠臥，
>
> 專精勤求菩提道，　　爲利一切群生故。
>
> 我當不觀身與命，　　常捨懶惰勤精進，
>
> 志求上妙菩提道，　　爲利一切群生故。
>
> 假使血肉都乾竭，　　皮骨筋脈皆枯燥，
>
> 要捨懈怠及身命，　　精勤爲趣上菩提。

"舍利子！"爾時住律儀童子菩薩摩訶薩聞兄律儀童子菩薩摩訶薩發是願已，歡喜踊躍，即於其前説伽他曰：

> 今當共契同和好，　　修行無上菩提行，
>
> 與發最勝勤精進，　　爲利一切群生故。
>
> 我今薄濟於身命，　　隨彼血肉皆枯燥，
>
> 發千精進隨兄學，　　爲求無上菩提故。
>
> 我當獨處住空閑，　　山野林中勤精進，
>
> 常求微妙最勝智，　　隨住莊嚴大法王。

爾時佛告舍利子："彼過去世勝現王如來法中，律儀童子菩薩摩訶薩與住律儀童子菩薩摩訶薩，於彼佛所發大弘誓，行毗利耶波羅蜜多故，精勤不懈，修行正道。舍利子！彼二菩薩行精進時，於千歲中乃至未曾如彈指頃，被於睡眠之所逼奪。於千歲中未曾起念欲臥息心。於千歲中未曾起念欲樂坐心。於千歲中未曾一返屈身蹲踞，唯除便利若食飲時，便就住立。於千歲中未曾再食，日止一食，食止一搏，飲水一器。於千歲中未曾起念欣樂食心，如謂我今極爲飢渴，願當疾得如是等念初無有生。於千歲中未曾一返過量飲啖。於千歲中未曾起念稱量飲食，此鹹此淡、此甘此苦、辛酢美惡初無興慮。於千歲中每乞食時一心正念，未曾觀彼授食人面，不生是念：'誰與我食？爲丈夫耶？爲婦人耶？'乃至童男童女皆不瞻視。於千歲中居止樹下，未曾仰面觀於樹相。於千歲中所著衣服未曾再易。於千歲中未曾一念起於欲覺、恚覺、害覺。於千歲中未曾起念緣親裏覺，若父、若母、兄弟姊妹及餘眷屬皆不緣念。於千歲中未曾起念於所居

家，發思覺心。於千歲中未曾起念仰觀虛空日月星宿雲霞等色。於千歲中未曾起念以身依倚若壁若樹。於千歲中未曾起念以諸蘇油用塗支體。於千歲中未曾起念身心驚怖。於千歲中未曾起念身心疲倦。於千歲中未曾起念懈怠、懶惰、放逸之心。唯興是念：'我今修行阿耨多羅三藐三菩提，何時當證？何時當得？'於千歲中未曾一返身心痛惱。於千歲中未曾起念我欲剃髮，唯除四天大王時來頭上，以其神力手摩持去，於彼天宮起窣堵波，衆寶莊嚴而爲供養。於千歲中雖有天王若來若去，而心都無去來之想。於千歲中未曾起念，從陰影處至光景處，從炎熱處至清涼處。於千歲中於嚴寒時未曾起念覆厚暖衣而取溫適。於千歲中未曾起念論説世間無益之語。舍利子！是二菩薩於千歲中行如是等堅固精進，時有惡魔名愚癡念，如我今者出現世間，有惡魔羅愚癡念者。舍利子！彼時惡魔興壞亂故，於律儀菩薩所經行道仰布利刀遍其行處。爾時律儀菩薩於彼刀道微失本心，生利刃想，適生想已便即追悔，發大音聲再返唱言：'咄哉奇事，我今如何住於放逸？'舍利子！時彼菩薩所發音聲遍告三千大千世界，於上空中有百千拘胝天魔徒黨，聞是菩薩憶念音聲，即共同時語菩薩言：'如汝今者普告之聲，深爲善説，深爲善説。'舍利子！如是天聲唯律儀聞，彼住律儀於諸天聲及此菩薩普告大聲初不聞之。爾時律儀菩薩聞天語已，奮發堅固大精進欲復前經行，再轉其心不緣刀刃。舍利子！時彼菩薩摩訶薩降魔怨已，住如是威儀，行如是妙行，修如是道迹，起如是大悲，興發如是勇猛精進，未曾休廢。

"復次舍利子！彼二大士於彼法中行毗利耶波羅蜜多故，俱成就是威儀行迹大悲勇猛，又於千歲住空閑林修佛隨念。過是已後勝現王如來方入涅槃。爾時諸天便來告曰：'善男子！豈不知耶？如來今者已般涅槃。'時二大士既聞天告，即便往詣勝現王如來涅槃林所。既到彼已合掌而立，瞻仰如來目未曾捨，極懷戀慕深生敬重，作是念言：'如來出世大慈悲者，覆護衆生同於舍宅。如何一旦速般涅槃，令我等類無依無怙。'舍利子！是二大士立如來前深懷戀仰，七日七夜足不移處，不勝哀感，遂立命終往生梵世。既受梵身得宿智力，以大神通從上來下至涅槃會，爲勝現王如

來、應、正等覺所有舍利起窣堵波，珍寶妙物極世莊嚴，四十千歲方得成
就，以諸輪蓋安施其上。舍利子！時二菩薩爲彼如來起窣堵波已，心大歡
喜合掌而立，觀其福相倍加欣慶。如是又經七十千歲方始致禮，因爾命
終，俱生瞻部洲中大轉輪王家，處太后胎。舍利子！彼初生已，便憶過去
所經諸事，作如是言：'我於今者應當安住最上第一不放逸法。'復以伽他
而自誡曰：

我今生處輪王家，　　廣大財食皆如意，

於極放逸當捐捨，　　勤求無上佛菩提。

財寶色欲及王位，　　無常迅速須臾頃，

智者於斯不欣樂，　　勤求上妙佛菩提。

若於財寶不生樂，　　爲利含識證菩提，

應疾捨欲求出家，　　修行勝妙諸梵行。

我昔過去無量劫，　　耽滯五欲爲功德，

若生天上及人中，　　未曾於彼生知厭。

故應捨欲及王位，　　父母眷屬諸財寶，

及捨國城大軍衆，　　出家勤求證菩提。

　"舍利子！時彼菩薩身相端正如十六少童，不樂俗網，常思過患，即剃
鬚髮，服袈裟衣，以清淨信棄捨家法趣於非家，二十千歲勤修梵行。後命
終已復生梵世，於彼壽盡還生瞻部。舍利子！當於爾時於瞻部洲有佛出
世，名曰妙香如來、應、正等覺、明行圓滿、善逝、世間解、無上丈夫、善調御
士、天人師、佛、薄伽梵。時彼菩薩既遇佛已，即於法中剃除鬚髮，服袈裟
衣，以清淨信棄捨家法趣於非家，滿拘胝歲修行梵行。如是次第十千如來
出現於世，律儀菩薩皆得值遇，於諸佛所殖衆德本，常勤精進修行梵行。
彼住律儀菩薩常與其兄同生一處修諸聖道，唯於一佛不修梵行，以是因故
律儀菩薩先得成佛出現於世，名曰熾然精進如來、應、正等覺、明行圓滿、
善逝、世間解、無上丈夫、調御士、天人師、佛、薄伽梵。住世教化經九十拘
胝歲，聲聞大衆有九十那庾多共會説法。舍利子！熾然精進如來興世之

時,彼住律儀菩薩爲轉輪王,威加四域,福德所被,於熾然精進如來極起深信,以種種上妙衣服肴膳飲食病緣醫藥什物衆具,供養恭敬尊重讚歎,於三月中奉獻彼佛及苾芻僧。舍利子！爾時熾然精進如來、應、正等覺雖受供養,爲欲覺悟彼輪王故,令其憶念。"説伽他曰:

> 若爲證得諸佛法，　　勇猛精進最爲上，
> 貪著五欲諸含生，　　凡有所求難果遂。
> 若求義利於五欲，　　智者當知無義利，
> 汝今處在無義中，　　求勝義利不可得。
> 我昔與汝爲兄弟，　　俱發弘誓趣菩提，
> 爾時競列至誠言，　　誰速在初成正覺。
> 今汝見我證菩提，　　轉勝梵輪於大衆，
> 汝猶沉溺五欲家，　　淫荒女色恒守護。
> 過去諸佛常宣説，　　智者不應保弊欲，
> 是故我恒勤遠離，　　曾未追求行放逸。
> 汝攝惡慧行無義，　　汝常安住無義業，
> 欲法引苦汝長迷，　　離欲清淨聖所贊。

　　"舍利子！時彼輪王聞熾然精進如來説伽他已,生大覺悟深見欲過,希求出家。竟不辭諸妻子眷屬長者僚宰大小諸王,亦不顧戀國邑人民財寶府藏,即從座起往如來前。"一心合掌説伽他曰:

> 我當悉捨於家國，　　要往空閑至命終，
> 寧使肌肉並乾枯，　　爲佛菩提因緣故。
> 復當勇猛大精進，　　利益無量諸群生，
> 棄捨家法趣非家，　　當住虛静無爲處。
> 不欣緣附於五欲，　　弊惡詃惑彼愚夫，
> 由我陷没欲泥中，　　故使掩面而隨後。
> 諸欲財寶及王位，　　一切一時皆棄捨，
> 即於如來聖教中，　　專務精修無上道。

誰有智者當親附？　　誰行學藏有爲行？

令我修行精進已，　　不速成佛耽諸欲。

是故我捨諸欲樂，　　王位財寶皆除斷，

要歸佛教趣非家，　　爲佛菩提因緣故。

"舍利子！爾時輪王説伽他已，即於熾然精進佛所剃除鬚髮，服袈裟衣，以淨信心棄捨家法趣非家道，往空静處勤修梵行。於時復有六十拘胝百千衆生，聞彼輪王出家學道，亦懷淨信除捨俗相，隨王出家修諸梵行。舍利子！時熾然精進如來處世垂化久乃涅槃。輪王苾芻見佛滅度，悲感充塞，奉接如來遺身舍利，起窣堵波嚴飾供養。其後不久便致命終，生睹史多天。受天報盡，還生贍部洲中。即於是劫成阿耨多羅三藐三菩提，名曰妙行如來、應、正等覺、明行圓滿、善逝、世間解、無上丈夫、調御士、天人師、佛、薄伽梵。其佛住世滿拘胝歲，聲聞弟子有拘胝那庾多而共集會，皆是大阿羅漢，諸漏已盡，乃至一切心得自在，已到究竟第一彼岸。妙行如來安住百千菩薩摩訶薩，令於阿耨多羅三藐三菩提不復退轉，又爲無量無數諸衆生等宣揚妙法。所應作已，入般涅槃。正法住世經餘一劫，流布舍利饒益衆生，亦如我今般涅槃後舍利廣流等無有異。"

爾時佛告舍利子："諸菩薩摩訶薩行毗利耶波羅蜜多故，安住正勤行菩薩道，應當依隨律儀菩薩摩訶薩修學勇猛無倦精進波羅蜜多，不應依附彼枯骨瑣住慳衆生而爲修學。舍利子！若有菩薩樂求菩提，不應他家而生慳吝。若復失念起慳吝時，應樂觀察三種怖畏。何等爲三？謂於他家數致來往，或因乞食或復談話，纏綿不已遂成親好。見彼第二賢善苾芻，以貪著故便生慳嫉，或時微起一念恚心不相隨順，由是緣故當知攝受地獄諸苦業道，當知下生盲種於其心田，當知生邊地業具足攝受。舍利子！我今爲汝更説其相。謂彼菩薩見諸賢善清淨苾芻來至其所，輒生嫉妒瞋恚之心，内雖忿結而外現清白，與交言論心乃慳吝，而身恒將遇隨事供擬，或私處隱屛怒眼視之，或以不實事用加誣謗。舍利子！以是因緣，如是菩薩當知攝受地獄業道，生盲種子植其中，雖生人道復在邊地，遭諸苦楚，受生盲報，多被誹謗，爲他役使，晝夜辛勤，初無停息。舍利子！若諸菩薩設於他家起慳嫉時，應思惟此三種怖畏。”

爾時如來說是語已，長老舍利子白佛言：“甚奇，世尊！未曾有也。是諸菩薩摩訶薩極爲希有，乃能善遇如來說是家慳出要之法。善哉世尊！願爲我等諸聲聞衆說正法要離家慳相。所以者何？我等於佛法中，非爲不願脫於地獄生盲邊地誹謗果報，常願生於中國人趣。我等聲聞深欲樂聞離家慳法，唯願世尊捨無緣怨，不捨我等，必爲宣說。”

爾時佛告舍利子：“善哉善哉。舍利子！甚爲希有。汝等乃能住無浮諂，請問如來如是之義。諦聽諦聽，當爲汝說。舍利子！若有衆生欲隨如來修學佛法，我當爲彼如應顯說。何以故？以諸衆生能隨佛學，如來不違彼意，必現其前而爲說故。又舍利子！若有衆生不樂隨佛修學正法，若爲彼說，是人聞已則當成立鬥諍根本。舍利子！如是成就淨信菩薩摩訶薩行毗利耶波羅蜜多故，於諸佛法廣生淨信，長久大夜常樂觀察，爲欲救濟沉溺衆生故，往如來所，殷勤鄭重咨疑問義，凡所敷演樂欲聽聞。既聞法已，復獲廣大清淨深信，歡喜踴躍倍加精進，受持正法如說修行。又舍利子！當來之世我諸弟子，少有苾芻深心希樂趣般涅槃寂靜之法，多依三事以爲常業。何等爲三？一者常喜追求世間名利，二者貪樂朋黨追求食家往還不絕，三者喜樂追求花飾房宇貯積財富什物資具。是名依止追求三事。舍利子！是諸苾芻以依如是三種事故，終不解脫三種惡趣。舍利子！如是苾芻不樂解脫地獄傍生焰魔鬼趣，而返喜樂勤修滅盡趣天道法，又常勤修相言鬥訟譏刺離間諍論之事，復樂攝受心不淨信諸惡友等，捨空靜林依泊村落，白衣俗人而爲朋翼。舍利子！諸在家者作如是言：‘如是長老數來我家與我同好，我當供給，施其衣服飲食臥具病緣醫藥諸餘資具。彼住空閑諸長老等，既於俗人素無周接，我等如何與之言問？’以此事故，是諸苾芻與在家者轉相親狎，更互談說但敍世事繁雜戲論。舍利子！是惡苾芻樂共無良之人同止遊涉，久著住處曾無移轉，多覓朋黨及多食家，數數瞻視躬行慶弔，由此事故密懷親愛。設有客苾芻來都無供給，先行毀呰非法之言。而客苾芻實是賢聖，是惡苾芻亦不稱說：‘汝爲多聞具戒清淨。汝是預流、一來、不還、阿羅漢果。’如是等言全不稱說。舍利子！是惡苾芻在我法中不修我法，更無餘事，唯樂毀呰訶罵不息。舍利子！彼諸俗人爲朋黨者又作是言：'諸客苾芻未曾與我共住久處周旋還往，舊住苾芻與我久住，情事相委通致使命經理緣務。以是義故，我當與諸舊住苾芻共相護呇假爲威勢。'舍利子！以是等故，諸惡苾芻於是經典若解不解，一切時中皆悉誹謗毀呰不信。又舍利子！若復有人聽聞如來所說經典，如是文句差別法門常樂聽聞，聞便信解無疑惑者，必能舍離如是衆生，及舍應往惡趣之業。如是舍利子！修行無倦精進菩薩摩訶薩，聽聞如是慳嫉等相往惡趣業，既聞是已便不自行家慳等事，況復爲他開示此法。舍利子！如是名爲菩薩摩訶薩精勤無倦修行毗利耶波羅蜜多。應如是學。"

【《大寶積經》卷第四十八 大唐三藏法師玄奘奉詔譯】

菩薩藏會第十二之十五
毗利耶波羅蜜多品第九之四

"復次舍利子！菩薩摩訶薩精勤無倦修習毗利耶波羅蜜多時,於諸衆生起病者想。何以故？一切衆生常是病者,恒爲三種熱惱所燒惱故。舍利子！何等名爲三種熱惱？所謂貪欲熱惱、瞋恚熱惱、愚癡熱惱。菩薩摩訶薩作如是念:'我等今者應以如是無上正法阿竭陀膏藥,塗傅如是熱惱衆生。何以故？由是無上正法清涼微妙膏藥用塗傅故,一切衆生貪瞋癡等諸熱惱病皆悉除滅。'舍利子！諸菩薩摩訶薩以是正法良藥塗傅衆生令三毒滅故,是菩薩摩訶薩無倦正勤修行毗利耶波羅蜜多。應如是學。

"復次舍利子！菩薩摩訶薩修行毗利耶波羅蜜多,其相無量。我今當說。舍利子！菩薩摩訶薩常作是念:'所謂一切衆生皆是病者。何以故？由爲三毒常熱惱故。若有衆生生地獄者,亦爲如是貪瞋癡等之所燒惱。如是生傍生者、焰魔世界、人中、天上,所有衆生無不爲是三毒燒惱。若有衆生成疑見等諸煩惱者,亦常爲於貪瞋癡等之所燒惱。'舍利子！是諸衆生具煩惱病,非餘良醫及勝妙藥若塗若傅能令貪瞋癡等熱惱靜息,唯除如來無上勝妙大法醫王,及證法身菩薩摩訶薩以大願力自嚴持身爲良藥已,乃能除滅一切衆生貪瞋癡等諸熱惱病。

"復次舍利子！汝應解了如是法門,所謂一切衆生貪瞋癡病非餘醫藥而能差愈,唯有如來無上醫王、法身菩薩以大願力而得除滅。舍利子！於汝意云何？衆生界多,地等界多？"

舍利子白佛言："世尊！如我解佛所説妙義，衆生界多，非大地界，亦非水界、火界、風界所能比類。"

佛言："如是如是。如汝所説。衆生界多，非大地界。乃至衆生界多，非彼風界。舍利子！我今更説如是之相。舍利子！有諸衆生身形微細難可睹見，非佛法外諸神仙眼之所能及，亦非聲聞獨覺天眼境界，唯是如來清淨天眼所能照了。舍利子！如來以淨天眼，明見如車輪量。所有微細含識衆生其數無量，多於三千大千世界於人天趣諸受生者。舍利子！如是無量無邊諸有情界，乃至三千大千世界一切有情，若卵生、若胎生、若濕生、若化生，若有色、若無色，若有想、若無想、若非有想非無想，若可見、若不可見，如是乃至所有假名建立諸有情界，設使於一刹那，或一羅婆，或一牟呼多頃，非前非後皆得人身。彼諸人等並成良醫，壽命一劫明練方術，通閑醫道爲大醫師，善療衆病皆如今者時縛迦醫王。舍利子！彼諸醫王同共集議，作如是言：'有一衆生懷貪瞋癡熱惱之病，我爲醫王，勤加功用當爲除滅。'如是舍利子！設使彼等一一諸醫皆持清涼妙藥，其量高廣如蘇迷盧山王，並又勤加功用，將欲滅一衆生貪瞋癡惱。又彼諸醫於是清涼藥分山王摩以爲末，盡其劫壽塗一衆生；一切醫王盡其功術並悉疲倦，乃至藥分山王用末塗盡，皆亦不能滅一衆生貪瞋癡等諸惱熱病。復次舍利子！諸佛如來出興於世，見諸衆生具煩惱病。如來但説一不淨觀無上正法阿竭陀膏藥，用以塗傅，無量衆生貪欲熱惱無不除滅。如是塗傅無量百衆生、無量千衆生、無量百千衆生、無量拘胝衆生、無量百拘胝、無量千拘胝、無量百千拘胝衆生、無量拘胝那庾多衆生、無量百拘胝那庾多、無量千拘胝那庾多、無量百千拘胝那庾多衆生，如是無量薑羯羅衆生、無量頻跋羅衆生，乃至無量不可説不可説衆生，以聞一不淨觀故，貪欲熱惱同時静息。舍利子！如來但説一慈悲觀無上正法清涼妙藥，用以塗傅，無量衆生瞋恚熱惱皆得除滅。乃至不可説不可説衆生，瞋恚除滅亦復如是。舍利子！如來但説一因緣觀無上正法清涼妙藥，用以塗傅，無量衆生愚癡熱惱皆得止息。乃至不可説不可説衆生，愚癡止息亦復如是。又舍利子！證得法身菩薩摩訶薩，亦以大願自嚴持身爲法良藥，善能息滅無量衆生三毒熱惱,乃至息滅不可説不可説無量衆生貪瞋癡等諸惱熱病。

"復次舍利子！如我先説,證得成就法身菩薩摩訶薩願力持身而爲良藥,用滅無量不可説衆生煩惱熱病。如是等相,吾今更説,汝當諦聽。舍利子！我念往昔過無數劫有佛興世,名曰然燈如來、應、正等覺、明行圓滿、善逝、世間解、無上丈夫、調御士、天人師、佛、薄伽梵。舍利子！爾時然燈如來、應、正等覺爲我授記,作如是言:'汝摩納婆！於當來世過阿僧企耶劫,當得作佛,號釋迦牟尼如來、應、正等覺乃至佛、薄伽梵。'舍利子！彼然燈佛授我記已,爾時便證法身成就。佛滅度後,我爲帝釋名微妙眼,於三十三天,得大自在,具大神通,有大威德,宗族熾盛。舍利子！是時瞻部洲中有八萬四千大城,有無量千村邑聚落市肆居止,復有無量百千拘胝那庚多一切衆生住如是處,人物繁擁極爲興盛。舍利子！當於爾時有大疫病中劫出現,多有衆生遭遇重病,身體潰爛、癰腫痤癤、疥癬惡瘡、風熱痰癊,互相違返。以要言之,一切病苦無不畢集。於時復有無量百千諸醫藥師,爲欲救療如是病苦,勤加功用極致疲倦,而衆生病無有愈者。舍利子！彼諸無量病苦衆生不遇良醫,爲病所弊,無有救護,無有歸趣,皆共呼嗟,失聲號哭涕泣橫流,作如是言:'我今受此無量重病。何處當有天、龍、藥叉、健達縛及諸羅刹、人非人等,以大慈悲而能見爲除我病者？若有能除我病苦者,我當不吝一切財寶厚報其恩,隨其教誨。'舍利子！我於爾時以淨天眼超過於人,見諸衆生種種疫病逼惱其身,煩冤纏繞無有救濟。又以天耳清淨過人,徹聽衆生號訴之聲,極爲悲怨酸楚難聞。舍利子！我於彼時見聞是已,於是衆生深起大悲,即作是念:'一何苦哉！如是無量無邊衆生遭是重病,無舍無宅、無救無護、無歸依趣、無能療者。我今決定爲諸衆生爲舍爲宅、爲救爲護、爲歸依處、爲醫療者,必令病惱普皆平復。'舍利子！我於爾時便隱帝釋高廣之形,於瞻部洲俱盧大城不遠受化生大衆生身,名曰蘇摩。既受生已,住虛空中。"以伽他頌遍告瞻部洲内所有衆生説其頌曰:

> 俱盧大城爲不遠,　　有大身者名蘇摩,
> 若有衆生啖其肉,　　一切病惱皆除愈。

> 彼無瞋恚諸忿害，　　爲作良藥生贍部，
>
> 汝當欣踊勿驚疑，　　隨意割肉除衆惱。

"舍利子！爾時贍部洲内所有諸城八萬四千村落市肆，又無量千一切含識爲病惱者，聞是聲已，一時皆往俱盧大城蘇摩菩薩大身之所，競以利刀或割或截彼之身肉。舍利子！蘇摩菩薩行精進行，當被割時於其身内出大音聲。"説伽他曰：

> 若此能實證菩提，　　智藏當成無盡者，
>
> 隨我所發諦誠言，　　亦願身肉常無盡。

"舍利子！爾時贍部洲内一切衆生爲病逼故，段段割截菩薩之身，或擔持去，或就食者。雖被加害，以願力故隨割隨生無有缺減。舍利子！是諸衆生唵食蘇摩菩薩肉已，一切病患悉皆除滅。病既除差，復令衆生心得安樂，形無變易。是諸衆生身心安樂，展轉聲告遍贍部洲。來食肉已，病皆除愈，無有變易身心安樂。舍利子！爾時一切贍部洲中人民之類，若男若女童男童女，食菩薩肉病除愈者，於是菩薩深懷恩慧競自思惟：'是蘇摩者極有重恩，除我病苦，施我安樂，令無變易。我當云何施設供養酬斯厚澤？'作是念已，咸共集會詣俱盧大城蘇摩菩薩大身之所。既到彼已皆共圍繞，感戴其恩不能自勝。"説伽他曰：

> 仁爲舍宅爲救護，　　仁爲良醫妙藥者，
>
> 唯願哀憐垂教救，　　我等如何修供養？

"舍利子！我於爾時爲是大身，拔濟衆生如是病苦，知是無量諸衆生等銜我重恩歸依我已，便滅所現蘇摩大身，復帝釋形住衆生前，威光顯盛而告之曰：'卿等當知，若爲病苦由我身肉而得除差，卿等懷恩將思報者，卿等當知，我本不爲村城館邑王都國土田宅舍屋住處等事愍卿病苦行身肉施，我亦不爲金銀末尼琉璃真珠珂貝璧玉珊瑚等寶行身肉施，我亦不爲象馬牛羊放牧畜産行身肉施，我亦不爲婦人丈夫童男童女奴婢僕使行身肉施，我亦不爲肴膳飲食衣服臥具病緣醫藥及餘資蓄行身肉施，我亦不爲

園林池苑宮殿樓觀愍卿病苦行身肉施。卿等當知，我本所以愍卿病苦行身肉施，爲令衆生離不善業。卿等但能爲我永斷永離殺生之業、永斷永離不與取業、永斷永離欲邪行業，如是永斷永離虛誑語業、離間語業、粗惡語業、綺飾語業、貪欲瞋恚諸邪見業。卿等於此永斷離者，是爲利益，是爲報恩。'""舍利子！"爾時帝釋復爲大衆説伽他曰：

我非爲求珍寶聚，　　其量高廣等迷盧，

亦不爲求天玉女，　　及諸衣食床敷事。

欲奉蘇摩大身者，　　但當尊重同和合，

展轉慈心相敬視，　　專修淨妙十業道。

卿等當於十業道，　　但常和合堅防守，

是名大興法供養，　　菩薩非求世財故。

我不用諸世財寶，　　芳羞飲食妙衣服，

象馬車乘牛羊等，　　床敷婇女資生具。

卿等但共同和合，　　善持清淨十業道，

展轉發起大慈心，　　彼此熏修利義意。

"舍利子！爾時瞻部洲内無量衆人聞我説是勸發之言，感恩德故頂禮我足，皆悉受持十種清淨妙善業道。舍利子！我於爾時爲彼大衆廣宣正法示教贊喜，便隱天身不現於世。如是舍利子！我正憶念往昔世時瞻部洲中，所有人民食啖蘇摩菩薩肉者，從是已來，乃至無有一人墮於惡趣。彼命終已，皆生三十三天，宿業力故與戒俱生。舍利子！我於爾時復爲彼天隨其所應敷演法化示教贊喜，皆令安住聲聞乘中，或獨覺乘，或有安住阿耨多羅一切智乘。如是等衆聞我法故，或有已般涅槃、正般涅槃、當涅槃者。舍利子！汝觀如是安住法身菩薩摩訶薩行毗利耶波羅蜜多故，成就如是大神通力，成就如是大威德力，成就如是大勢之力，乃能但捨一身之慧，而大成熟無邊衆生皆住三乘得不退轉。"

爾時長老舍利子白佛言："世尊！云何菩薩摩訶薩行毗利耶波羅蜜多時，精勤修獲法身之相？唯然世尊！願爲解説。"

　　佛告舍利子："菩薩摩訶薩法身之相無生無死，堅固難壞猶如金剛，不可思議。而諸法身菩薩摩訶薩爲欲化度身壞衆生故現壞身，又欲化諸身不壞者現不壞身，然此法身圓成具足，非火所燒，非刀能割，如彼金剛堅固難壞。舍利子！安住法身菩薩摩訶薩行毗利耶波羅蜜多故，無倦精進非有功用，但以其身則能成熟無量衆生，不假其心思量分別，即此菩薩身自能知，了諸身相隨入自身真如法性。自身真如隨入諸法真如，諸法真如隨入自身真如。自身真如隨入諸佛真如，諸佛真如隨入自身真如。自身真如隨入去來現在真如，去來現在真如隨入自身真如。又過去真如不違未來真如，亦非未來真如違過去真如。又過去真如不違現在真如，亦非現在真如違過去真如。又未來真如不違過去真如，亦非過去真如違未來真如。又未來真如不違現在真如，亦非現在真如違未來真如。又現在真如不違過去真如，亦非過去真如違現在真如。又現在真如不違未來真如，亦非未來真如違現在真如。又去來現在真如即蘊界處真如，又蘊界處真如即染污清淨真如，又染污清淨真如即流轉寂滅真如，又流轉寂滅真如即加行真如，又加行真如即一切行真如。而一切行即是真如，而此真如即一切行。

　　"復次舍利子！夫真如者即是實性、即是如性，是非不如性、是不遠離性、是無發動性、是無嬈亂性、是不相違性、是無違靜性。又舍利子！夫真如者無所違靜，以無違靜名曰真如，然諸如來說名違靜。舍利子！真如說名隨順攝受。何因緣故如來乃說以爲違靜？舍利子！如來違於一切靜故。以是因緣，菩薩常現一切違靜。又諸如來本無違靜，亦未曾起。何以故？無違無靜說名如來，而常現諸色像違靜。非唯如來而有動亂，諸菩薩摩訶薩以如實智觀如來身，於如來身平等法性即觀自身平等法性，又於自身平等法性觀察如來平等法性，又於自身平等法性觀察諸身及以非身，於一切身及以非身觀察於彼不思議身。菩薩摩訶薩於緣生法了一切身，既了知已引攝法身。舍利子！菩薩摩訶薩當於引攝此法身時，我說是等便證法身。既得證已，又能示現蘊界處身，當知是身法身所顯。是故舍利子！一切衆生若有值遇如是法身，若見若聞即皆調伏，觸彼身時能令衆生作諸義利。

　　“復次舍利子！如時縛迦大醫王者,聚集衆藥和爲形相,變成女像妍質華美淨色悦人。由是醫王善能作故,妙善成就善加嚴飾。舍利子！是藥女像雖無思慮又無分別,而能示現往來住止,若坐若卧。諸有豪貴大王王子大臣長者及諸小王有病惱者,至時縛迦大醫王所。爾時醫王觀其所治,即以藥女賜爲仇匹。彼諸人等既蒙所惠,便執藥女暫身交觸,一切患苦自然消除,無病安樂無有變異。舍利子！此時縛迦大醫之王療治世間諸病妙智,餘有世醫無與等者。如是舍利子！法身所顯菩薩摩訶薩亦復如是,乃至一切衆生,若男若女童男童女,有貪恚癡熱惱病者,至菩薩所暫觸其身,一切病苦皆得消滅,又覺其身離諸熱惱。何以故？由諸菩薩摩訶薩本發大願善清淨故。

　　“復次舍利子！法身菩薩摩訶薩不由食摶食故身得安住。雖復了知一切飲食本無所有,愍衆生故而現受食,雖現食之情無耽著,於其自身未曾顧戀。何以故？法身之力無退無減,不以飲食安住其身。又舍利子！法身菩薩摩訶薩於諸生死雖可了知,而示現身有生有死。何以故？爲欲成熟諸衆生故,示現終盡,然此菩薩摩訶薩了知諸法無有終盡;示現有生,了知諸法無有起作;雖現生起,了知諸法畢竟無生。又此法身以法爲食,法力所持,依止於法本願力故,無有功用成熟衆生。舍利子！法身菩薩摩訶薩如是等相,皆由無倦精進修行毗利耶波羅蜜多故而便證入。”

　　爾時世尊欲重宣此義而説頌曰:

身如金剛不可損,　　　知時設化故現生,
毒惡刀火非燒害,　　　見燒害者所化衆。
有病則見爲良藥,　　　飢渴衆生見飲食,
以諸法性無分別,　　　法身無身一理證。
了知一法從緣生,　　　無摩納婆意生等,
衆緣有故苦綸運,　　　衆緣無故苦綸斷。
了色不堅如聚沫,　　　思惟諸受等浮泡,
想如熱時陽焰動,　　　芭蕉諸行應觀察。
如世善幻舞戲者,　　　刹那便現諸色像,

> 了知識用亦如是，　　智者於彼皆無顧。
> 知世財如箭離弦，　　復似電飛山水瀑，
> 暫聚還散類空雲，　　智者於彼皆無顧。
> 諸有都無有衆生，　　未曾不受天諸樂，
> 復墮地獄更貧苦，　　佛子觀已不求天。
> 彼心無依似遊空，　　非有非無離依止，
> 雖生諸有無生死，　　證無老死大我故。

"復次舍利子！無倦精進菩薩摩訶薩修行毗利耶波羅蜜多時，當應如是正心修學。舍利子！世間雖有諸醫充滿世界，不能了知三種大患。何以故？彼皆不善，又無智故，而不能識貪、瞋、癡等三種大患。舍利子！彼無智醫非唯不識三種大患，又不了知三大良藥對治三患。何等爲三？所謂不能了知貪欲大患，不淨良藥而爲對治。瞋恚大患，慈心良藥而爲對治。愚癡大患，緣起良藥而爲對治。舍利子！如是諸醫唯能療治一二別病，不能普治一切衆病；唯能暫治少時降損，非爲盡病畢竟除差。菩薩摩訶薩作如是念：'我今行毗利耶波羅蜜多故修菩薩道，豈當隨學如是諸醫？我當依隨諸佛世尊，善達諸法無上大醫之王，畢竟療治一切病者。是大醫王，我今隨從依憑修學。既修學已，我應普治一切病苦，豈當療治別別諸病？我應畢竟除衆病本，豈當暫差不除病本？'舍利子！是菩薩摩訶薩復作是念：'我應積集如是無上正法阿竭陀膏藥，當使一切衆生聞藥聲已，貪瞋癡等極重大患自然消滅。'是故舍利子！無倦精進菩薩摩訶薩行毗利耶波羅蜜多故，積集如是無上正法阿竭陀膏藥，塗傅一切有病衆生。不與聲聞獨覺法共，唯除如來無上大醫之王善達一切法者，以無上正法阿竭陀膏藥，遍塗所吹大法之螺，如是塗已便就吹之。其聲遍告三千大千世界，於中所有非一衆生聞是聲已，但使一切貪瞋癡等諸大重病皆悉除滅。如是除滅非一百衆生、非一千衆生、非一百千衆生，如是除滅非一拘胝衆生、非一百拘胝、千拘胝、百千拘胝衆生，如是除滅非一拘胝那庾多衆生、非一百拘胝那庾多、千拘胝那庾多、百千拘胝那庾多衆生，非一薑羯羅衆生。如是除滅乃至不可說不可說衆生所有三毒大患皆得除滅。

"復次舍利子！如大雪山中有大藥王名爲毗伽摩,若聞其聲,一切世間猛烈毒熱皆悉消滅。若藥所住百逾繕那,其威盛故,令諸惡毒皆無勢力。若以藥王塗大螺鼓,若擊若吹,其聲所及諸有衆生,或飲毒藥、或被毒螫、毒塗毒刺、衆毒惱者,但聞如是螺鼓之聲暫至於耳,一切諸毒皆得除滅。舍利子！如是毗伽摩大妙藥王,一切世醫皆不能識,唯除時縛迦大醫王者方知色性。如是舍利子！無倦精進菩薩摩訶薩亦復如是,行毗利耶波羅蜜多故,積集如是無上正法阿竭陀膏藥,不與聲聞獨覺法共,唯除如來無上正法大醫之王能滅衆生諸有病者,以無上正法阿竭陀膏藥用塗大法之螺,塗已吹之,聲告三千大千世界,其中所有一切衆生乃至不可説不可説等聞是聲已,貪瞋癡等諸重大患悉得寂滅無有遺餘。

"復次舍利子！如是無上正法阿竭陀膏藥,從於何所而來集此？舍利子！當知如是膏藥從大菩提法器中來。又舍利子！彼菩提器從何而來？當知從菩薩法財寶篋中來。又舍利子！如是菩薩寶篋從何而來？當知不異大菩薩藏法門中來。是故舍利子！無倦精進菩薩摩訶薩爲欲修行毗利耶波羅蜜多故,應極至誠尋求如是大菩薩藏法門經典,聽聞受持若讀若誦研究義理,廣爲衆生宣説開示。舍利子！汝又應知如是之相,吾今當説重顯其義。若諸無倦精進菩薩摩訶薩修行毗利耶波羅蜜多故,聞我説已,於是經典應極至誠尋究義理,爲他開示。

"舍利子！乃往古世過阿僧企耶劫廣大無量不可思議難可度量,乃至過是等數又復過是等量,當於爾時於此世界有佛出現,名赤蓮花勝如來、應、正等覺、明行圓滿、善逝、世間解、無上丈夫、調御士、天人師、佛、薄伽梵。舍利子！彼佛聲聞弟子一大集會,其數具滿八十拘胝,皆是大阿羅漢,諸漏已盡,乃至獲得諸心自在最勝波羅蜜。舍利子！彼佛壽量滿八十歲便般涅槃,正法住世經五百歲,像法住世亦五百歲,舍利流布。如我今者般涅槃後,供養舍利當流布相。

"舍利子！彼佛去世入涅槃後將滿百年,有一菩薩他方界終,生此世界大王之家。適初生已便唱是言:'奇哉！今者生非法處。'又作是言:'奇哉！今者生非法處。'如是唱已復作是言:'我於今者當行法行。我於今者當行法行。'爾時眾人皆生疑怪,以其所述同共號之,名爲法行。舍利子!
時法行王子漸漸長大,諸根成滿狀年二十,淨信捨家趣無上道。既出家
已,獨止幽閑空寂林中宴處静室。時虛空中有大天神來告之曰:'苾芻當
知,汝今若求如來佛果聲稱高遠尊上法者,但當勤學大菩薩藏微妙法門。
若未獲者勿捨精進,專志尋求無令不果。'舍利子!時法行苾芻從彼天神
聞斯語已,心大歡喜踴躍無量身意悦豫,即行尋訪菩薩藏法,躬詣村城王
都國邑乃至亭館,展轉尋求了無所得。爾時法行苾芻復更經歷往諸僧坊,
或見苾芻或苾芻尼,便至其所作如是言:'善哉仁者!何處當有大菩薩藏
微妙法門,菩薩摩訶薩依之修學,出生無量諸佛妙法?'彼便答言:'苾芻當
知,我初不聞何等名爲大菩薩藏微妙法門。我於今者因汝説故,方聞大菩
薩藏法門名字來入我耳。'舍利子!爾時法行苾芻重自思念:'如是法門諸
佛妙法,不應天神妄有所説。我於今者要當不捨勇猛精進,乃至未聞大菩
薩藏法門已來中無懈廢。'便更請問彼苾芻等:'赤蓮花勝如來般涅槃時,
焚身之地爲在何所?汝當示我此地方面,我當往彼行精進業。'彼苾芻等
即告之言:'苾芻當知,如是方面是薄伽梵赤蓮花勝如來焚身之地。'爾時
法行苾芻即往其所,到已頂禮右繞無數,卻退一面結加趺坐,一心攝念想
對彼佛,作是誓言:'我於此處結加趺坐,我若不從赤蓮花勝如來現前聽聞
大菩薩藏微妙法門者,要當不解此坐,不起此處。'舍利子!時法行王仙苾
芻精進堅固發如是誓,結加趺坐過七日已。東方世界有薄伽梵,名曰寶藏
如來、應、正等覺,爲法行王仙苾芻故,從彼而來現其身前,爲説開示八門
句法。因又告曰:'王仙苾芻!汝今當隨八門句法大菩薩藏微妙法門精勤
修行,則諸佛法不難得遂。'時王仙苾芻聞佛教已,精勤修習八門句法,於
後不久便得成就不可思議無上多聞。即從地起離本坐處,爲欲廣行毗利
耶波羅蜜多故,勇猛正勤往諸村城王都國邑乃至亭館,從一一處至一一
處,展轉宣説顯通如是大菩薩藏微妙法門滿六十歲。於如是時教化眾生,
天人等眾滿拘胝數,皆得安住於三乘中。

"舍利子!彼王仙苾芻化眾生已,臨命終時發如是言:'願我還生此佛
世界人趣之中,當修法行。'作是願已便就命終。以願力故,於此世界瞻部

洲中生居士家。彼初生日便唱是言:'我於今者當修法行。'又作是言:'我於今者當修法行。'爾時衆人因其所述爲立本號,還名法行。舍利子! 是法行童子形如八歲,淨信捨家趣無上道。出家不久,以宿習故,大菩薩藏微妙法門無上深義自然現前。法行芻安住如是大菩薩藏,六十歲中廣行法化。躬至村城王都國邑乃至亭館處處施化,爲諸衆生開示是法。於六十歲教化天人滿拘胝衆,於三乘中皆已成熟,或住聲聞乘、或住獨覺乘、或住無上大乘之者。

"舍利子! 彼時法行芻化衆生已,臨命終時復發是言:'願我未來當得爲人出家聞法。'既命終後,以願力故,於此世界瞻部洲中生於王家。彼初生日,於上空中天神唱言:'此衆生界,法勝菩薩出現於世。'又唱是言:'此衆生界,法勝菩薩出現於世。'爾時衆人聞天告已,便號王子以爲法勝。舍利子! 法勝王子如是漸漸諸根成熟,壯年二十淨信捨家趣於非家。既出家已,衆人便號法勝芻。舍利子! 法勝芻大念慧力之所持故,大菩薩藏微妙法門自然現前,精勤修習能善永斷衆生疑惑。六十年中躬事巡化,遊歷村城王都國邑乃至亭館,爲諸衆生開示是法。於六十歲,成熟拘胝諸天人衆,悉令安住阿耨多羅三藐三菩提心。

"舍利子! 法勝芻將欲命終復發是言:'願我來世生人道中,正信出家。'適發願已便就命終,還生此界瞻部洲中大富長者家。彼初生時,復有天神大聲唱令:'於此世界,得念菩薩今日出現。'如是再返。爾時衆人聞天告已,皆共號之名爲得念。舍利子! 是得念菩薩諸根成滿,壯如二十盛年之者,淨信捨家趣於非家。才出家已,宿習力故,便得成就不可思議最勝無上不忘總持多聞具足。六十年中身行化導,巡歷村城王都國邑乃至亭館,處處流化宣說正法,斷衆生疑,開示如是大菩薩藏微妙法門。過六十歲,安置天人滿一拘胝,或住聲聞、或住獨覺、或復安住無上佛智。舍利子! 是得念菩薩化衆生已,臨命終時復發是言:'願我未來生於人中,正信出家。'彼命終已,還生此界大王之家。初生之時,復有天神大聲唱告:'此有情界,依法菩薩出現於世。'如是再返。爾時衆人聞天告已,便名王子以爲依法。舍利子! 依法菩薩如是漸漸諸根成滿,壯二十歲以信捨家趣於非家。才出家已，宿習力故，便得成就無間斷念念力持故，大菩薩藏微妙法門自然現前。舍利子！依法菩薩而作苾芻，五十年中遊行教化，從一聚落至一聚落，從一村墟至一村墟，從城至城，從館至館，從國至國，從一王都至一王都，爲諸衆生開示如是菩薩藏法，斷除疑惑。於五十歲令四拘胝諸天人衆，住聲聞乘、住獨覺乘、或住無上諸佛大乘。

"舍利子！是依法菩薩摩訶薩從是命終，生於東方寶藏如來佛之世界。初生之時，即得成就不可思議無上多聞，教化示導六十八拘胝諸天人衆，皆得成滿安住三乘。舍利子！是依法菩薩摩訶薩，於彼寶藏如來法中化衆生已，命終還來於此世界赤蓮花勝佛土瞻部洲中，生大王家。當初生時，彼所教化六十八拘胝天人大衆，皆成熟者，於彼命終亦隨菩薩生此佛土，與是菩薩而爲眷屬。舍利子！當於爾時，此方世界有佛出世，名最高行如來、應、正等覺、明行圓滿、善逝、世間解、無上丈夫、調御士、天人師、佛、薄伽梵。其佛壽命滿足八十拘胝歲，爾時人壽量與佛等。舍利子！最高行如來、應、正等覺處世説法，一一歲中有一大會，一一大會皆有八十拘胝諸聲聞衆。其佛凡有八十拘胝聲聞大會，純是大阿羅漢。爾時菩薩爲王子時名曰勇施，成就多聞聰睿勝觀，與其眷屬六十八拘胝，如是大衆前後圍繞，往詣薄伽梵最高行如來、應、正等覺所住之處。既到彼已頂禮佛足，繞無數匝卻坐一面。

"舍利子！爾時最高行如來了達勇施王子增上信樂，即便開示本行相應微妙勝法。時勇施王子聞佛開示如是法已，豁然意解得清淨信。心清淨故，即與六十八拘胝眷屬以信捨家趣於非家。既出家已，盡其壽量淨修梵行。舍利子！時勇施王子彼佛法中精進經行於菩薩道，其心將證無上菩提。時最高行如來便爲授記，告諸大衆：'今此苾芻勇施菩薩摩訶薩者，次我滅後，當證阿耨多羅三藐三菩提，出現世間，名大精進如來、應、正等覺、明行圓滿、善逝、世間解、無上丈夫、調御士、天人師、佛、薄伽梵。'舍利子！是最高行如來授彼記已便般涅槃。勇施菩薩見佛滅度戀慕增感，恭敬供養如來舍利，廣起靈廟利益衆生，住持正法開化無量。其後不久，證得阿耨多羅三藐三菩提，名大精進。舍利子！是大精進如來壽量半劫，其佛説法無量大會,一一集會有十二那庾多聲聞弟子,純阿羅漢。

"舍利子！如是無倦精進菩薩摩訶薩爲欲修行毗利耶波羅蜜多故,鄭重殷勤尋求如是大菩薩藏微妙法門,聽聞受持,若讀若誦,思惟研究,開析義理,廣爲含生宣示演説,唯功不已遂至成佛,名大精進如來、應、正等覺,出興於世,廣宣法化饒益衆生,如上所説。是故舍利子！若有善男子善女人安住大乘微妙正行,欲疾證於阿耨多羅三藐三菩提者,應當奮發勇猛精進,鄭重殷勤尋求如是菩薩藏法,即得奉遇恭敬聽受,乃至廣爲含生宣説開闡。何以故？舍利子！勇猛精進菩薩摩訶薩必因尋求大菩薩藏微妙法門,方得成滿毗利耶波羅蜜多故。舍利子！是名菩薩摩訶薩勇猛精進勤修毗利耶波羅蜜多,爲衆生故行菩薩行。若諸菩薩摩訶薩精進修行是菩薩行,一切衆魔魔民天子於此菩薩不能嬈亂,又不爲彼異道他論所能摧屈。"

【《大寶積經》卷第四十九　大唐三藏法師玄奘奉詔譯】

十、菩薩藏會第十二之十六
静慮波羅蜜多品第十之一

"復次舍利子！云何名爲菩薩摩訶薩精勤修學静慮波羅蜜多，爲衆生故行菩薩行？舍利子！菩薩摩訶薩爲衆生故，具足勤修四種静慮。何謂爲四？舍利子！菩薩摩訶薩離欲、離惡不善法故，有尋有伺離生喜樂，是名菩薩安住第一具足静慮。又舍利子！菩薩摩訶薩滅尋伺故，内正等淨心一趣體，無尋無伺定生喜樂，是名菩薩安住第二具足静慮。又舍利子！菩薩摩訶薩爲離喜故便住於捨，正念正知身正受樂，衆聖所説有捨有念樂住離喜，是名菩薩安住第三具足静慮。又舍利子！菩薩摩訶薩爲斷樂故，斷苦爲先及憂喜没，不苦不樂捨念清淨，是名菩薩安住第四具足静慮。舍利子！菩薩摩訶薩於是静慮，定心清白無有穢濁，離隨煩惱不捨深定，而能發起一切静慮種種作業，是名菩薩摩訶薩依静慮波羅蜜多故勤修如是四種静慮。

"復次舍利子！云何菩薩摩訶薩静慮作業？所謂菩薩成就神通智業圓滿。舍利子！云何名爲菩薩神通？復以何等而爲智業？舍利子！言通智者，菩薩摩訶薩成就通智具足五種。何等爲五？所謂天眼作證智通、天耳作證智通、他心智作證智通、宿住憶念作證智通、如意足差別作證智通。舍利子！是名菩薩摩訶薩五種神通，菩薩於中具足成就智業圓滿。

"復次舍利子！云何菩薩摩訶薩天眼性作證智通？云何神通智業圓滿？舍利子！菩薩摩訶薩修行静慮波羅蜜多故，得是天眼智業圓滿。如是定心清淨明白，又無濁穢離隨煩惱故，於含識死生作證智神通，其心善趣入。舍利子！如是菩薩摩訶薩天眼清淨，明亮顯照超過於人，觀諸含識若死若生、好色惡色、善趣惡趣、若劣若勝，隨諸衆生業所積集悉能了知。如是以淨天眼，見諸衆生成就身惡行、成就語惡行、成就意惡行、誹謗賢聖發起邪見，彼由邪見業受因故，身壞終後墮於惡趣生地獄中。如是衆生成就身妙行、成就語妙行、成就意妙行、不謗賢聖、發起正見，彼以正見業受因故，身壞命終往生善趣天世界中。舍利子！是名菩薩摩訶薩天眼清淨超過於人，隨諸衆生業所積集悉能明見。

"復次舍利子！菩薩摩訶薩修行靜慮波羅蜜多故，所獲天眼明徹最勝，過諸含生所得天眼。舍利子！由是菩薩所獲天眼極善明朗，徹視顯現所有色相，若粗若細、若勝若劣、若遠若近，如是諸境皆對目前悉能明見。又舍利子！菩薩摩訶薩由是眼故，一切有障諸色像等，經菩薩眼徹視明朗皆無障礙。是故舍利子！此菩薩摩訶薩所獲天眼，於諸天中爲最爲勝。如是一切那伽、一切藥叉、健達縛、阿素洛、有學無學及阿羅漢、諸獨覺等所得之眼，菩薩於彼所得天眼作證智通，爲最爲上、爲尊爲勝、爲妙爲明，清徹第一。

"復次舍利子！菩薩摩訶薩修行靜慮波羅蜜多故，所獲天眼諸出離道之所發生。以是天眼極善明瞭徹視顯現故，所有十方無量無邊諸世界中，粗細勝劣、若近若遠，一切諸色如實明見。又以是眼於彼十方無邊無際諸世界中，所有含識生一切趣，除無色界，彼一切類皆能如實了知明見。又以是眼善知衆生所有業因及業果報，又善了知彼諸衆生所有諸根及諸根因、諸根差別，悉能分別如實了知。

"復次舍利子！菩薩摩訶薩修行靜慮波羅蜜多故，又以是眼能觀十方無量無邊諸佛國土功德莊嚴，皆對目前悉能現見。既現見已，清淨修治所行戒聚，即以迴向所成佛土清淨功德之所莊嚴。舍利子！是名菩薩摩訶薩具足天眼安住尸羅圓滿迴向。又舍利子！菩薩摩訶薩天眼清朗超過於人，如實明見一切諸佛及菩薩僧。既現見已，彼諸正士所有軌則，景行根念、正智威儀、聖法解脫智，住證得總持勝智、巧妙智慧、方便善權，趣入如是一切勝妙法行,菩薩悉能如實明見,便志勤修速令圓滿。

　　“復次舍利子!菩薩摩訶薩修行静慮波羅蜜多故,所得天眼清淨超人,無量功德之所成就。何以故?是眼無障,於一切色悉能見故;是眼無著,於一切色無執著故;是眼解脫,解脫一切隨眠見故;是眼清淨,性清徹故;是眼無依,以諸境界無所依故;是眼無受,煩惱隨眠不執受故;是眼無翳,無疑惑故;是眼無縛,離障法故;是眼明瞭,證法明故;是眼依智,行非識故;是眼無染無恚無癡,遠離一切煩惱濁故;是眼隨順勝決擇分,以爲聖行之所根故;是眼無礙相,於一切衆生等放神光故;是眼清朗,離聚亂故;是眼無垢,性皎淨故。又舍利子!是菩薩眼能引佛眼,性如虛空無所退捨。是菩薩眼無著無縛,於諸愛恚皆悉遠離。是菩薩眼行義境界,等行正法清淨智道,於諸衆生善能安住高廣大悲。是菩薩眼於來求者無所恚礙,是菩薩眼於犯戒者曾無譏毀,是菩薩眼於諸愆失能隨守護,是菩薩眼於彼懶惰能施策進,是菩薩眼於心亂者示静慮分,是菩薩眼於惡慧者施正慧眼,是菩薩眼行邪道者開示正路,是菩薩眼於彼下劣信樂衆生示現如來廣大佛法,是菩薩眼畢竟能趣一切智智,高廣神通妙覺現前,乃至道場無有退轉。舍利子!是名菩薩摩訶薩依静慮波羅蜜多故獲是天眼神通作證智業圓滿。

　　“復次舍利子!云何菩薩摩訶薩修行静慮波羅蜜多故獲是天耳性作證智神通?復以何等神通智業具足圓滿?舍利子!菩薩摩訶薩以依静慮波羅蜜多故,勤修獲得是天耳性,徹聽清淨超過於人,有二種聲,人非人等若遠若近,皆聞顯現。舍利子!是菩薩摩訶薩以天耳性,能聞十方無量無邊諸世界中一切聲響,所謂天聲、龍聲、藥叉聲、健達縛聲、阿素洛聲、揭路茶聲、緊捺洛聲、牟呼洛伽聲、人非人聲,及聞賢聖説法之聲、如來聲、獨覺聲、菩薩聲、聲聞聲。如是等一切聲響,菩薩摩訶薩以天耳性徹聽之力悉現聞知。又能了知諸弊惡趣所有音聲,地獄聲、畜生聲、焰魔界聲。如是等無量無邊一切聲響,菩薩摩訶薩以天耳性徹聽之力悉能現聞。又諸小蟲蚊虻蠅蟻,乃至微細有命之類隨所發聲,菩薩摩訶薩以天耳性悉能現聞。又舍利子!菩薩摩訶薩天耳清淨,若諸衆生於心所緣起善不善發生語業,以天耳性悉能了知。又能了知,或有諸業善因攝受,或有諸業不善因攝受,如是一切悉能了知。菩薩摩訶薩又能了知,或有語業貪隨眠故瞋恚發起,或有語業瞋隨眠故貪欲發起。又能了知,或有語業貪瞋隨眠故愚癡發起,或有語業癡隨眠故貪瞋發起。又能了知,或有語業貪隨眠故貪欲發起,或有語業瞋隨眠故瞋恚發起,或有語業癡隨眠故愚癡發起。如是一切隨有言說音聲所顯,悉能了知。又能了知,或有語業意解清淨方便染礙,或有語業方便清淨意解染礙,如是一切所有音聲,菩薩摩訶薩以無礙天耳大神通智,隨諸遠近皆如實知。

"復次舍利子!菩薩摩訶薩修行靜慮波羅蜜多故,天耳通智清淨明達,十方世界聖及非聖所有音聲皆悉聽聞,復能分別無有錯謬。雖聞聽已,於聖音聲不起欣愛,於非聖聲不生嫌嫉。又於聖聲聽聞知故獲得大慈,於非聖聲聽聞知故獲得大悲。又十方諸聲一時無量,菩薩摩訶薩以前後際分齊智力,天耳無亂皆如實知。

"復次舍利子!菩薩摩訶薩以淨天耳周廣聽聞,盡於十方一切世界如來遊化剎土之處,佛薄伽梵說法言音悉皆聽聞。既得聞已念器不忘,一切能持不令流散,如處器中堅住不溢。如是舍利子!菩薩摩訶薩聞如來聲亦復如是,悉能了知堅不堅法。又舍利子!是菩薩摩訶薩為聽法故,非於一佛所說法音而偏領受、於第二佛所說法音纏縛障礙。何以故?菩薩摩訶薩聞法無厭故?雖復前後一切如來所說法音?皆能任持無有錯謬。又菩薩摩訶薩以淨天耳?悉能聽聞十方世界善不善聲。此諸聲中有所顯說時非時語,如是無量皆如實知。舍利子!何等名為時非時語?舍利子!諸佛菩薩善知時宜,或時為眾廣說法要,或時為眾略說法要。菩薩摩訶薩如是諸聲皆悉聞已,以一音聲隨其所應廣略開演。又舍利子!菩薩摩訶薩能善了知,或有實可記法,若為說者恐惱他故而不記別;或實非可記法謂能引無義,菩薩摩訶薩妙能隨順利他方便無量善巧,自淨其心而便授記。

"復次舍利子!菩薩摩訶薩修行靜慮波羅蜜多故,天耳清淨徹聽之力知諸聲相,或時具有如是相聲應須隨喜而聽聞者,菩薩摩訶薩即便聽聞如是相聲。或時具有如是相聲不應隨喜而聽聞者，菩薩摩訶薩便不聽聞如是相聲。又舍利子！菩薩摩訶薩若處大眾說法之時，眾生耳識不能清淨，便以神力加被於彼，令其解了說法音聲。若諸眾生於一切法皆欲領解，便令得聞如是法聲。若諸眾生不欣諸法既無欲解，便令不聞如是法聲。

"復次舍利子！菩薩摩訶薩修行靜慮波羅蜜多故，獲得如是天耳通智，所聞音響無量無邊。又舍利子！天耳性者，能令諸法皆明淨故。天耳性者，能令智慧性清徹故。天耳性者，能令菩薩自清淨故。天耳性者，能令眾生性清淨故。天耳性者極善審察，如其文字所說音詞而能聽聞明瞭通暢，又能悟入於五趣生所有含識種種言詞音聲差別，菩薩悉能同其類音而為說法。舍利子！是菩薩摩訶薩天耳性通，唯能趣向如來天耳，必定不趣諸餘乘行。舍利子！是名菩薩摩訶薩修行靜慮波羅蜜多故獲天耳性徹聽神通智業圓滿。

"復次舍利子！云何菩薩摩訶薩修行靜慮波羅蜜多故獲是他心作證智神通？何等復名他心神通智業圓滿？舍利子！菩薩摩訶薩以是清淨他心智通，明瞭所及盡於十方諸世界中所有含識無量心相，菩薩悉能如實了知。若諸眾生前際心相、後際心相、現在心相，菩薩於中皆能曉了。舍利子！是菩薩摩訶薩具足如是他心通智故，以過去心智，悉能解入一切含識因及隨因差別之心。何以故？由能了知如是眾生，是廣大因所生心因；如是眾生，是中品因所生心因；如是眾生，是下劣因所生心因；如是一切皆如實知。菩薩摩訶薩又能了知，如是眾生有施欲解相應根，如是眾生有戒欲解相應根，如是眾生有忍欲解相應根，如是眾生有精進欲解相應根，如是眾生有靜慮欲解相應根，如是眾生有智慧欲解相應根。如是一切諸根相應，菩薩悉能如實明瞭。菩薩摩訶薩又能了知，如是眾生有慈行根，如是眾生有悲行根，如是眾生有喜行根，如是眾生有捨行根，悉能了知如實分別。菩薩摩訶薩又能了知，如是眾生有佛乘行根，如是眾生有獨覺乘行根，如是眾生有聲聞乘行根，如是一切皆能了知。菩薩摩訶薩又如實知，如是眾生有強因力，趣向大乘善因成就。如是眾生有強緣力，趣向大乘緣因成就。皆能如實分別了知。菩薩摩訶薩又如實知，如是眾生有強因力，成就趣向大乘善因，然此衆生由方便因生下賤家。如是衆生有強方便力，雖不成就廣大善因，然此衆生更殖因力生廣大家。如是一切皆能了知。菩薩摩訶薩又能了知，如是衆生欲解清淨非方便淨，如是衆生方便清淨非欲解淨，如是衆生欲解清淨方便清淨，如是衆生非欲解淨非方便淨。舍利子！菩薩摩訶薩以是通力故，如是一切皆能了知。

"復次舍利子！菩薩摩訶薩修行靜慮波羅蜜多時，獲是他心通智故，所有一切衆生前際因根心行智及隨諸行說法智，如是皆名菩薩摩訶薩他心通智。舍利子，菩薩摩訶薩具是智故，以彼後際心入智通悉能了知，如是衆生於未來世當有戒因，於現在世而有施因。如是衆生於未來世當有施因，於現在世而有戒因。如是衆生於未來世當有精進因，於現在世而有忍因。如是衆生於未來世當有忍因，於現在世有精進因。如是衆生於未來世當有慧因，於現在世有靜慮因。如是衆生於未來世當有靜慮因，於現在世而有慧因。如是一切無量因行，悉如實知明瞭通達。菩薩摩訶薩又能了知，如是衆生於未來世當有出世行因，於現在世而有世間行因。如是衆生於未來世當有世間行因，於現在世而有出世行因。如是一切悉能了知。菩薩摩訶薩又能了知，如是衆生於未來世當有大乘因所生根，於現在世有獨覺乘因所生根。如是衆生於未來世當有獨覺乘因所生根，於現在世而有大乘因所生根。如是衆生於未來世當有大乘因所生根，於現在世有聲聞乘因所生根。如是衆生於未來世當有聲聞乘因所生根，於現在世而有大乘因所生根。如是衆生於未來世當有獨覺乘因所生根，於現在世有聲聞乘因所生根。如是衆生於未來世當有聲聞乘因所生根，於現在世有獨覺乘因所生根。如是舍利子！如前所說諸有因行及以有緣，於未來世一切衆生當有是根，菩薩摩訶薩以他心智通力故，若因若行若緣，皆能如實分別了知。舍利子！當知是諸菩薩摩訶薩於未成熟諸衆生所，發起正勤方便化導不生厭倦，隨彼衆生心能悟入爲說正法。何以故？菩薩摩訶薩善知如是正法器已，即便爲說如是正法，說法之業常無差失，是故皆號之爲不虛說法者。

"復次舍利子！菩薩摩訶薩修行靜慮波羅蜜多故，獲是他心智業通證，於現在世一切衆生心及心法次第生起，如是無量悉皆了知。舍利子！云何名爲心及心法次第轉起而能知耶？舍利子！菩薩摩訶薩於諸含識有貪心如實知有貪心、離貪心如實知離貪心、有瞋心如實知有瞋心、離瞋心如實知離瞋心、有癡心如實知有癡心、離癡心如實知離癡心。又復能知，由彼如是如是諸煩惱惑，覆障如是如是諸衆生心。菩薩摩訶薩皆於是等如實了知，既了知已隨彼如是諸煩惱等，出離正法而爲宣說。

"復次舍利子！菩薩摩訶薩既具如是他心通智，將欲說法往大衆中，先應觀察一切大衆諸根行等差別之相。既了知已，如彼衆生所應行行而爲說法。舍利子！當知是菩薩摩訶薩以了知衆生根心勝劣之智，能悉了知衆生根心勝劣之性。舍利子，當知如是菩薩不妄輕毀於自心相及他心相。何以故？由此菩薩摩訶薩以智簡集心相續故，如是以念簡集、以悟簡集、以趣簡集、以慧簡集、以覺簡集，心相續故，離煩惱習、相續斷絶、清淨無垢明徹無染無濁無躁，擇照諸法，隨入衆生一切心行，如是簡集心相續故。舍利子！菩薩摩訶薩若能悟入如是一切心法智者，是名菩薩摩訶薩修行靜慮波羅蜜多故獲是他心神通智業圓滿成就之法。

"復次舍利子！云何菩薩摩訶薩修行靜慮波羅蜜多時，獲得宿住隨念作證智神通智業圓滿？舍利子！菩薩摩訶薩以具如是宿住隨念之智力故，盡於十方遍周世界所有衆生，非一種種諸宿住事悉能隨念。如是一生十生、百生千生、若百千生，非一百生、非一千生、非一百千生，如是次第皆能了知。菩薩摩訶薩又能了知，壞劫成劫若成壞劫、非一壞劫、非一成劫、非一成壞劫，如是無量皆能了知。菩薩摩訶薩又知如是衆生，曾於彼處、有如是名、有如是性、如是種類、如是色相、如是狀貌、如是形像、如是飲食、如是久住，受如是等苦樂之事，菩薩摩訶薩以宿住智皆能隨念。又能了知如是衆生，此處命終彼處受生、彼處命終此處受生，如是此彼命終此彼受生，若自若他如是一切所有行相、所有處所，非一種種諸宿住事，菩薩摩訶薩悉能隨念分別了知。

"復次舍利子！是菩薩摩訶薩以依靜慮波羅蜜多故，宿住念力善能隨念，前際所有自宿住事，悉能了知又能隨念。前際所有他諸有情，他數取趣所受非一無量種種諸宿住事,皆能隨念而得知之。菩薩摩訶薩又能隨念前際因生自善根因,又能隨念一切含識前際因生他善根因,如是一切隨念了知。舍利子!是菩薩摩訶薩宿住智力無量方便,以自善根回向菩提,能令眾生各自憶識所有善根,又令眾生於菩提心勤行攝受,如是一切隨念能知。又能隨念先世所有諸苦樂因,善知此因皆趣無常苦無我等。舍利子!是菩薩摩訶薩既知是已,於菩薩行無色憍逸、無財憍逸、無眷屬憍逸、無自在憍逸、無有希求轉輪聖王憍逸、無有希求帝釋天主憍逸、無有希求梵世天王憍逸、無有希求護世天王憍逸、無有希求諸處受生樂著憍逸、無有希求諸欲之王富樂憍逸,唯除為欲成熟眾生便以願力故受諸有。舍利子!如是菩薩摩訶薩了知一切皆趣無常苦無我故,於過去世煩惱諸行善能訶責輕毀厭惡,於現在世更不容納如是煩惱,乃至命難重苦因緣,終不造作不善之法及諸惡業。舍利子!是菩薩摩訶薩以先所集一切善根,皆悉回向阿耨多羅三藐三菩提,令其增廣現在所集諸善根等,為欲攝受一切眾生,遠離一切不平等回向故。是菩薩摩訶薩具如是等諸善根已,紹三寶種令不斷絕,皆為回向一切智智。舍利子!當知菩薩摩訶薩念定之力,乃能如是成就無量微妙善法。

"復次舍利子!菩薩摩訶薩修行靜慮波羅蜜多故,獲是宿住妙緣隨念,極善安住住法界故。如是隨念堅固不動,方便善巧簡擇集故。如是隨念無有掉亂,已善修治靜慮業故。如是隨念無有躁擾,妙奢摩他善住持故。如是隨念無諸迷謬,毗鉢舍那善攝受故。如是隨念性無魯樸,善證清淨現妙智故。如是隨念能善憶持,久遠諸念無忘失故。如是隨念大寶伏藏,福德資糧善積集故。如是隨念不隨於他,智慧資糧善積集故。如是隨念已到彼岸,諸度資糧善積集故。如是舍利子!當知無量無邊諸妙善法,皆由念力所任持故,於過去世及現在世發起憶念無忘失法。舍利子!是名菩薩摩訶薩依靜慮波羅蜜多故獲是宿住神通成就具足智業圓滿。

"復次舍利子!云何菩薩摩訶薩如意足作證智神通?何等復名如意足通智業圓滿?舍利子!菩薩摩訶薩依靜慮波羅蜜多故,獲是欲三摩地斷行成就修如意足,如是勤心觀三摩地斷行成就修如意足。舍利子!是菩薩摩訶薩依如是等欲勤心觀助發之法,極善修治極善成立自在轉故,能善修習四如意足。舍利子!菩薩摩訶薩成就四種如意足已,隨其願欲如意神通證得現前,能示非一種種神變。菩薩摩訶薩雖現無量神通變化,皆爲度脫諸衆生故而修習之。舍利子!是諸衆生應見如是神通變化受調伏者,菩薩摩訶薩隨彼所應即便顯示如是神通無量變化,或現色相,或現威力,或冥加被,衆生因是而從度脫。

"復次舍利子!云何菩薩摩訶薩如意足通現諸色相調伏衆生?舍利子!是菩薩摩訶薩觀諸衆生由如是等諸色像現,若見若聞,方從調伏。菩薩即便隨其所念現斯色像,或現如來色像,或現獨覺色像,或現聲聞色像,或現天帝色像,或現梵王色像,或現護世天王色像,或現轉輪聖王色像,如是等諸餘色像,菩薩摩訶薩隨所化度皆能示現。乃至由現畜生色像,及餘一切而調伏者,即便示現如是色像,爲諸衆生宣説正法。

"復次舍利子!云何菩薩摩訶薩如意足通現諸威力?舍利子!菩薩摩訶薩觀諸衆生力增上慢忿恚憍逸極懷深重,由如是力得調伏者,菩薩摩訶薩隨其所應,便爲示現如是神力,或現摩訶諾伽那力,或現那羅延力四分之一,或現那羅延力全分之半,或現那羅延力具足全分,如是乃至漸致兼倍,令彼衆生調伏化度。舍利子!菩薩摩訶薩以静慮波羅蜜多如意足神通力故,能以二指舉蘇迷盧最大山王輕轉自在,猶如取一阿末羅果。復以山王擲置他方無邊世界。舍利子!如此山王舉高一十六萬八千逾繕那,量廣八萬四千逾繕那量,四寶所成高廣第一。由是菩薩住如意足,雖擲異方,於菩薩力無損無減。又舍利子!菩薩摩訶薩住如意足故,又能以此三千大千世界,如是縱廣盡其際量,從水輪聚上至有頂,擎置掌中住經一劫,現諸威儀無有妨礙。舍利子!如是無量不可思議,菩薩摩訶薩悉能隨應示現神變。舍利子,菩薩摩訶薩化現成就如是大力,爲令力增上慢忿恚憍逸極重衆生見聞菩薩顯現神變,所有恃力懷慢忿恚憍逸悉皆摧滅。菩薩了知既調伏已,隨其所應爲説法要。

"復次舍利子!云何菩薩摩訶薩證得如意足通加被之智?舍利子!菩薩摩訶薩即以如是加被智力隨所加念即便成就。舍利子!菩薩摩訶薩若欲加念深廣大海使如牛迹,即如其念令是大海量如牛迹。又欲加念微淺牛迹猶如大海,即如其念令是牛迹量同大海。又舍利子！菩薩摩訶薩若欲加念劫燒大火令成水聚,即如其念便成水聚。加念水災令成火災,即如其念火災便起。舍利子！以要言之,一切加念神足之門,菩薩摩訶薩隨念加之皆得成就。又舍利子！菩薩摩訶薩若有加念下中上法互相轉易,即隨其念皆得成就。又舍利子！菩薩摩訶薩凡所加念神通被物,貞固難壞不可轉變,一切世間無有能令搖動隱沒。若沙門若婆羅門、諸天帝釋、魔王梵王及餘世間,皆無有能如法搖動及隱沒者,唯除法主諸佛世尊。舍利子！當知是菩薩摩訶薩以如是等加念持力,但爲尊重種種廣大奇特變現諸衆生等,爲宣正法故現威神。復次舍利子！菩薩摩訶薩修行靜慮波羅蜜多故,獲得如是如意神足無退自在,超過諸魔煩惱境界,趣入一切諸佛境界。是諸衆生不惱方便一切善根資糧積集,一切魔王及魔軍衆諸威德天不能遮斷。舍利子！是名菩薩摩訶薩依靜慮波羅蜜多故獲是如意足作證神通智業圓滿。

"復次舍利子！云何菩薩摩訶薩依靜慮波羅蜜多故得是神通？此神通者何等義理？復以何等而名爲智？舍利子！菩薩摩訶薩若觀色像名曰神通,若能了知色像盡法而不證盡是名爲智。又舍利子！若能聽聞一切聲響是名神通,若能了知聲響前際本不可說是名爲智。又舍利子！若能了達衆生心行是名神通,若能了知心性寂滅不證彼滅是名爲智。又舍利子！若能隨念過去邊際是名神通,若能了知三世無礙是名爲智。又舍利子！於諸佛土若往若來是名神通,若知國土等虛空相是名爲智。又舍利子！了法興起故名爲神通,觀法平等是名爲智。又舍利子！明達諸世間故名神通,不雜諸世間是名爲智。又舍利子！威勢映奪一切釋梵護世諸天故名神通,了知一切聲聞緣覺其證下劣是名爲智。舍利子！諸如是等若通若智,其德無量不可思議,是名菩薩摩訶薩依靜慮波羅蜜多故精勤獲得如是神通智業圓滿。

"復次舍利子！菩薩摩訶薩依靜慮波羅蜜多故,證得無邊深妙靜定。何以故？舍利子！菩薩摩訶薩乃至爾所無數煩惱積集心捨,菩薩於彼亦有爾所無數静慮資糧功德安住其心。又舍利子！菩薩摩訶薩乃至爾所一切衆生，以煩惱心生諸散亂，菩薩於彼亦應積集爾所静慮資糧功德。舍利子！是名菩薩摩訶薩所證静慮無量無邊皆由静慮波羅蜜多之所發起。復次舍利子！菩薩摩訶薩所證之定極善深妙，菩薩應時安住於中平等引攝，是處説名三摩呬多。舍利子！云何名爲平等引攝？舍利子！三摩呬多者，引攝有情平等之性，故名此定三摩呬多。舍利子！三摩呬多者，引攝其心平等性故。又三摩呬多者，引攝欲解平等性故。又三摩呬多者，引攝方便平等性故。又三摩呬多者，引攝增上欲解平等性故。又三摩呬多者，引攝拖那平等性故，又能引攝尸羅、羼底、毗利耶、静慮、般羅若平等性故。又三摩呬多者，引攝一切諸法平等性故。舍利子！是名菩薩摩訶薩三摩呬多，深妙静慮引攝平等諸法性故。

"復次舍利子！菩薩摩訶薩依静慮波羅蜜多故，所獲静慮微密深妙唯智能入，亦得名爲三摩半那。舍利子！何等名爲三摩半那？舍利子！如是妙定等諸法性。所以者何？若菩提平等即是一切有情平等，若一切有情平等即是諸法平等，若能平等證入是平等性，是則名爲三摩半那。又舍利子！若空性平等即諸法平等，若能證入是平等性，是則名爲三摩半那。如是無相無願及以無行性皆平等，即諸法平等，若能證入是平等性，是則名爲三摩半那。又舍利子！若心性平等即諸法平等，若能證入是平等性，是則名爲三摩半那。舍利子！是名菩薩摩訶薩獲是静慮三摩半那平等之性皆因静慮波羅蜜多故。

"復次舍利子！菩薩摩訶薩依静慮波羅蜜多故，獲是平等微妙静慮，於諸含識有恩無恩，皆生平等心無簡約。是故菩薩，等心於地、等心於水、等心於火、等心於風、等心虛空，無有高下亦無委屈，安住善住證無動搖，於諸威儀心恒在定，又不分別所住威儀。心性純熟樂處深定，不掉不擧無有飄轉，遠諸愚鈍言無雜亂，知義知法善識諸時，所謂迦羅吠羅及三摩耶，巧能隨順一切世間，而與世間性不相雜，超越世間利等八法，諸煩惱惑不能染污。雜憒鬧處遠於所行，唯常安止平等法性，不捨深定而現世間一切作業。舍利子！是名菩薩摩訶薩依静慮波羅蜜多故證入如是無量功德，當知皆是妙慧方便之所發起。

"復次舍利子！云何菩薩摩訶薩依静慮波羅蜜多故證是妙慧及以方便？舍利子！菩薩摩訶薩以大悲力係心於境爲度衆生，是名方便。證入寂静最極寂静，是名爲慧。又舍利子！若能證入佛智無礙，是名方便。無有一法而可慮知，是名爲慧。又舍利子！若能證入諸法攝觀，是名方便。若於法性無雜思惟，是名爲慧。又舍利子！平等證入佛身莊嚴而現在前，是名方便。觀察法身性無處所，是名爲慧。又舍利子！平等證入憶念諸佛所演言詞梵音聲等，是名方便。觀察法性不可言説，是名爲慧。又舍利子！平等證入其心安住金剛喻定，是名方便。念無散亂觀察法性，是名爲慧。又舍利子！若如是定安住本願成熟衆生，是爲方便。觀察衆生皆無我性，是名爲慧。又舍利子！若定緣彼增上境界發起一切增上善根，是名方便。若能觀察無根無住，是名爲慧。又舍利子！若定修治佛土現前，是名方便。觀察國土與虚空等，是名爲慧。又舍利子！若定發起莊嚴道場！是名方便。若住寂静慮知諸法！是名爲慧。又舍利子！若定發起轉正法輪，是名方便。若觀所轉法輪無起，是名爲慧。又舍利子！如是無量覺分資糧平等證入觀察現前，是名方便。如是無量諸惑寂滅息除熱惱，如來所有静慮妙樂不與諸法而共相應，無有諸相諸相遍知，遠離一切所緣境界，如是皆入菩薩正定所有静慮，舍利子！菩薩摩訶薩若能如是觀察具足，是名爲慧。舍利子！若菩薩摩訶薩成就如是無盡静慮與静慮波羅蜜多相應故，一切惡魔不能得便，即名安住諸佛法器。舍利子！如是方便、如是妙慧，是名菩薩摩訶薩静慮波羅蜜多具足成就皆是妙慧方便之所發起。

"復次舍利子！菩薩摩訶薩依静慮波羅蜜多故，具足成就不退神通，善能建立智所作業，非彼慢力之所發起，遊戲神通示現世間，一切作用安住神通，發起世間一切大事。又舍利子，此神通者爲大智相，具足世出世間微妙作用故。此神通者爲大慧相，現見世出世間一切諸法故。此神通者爲無盡相，隨遍一切如虚空故。此神通者等見諸色，色無色中平等見故。此神通者善能隨入音聲法門，前際音聲平等性故。此神通者能觀衆生一切心行，現見彼性故。此神通者善能隨念一切諸劫，分別了知前後際故。此神通者善能示現無量神變恒現在前，無加行相故。此神通者了知漏盡，觀待迦羅及三摩耶不過時故。此神通者是聖出世，於一切法決擇分故。又舍利子！如是神通微妙甚深，聲聞獨覺所不能測。如是神通有大威德，善能調伏一切有情。如是神通有大功業，證得灌頂一切諸法自在轉故。如是舍利子！是名菩薩摩訶薩依靜慮波羅蜜多故獲是無退諸勝神通，善能建立智所作業，非彼慢力之所發起。"

【《大寶積經》卷第五十　大唐三藏法師玄奘奉詔譯】

菩薩藏會第十二之十七
静慮波羅蜜多品第十之二

"復次舍利子！菩薩摩訶薩修行静慮波羅蜜多故獲得如是無退神通！善能建立智所作業。舍利子！當知菩薩摩訶薩得是通智！由清淨心、鮮白心、明潔心、無濁心、離隨煩惱心、善調順心、善寂静心、善修治心，如是心相之所由生，静慮解脱三摩地三摩鉢底之所發起。舍利子！是菩薩摩訶薩處於世界，故作意生，非繫縛生，不由繫縛命終受生。何以故？是菩薩摩訶薩解脱一切虛妄分別故，解脱一切非真實煩惱縛故，解脱一切顛倒妄執所依止故。是故此菩薩摩訶薩隨現世界，解脱而生、解脱命終、解脱受生。舍利子！是菩薩摩訶薩現受生已成辦大乘，圓滿一切諸佛正教，遍遊十方廣求佛法，雖志有所求而無取無得，隨入諸佛法即爲一切法，隨入一切法即爲諸佛法。如是菩薩隨入佛法及一切法，然不隨彼法非法行。

"舍利子！菩薩摩訶薩若能如實求諸法時安住無取及無得者，是則無有一法而可入於算數。何以故？一切諸法超過算數道故。若能了達法平等性，是則不執法與非法。何以故？一切諸法性無執故。若計於中而有義者，是則獲得廣大無義。若有善能不計於義，是則義與非義不現前故，不見義者於一切處覺慧無礙。是菩薩摩訶薩若能如是了覺無礙，則爲獲得無障礙覺，若有無障礙覺則於一切而無所著，若無所著則無所住，若無所住則無所乏，若無所乏則無癡無求，若無癡無求則無迷無惑，若無迷無惑則無我所，若無我所則無攝受，若無攝受則無所執，若無所執則無諍論，若無静論是則無静沙門之法，若有無静沙門法者是則一切無礙無障等虛空求，若能等彼虛空求者則不繫屬欲界色界及無色界，若於諸處無繫屬者則無色相及以形量，若其無是色相形量則能如是隨覺，若能如是隨覺則能如是通達。舍利子！云何說名隨覺通達？舍利子！菩薩摩訶薩若能隨覺通達是處無有少法可得，此則說名隨覺通達。舍利子！諸菩薩摩訶薩由平等證入如是隨覺通達故，説是菩薩摩訶薩依静慮波羅蜜多成就稀奇未曾有法。

"復次舍利子！云何名爲菩薩摩訶薩成就稀奇未曾有法？舍利子！菩薩摩訶薩依静慮波羅蜜多故，雖行大慈而恒觀無我，雖行大悲而知無衆生，雖行大喜而知無命者，雖行大捨而知無數取，雖廣行大施而心恒調順，雖緣境淨戒而心常寂静，雖隨辱行忍而心無窮際，雖勤加精進而心能簡集，雖入諸静慮而正心觀察，雖遍行智慧而心無所行，雖行四念住而心無緣念亦無作意，雖行四正斷而心無生滅，雖行如意足而心無戲論，雖行淨信而心無繫著，雖行正勤而心恒遠離，雖行於念而心恒自在，雖住三摩地而心證平等，雖行般羅若而心本無根，雖行諸力而心無摧伏，雖行覺分而解析菩提，雖修道分而心無所修，雖行奢摩他而心恒寂滅，雖行毗鉢舍那而心無定觀，雖修行聖諦而畢竟遍知，雖成熟衆生而心本清淨，雖攝受正法而不壞法性，雖淨佛國土而心等虛空，雖證無生法而心無所得，雖行不退轉地而心性無退，雖獲諸妙相而知性無相，雖莊嚴道場而心遊三界常處周輪，雖降伏魔軍而於諸含識無所摧伏，雖知諸法即菩提性而心隨覺了，雖轉法輪而心住法性無還無轉，雖復示現大般涅槃而於生死性心常平等。如是舍利子，是名菩薩摩訶薩平等證入隨覺通達。如是稀奇未曾有法，當知修行静慮波羅蜜多之所成就。

"復次舍利子！何等名爲菩薩摩訶薩依静慮波羅蜜多修學菩薩静慮之相？舍利子！菩薩静慮不住自性，爲滿如是三摩地故。菩薩静慮無有愛味，不爲貪著自安樂故。菩薩静慮緣於大悲，爲斷一切衆煩惱故。菩薩静慮定無退轉，緣於欲性增上性故。菩薩静慮鋭發神通，了達衆生諸心行故。菩薩静慮心欣愛悦，善能顯發心自在故。菩薩静慮了知一切三摩鉢

底,映蔽一切色無色界故。菩薩靜慮是爲寂靜、最勝寂靜、近於寂靜,映蔽
聲聞獨覺定故。菩薩靜慮無有分別,極爲究滿妙清淨故。菩薩靜慮行品
最勝,習氣相續永除滅故。菩薩靜慮以慧超度,超度一切諸世間故。菩薩
靜慮爲諸含生欲解導首,善能度脫諸含生故。菩薩靜慮紹三寶種令不斷
絕,以佛靜慮無窮盡故。菩薩靜慮最爲高顯,三摩呬多常現前故。菩薩靜
慮自在而轉,諸有所作善圓滿故。菩薩靜慮是爲大我,以妙智慧爲大我
故。舍利子!如是無量菩薩靜慮,皆是菩薩摩訶薩依靜慮波羅蜜多之所
集起。

"復次舍利子!菩薩摩訶薩靜慮波羅蜜多,何等之法而爲前導?舍利
子!靜慮波羅蜜多者,心靜觀智以爲前導,心住一緣以爲前導,心無散動
以爲前導,其心安住以爲前導,心奢摩他以爲前導,心三摩地以爲前導,三
摩地根以爲前導,三摩地力以爲前導,三摩地覺分以爲前導,正三摩地以
爲前導,靜慮解脫以爲前導,九次第定以爲前導,九滅除法以爲前導,一切
善法以爲前導,伏煩惱怨以爲前導,三摩地蘊具足圓滿以爲前導,菩薩摩
訶薩諸三摩地以爲前導,佛薄伽梵諸三摩地以爲前導。舍利子!如是等
無量靜慮,皆爲靜慮波羅蜜多前導之法。舍利子!復有無量無邊證寂靜
法,並是靜慮波羅蜜多之所前導。舍利子!是名菩薩摩訶薩靜慮波羅蜜
多。菩薩摩訶薩爲阿耨多羅三藐三菩提故,當於是中發勤精進具足修學
行菩薩行。"

爾時世尊欲重宣此義而説頌曰:

> 靜慮解脫到彼岸,　　勤行此行多劫海,
> 其心清淨無濁穢,　　不染世法喻蓮花。
> 有大靜定名遍照,　　此定依修到彼岸,
> 又名月光淨莊嚴,　　復名電光所嚴飾。
> 或名高行或心勇,　　或定名爲無垢光,
> 或戒德辯或無憂,　　或名諸法自在轉,
> 或名法炬或法勇,　　或名山威法自在,
> 或正法智自然超,　　或持正法妙清淨,

或名觀察他心定， 或名正法寶光明。
復名滅惑嚴勝幢， 有定名爲摧魔力，
或名斷疑及無著， 或定名爲寂靜燈，
或力高勝或十力， 或名敬手大名稱，
或名持山善安住， 或蘇迷盧大明燈，
或名無勝勝彼勝， 或名智炬及慧行，
或無邊智或自在， 或名發慧寂靜定，
或名月淨日音聲， 或那羅延摧高慢，
或善調龍師子吼， 或名遠離種種想，
或名旋轉或返還， 或無瞬眼力清淨，
或定名爲念諸佛， 或名念法或念僧，
或名智轉或入空， 或名無相或無願，
或金剛喻或靜地， 或金剛地或高勝，
或名山王或不瞬， 或無邊轉或淨音，
或離煩惱或觀察， 或虛空妙或如空，
或發廣大諸功德， 或趣覺慧或念慧，
或辯無盡或相續， 或無邊說詞無盡，
或無壞善作所作， 或名觀察或眾悅，
或名慈現或悲廣， 或入歡喜或欣慶，
或捨或脱二種礙， 或名法光或法義，
或金剛幢或智海， 或解脱堅或眾喜，
或名智炬無動定， 或定名曰勝蓮花，
或簡集法或無動， 或名慧上及寂靜，
或無邊光或佛海， 或名解脱或智授，
或名如來妙莊嚴， 或名無邊勝光焰，
或名歡喜莊嚴土， 或名悦豫眾生意。
有定名爲一切時， 順菩提道三摩地，
或定名爲到彼岸， 覺分花嚴施寶髻。

或施甘露堅解脫，　或風無動盛光明，
或名海潮溝寶藏，　諸那羅延山峰力。
或名神通廣大義，　妙善攝受三摩地。
或定名爲大通照，　諸佛如來之境界。
證得如斯寂靜定，　及餘拘胝無有邊，
修行靜慮到彼岸，　菩薩功德廣無量。
行住恒遊靜慮境，　其心無擾常淡泊，
若坐若臥止定中，　無有威儀不在定。
處定能發大音聲，　以諸法性恒寂靜，
無異分別無自在，　無我無命無分別。
如是及餘無涯際，　無有數量功德海，
聰睿菩薩愍含靈，　修行靜慮到彼岸。

十一、菩薩藏會第十二之十八
般若波羅蜜多品第十一之一

　　"復次舍利子！云何菩薩摩訶薩般若波羅蜜多？菩薩摩訶薩爲阿耨多羅三藐三菩提故，依此勤修行菩薩行。舍利子！菩薩行般若波羅蜜多故，於菩薩藏微妙法門殷勤鄭重聽聞受持、若讀若誦、思擇義理，既能通達復爲他人廣宣敷演開示其要。舍利子！若有菩薩摩訶薩聞我説已如法奉行，於菩薩藏微妙法門殷勤鄭重聽聞受持、讀誦研尋、通達其義，爲他宣説廣開示已，當知是人證得如是無盡慧相。舍利子，如是慧者爲何等相？云何入證？舍利子！所言慧者以聞爲相，菩薩之人如理證入，是故説爲無盡慧相。又舍利子！如是之相，我當廣説。謂此相者，菩薩摩訶薩爲求正法，欲樂爲相、欲解爲相、方便爲相、善友爲相、無慢爲相、於多聞所恭敬爲相、尊重爲相、旋繞爲相、謙敬爲相、親覲爲相、諦聞爲相、承事爲相、思惟爲相、不亂爲相、珍寶想爲相、良藥想爲相、息諸病想爲相、念器爲相、趣覺爲相、樂大慧爲相、證入覺爲相、聞無厭足爲相、捨增益爲相、調順離薪爲相、親近多聞者爲相、於諸作事喜愛爲相、身調適爲相、心勇鋭爲相。又舍利子！菩薩摩訶薩於聽法衆無倦聽聞爲相、聽聞正義爲相、聽聞正法爲相、聽聞正行爲相、聽聞證智爲相、聽聞波羅蜜多爲相、聽聞菩薩藏法爲相、聽聞諸攝法爲相、聽聞方便善巧爲相、聽聞梵住爲相、聽聞神通爲相、聽聞正念正智爲相、聽聞念住爲相、聽聞正勝爲相、聽聞神足爲相、聽聞緣起爲相、聽聞無常爲相、聽聞苦法爲相、聽聞無我爲相、聽聞寂静爲相、聽聞空爲相、聽聞無相爲相、聽聞無願爲相、聽聞無加行爲相、聽聞善根加行爲相。又舍利子！如是自在爲相、聞法爲相、對治雜染爲相、制伏一切煩惱想爲相、贊美智者爲相、親觀聖者爲相、遠離非聖爲相、聽聞聖者爲相、聽聞諸根爲相、聽聞修習隨念爲相、聽聞覺分爲相、聽聞聖八支道爲相、聽聞如來力無所畏大慈大悲大喜大捨無礙辯才十八不共佛法爲相。如是舍利子！當知菩薩摩訶薩若於此聽聞即於此解了，若於此解了即於此正行。何以故？舍利子！若菩薩摩訶薩於菩薩藏微妙法門聞相趣入，方便無量。吾今略説四十一種。舍利子！何等爲相？一者若有菩薩於此法門生欲樂者，當知此菩薩摩訶薩即爲聽聞聞便解了，既解了已便行正行。二者若有菩薩於此法門生於欲解，當知此人即是聽聞解了行於正行。三者若有菩薩於此法門方便趣入，當知此人即是聽聞解了行於正行。四者若有菩薩親近善友，此人即爲聽聞解了行於正行。五者若有菩薩於多聞所心無有慢，此人即爲聽聞解了行於正行。六者若有菩薩恭敬多聞，此人即爲聽聞解了行於正行。七者若有菩薩於多聞者生尊重心，此人即爲聽聞解了行於正行。八者若有菩薩於多聞所旋繞奉敬，此人即爲聽聞解了行於正行。九者若有菩薩於多聞所行謙下心，此人即爲聽聞解了行於正行。十者若有菩薩親近多聞，此人即爲聽聞解了行於正行。十一若有菩薩於多聞所攝耳諦聽，此人即爲聽聞解了行於正行。十二若有菩薩於多聞所承事迎逆，此人即爲聽聞解了行於正行。十三若有菩薩於多聞所思惟義趣心定不亂，此人即爲聽聞解了行於正行。十四若有菩薩於多聞所起珍寶想，此人即爲聽聞解了行於正行。十五若有菩薩於多聞所起良藥想，此人即爲聽聞解了行於正行。十六若有菩薩於多聞所能起息滅貪瞋癡想，此人則爲聽聞解了行於正行。十七若有菩薩於多聞所聞已能持，此人則爲聽聞解了行於正行。十八若有菩薩趣覺於法，此人則爲聽聞解了行於正行。十九若有菩薩於多聞所樂其智慧，此人則爲聽聞解了行於正行。二十若有菩薩於多聞所聞已覺悟，此人則爲聽聞解了行於正行。二十一若有菩薩聞無厭足，此人則爲聽聞解了行於正行。二十二若有菩薩聞説柁那便增長捨，此人則爲聽聞解了行於正行。二十三若有菩薩聞説尸羅便守護戒，此人則爲聽聞解了行於正行。二十四若有菩薩聞説羼底便能修忍，此人則爲聽聞解了行於正行。二十五若有菩薩聞説毗利耶便起正勤無倦精進，此人則爲聽聞解了行於正行。二十六若有菩薩聞説静慮便入静慮其心不散，此人則爲聽聞解了行於正行。二十七若有菩薩聞説般羅若，其心決定便修智慧爲盡諸漏，此人則爲聽聞解了行於正行。二十八若有菩薩於多聞所生大歡喜，此人則爲聽聞解了行於正行。二十九若有菩薩聽聞法已身調適者，此人則爲聽聞解了行於正行。三十若有菩薩聽聞法已其心勇鋭，此人則爲聽聞解了行於正行。三十一若有菩薩聞大乘經心生信欲，此人則爲聽聞解了行於正行。三十二若有菩薩聞攝法已其心趣入，此人則爲聽聞解了行於正行。三十三若有菩薩聞説念住便即趣於身受心法，此人則爲聽聞解了行於正行。三十四若有菩薩聞説正勝，便於惡法已生未生若背若捨，若彼善法已生未生不捨覺轉，此人則爲聽聞解了行於正行。三十五若有菩薩聞説神足，即能奉行生身輕性、生心輕性、生欲輕性，此人則爲聽聞解了行於正行。三十六若有菩薩聞説静慮便静思惟其心趣入，此人則爲聽聞解了行於正行。三十七若有菩薩聞諸法中不輕蔑行，便於衆生起大慈心、於人苦者起大悲心、於正法所起大喜心、於不善所起大捨心，此人則爲聽聞解了行於正行。三十八若有菩薩聞説根已，其心趣入於彼諸根，所謂信根、精進根、念根、慧根、三摩地根，此人則爲聽聞解了行於正行。三十九若有菩薩聞説覺分，其心趣入覺悟法性，此人則爲聽聞解了行於正行。四十若有菩薩聞説道支，其心趣入涅槃正路，此人則爲聽聞解了行於正行。四十一若有菩薩聞説如來力無所畏大慈大悲大喜大捨無礙辯才十八不共佛法，及餘無量諸佛正法皆聽聞已，其心趣入阿耨多羅三藐三菩提，此人如是如法聽聞，既聽聞已便能解了，既解了已行於正行。舍利子！我已説是四十一法趣入聞相、諸菩薩摩訶薩當於中學。舍利子！如是名爲菩薩摩訶薩修行般若波羅蜜多聞慧本相。

“復次舍利子！菩薩摩訶薩修行般若波羅蜜多行菩薩行者，應於如是大菩薩藏微妙法門，鄭重聽聞受持讀誦思惟其義通微妙法，復爲他人廣分別説，是行資糧。舍利子！云何菩薩摩訶薩於如是法而起正行？舍利子！菩薩於法起正行者，所謂如説修行建立而住，是名於法而起正行。若復有能一切不取，是名於法而起正行。何以故？舍利子！若取於法即名邪行。無處無位執取法人，由如是法能得出離，必無是處。何以故？無取行人、於法無行，尚應生疑，無作用故，況取法行而非邪行？是故應當不取諸法而行正行。又舍利子！若於諸法無有障礙，是名正行。若於諸法不輕蔑者，是名正行。若於諸法不取不捨不生不滅，是名正行。乃至若於諸法無合無散，是名正行。又舍利子！如我所説若有是處，無有少法而可見聞亦無可説，如是一切諸法非可得見、非可執取。何以故？一切諸法皆是一相，所謂無相。

"又舍利子！一切諸法性本無相。若有菩薩説於無相，是則無相還應可説。何以故？無相有相皆無相故，不可説言此爲有相、此爲無相。舍利子！若有菩薩摩訶薩能悟如是一切法相，即是無相，不可得見、不可執取、如法了知，是名正行。菩薩摩訶薩勤修如是正法行已，當於諸法證入無障照明之慧。如是舍利子！是名菩薩摩訶薩般若波羅蜜多正行之相。"

爾時世尊欲重宣此義而説頌曰：

安住正行聰睿者，　　於菩薩藏善決定，
此人於法不起執，　　無執取行相如是。
證得諸法不爲空，　　非於諸法空平等，
又非空法有所執，　　無執正行相如是。
於法無取亦無捨，　　亦非取法以爲法，
無取是名諸法相，　　無取正行相如是。
若於諸法智無礙，　　此智無有不焚燒，
於焚燒智無所執，　　諸法正行相如是。
智者安住遠離德，　　於法應起勤精進，
若能依止軌則行，　　爾時當入清淨門。
是清淨門通諸法，　　亦了有情諸欲解，
智者雖知無所觀，　　而能演宣如是法。
於甚深法了勝義，　　常於深義勝決擇，
踴現無邊功德行，　　明智多聞如大海。

於彼所説諸文義，　　究竟無能證得者，

以彼文義俱無邊，　　真實正行恒無動。

"復次舍利子！菩薩摩訶薩修行般若波羅蜜多時，於菩薩藏微妙法門殷重聽聞，乃至爲他如法説已，當知是菩薩摩訶薩於一切法獲得光明，能破一切無明黑闇及諸翳膜。舍利子！如是光明即爲智慧。何以故？善不善法皆能明瞭如實知故。是菩薩摩訶薩修如是法獲明慧已，乃至命難衆苦因緣，決定不造諸不善法。舍利子！是菩薩摩訶薩爲欲永滅不善法故，隨所聞法極善通達，既通達已是則説爲牟尼寂静。如是舍利子！是名菩薩摩訶薩修行般若波羅蜜多時正行之相。"

爾時世尊欲重宣此義而説頌曰：

如人入闇室，　　覆蔽絶光明，

雖有衆色像，　　非明眼所見。

如是雖有人，　　内具諸明解，

不聞於正法，　　善惡何能曉？

多聞解了法，　　多聞不造惡，

多聞捨無義，　　多聞得涅槃。

善聽增長聞，　　聞能增長慧，

慧能修淨義，　　得義能招樂。

聰慧得義已，　　證現法涅槃，

淨覺法相應，　　證得第一樂。

聞菩薩藏已，　　正法善安住，

爲世大光明，　　行菩提妙行。

"復次舍利子！菩薩摩訶薩爲欲修行般若波羅蜜多故，於能受持菩薩藏經正行人所深起敬心善知識想。既生想已，又於大菩薩藏微妙法門倍復尋求，令此法門轉增明淨。舍利子！是菩薩摩訶薩爲求菩薩藏故，發生信欲、策勵正勤、撿攝其心令定安住。是菩薩摩訶薩於四正斷方便修成，一切法中得無障礙。如是舍利子，是名菩薩摩訶薩般若波羅蜜多正行之相。"

爾時世尊欲重宣此義而說頌曰：

所謂說法者，　　即為善知識，
恭敬聽聞法，　　安住於正行。
欲解常無退，　　精進常高勇，
淨慧常修治，　　於智常安住。
自然達諸法，　　不隨於信行，
以智觀於法，　　是為諸佛說。
智者分別句，　　趣義善加學，
於白黑品等，　　常修常遠離。
心曾無厭倦，　　於法無退沒，
身欲並輕安，　　速得心精進。
由聞法增智，　　智增無退念，
智恒依念住，　　了知淨穢法。
學於無上法，　　趣勝念慧力，
了眾生欲解，　　自學於長夜。
學法已升進，　　極進智清淨，
了眾生欲解，　　如解便開示。

“復次舍利子！菩薩摩訶薩修行般若波羅蜜多時，於菩薩藏微妙法門如是尋求通達覺慧，依是清淨善法明門，菩薩常應如是修學。舍利子！若有菩薩摩訶薩於法修學，應作是念：‘二因二緣能發正見。何等為二？所謂從他聞音及以內自如理作意。’彼復思惟：‘從他聞音、如理作意，為何等相？’尋重思惟：‘若有樂定修相應行諸菩薩等，未曾聽聞大菩薩藏微妙法門，又不聽聞聖法律教，但於三摩地中生知足想。當知是人以慢力故起增上慢，我說是人不能解脫生老病死愁歎憂苦諸熱惱等。既不脫諸熱惱等苦，豈得脫彼五門生死？為之沉溺流轉不息。是諸眾生實非解脫而便自謂我已解脫，實未離苦而便自謂出離眾苦。是故如來依是人故如實說法，若能從他隨順聽聞，是則解脫諸老死等。’復作是言：‘如我先聞薄伽梵說：

多聞解了法，　　多聞不造惡，

多聞捨無義，　　多聞得涅槃。

善聽增長聞，　　聞能增長慧，

慧能修淨義，　　得義能招樂。

聰慧得義已，　　證現法涅槃，

聞法淨點慧，　　證得第一樂。

"是故舍利子！諸菩薩摩訶薩如是思已，當於大菩薩藏微妙法門，及以聖法毗奈耶教，殷重聽聞受持讀誦，廣為他人敷演開示。

"復次舍利子！若諸含識於菩薩藏微妙法門雖復聽聞，而不如理方便作意，當知是人於彼聖道不能正行。是故如來依是人故說正法要，作如是言，若欲解脫生老病死，當具內自如理思惟。諸菩薩等應如是學。舍利子！云何名為如理方便？何等菩薩如理作意而能修學？舍利子！菩薩摩訶薩如理方便者，無有一法若合若離。何以故？如理方便非方便故。又舍利子！菩薩摩訶薩若有安住如理方便及作意者，當知此相但是音聲，而此音聲性無所起亦不轉起，及由彼故而發音聲。何以故？彼一切皆不可得故。又復菩薩觀是音聲前際後際，從何而生滅往何所？如是觀察了不可得。又更推求如此聲者，為在已說、為在今說、為在當說？又重推求如是聲者，若已所說、若今所說、若當所說？如是聲者，若為斷故已說、若為斷故今說、若為斷故當說？如是聲者，若為證故已說、若為證故今說、若為證故當說？是菩薩如是一切尋求聲已都無得者，又更觀察，若過去相、若未來相、若現在相，如是觀已皆不可得。舍利子！若菩薩摩訶薩如是正觀察時，是名如理方便作意。是故如理方便菩薩摩訶薩，於如是觀應具修學。

"復次舍利子！云何菩薩摩訶薩如理觀耶？諸菩薩等云何應學？舍利子！是菩薩摩訶薩觀一切法自性息滅，若如是觀名如理觀。若觀諸法自性寂靜，是則名為如理正觀。若觀諸法畢竟空寂，是則名為如理正觀。若觀諸法入平等性，是則名為如理正觀。若觀諸法畢竟無生，是則名為如理正觀。若觀諸法畢竟不生，是則名為如理正觀。若觀諸法畢竟不起，是則名爲如理正觀。若觀諸法畢竟寂滅,是則名爲如理正觀。舍利子! 是菩薩摩訶薩作是觀時,亦不見有能觀之者。應如是觀,所謂非觀非不觀故。若有菩薩作是觀者名如理觀,若他觀者名非理觀。

"復次舍利子! 云何菩薩摩訶薩應學如是如理方便? 舍利子! 菩薩摩訶薩如理方便者,非於少法有愚迷故。如理方便者,非於少法而生障礙。如理方便者,無有少法非解脫門。如理方便者,無有爲斷少分法故發勤精進。如理方便者,不爲證少法故勇勵正勤。舍利子! 菩薩摩訶薩應以如是如理正見,如其所見正觀諸法。舍利子! 云何名爲如其所見正觀諸法? 舍利子! 謂無所見名觀諸法。何等是爲無所見耶? 舍利子! 無所見者名爲無生,言無生者是爲無起,言無起者名無所照。是故如來依是正法説如是言,若有菩薩觀一切行見無生時,即是趣入正性決定。夫正見者謂能趣入正性決定。舍利子! 彼菩薩摩訶薩作是思惟:'何因緣故當得趣入正性決定?'舍利子! 菩薩摩訶薩應如是學,若觀我見爲平等者,即是一切諸法平等。若作是觀,當知趣入正性決定。是故諸菩薩摩訶薩若欲趣入正性決定者,當於如是大菩薩藏微妙法門,殷重聽聞受持讀誦研窮義趣,復應爲他如法廣説,便當於是法門如理方便作意修學。舍利子! 如是名爲菩薩摩訶薩爲阿耨多羅三藐三菩提故修行般若波羅蜜多行菩薩行。"

【《大寶積經》卷第五十一　大唐三藏法師玄奘奉詔譯】

菩薩藏會第十二之十九
般若波羅蜜多品第十一之二

　　"復次舍利子！菩薩摩訶薩修行般若波羅蜜多時，爲求如是深極妙善清白覺慧故，由是妙善淨法明門，精勤方便如理證入觀如理句。舍利子！云何名爲如理證入？復以何等爲如理句？舍利子！菩薩摩訶薩如理證入者，謂依奢摩他證入、毗鉢舍那證入、正行證入、如理證入、身遠離證入、心調順證入、非斷證入、非常證入、因緣證入、緣起證入、無有情無命者無數取者證入、未來已來若有若無證入、無有轉移因果不壞證入。雖修集空無相無願證入，而不取空無相無願證故。雖於三摩地三摩鉢底證入，而不以如是等力受生證故。雖取神通智證入，而不盡諸漏證故。雖觀察無生證入，而不正趣決定證故。雖觀衆生無我證入，而不捨大悲證故。雖觀一切有生可怖證入，而故取諸有證故。雖於寂滅離欲證入，然於離欲法不作證故。雖捨樂妙欲證入，而不捨樂法證故。雖捨一切戲論思覺證入，而不捨善巧方便證故。舍利子！如是名爲如理證入。菩薩摩訶薩欲得如是如理證入，應當修學般若波羅蜜多故。

　　"復次舍利子！菩薩摩訶薩修行般若波羅蜜多時，云何學是正法如理之句？舍利子！菩薩摩訶薩當如是知，如理句者即出生句、即趣理句、即法門句、即面門句、即是因句、即積集句、即不相違句、即無諍論句、即是捨句、即無執取句、即無棄捨句、即無戲論句、即無捨句、即無誹謗句、即無輕蔑句、即隨足句、即無静句、即無退轉句、即無對治句。又舍利子！如理句者實性之句、如性之句、非不如性句、真如之句、如理之句、三世平等句、離分別句。又舍利子！如理句者色識無依住句、受想行識識無依住句、眼色眼識性無依住句、耳聲耳識性無依住句、鼻香鼻識性無依住句、舌味舌識性無依住句、身觸身識性無依住句、意法意識性無依住句。又舍利子！如理句者即名依義句、即名依法句、即名依智句、即名依了義句。舍利子！如是等無量法門，是則名爲如理之句。是故如理證入正勤方便菩薩摩訶薩作如是觀時，亦不見有能觀之者應如理觀，所謂非觀非不觀故。若有菩薩作是觀者名如理觀，若他觀者名非理觀。舍利子！如理方便菩薩，非於少法而有愚迷，非於少法而生障礙，無有少法非解脫門，非爲斷少法故發勤精進，不爲證小法故勇勵正勤。應具如是如理正見，如其所見正觀諸法。何等正觀？謂無所見。無所見者即是無生，言無生者即是無起，言無起者名無所照。舍利子！如是次第轉法廣如前説，乃至名爲菩薩摩訶薩修行般若波羅蜜多故。

“復次舍利子！菩薩摩訶薩修行般若波羅蜜多時，云何應學如理正觀？舍利子！是菩薩摩訶薩應作如是正觀諸法，所謂我如理故則觀諸法一切如理，我無我故則觀諸法亦復無我，衆生無我故則觀諸法亦復無我。舍利子！菩薩摩訶薩作是觀者名如理觀。舍利子！云何菩薩摩訶薩修行如理方便？舍利子！當知是菩薩摩訶薩不觀如理生死性與彼如理涅槃性共相交雜，作如是觀是則名爲如理方便。又是菩薩觀煩惱性與涅槃性同一合相無有差異，亦不分別相應違背，作如是觀是則名爲如理方便，亦得名爲如理正觀。舍利子！當知菩薩摩訶薩所有一切如理方便，皆於無量衆生處起，若衆生處不棄捨、於諸法不破壞，是名菩薩如理方便。舍利子！菩薩摩訶薩應知如是相、如是聞、如是如理證入、如是如理觀察、如是如理正見等流，是名菩薩如理正慧。舍利子！菩薩摩訶薩應當如是修行正行，皆爲成滿般若波羅蜜多故。

“復次舍利子！菩薩摩訶薩修行般若波羅蜜多時，所有般若自性清淨，不與一切有爲行法而共同止。舍利子，何等諸法不與同止？舍利子！所謂如是般若不與無明而共同止，不與諸行而共同止，如是廣説乃至不與老死而共同止。舍利子！如是般若不與身見而共同止，乃至不與身見爲本六十二見趣而共同止，如是般若不與高慢而共同止，不與下劣而共同止，不與世間八法而共同止。舍利子！如是般若不與蘊界處法而共同止，乃至不與一切所緣作意而共同止。如是般若不與慢同止，不與下慢邪慢同止，乃至不與隨煩惱等二十一法而共同止。如是般若不與微細下劣中上品貪同止，乃至不與一切煩惱而共同止。如是般若不與愚暗翳膜障蓋諸纏同止，乃至不與一切隨順退分諸法而共同止。如是般若不與欲靜穢濁煩惱魔同止，不與蘊魔死魔天魔同止，乃至不與一切魔業而共同止。如是般若不與執我同止，不與有情命者數取養育意生摩納婆等同止，乃至不與住我見等而共同止。如是般若不與業障同止，不與煩惱障法障見障報障智障同止，乃至不與一切隨俗習氣而共同止。如是般若不與思惟分別同止，不與相貌所緣見聞念識同止，乃至不與一切結縛增益而共同止。如是般若不與慳舍同止，不與持犯忍恚勤怠靜亂愚慧同止，乃至不與一切波羅蜜多能治所治諸法智性而共同止。如是般若不與遠離同止，不與住不遠離邪性正性善及不善有罪無罪生死涅槃同止，乃至不與一切相對治法而共同止。如是般若不與種種差別性同止，不與國土差別性諸佛差別性有情差別性諸法差別性同止，乃至不與一切差別性而共同止。如是般若不與無智同止，不與智識世俗勝義乃至不與一切有情相貌作意而共同止。如是般若不與慧不現行同止，不與無身無形無相無爲同止，乃至不與一切思惟心意識安住等法而共同止。舍利子！菩薩摩訶薩修行般若波羅蜜多時，所有般若微妙清淨，不與如是無量無邊有爲行法而共同止。舍利子！如是名爲修行般若波羅蜜多，菩薩摩訶薩般若之相應如是學。

"復次舍利子！菩薩摩訶薩安住大乘大菩薩藏修行般若波羅蜜多時，獲得般若分別善巧。當知是菩薩摩訶薩即以此法於諸法中明瞭通達獲得善巧。舍利子！云何名爲如是般若分別善巧？舍利子！如是善巧無量無邊，吾今略說十種善巧。何等爲十？所謂蘊法善巧、界法善巧、處法善巧、諦法善巧、無礙解善巧、依趣善巧、資糧善巧、道法善巧、緣起善巧、一切法善巧。舍利子！如是十種微妙善巧所有分別，若通達者是則名爲般若分別,菩薩摩訶薩於是善巧應當修學。復次舍利子！云何菩薩摩訶薩修行般若波羅蜜多故而能通達蘊法善巧？舍利子！蘊法善巧者,所謂依諸蘊法起於言説。何等言説？舍利子？如是言説猶如幻化陽焰夢中傳響光影,是故如來以無礙辯爲諸衆生説如是法。舍利子！我説此色喻如聚沫。何以故？舍利子！即此聚沫本無有我,亦無有情、無生者、無命者、無數取、無養育、無意生、無摩納婆,以聚沫性即色自性,菩薩摩訶薩於如是法善巧知之,是則名爲蘊法善巧。又舍利子！我説此受喻如水泡。何以故？舍利子！即此水泡本無有我,亦無有情、無生者、無命者、無數取、無養育、無意生、無摩納婆,以水泡性即受自性,菩薩摩訶薩於如是法善巧知之,是則名爲蘊法善巧。又舍利子！我説此想喻如陽焰。何以故？舍利子！即此陽焰本無有我,亦無有情、無生者、無命者、無數取、無養育、無意生、無摩納婆,以陽焰性即想自性,菩薩摩訶薩於如是法善巧知之,是則名爲蘊法善巧。又舍利子！我説此行喻如芭蕉。何以故？舍利子！即此芭蕉本無有我？亦無有情、無生者、無命者、無養育、無數取、無意生、無摩納婆、無作者、無受者,以芭蕉性即行自性,菩薩摩訶薩於如是法善巧知之,是則名爲蘊法善巧。又舍利子！我説此識喻如幻事。何以故？舍利子！即此幻事本無有我,亦無有情、無生者、無命者、無養育、無數取、無意生、無摩納婆、無作者、無受者,以幻事性即識自性,菩薩摩訶薩於如是法善巧知之,是則名爲蘊法善巧。舍利子！所言蘊者説名世間,世間之法即敗壞相,是故當知諸世間性即蘊自性。舍利子！何等名爲世間性耶？謂無常性苦性無我性,如是等性名爲蘊性,如是蘊性即世間性。菩薩摩訶薩若於是中善巧知者,是則名爲蘊法善巧。舍利子！若有菩薩摩訶薩爲欲修行般若波羅蜜多故,精勤修習蘊法善巧。

"復次舍利子！云何菩薩摩訶薩修行般若波羅蜜多故,而能通達界法善巧？舍利子！界法善巧者,所謂法界即爲地界。何以故？以彼法界非堅硬相故。又法界者即爲水界。何以故？以彼法界非濕潤相故。又法界者即爲火界。何以故？以彼法界非成熟相故。又法界者即爲風界。何以故？以彼法界非搖動相故。舍利子！菩薩摩訶薩若於是中如實了知,是則名爲界法善巧。又舍利子！言法界者即眼識界。何以故？以彼法界非照明相故。又法界者即耳識界。何以故？以彼法界非聞聲相故。又法界者即鼻識界。何以故？以彼法界非嗅香相故。又法界者即舌識界。何以故？以彼法界非嘗味相故。又法界者即身識界。何以故？以彼法界非覺觸相故。又法界者即意識界。何以故？以彼法界非分別相故。舍利子！菩薩摩訶薩若於是中如實了知，是則名爲界法善巧。又舍利子！如是我界與法界平等，有情界與法界平等，欲界色界及無色界與法界平等，生死界涅槃界與法界平等，如是乃至虛空界法界及一切法界皆悉平等。舍利子！以何義故而得平等？謂由空平等故一切法平等，無變異平等故一切法平等。又舍利子！若有宣説有爲界證入、無爲界證入，如是則有無量無邊。若諸菩薩摩訶薩作是簡擇證入法界，是則名爲界法善巧。舍利子！如是菩薩摩訶薩爲欲修行般若波羅蜜多故，應勤修習界法善巧。

"復次舍利子！云何菩薩摩訶薩修行般若波羅蜜多故，而能通達處法善巧？舍利子！處法善巧者，眼爲是空無我我所。菩薩摩訶薩如實了知如是眼性，乃至意爲是空無我我所。菩薩摩訶薩如實了知如是意性，菩薩摩訶薩雖於諸處不積集不善而積集於善，然於善不善中不起二相，如是了知是名菩薩摩訶薩處法善巧。又舍利子！云何菩薩摩訶薩於眼處色處而能通達善巧了知？舍利子！謂於眼色觀見離欲，然於離欲而不作證。如是了知，是名菩薩處法善巧。如是耳聲鼻香舌味身觸意法，即此意法觀見離欲，然於離欲而不作證。如是了知，是名菩薩處法善巧。又舍利子！諸佛如來説微妙法，或説聖處或非聖處。言聖處者堪受道法，非聖處者遠離道法。菩薩摩訶薩安住於道，於離道住諸衆生所，獲得大悲不捨道處。若有菩薩如是了知善通達者，是名菩薩摩訶薩處法善巧。舍利子！諸菩薩摩訶薩爲欲修行般若波羅蜜多故，應勤修學處法善巧。

"復次舍利子！云何菩薩摩訶薩修行般若波羅蜜多故而能通達諦法善巧？舍利子！當知菩薩摩訶薩有四種行入諦善巧。何等爲四？所謂苦智、集智、滅智、道智。舍利子！云何名爲苦智乃至道智？謂於諸蘊本無生智，如是之智名爲苦智。於諸染愛永斷滅智，如是之智名爲集智。謂於一切無生無壞,如是之智名爲滅智。於一切時諸所緣法無有損益,如是之智名爲道智。舍利子！若菩薩摩訶薩於是四諦以如是等智慧了知,雖復明達而不作證。何以故？爲欲成熟諸衆生故。如是具足名諦善巧。又舍利子！菩薩摩訶薩諦善巧者,復有三種。何等爲三？一者世俗諦,二者勝義諦,三者相諦。舍利子！世俗諦者,當知乃至世間所有語言文字音聲假説,如是等相名世俗諦。勝義諦者,所謂若於是處尚非心行,況復文字而能陳説,如是等法名勝義諦。相諦者,所謂諸相即是一相,如是一相即是無相,如是説者名爲相諦。舍利子！菩薩摩訶薩於世俗諦爲衆生故説無厭倦,勝義諦者於中作證而無退墮,於彼相諦深達本性了知無相。舍利子！是名菩薩摩訶薩爲欲修行般若波羅蜜多故精勤修學諦法善巧。

“復次舍利子！菩薩摩訶薩精勤修學諦善巧者,如實當知復有一諦無有第二。何等一諦？所謂滅諦。舍利子！諸佛如來於此一諦明瞭通達無有增益,既通達已,爲處增益諸含生等宣説如是一諦之法,令彼修學悟無增益故。舍利子！若有菩薩作如是知,是名菩薩摩訶薩諦法善巧。

“復次舍利子！菩薩摩訶薩復應修學諦法善巧。舍利子！諦善巧者,謂善通達諸聖諦故。何等名爲通達聖諦？舍利子！苦聖諦者謂五受蘊,其性實苦是名苦諦。菩薩摩訶薩於是諦中通達五蘊皆爲苦相,夫苦相者即爲空相,如是則名爲苦聖諦。舍利子！集聖諦者五受蘊因,隨眠愛見是名集諦。菩薩摩訶薩於此因法,若愛若見無有增益,無取無迷明瞭通達,如是則名爲集聖諦。舍利子！滅聖諦者,若五受蘊究竟滅盡是名滅諦。菩薩摩訶薩觀是諦法,不失前際、不往後際、不住現在,明瞭通達,如是則名爲滅聖諦。舍利子！道聖諦者,若依彼道證得苦智集智滅智,無第二智,是名道諦。菩薩摩訶薩於如是諦明瞭通達無有分別,是則名爲趣苦滅行聖諦。是故舍利子！菩薩摩訶薩若於此諦以智觀察,亦令衆生觀察解了,是名菩薩摩訶薩諦法善巧。

“復次舍利子！菩薩摩訶薩於是諦法,又應觀知如是四諦。云何苦諦？於諸一切能受所受皆是苦諦。於如是中善當簡擇,即此智性善簡擇覺明瞭通達,是名菩薩苦聖諦。云何集諦？若從是因諸蘊集起皆是集諦。

於如此因如實了知,是名菩薩苦集聖諦。云何滅諦?諸受永息無所覺受是名滅諦。雖觀受滅而不作證,如是通達,是名菩薩苦滅聖諦。云何道諦?若善修習離受聖道是名道諦。譬如船筏不求於受亦不求道,是名菩薩趣苦滅行聖諦。如是舍利子!若有菩薩摩訶薩如是現觀,依寂靜定發四種見,而此四見非畢竟淨。若能通達如此法者,是名菩薩摩訶薩諦法善巧。

"復次舍利子!菩薩摩訶薩於是諦法善巧通達,若證於滅則苦不生,觀無生智是名苦智。舍利子!有為生緣觀察此有非有非無,如是之智名為集智。舍利子!一切生者即是無生,了知此故都無所滅,此無滅智名盡滅智。舍利子!若如是道無所稱量、無所追尋、無所觀察,名廣大智,如是之智名為道智。舍利子!菩薩摩訶薩於此諦法善能建立,而於諦智無所住著,是名菩薩摩訶薩諦法善巧。舍利子!菩薩摩訶薩為欲修行般若波羅蜜多故精勤修是諦法善巧。

"復次舍利子!云何名為菩薩摩訶薩修行般若波羅蜜多故獲無礙解善巧?舍利子!菩薩摩訶薩以具修學般若波羅蜜多故,具足四種無障礙解。何等為四?所謂義無礙解、法無礙解、詞無礙解、辯無礙解。舍利子!何等名為義無礙解?舍利子!諸菩薩依般若波羅蜜多故獲是義無礙解,謂一切法勝義處智,觀是智者即義無礙解。如是諸覺智、因智、緣智、和合智、遍隨行智、廣大緣生智、法性無雜智、如來隨入智、安住實際智、於空法中隨覺觀智、於無相法如所觀智、於無願法起願行智、於無加行起加行智、於一理趣觀入證智、於無有情觀入證智、於無我法觀入證智、於無命者一向入智、於無數取觀勝義智、於過去世觀無礙智、於未來世觀無邊智、於現在世觀一切處智、於諸蘊法觀如幻化智、於諸界法觀等毒蛇智、於諸處中觀如空燧智、於諸內法觀寂靜智、於諸外法觀無所行智、於諸境界觀無所有智、於諸念住觀安住智、於彼諸趣觀隨行智、於諸緣起觀現見智、於諸諦法觀通達智、於一切苦觀無生智、於一切集觀無加行智、於一切滅觀離相智、於一切道觀拔濟智、於諸法中觀句分析智、於諸根法觀證入智、於諸力法觀無屈伏智、於奢摩他觀所依處智、於毗鉢舍那觀明照智、於諸幻事觀虚集智、於諸陽焰觀迷亂智、於所夢事觀虛見智、於彼傳響觀緣合智、於彼光影觀無動智、於差別相觀一相智、於諸繫縛觀離縛智、於諸相續觀無相續智、於聲聞智觀隨聲入智、於獨覺智觀廣大緣生入一境智、於佛大乘觀知一切善根資糧能積集智。舍利子！諸如是等一切觀智，是名菩薩摩訶薩義無礙解。

"復次舍利子！菩薩摩訶薩復有義無礙解。所謂依趣之義，以諸法性之所依趣。何以故？以一切法遍皆是空，空性義者說名為義。以一切法遍皆無相，無相義者說名為義。以一切法遍皆無願，無願義者說名為義。以一切法遍皆遠離，遠離義者說名為義。以一切法遍無有情無命者無數取無數取義，說名為義。菩薩摩訶薩若能隨入如是相義，是則名為義無礙解。舍利子！若有菩薩摩訶薩說是義者，當知是為說無住法、說無盡法，即說一切之所顯說，即說一切智者諸無礙解所簡擇義。當知是人即為諸佛世尊印可隨喜，當知此智是為真慧、是為實慧、是為無異慧、是為諸處簡擇無礙之慧。舍利子！菩薩摩訶薩如是了知，是則名為義無礙解。

"復次舍利子！云何菩薩摩訶薩法無礙解？舍利子！菩薩摩訶薩修行般若波羅蜜多故獲是法無礙解者，謂諸法中隨證入智。何等名為隨證入智？舍利子！謂諸法中有所證入。何等諸法？謂善不善、有罪無罪、有漏無漏、世間出世間、有為無為、染污清淨。若有隨順生死及以涅槃，於如是等一切法中隨能證入法性平等、菩提平等，如是智性是則名為法無礙解。

"復次舍利子！法無礙解者，菩薩摩訶薩以如是解心智證入如是貪行，如是入證假立貪行，或復證入方便貪行，或復證入堅固貪行，或復證入微薄貪行，或復證入非處貪行，或復證入營求貪行，或復證入宿世貪行，或復證入無邊異相貪行，或復證入現在眾緣貪行。又舍利子！菩薩摩訶薩了諸有情如是貪相，所謂或有眾生內貪非外貪，或有眾生外貪非內貪，或有眾生內外俱貪。又舍利子！或有眾生色貪非聲貪，或有眾生聲貪非色貪，或有眾生色聲俱貪。復次或有眾生色貪非香貪，或有眾生香貪非色貪，或有眾生色香俱貪。復次或有眾生色貪非味貪，或有眾生味貪非色貪，或有眾生色味俱貪。復次或有眾生色貪非觸貪，或有眾生觸貪非色貪，或有眾生色觸俱貪。又舍利子！或有眾生聲貪非香貪，或有眾生香貪非聲貪，或有眾生聲香俱貪。復次或有眾生聲貪非味貪，或有眾生味貪非聲貪，或有眾生聲味俱貪。復次或有眾生聲貪非觸貪，或有眾生觸貪非聲貪，或有眾生聲觸俱貪。又舍利子！或有眾生香貪非味貪，或有眾生味貪非香貪，或有眾生香味俱貪。復次或有眾生香貪非觸貪，或有眾生觸貪非香貪，或有眾生香觸俱貪。又舍利子！或有眾生味貪非觸貪，或有眾生觸貪非味貪，或有眾生味觸俱貪。又舍利子！或有眾生色聲貪非香貪，或有眾生香貪非色聲貪，或有眾生色聲香俱貪。復次或有眾生色聲貪非味貪，或有眾生味貪非色聲貪，或有眾生色聲味俱貪。復次或有眾生色聲貪非觸貪，或有眾生觸貪非色聲貪，或有眾生色聲觸俱貪。又舍利子！或有眾生聲香貪非味貪，或有眾生味貪非聲香貪，或有眾生聲香味俱貪。復次或有眾生聲香貪非觸貪，或有眾生觸貪非聲香貪，或有眾生聲香觸俱貪。又舍利子！或有眾生香味貪非觸貪，或有眾生觸貪非香味貪，或有眾生香味觸俱貪。又舍利子！或有眾生色聲香貪非味貪，或有眾生味貪非色聲香貪，或有眾生色聲香味俱貪。復次或有眾生色聲香貪非觸貪，或有眾生觸貪非色聲香貪，或有眾生色聲香觸俱貪。又舍利子！或有眾生聲香味貪非觸貪，或有眾生觸貪非聲香味貪，或有眾生聲香味觸俱貪。又舍利子！或有眾生色聲香味貪非觸貪，或有眾生觸貪非色聲香味貪，或有眾生色聲香味觸俱貪。舍利子！如是等無量眾生，具各起是無量貪相入於貪行。由菩薩摩訶薩證入是門故，入諸眾生二萬一千貪行門、二萬一千瞋行門、二萬一千癡行門、二萬一千等分行門。舍利子！若菩薩摩訶薩證入如是八萬四千煩惱行門者，當知如是菩薩摩訶薩具足成就心廣大智，及隨行說智、不增不減說智、不過時說智、根器有差別智、立言不虛說智。舍利子！菩薩摩訶薩具足如是諸勝智故，是名菩薩摩訶薩法無礙解。

　　"復次舍利子！云何菩薩摩訶薩詞無礙解？舍利子！菩薩摩訶薩修行般若波羅蜜多故具足如是詞無礙解，所謂於諸言詞證入之智。獲是智已，而能了知諸天言詞、諸龍言詞、藥叉言詞、健達縛言詞、阿素洛言詞、揭路荼言詞、緊奈洛言詞、牟呼洛伽言詞、人言詞、非人言詞，乃至五道眾生一切含識所有言詞音聲籌議，菩薩悉能以智證入，又能以是言音爲彼衆生宣説正法。舍利子！是則名爲菩薩摩訶薩詞無礙解。又舍利子！復有詞無礙解，謂諸菩薩善能了知，如是言詞，唯應顯了如是之法；如是言詞，唯應隨辯如是之法；如是言詞，應以是字隱藏是法。菩薩摩訶薩又以是解，當應了知是一名言、是二名言、是多名言。又能了知是女名言、是男名言、是非男非女名言。又能了知是略名言、是廣名言、是好名言、是惡名言。又能了知過去名言、未來名言、現在名言。又能了知如是等相一字增益、如是等相多字增益。若諸菩薩能善了知，是則名爲詞無礙解。又舍利子！復有詞無礙解者，菩薩摩訶薩所發言詞無量功德所共集成。何等是耶？舍利子！諸菩薩等所發言詞無有微弱，即此言詞善巧施設，無有繁重無有急速，詞極明瞭文義圓備，順悦大衆，種種美妙顯示深奧，世俗勝義之所莊嚴，自心智見通達無礙，諸佛印可悦豫衆生。舍利子！如是具足是名菩薩摩訶薩詞無礙解。

"復次舍利子！云何菩薩摩訶薩辯無礙解？舍利子！菩薩辯者，所謂菩薩摩訶薩修行般若波羅蜜多故，獲是言詞無礙辯、無滯記別辯、宣暢無斷辯、速辯迅辯、捷疾辯、不可動辯、不訥鈍辯、隨問對辯、無退怯辯、不相違辯、無諍論辯、可樂法辯、住忍力辯、妙甚深辯、種種差別辯、種種微妙辯、世俗勝義辯、建立一切布施持戒懷忍正勤静慮般羅若辯、建立一切念住正斷神足根力覺支道分奢摩他毗鉢舍那辯、建立一切静慮解脱三摩地三摩鉢底諦廣大智辯、一切聖人所乘辯、一切衆生心行辯、無謇吃言辯、無梗澀言辯、無輕掉言辯、無粗獷言辯、愛潤音言辯、清淨言辯、横逸言辯、無著言辯、教詔言辯、三摩呬多言辯、妙相應言辯、無關鬧言辯、美妙音言辯、柔滑音言辯、無致譏訶言辯、衆聖所贊言辯。舍利子！菩薩摩訶薩以如是等所有言辯，遍告無邊諸佛刹土，所發言音超過一切梵音言詞。如是言音明瞭清淨，爲諸如來之所印可。是諸菩薩具足才辯，以是言音愍諸有情及數取者，廣爲宣説微妙正法，能令是等出離生死正盡衆苦。舍利子！是名菩薩摩訶薩辯無礙解。舍利子！如是名爲無礙解善巧。由此無礙解善巧故，菩薩摩訶薩修行般若波羅蜜多精勤修習無礙解善巧。"

【《大寶積經》卷第五十二　大唐三藏法師玄奘奉詔譯】

菩薩藏會第十二之二十
般若波羅蜜多品第十一之三

　　"復次舍利子！云何菩薩摩訶薩依趣善巧？舍利子！菩薩摩訶薩修行般若波羅蜜多故，於四依趣善能具足。何等爲四？所謂依趣於義不依趣文、依趣於智不依趣識、依趣於了義經不依趣不了義經、依趣於法不依趣數取趣者。舍利子！云何名爲依趣於義不依趣文？復以何等爲文爲義？舍利子！所言文者，謂諸世間諸法作用傳習文詞。所言義者，謂所通達出世間法。所言文者，宣示可樂布施調順寂静言詞。所言義者，謂所布施調順寂静決定了知無朽壞智。所言文者，訶毀生死分別言詞。所言義者，生死不染徹見法性。所言文者，稱揚贊歎涅槃功德。所言義者，謂諸法性涅槃無分別性。所言文者，隨順諸乘建立言説。所言義者，一理趣法善通達智。所言文者，宣説捨離諸所有法。所言義者，謂是三輪究竟清淨。所言文者，宣説律儀身語意業受持學處杜多功德。所言義者，身語意業皆不可得，不由加行尸羅清淨。所言文者，宣説忍受瞋恚裁忿憍慢傲逸，能行是忍名善丈夫。所言義者，謂善證得無生法忍。所言文者，演諸善根發起精進。所言義者，無取無捨無住精進。所言文者，宣説静慮解脱等持等至。所言義者，滅盡定智。所言文者，一切聞持諸慧根本。所言義者，不可説義。所言文者，謂能開示三十七覺分聖道正法。所言義者，證得菩提分法正行之果。所言文者，謂能開示苦集道諦。所言義者，於滅作證。所言文者，開示無明爲初乃至老死。所言義者，謂無明滅故乃至老死亦滅。所言文者,宣説止觀資糧正法。所言義者,明解脱智。所言文者,宣説貪瞋及癡等分行法。所言義者,謂無分別心解脱智。所言文者,開示一切障礙之法。所言義者,謂無障礙解脱之智。所言文者,開示三寶稱贊功德。所言義者,離欲法性無爲無著功德正行。所言文者,宣説菩薩從初發心乃至道場修學功德發起正行。所言義者,謂刹那心相應證覺一切智智。舍利子!舉要言之,如來所演八萬四千法藏聲教皆名爲文,諸離一切言音文字理不可説是名爲義。舍利子!是名菩薩摩訶薩修行般若波羅蜜多故,依趣於義不依趣文。

"復次舍利子!云何菩薩摩訶薩依趣於智不依趣識?舍利子!菩薩摩訶薩依般若波羅蜜多故,善巧了知諸有言教數取趣義,是名爲識此不應依;諸有言教如法性義,即是於智此應依趣。又舍利子!是菩薩摩訶薩由二法善巧,便能修行般若波羅蜜多。何等爲二?謂識及智。舍利子!何等爲識?何等爲智?舍利子!所言識者,謂四識住。何等爲四?一者色趣識所依止,二者受趣識所依止,三者想趣識所依止,四者行趣識所依止。如是識住,是名爲識不應依趣。所言智者,於五取蘊識不安住。諸蘊遍智,是名爲智此應依趣。所言識者,謂能了知地界水界火界風界,如是了知則名爲識不應依趣。若有説言四種識住識不安住,此則名爲識之法性。若於法性不雜亂智,是名爲智則可依趣。又復識者,所謂了別眼所識色、耳所識聲、鼻所識香、舌所識味、身所識觸、意所識法,如是了別是名爲識。所言智者,若於内處心慮寂静,若於外處尋伺不行,依趣於智不於一法而生分別,如是等相名之爲智。又復識者,從所緣境而生於識、從諸作意而生於識、從遍分別而生於識,如是等相名之爲識。所言智者,無取無執無緣無了別無所分別是名爲智。又復識者,於諸一切有爲行法識所依趣是名爲識。所言智者,於無爲法無識能行此無爲智是名爲智。又復識者,有生有滅有住之識,故名爲識不應依趣。無生無滅亦無所住,是名爲智此應依趣。舍利子!是名菩薩摩訶薩修行般若波羅蜜多故,依趣於智不依趣識。

"復次舍利子!云何名爲菩薩摩訶薩不依趣不了義經依趣了義經?舍利子!諸菩薩等善能通達,即如先説所有廣文,是則名爲不了義經,如是廣文不應依趣；即如先說所有廣義，是則名爲了義經際，如是廣義則可依趣。又舍利子！何等經中以爲了義？何等經中名不了義？舍利子！菩薩摩訶薩依般若波羅蜜多故善能分別，若諸經中宣說於道，如是言教名不了義；若諸經中宣說於果，如是言教名爲了義。若諸經中說世俗諦，名不了義；說勝義諦，名爲了義。若諸經中宣說作業煩惱惑染，名不了義；若有宣說煩惱業盡，是名了義。若諸經中宣說訶責染污之法，名不了義；若有宣說修治清淨，如是法者是名了義。若諸經中有所宣說厭背生死欣樂涅槃，名不了義；若有宣說生死涅槃二無差別，是名了義。若諸經中宣說種種文句差別，名不了義；若說甚深難見難覺，是名了義。若諸經中文句廣博能令眾生心意踴躍，名不了義；若有宣說文句及心皆同灰燼，是名了義。若諸經中宣說有我有情命者養者數取趣者意生摩納婆作者受者，又說立有種種受蘊無有主宰，如是言教名不了義不應依趣。若諸經中說空無相無願無生無起亦無出現，無有我無有情無命者無養者無數取趣者及三解脫門，如斯言教是名了義則可依趣。舍利子！是名菩薩摩訶薩修行般若波羅蜜多故，依趣了義不趣不了之義。

"復次舍利子！云何名爲菩薩摩訶薩依趣於法不依趣數取者？舍利子！菩薩摩訶薩依般若波羅蜜多故，於諸經教善能分別，諸有宣說不了義經，即爲補特伽羅義，如是言教不應依趣；諸有了義即如性法義，如是言教此應依趣。又舍利子！復以何等名爲依法？云何名爲數取趣者？舍利子！若有依止數取之見諸所緣法，如是之相名數取者；此數取見所緣法住性之法性，如是相者是名爲法。言數取者，所謂凡夫數取。善凡夫數取、隨信行數取、隨法行數取、第八數取、預流數取、一來數取、不還數取、阿羅漢數取、獨覺數取、菩薩數取。舍利子！復有一數取者出現於世，利益安樂無量眾生，悲愍世間，爲諸天人義利安樂。如是數取，所謂如來、應、正等覺。舍利子！如是一切數取名言，如來依世俗諦爲眾生說。若有眾生於此言教起於執著，如是等類不應依趣。何以故？如來欲令於彼正依趣故，佛薄伽梵說如是法，汝等依趣諸法實性，無宜依趣彼數取者。舍利子！何等是爲諸法實性？舍利子！所謂無有變異、無有增益、無作無不作、不住、無根本,如是之相是名法性。又復於一切處通照平等,諸平等中善住平等,不平等中善住平等,於諸平等不平等中妙善平等,如是等相是名法性。又法性者無有分別、無有所緣,於一切法證得決定究竟體相,如是名爲諸法實性。舍利子!若有依趣法性之者,則諸法性無不依趣。菩薩摩訶薩由證入如是門故,於一切法依趣一切法性故。舍利子!如是名爲菩薩摩訶薩四種依趣。若有菩薩摩訶薩於此法中能通達者,是則説名依趣善巧。舍利子!如是名爲依趣善巧,菩薩摩訶薩爲欲修行般若波羅蜜多故,精勤修習依趣善巧。

　　"復次舍利子!云何名爲菩薩摩訶薩資糧善巧?舍利子!當知菩薩摩訶薩修行般若波羅蜜多故,善能通達二種資糧。何者是耶?謂福及智。舍利子!云何名爲福德資糧?所謂布施體性福所作事、尸羅體性福所作事、諸修體性福所作事,及大慈定大悲方便,菩薩摩訶薩住福所作諸事業故,於諸善根若自若他,勵志奉修悉能興起,三世積集所有諸惡悉皆發露。又於一切衆生所有功德、一切學無學所有功德、一切獨覺所有功德、一切菩薩從初發心廣修諸行得不退轉繫屬一生,如是等無量無邊菩薩摩訶薩所有功德,菩薩普皆心生隨喜。又於去來現在一切諸佛薄伽梵所,一切善根菩薩亦皆心生隨喜。舍利子!是菩薩摩訶薩又復善能隨喜俱生福所作事,復能勸請一切諸佛轉妙法輪,及諸賢聖令演勝法勸請俱生福所作事,復能以諸善根回向菩提、回向俱生福所作事。是菩薩摩訶薩見有未發大菩提心諸菩薩等,方便教令發菩提心。若有已發菩提心者,説法示導教令成熟。諸貧窮者攝以財物,若疾病者施以醫藥、殷勤瞻視恭敬承事,於暴惡者心生忍受,所犯戒品無有覆藏、發露諸過善能除罪。已般涅槃諸佛世尊,於一切時常修供養。於鄔波柂耶及阿遮利耶敬如大師,於正法所發勤精進追尋請問,於説法師敬愛尊奉猶如事佛。有説法會,雖去已遠多百逾繕那,要往其所聽聞正法無有厭足。或有衆生來請疑滯,以無染心宣説淨法。於父母所承修供養,知恩了恩無有變悔。積集一切諸清淨福,修行建立情無厭倦。以諸律撿防護於身,身無詭詐;防護於語,發言和雅;防護於心,心無諂誑。欲攝梵福故,爲諸如來營構制多。令丈夫相具圓滿故,積集無遮大祠法會。爲隨顯相令圓滿故，積集種種善根資糧。爲莊嚴身故，舍離憍慢。爲莊嚴語故，遠諸語過。爲莊嚴心故，遠離一切憎嫉覺慧。爲大莊嚴佛刹土故，化現神通轉變自在。爲欲莊嚴諸法相故，無上妙智善勝清淨。爲欲莊嚴大法衆故，遠離一切離間粗惡破壞語言。爲不取著一切法故，離妄分別。令說法者無憂戚故，歡喜授與善哉言詞。令說法者無唐捐故，遠離諸蓋恭敬聽法。爲欲莊嚴菩提樹故，奉施諸佛清靜園林。爲欲莊嚴佛道場故，備修善根無有退轉。爲欲淨除生死法故，不染一切諸業煩惱。爲欲獲得珍寶手故，修行布施一切珍寶。爲欲獲得無盡之財及無盡藏故，所愛重物先用行施。爲欲令諸衆生暫見便起清淨信故，舒顏先問遠諸顰蹙。爲欲獲得平掌相故，於諸衆生起平等照。爲放無邊諸光網故，於不學識諸衆生所情不輕蔑又無捨置。爲令受生得清淨故，常存積集清淨戒福。爲令胎藏得清淨故，於諸毀犯善能清淨。爲欲生於天人中故，修治清淨十善業道。遠離無知往還進止故，於諸教誡無妄分別。爲得法財富逸自在故，於深奧法性無藏吝。爲諸世間所瞻仰故，修治清淨增上欲解。爲得廣大法勝解故，於微少行而不修證。爲欲攝受一切福故，心恒思惟一切智者。爲七聖財得圓滿故，於佛正法信爲前導。爲欲攝受諸淨法故，於己身命曾無顧録。爲諸世間所委任故，於先所許必令果遂。爲令一切諸佛妙法得圓滿故，圓滿修習一切佛法。舍利子！若菩薩摩訶薩具足成就如是相者，是名菩薩摩訶薩福德資糧善巧。

"復次舍利子！云何菩薩摩訶薩智德資糧善巧？舍利子！是菩薩摩訶薩修行般若波羅蜜多時，由住如是如是因緣法故攝取於智，是故名曰智德資糧。舍利子！如是攝智，以何等法爲因爲緣？舍利子！當知菩薩摩訶薩欲無厭倦，精進尋求智隨行性親近善友，趣諸佛智不趣聲聞及獨覺智，於彼善友情無憍慢，恭敬愛重如愛大師。而是菩薩知彼善友具諸欲解，無有少分順智言說而不咨受彼善友者。又知菩薩是法器已，即爲宣說中無暫斷。是諸菩薩聞說如是正法資糧相應之行，精進尋思方便修習。舍利子！諸如是相，此則名爲智德資糧相應正行。

"復次舍利子！云何名爲菩薩摩訶薩正法資糧相應正行？舍利子！

正法資糧者，所謂菩薩摩訶薩具修正行故，嗜欲饕餮善能節儉，事緒緣務善能減約，言說談話善能遠離，於諸音聲善能棄捨，初夜後夜無有睡眠，精勤修習相應正行。是菩薩摩訶薩稱量理義鄭重尋思故，心無濁穢制伏諸蓋故，於所毀犯善知出離無有諂詐現除悔故，無所追求堅修正行故，隨順正法趣向正法俯臨正法於法勇猛常如救彼頭衣熾然故，勤求妙智無暫休息不處愚暗故，無有慢緩不棄善扼故，遠離憒鬧常樂獨處故，宴默思惟聖種知足故，不捨杜多所有功德愛樂法樂故，常樂尋求出世間法不思寶玩隨順世間文章咒術故，成就正念無忘失故，備甚深義善隨行故，具足妙慧道隨順故，堅固勇猛防衛外緣故，內懷羞恥慚愧莊嚴故，隨行佛趣離非智故，捨愚癡膜慧眼清淨善覺悟故，覺慧寬廣於如是覺無狹劣故，妙覺明顯證現智故。舍利子！是菩薩摩訶薩所有功德不隨於他，於自功德無增上慢，於他功德不嫉不毀，善修行業不輕業報，由如是故具足成滿業清淨智。舍利子！如是等相具足圓備，是名菩薩摩訶薩智德資糧善巧之行。

"復次舍利子！菩薩摩訶薩復有智德資糧善巧，謂能具足四種施法便得成就智德資糧。何等為四？一者菩薩摩訶薩若見書寫如是經典，給施葉紙筆墨眾事。二者菩薩摩訶薩請說法者演深妙義。三者菩薩摩訶薩以諸利養恭敬名聞贊頌稱揚奉說法者。四者菩薩摩訶薩於說法師攝受正法，無有諂曲贊悅彼意，應施是言善哉善哉。舍利子！若有菩薩摩訶薩行是四種清淨布施，當知善能積集智德資糧善巧。

"復次舍利子！菩薩摩訶薩復有四種積集無盡智德資糧。何等為四？一者菩薩摩訶薩巧能守護說法者身。二者巧能守護所有眾善。三者巧能守護其所止處。四者巧能守護彼說法者所有徒眾。舍利子！是為菩薩摩訶薩四種積集智德資糧。

"復次舍利子！菩薩摩訶薩復有四種任持智德資糧善巧。何等為四？所謂菩薩摩訶薩於說法者以法任持、以智任持、以財任持、以菩提功德而用任持。舍利子！是為菩薩摩訶薩四種任持智德資糧。

"復次舍利子！菩薩摩訶薩復有五種勝力，能為智德資糧善巧。何等為五？所謂菩薩摩訶薩具足信力，為欲成就信解心故；具足進力，求善知識成多聞故;具足念力,令菩提心無忘失故;具足定力,審諦觀察平等覺故;具足慧力,由久修習多聞力故。舍利子! 是名菩薩摩訶薩五力智德資糧善巧之行。

"復次舍利子! 菩薩摩訶薩復有智德資糧善巧,謂具四種清淨尸羅,能善積集智德資糧。何等爲四? 所謂菩薩摩訶薩樂法尸羅、求法尸羅、觀法尸羅、回向菩提尸羅。舍利子! 菩薩摩訶薩若具如是四種清淨尸羅,能善積集智德資糧善巧之行。

"復次舍利子! 菩薩摩訶薩復有智德資糧善巧,謂能具足四種忍法,能爲智德資糧善巧。何等爲四? 一者菩薩摩訶薩勤求法時,善能忍受一切粗惡非法言説。二者菩薩摩訶薩勤求法時,善能堪忍一切風日寒熱飢渴。三者菩薩摩訶薩勤求法時,於阿遮利耶、鄔波陀耶二勝師所,隨有訓誨頂戴領受。四者菩薩摩訶薩勤求法時,善能信解於空無相無願之法。舍利子! 如是四種含受忍法能爲智德資糧之行。

"復次舍利子! 菩薩摩訶薩復有智德資糧善巧,謂能具足四種精進,能爲智德資糧善巧。何等爲四? 所謂菩薩摩訶薩堅固精進聽聞正法、堅固精進任持正法、堅固精進演説正法、堅固精進修行正行。舍利子! 如是四種堅固精進能爲智德資糧之行。

"復次舍利子! 菩薩摩訶薩復有智德資糧善巧,謂能具足四種静慮,於法修習,能爲智德資糧善巧。何等爲四? 一者菩薩常樂行遠離法,二者樂獨專一守静山林,三者常樂尋求神通静慮,四者常勤修行廣大佛智。舍利子! 如是四種正法静慮能爲智德資糧之行。

"復次舍利子! 菩薩摩訶薩復有智德資糧善巧,謂能具足四種正法智慧光明,能爲智德資糧善巧。何等爲四? 所謂菩薩摩訶薩修行如是智慧光明,不住於斷、不説於常、不違緣起、信解無我。舍利子、如是四種諸慧光明能爲智德資糧正行。

"復次舍利子! 菩薩摩訶薩復有智德資糧善巧,謂能成就四種正法無上方便,能爲智德資糧善巧。何等爲四? 所謂菩薩摩訶薩修行般若波羅蜜多故,隨順世間、隨順經典、隨順妙法、隨順淨智。舍利子! 如是四種正法方便能爲智德資糧正行。

"復次舍利子！菩薩摩訶薩復有智德資糧善巧，謂能進趣四種法道，能爲智德資糧善巧。何等爲四？所謂菩薩摩訶薩以依般若波羅蜜多故，具足修行到彼岸道、七覺分道、八聖支道、趣向一切智者智道。舍利子！如是四種正法之道能爲智德資糧正行。

"復次舍利子！菩薩摩訶薩復有智德資糧善巧，謂具四種無厭足法，則能善集智德資糧。何等爲四？所謂菩薩摩訶薩以修行般若波羅蜜多故，奉持正法無量聽聞無有厭足、爲衆說法無有厭足、觀察理義無有厭足、智慧方便無有厭足。舍利子！如是四種無厭足法能集智德資糧正行。

"復次舍利子！菩薩摩訶薩如是智德資糧善巧，隨遍入於一切行處。何以故？舍利子！當知布施由智資糧而成就故，如是持戒忍辱精進靜慮正慧亦是智德資糧成就，乃至慈悲喜捨一切善法亦因智德資糧成就。何以故？舍利子！菩薩摩訶薩所有發起堅固正行皆依正智，彼一切行智爲前導。由是菩薩具大智故，爲諸無智之所歸趣，一切惡魔不得其便，諸佛如來所共加護，將得趣入一切智智。舍利子！是爲菩薩智德資糧善巧之行。若諸菩薩摩訶薩成就如是福智二種資糧善巧，當知修行般若波羅蜜多故獲是資糧善巧之力。

"復次舍利子！云何菩薩摩訶薩念住善巧？舍利子！所謂菩薩摩訶薩修行般若波羅蜜多故，具足修習四種念住，則能成就方便善巧。舍利子！何等爲四？一者於身隨身觀察修習念住，二者於受隨受觀察修習念住，三者於心隨心觀察修習念住，四者於法隨法觀察修習念住。舍利子！菩薩摩訶薩修行般若波羅蜜多故，云何於身隨身觀察修習念住？舍利子！菩薩於身住隨身念，觀察是身前際過咎，是菩薩摩訶薩作是思惟：'如是身者，顛倒業起因緣所生，本無主宰、無所攝受。如彼卉木叢林諸藥草等從因緣生，本無主宰、無所攝受。此身又如館舍所起，皆由草木牆塹衆緣所共合成。此身亦爾，但爲蘊界處等之所攝持，而其本性空無有我無有我所、無常無恒無有堅住、非不變法。我今不應於是身分妄有所計，是故我今當以如是不堅之身用貿堅身。何等身者名爲堅實？謂如來身是堅實身。我觀是身極爲虛僞，要當成辦如來之身。何以故？如來身者即是法身、金剛之身、不可壞身、堅固之身、超於三界最勝之身。'又作是念：'我此身者無量過咎之所雜染，我當求證離諸過染如來之身。'舍利子！是菩薩摩訶薩以諸覺慧簡擇力故，觀察是身四大種攝，爲諸隨眠所依窟宅，是故我今當以此身爲諸衆生驅役給使。何以故？譬如世間外四大種，所謂地界水火風界，以種種門無量差別衆具資財，饒益養育一切衆生。我今亦爾，用此四大所合成身，以種種門無量差別境界資財，當爲衆生之所受用。舍利子！是菩薩摩訶薩由依般若波羅蜜多觀察是身，有如是等大義用故，雖觀此身體性是苦而不厭患如是苦身，雖觀是身究竟盡性而不厭患流轉受生，雖觀是身其性無我而無厭倦成熟衆生，雖觀是身我寂滅性而不墮彼永捨寂滅，雖觀身空無相遠離而不墮於遠離邊際。舍利子！是菩薩摩訶薩於此身法住隨身觀，觀察是身無實無堅。又於內身住隨身觀隨內而行，於諸煩惱無復容受。又於外身住隨身觀隨外而行，於諸煩惱不與共住。舍利子！是菩薩摩訶薩成就如是身念住已，其身清淨無有染污，具足一切清淨身業，得清淨相莊嚴之身。既具如是莊嚴身故，爲諸天人之所歸仰。舍利子！是名菩薩摩訶薩修行般若波羅蜜多故，於此身法隨身觀察修習念住。

"復次舍利子！菩薩摩訶薩修行般若波羅蜜多時，云何於受隨受觀察修習念住？舍利子！菩薩摩訶薩作是思惟：'諸所有受一切皆苦。我於今者具覺慧力，於如是受當善決擇，以智決擇、以慧決擇、方便決擇。'是菩薩摩訶薩既具如是勝決擇力，雖受於樂當樂觸時，即於一切善道衆生起大慈心，不爲貪欲隨眠所惱。雖受於苦當苦觸時，即於一切惡道衆生起大悲心，不爲瞋恚隨眠所惱。雖復受諸不苦不樂，當觸受時不爲無明隨眠所惱。舍利子！是菩薩摩訶薩由依般若波羅蜜多具足如是觀解力故，隨受而行，修習念住所受諸受，若苦、若樂、不苦不樂，善能觀察諸受出離，又能令彼一切衆生證受遍智寂滅之法。又作是念：'此諸衆生具煩惱故無有智慧，不能了知諸受出離。何以故？若受樂時便生貪愛，若受苦時便生瞋恚，若受不苦不樂便起愚癡。而況我輩諸菩薩等隨智慧行，一切所受諸過失法皆已息滅，豈當於受更起煩惱？我於今者應具發起方便善巧及與大悲攝諸衆生,令於諸受皆得息滅。'舍利子！如是菩薩何因緣故,説於諸受而能不隨？舍利子！謂於諸受智慧簡擇,能引於樂不引於苦。舍利子！復以何等智慧簡擇？謂是菩薩觀察此中無能受者,若我、若有情、若命者、若數取等。於是觀察竟無能受,唯有受者。有何等受？所謂執受、攝受、取受、有得受、顛倒受、分別受、見隨眠受、眼想所生受乃至意想所生受、色想所生受乃至法想所生受,及彼種種眼觸所生受。如是廣説若内若外所有諸法,乃至諸觸緣所生受,若苦若樂不苦不樂,如是等相是名爲受。

"復次舍利子！諸佛如來分別諸受無量諸門差別之相。舍利子！如來或時説爲一受,所謂一心了別諸境。或説二受,謂内及外。或説三受,所謂過去了別、未來了別、現在了別。或説四受,所謂地水火風界別。或説五受,所謂思惟如是五蘊。或説六受,所謂分別如是六處。或説七受,謂七識住。或説八受,所謂八邪方便之相。或説九受,所謂九位衆生所居。或説十受,所謂十善業道等。舍利子！如是廣説乃至無量一切諸受,隨所緣境、隨所作意,限量分齊有爾所受。然諸如來説受無量。何以故？衆生無量故,隨有衆生各具如是無量諸受。舍利子！如是菩薩摩訶薩云何於受住隨受觀？舍利子！謂諸菩薩以清淨智,方便善攝一切衆生所有諸受生滅住異,及善了知一切衆生善不善等所有受智。若諸菩薩如是隨觀,是名於受具足觀察。舍利子！如是名爲菩薩摩訶薩修行般若波羅蜜多故,於一切受隨受觀察修習念住。

"復次舍利子！菩薩摩訶薩修行般若波羅蜜多時,云何於心隨心觀察修習念住？舍利子！是諸菩薩摩訶薩無有忘念,密護防守離諸散亂,觀察於心生滅散壞念念不住,於内於外不住不轉,是名菩薩正觀於心。舍利子！是菩薩摩訶薩復作是念:'我憶最初曾所發心,如是諸心生已即滅、離散變壞,不可了知詣何方所。又我所有無量諸心積集善根,生已即滅,離散變壞無有方所。又我所有無量心相回向菩提,而心體相不能自了。云何此心能作是念:"我當證覺阿耨多羅三藐三菩提耶？"何以故？以此心體不能了心、不能觀心、不能通達於自心故。'舍利子！是菩薩摩訶薩復作是念:'若菩提心由善根心無有失者,則善根心由回向心無有迷失。若回向心由菩提故無有失者,則阿耨多羅三藐三菩提爲無有失。'是菩薩摩訶薩作是觀已,於無迷失不恐不怖。復作是念:'此緣起法因果不壞,雖復是心法性無有自性、無有作用、無有主宰,然此諸法依止因緣而得生起。我當隨其所欲積集善根,既積集已修相應行,終不捨離是心法性。'

"復次舍利子! 菩薩摩訶薩云何此中積集之相? 舍利子! 是諸菩薩摩訶薩作如是觀積集之相,是心本性猶如幻化,無有一法而可施者。是心法性而能布施一切衆生,回向積集莊嚴佛土,是則名爲善根積集。又舍利子! 是心本性如夢所見其相寂静,是心法性而能積集守護尸羅皆爲回向神通作用,是則名爲善根積集。又舍利子! 是心本性猶如陽焰究竟盡滅,是心法性而能修習一切可樂忍辱之力回向積集莊嚴菩提,是則名爲善根積集。又舍利子! 心本性者如水中月究竟遠離積集之相,是心法性而能發起一切正勤回向成熟無量佛法,是則名爲善根積集。又舍利子! 心本性者不可取得、不可睹見,是心法性而能修習一切静慮解脱三摩地三摩鉢底回向諸佛勝三摩地,是則名爲善根積集。又舍利子,觀此心性本非色相、無見無對、不可了知,是心法性而能修習一切慧句差別説智回向圓滿諸佛智慧,是則名爲善根積集。又舍利子! 心無所緣無生無起,是心法性而能建立無量善法攝受色相,如是名爲善根積集。又舍利子! 心無所因亦無所生,是心法性而能攝受覺分法因,是則名爲善根積集。又舍利子! 心性遠離六種境界亦不生起,是心法性而能引發菩提境界因所生心,是則名爲善根積集。舍利子! 如是名爲菩薩摩訶薩依般若波羅蜜多故,於一切心隨心觀察修習念住。

"復次舍利子! 是菩薩摩訶薩又依般若波羅蜜多故,於一切心住隨心觀,爲求證得勝神通故,繫縛其心修學通智。得神通已,但以一心而能善知一切心相。既了知已,依心自體宣説諸法。舍利子! 如是住隨心觀菩薩摩訶薩,以大悲力制御其心,成熟衆生而無厭倦。由是菩薩住隨心觀故,不爲心盡不爲心滅安住於心,但爲令心遠離生死相續結縛而安住心。又復以諸心念智力,安住諸法無生無起正決定性,而不退墮二乘地中。又以是力持心相續,乃至成滿一切佛法,一刹那心相應妙慧,覺悟阿耨多羅三藐三菩提。如是舍利子！是名菩薩摩訶薩依般若波羅蜜多，於一切心隨心觀察修習念住。

　　"復次舍利子！菩薩摩訶薩修行般若波羅蜜多時，云何於法隨法觀察修習念住？舍利子！是菩薩摩訶薩以聖慧眼觀見諸法，乃至坐於道場，於其中間無有迷失。是菩薩於一切法住隨法觀，不見少法遠離於空、遠離無相、遠離無願、遠離無生、遠離無起，及以遠離無加行者。又重觀察，不見少法遠離緣起。舍利子！是菩薩摩訶薩安住如是隨法觀故，不觀於法及以非法。此中何者以定爲法？謂無我義是名法義，無有情義、無命者義、無數取趣義，如是等義是名爲法。復以何等爲非法義？所謂我見、有情見、命者見、數取趣見、斷見常見、有見無有見，如是等見是名非法。又舍利子！舉要而言，一切諸法或名爲法或名非法。何以故？若能了知如是諸法皆空無相及以無願，即一切法並名爲法。若有計著我及我所諸見隨眠，即一切法並名非法。舍利子！菩薩摩訶薩依般若波羅蜜多故住隨法觀已，不見一法而非佛法、而非是佛、而非是道、而非解脫、而非出離者。是菩薩摩訶薩了知諸法皆出離已，又復獲得無障大悲，觀諸衆生所有煩惱皆從虛假妄想而生，知諸煩惱體性自離。何以故？是諸煩惱等趣了義，無少煩惱可積可集。如是隨覺即是菩提，煩惱之性即菩提性。菩薩如是雖安住念而無所住，非憶非忘，而能了知念所安住。何以故？所安住念即名法界，若住法界即住有情界，若住有情界即住虛空界，由如是故說此諸法與虛空等。舍利子！如是住隨法觀菩薩摩訶薩依趣佛法故，信解諸法即是佛法。雖復發起如是盡智，而於無爲盡滅之法能不作證。雖復發起無生之智，愍諸含識而現受生，又不捨離無生實際。舍利子！是菩薩摩訶薩於諸法中安住念故，遍能攝受二乘諸法。雖於一切假立諸法安住於念，而此正念無散無失，乃至後際於一切法隨法觀察修習念住，能以無量言說所說，不平等境平等趣入一切佛法，能令一切衆生心喜，能摧一切堅固魔軍，因是證得自然大智。舍利子！是名菩薩摩訶薩修行般若波羅蜜多故，於一切法隨法觀察修習念住。是則名爲四種念住善巧之法。如是舍利子！菩薩摩訶薩欲得修行般若波羅蜜多者，應當修習念住善巧。"

【《大寶積經》卷第五十三　　大唐三藏法師玄奘奉詔譯】

菩薩藏會第十二之二一
般若波羅蜜多品第十一之四

　　"復次舍利子！云何菩薩摩訶薩四正勝道善巧？舍利子！菩薩摩訶薩以修般若波羅蜜多故，道有四種。何等爲四？一者未生惡不善法爲不生故，便生欲樂，勇猛策勵發勤精進，攝持於心平等安住。二者已生惡不善法爲永斷故，便生欲樂，勇猛策勵發勤精進，攝持於心平等安住。三者未生善法爲生起故，便生欲樂，勇猛策勵發勤精進，攝持於心平等安住。四者已生善法令住不忘修習圓滿，便生欲樂，勇猛策勵發勤精進，攝持於心平等安住。舍利子！如是四種又亦名爲四種正勝。

　　"復次舍利子！云何名爲未生惡不善法爲不生故，乃至攝持於心平等安住？舍利子！所言未生惡不善法爲不生故，便生欲樂勇猛策勵者，是謂如理作意故。發勤精進者，是謂不捨如理作意故。攝持於心平等安住者，是則名爲如理觀察。何以故？由如理方便故，惡不善法不復現行。舍利子！何等名爲惡不善法？復以何義惡不善法不復現行？舍利子！惡不善法，所謂尸羅戒所對治、定所對治、慧所對治。云何名爲戒所對治？舍利子！言對治者，所謂犯戒，及餘一切發起毀犯尸羅之法，諸妙戒聚之所對治，如是名爲戒所對治。舍利子！何等名爲定所對治？所謂違犯軌則，及餘一切引心亂法，諸妙定聚所對治法，如是名爲定所對治。舍利子！何等名爲慧所對治？所謂毀犯於見，及餘一切能引諸見纏障蓋法，諸妙慧聚之所對治，如是名爲慧所對治。舍利子！諸如是等並得名爲惡不善法。若諸所有如理作意,不令如是惡不善法得生起者,是則名爲惡不善法不復現行。舍利子!是名菩薩摩訶薩第一正勝。

"復次舍利子!云何名爲已生惡不善法爲永斷故,乃至攝持於心平等安住?舍利子!若諸惡不善法積集於心無方無處,及諸惡不善法現行覺心,依止於因緣所緣境而得生起。何等名爲緣境生起?所謂因淨妙相而起貪心,損壞相故而起瞋心,無明相故而起癡心。爾時菩薩便住如是如理思惟:'不淨相故貪欲寂靜,慈愍相故瞋恚寂靜,緣起相故愚癡寂靜。'是諸煩惱雖由作意永息滅故,假立言説名爲寂靜,而實寂靜無別可得,但爲斷滅平等性故現觀諸法,即以此法而名正勝。舍利子!是名菩薩摩訶薩第二正勝。

"復次舍利子!云何名爲未生善法爲欲生故,乃至攝持於心平等安住?舍利子!如是義者文句無量。何以故?菩薩摩訶薩無量善法皆應積集,由是文句而有無量。舍利子!當知菩薩一切善根樂欲爲本,由精進故便能積集一切善根。何以故?由如是法攝持安住故,一切善根皆得究竟。舍利子!是名菩薩摩訶薩第三正勝。

"復次舍利子!云何名爲已生善法令住不忘修習圓滿便生欲樂,乃至攝持於心平等安住?舍利子!如是義者當知即是回向菩提。何以故?由回向菩提,所有善根無復失壞故。所以者何?以彼菩薩不依三界而發心故。舍利子!若諸菩薩不依三界修習善根,又復回向一切智者,當知所有一切善法則爲究竟無能有盡。舍利子!是名菩薩摩訶薩第四正勝。舍利子!菩薩摩訶薩爲欲修行般若波羅蜜多故,精勤修習如是四種道分善巧。

"復次舍利子!云何菩薩摩訶薩五分道善巧?舍利子!何等爲五?所謂信根、精進根、念根、定根、慧根,是名爲五。舍利子!云何名爲菩薩摩訶薩修行般若波羅蜜多信根?舍利子!如是信者信四種法。何等爲四?一者信受如是處生死中世間正見。由此信故,菩薩摩訶薩依趣業報乃至失命因緣,終不興意造諸惡業。二者信受如是諸菩薩行。由此信故修行正行,終不起意樂證餘乘。三者信受如是勝義了義甚深緣起。一切諸法無我無有情,但是言説之所假立,唯空無相無願之相。由此信故,有情見趣及諸隨眠不復增長。四者信受如是力無畏等一切佛法。既信受已，離疑離惑，修集一切所有佛法。舍利子！如是等相是名菩薩摩訶薩信根。舍利子。云何名爲菩薩摩訶薩修行般若波羅蜜多精進根？所謂信所信法由精進根而得生起，即以此法名精進根。舍利子！云何名爲菩薩摩訶薩修行般若波羅蜜多念根？所謂諸法由於精進之所積集，以念根力而不失壞，即以此法而爲念根。舍利子！云何名爲菩薩摩訶薩修行般若波羅蜜多定根？所謂諸法由念根力所不失壞，即彼諸法以定根故攝住一緣故名定根。舍利子！云何名爲菩薩摩訶薩修行般若波羅蜜多慧根？所謂諸法由定根故攝住一緣，即彼諸法以慧根力觀達明瞭故名慧根。舍利子！菩薩摩訶薩若具如是五增上根，無間相續修行正行，能速圓滿一切佛法，亦速趣入授記別地。舍利子！譬如外道具五通仙，若諸胎藏男女二形猶未生起，終不爲彼妄有授記。如來亦爾，若諸菩薩未具成就如是五根無間相續，終不爲彼而授記也。舍利子！如是等相是名菩薩五分道法。菩薩摩訶薩爲欲修行般若波羅蜜多故，便能修習如是五分道善巧。

"復次舍利子！菩薩摩訶薩以依般若波羅蜜多故，道善巧者復有五分。何等爲五？所謂信力、精進力、念力、定力、慧力，是名爲五。舍利子！云何名爲菩薩摩訶薩信力？舍利子！是諸菩薩清淨勝解忍受決定、堅固難壞、不可制伏，設有惡魔化爲佛像到菩薩所爲作障礙，令是菩薩於正法智及勝解脫欲使遠離情不欣樂，又作是言：'如是法者非佛正教。'舍利子！假使四大之性互相轉變，終不能使成就信力勝解菩薩爲魔惑故信力傾動。舍利子！如是名爲菩薩摩訶薩信力。

"復次舍利子！云何菩薩摩訶薩精進力？舍利子！所謂菩薩發勤精進方便修習一切善法，於彼諸處獲得堅固住持之力。由是力故，乃至彼處所爲之事未終究竟，於其中間，無有一切天及世間，於是菩薩住持之力能令移動不住本處。舍利子！如是名爲菩薩摩訶薩精進力。

"復次舍利子！云何菩薩摩訶薩念力？舍利子！諸菩薩等於彼彼法由安住念令心安住，無有能令移動散亂。是菩薩摩訶薩由念持力，善能摧滅一切煩惱，而無有能制伏此念。舍利子！如是名爲菩薩摩訶薩念力。

"復次舍利子！云何菩薩摩訶薩三摩地力？舍利子！諸菩薩等安住遠離諸靜慮支,雖復觀察一切音聲、諸語業道及音聲刺,而不能障最初靜慮。是諸菩薩雖以如是一切善法尋伺推求無量諸法,而不能障第二靜慮。是諸菩薩雖復安住所生歡喜,而不能障第三靜慮。是諸菩薩雖爲成熟一切眾生,攝受正法不住於捨,而不能障第四靜慮。舍利子！菩薩摩訶薩安住如是四種靜慮,一切靜慮所對治法不能制伏。又是菩薩雖於三摩地安住不捨,而不隨彼定力受生。舍利子！如是名爲菩薩摩訶薩三摩地力。

"復次舍利子！云何菩薩摩訶薩慧力？舍利子！是智慧力堅固難伏,所謂一切世間出世間法所不制伏。如是智力,又是菩薩生生之處,乃至世間已行正行,工巧業處難作難解,而諸菩薩於彼一切不由師教現前了知。舍利子！是諸菩薩又於一切出世間法,謂能救度諸世間者,菩薩摩訶薩以智慧力悉能攝受,不爲一切世間天人之所制伏。舍利子！是名菩薩摩訶薩慧力。如此等相是則名爲菩薩摩訶薩五分道善巧。舍利子！是諸菩薩摩訶薩爲欲修行般若波羅蜜多故,精勤修習如是五分道善巧。

"復次舍利子！云何菩薩摩訶薩修行般若波羅蜜多覺分善巧？舍利子！菩薩摩訶薩有七種覺分。何等爲七？所謂念覺分、擇法覺分、精進覺分、喜覺分、安覺分、等持覺分、捨覺分,是名菩薩摩訶薩七種覺分。舍利子！云何名爲菩薩摩訶薩念覺分？所謂諸菩薩由依如是正念力故,隨覺諸法、觀察諸法、尋思諸法、了達諸法、簡擇諸法、鑒照諸法。是菩薩摩訶薩由念故,隨覺一切諸法體相。舍利子！何等名爲了達諸法自體相智？謂由念力覺一切法自體相空。若諸菩薩通達此者,是則名爲念覺分法。

"復次舍利子！云何名爲菩薩摩訶薩擇法覺分？謂諸菩薩具足簡擇八萬四千諸法藏智,隨彼諸法應當簡擇,如是簡擇所謂了義,如是了義由不了義,不了義者由世俗義,世俗義者由勝義義,勝義義者由假施設,假施設者由勝決擇,此勝決擇是名簡擇。舍利子！若諸菩薩成就此者,如是名爲擇法覺分。

"復次舍利子！云何名爲菩薩摩訶薩精進覺分？所謂菩薩即於如是念、擇法、喜、安、定、捨智,攝受欣樂勇猛勢力欲無退減,正勤策勵不捨善扼,爲道現觀所發正勤。舍利子！若諸菩薩成就此者,如是名爲精進覺分。

"復次舍利子！云何名爲菩薩摩訶薩喜覺分？謂由菩薩於法生喜便喜悦法,由喜悦法故心不沉没,不沉没故生清淨喜,由喜清淨故身心安隱離諸煩惱。舍利子！若諸菩薩成就此者,如是名爲喜覺分法。

"復次舍利子！云何名爲菩薩摩訶薩安覺分？所謂菩薩由身安故獲得心安,由心安故息諸煩惱遠離一切所有蓋障,於所緣境其心安住,如是便入於三摩地。舍利子！若諸菩薩成就此者,是則名爲安覺分法。

"復次舍利子！云何名爲菩薩摩訶薩三摩地覺分？所謂菩薩以是定心覺知於法,非不定心。何以故？若心得定覺了諸法,終不發起諸愛見等纏障邪覺,唯除於法平等實性,心定趣入覺一切法平等之性。舍利子！若諸菩薩成就此者,如是名爲三摩地覺分法。

"復次舍利子！云何名爲菩薩摩訶薩捨覺分法？所謂菩薩於能順憂喜分法心無執著,於諸世法心不攝受,不高不下安住不動,無欣無厭無愛無恚,唯能隨順修習聖道。若諸菩薩成就此者,是則名爲捨覺分法。如是舍利子！菩薩摩訶薩欲於是等七覺分法通達善巧故,便樂修行般若波羅蜜多精勤修習覺分善巧。

"復次舍利子！云何菩薩摩訶薩修行般若波羅蜜多道分善巧？舍利子！菩薩摩訶薩具足如是八聖道分。何等爲八？所謂正見、正思惟、正語、正業、正命、正精進、正念、正三摩地,如是名爲諸菩薩等八聖道分。舍利子！云何名爲菩薩摩訶薩正見？舍利子！謂衆賢聖出世間見。如是見者非我見起、非有情見起、非命者見起、非數取者見起、非斷見起、非常見起、非有見起、非無有見起、非善見起、非不善見起,乃至非涅槃見起。舍利子！若諸菩薩遠離此見,是則名爲菩薩正見。

"復次舍利子！云何菩薩摩訶薩正思惟？舍利子！若諸菩薩由此思惟則能發起貪瞋癡等一切煩惱,如是思惟終不發起。若諸菩薩由此思惟便能生長戒聚、定聚、慧聚、解脱、解脱智見聚等諸功德者,如是思惟諸菩薩等恒常發起。舍利子！若有菩薩成就此法,是則名爲正思惟分。

"復次舍利子！云何名爲菩薩摩訶薩正語？舍利子！謂諸菩薩如是語言，不自損惱、不損惱他、不與衆生共相交諍。由是菩薩成就是語能入聖道，故說名爲菩薩正語。

"復次舍利子！云何名爲菩薩摩訶薩正業？舍利子！謂諸菩薩終不造作黑黑報業；若業能感白淨果報，若業能盡一切諸業，如是業者方便發起。舍利子！是諸菩薩即以此業而爲白業，業爲依趣精勤方便修平等業，如是名爲菩薩正業。

"復次舍利子！云何名爲菩薩摩訶薩正命？舍利子！謂諸菩薩所有聖種杜多功德，不諂不誑無懷浮詐，於諸乞求性離逼切易滿易養，於彼軌則奉而修行不生慢緩，於他利養不興嫉妒，於自利養而生知足，於聖所開不深染著而常清淨自守命行。舍利子！若諸菩薩成就此者，是則名爲菩薩正命。

"復次舍利子！云何菩薩摩訶薩正精進？舍利子！是諸菩薩若於聖者所不開許貪瞋癡等煩惱隨眠及諸邪行，於是法中發勤精進者，菩薩不樂行於精進。若諸正勤爲聖諦攝、趣入聖道、能至涅槃、引發正行，如是精進爲諸菩薩所樂修學，即以此法名正精進。

"復次舍利子！云何名爲菩薩摩訶薩正念！舍利子！謂有諸念極善安住性非下劣，心善正直無有邪曲，能觀生死所有過患，與大涅槃爲歸趣路。若諸菩薩於如是念恒正憶持，爲令聖道不忘失故，即以此法名爲正念。

"復次舍利子！云何名爲菩薩摩訶薩正三摩地？舍利子！三摩地者，若於正性平等則於一切法平等。諸菩薩等安住如是三摩地已，爲欲解脫一切衆生故趣入正性。如是正定是無盡道，過去未來現在諸佛爲諸菩薩證現觀故宣說開示，是則名爲菩薩正定。舍利子！是名菩薩摩訶薩八聖道分。若諸菩薩摩訶薩爲欲修行般若波羅蜜多者，應勤修是八聖道分善巧。

"復次舍利子！菩薩摩訶薩以修行般若波羅蜜多故，修道善巧。道善巧者復有二種。何等爲二？謂奢摩他及毗鉢舍那，是名爲二。舍利子！

何等名爲奢摩他道？舍利子！謂諸菩薩其心寂靜、深極寂靜、最勝寂靜，無有散亂，諸根憺怕不掉不舉，離諸躁擾及以惛沉，安靜密護離諸諂曲，調順堪能樂常獨處，離彼誼鬧樂遠離行，身無塵染心無惑亂，於寂靜門思惟作意，離諸惡欲無所希望，遠諸大欲歡悅知足，正命清淨正行圓滿，密護威儀知時知分，易養易滿善知其量，常樂思擇無高無下，弊鄙粗言性能堪忍。於相應門發心安住，樂處閑室於靜慮分作意緣念，生起大慈引發大悲，安住大喜修習大捨，從初靜慮乃至八定次第證入。若諸菩薩成就此者，如是名爲奢摩他道。舍利子！菩薩摩訶薩復有無量諸奢摩他資糧正行。諸菩薩等於此資糧方便趣入，如是又名奢摩他道。

"復次舍利子！云何名爲毗鉢舍那道？謂諸菩薩於妙慧分修習聖道，於諸法中發起如是無作觀智，又復發起無我無有情無命者無數取觀智，於諸蘊中起法觀智，於諸界中起法界觀智，於諸處中起空聚落觀智，於諸眼中起照了觀智，於緣起中起不相違觀智，於諸見趣起遠離觀智，於諸因果起業報觀智，於所應得果起作證觀智，於所入正性起趣入觀智。舍利子！毗鉢舍那者，所謂於諸法中起如理見，於諸法中起真實見，於諸法中起不變異見，於諸法中而起空見，於諸法中起無相見，於諸法中起無願見。又舍利子！毗鉢舍那者，非以有因故觀、非以無因故觀、非以生滅住因故觀、非以有所得因故觀。何以故？菩薩於此都無所觀而復觀察，不見而見、見而不見。舍利子！若諸菩薩作是觀者，名如實觀、名真實見，亦名證得毗鉢舍那善巧方便。舍利子！菩薩摩訶薩於此觀中雖復發起如是觀解，而不墮彼無所爲作，亦不遠離善根加行。若諸菩薩成就是者，是名菩薩摩訶薩毗鉢舍那。舍利子！菩薩摩訶薩爲欲修行般若波羅蜜多故，精勤修習奢摩他、毗鉢舍那道法善巧。

"復次舍利子！菩薩摩訶薩道相如是。我若略說菩薩道者，則唯有一趣道善巧。舍利子！何等是耶？所謂菩薩獨一衆表無有與等不假伴助，爲證阿耨多羅三藐三菩提故，由自攝受精進勢力、清淨欲解、被堅固鎧。何以故？由是菩薩不由他悟不緣於他，自所建立自力所起，嚴備如是堅固甲鎧。舍利子！是諸菩薩興發是念：'如是甲鎧一切衆生所不能壞，我今獨擐如是甲鎧。一切賢聖諸新發意未住正位諸菩薩等所未曾擐，我今獨擐。'爾時菩薩又作是念：'我於今者嚴備如是，豈令布施自在度我？我當自在度彼布施。如是持戒忍辱精進静慮及般若等，豈令自在而度於我？我當自在先度於彼。'又作是念：'我於今者豈令波羅蜜多發起於我？我當發起波羅蜜多。如是廣説一切善根皆當因我而便發起，不令善根發起於我。'舍利子！若諸菩薩摩訶薩於如是法不假伴助自能建立，謂我獨一無有等者，當坐堅固勝金剛座，自以勢力摧伏魔軍，用一刹那相應妙慧當證無上正等菩提。舍利子，若諸菩薩起如是等欲解方便決定觀察，是名菩薩摩訶薩趣一道善巧。舍利子！菩薩摩訶薩爲欲修行般若波羅蜜多故，修習如是趣一道善巧。舍利子！諸如是等道善巧相，諸菩薩摩訶薩爲欲修行般若波羅蜜多故，修習如是道法善巧。

　　"復次舍利子！云何菩薩摩訶薩緣起善巧？舍利子！謂諸菩薩依般若波羅蜜多修緣起者，處密静室作是思惟：'如是世間純大苦聚，從於何所而得集起？'既思惟已便自了知，如是苦聚，由不如理作意集故無明集起，無明集故諸行集起，諸行集故諸識集起，諸識集故名色集起，名色集故六處集起，六處集故諸觸集起，諸觸集故諸受集起，諸受集故諸愛集起，諸愛集故諸取集起，諸取集故諸有集起，諸有集故而生集起，生集起故老死愁歎憂苦逼惱皆悉集起。舍利子！菩薩摩訶薩復作是念：'如彼諸法雖復集起，無作無用無有主宰。如是諸法諸善爲因、不動爲因、涅槃爲因，彼一切法從緣生起，無有主宰亦復如是。若諸衆生下根爲因、中根爲因、上根爲因、諸業爲因，因果流轉亦復如是。'舍利子！如是一切有所取法，因緣和合而得集起，菩薩一切悉能了知，如是名爲緣起善巧。舍利子！菩薩摩訶薩又作是念：'由何滅故彼諸法滅？'既思惟已便自了知，由不如理作意滅故而無明滅，無明滅故諸行便滅，諸行滅故乃至純大苦聚滅。舍利子！若能了知如是法智，是則名爲緣起善巧。舍利子！是諸菩薩又作是念：'因依正法、依止諸緣、依止和合得修諸善。是法若由諸因和合、依止諸緣，則此法等不依止我、不依有情、不依命者、不依數取，是則此法不可稱量。'舍利子！諸菩薩等若能如是如理觀察，是則名爲緣起善巧。又復觀察一切佛法皆菩提相緣所起相，觀諸緣起皆盡滅相，以能觀待諸衆生故，而不趣入畢竟寂滅，是則又名緣起善巧。舍利子！是諸菩薩摩訶薩爲欲修行般若波羅蜜多故，修習如是緣起善巧。

「復次舍利子！云何菩薩摩訶薩一切法善巧？舍利子！菩薩摩訶薩修行般若波羅蜜多故，於一切法遍攝一切有爲無爲。菩薩摩訶薩於如是等有爲無爲一切諸法應修善巧。舍利子！云何菩薩摩訶薩有爲善巧？所謂妙善身行、妙善語行、妙善意行，是則名爲有爲善巧。云何名爲無爲善巧？即以如是妙善身語及以意行，回向畢竟無爲菩提、回向無爲菩提妙觀，又復回向於薩伐若，是則名爲無爲善巧。復次舍利子，菩薩摩訶薩有爲善巧者，即是積集五到彼岸。何等爲五？所謂布施、持戒、忍辱、精進、靜慮波羅蜜多，是名有爲。若由般若波羅蜜多無爲智故，則五到彼岸不可厭毀。如此妙智又能積集諸到彼岸資糧善法，信解無漏無上菩提及以回向一切智智，是則名爲無爲善巧。

「復次舍利子！菩薩摩訶薩有爲善巧者，所謂以無礙光照諸衆生，以四攝法攝諸衆生，是名有爲。若觀諸法無我無有情無取無執，於四攝法方便善巧，愛樂信受無爲等覺，及以回向一切智智，是則名爲無爲善巧。

「復次舍利子！菩薩摩訶薩有爲善巧者，所謂不斷能令生死相續結縛，而復永斷能令生死相續煩惱，任持菩提結縛相續一分結縛不復現行，是名有爲善巧。若復修習空無相願諸法正智，現觀善巧無上菩提不由他緣，於無爲法而復作證，是則名爲無爲善巧。

「復次舍利子！菩薩摩訶薩有爲善巧者，謂諸菩薩雖行三界，而不爲彼三界煩惱之所染污，如是名爲有爲善巧。雖具通達一切三界出離之法，而不墜墮出離界中，是則名爲無爲善巧。舍利子！菩薩摩訶薩一切法善巧者，是則名爲一切智智。若諸菩薩圓滿證入一切智智，即一切時智慧善巧，即此名爲諸法善巧。舍利子！菩薩摩訶薩爲欲修行般若波羅蜜多故，修習如是一切法善巧。如是舍利子！若有依菩薩藏修行般若波羅蜜多菩薩摩訶薩，爲欲修行般若波羅蜜多故，依慧分別善巧通達修習如是十種善巧。

"復次舍利子！云何名爲菩薩摩訶薩妙慧？云何名爲到彼岸義？舍利子！所言慧者，謂能解了一切善法。是現見慧，隨順通達一切法故。是真量慧，如實通達一切法故。是通達慧，一切見趣諸纏縛法不爲障故。是離願慧，永離一切欲求願故。是安悅慧，永息一切諸熱惱故。是歡喜慧，緣法喜樂無斷絕故。是依趣慧，於諸義智皆現見故。是建立慧，建立一切覺品法故。是證相慧，隨其所乘證得果故。是了相慧，善能照了是智性故。是濟度慧，救度一切諸瀑流故。是趣入慧，能趣正性無生法故。是策勵慧，振發一切諸善法故。是清淨慧，離先隨眠煩惱濁故。是最勝慧，升陟一切諸法頂故。是微妙慧，以自然智隨覺法故。是離行慧，更無雜染三界法故。是攝受慧，一切賢聖所攝受故。是斷願慧，除遣一切相分別故。是捨逸慧，遠離一切愚黑闇故。是方便慧，安住一切瑜伽師地者所成就故。是發趣慧，當住一切聖智道故。是照明慧，除滅一切無明瀑流翳暗膜故。是施明慧，開導一切猶如眼故。是無漏慧，慧眼超過邪僻路故。是勝義慧，照了如是大聖諦故。是無別慧，善調順故。是光明慧，諸智門故。是無盡慧，遍於一切隨行照故。是無滅慧，常廣見故。是解脫道慧，永斷一切取執縛故。是不離處慧，不與一切煩惱障法而同止故。舍利子！如是慧相，我今略說。當知菩薩摩訶薩更有無量無邊諸慧。何以故？舍利子！如是乃至一切衆生所有心行，當知菩薩摩訶薩亦有爾所慧業智行。如是乃至一切衆生所有欲解，當知菩薩摩訶薩亦有爾所慧觀察智。如是乃至一切衆生所有諸煩惱門，當知菩薩摩訶薩亦有爾所廣大慧門。如是乃至一切聲聞獨覺及正等覺所有遍智，當知菩薩摩訶薩亦有爾所慧所行處。舍利子！如是等一切慧處，諸菩薩摩訶薩皆於其中精勤修學，是則名爲菩薩妙慧。

"復次舍利子！云何名爲菩薩摩訶薩到彼岸義？舍利子！如是乃至一切所知諸妙善法能到彼岸者，當知皆是到彼岸義。又舍利子！如上廣說一切慧句，應知皆是到彼岸義。又諸菩薩修行差別圓滿之義，當知皆是到彼岸義。如是一切智智圓滿之義，當知皆是到彼岸義。於諸一切爲無爲法無執著義，當知皆是到彼岸義。能善覺悟無量生死大過失義，當知皆是到彼岸義。一切諸法有能開悟不覺者義,當知皆是到彼岸義。有能開示無窮盡法寶藏義者,當知是爲到彼岸義。無障解脫圓滿義者,當知是爲到彼岸義。覺悟布施持戒忍辱精進靜慮慧平等義,當知是爲到彼岸義。最勝決擇善巧義者,當知是爲到彼岸義。遍行一切衆生界義,是則名爲到彼岸義。無生法忍圓滿之義,是則名爲到彼岸義。不退轉地究竟滿義,是則名爲到彼岸義。清淨修治諸佛土義,是則名爲到彼岸義。成熟一切衆生者,是則名爲到彼岸義。往詣道場升菩提座義,是則名爲到彼岸義。畢竟摧伏諸魔軍義,是則名爲到彼岸義。一切佛法皆圓滿義,是則名爲到彼岸義。於菩薩藏差別法門正安住義,是則名爲到彼岸義。舍利子! 若於如是大菩薩藏微妙法門正修學已,我說是等則於一切波羅蜜多皆得究竟。

"復次舍利子! 若有安住大乘諸善男子及善女人,皆當於是大菩薩藏微妙法門,殷勤請求受持讀誦通達義理,廣爲他說分別顯示。何以故? 舍利子! 若有於是菩薩藏經殷重聽聞受持讀誦,乃至爲他分別解說者,當知是人必定獲得十種功德稱贊利益。何等爲十? 一者在在所生一切微妙功巧業處究竟通達,二者在所生處常居高族榮望當世,三者所生之處有大威嚴勢力自在,四者凡所言令一切皆從無不信伏,五者所生之處具大豪富,六者在所生處恒爲天人所加愛敬,七者生處人中常爲輪王得大自在,八者所生常得爲天帝釋,九者若生色界爲大梵王,十者在所生處常不遠離大菩提心。舍利子! 受持經者則爲獲得十種功德稱贊利益。

"復次舍利子! 是諸善男子善女人等受持是經,殷重聽聞讀誦解義,乃至爲他廣說開示,當知是人復得如是十種功德稱贊利益。何等爲十? 一者不與尼伽蘭陀邪論相雜,二者不起我見,三者無有情見,四者無命者見,五者無數取見,六者不起斷見,七者不起常見,八者一切世務情無顧及,九者恒發勝心樂欲出家,十者若聞經典速能受持悟解深義。舍利子! 是名獲得十種功德稱贊利益。

"復次舍利子! 是善男子善女人等受持是經,殷重聽聞讀誦解義,乃至爲他廣分別說,當知是人復得如是十種功德稱贊利益。何等爲十? 一者成就正念；二者成就正覺；三者成就正趣；四者成就志勇；五者成就正慧；六者得具無難；七者憶本生事；八者性薄貪欲無猛利貪，不爲重貪之所燒惱；九者性薄瞋恚無猛利瞋，不爲重瞋之所燒惱；十者性薄愚癡無猛利癡，不爲重癡之所燒惱。舍利子！是名獲得十種功德稱讚利益。

"復次舍利子！是善男子善女人等受持是經，殷重聽聞讀誦解義，乃至爲他廣分別説，當知是人復得如是十種功德稱讚利益。何等爲十？ 一者成就機速慧；二者成就捷辯慧；三者成就猛利慧；四者成就迅疾慧；五者成就廣博慧；六者成就甚深慧；七者成就通達慧；八者成就無著慧；九者常現前見一切如來，既得見已以清美頌而爲讚歎；十者善能如理請問如來，又能如理開釋疑難。舍利子！是名獲得十種功德稱讚利益。

"復次舍利子！是善男子善女人等受持是經，讀誦解義乃至爲他廣分別説，當知是人復獲如是十種功德稱讚利益。何等爲十？ 一者常樂遠離諸不善友，二者常樂親近諸善知識，三者能緩諸魔所有繫縛，四者摧殄諸魔所有軍陣，五者善能訶厭一切煩惱，六者於一切行心恒捐捨，七者違背一切向惡趣道，八者歸向一切趣涅槃道，九者善説一切越度生死清淨之地，十者巧能隨學一切菩薩所行軌則又能奉行諸佛教敕。如是名爲十種功德稱讚利益。舍利子！若有善男子善女人，能於如是大菩薩藏微妙法門，殷重聽聞受持讀誦，研尋義趣明瞭通達，復能爲他廣説開示，當知是人則爲獲得如上功德稱讚利益。"

爾時世尊欲重宣此義而説頌曰：

> 諸聰睿者慧無邊，　　妙能通達法及義，
> 尊勝文詞善圓具，　　由持如是大經王。
> 常獲豐饒法寶藏，　　恒欣悦意行法施，
> 發生最上勝歡喜，　　由持如是大經王。
> 多衆生聞説法者，　　證斯廣大勝功德，
> 我當云何説是法，　　如持經者之所獲。
> 證獲如斯最勝慧，　　於正法所終無壞，
> 由念發生微妙智，　　能説無上智依處。

勤求善説正法句，　　最勝衆聖所稱贊，

常聞發起超勝行，　　由持如是大經王。

慧者聞已持深義，　　於諸文句無妄執，

常隨理趣而觀照，　　增長妙智量無邊。

無邊妙智無邊義，　　第一義解諒難思，

遍遊十方廣稱贊，　　聞經勝利無窮盡。

極善微薄貪瞋癡，　　獲得第一心清淨，

由聞如是大經王，　　功德勝利無邊際。

雖獲勝財無放逸，　　稱量財義誰堅固，

深達世財非有實，　　於財無戀趣非家。

出詣閑静住中林，　　於彼惛沉常遠離，

聽聞淨法曾無厭，　　静慮正教無慳客。

請問疑難世導師，　　聞已爲他廣開釋，

由斯增長微妙智，　　於白淨法終無退。

　　"如是舍利子！諸菩薩摩訶薩爲欲修行般若波羅蜜多故，於是經典精勤修學行菩薩行，是名菩薩摩訶薩於般若波羅蜜多方便修學正法之要。"

【《大寶積經》卷第五十四　大唐三藏法師玄奘奉詔譯】

十二、菩薩藏會第十二之二二 大自在天授記品第十二

　　爾時佛告舍利子："往昔過去大蘊如來、應、正等覺,爲精進行童子廣説如是四無量法及説六波羅蜜多已,爾時彼佛復告精進行童子:'云何菩薩摩訶薩隨攝法轉?童子當知,菩薩摩訶薩具足如來四攝之法,由是法故菩薩摩訶薩恒處長夜攝諸衆生。何等爲四?所謂布施、愛語、利行、同事,如是名爲四種攝法。童子!云何名爲如是攝法?童子!所言施者具有二種:一者財施,二者法施,是爲布施。言愛語者,謂於一切諸來求乞或樂聞法,菩薩悉能愛語慰喻。言利行者,謂能滿足若自若他所有意樂。言同事者,隨己所有智及功德,爲他演説攝受建立一切衆生,令其安住若智若法。復次童子!言布施者,於來乞求諸衆生所心意清淨。言愛語者,於來乞求諸衆生所善言安慰。言利行者,隨諸衆生所有義利皆令成熟。言同事者,於來乞求諸衆生所行平等心成其義利。復次童子!言布施者,謂諸菩薩發意行捨。言愛語者,方便無斷。言利行者,深心無悔。言同事者,回向大乘。復次童子!言布施者,謂隨慈心而行於捨。言愛語者,常不捨離歡喜之心。言利行者,成就大悲,心恒欣樂利衆生事。言同事者,修捨平等無有高下,心恒回向一切智智。復次童子!言布施者,如法求財,常思行捨拯濟貧乏。言愛語者,既施財已,重復安處令住法義。言利行者,自利利他平等攝取。言同事者,爲欲利益諸衆生故,究竟發起一切智心。復次童子!言布施者,一切所有内外諸法悉皆捨離。言愛語者,於一切法功德

智慧無所秘惜。言利行者，棄捨自利專務利他。言同事者，總攝財物如置掌中，隨緣惠施情無憂戚。'

"復次童子！言法施者，如所聞法廣爲他說。言愛語者，以無染心分別開示。言利行者，謂爲於他授誦經典，乃至說法無有厭倦。言同事者，以不捨離一切智心，安置含生於正法所。復次童子！所言法施，若爲往返求聽法者，如佛正教不亂宣說。言愛語者，以微妙音開示正法。言利行者，謂以衣服飲食床敷醫藥及餘隨用什物衆具，於求法者及說法者但有匱乏即便給施。言同事者，常起深心無間說法。復次童子！言法施者，由是菩薩了知法施諸施中上，常行法施。言愛語者，謂所演說利益之事。言利行者，演暢其義不依於文。言同事者，欲令圓滿一切佛法，常爲衆生如應敷化。復次童子！言布施者，所謂柁那波羅蜜多。言愛語者，所謂尸羅波羅蜜多及以羼底波羅蜜多。言利行者，所謂毗利耶波羅蜜多。言同事者，所謂静慮波羅蜜多及般若波羅蜜多。復次童子！言布施者，謂初發心一切菩薩。言愛語者，謂已發行一切菩薩。言利行者，謂不退轉一切菩薩。言同事者，所謂繫屬一生諸大菩薩。復次童子！言布施者，爲欲堅固菩提根本。言愛語者，爲欲成就菩提萌芽。言利行者，爲欲開發菩提妙花。言同事者，爲欲成熟菩提勝果。如是童子！是名菩薩摩訶薩四種攝法。菩薩摩訶薩爲欲修行大菩提故，以如是等四攝之法處於長夜攝受衆生，是名菩薩摩訶薩隨攝法轉。童子！如是攝法無量無邊，皆說名爲菩提之道。

"舍利子！爾時薄伽梵大蘊如來、應、正等覺爲是精進行童子開示如是大菩提道，時彼童子具於佛所聞是法已，又聞贊說過去未來現在諸佛，得大歡喜，即以上妙衣服肴膳飲食床敷醫藥什物衆具，持以奉獻大蘊如來及聲聞衆。如是乃經九十六拘胝歲，供養恭敬尊重贊歎，又復興菩提大願。雖作如是無量功德，而大蘊如來未與童子授於阿耨多羅三藐三菩提記。舍利子！汝謂彼時精進行童子豈異人乎？勿作餘疑，即我身是也。我於彼佛所，以諸供養奉佛及僧經爾所歲，又復起發大菩提願，然彼如來不授我記：'汝於來世當得作佛，號釋迦牟尼如來、應、正等覺。'舍利子！從大蘊如來滅度之後，經阿僧企耶劫，爾時有佛出興於世，名曰寶性如來、應、正等覺、明行圓滿、善逝、世間解、無上丈夫、調御士、天人師、佛、薄伽梵。舍利子！寶性如來有八十那庾多聲聞弟子共會說法，一切皆是大阿羅漢，諸漏已盡無復煩惱，乃至其心自在，證得第一波羅蜜。時彼世中有轉輪聖王，名曰善見，七寶來應，所謂成就金輪乃至主將兵寶。是善見王以其輪寶威四天下，正法治世名爲法王，仁德育物眾所欣重，國界人民居住寬博。所治大城名曰圓滿，東西長十二逾繕那，南北廣七逾繕那，安隱豐樂人民熾盛甚可愛樂，多諸財寶資具充溢。爾時城中有大長者名曰善慧，其家巨富財寶充積，已曾供養過去諸佛殖眾德本。舍利子！時薄伽梵寶性如來觀是長者深心欲解，作是思惟：‘此大長者善根已熟，堪爲如是大菩薩藏法門之器，又是諸佛正法之器。’既了知已，便往其所現大神變，上住虛空結跏趺坐，爲彼長者開菩提道，又復贊說過去未來現在諸佛。舍利子！爾時善慧聞佛開示大菩薩道，又聞贊說三世佛已，獲得廣大歡喜淨信，即以上妙衣服肴膳飲食及餘資具，以用奉獻寶性如來及弟子眾。經於千歲，供養恭敬尊重贊歎，又復興起阿耨多羅三藐三菩提微妙大願。雖作如是廣發眾行，然彼如來未爲授記。舍利子！汝謂爾時善慧長者豈異人乎？勿餘異疑，即我身是也。我於爾時雖以種種供養奉佛及僧，並起廣大菩提勝願，然彼如來不授我記，云於來世當得作佛，號釋迦牟尼如來、應、正等覺。舍利子！自寶性如來滅度之後，經阿僧企耶劫，有佛出世，名曰放光如來、應、正等覺、明行圓滿、善逝、世間解、無上丈夫、調御士、天人師、佛、薄伽梵。舍利子！以何義故佛名放光？舍利子！當於爾時有王出世，名曰勝怨。所都大城名盛蓮花，安隱豐樂人民熾盛，財寶眾具充積流溢。王有大臣婆羅門種，名曰光主，其家巨富，財産倉庫具足盈滿。而是大臣爲勝怨王偏所愛重欣慕其德，常所見遇情無厭逆。舍利子！時勝怨王割所王國四分之一，賜此大臣封以爲王。時光主王治於小國，以法御世不行邪狂。舍利子！是光主王於後異時誕生太子，形貌端正眾所樂觀，成就第一圓滿淨色，以三十二大丈夫相具足莊嚴。又於王子一切身分皆放光明，猶如日輪之所照耀，因爲立號名曰放光。舍利子！時光主王召集國中諸婆羅門善占相者皆悉集已，便示王子令其相之。諸婆羅門既睹相已，便作是言:'今此王子定當作佛。'時光主王即以王子付諸養母。其後不久,身相長大聰睿明達。時淨居天處色究竟天宮,以通智力知是王子將登正覺,便於彼没來至放光王子菩薩所止處已,右繞菩薩",即於其前説是頌曰:

非謂安處大王宮,	能生清淨勝功德;
要假仙幢袈裟相,	果證無上妙菩提。
盛壯須臾若流逝,	迅速過於大猛風,
不可喜樂弊衰老,	摧壞世間之所愛。
衰老能令薄勢力,	難得欣樂趣非家,
大仙今者極盛年,	宜當及時發精進。
善哉善哉大慧者,	善哉善哉大超悟,
善哉善哉速出家,	定成堅固正等覺。

"舍利子!時放光菩薩摩訶薩爲淨居天所開悟已,以清淨信趣於非家。當出家夜,即成阿耨多羅三藐三菩提。時彼世尊便以如是廣大名稱出現世間,號曰放光如來,十號具足,爲諸天人之所贊頌。時勝怨王聞光主王子出家修行證得無上正等菩提,名曰放光,即便往告光主王言:'我聞卿子出家成佛,不審世尊大慈悲故能來降不?若不垂愍至於此者,我當嚴備四種力軍往如來所躬事奉敬。'舍利子!時光主王即集大臣守衛軍衆具宣是事。諸大臣言:'王於今者應自往詣放光如來咨問是事。大悲世尊愍衆生故,爲欲往彼勝怨王所?爲不往耶?'時光主王即便嚴駕,與諸大臣侍衛導從,往如來所。既到彼已頂禮佛足,即以上事具白世尊。時放光如來告父王曰:'大王當知,我今往詣勝怨王所,愍衆生故。'舍利子!時放光如來隨所樂欲別住一處勝怨王都,即與二十拘胝大阿羅漢出詣彼國。爾時父王亦備四種强力軍衆隨從佛後,辦具種種上妙衣服肴膳飲食床敷醫藥及餘資具供佛及僧,乃至隨逐如來到己王領國界之際,便禮佛足,繞無數匝,涕泣哽噎辭退而還。時勝怨王聞放光如來與諸大衆將來詣此盛蓮花城,即便嚴飾所都大城,除去一切沙礫瓦石,清淨夷坦街巷道路,掃灑修治

極令華麗。又以香水重增沾灑，散布名花量齊人膝，以妙香瓶列薰於道，敷置種種微妙寶衣，於上虛空張施幡蓋，作倡伎樂騰鬱充滿。舍利子！時勝怨王作如是等莊嚴綺飾盛蓮花城大王都已，又下嚴敕擊鼓宣令，於此王都城之內外，所有花鬘及塗香等，無令有人輒自受用並將出賣，一切皆當奉獻供養放光如來；若違此令當加重罰。舍利子！時勝怨王齎持種種花鬘塗香末香、珍妙衣服幢幡寶蓋，鼓擊種種諸妙音樂，又設羽儀現大嚴備，以王威勢出所都城，為欲瞻仰彼如來故，並申禮拜陳諸供養，與四種軍及王城內所有婆羅門長者居士豪族類等往詣佛所。既到彼已，時勝怨王最先頂禮彼如來足，復以種種花鬘塗香末香上妙衣服幢幡寶蓋供養如來。自供養已，復令王子大臣及諸侍衛婆羅門長者居士等亦如大王廣修供養。舍利子！時勝怨王既供養已，具歡喜心、具妙善心、具離蓋心、具適悅心，與諸群臣而隨佛後。舍利子！爾時有婆羅門名曰珍寶，住大雪山王側，五百儒童以為弟子，眾人所宗，名德遠被、善持藝術，於三毗陀經達到彼岸，又於尼捷茶書及計羅婆論、分別字論、伊底訶婆論、五分記論、隨順世論、祠祀咒論、丈夫相論，於是等論皆善通達，及以自宗師傅三明大教，曉其理趣妙識開遮。舍利子！是婆羅門有一儒童近住弟子，名曰迷伽，受學珍寶備通幽旨，藝術經論並皆明達，智與師齊堪為導首。時彼迷伽白其師曰：‘大師當知，所學經論皆已通達，我今當返自所生地。云何奉酬大師恩德？’時師告曰：‘伐瑳迷伽！夫為弟子欲報師恩，當以財寶方陳厚意。所謂何等？若辦五百羯利沙鉢那者，足表深心。’舍利子！爾時迷伽儒童奉師教已，致敬右繞辭退而行，遍遊村城亭館國邑王都，處處追覓謝師財寶。既具集已將陳酬報，漸漸往詣盛蓮花城，遙見王都種種嚴飾明發華麗甚可愛樂，即問傍人：‘今此王都有何盛事，榮飾周布莊嚴乃爾？’傍人答曰：‘卿不知耶！今日放光如來、應、正等覺與八十拘胝大阿羅漢、八萬四千諸大菩薩將入此城，其中人民當行大施當興大福。由斯事故致此莊嚴。’時迷伽儒童忽聞如是佛名之聲，獲得廣大歡喜淨信，竊自惟忖：‘諸佛如來出世甚難，極難得值過烏曇花，又似盲龜難遇浮孔，百千大劫時或一遇。我今奉見甚為希有，定應以此五百羯利沙鉢那貿花散奉放光如來，當更求財用酬師德。'舍利子！當於爾時有一女人，齎持七莖殟鉢羅花從市而來。迷伽告曰：'何處得此水生花來？'女曰：'我於某處賣花鬘所，以五百羯利沙鉢那買得此花。'迷伽告曰：'今酬本價能與花不？'女曰：'不然。'又曰：'若不許者，今有五百羯利沙鉢那，汝當獨取此七莖花，二人當共，爲可爾不？'女曰：'卿用此花爲作何等？'告曰：'將用奉散放光如來。'女曰：'如卿所言。從今已往，於諸有趣常能降及爲我夫者，當以此花持用相委。'爾時迷伽便報女曰：'止止女人！勿作是説。何以故？汝女人性掉動輕轉多諸放逸，汝之所言不足收采。又我當於阿僧企耶劫，修集佛法廣行布施，或以金銀珍寶珊瑚末尼、真珠琉璃螺貝璧玉、象馬駝驢牛羊群畜，乃至或捨大國王位車輅服飾、内宫妃後男女眷屬，或捨手足耳鼻皮肉骨髓、髻中明珠眼目頭首。大略而言，無有一切内外之物於我施門而不捨者。或復有時當捨於汝，入佛法中以信出家趣於非家。汝性掉動輕轉放逸，或當爾時於我大舍而爲障礙。'其女報曰：'審如所言我爲大利。縱使卿今賣我此身，乃至充一羯利沙鉢那者，終無異心於施留礙。或復割截我身段段捨施，定無留礙修集佛法。'迷伽告曰：'若能如是此則爲可，宜速與花。'爾時女人持花授與，迷伽取花便即往詣放光佛所。遥見如來爲無量百千拘胝那庾多衆生前後圍繞，威儀庠序導衆而前，乃至以無量百千功德莊嚴從彼而來。於世尊所心生淨信，以無量種清淨歡喜深愛重心，前詣佛所恭敬禮拜不勝欣慶。又見多人以諸大價微妙衣服，爲供佛故敷施行道，便作是念：'我今雖無上妙衣服，唯有所著弊鹿皮衣，當敷道中藉如來足。'作是念已脱衣布地。爾時諸人競取皮衣遠棄他所，咸生蚩責：'云何爲是含靈中寶敷設如此弊鹿皮衣？'時彼迷伽即便馳往四衢道邊泥濕之處，取鹿皮衣敷置其上，作如是念：'放光如來大慈悲者，加哀憐我，以遍照眼及遍照智賜觀所爲，希顧以足蹈我衣上。'爾時如來愍其所念，便以足趾蹈鹿皮衣。迷伽見已心生慶悦踴躍歡喜，即以所持殟鉢羅花用散佛上。於時復有無量天子住虛空中，以天曼陀羅花、殟鉢羅花、鉢特摩花、拘貿陀花、奔荼利花及天栴檀末香俱散佛上，作天音樂詠天清歌，遍滿虛空大興供養。時彼迷伽所散之花列住空中，乃復變成無量千數殟鉢羅花葉，皆垂下合成花蓋隨佛而行。迷伽見已倍復踴躍心生淨信,於如來前解十二年金色髮髻以布於地,便發無上菩提大願:'若我來世當成如來、應、正等覺審不虛者,唯願今者放光如來授手安慰。'又發堅固勢力弘誓,作如是言:'若使如來不以足趾蹈金色髮授手安慰,及不授我菩提記者,我終不起,即於此地乾枯命終。'舍利子! 爾時放光如來、應、正等覺具遍照眼及遍照智,於三世中無事不達,知彼迷伽意欲解已,便舉足趾蹋其髮上。即便右顧如龍象回,告諸聲聞一切大衆:'汝等苾芻勿蹋其髮。所以者何? 此儒童者,卻後過阿僧企耶劫,當成如來、應、正等覺,號釋迦牟尼。'舍利子! 是時迷伽聞佛授記歡喜踴躍,上升虛空高七多羅樹,證得百千那庾多拘胝無動諸定,又以神通智力觀見東方過殑伽沙等無量諸佛皆爲授記,作如是言:'儒童當知,汝於來世經阿僧企耶劫,當得作佛,號釋迦牟尼。'如是南西北方四維上下,周遍十方各如殑伽沙等無量如來,皆如東方諸佛授記。舍利子! 迷伽儒童既蒙諸佛授記安慰已,從虛空下來詣佛所,以信捨家趣於非家,修習堅固清淨梵行。舍利子! 汝今於此無生疑惑,謂彼往世迷伽儒童是餘人乎? 勿作是觀,即我爲彼儒童菩薩。我於爾時以是五莖青色蓮花奉散彼佛,復解金髮敷置道上,興如是行便蒙授記。是故舍利子! 若有菩薩摩訶薩欲得速受如來記者,當於如是大菩薩藏微妙法門,殷重聽聞受持讀誦通明義趣,廣爲他說分別開示,復應修行無相正行。何以故? 我憶往昔未得值遇放光佛前,無有一切白淨行法不修行者。雖作如是無量勤苦,然不蒙佛爲我授記。所以者何? 由修諸行皆有相故。從是已後,我方於是大菩薩藏微妙法門,隨所聞已安住正行。如是行者謂無相行、無功用行、無所得行,行如是等無相行已,放光如來乃爲授記。舍利子! 我憶往昔最初得見放光佛時,便得超過一切有相有功用行,又初見佛便能隨覺一切法性,又得通達一切諸法自性無生。從是已後放光如來乃爲授記。作如是言:'迷伽儒童! 汝於來世過阿僧企耶劫,當得作佛,號釋迦牟尼如來、應、正等覺。'舍利子! 當授記時,我便證得無生法忍。舍利子! 證得何等無生法忍? 所謂證得一切色法無所得忍,證得受想行識法無所得忍,證得蘊界處法無所得忍。舍利子! 言得忍者,是則名爲忍受諸法都無所得。何以故？非於證得如是忍時世間之法而復現行，非異生法、非諸學法、非無學法、非獨覺法、非菩薩法、非諸佛法而復現行。所以者何？由一切法不現行故説名得忍，由一切法畢竟無得亦無所得，故名得忍。又是忍者，於一刹那盡一切相及諸所緣，故得名忍。又是忍者，不忍於眼、不壞於眼及諸所緣，故名得忍。不忍於耳鼻舌身意、不壞於意，如是忍者無盡境界、如是忍者非趣境界，故名得忍。是故舍利子！若有菩薩摩訶薩欲得速爲如來授記證是忍者，當於如是大菩薩藏微妙法門，殷重聽聞受持讀誦通達義趣，廣爲他説分別開示安住正行，謂無相行、無功用行、無所得行，如是等法名爲正行。”

爾時大衆中有長者子名那羅達多，從薄伽梵聞説如是大菩薩藏微妙法門，又聞讚歎諸佛菩薩勝功德已，即從坐起，披一肩衣，以右膝輪安置於地，向佛合掌頂禮恭敬，而白佛言：“世尊先爲諸長者等廣説諸法相續不絶，如是開示如是教導，皆令證得阿羅漢果，即於此生盡老死際，而未聞説大菩薩藏微妙法門讚歎諸佛菩薩功德。我幸大利今具得聞，竊生是念：‘如是大乘爲尊爲勝、爲上爲妙、爲無有上，更無過上，所謂阿耨多羅三藐三菩提。’我今現前親聞佛説受持領悟開顯諸法，如是法者分別諸法無所依執、無我我所、無有攝受。世尊！我作是念：‘如是妙法爲尊爲勝、爲上爲妙、爲無有上，更無過上，如是法者我當修集。’世尊！我今思惟一切乘中爲無上者，所謂佛乘。諸佛如來亦説此乘，置爲第一、最爲無上。我從今日發起無上正等覺心，爲欲利安多衆生故，爲欲悲愍諸世間故，利益安樂無量天人，如佛建立諸大菩薩所有學處，我今皆當悉依隨學。”

説是語已，爾時世尊告長者子：“善哉善哉！善男子！阿耨多羅三藐三菩提甚難證信、甚難修習，汝今乃能深發是意。”

時長者子白佛言：“世尊！無上菩提雖復甚難證信修集，然我今者發起如是勇猛精進，必當修集阿耨多羅三藐三菩提，不以爲難。又我於此阿耨多羅三藐三菩提，奉修牢强定無退轉。世尊！我於今者發大弘誓，假使發菩提心如殑伽沙數方證無上正等覺者，我於是事彌增精進，乃至如上一一發心經如殑伽沙等劫，乃至隨是發菩提心，一一所發要由斬截殑伽沙等身分頭首方能起者是菩提心，雖復經履如是勤苦，我於是中倍加精進，終不放捨無上菩提。何以故？縱逢如是諸苦難事猶應修集，藉斯緣故必證菩提，何況爲證無上菩提受諸安樂而不修學？所以者何？阿耨多羅三藐三菩提其性高廣，具足周大無上佛法，不可思議、不可稱量、無有涯際、不可宣說，雖復諸佛無障礙智，經歷百千拘胝那庾多劫，以諸言音說此菩提非易可盡。”

爾時長者子那羅達多即於佛前而說頌曰：

> 百千拘胝劫，　　乃發菩提心，
> 雖衆苦所逼，　　不捨含生界。
> 隨發菩提心，　　要斷諸身首，
> 聚量高迷樓，　　我亦能堪忍。
> 我安住菩提，　　利樂含生故，
> 願我於來世，　　如今日世尊。
> 遠彼聲聞乘，　　兼濟下乘者，
> 願我於來世，　　如今日世尊。
> 此乘爲大乘，　　最上佛稱贊，
> 我觀無與等，　　故欣樂菩提。
> 爲拔濟危厄，　　爲脫三惡趣，
> 爲求是如來，　　出世現成佛。

爾時長者子那羅達多說是頌已，便自思惟：“我今明達廣大佛法，如何不以教化妻子諸眷屬等？此非我宜。”作是念已即從坐起，頂禮佛足右繞三匝，速疾還家。嚴辦種種諸供養具，與其七妻男女奴婢各有七人，齎持千雙上妙衣服，及諸花香供養之具，又與五百樂人相隨，疾出王舍大城，爲欲奉見薄伽梵故。

時王舍城有多人衆，見長者子與其眷屬速疾馳出，因而問曰：“汝等今者有何匆遽？與諸眷屬將往何所？”

長者子言：“諸善男子豈不知乎？今者如來、應、正等覺止鷲峰山，無量百千天人大衆前後圍繞，無數方便爲諸衆生分別開示廣大佛法故。我今者率領眷屬將往佛所，爲求如是廣大佛法，爲欲成辦不可思議不可稱量諸佛智慧，爲欲種殖無上正等菩提善根。汝等若欲成就廣大諸佛法者，可共同詣彼如來所，當共種是廣大佛法無上善根。”爾時王舍城中人民之類，聞長者子説是語已，有十千人皆樂隨從往至佛所。

時長者子那羅達多與其眷屬，及以隨從滿十千人，同時見佛，頂禮佛足卻住一面。時長者子與諸俱來所有大衆，齎持花鬘塗香末香衣蓋幢幡，作倡伎樂歌詠贊歎供養如來，復以千雙淨妙珍服以覆佛上。時長者子作是奉已歡喜無量，即於佛前説伽他贊。其頌曰：

> 第一有情微妙者，　　成清淨行上菩提，
> 能發無邊勝智見，　　如是我今修供養。
> 昔無量劫多修行，　　爲利衆生求大覺，
> 證法自在現成佛，　　如是我今修供養。
> 我與妻子眷屬衆，　　爲利含識求菩提，
> 並及多千人民等，　　同共歸依大覺者。

爾時長者子説是伽陀贊歎佛已，便白佛言：“世尊！我今與此諸有情等至如來所，皆已安住阿耨多羅三藐三菩提，唯願世尊哀愍此等復爲説法，當令一切於阿耨多羅三藐三菩提不復退轉。又我今者欲於佛所種諸善根，唯願世尊現爲我證，當使如是善根力故，令諸衆生平等速證阿耨多羅三藐三菩提，又獲無量廣大佛法，亦如今者現在世尊。”時長者子與諸眷屬、五百樂工、十千人衆，一心同聲白佛言：“世尊！我等今者於如來前，同共至誠歸依於佛、歸依於法、歸依於僧，唯願世尊憶持我等是鄔波索迦，始從今日乃至壽終，寧棄身命不捨歸趣清淨信心。又復世尊憶持我等，始從今日乃至菩提，爲阿耨多羅三藐三菩提故，發起增上勇猛之心。又復世尊憶持我等，唯願速證阿耨多羅三藐三菩提，爲諸衆生宣説正法，亦如今者如來無異。又復世尊憶持我等，唯願來世成佛之時，大衆圍繞如今無異。又復世尊憶持我等，唯願來世度脱無量苦逼衆生，如今無異。”時長者子及

諸來衆並五百樂工作是誓已，復以種種微妙音樂供養如來，右繞三匝。

爾時世尊愍此等故，上升虛空結加趺坐。時五百樂工既睹如來現此神變，於世尊所倍生淨信。以佛威力，諸音樂器不假攝持自然上踊，住在空中無所憑據，作衆伎樂繁會充溢右繞如來。時長者子俱來大衆，咸睹神變歎未曾有，心生慶悅踊躍歡喜，皆共合掌致敬如來。爾時空中周匝正等一逾繕那，復有無量百千音樂，亦無執持自然而現，猶如蜂房懸處虛空，作倡伎樂發微妙音。爾時長者子與其眷屬及五百樂工、十千城人，及以先來聽法衆內六十千人，諸苾芻衆千二百五十人，佛威力故皆踊空中。又佛神力於上空中五百樂臺自然出現，是諸臺中皆說妙法。又有四大樂臺現於佛前，莊嚴雕飾窮世瑰異。又有無量百千拘胝諸天子衆列住空中，以天曼陀羅花而散佛上。佛神力故，所散之花於虛空中變成八萬高妙花台。時諸大衆。睹上臺中有如是等廣大莊嚴，於如來所倍生淨信愛敬之心，歎未曾有。

爾時世尊知諸大衆其心清淨，又復了知那羅達多及俱來衆增上意已，便現微笑如前廣說，乃至其光還從頂沒。時長老阿難既睹微笑，披一肩衣，向佛合掌恭敬作禮，白佛言："世尊！有何因緣現此微笑？我惟如來所現神相非無因緣。"

佛告阿難："汝今當知，此長者子那羅達多七婦男女並奴婢等三十六人，由供養我善根力故，當來之世經千拘胝劫不墮惡趣，人天往返受諸快樂。過是劫已值佛出世，名曰商主如來、應、正等覺、明行圓滿、善逝、世間解、無上丈夫、調御士、天人師、佛、薄伽梵，於是佛所供養恭敬尊重贊歎廣修梵行，從是已後復經二十拘胝劫不墮惡道。阿難當知，是長者子七婦七女及以七婢，自此命終便捨女身得成男子，恒與那羅達多不相捨離行菩薩道，於當來世同處一劫，得成阿耨多羅三藐三菩提。阿難當知，長者子那羅達多菩薩摩訶薩當成佛時，號平等心如來、應、正等覺，出現於世，十號具足。是大菩薩所有眷屬當成佛時，皆同一號，阿若末若如來、應、正等覺，具足十號。是五百樂工以供養我善根力故，當來又經阿僧企耶劫不墮惡趣，又經於彼滿千拘胝轉輪聖王而爲翼從。阿難當知，是五百樂工大略而言,於是劫中得值十千諸佛,皆得親承供養無空過者。從是已後同一劫中,得成阿耨多羅三藐三菩提,皆號美音。是十千人以供養我善根力故,中四百人當得值遇慈氏如來,於彼佛所淨修梵行,得盡諸漏便般涅槃。所餘人等,當來又經殑伽沙等如是大劫不墮惡道,漸次得值千拘胝佛,於彼佛所廣修諸行,爾後一切得成阿耨多羅三藐三菩提,皆同一號,名甚希有。阿難當知,是六萬衆中具滿千人,於我滅後正法已盡,又過於彼刀兵中劫,慈氏如來未出現前、衆生壽命漸增長時,爾時瞻部當有八萬獨覺出現於世,是一千人皆得值遇供養修善,於後復值慈氏如來還得供養,從是已後經二十五拘胝那庾多劫不墮惡趣,最後人身諸善根力所覺曉故,淨信捨家趣於非家,便得證悟緣覺菩提。阿難當知,於此衆中有十千人,具生聖見。餘千人等,同發阿耨多羅三藐三菩提心。復有六十那庾多諸天子等,遠塵離垢於諸法中生淨法眼。如是阿難,誰有見斯殊特勝利,而於佛所不生淨信愛樂恭敬發希有心?唯除愚癡不肖之士。何以故?彼諸人等於如來所但修如是微細善根,乃能獲得如來大我,或復證入無上涅槃。"

爾時世尊欲重宣此義而説頌曰:

> 於佛所修諸供養, 　獲得如斯勝功德,
> 若有希求高大果, 　當於導師修供養。
> 若佛現在修供養, 　或復於佛涅槃後,
> 供養馱都如芥子, 　常得奉侍諸如來。
> 若復欲修諸供養, 　如來住世或涅槃,
> 供養馱都如芥子, 　行平等心果平等。
> 若有具修平等心, 　供養平等人中上,
> 當成平等之勝報, 　及證平等妙菩提。
> 若有欲攝諸善趣, 　遮障絕除衆惡道,
> 及欲趣向涅槃路, 　如是獲得不爲難。
> 佛具最勝淨尸羅, 　佛具最勝三摩地,
> 若生最勝淨信已, 　當獲最勝如來果。
> 若修最勝諸供養, 　速登最勝之善道,

及證最勝尊正見，　能宣最勝微妙法。

若樂人中聰睿者，　親持諸佛清淨法，

當修猛利正欲樂，　多聞如理正思惟。

有得轉輪之聖主，　或爲帝釋梵天王，

廣修無量勝功德，　定趣無餘大寂滅。

爾時世尊説是頌已，告長老舍利子：“若有安住大乘諸善男子及善女人，欲疾證得阿耨多羅三藐三菩提者，當於如是大菩薩藏微妙法門，發生猛利清淨欲樂殷重聽聞，受持讀誦通達義趣，廣爲他説分別開示。何以故？若於是經受持讀誦，乃至爲他分別説者，能令三寶永不斷絶，常不遠離四無量行，常勤修習六到彼岸，恒正方便以四攝法攝化衆生。舍利子！如是大乘大菩薩藏微妙法門，當知即是諸菩薩道。所以者何？是經典者善能攝持阿耨多羅三藐三菩提故。舍利子！是經乃是諸菩薩等聖珍寶藏，我依是經正修學已，畢竟證得生死永斷，又證一切波羅蜜多。由證是故，即號無上正等覺者。舍利子！如來於一切波羅蜜多皆已畢竟，如來於一切所作皆已静息，如來於無量諸地皆已證得，又復更證無邊之地。何以故？由佛證是諸波羅蜜多故，而能究竟安住一切到彼岸法。是故諸菩薩摩訶薩應當於是大菩薩藏微妙法門，精進修行如我所證。”

爾時世尊而説頌曰：

於業應知業，　於報應知報，

無業亦無報，　是安隱涅槃。

諸有爲皆苦，　於中無有智，

是故智生已，　有爲皆解脱。

爾時世尊説是頌已，長老舍利子及大苾芻，並諸天、人、健達縛、阿素洛等一切衆生，聞佛所説，皆大歡喜，信受奉行。

第六編

《成唯識論》

【護法等菩薩造　大唐三藏法師玄奘奉詔譯】

一、卷第一

　　稽首唯識性。滿分清淨者。我今釋彼説。利樂諸有情。今造此論爲
於二空有迷謬者生正解故。生解爲斷二重障故。由我法執二障具生。若
證二空彼障隨斷。斷障爲得二勝果故。由斷續生煩惱障故證真解脱。由
斷礙解所知障故得大菩提。又爲開示謬執我法迷唯識者。令達二空。於
唯識理如實知故。復有迷謬唯識理者。或執外境如識非無。或執內識如
境非有。或執諸識用別體同。或執離心無別心所。爲遮此等種種異執。
令於唯識深妙理中得如實解故作斯論。若唯有識。云何世間及諸聖教。
説有我法。頌曰。

1

　　由假説我法　　有種種相轉
　　彼依識所變　　此能變唯三

2

　　謂異熟思量　　及了別境識

　　論曰。世間聖教説有我法。但由假立非實有性。我謂主宰。法謂軌
持。彼二俱有種種相轉。我種種相。謂有情命者等。預流一來等。法種
種相。謂實德業等。蘊處界等。轉謂隨緣施設有異。如是諸相若由假説
依何得成。彼相皆依識所轉變而假施設。識謂了別此中識言亦攝心所。
定相應故。變謂識體轉似二分。相見俱依自證起故。依斯二分施設我

法。彼二離此無所依故。或復内識轉似外境。我法分別熏習力故。諸識
生時變似我法。此我法相雖在内識而由分別似外境現。諸有情類無始時
來。緣此執爲實我實法。如患夢者患夢力故心似種種外境相現。緣此執
爲實有外境。愚夫所計實我實法都無所有。但隨妄情而施設故説之爲
假。内識所變似我似法。雖有而非實我法性。然似彼現故説爲假。外境
隨情而施設故非有如識。内識必依因緣生故非無如境。由此便遮增減二
執。境依内識而假立故唯世俗有。識是假境所依事故亦勝義有。

云何應知。實無外境唯有内識似外境生。實我實法不可得故。如何
實我不可得耶。諸所執我略有三種。一者執我體常周遍。量同虛空。隨
處造業受苦樂故。二者執我其體雖常而量不定。隨身大小有卷舒故。三
者執我體常。至細如一極微。潛轉身中作事業故。初且非理。所以者
何。執我常遍量同虛空。應不隨身受苦樂等。又常遍故應無動轉。如何
隨身能造諸業。

又所執我一切有情爲同爲異。若言同者。一作業時一切應作。一受
果時一切應受。一得解脫時一切應解脫。便成大過。若言異者。諸有情
我更相遍故體應相雜。又一作業一受果時。與一切我處無別故應名一切
所作所受。若謂作受各有所屬無斯過者。理亦不然業果及身與諸我合。
屬此非彼不應理故。一解脫時。一切應解脫。所修證法一切我合故。中
亦非理。所以者何。我體常住不應隨身而有舒卷。既有舒卷如橐籥風。
應非常住。

又我隨身應可分析。如何可執我體一耶。故彼所言如童豎戲。後亦
非理。所以者何。我量至小如一極微。如何能令大身遍動。若謂雖小而
速巡身如旋火輪似遍動者。則所執我非一非常。諸有往來非常一故。又
所執我復有三種。一者即蘊。二者離蘊。三者與蘊非即非離。初即蘊我
理且不然。我應如蘊非常一故。又内諸色定非實我。如外諸色有質礙
故。心心所法亦非實我。不恒相續待衆緣故。餘行餘色亦非實我。如虛
空等非覺性故。中離蘊我理亦不然。應如虛空無作受故。後俱非我理亦
不然。許依蘊立非即離蘊應如瓶等非實我故。又既不可説有爲無爲。亦

應不可説是我非我。故彼所執實我不成。

又諸所執實有我體。爲有思慮爲無思慮。若有思慮應是無常。非一切時有思慮故。若無思慮。應如虛空不能作業亦不受果。故所執我理俱不成。

又諸所執實有我體。爲有作用爲無作用。若有作用如手足等應是無常。若無作用如兔角等。應非實我。故所執我二俱不成。

又諸所執實有我體。爲是我見所緣境不。若非我見所緣境者。汝等云何知實有我。若是我見所緣境者。應有我見非顛倒攝。如實知故。若爾如何執有我者。所信至教皆毀我見稱贊無我。言無我見能證涅槃。執著我見沉淪生死。豈有邪見能證涅槃。正見翻令沉淪生死。

又諸我見不緣實我。有所緣故。如緣餘心。我見所緣定非實我。是所緣故。如所餘法。是故我見不緣實我。但緣內識變現諸蘊。隨自妄情種種計度。然諸我執略有二種。一者俱生。二者分別。俱生我執。無始時來虛妄熏習內因力故恒與身俱。不待邪教及邪分別任運而轉。故名俱生。此復二種。一常相續在第七識。緣第八識起自心相執爲實我。二有間斷在第六識。緣識所變五取蘊相。或總或別起自心相執爲實我。此二我執細故難斷。後修道中數數修習勝生空觀方能除滅。分別我執亦由現在外緣力故非與身俱。要待邪教及邪分別然後方起故名分別。唯在第六意識中有。此亦二種。一緣邪教所説蘊相起自心相分別計度執爲實我。二緣邪教所説我相。起自心相分別計度執爲實我。此二我執粗故易斷。初見道時觀一切法生空真如即能除滅。如是所説一切我執自心外蘊或有或無。自心內蘊一切皆有。是故我執皆緣無常五取蘊相。妄執爲我。然諸蘊相從緣生故是如幻有。妄所執我橫計度故決定非有故契經説。苾芻當知。世間沙門婆羅門等所有我見一切皆緣五取蘊起。實我若無云何得有憶識誦習恩怨等事。所執實我既常無變。後應如前是事非有。前應如後是事非無。以後與前體無別故。若謂我用前後變易非我體者。理亦不然。用不離體應常有故。體不離用應非常故。然諸有情各有本識。一類相續任持種子。與一切法更互爲因熏習力故。得有如是憶識等事。故所設難於汝有失非於我宗。若無實我誰能造業誰受果耶。所執實我既無變易。猶如虛空。如何可能造業受果。若有變易應是無常。然諸有情心心所法因緣力故。相續無斷。造業受果。於理無違。

我若實無。誰於生死輪回諸趣。誰復厭苦求趣涅槃。所執實我既無生滅。如何可説生死輪回。常如虛空。非苦所惱何爲厭捨求趣涅槃。故彼所言常爲自害。然有情類身心相續煩惱業力輪回諸趣。厭患苦故求趣涅槃。由此故知。定無實我但有諸識。無始時來前滅後生。因果相續。由妄熏習似我相現。愚者於中妄執爲我。

如何識外實有諸法不可得耶。外道餘乘所執外法理非有故。外道所執云何非有。且數論者執。我是思。受用薩埵剌闍答摩所成大等二十三法。然大等法三事合成。是實非假。現量所得。彼執非理所以者何。大等諸法多事成故。如軍林等。應假非實。如何可説現量得耶。

又大等法若是實有。應如本事非三合成。薩埵等三即大等故。應如大等。亦三合成。轉變非常爲例亦爾。又三本事各多功能。體亦應多。能體一故。三體既遍。一處變時餘亦應爾。體無別故。許此三事。體相各別。如何和合共成一相。不應合時變爲一相。與未合時體無別故。若謂三事體異相同。便違己宗體相是一。體應如相冥然是一。相應如體顯然有三。故不應言三合成一。又三是別。大等是總。總別一故應非一三。此三變時若不和合成一相者。應如未變。如何現見是一色等。若三和合成一相者。應失本別相體亦應隨失。不可説三各有二相。一總二別。總即別故。總亦應三。如何見一。若謂三體各有三相。和雜難知。故見一者。既有三相。寧見爲一。復如何知三事有異。若彼一一皆具三相。應一一事能成色等。何所?少待三和合。體亦應各三。以體即相故。又大等法皆三合成。展轉相望應無差別。是則因果唯量諸大諸根差別皆不得成。若爾一根應得一切境。或應一境一切根所得。世間現見情與非情淨穢等物現比量等。皆應無異。便爲大失。故彼所執實法不成。但是妄情計度爲有。勝論所執實等句義多實有性。現量所得。彼執非理。所以者何。諸句義中。且常住者。若能生果。應是無常。有作用故如所生果。若不生果應非離識實有自性。如兔角等。諸無常者。若有質礙。便有方分。應可分析。如軍林等。非實有性。若無質礙如心心所。應非離此有實自性。

又彼所執地水火風。應非有礙實句義攝。身根所觸故。如堅濕暖動。即彼所執堅濕暖等。應非無礙德句義攝。身根所觸故。如地水火風。地水火三對青色等。俱眼所見。准此應責。故知無實地水火風。與堅濕等各別有性。亦非眼見實地水火。

又彼所執實句義中。有礙常者。皆有礙故。如粗地等。應是無常。諸句義中色根所取無質礙法。應皆有礙。許色根取故。如地水火風。

又彼所執非實德等。應非離識有別自性。非實攝故。如石女兒。非有實等應非離識有別自性。非有攝故。如空花等。彼所執有。應離實等無別自性。許非無故。如實德等。若離實等應非有性。許異實等故。如畢竟無等。如有非無無別有性。如何實等有別有性。若離有法有別有性。應離無法有別無性。彼既不然此云何爾。故彼有性唯妄計度。又彼所執實德業性。異實德業。理定不然。勿。此亦非實德業性。異實等故。如德業等。

又應實等非實等攝。異實等性故。如德業實等。地等諸性對地等體更相徵詰。准此應知。如實性等無別實等性。實等亦應無別實性等。若離實等有實等性。應離非實等有非實等性。彼既不爾此云何然。故同異性唯假施設。又彼所執和合句義定非實有。非有實等諸法攝故。如畢竟無。彼許實等現量所得以理推徵尚非實有況彼自許和合句義非現量得。而可實有。設執和合是現量境。由前理故亦非實有。然彼實等。非緣離識實有自體現量所得。許所知故。如龜毛等。又緣實智非緣離識實句自體現量智攝。假合生故。如德智等。廣説乃至緣和合智。非緣離識和合自體現量智攝。假合生故。如實智等。故勝論者實等句義。亦是隨情妄所施設。有執有一大自在天。體實遍常能生諸法。彼執非理。所以者何。若法能生必非常故。諸非常者必不遍故。諸不遍者非真實故。體既常遍。具諸功能應一切處時頓生一切法。待欲或緣方能生者。違一因論。或欲及緣亦應頓起。因常有故。餘執有一大梵。時。方。本際。自然。虛空。我等。常住實有。具諸功能生一切法。皆同此破。有餘偏執。明論聲常。能爲定量表詮諸法。有執一切聲皆是常。待緣顯發。方有詮表。彼俱非理。所以者何。且明論聲許能詮故。應非常住如所餘聲。餘聲亦應非常聲體。如瓶衣等待衆緣故。有外道執。地水火風極微。實常。能生粗色。所生粗色不越因量。雖是無常而體實有。彼亦非理。所以者何。所執極微若有方分。如蟻行等。體應非實。若無方分。如心心所。應不共聚生粗果色。既能生果。如彼所生。如何可説極微常住。

又所生果。不越因量。應如極微不名粗色。則此果色。應非眼等色根所取。便違自執。若謂果色量德合故。非粗似粗色根能取。所執果色既同因量。應如極微無粗德合。或應極微亦粗德合。如粗果色。處無別故。若謂果色遍在自因。因非一故可名粗者。則此果色體應非一。如所在因。處各別故。既爾此果還不成粗。由此亦非色根所取。若果多分合故成粗。多因極微合應非細。足成根境何用果爲。既多分成。應非實有。則汝所執前後相違。

又果與因俱有質礙。應不同處。如二極微。若謂果因體相受入。如沙受水藥入鎔銅。誰許沙銅體受水藥。或應離變非一非常。又粗色果體若是一。得一分時應得一切。彼此一故。彼應如此。

不許違理。許便違事。故彼所執進退不成。但是隨情虛妄計度。然諸外道品類雖多。所執有法不過四種。一執有法與有等性其體定一。如數論等。彼執非理。所以者何。勿一切法即有性故。皆如有性。體無差別便違三德我等體異。亦違世間諸法差別。又若色等即色等性。色等應無青黃等異。二執有法與有等性。其體定異。如勝論等。彼執非理。所以者何。勿一切法非有性故。如已滅無。體不可得。便違實等自體非無。亦違世間現見有物。又若色等非色等性。應如聲等。非眼等境。三執有法與有等性。亦一亦異。如無慚等。彼執非理。所以者何。一異同前一異過故。二相相違。體應別故。一異體同俱不成故。勿一切法皆同一體。或應一異是假非實。而執爲實理定不成。四執有法與有等性。非一非異。如邪命等。彼執非理。所以者何。非一異執同異一故。非一異言爲遮爲表。

若唯是表應不雙非。若但是遮應無所執。亦遮亦表應互相違。非表非遮。應成戲論。又非一異。違世共知有一異物。亦違自宗色等有法決定實有。是故彼言唯矯避過。諸有智者勿謬許之。

餘乘所執離識實有色等諸法。如何非有彼所執色不相應行。及諸無爲。理非有故。且所執色總有二種。一者有對極微所成。二者無對非極微成。彼有對色定非實有。能成極微非實有故。謂諸極微若有質礙。應如瓶等。是假非實。若無質礙。應如非色。如何可集成瓶衣等。又諸極微。若有方分。必可分析。便非實有。若無方分。則如非色。云何和合承光發影。日輪才舉照柱等時。東西兩邊光影各現。承光發影。處既不同。所執極微定有方分。又若見觸壁等物時。唯得此邊不得彼分。既和合物即諸極微。故此極微必有方分。

又諸極微隨所住處必有上下四方差別。不爾便無共和集義。或相涉入。應不成粗。由此極微定有方分。執有對色即諸極微。若無方分。應無障隔。若爾便非障礙有對。是故汝等所執極微。必有方分。有方分故。便可分析。定非實有。故有對色實有不成。五識豈無所依緣色。

雖非無色而是識變。謂識生時。內因緣力變似眼等色等相現。即以此相爲所依緣。然眼等根非現量得。以能發識比知是有。此但功能非外所造。外有對色理既不成。故應但是內識變現。發眼等識名眼等根。此爲所依生眼等識。此眼等識外所緣緣。理非有故。決定應許自識所變爲所緣緣。謂能引生似自識者。汝執彼是此所緣緣。非但能生。勿因緣等亦名此識所緣緣故。眼等五識了色等時。但緣和合似彼相故。非和合相異諸極微有實自體。分析彼時。似彼相識定不生故。

彼和合相既非實有。故不可說是五識緣。勿第二月等能生五識故。非諸極微共和合位可與五識各作所緣。此識上無極微相故。非諸極微有和合相不和合時無此相故。非和合位與不合時。此諸極微體相有異。故和合位如不合時色等極微。非五識境。有執色等一一極微。不和集時非五識境。共和集位展轉相資有粗相生。爲此識境。彼相實有。爲此所緣。

彼執不然共和集位與未集時體相一故。瓶甌等物極微等者緣彼相識應無別故。共和集位一一極微。各各應捨微圓相故。非粗相識緣細相境。勿餘境識緣餘境故。一識應緣一切境故。許有極微尚致此失。況無識外真實極微。由此定知。自識所變似色等相爲所緣緣。

見托彼生帶彼相故。然識變時隨量大小。頓現一相非別變作衆多極微合成一物。爲執粗色有實體者。佛說極微令其除析。非謂諸色實有極微。諸瑜伽師以假想慧於粗色相。漸次除析至不可析假說極微。雖此極微猶有方分而不可析。若更析之便似空現。不名爲色。故說極微是色邊際。由此應知。諸有對色皆識變現非極微成。餘無對色。是此類故。亦非實有。或無對色。如心心所。定非實色。諸有對色現有色相。以理推究離識尚無。況無對色現無色相而可說爲真實色法。表無表色豈非實有。此非實有。所以者何。且身表色若是實有。以何爲性。若言是形便非實有。可分析故。長等極微不可得故。若言是動。亦非實有。才生即滅無動義故。有爲法滅不待因故。滅若待因應非滅故。若言有色非顯非形。心所引生能動手等名身表業理亦不然。此若是動義如前破。若是動因應即風界。風無表示不應名表。

又觸不應通善惡性。非顯香味類觸應知。故身表業定非實有。然心爲因。令識所變手等色相生滅相續轉趣餘方。似有動作表示心故。假名身表。語表亦非實有聲性。一刹那聲無詮表故。多念相續便非實故外有對色前已破故。然因心故。識變似聲生滅相續似有表示。假名語表。於理無違。表既實無。無表寧實。然依思願善惡分限。假立無表理亦無違。謂此或依發勝身語善惡思種增長位立。或依定中止身語惡現行思立。故是假有。世尊經中說有三業。撥身語業豈不違經。不撥爲無但言非色。能動身思說名身業。能發語思說名語業。審決二思意相應故。作動意故說名意業。起身語思有所造作。說名爲業。是審決思所遊履故通生苦樂異熟果故。亦名爲道。故前七業道亦思爲自性。或身語表由思發故假説爲業。思所履故説名業道。由此應知。實無外色唯有內識變似色生不相應行亦非實有。所以者何。得非得等。非如色心及諸心所。體相可得。非異色心及諸心所作用可得。由此故知。定非實有。但依色等分位假立。此定非異色心心所有實體用。如色心等。許蘊攝故。或心心所及色無爲所不攝故。如畢竟無定非實有。或餘實法所不攝故。如餘假法。非實有體。且彼如何。知得非得異色心等有實體用。契經説故。如説如是補特伽羅成就善惡。聖者成就十無學法。又説異生不成就聖法。諸阿羅漢不成就煩惱。成不成言顯得非得。經不説此異色心等有實體用。爲證不成。亦説輪王成就七寶。豈即成就他身非情。若謂於寶有自在力。假説成就。於善惡法何不許然。而執實得。若謂七寶在現在故。可假説成。寧知所成善惡等法。離現在有。離現實法理非有故。現在必有善種等故。又得於法有何勝用。若言能起應起無爲。一切非情應永不起。未得已失應永不生。若俱生得爲因起者。所執二生便爲無用。又具善惡無記得者。善惡無記應頓現前。若待餘因得便無用。若得於法是不失因。有情由此成就彼故。諸可成法不離有情若離有情實不可得。故得於法俱爲無用得實無故。非得亦無。然依有情可成諸法分位假立三種成就。一種子成就。二自在成就。三現行成就。翻此假立不成就名。此類雖多。而於三界見所斷種未永害位。假立非得名異生性。於諸聖法未成就故。復如何知異色心等有實同分。契經説故。如契經説此天同分此人同分。乃至廣説。此經不説異色心等有實同分。爲證不成。若同智言因斯起故。知實有者。則草木等應有同分。又於同分起同智言。同分復應有別同分。彼既不爾。此云何然。若謂爲因起同事欲知實有者。理亦不然。宿習爲因起同事欲。何要別執有實同分。然依有情身心相似分位差別假立同分。復如何知。異色心等有實命根。契經説故。如契經説。壽暖識三。應知命根説名爲壽。此經不説異色心等有實壽體。爲證不成。

又先已成色不離識。應此離識無別命根。又若命根異識實有。應如受等。非實命根。若爾如何經説三法。義別説三。如四正斷。住無心位

壽暖應無。豈不經說。識不離身。既爾如何名無心位。彼滅轉識。非阿
賴耶。有此識因後當廣說。此識足爲界趣生體。是遍。恒續。異熟果
故。無勞別執有實命根。然依親生此識種子。由業所引功能差別住時決
定假立命根。復如何知。二無心定無想異熟。異色心等有實自性。若無
實性應不能遮心心所法令不現起。若無心位有別實法異色心等能遮於心
名無心定。應無色時有別實法異色心等。能礙於色名無色定。彼既不
爾。此云何然。又遮礙心何須實法。如堤塘等假亦能遮謂修定時於定加
行厭患粗動心心所故。發勝期願遮心心所。令心心所漸細漸微。微微心
時熏異熟識成極增上厭心等種。由此損伏心等種故。粗動心等暫不現
行。依此分位假立二定。此種善故定亦名善。無想定前求無想果。故所
熏成種。招彼異熟識。依定粗動想等不行。於此分位假立無想。依異熟
立得異熟名。故此三法亦非實有。

二、卷第二

復如何知。諸有爲相。異色心等有實自性。契經説故。如契經説。有三有爲之有爲相。乃至廣説。此經不説異色心等有實自性。爲證不成。非第六聲便表異體。色心之體即色心故。非能相體定異所相。勿堅相等異地等故。若有爲相異所相體。無爲相體應異所相。又生等相若體俱有。應一切時齊興作用。若相違故用不頓興。體亦相違如何俱有。又住異滅用不應俱。能相所相體俱本有。用亦應然。無別性故。若謂彼用更待因緣。所待因緣應非本有。又執生等便爲無用。所相恒有而生等合。應無爲法亦有生等。彼此異因不可得故。又去來世非現非常。應似空花非實有性。生名爲有。寧在未來。滅名爲無應非現在。滅若非無生應非有。又滅違住寧執同時。住不違生何容異世。故彼所執進退非理。然有爲法因緣力故。本無今有。暫有還無。表異無爲假立四相。本無今有有位名生。生位暫停即説爲住。住別前後復立異名。暫有還無無時名滅。前三有故同在現在。後一是無故在過去。如何無法與有爲相。表此後無爲相何失。生表有法先非有。滅表有法後是無。異表此法非凝然。住表此法暫有用。故此四相於有爲法雖俱名表而表有異。此依刹那假立四相。一期分位亦得假立。初有名生。後無名滅。生已相似相續名住。即此相續轉變名異。是故四相皆是假立。復如何知。異色心等有實詮表名句文身。契經説故。如契經説。佛得希有名句文身。此經不説異色心等有實名等。爲證不成。若名句文異聲實有。應如色等非實能詮。謂聲能生名句文者。此聲必有音韻屈曲。此足能詮何用名等。若謂聲上音韻屈曲即名句文。異聲實有。所見色上形量屈曲。應異色處別有實體。若謂聲上音韻屈曲如弦管聲非能詮者。此應如彼聲。不別生名等。又誰說彼定不能詮。聲若能詮。風鈴聲等應有詮用。此應如彼不別生實名句文身。若唯語聲能生名等。如何不許唯語能詮。何理定知能詮即語。寧知異語別有能詮。語不異能詮人天共了執能詮異語。天愛非餘。然依語聲分位差別而假建立名句文身。名詮自性句詮差別。文即是字爲二所依。此三離聲雖無別體。而假實異亦不即聲。由此法詞二無礙解境有差別。聲與名等蘊處界攝亦各有異。且依此土說名句文依聲假立。非謂一切。諸餘佛土亦依光明妙香味等假立三故。有執隨眠異心心所。是不相應行蘊所攝。彼亦非理。名貪等故。如現貪等。非不相應。執別有餘不相應行。准前理趣皆應遮止。

諸無爲法離色心等。決定實有理不可得。且定有法略有三種。一現所知法。如色心等。二現受用法。如瓶衣等。如是二法世共知有。不待因成。三有作用法。如眼耳等。由彼彼用證知是有。無爲非世共知定有。又無作用如眼耳等。設許有用應是無常。故不可執無爲定有。然諸無爲所知性故。或色心等所顯性故。如色心等。不應執爲離色心等實無爲性。又虛空等爲一爲多。若體是一遍一切處。虛空容受色等法故。隨能合法體應成多。一所合處餘不合故。不爾諸法應互相遍。若謂虛空不與法合。應非容受。如餘無爲。又色等中有虛空不。有應相雜。無應不遍。一部一品結法斷時應得餘部餘品擇滅。一法緣闕得不生時。應於一切得非擇滅。執彼體一理應爾故。若體是多便有品類。應如色等。非實無爲。虛空又應非遍容受。餘部所執離心心所實有無爲。准前應破。又諸無爲。許無因果故。應如兔角。非異心等有。然契經說有虛空等諸無爲法。略有二種。一依識變假施設有。謂曾聞說虛空等名。隨分別有虛空等相。數習力故心等生時。似虛空等無爲相現。此所現相前後相似無有變易假說爲常。二依法性假施設有。謂空無我所顯真如。有無俱非。心言路絕。與一切法非一異等。是法真理故名法性。離諸障礙故名虛空。由簡擇力滅諸雜染。究竟證會故名擇滅。不由擇力本性清淨。或緣

關所顯故名非擇滅。苦樂受滅故名不動。想受不行名想受滅。此五皆依
真如假立。真如亦是假施設名。遮撥爲無故説爲有。遮執爲有故説爲
空。勿謂虚幻故説爲實。理非妄倒故名真如。不同餘宗離色心等有實常
法名曰真如。故諸無爲非定實有。

外道餘乘所執諸法。異心心所非實有性。是所取故。如心心所。能
取彼覺亦不緣彼。是能取故。如緣此覺。諸心心所依他起故。亦如幻
事。非真實有。爲遣妄執心心所外實有境故。説唯有識。若執唯識真實
有者。如執外境亦是法執。然諸法執略有二種。一者俱生。二者分別。
俱生法執無始時來。虚妄熏習内因力故。恒與身俱。不待邪教及邪分
別。任運而轉。故名俱生。此復二種。一常相續。在第七識緣第八識起
自心相執爲實法。二有間斷。在第六識緣識所變蘊處界相。或總或別起
自心相執爲實法。此二法執細故難斷。後十地中數數修習勝法空觀方能
除滅。分別法執亦由現在外緣力故非與身俱。要待邪教及邪分別。然後
方起。故名分別。唯在第六意識中有。此亦二種。一緣邪教所説蘊處界
相。起自心相分別計度執爲實法。二緣邪教所説自性等相。起自心相。
分別計度執爲實法。此二法執粗故易斷。入初地時觀一切法法空真如。
即能除滅。如是所説一切法執自心外法或有或無。自心内法一切皆有。
是故法執皆緣自心所現似法。執爲實有。然似法相從緣生故。是如幻
有。所執實法妄計度故。決定非有。故世尊説。慈氏當知。諸識所緣唯
識所現。依他起性如幻事等。如是外道餘乘所執。離識我法皆非實有。
故心心所。決定不用外色等法。爲所緣緣。緣用必依實有體故。現在彼
聚心心所法。非此聚識親所緣緣。如非所緣。他聚攝故。同聚心所亦非
親所緣。自體異故。如餘非所取。由此應知。實無外境唯有内識似外境
生。是故契經伽他中説。

如愚所分別外境實皆無。習氣擾濁心。故似彼而轉。有作是難。若
無離識實我法者。假亦應無。謂假必依真事似事共法而立。如有真火有
似火人有猛赤法乃可假説此人爲火。假説牛等應知亦然。我法若無依何
假説。無假説故。似亦不成。如何説心似外境轉。彼難非理。離識我法

前已破故。依類依實假説火等。俱不成故。依類假説理且不成。猛赤等德非類有故。若無共德而假説彼應亦於水等假説火等名。若謂猛等雖非類德而不相離故可假説。此亦不然。人類猛等現見亦有互相離故。類既無德又互相離。然有於人假説火等。故知假説不依類成。依實假説理亦不成。猛赤等德非共有故。謂猛赤等在火在人。其體各別。所依異故。無共假説有過同前。若謂人火德相似故可假説者。理亦不然。説火在人非在德故。由此假説不依實成。又假必依真事立者。亦不應理。真謂自相。假智及詮俱非境故。謂假智詮不得自相。唯於諸法共相而轉。亦非離此有別方便施設自相爲假所依。然假智詮必依聲起。聲不及處此便不轉。能詮所詮俱非自相。故知假説不依真事。由此但依似事而轉。似謂增益非實有相。聲依增益似相而轉。故不可説假必依真。是故彼難不應正理。然依識變對遣妄執真實我法説假似言。由此契經伽他中説。

　　　爲對遣愚夫　　　所執實我法
　　　故於識所變　　　假説我法名

　　識所變相雖無量種。而能變識類別唯三。一謂異熟。即第八識多異熟性故。二謂思量。即第七識恒審思量故。三謂了境。即前六識了境相粗故。及言顯六合爲一種。此三皆名能變識者。能變有二種。一因能變。謂第八識中等流異熟。二因習氣。等流習氣由七識中善惡無記熏令生長。異熟習氣由六識中有漏善惡熏令生長。二果能變。謂前二種習氣力故。有八識生現種種相。等流習氣爲因緣故。八識體相差別而生。名等流果果似因故。異熟習氣爲增上緣感第八識。酬引業力恒相續故立異熟名。感前六識酬滿業者從異熟起名異熟生。不名異熟有間斷故。即前異熟及異熟生名異熟果果異因故。此中且説我愛執藏持雜染種能變果識名爲異熟。非謂一切。雖已略説能變三名。而未廣辯能變三相。且初能變其相云何。頌曰。

　　　初阿賴耶識　　　異熟一切種

3

不可知執受　　處了常與觸
作意受想思　　相應唯捨受

4

是無覆無記　　觸等亦如是
恒轉如瀑流　　阿羅漢位捨

論曰。初能變識大小乘教名阿賴耶。此識具有能藏所藏執藏義故。謂與雜染互爲緣故。有情執爲自內我故。此即顯示初能變識所有自相。攝持因果爲自相故。此識自相分位雖多。藏識過重是故偏説。此是能引諸界趣生善不善業。異熟果故説名異熟。離此命根衆同分等恒時相續勝異熟果不可得故。此即顯示初能變識所有果相。此識果相雖多位多種。異熟寬不共故偏説之。此能執持諸法種子令不失故名一切種。離此餘法能遍執持諸法種子不可得故。此即顯示初能變識所有因相。此識因相雖有多種持種不共是故偏説。初能變識體相雖多略説唯有如是三相。

一切種相應更分別。此中何法名爲種子。謂本識中親生自果功能差別。此與本識及所生果不一不異。體用因果理應爾故。雖非一異而是實有。假法如無非因緣故。此與諸法既非一異。應如瓶等是假非實。若爾真如應是假有。許則便無真勝義諦。然諸種子唯依世俗説爲實有不同真如。種子雖依第八識體。而是此識相分非餘。見分恒取此爲境故。諸有漏種與異熟識。體無別故無記性攝。因果俱有善等性故亦名善等。諸無漏種非異熟識性所攝故。因果俱是善性攝故。唯名爲善。若爾何故決擇分説二十二根。一切皆有異熟種子。皆異熟生。雖名異熟而非無記。依異熟故名異熟種。異性相依如眼等識。或無漏種由熏習力轉變成熟立異熟名。非無記性所攝異熟。此中有義一切種子皆本性有不從熏生。由熏習力但可增長。如契經説一切有情無始時來有種種界。如惡又聚法爾而有。界即種子差別名故。又契經説無始時來界。一切法等依。界是因義。瑜伽亦説諸種子體無始時來性雖本有。而由染淨新所熏發。諸有情類無始時來若般涅槃法者一切種子皆悉具足。不般涅槃法者便闕三種菩提種子。如是等文誠證非一。又諸有情既説本有五種性別故。應定有法爾種子不由熏生。又瑜伽説地獄成就三無漏根是種非現。又從無始展轉傳來法爾所得本性住性。由此等證無漏種子法爾本有不從熏生。有漏亦應法爾有種。由熏增長不別熏生。如是建立因果不亂。有義種子皆熏故生。所熏能熏俱無始有。故諸種子無始成就。種子既是習氣異名。習氣必由熏習而有。如麻香氣花熏故生。如契經説諸有情心染淨諸法所熏習故。無量種子之所積集。論説内種定有熏習。外種熏習或有或無。又名言等三種熏習總攝一切有漏法種。彼三既由熏習而有。故有漏種必藉熏生。無漏種生亦由熏習。説聞熏習聞淨法界等流正法而熏起故。是出世心種子性故。有情本來種姓差別。不由無漏種子有無。但依有障無障建立。如瑜伽説於真如境若有畢竟二障種者立爲不般涅槃法性。若有畢竟所知障種非煩惱者一分立爲聲聞種性一分立爲獨覺種性。若無畢竟二障種者即立彼爲如來種性。故知本來種性差別依障建立非無漏種。所説成就無漏種言。依當可生非已有體。有義種子各有二類。一者本有。謂無始來異熟識中法爾而有生蘊處界功能差別。

世尊依此説諸有情無始時來有種種界如惡叉聚法爾而有。餘所引證廣説如初。此即名爲本性住種。二者始起。謂無始來數數現行熏習而有。世尊依此説有情心染淨諸法所熏習故無量種子之所積集。諸論亦説染淨種子由染淨法熏習故生。此即名爲習所成種。若唯本有轉識不應與阿賴耶爲因緣性。如契經説。

> 諸法於識藏　　識於法亦爾
> 更互爲果性　　亦常爲因性

此頌意言。阿賴耶識與諸轉識。於一切時展轉相生互爲因果。攝大乘説。阿賴耶識與雜染法互爲因緣。如炷與焰展轉生燒。又如束蘆互相依住。唯依此二建立因緣。所餘因緣不可得故。若諸種子不由熏生。如何轉識與阿賴耶有因緣義非熏令長可名因緣。勿善惡業與異熟果爲因緣故。又諸聖教説有種子由熏習生。皆違彼義。故唯本有理教相違。若唯始起有爲無漏無因緣故應不得生。有漏不應爲無漏種。勿無漏種生有漏故。許應諸佛有漏復生。善等應爲不善等種。分別論者雖作是説心性本淨客塵煩惱所染污故名爲雜染離煩惱時轉成無漏故無漏法非無因生。而心性言彼説何義。若説空理空非心因常法定非諸法種子。以體前後無轉變故。若即説心應同數論相雖轉變而體常一。惡無記心又應是善。許則應與信等相應。不許便應非善心體。尚不名善況是無漏。有漏善心既稱雜染如惡心等性非無漏。故不應與無漏爲因。勿善惡等互爲因故。若有漏心性是無漏應無漏心性是有漏。差別因緣不可得故。又異生心若是無漏。則異生位無漏現行。應名聖者。若異生心性雖無漏而相有染不名無漏。無斯過者則心種子亦非無漏。何故汝論説有異生唯得成就無漏種子。種子現行性相同故。然契經説心性淨者説心空理所顯眞如。眞如是心眞實性故。或説心體非煩惱故名性本淨。非有漏心性是無漏故名本淨。由此應信。有諸有情無始時來有無漏種不由熏習法爾成就。後勝進位熏令增長。無漏法起以此爲因。無漏起時復熏成種。有漏法種類此應知。諸聖教中雖説内種定有熏習。而不定説一切種子皆熏故生。寧全撥無本有種子。然本有種亦由熏習令其增盛方能得果故説内種定有熏習。其聞熏習非唯有漏。聞正法時亦熏本有無漏種子令漸增盛展轉乃至生出世心故亦説此名聞熏習。聞熏習中有漏性者是修所斷。感勝異熟。爲出世法勝增上緣。無漏性者非所斷攝與出世法正爲因緣。此正因緣微隱難了。有寄粗顯勝增上緣方便説爲出世心種。依障建立種姓別者意顯無漏種子有無。謂若全無無漏種者彼二障種永不可害即立彼爲非涅槃法。若唯有二乘無漏種者彼所知障種永不可害。一分立爲聲聞種姓一分立爲獨覺種姓。若亦有佛無漏種者彼二障種俱可永害。即立彼爲如來種姓。故由無漏種子有無障有可斷不可斷義。然無漏種微隱難知故約彼障顯性差別。不爾彼障有何別因而有可害不可害者。若謂法爾有此障別無漏法種寧不許然。若本全無無漏法種則諸聖道永不得生。誰當能害二障種子而説依障立種姓別。既彼聖道必無生義説當可生亦定非理。然諸聖教處處説有本有種子皆違彼義。故唯始起理教相違。由此應知。諸法種子各有

本有始起二類。然種子義略有六種。一刹那滅。謂體才生無間必滅有勝
功力方成種子。此遮常法常無轉變不可說有能生用故。二果俱有。謂與
所生現行果法俱現和合方成種子。此遮前後及定相離現種異類互不相
違。一身俱時有能生用。非如種子自類相生前後相違必不俱有。雖因與
果有俱不俱。而現在時可有因用。未生已滅無自體故。依生現果立種子
名不依引生自類名種。故但應說與果俱有。三恒隨轉。謂要長時一類相
續至究竟位方成種子。此遮轉識。轉易間斷與種子法不相應故。此顯種
子自類相生。四性決定。謂隨因力生善惡等功能決定方成種子。此遮餘
部執異性因生異性果有因緣義。五待衆緣。謂此要待自衆緣合功能殊勝
方成種子。此遮外道執自然因不待衆緣恒頓生果。或遮餘部緣恒非無。
顯所待緣非恒有性。故種於果非恒頓生。六引自果。謂於別別色心等果
各各引生方成種子。此遮外道執唯一因生一切果。或遮餘部執色心等互
爲因緣。唯本識中功能差別具斯六義成種非餘。外穀麥等識所變故。假
立種名非實種子。此種勢力生近正果名曰生因引遠殘果令不頓絕即名引
因內種必由熏習生長親能生果是因緣性。外種熏習或有或無。爲增上緣
辦所生果。必以內種爲彼因緣。是共相種所生果故。依何等義立熏習
名。所熏能熏各具四義令種生長。故名熏習。何等名爲所熏四義。一堅
住性。若法始終一類相續能持習氣。乃是所熏。此遮轉識及聲風等性不
堅住故非所熏。二無記性。若法平等無所違逆。能容習氣乃是所熏。此
遮善染勢力强盛無所容納故非所熏。由此如來第八淨識。唯帶舊種非新
受熏。三可熏性。若法自在性非堅密能受習氣乃是所熏。此遮心所及無
爲法依他堅密故非所熏。四與能熏共和合性。若與能熏同時同處不即不
離。乃是所熏。此遮他身刹那前後無和合義故非所熏。唯異熟識具此四
義可是所熏。非心所等。何等名爲能熏四義。一有生滅。若法非常能有
作用生長習氣。乃是能熏。此遮無爲前後不變無生長用故非能熏。二有
勝用。若有生滅勢力增盛能引習氣。乃是能熏。此遮異熟心心所等勢力
羸劣故非能熏。三有增減。若有勝用可增可減攝植習氣。乃是能熏。此
遮佛果圓滿善法無增無減故非能熏。彼若能熏便非圓滿。前後佛果應有

勝劣。四與所熏和合而轉。若與所熏同時同處不即不離。乃是能熏。此遮他身刹那前後無和合義故非能熏。唯七轉識及彼心所有勝勢用。而增減者具此四義可是能熏。如是能熏與所熏識俱生俱滅熏習義成。令所熏中種子生長如熏苣蕂故名熏習。能熏識等從種生時。即能爲因復熏成種。三法展轉因果同時。如炷生焰焰生焦炷。亦如蘆束更互相依。因果俱時理不傾動。能熏生種種起現行如俱有因得士用果。種子前後自類相生如同類因引等流果。此二於果是因緣性。除此餘法皆非因緣。設名因緣應知假説是謂略説一切種相。此識行相所緣云何。謂不可知執受處了。了謂了別。即是行相。識以了別爲行相故處謂處所。即器世間。是諸有情所依處故。執受有二。謂諸種子及有根身。諸種子者謂諸相名分別習氣。有根身者謂諸色根及根依處。此二皆是識所執受。攝爲自體同安危故。執受及處俱是所緣。阿賴耶識因緣力故自體生時。內變爲種及有根身。外變爲器。即以所變爲自所緣。行相仗之而得起故。此中了者謂異熟識於自所緣有了別用。此了別用見分所攝。然有漏識自體生時。皆似所緣能緣相現。彼相應法應知亦爾。似所緣相説名相分。似能緣相説名見分。若心心所無所緣相。應不能緣自所緣境。或應一一能緣一切。自境如餘餘如自故。若心心所無能緣相應不能緣。如虛空等。或虛空等亦是能緣。故心心所必有二相。如契經説。

> 一切唯有覺　　所覺義皆無
> 能覺所覺分　　各自然而轉

執有離識所緣境者。彼説外境是所緣。相分名行相。見分名事。是心心所自體相故。心與心所同所依緣行相相似。事雖數等而相各異。識受想等相各別故。達無離識所緣境者。則説相分是所緣。見分名行相。相見所依自體名事。即自證分。此若無者應不自憶心心所法。如不曾更境必不能憶故。心與心所同所依根。所緣相似。行相各別。了別領納等作用各異故。事雖數等而相各異。識受等體有差別故。然心心所一一生時。以理推徵各有三分。所量能量量果別故。相見必有所依體故。如集量論伽他中説。

> 似境相所量　　能取相自證
> 即能量及果　　此三體無別

又心心所若細分別應有四分。三分如前。復有第四證自證分。此若無者誰證第三。心分既同應皆證故。又自證分應無有果。諸能量者必有果故。不應見分是第三果。見分或時非量攝故。由此見分不證第三。證自體者必現量故。此四分中前二是外後二是内。初唯所緣後三通二。謂第二分但緣第一。或量非量或現或比。第三能緣第二第四。證自證分唯緣第三。非第二者以無用故第三第四皆現量攝。故心心所四分合成。具所能緣無無窮過。非即非離唯識理成。是故契經伽他中説。

> 衆生心二性　　内外一切分
> 所取能取纏　　見種種差別

此頌意説。衆生心性二分合成。若内若外皆有所取能取纏縛。見有種種或量非量或現或比多分差別。此中見者是見分故。如是四分或攝爲三。第四攝入自證分故。或攝爲二。後三俱是能緣性故皆見分攝。此言見者是能緣義。或攝爲一體無別故如入楞伽伽他中説。

> 由自心執著　　心似外境轉
> 彼所見非有　　是故説唯心

如是處處説唯一心。此一心言亦攝心所。故識行相即是了別。了別即是識之見分。所言處者。謂異熟識由共相種成熟力故變似色等器世間相。即外大種及所造色。雖諸有情所變各別。而相相似處所無異。如衆燈明各遍似一。誰異熟識變爲此相。有義一切。所以者何。如契經説。一切有情業增上力共所起故。有義若爾諸佛菩薩應實變爲此雜穢土。諸異生等應實變爲他方此界諸淨妙土。又諸聖者厭離有色生無色界必不下生變爲此土復何所用。是故現居及當生者。彼異熟識變爲此界。經依少分説一切言。諸業同者皆共變故。有義若爾器將壞時既無現居及當生者。誰異熟識變爲此界。

又諸異生厭離有色生無色界現無色身。預變爲土。此復何用。設有色身與異地器粗細懸隔不相依持。此變爲彼亦何所益。然所變土本爲色身依持受用故若於身可有持用便變爲彼。由是設生他方自地。彼識亦得變爲此土。故器世界將壞。初成。雖無有情而亦現有。此說一切共受用者。若別受用准此應知。鬼人天等所見異故諸種子者謂異熟識所持一切有漏法種。此識性攝故是所緣。

無漏法種雖依附此識。而非此性攝故非所緣。雖非所緣而不相離。如真如性不違唯識。有根身者。謂異熟識不共相種成熟力故變似色根及根依處。即內大種及所造色。有共相種成熟力故。於他身處亦變似彼。不爾應無受用他義。此中有義亦變似根。辯中邊說似自他身五根現故。有義唯能變似依處。他根於己非所用故。似自他身五根現者。說自他識各自變義。故生他地或般涅槃。彼餘尸骸猶見相續。前來且說業力所變外器內身界地差別。若定等力所變器身。界地自他則不決定。所變身器多恒相續。變聲光等多分暫時。隨現緣力擊發起故。略說此識所變境者。謂有漏種十有色處及墮法處所現實色。何故此識不能變似心心所等爲所緣耶。有漏識變略有二種。一隨因緣勢力故變。二隨分別勢力故變。初必有用後但爲境。異熟識變但隨因緣。所變色等必有實用。若變心等便無實用。相分心等不能緣故。須彼實用別從此生。變無爲等亦無實用。故異熟識不緣心等。至無漏位勝慧相應。雖無分別而澄淨故。設無實用亦現彼影。不爾諸佛應非遍知。故有漏位此異熟識但緣器身及有漏種。在欲色界具三所緣。無色界中緣有漏種。厭離色故無業果色。有定果色於理無違。彼識亦緣此色爲境。不可知者謂此行相極微細故難可了知。或此所緣內執受境亦微細故外器世間量難測故名不可知。云何是識取所緣境行相難知。如滅定中不離身識應信爲有。然必應許滅定有識有情攝故如有心時。無想等位當知亦爾。

三、卷第三

　　此識與幾心所相應。常與觸作意受想思相應。阿賴耶識無始時來乃至未轉。於一切位恒與此五心所相應。以是遍行心所攝故。觸謂三和。分別變異。令心心所觸境爲性。受想思等所依爲業。謂根境識更相隨順故名三和。觸依彼生令彼和合。故説爲彼。三和合位皆有順生心所功能説名變異。觸似彼起故名分別。根變異力引觸起時。勝彼識境。故集論等但説分別根之變異。和合一切心及心所。令同觸境是觸自性。既似順起心所功能。故以受等所依爲業。起盡經説受想行蘊一切皆以觸爲緣故。由斯故説識觸受等因二三四和合而生。瑜伽但説與受想思爲所依者。思於行蘊爲主勝故舉此攝餘。集論等説爲受依者以觸生受近而勝故。謂觸所取可意等相與受所取順益等相。極相鄰近引發勝故。然觸自性是實非假。六六法中心所性故。是食攝故。能爲緣故。如受等性非即三和。作意謂能警心爲性。於所緣境引心爲業。謂此警覺應起心種引令趣境故名作意。雖此亦能引起心所。心是主故但説引心。有説令心回趣異境。或於一境持心令住故名作意。彼俱非理。應非遍行不異定故。受謂領納順違俱非境相爲性。起愛爲業。能起合離非二欲故。有作是説。受有二種。一境界受。謂領所緣。二自性受。謂領俱觸。唯自性受是受自相。以境界受共餘相故。彼説非理。受定不緣俱生觸故。若似觸生名領觸者。似因之果應皆受性。

　　又既受因應名因受。何名自性。若謂如王食諸國邑。受能領觸所生受體名自性受。理亦不然。違自所執不自證故。若不舍自性名自性受。

應一切法皆是受自性。故彼所説但誘嬰兒。然境界受非共餘相。領順等相定屬己者名境界受。不共餘故。想謂於境取像爲性。施設種種名言爲業。謂要安立境分齊相方能隨起種種名言。思謂令心造作爲性。於善品等役心爲業。謂能取境正因等相。驅役自心令造善等。此五既是遍行所攝。故與藏識決定相應。其遍行相後當廣釋。此觸等五與異熟識行相雖異。而時依同所緣事等。故名相應。此識行相極不明了。不能分別違順境相。微細一類相續而轉。是故唯與捨受相應。又此相應受唯是異熟。隨先引業轉不待現緣。住善惡業勢力轉故。唯是捨受。苦樂二受是異熟生。非真異熟待現緣故。非此相應。又由此識常無轉變。有情恒執爲自內我。若與苦樂二受相應。便有轉變。寧執爲我。故此但與捨受相應。若爾如何此識亦是惡業異熟。既許善業能招捨受此亦應然。捨受不違苦樂品故。如無記法善惡俱招。如何此識非別境等心所相應互相違故。謂欲希望所樂事轉。此識任運無所希望。勝解印持決定事轉。此識曚昧無所印持。念唯明記曾習事轉。此識昧劣不能明記。定能令心專注一境。此識任運刹那別緣。慧唯簡擇德等事轉。此識微昧不能簡擇。故此不與別境相應。此識唯是異熟性故。善染污等亦不相應。惡作等四無記性者。有間斷故定非異熟。法有四種。謂善不善有覆無記無覆無記。阿賴耶識何法攝耶。此識唯是無覆無記異熟性故。異熟若是善染污者。流轉還滅應不得成。又此識是善染依故。若善染者互相違故。應不與二俱作所依。又此識是所熏性故。若善染者如極香臭應不受熏。無熏習故染淨因果俱不成立。故此唯是無覆無記。覆謂染法。障聖道故。又能蔽心令不淨故。此識非染。故名無覆。記謂善惡。有愛非愛果及殊勝自體可記別故。此非善惡。故名無記。

　觸等亦如是者。謂如阿賴耶識唯是無覆無記性攝觸作意受想思亦爾。諸相應法必同性故。又觸等五如阿賴耶。亦是異熟所緣行相俱不可知。緣三種境五法相應。無覆無記。故説觸等亦如是言。有義觸等如阿賴耶。亦是異熟及一切種。廣説乃至無覆無記。亦如是言無簡別故。彼説非理。所以者何。觸等依識不自在故。如貪信等不能受熏。如何同識能持種子。又若觸等亦能受熏。應一有情有六種體。若爾果起從何種生。理不應言從六種起。未見多種生一芽故。若説果生唯從一種。則餘五種便爲無用。亦不可説次第生果。熏習同時勢力等故。又不可説六果頓生。勿一有情一刹那頃六眼識等俱時生故。誰言觸等亦能受熏持諸種子。不爾如何觸等如識名一切種。謂觸等五有似種相名一切種。觸等與識所緣等故。無色觸等有所緣故。親所緣緣定應有故。此似種相不爲因緣生現識等。如觸等上似眼根等非識所依。亦如似火無能燒用。彼救非理。觸等所緣似種等相後執受處方應與識而相例故。由此前説一切種言定目受熏能持種義。不爾本頌有重言失。

　　又彼所説亦如是言無簡別故。咸相例者定不成證。勿觸等五亦能了別觸等亦與觸等相應。由此故知。亦如是者隨所應説非謂一切。阿賴耶識爲斷爲常。非斷非常以恒轉故。恒謂此識無始時來一類相續常無間斷。是界趣生施設本故。性堅持種令不失故。轉謂此識無始時來念念生滅前後變異。因滅果生非常一故。可爲轉識熏成種故。恒言遮斷轉表非常。猶如瀑流因果法爾。如瀑流水非斷非常相續長時有所漂溺。此識亦爾。從無始來生滅相續非常非斷。漂溺有情令不出離。又如瀑流雖風等擊起諸波浪而流不斷。此識亦爾。雖遇衆緣起眼識等而恒相續。又如瀑流漂水下上魚草等物隨流不舍此識亦爾。與內習氣外觸等法恒相隨轉。如是法喻意顯此識無始因果非斷常義。謂此識性無始時來刹那刹那果生因滅。果生故非斷。因滅故非常。非斷非常是緣起理。故説此識恒轉如流。過去未來既非實有。非常可爾。非斷如何。斷豈得成緣起正理。過去未來若是實有可許非斷如何非常。常亦不成緣起正理。豈斥他過已義便成。若不摧邪難以顯正。前因滅位後果即生。如秤兩頭低昂時等。如是因果相續如流。何假去來方成非斷。因現有位後果未生。因是誰因。果現有時前因已滅。果是誰果。既無因果誰離斷常。若有因時已有後果。果既本有。何待前因。因義既無果義寧有無因無果豈離斷常。因果義成依法作用。故所詰難非預我宗。體既本有用亦應然。所待因緣亦本有故。由斯汝義因果定無。應信大乘緣起正理。謂此正理深妙離言因果等言皆假施設。觀現在法有引後用。假立當果對説現因。觀現在法有酬前相。假立曾因對説現果。假謂現識似彼相現。如是因果理趣顯然。遠離二邊契會中道。諸有智者應順修學。有餘部説雖無去來而有因果恒相續義。謂現在法極迅速者猶有初後生滅二時。生時酬因滅時引果。時雖有二而體是一。前因正滅後果正生。體相雖殊而俱是有。如是因果非假施設。然離斷常。又無前難誰有智者捨此信餘。彼有虛言都無實義。何容一念而有二時。生滅相違寧同現在。滅若現在生應未來。有故名生既是現在。無故名滅寧非過去。滅若非無生應非有。生既現有滅應現無。又二相違如何體一。非苦樂等見有是事生滅若一時應無二。生滅若異寧説體同。故生滅時俱現在有同依一體理必不成。經部師等因果相續理亦不成。彼不許有阿賴耶識能持種故。由此應信大乘所説因果相續緣起正理。

　　此識無始恒轉如流乃至何位當究竟捨。阿羅漢位方究竟捨。謂諸聖者斷煩惱障究竟盡時名阿羅漢。爾時此識煩惱粗重永遠離故説之爲捨。此中所説阿羅漢者通攝三乘無學果位。皆已永害煩惱賊故。應受世間妙供養故。永不復受分段生故。云何知然。決擇分説諸阿羅漢獨覺如來皆不成就阿賴耶故。集論復説若諸菩薩得菩提時頓斷煩惱及所知障成阿羅漢及如來故。若爾菩薩煩惱種子未永斷盡非阿羅漢應皆成就阿賴耶識。何故即彼決擇分説不退菩薩亦不成就阿賴耶識。彼説二乘無學果位回心趣向大菩提者。必不退起煩惱障故。趣菩提故。即復轉名不退菩薩。彼不成就阿賴耶識。即攝在此阿羅漢中。故彼論文不違此義。又不動地已上菩薩。一切煩惱永不行故。法駛流中任運轉故。能諸行中起諸行故。刹那刹那轉增進故。此位方名不退菩薩。然此菩薩雖未斷盡異熟識中煩惱種子。而緣此識我見愛等不復執藏爲自內我。由斯永捨阿賴耶名。故説不成阿賴耶識。此亦説彼名阿羅漢。有義初地已上菩薩。已證二空所顯理故。已得二種殊勝智故。已斷分別二重障故。能一行中起諸行故。雖爲利益起諸煩惱。而彼不作煩惱過失。故此亦名不退菩薩。然此菩薩雖未斷盡俱生煩惱。而緣此識所有分別我見愛等不復執藏爲自內我。由斯亦捨阿賴耶名。故説不成阿賴耶識。此亦説彼名阿羅漢。故集論中作如是説。十地菩薩雖未永斷一切煩惱。然此煩惱猶如咒藥所伏諸毒。不起一切煩惱過失。一切地中如阿羅漢已斷煩惱。故亦説彼名阿羅漢。彼説非理。七地已前猶有俱生我見愛等。執藏此識爲自內我。如何已捨阿賴耶名。若彼分別我見愛等不復執藏説名爲捨。則預流等諸有學位。亦應已捨阿賴耶名。許便違害諸論所説。地上菩薩所起煩惱。皆由正知不爲過失。非預流等得有斯事。寧可以彼例此菩薩。彼六識中所起煩惱。雖由正知不爲過失。而第七識有漏心位任運現行執藏此識。寧不與彼預流等同。由此故知彼説非理。然阿羅漢斷此識中煩惱粗重究竟盡故。不復執藏阿賴耶識爲自內我。由斯永失阿賴耶名説之爲捨。非捨一切第八識體。勿阿羅漢無識持種。爾時便入無餘涅槃。然第八識雖諸有情皆悉成就。而隨義別立種種名。謂或名心。由種種法熏習種子所積集故。或名阿陀那。執持種子及諸色根令不壞故。或名所知依。能與染淨所知諸法爲依止故。或名種子識。能遍任持世出世間諸種子故。此等諸名通一切位。或名阿賴耶。攝藏一切雜染品法令不失故。我見愛等執藏以爲自內我故。此名唯在異生有學。非無學位不退菩薩有雜染法執藏義故。或名異熟識。能引生死善不善業異熟果故。此名唯在異生二乘諸菩薩位。非如來地猶有異熟無記法故。或名無垢識。最極清淨諸無漏法所依止故此名唯在如來地有。菩薩二乘及異生位持有漏種可受熏習。未得善淨第八識故如契經説。

> 如來無垢識　　是淨無漏界
> 解脱一切障　　圓鏡智相應

阿賴耶名過失重故最初捨故此中偏説。異熟識體菩薩將得菩提時捨。聲聞獨覺入無餘依涅槃時捨。無垢識體無有捨時。利樂有情無盡時故。心等通故隨義應説然第八識總有二位。一有漏位。無記性攝。唯與觸等五法相應。但緣前説執受處境。二無漏位。唯善性攝。與二十一心所相應。謂遍行別境各五善十一。與一切心恒相應故。常樂證智所觀境故。於所觀境恒印持故。於曾受境恒明記故。世尊無有不定心故。於一切法常決擇故。極淨信等常相應故。無染污故。無散動故。此亦唯與捨受相應。任運恒時平等轉故。以一切法爲所緣境。鏡智遍緣一切法故。

云何應知此第八識離眼等識有別自體。聖教正理爲定量故。謂有大乘阿毗達摩契經中説。

> 無始時來界　　一切法等依
>
> 由此有諸趣　　及涅槃證得

此第八識自性微細。故以作用而顯示之。頌中初半顯第八識爲因緣用。後半顯與流轉還滅作依持用。界是因義。即種子識無始時來展轉相續親生諸法故名爲因。依是緣義。即執持識無始時來與一切法等爲依止故名爲緣。謂能執持諸種子故與現行法爲所依故即變爲彼及爲彼依。變爲彼者謂變爲器及有根身。爲彼依者謂與轉識作所依止。以能執受五色根故眼等五識依之而轉。又與末那爲依止故第六意識依之而轉。末那意識轉識攝故如眼等識依俱有根。第八理應是識性故亦以第七爲俱有依。是謂此識爲因緣用。由此有者由有此識。有諸趣者有善惡趣。謂由有此第八識故執持一切順流轉法令諸有情流轉生死。雖惑業生皆是流轉。而趣是果勝故偏説。或諸趣言通能所趣。諸趣資具亦得趣名。諸惑業生皆依此識。是與流轉作依持用。及涅槃證得者由有此識故有涅槃證得。謂由有此第八識故。執持一切順還滅法令修行者證得涅槃。此中但説能證得道。涅槃不依此識有故。或此但説所證涅槃。是修行者正所求故。或此雙説涅槃與道。俱是還滅品類攝故。謂涅槃言顯所證滅。後證得言顯能得道。由能斷道斷所斷惑究竟盡位證得涅槃。能所斷證皆依此識。是與還滅作依持用。又此頌中初句顯示此識自性無始恒有。後三顯與雜染清淨二法總別爲所依止。雜染法者謂苦集諦。即所能趣生及業惑。清淨法者謂滅道諦。即所能證涅槃及道。彼二皆依此識而有。依轉識等理不成故。或復初句顯此識體無始相續。後三顯與三種自性爲所依止。謂依他起遍計所執圓成實性。如次應知。今此頌中諸所説義離第八識皆不得有。即彼經中復作是説。

> 由攝藏諸法　　一切種子識
> 故名阿賴耶　　勝者我開示

由此本識具諸種子故能攝藏諸雜染法。依斯建立阿賴耶名。非如勝性轉爲大等。種子與果體非一故。能依所依俱生滅故。與雜染法互相攝藏。亦爲有情執藏爲我。故説此識名阿賴耶。已入見道諸菩薩眾得真現觀名爲勝者。彼能證解阿賴耶識。故我世尊正爲開示。或諸菩薩皆名勝者。雖見道前未能證解阿賴耶識。而能信解求彼轉依。故亦爲説。非諸轉識有如是義。解深密經亦作是説。

> 阿陀那識甚深細　　一切種子如瀑流
> 我於凡愚不開演　　恐彼分別執爲我

以能執持諸法種子。及能執受色根依處。亦能執取結生相續。故説此識名阿陀那。無性有情不能窮底故説甚深。趣寂種性不能通達故名甚細。是一切法真實種子。緣擊便生轉識波浪恒無間斷猶如瀑流。凡即無性。愚即趣寂。恐彼於此起分別執墮諸惡趣障生聖道。故我世尊不爲開演。唯第八識有如是相。入楞伽經亦作是説。

> 如海遇風緣　　起種種波浪
> 現前作用轉　　無有間斷時
> 藏識海亦然　　境等風所擊
> 恒起諸識浪　　現前作用轉

眼等諸識無如大海恒相續轉起諸識浪。故知別有第八識性。此等無量大乘經中。皆別説有此第八識。諸大乘經皆順無我違數取趣。棄背流轉趣向還滅。贊佛法僧毀諸外道。表蘊等法遮勝性等。樂大乘者許能顯示無顛倒理契經攝故。如增壹等至教量攝。又聖慈氏以七種因證大乘經真是佛説。一先不記故。若大乘經佛滅度後有餘爲壞正法故説。何故世尊非如當起諸可怖事先預記別。二本俱行故。大小乘教本來俱行。寧知大乘獨非佛説。三非餘境故。大乘所説廣大甚深非外道等思量境界。彼經論中曾所未説。設爲彼説亦不信受。故大乘經非非佛説。四應極成故。若謂大乘是餘佛説非今佛語。則大乘教是佛所説其理極成。五有無有故。若有大乘即應信此諸大乘教是佛所説。離此大乘不可得故。若無大乘聲聞乘教亦應非有。以離大乘決定無有得成佛義。誰出於世説聲聞乘。故聲聞乘是佛所説。非大乘教不應正理。六能對治故。依大乘經勤修行者皆能引得無分別智。能正對治一切煩惱。故應信此是佛所説。七義異文故。大乘所説意趣甚深。不可隨文而取其義便生誹謗謂非佛語。是故大乘真是佛説。如莊嚴論頌此義言。

先不記俱行　　非餘所行境

極成有無有　　對治異文故

餘部經中亦密意説阿賴耶識有別自性。謂大衆部阿笈摩中密意説此名根本識。是眼識等所依止故。譬如樹根是莖等本。非眼等識有如是義。上坐部經分別論者俱密意説此名有分識。有謂三有。分是因義唯此恒遍爲三有因。化地部説此名窮生死蘊。離第八識無別蘊法窮生死際無間斷時。謂無色界諸色間斷。無想天等餘心等滅。不相應行離色心等無別自體。已極成故。唯此識名窮生死蘊。説一切有部增壹經中亦密意説此名阿賴耶。謂愛阿賴耶。樂阿賴耶。欣阿賴耶。喜阿賴耶。謂阿賴耶識是貪總別三世境故立此四名。有情執爲真自內我。乃至未斷恒生愛著故。阿賴耶識是真愛著處。不應執餘五取蘊等。謂生一向苦受處者於餘五取蘊不生愛著。彼恒厭逆餘五取蘊念我何時當舍此命此衆同分此苦身心令我自在受快樂故。五欲亦非真愛著處。謂離欲者於五妙欲雖不貪著而愛我故。樂受亦非真愛著處。謂離第三静慮染者雖厭樂受而愛我故。身見亦非真愛著處。謂非無學信無我者雖於身見不生貪著而於內我猶生愛故。轉識等亦非真愛著處。謂非無學求滅心者雖厭轉識等而愛我故。色身亦非真愛著處。離色染者雖厭色身而愛我故。不相應行離色心等無別自體。是故亦非真愛著處。異生有學起我愛時雖於餘蘊有愛非愛而於此識我愛定生。故唯此是真愛著處。由是彼説阿賴耶名。定唯顯此阿賴耶識。

已引聖教當顯正理。謂契經説雜染清淨諸法種子之所集起。故名爲心。若無此識彼持種心不應有故。謂諸轉識在滅定等有間斷故。根境作意善等類別易脱起故。如電光等不堅住故。非可熏習。不能持種。非染淨種所集起心。此識一類恒無間斷如苣蕂等。堅住可熏。契當彼經所説心義。

若不許有能持種心。非但違經亦違正理。謂諸所起染淨品法無所熏故不熏成種則應所起唐捐其功。染淨起時既無因種。應同外道執自然生。色不相應非心性故。如聲光等理非染淨內法所熏。豈能持種。

又彼離識無實自性寧可執爲內種依止。轉識相應諸心所法。如識間斷易脱起故。不自在故。非心性故。不能持種亦不受熏。故持種心理應別有。有説六識無始時來依根境等前後分位事雖轉變而類無別。是所熏習能持種子。由斯染淨因果皆成。何要執有第八識性。彼言無義。所以者何。執類是實則同外道。許類是假便無勝用應不能持內法實種。又執識類何性所攝。若是善惡應不受熏。許有記故。猶如擇滅。若是無記善惡心時無無記心此類應斷。非事善惡類可無記。別類必同別事性故。又無心位此類定無。既有間斷性非堅住。如何可執持種受熏。又阿羅漢或異生心識類同故應爲諸染無漏法熏。許便有失。又眼等根或所餘法與眼等識根法類同應互相熏。然汝不許。故不應執識類受熏。又六識身若事若類。前後二念既不俱有如隔念者非互相熏。能熏所熏必俱時故。執唯六識俱時轉者。由前理趣既非所熏。故彼亦無能持種義。有執色心自類無間前爲後種因果義立。故先所説爲證不成。彼執非理無熏習故。謂彼自類既無熏習。如何可執前爲後種。又間斷者應不更生。二乘無學應無後蘊。死位色心爲後種故。亦不應執色心展轉互爲種生。轉識色等非所熏習前已説故。有説三世諸法皆有。因果感赴無不皆成。何勞執有能持種識。然經説心爲種子者起染淨法勢用強故。彼説非理。過去未來非常非現如空花等。非實有故。又無作用不可執爲因緣性故。若無能持染淨種識一切因果皆不得成。有執大乘遣相空理爲究竟者。依似比量撥無此識及一切法。彼特違害前所引經。智斷證修染淨因果皆執非實成大邪見。外道譏謗染淨因果亦不謂全無。但執非實故。若一切法皆非實有菩薩不應爲捨生死精勤修集菩提資糧。誰有智者爲除幻敵求石女兒用爲軍旅。故應信有能持種心依之建立染淨因果。彼心即是此第八識。

又契經説有異熟心善惡業感。若無此識彼異熟心不應有故。謂眼等識有間斷故。非一切時是業果故。如電光等非異熟心。異熟不應斷已更續。彼命根等無斯事故。眼等六識業所感者猶如聲等。非恒續故。是異熟生非真異熟。定應許有真異熟心酬牽引業遍而無斷變爲身器作有情依。身器離心理非有故。不相應法無實體故。諸轉識等非恒有故。若無此心誰變身器。復依何法恒立有情。又在定中或不在定有別思慮無思慮時理有衆多身受生起。此若無者不應後時身有怡適或復勞損。若不恒有真異熟心。彼位如何有此身受。非佛起餘善心等位。必應現起真異熟心。如許起彼時。非佛有情故。由是恒有真異熟心。彼心即是此第八識。

又契經説有情流轉五趣四生。若無此識彼趣生體不應有故。謂要實有。恒遍無雜。彼法可立正實趣生。非異熟法趣生雜亂住此起餘趣生法故。諸異熟色及五識中業所感者不遍趣生。無色界中全無彼故。諸生得善及意識中業所感者。雖遍趣生起無雜亂而不恒有。不相應行無實自體。皆不可立正實趣生。唯異熟心及彼心所實恒遍無雜。是正實趣生。此心若無生無色界起善等位應非趣生。設許趣生攝諸有漏生無色界起無漏心。應非趣生便違正理。勿有前過及有此失故。唯異熟法是正實趣生。由是如來非趣生攝。佛無異熟無記法故。亦非界攝非有漏故。世尊已捨苦集諦故。諸戲論種已永斷故。正實趣生既唯異熟心及心所。彼心心所離第八識理不得成。故知別有此第八識。

又契經説有色根身是有執受。若無此識彼能執受不應有故。謂五色根及彼依處。唯現在世是有執受彼定由有能執受心。唯異熟心先業所引非善染等。一類能遍相續執受有色根身。眼等轉識無如是義。此言意顯眼等轉識皆無一類能遍相續執受自內有色根身。非顯能執受唯異熟心。勿諸佛色身無執受故。然能執受有漏色身唯異熟心。故作是說。謂諸轉識現緣起故。如聲風等。彼善染等非業引故。如非擇滅。異熟生者非異熟故。非遍依故。不相續故。如電光等。不能執受有漏色身。諸心識言亦攝心所。定相應故如唯識言。非諸色根不相應行可能執受有色根身。無所緣故。如虛空等。故應別有能執受心。彼心即是此第八識。

又契經說壽暖識三更互依持得相續住。若無此識能持壽暖令久住識不應有故。謂諸轉識有間有轉如聲風等。無恒持用不可立爲持壽暖識。唯異熟。識無間無轉猶如壽暖。有恒持用故可立爲持壽暖識。經說三法更互依持。而壽與暖一類相續。唯識不然。豈符正理。雖說三法更互依持而許唯暖不遍三界。何不許識獨有間轉此於前理非爲過難。謂若是處具有三法無間轉者可恒相持。不爾便無恒相持用前以此理顯三法中所說識言非詮轉識。舉緩不遍豈壞前理。故前所說其理極成。又三法中壽暖二種既唯有漏。故知彼識如壽與暖定非無漏。生無色界起無漏心。爾時何識能持彼壽。由此故知有異熟識一類恒遍能持壽暖。彼識即是此第八識。

又契經說諸有情類受生命終必住散心非無心定。若無此識生死時心不應有故。謂生死時身心惛昧。如睡無夢極悶絕時。明瞭轉識必不現起。又此位中六種轉識行相所緣不可知故。如無心位必不現行。六種轉識行相所緣有必可知。如餘時故。真異熟識極微細故。行相所緣俱不可了。是引業果一期相續。恒無轉變。是散有心名生死心。不違正理。有說五識此位定無。意識取境。或因五識。或因他教。或定爲因。生位諸因既不可得。故受生位意識亦無。若爾有情生無色界後時意識應永不生。定心必由散意識引。五識他教彼界必無。引定散心無由起故。若謂彼定由串習力後時率爾能現在前。彼初生時寧不現起。又欲色界初受生時串習意識亦應現起。若由惛昧初未現前此即前因。何勞別說。有餘部執。生死等位別有一類微細意識。行相所緣俱不可了。應知即是此第八識。

極成意識不如是故。又將死時由善惡業下上身分冷觸漸起。若無此
識彼事不成。轉識不能執受身故。眼等五識各別依故。或不行故。

第六意識不住身故。境不定故。遍寄身中恒相續故。不應冷觸由彼
漸生。唯異熟心由先業力恒遍相續執受身分。捨執受處冷觸便生。壽暖
識三不相離故。冷觸起處即是非情。雖變亦緣而不執受。故知定有此第
八識。

又契經說識緣名色。名色緣識。如是二法展轉相依譬如蘆束俱時而
轉。若無此識彼識自體不應有故。謂彼經中自作是釋。名謂非色四蘊。
色謂羯邏藍等。此二與識相依而住如二蘆束更互爲緣恒俱時轉不相捨
離。眼等轉識攝在名中。此識若無說誰爲識。亦不可說名中識蘊謂五識
身。識謂第六。羯邏藍時無五識故。又諸轉識有間轉故。無力恒時執持
名色。寧說恒與名色爲緣。故彼識言顯第八識。

四、卷第四

　　又契經說一切有情皆依食住。若無此識彼識食體不應有故。謂契經說食有四種。一者段食變壞為相。謂欲界系香味觸三於變壞時能為食事。由此色處非段食攝。以變壞時色無用故。二者觸食觸境為相。謂有漏觸才取境時攝受喜等能為食事。此觸雖與諸識相應。屬六識者食義偏勝。觸粗顯境攝受喜樂及順益捨資養勝故。三意思食希望為相。謂有漏思與欲俱轉。希可愛境能為食事。此思雖與諸識相應。屬意識者食義偏勝。意識於境希望勝故。四者識食執持為相。謂有漏識由段觸思勢力增長能為食事。此識雖通諸識自體。而第八識食義偏勝。一類相續執持勝故。由是集論說此四食三蘊五處十一界攝。此四能持有情身命令不壞斷故名為食。段食唯於欲界有用。觸意思食雖遍三界而依識轉隨識有無。眼等轉識有間有轉。非遍恒時能持身命。謂無心定睡眠悶絕無想天中有間斷故。設有心位隨所依緣性界地等有轉易故。於持身命非遍非恒。諸有執無第八識者依何等食經作是言。一切有情皆依食住。非無心位過去未來識等為食。彼非現常如空花等無體用故。設有體用非現在攝如虛空等非食性故。亦不可說入定心等與無心位有情為食。住無心時彼已滅故。過去非食已極成故。又不可說無想定等不相應行即為彼食。段等四食所不攝故。不相應法非實有故。有執滅定等猶有第六識於彼有情能為食事。彼執非理後當廣破。又彼應說生上二界無漏心時以何為食。無漏識等破壞有故。於彼身命不可為食。亦不可執無漏識中有有漏種能為彼食。無漏識等猶如涅槃。不能執持有漏種故。復不可說上界有情身命相持即互爲食。四食不攝彼身命故。又無色無身命無能持故。衆同分等無實體故。由此定知。異諸轉識有異熟識。一類恒遍執持身命令不壞斷。世尊依此故作是言。一切有情皆依食住。唯依取蘊建立有情。佛無有漏非有情攝。說爲有情依食住者當知皆依示現而說。既異熟識是勝食性。彼識即是此第八識。

又契經說住滅定者身語心行無不皆滅。而壽不滅亦不離暖。根無變壞。識不離身。若無此識住滅定者。不離身識不應有故。謂眼等識行相粗動。於所緣境起必勞慮。厭患彼故暫求止息漸次伏除至都盡位。依此位立住滅定者。故此定中彼識皆滅。若不許有微細一類恒遍執持壽等識在。依何而說識不離身。若謂後時彼識還起如隔日瘧名不離身。是則不應說心行滅。識與想等起滅同故。壽暖諸根應亦如識便成大過。故應許識如壽暖等實不離身。又此位中若全無識應如瓦礫非有情數。豈得說爲住滅定者。又異熟識此位若無。誰能執持諸根壽暖。無執持故皆應壞滅。猶如死尸便無壽等。既爾後識必不還生。說不離身彼何所屬。諸異熟識捨此身已。離識餘身無重生故。又若此位無持種識。後識無種如何得生。過去未來不相應法非實有體已極成故。諸色等法離識皆無。受熏持種亦已遮故。然滅定等無心位中如有心位定實有識。具根壽暖有情攝故。由斯理趣住滅定者。決定有識實不離身。若謂此位有第六識名不離身亦不應理。此定亦名無心定故。若無五識名無心者。應一切定皆名無心。諸定皆無五識身故。意識攝在六轉識中。如五識身滅定非有。或此位識行相所緣不可知故。如壽暖等非第六識。若此位有行相所緣可知識者。應如餘位非此位攝。本爲止息行相所緣可了知識入此定故。又若此位有第六識彼心所法爲有爲無。若有心所經不應言住此定者心行皆滅。又不應名滅受想定。此定加行但厭受想故此定中唯受想滅。受想二法資助心强。諸心所中獨名心行。說心行滅何所相違。無想定中應唯想滅。但厭想故然汝不許。既唯受想資助心强此二滅時心亦應滅。如身行滅而身猶在。寧要責心令同行滅。若爾語行尋伺滅時語應不滅而非所許。然行於法有遍非遍。遍行滅時法定隨滅。非遍行滅法或猶在。非遍行者謂入出息。見息滅時身猶在故。尋伺於語是遍行攝。彼若滅時語定無故。受想於心亦遍行攝。許如思等大地法故。受想滅時心定隨滅。如何可說彼滅心在。又許思等是大地法滅受想時彼亦應滅。既爾信等此位亦無。非遍行滅餘可在故。如何可言有餘心所。既許思等此位非無受想應然。大地法故。又此定中若有思等亦應有觸。餘心所法無不皆依觸力生故。若許有觸亦應有受。觸緣受故。既許有受想亦應生。不相離故。如受緣愛非一切受皆能起愛。故觸緣受非一切觸皆能生受。由斯所難其理不成。彼救不然有差別故。謂佛自簡唯無明觸所生諸受爲緣生愛。曾無有處簡觸生受。故若有觸必有受生。受與想俱其理決定。或應如餘位受想亦不滅。執此位中有思等故。許便違害心行滅言。亦不得成滅受想定。若無心所識亦應無。不見餘心離心所故。餘遍行滅法隨滅故。受等應非大地法故。此識應非相應法故。許則應無所依緣等。如色等法亦非心故。又契經說意法爲緣生於意識。三和合觸與觸俱起有受想思。若此定中有意識者。三和合故必應有觸。觸既定與受想思俱。如何有識而無心所。若謂餘時三和有力成觸生觸能起受等。由此定前厭患心所故在定位三事無能不成生觸亦無受等。若爾應名滅心所定。如何但說滅受想耶。若謂厭時唯厭受想。此二滅故心所皆滅。依前所厭以立定名。既爾此中心亦應滅。所厭俱故如餘心所。不爾如何名無心定。又此定位意識是何。不應是染或無記性。諸善定中無此事故。餘染無記心必有心所故。不應厭善起染等故。非求寂靜翻起散故。若謂是善。相應善故。應無貪等善根相應。此心不應是自性善或勝義善。違自宗故非善根等及涅槃故。若謂此心是等起善。加行善根所引發故。理亦不然違自宗故。如餘善心非等起故。善心無間起三性心。如何善心由前等起。故心是善由相應力。既爾必與善根相應。寧說此心獨無心所。故無心所心亦應無。如是推徵眼等轉識於滅定位非不離身。故契經言不離身者。彼識即是此第八識。

入滅定時不爲止息此極寂靜執持識故。無想等位類此應知。

又契經說心雜染故有情雜染。心清淨故有情清淨。若無此識彼染淨心不應有故。謂染淨法以心爲本。因心而生依心住故。心受彼熏持彼種故。然雜染法略有三種。煩惱業果種類別故。若無此識持煩惱種界地往還無染心後諸煩惱起皆應無因。餘法不能持彼種故。過去未來非實有故。若諸煩惱無因而生。則無三乘學無學果。諸已斷者皆應起故。若無此識持業果種。界地往還異類法後。諸業果起亦應無因。餘種餘因前已遮故。若諸業果無因而生。入無餘依涅槃界已。三界業果還復應生。煩惱亦應無因生故。又行緣識應不得成。轉識受熏前已遮故。結生染識非行感故。應説名色行爲緣故。時分懸隔無緣義故。此不成故後亦不成。諸清淨法亦有三種。世出世道斷果別故。若無此識持世出世清淨道種。異類心後起彼淨法皆應無因。所執餘因前已破故。若二淨道無因而生。入無餘依涅槃界已。彼二淨道還復應生。所依亦應無因生故。又出世道初不應生。無法持彼法爾種故。有漏類別非彼因故。無因而生非釋種故。初不生故後亦不生。是則應無三乘道果。若無此識持煩惱種。轉依斷果亦不得成。謂道起時現行煩惱及彼種子俱非有故。染淨二心不俱起故。道相應心不持彼種。自性相違如涅槃故。去來得等非實有故。餘法持種理不成故。既無所斷能斷亦無。依誰由誰而立斷果。若由道力後惑不生立斷果者。則初道起應成無學。後諸煩惱皆已無因。永不生故。許有此識一切皆成。唯此能持染淨種故。證此識有理趣無邊。恐厭繁文略述綱要。別有此識教理顯然。諸有智人應深信受。如是已説初能變相。第二能變其相云何。頌曰。

5

次第二能變　　是識名末那
依彼轉緣彼　　思量爲性相

6

四煩惱常俱　　謂我癡我見
並我慢我愛　　及餘觸等俱

7

有覆無記攝　　隨所生所繫

　　　阿羅漢滅定　　出世道無有

　　論曰。次初異熟能變識。後應辯思量能變識相。是識聖教別名末那。恒審思量勝餘識故。此名何異第六意識。此持業釋如藏識名。識即意故。彼依主釋。如眼識等。識異意故。然諸聖教恐此濫彼故於第七但立意名。又標意名爲簡心識。積集了別劣餘識故。或欲顯此與彼意識爲近所依故但名意。依彼轉者顯此所依。彼謂即前初能變識。聖説此識依藏識故。有義此意以彼識種而爲所依。非彼現識。此無間斷不假現識爲俱有依方得生故。有義此意以彼識種及彼現識俱爲所依。雖無間斷而有轉易名轉識故。必假現識爲俱有依方得生故。轉謂流轉。顯示此識恒依彼識取所緣故。

　　諸心心所皆有所依。然彼所依總有三種。一因緣依。謂自種子。諸有爲法皆托此依。離自因緣必不生故。二增上緣依。謂內六處。諸心心所皆托此依。離俱有根必不轉故。三等無間緣依。謂前滅意。諸心心所皆托此依。離開導根必不起故。唯心心所具三所依名有所依非所餘法。初種子依有作是説。要種滅已現果方生。無種已生集論説故。種與芽等不俱有故。有義彼説爲證不成。彼依引生後種説故。種生芽等非勝義故。種滅芽生非極成故。焰炷同時互爲因故。然種自類因果不俱。種現相生決定俱有。故瑜伽説無常法與他性爲因。亦與後念自性爲因。是因緣義。自性言顯種子自類前爲後因。他性言顯種與現行互爲因義。攝大乘論亦作是説。藏識染法互爲因緣。猶如束蘆俱時而有。又説種子與果必俱。故種子依定非前後。設有處説種果前後應知皆是隨轉理門。如是八識及諸心所定各別有種子所依。次俱有依有作是説。眼等五識意識爲依。此現起時必有彼故。無別眼等爲俱有依。眼等五根即種子故。二十唯識伽他中言。

　　　識從自種生　　似境相而轉
　　　爲成內外處　　佛説彼爲十

　　彼頌意説。世尊爲成十二處故。説五識種爲眼等根。五識相分爲色等境。故眼等根即五識種。觀所緣論亦作是説。

> 識上色功能　　名五根應理
> 功能與境色　　無始互爲因

彼頌意言。異熟識上能生眼等色識種子名色功能。説爲五根無別眼等。種與色識常互爲因。能熏與種遞爲因故。第七八識無別此依。恒相續轉自力勝故。第六意識別有此依。要托末那而得起故。有義彼説理教相違。若五色根即五識種。十八界種應成雜亂。然十八界各別有種。諸聖教中處處説故。又五識種各有能生相見分異。爲執何等名眼等根。若見分種應識蘊攝。若相分種應外處攝。便違聖教眼等五根皆是色蘊内處所攝。又若五根即五識種。五根應是五識因緣。不應説爲增上緣攝。又鼻舌根即二識種。則應鼻舌唯欲界系。或應二識通色界系。許便俱與聖教相違。眼耳身根即三識種。二界五地爲難亦然。又五識種既通善惡。應五色根非唯無記。又五識種無執受攝。五根亦應非有執受。又五色根若五識種。應意識種即是末那。彼以五根爲同法故。又瑜伽論説眼等識皆具三依。若五色根即五識種。依但應二。又諸聖教説眼等根皆通現種。執唯是種便與一切聖教相違。有避如前所説過難。朋附彼執復轉救言。異熟識中能感五識。增上業種名五色根。非作因緣生五識種。妙符二頌善順瑜伽。彼有虛言都無實義。應五色根非無記故。又彼應非唯有執受。唯色蘊攝。唯内處故。鼻舌唯應欲界繫故。三根不應。五地繫故。感意識業應末那故。眼等不應通現種故。又應眼等非色根故。

又若五識皆業所感。則應一向無記性攝。善等五識既非業感。應無眼等爲俱有依。故彼所言非爲善救。又諸聖教處處皆説。阿賴耶識變似色根及根依處器世間等。如何汝等撥無色根。許眼等識變似色等不許眼等藏識所變。如斯迷謬深違教理。然伽他説種子功能名五根者。爲破離識實有色根。於識所變似眼根等。以有發生五識用故。假名種子及色功能。非謂色根即識業種。又緣五境明瞭意識。應以五識爲俱有依。以彼必與五識俱故。若彼不依眼等識者。彼應不與五識爲依。彼此相依勢力等故。又第七識雖無間斷。而見道等既有轉易。應如六識有俱有依。不爾彼應非轉識攝。便違聖教轉識有七。故應許彼有俱有依。此即現行第八識攝。如瑜伽說。有藏識故得有末那。末那爲依意識得轉。彼論意言現行藏識爲依止故。得有末那非由彼種。不爾應說有藏識故意識得轉。由此彼說理教相違。是故應言。前五轉識一一定有二俱有依。謂五色根同時意識。第六轉識決定恒有一俱有依。謂第七識。若與五識俱時起者亦以五識爲俱有依。第七轉識決定唯有一俱有依。謂第八識。唯第八識恒無轉變。自能立故無俱有依。有義此說猶未盡理。第八類餘既同識性。如何不許有俱有依。第七八識既恒俱轉。更互爲依斯有何失。許現起識以種爲依。識種亦應許依現識。能熏異熟爲生長住依。識種離彼不生長住故。

又異熟識有色界中能執持身依色根轉。如契經說。阿賴耶識業風所飄遍依諸根恒相續轉。瑜伽亦說。眼等六識各別依故不能執受有色根身。若異熟識不遍依止有色諸根。應如六識非能執受。或所立因有不定失。是故藏識若現起者定有一依。謂第七識。在有色界亦依色根。若識種子定有一依。謂異熟識。初熏習位亦依能熏。餘如前說。有義前說皆不應理。未了所依與依別故。依謂一切有生滅法。仗因托緣而得生住。諸所仗托皆說爲依。如王與臣互相依等。若法決定有境爲主令心心所取自所緣。乃是所依。即內六處。餘非有境定爲主故。此但如王非如臣等。故諸聖教唯心心所名有所依。非色等法無所緣故。但說心所心爲所依。不說心所爲心所依。彼非主故。然有處說依爲所依或所依爲依。皆隨宜假說。由此五識俱有所依定有四種。謂五色根六七八識。隨闕一種必不轉故。同境分別染淨根本所依別故。聖教唯說依五根者。以不共故又必同境。近相順故。第六意識俱有所依唯有二種。謂七八識。隨闕一種必不轉故。雖五識俱取境明瞭。而不定有故非所依。聖教唯說依第七者。染淨依故同轉識攝。近相順故。第七意識俱有所依但有一種。謂第八識。藏識若無定不轉故。如伽他說。

　　　　阿賴耶爲依　　故有末那轉

依止心及意　　餘轉識得生

阿賴耶識俱有所依亦但一種。謂第七識。彼識若無定不轉故。論説
藏識恒與末那俱時轉故。又説藏識恒依染污。此即末那。而説三位無末
那者依有覆説。如言四位無阿賴耶。非無第八。此亦應爾。雖有色界亦
依五根。而不定有非所依攝。識種不能現取自境。可有依義而無所依。
心所所依隨識應説。復各加自相應之心。若作是説妙符理教。後開導
依。有義五識自他前後不相續故。必第六識所引生故。唯第六識爲開導
依。第六意識自相續故。亦由五識所引生故。以前六識爲開導依。第七
八識自相續故。不假他識所引生故。但以自類爲開導依。有義前説未有
究理。且前五識未自在位。遇非勝境可如所説。若自在位。如諸佛等於
境自在。諸根互用任運決定不假尋求。彼五識身寧不相續。等流五識既
爲決定染淨作意勢力引生。專注所緣未能捨頃。如何不許多念相續。故
瑜伽説決定心後方有染淨。此後乃有等流眼識善不善轉。而彼不由自分
別力。乃至此意不趣餘境。經爾所時眼意二識。或善或染相續而轉。如
眼識生乃至身識應知亦爾。彼意定顯經爾所時眼意二識俱相續轉。既眼
識時非無意識。故非二識互相續生。若增盛境相續現前。逼奪身心不能
暫捨時五識身理必相續。如熱地獄戲忘天等。故瑜伽言若此六識爲彼六
識等無間緣。即施設此名爲意根。若五識前後定唯有意識。彼論應言若
此一識爲彼六識等無間緣。或彼應言若此六識爲彼一識等無間緣。既不
如是故知五識有相續義。五識起時必有意識能引後念意識令起。何假五
識爲開導依。無心睡眠悶絶等位意識斷已。後復起時藏識末那既恒相
續。亦應與彼爲開導依。若彼用前自類開導。五識自類何不許然。此既
不然彼云何爾。平等性智相應末那。初起必由第六意識。亦應用彼爲開
導依。圓鏡智俱第八淨識。初必六七方便引生。又異熟心依染污意。或
依悲願相應善心。既爾必應許第八識亦以六七爲開導依。由此彼言都未
究理。應説五識前六識內隨用何識爲開導依。第六意識用前自類或第七
八爲開導依。第七末那用前自類或第六識爲開導依。阿陀那識用前自類
及第六七爲開導依。皆不違理由前説故。有義此説亦不應理。開導依者

謂有緣法爲主能作等無間緣。此於後生心心所法。開避引導名開導依。此但屬心非心所等。若此與彼無俱起義。説此於彼有開導力。一身八識既容俱起。如何異類爲開導依。若許爲依應不俱起。便同異部心不並生。

又一身中諸識俱起。多少不定若容互作等無間緣。色等應爾。便違聖説等無間緣唯心心所。然攝大乘説色亦容有等無間緣者。是縱奪言。謂假縱小乘色心前後有等無間緣奪因緣故。不爾等言應成無用。若謂等言非遮多少但表同類。便違汝執異類識作等無間緣。是故八識各唯自類爲開導依深契教理。自類必無俱起義故。心所此依應隨識説。雖心心所異類並生。而互相應。和合似一。定俱生滅。事業必同。一開導時餘亦開導。故展轉作等無間緣。諸識不然不應爲例。然諸心所非開導依。於所引生無主義故。若心心所等無間緣各唯自類。第七八識初轉依時。相應信等此緣便闕。則違聖説諸心心所皆四緣生。無心睡眠悶絶等位。意識雖斷而後起時。彼開導依即前自類。間斷五識應知亦然。無自類心於中爲隔名無間故。彼先滅時已於今識爲開導故。何煩異類爲開導依。然聖教中説前六識互相引起。或第七八依六七生。皆依殊勝增上緣説。非等無間故不相違。瑜伽論説若此識無間諸識決定生。説此爲彼等無間緣。又此六識爲彼六識等無間緣。即施設此名意根者。言總意別亦不相違。故自類依深契教理。傍論已了應辯正論。此能變識雖具三所依。而依彼轉言但顯前二。爲顯此識依緣同故。又前二依有勝用故。或開導依易了知故。

如是已説此識所依。所緣云何。謂即緣彼。彼謂即前此所依識。聖説此識緣藏識故。有義此意緣彼識體及相應法。論説末那我我所執恒相應故。謂緣彼體及相應法。如次執爲我及我所。然諸心所不離識故。如唯識言無違教失。有義彼説理不應然。曾無處言緣觸等故。應言此意但緣彼識見及相分。如次執爲我及我所。相見俱以識爲體故。不違聖説。有義此説亦不應理。五色根境非識蘊故。應同五識亦緣外故。應如意識緣共境故。應生無色者不執我所故。厭色生彼不變色故。應説此意但緣藏識及彼種子。如次執爲我及我所。以種即是彼識功能非實有物不違聖教。有義前說皆不應理。色等種子非識蘊故。論説種子是實有故。假應如無非因緣故。又此識俱薩迦耶見任運一類恒相續生。何容別執有我我所。無一心中有斷常等二境別執俱轉義故。亦不應説二執前後。此無始來一味轉故。應知此意但緣藏識見分。非餘。彼無始來一類相續似常一故。恒與諸法爲所依故。此唯執彼爲自內我。乘語勢故説我所言。或此執彼是我之我。故於一見義説二言。若作是説善順教理。多處唯言有我見故。我我所執不俱起故。未轉依位唯緣藏識。既轉依已亦緣真如及餘諸法。平等性智證得十種平等性故。知諸有情勝解差別示現種種佛影像故。此中且説未轉依時。故但説此緣彼藏識。悟迷通局理應爾故。無我我境遍不遍故。如何此識緣自所依。如有後識即緣前意。彼既極成此亦何咎。頌言思量爲性相者。雙顯此識自性行相。意以思量爲自性故。即復用彼爲行相故。由斯兼釋所立別名。能審思量名末那故。未轉依位恒審思量所執我相。已轉依位亦審思量無我相故。

　　此意相應有幾心所。且與四種煩惱常俱。此中俱言顯相應義。謂從無始至未轉依此意任運恒緣藏識與四根本煩惱相應。其四者何。謂我癡我見並我慢我愛。是名四種。我癡者謂無明。愚於我相迷無我理故名我癡。我見者謂我執。於非我法妄計爲我。故名我見。我慢者謂倨傲。恃所執我令心高舉。故名我慢。我愛者謂我貪。於所執我深生耽著。故名我愛。並表慢愛有見慢俱。遮餘部執無相應義。此四常起擾濁內心令外轉識恒成雜染。有情由此生死輪回不能出離。故名煩惱。彼有十種此何唯四。有我見故餘見不生。無一心中有二慧故。如何此識要有我見。二取邪見但分別生唯見所斷。此俱煩惱唯是俱生修所斷故。我所邊見依我見生。此相應見不依彼起。恒內執有我故要有我見。由見審決疑無容起。愛著我故瞋不得生。故此識俱煩惱唯四。見慢愛三如何俱起。行相無違俱起何失。

　　瑜伽論説貪令心下慢令心舉。寧不相違。分別俱生外境內境所陵所恃粗細有殊故。彼此文義無乖返。此意心所唯有四耶。不爾。及餘觸等俱故。有義此意心所唯九。前四及餘觸等五法。即觸作意受想與思。意與遍行定相應故。前説觸等異熟識俱。恐謂同前亦是無覆。顯此異彼故故置餘言及是義集。前四後五合與末那恒相應故。此意何故無餘心所。謂欲希望未遂合事。此識任運緣遂合境。無所希望故無有欲。勝解印持曾未定境。此識無始恒緣定事。經所印持故無勝解。念唯記憶曾所習事。此識恒緣現所受境無所記憶。故無有念。定唯繫心專注一境。此識任運刹那別緣。既不專一故無有定。慧即我見故不別説。善是淨故非此識俱。隨煩惱生必依煩惱前後分位差別建立。此識恒與四煩惱俱。前後一類分位無別。故此識俱無隨煩惱。惡作追悔先所造業。此識任運恒緣現境。非悔先業故無惡作。睡眠必依身心重昧外衆緣力有時暫起。此識無始一類內執不假外緣故彼非有。尋伺俱依外門而轉。淺深推度粗細發言。此識唯依內門而轉。一類執我故非彼俱。有義彼釋餘義非理。頌別説此有覆攝故。又闕意俱隨煩惱故。煩惱必與隨煩惱俱。故此餘言顯隨煩惱。此中有義五隨煩惱。遍與一切染心相應。如集論説。惛沉掉舉不信懈怠放逸於一切染污品中恒共相應。若離無堪任性等染污性成無是處故。煩惱起時心既染污。故染心位必有彼五。煩惱若起必由無堪任囂動不信懈怠放逸故。掉舉雖遍一切染心。而貪位增但説貪分。如眠與悔雖遍三性心。而癡位增但説爲癡分。雖餘處説有隨煩惱或六或十遍諸染心。而彼俱依別義説遍。非彼實遍一切染心。謂依二十隨煩惱中解通粗細無記不善通障定慧相顯説六。依二十二隨煩惱中解通粗細二性説十。故此彼説非互相違。然此意俱心所十五。謂前九法五隨煩惱並別境慧。我見雖是別境慧攝。而五十一心所法中義有差別。故開爲二。何緣此意無餘心所。謂忿等十行相粗動。此識審細故非彼俱。無慚無愧唯是不善。此無記故非彼相應。散亂令心馳流外境。此恒內執一類境生。不外馳流故彼非有。不正知者。謂起外門身語意行違越軌則。此唯內執故非彼俱。無餘心所義如前説。有義應説六隨煩惱遍與一切染心相應。瑜伽論説不信懈怠放逸忘念散亂惡慧一切染心皆相應故。忘念散亂惡慧若無。心必不能起諸煩惱。要緣曾受境界種類。發起忘念及邪簡擇。方起

貪等諸煩惱故。煩惱起時心必流蕩。皆由於境起散亂故。惛沉掉舉行相
互違。非諸染心皆能遍起。論說五法遍染心者。解通粗細違唯善法。純
隨煩惱通二性故。說十遍言義如前說。然此意俱心所十九。謂前九法六
隨煩惱。並念定慧及加惛沉。此別說念。

　　准前慧釋。並有定者。專注一類所執我境曾不捨故。加惛沉者。謂
此識俱無明尤重心惛沉故。無掉舉者此相違故。無餘心所如上應知。有
義復說十隨煩惱遍與一切染心相應。瑜伽論說放逸。掉舉。惛沉。不
信。懈怠。邪欲。邪勝解。邪念。散亂。不正知。此十一切染污心起。
通一切處三界繫故。若無邪欲邪勝解時。心必不能起諸煩惱。於所受境
要樂合離。印持事相方起貪等諸煩惱故。諸疑理者於色等事必無猶豫。
故疑相應亦有勝解。於所緣事亦猶豫者。非煩惱疑。如疑人杌。餘處不
說此二遍者。緣非愛事疑相應心邪欲勝解非粗顯故。餘互有無義如前
說。此意心所有二十四。謂前九法十隨煩惱加別境五。准前理釋。無餘
心所如上應知。有義前說皆未盡理。且疑他世爲有爲無。於彼有何欲勝
解相。煩惱起位若無惛沉應不定有無堪任性。掉舉若無應無囂動。便如
善等非染污位。若染心中無散亂者。應非流蕩非染污心。若無失念不正
知者。如何能起煩惱現前。故染污心決定皆與八隨煩惱相應而生。謂惛
沉掉舉不信懈怠放逸忘念散亂不正知。忘念不正知念慧爲性者不遍染
心。非諸染心皆緣曾受有簡擇故。若以無明爲自性者。遍染心起由前說
故。然此意俱心所十八。謂前九法八隨煩惱並別境慧。無餘心所及論三
文。准前應釋。若作是說不違理教。

玄奘譯事年表^①

貞觀十九年

五月二日

於長安弘福寺譯《大菩薩藏經》二十卷,至九月二日畢,沙門智證筆受,道宣證文。該經現收錄於《大正藏》第八卷,經號 0251。

六月十日

於長安弘福寺譯《顯揚聖教論頌》一卷,沙門辯機筆受。該經現收錄於《大正藏》第三十一卷,經號 1603。

七月十四日

於長安弘福寺譯《六門陀羅尼經》一卷,沙門辯機筆受。該經現收錄於《大正藏》第二十一卷,經號 1360。

---

① 玄奘譯事年表製作所參考的文獻包括:智昇. 開元釋教錄二:卷第八. 富世平,點校. 北京:中華書局,2018:490-498;熊宣東. 玄奘//方夢之,莊智象. 中國翻譯家研究:歷代卷. 上海:上海外語教育出版社,2017:220-226.

七月十五日

於長安弘福寺翻《佛地經》一卷,沙門辯機筆受。該經現收錄於《大正藏》第十六卷,經號0680。

十月一日

於長安弘福寺譯《顯揚聖教論》二十卷,至貞觀二十年正月十五日畢,沙門智證等筆受。該經現收錄於《大正藏》第三十一卷,經號1602。

貞觀二十年

正月十七日

於長安弘福寺譯《大乘阿毗達摩雜集論》十六卷,至閏三月二十九日畢,沙門玄賾等筆受。該經現收錄於《大正藏》第三十一卷,經號1606。

五月十五日

於長安弘福寺譯《瑜伽師地論》一百卷,至貞觀二十一年五月十五日畢,沙門靈會、明濬等筆受。該經現收錄於《大正藏》第三十卷,經號1579。

貞觀二十一年

二月二十四日

於長安弘福寺譯《大乘五蘊論》一卷,沙門大乘光等筆受。該經現收錄於《大正藏》第三十一卷,經號1612。

三月一日

於長安弘福寺譯《攝大乘論無性釋》十卷,至貞觀二十三年六月十七日,於大慈恩寺翻經院畢,沙門大乘巍、大乘林等筆受。該經現收錄於《大正藏》第三十一卷,經號1598。

五月十八日

於長安弘福寺譯《解深密經》五卷,至七月十三日畢,沙門大乘光筆受。該經現收錄於《大正藏》第十六卷,經號 0676。

八月六日

於長安弘福寺譯《因明入正理論》一卷,沙門明濬筆受。該經現收錄於《大正藏》第三十二卷,經號 1630。

貞觀二十二年

三月二十日

於長安弘福寺譯《天請問經》一卷,沙門辯機筆受。該經現收錄於《大正藏》第十五卷,經號 0592。

五月十五日

於長安弘福寺譯《勝宗十句義論》一卷,沙門靈雋筆受。該經現收錄於《大正藏》第五十四卷,經號 2138。

五月二十九日

於長安弘福寺譯《唯識三十論》一卷,沙門大乘光筆受。該經現收錄於《大正藏》第三十一卷,經號 1586。

十月一日

於坊州玉華寺弘法臺譯《能斷金剛般若波羅蜜經》一卷,直中書杜行顗筆受。該經《大正藏》未收錄。

十一月十七日

於長安北闕弘法院譯《大乘百法明門論》一卷,沙門玄忠筆受。該經現收録於《大正藏》第三十一卷,經號 1614。

十二月八日

於長安北闕弘法院譯《攝大乘論世親釋》十卷,至貞觀二十三年六月十七日,於大慈恩寺畢,大乘巍等筆受。該經現收録於《大正藏》第三十一卷,經號 1596。

閏十二月二十六日

於長安北闕弘法院譯《攝大乘論本》三卷,至貞觀二十三年六月十七日,於大慈恩寺畢,大乘巍筆受。該經現收録於《大正藏》第三十一卷,經號 1594。

貞觀二十三年

正月一日

於長安北闕弘法院譯《緣起聖道經》一卷,沙門大乘光筆受。該經現收録於《大正藏》第十六卷,經號 0714。

正月十五日

於長安北闕弘法院譯《阿毗達摩識身足論》十六卷,至八月八日,於大慈恩寺畢,沙門大乘光等筆受。該經現收録於《大正藏》第二十六卷,經號 1539。

二月六日

於長安大慈恩寺翻經院譯《如來示教勝軍王經》一卷,沙門大乘光筆受。該經現收録於《大正藏》第十四卷,經號 0515。

五月十八日

於終南山翠微宮譯《甚希有經》一卷，沙門大乘欽筆受。該經現收錄於《大正藏》第十六卷，經號 0689。

五月二十四日

於終南山翠微宮譯《般若波羅蜜多心經》一卷，沙門知仁筆受。該經現收錄於《大正藏》第八卷，經號 0251。

七月十五日

於長安大慈恩寺翻經院譯《菩薩戒羯磨文》一卷，沙門大乘光筆受。該經收錄於《大正藏》第二十四卷，經號 1499。

七月十八日

於長安大慈恩寺翻經院譯《王法正理論》一卷，沙門大乘林筆受。該經現收錄於《大正藏》第三十一卷，經號 1615。

七月十九日

於長安大慈恩寺翻經院譯《最無比經》一卷，沙門大乘光筆受。該經現收錄於《大正藏》第十六卷，經號 0691。

七月二十一日

於長安大慈恩寺翻經院譯《菩薩戒本》一卷，大乘光筆受。該經現收錄於《大正藏》第二十四卷，經號 1501。

九月八日

於長安大慈恩寺翻經院譯《大乘掌珍論》二卷，至十三日畢，沙門大乘暉筆受。該經現收錄於《大正藏》第三十卷，經號 1578。

十月三日

　　於長安大慈恩寺翻經院譯《佛地經論》七卷,至十一月二十四日畢,沙門大乘光筆受。該經現收錄於《大正藏》第二十六卷,經號 1530。

十二月二十五日

　　於長安大慈恩寺翻經院譯《因明正理門論本》一卷,沙門知仁筆受。該經現收錄於《大正藏》第三十二卷,經號 1628。

永徽元年

正月一日

　　於長安大慈恩寺翻經院譯《稱贊淨土佛攝受經》一卷,沙門大乘詢筆受。該經現收錄於《大正藏》第十二卷,經號 0367。

二月一日

　　於長安大慈恩寺翻經院譯《瑜伽師地論釋》一卷,沙門大乘暉筆受。該經現收錄於《大正藏》第三十卷,經號 1580。

二月三日

　　於長安大慈恩寺翻經院譯《分別緣起初勝法門經》二卷,至八日畢,沙門大乘詢筆受。該經現收錄於《大正藏》第十六卷,經號 0717。

二月八日

　　於長安大慈恩寺翻經院譯《說無垢稱經》六卷,至八月一日畢,沙門大乘光筆受。該經現收錄於《大正藏》第十四卷,經號 0476。

五月五日

　　於長安大慈恩寺翻經院譯《藥師琉璃光如來本願功德經》一卷,沙門慧立筆受。該經現收録於《大正藏》第十四卷，經號 0450。

六月十日

於長安大慈恩寺翻經院譯《廣百論本》一卷，沙門大乘諶筆受。該經現收録於《大正藏》第三十卷，經號 1570。

六月二十七日

於長安大慈恩寺翻經院譯《大乘廣百論釋論》十卷，至十二月二十三日畢，沙門敬明等筆受。該經現收録於《大正藏》第三十卷，經號 1571。

九月十日

於長安大慈恩寺翻經院譯《本事經》七卷，至十一月八日畢，沙門靖邁、神昉等筆受。該經現收録於《大正藏》第十七卷，經號 0765。

九月二十六日

於長安大慈恩寺翻經院譯《諸佛心陀羅尼經》一卷，沙門大乘雲筆受。該經現收録於《大正藏》第十九卷，經號 0918。

永徽二年

正月二十三日

於長安大慈恩寺翻經院譯《大乘大集地藏十輪經》十卷，至六月二十九日畢，沙門大乘光等筆受。該經現收録於《大正藏》第十三卷，經號 0411。

正月九日

於長安大慈恩寺翻經院譯《受持七佛名號所生功德經》一卷，沙門大乘光筆受。該經現收録於《大正藏》第十四卷，經號 0436。

四月五日

於長安大慈恩寺翻經院譯《阿毗達摩顯宗論》四十卷,至永徽三年十月二十日畢,沙門慧朗、嘉尚等筆受。該經現收錄於《大正藏》第二十九卷,經號 1563。

五月十日

於長安大慈恩寺翻經院譯《阿毗達摩俱舍論》三十卷,至永徽五年七月二十七日畢,沙門元瑜筆受。該經現收錄於《大正藏》第二十九卷,經號 1558。

閏九月五日

於長安大慈恩寺翻經院譯《大乘成業論》一卷,沙門大乘光筆受。該經現收錄於《大正藏》第三十一卷,經號 1609。

永徽二年

於長安大慈恩寺翻經院譯《阿毗達摩俱舍論本頌》一卷,沙門元瑜等筆受。該經現收錄於《大正藏》第二十九卷,經號 1560。

永徽三年

正月十六日

於長安大慈恩寺翻經院譯《大乘阿毗達摩集論》七卷,至三月二十八日畢,沙門大乘光、大乘雲等筆受。該經現收錄於《大正藏》第三十一卷,經號 1605。

四月四日

於長安大慈恩寺翻經院譯《佛臨涅槃記法住經》一卷,沙門大乘光筆受。該經現收録於《大正藏》第十二卷,經號 0390。

永徽四年

正月一日

於長安大慈恩寺翻經院譯《阿毗達摩順正理論》八十卷,至永徽五年七月十日畢,沙門元瑜筆受。該經現收録於《大正藏》第二十九卷,經號 1562。

永徽五年

閏五月十八日

於長安大慈恩寺翻經院譯《大阿羅漢難提蜜多羅所説法住記》一卷,沙門大乘光筆受。該經現收録於《大正藏》第四十九卷,經號 2030。

六月五日

於長安大慈恩寺翻經院譯《稱贊大乘功德經》一卷,沙門大乘光筆受。該經現收録於《大正藏》第十七卷,經號 0840。

九月十日

於長安大慈恩寺翻經院譯《拔濟苦難陀羅尼經》一卷,沙門大乘光筆受。該經現收録於《大正藏》第二十一卷,經號 1395。

九月二十七日

於長安大慈恩寺翻經院譯《八名普密陀羅尼經》一卷,沙門大乘雲筆受。該經現收録於《大正藏》第二十一卷,經號 1365。

九月二十八日

於長安大慈恩寺翻經院譯《顯無邊佛土功德經》一卷,沙門大乘雲筆受。該經現收錄於《大正藏》第十卷,經號 0289。

九月二十九日

於長安大慈恩寺翻經院譯《勝幢臂印陀羅尼經》一卷,沙門大乘雲筆受。該經現收錄於《大正藏》第二十一卷,經號 1363。

十月十日

於長安大慈恩寺翻經院譯《持世陀羅尼經》一卷,沙門神察筆受。該經現收錄於《大正藏》第二十卷,經號 1162。

顯慶元年

三月二十八日

於長安大慈恩寺翻經院譯《十一面神咒心經》一卷,沙門玄則筆受。該經現收錄於《大正藏》第二十卷,經號 1071。

七月二十七日

於長安大慈恩寺翻經院《阿毗達摩大毗婆沙論》二百卷,至顯慶四年七月三日畢,沙門嘉尚、大乘光等筆受。該經現收錄於《大正藏》第二十七卷,經號 1545。

顯慶二年

正月二十六日

於長安大內順賢閣譯《阿毗達摩發智論》二十卷,至顯慶五年五月七日於玉華寺畢,沙門玄則等筆受。該經現收錄於《大正藏》第二十六卷,經號 1544。

十二月二十九日

於東都大内麗日殿譯《觀所緣緣論》一卷，沙門大乘光筆受。該經現收録於《大正藏》第三十一卷，經號 1624。

顯慶三年

十月八日

於長安大慈恩寺翻經院譯《入阿毗達摩論》二卷，至十三日畢，沙門釋詮、嘉尚筆受。該經現收録於《大正藏》第二十八卷，經號 1554。

顯慶四年

四月十九日

於長安大慈恩寺翻經院譯《不空羂索神咒心經》一卷，沙門大乘光筆受。該經現收録於《大正藏》第二十卷，經號 1094。

七月二十七日

於長安大慈恩寺翻經院譯《阿毗達摩法蘊足論》十二卷，至九月十四日畢，沙門大乘光等筆受。該經現收録於《大正藏》第二十六卷，經號 1537。

閏十月

於坊州玉華寺雲光殿譯《成唯識論》十卷，沙門大乘基筆受。該經現收録於《大正藏》第三十一卷，經號 1585。

顯慶五年

正月一日

於坊州玉華寺玉華殿譯《大般若波羅蜜多經》六百卷,至龍朔三年十月二十日畢,沙門大乘光、大乘欽、嘉尚等筆受。該經現收録於《大正藏》第五卷,經號 0220。

九月一日

於坊州玉華寺雲光殿譯《阿毗達摩品類足論》十八卷,至十月二十三日畢,沙門大乘光等筆受。該經現收録於《大正藏》第二十六卷,經號 1542。

十一月二十六日

於坊州玉華寺明月殿譯《阿毗達摩集異門足論》二十卷,至龍朔三年十二月二十九日畢,沙門弘彦、譯詮等筆受。該經現收録於《大正藏》第二十六卷,經號 1536。

龍朔元年

五月一日

於坊州玉華寺嘉壽殿譯《辯中邊論頌》一卷,沙門大乘基筆受。該經現收録於《大正藏》第三十一卷,經號 1601。

五月十日

於坊州玉華寺嘉壽殿譯《辯中邊論》三卷,至三十日畢,沙門大乘基筆受。該經現收録於《大正藏》第三十一卷,經號 1600。

六月一日

於坊州玉華寺慶福殿譯《唯識二十論》一卷,沙門大乘基筆受。該經現收錄於《大正藏》第三十一卷,經號 1590。

七月九日

於坊州玉華寺八桂亭譯《緣起經》一卷,沙門神昉筆受。該經現收錄於《大正藏》第二卷,經號 0124。

龍朔二年

七月十四日

於坊州玉華寺慶福殿譯《異部宗輪論》一卷,沙門大乘基筆受。該經現收錄於《大正藏》第四十九卷,經號 2031。

龍朔三年

六月四日

於坊州玉華寺八桂亭譯《阿毗達摩界身足論》三卷,沙門大乘基筆受。該經現收錄於《大正藏》第二十六卷,經號 1540。

十二月三日

於坊州玉華寺玉華殿譯《五事毗婆沙論》二卷,至八日畢,沙門釋詮等筆受。該經現收錄於《大正藏》第二十八卷,經號 1555。

十二月二十九日

於坊州玉華寺玉華殿譯《寂照神變三摩地經》一卷,沙門大乘光筆受。該經現收錄於《大正藏》第十五卷,經號 0648。

麟德元年

正月一日

　　於坊州玉華寺玉華殿譯《咒五首經》一卷,沙門大乘光筆受。該經現收録於《大正藏》第二十卷,經號 1034。

中華譯學舘 · 中华翻译家代表性译文库

许 钧 郭国良／总主编

第一辑

鸠摩罗什卷

玄 奘卷

林 纾卷

严 复卷

鲁 迅卷

胡 适卷

林语堂卷

梁宗岱卷

冯 至卷

傅 雷卷

卞之琳卷

朱生豪卷

叶君健卷

杨宪益 戴乃迭卷